MARKETING GLOBAL

7ª Edição

MARKETING GLOBAL

7ª Edição

Warren J. Keegan

Tradução
Adriano de Jonge
Maurício de Andrade

Revisor Técnico
José Augusto Guagliardi
Professor Titular da FEA-USP
Professor da disciplina Marketing Global — pós-graduação, mestrado e doutorado —
Departamento de Administração

com a colaboração de
Eduardo Armando
Doutorando em Administração pela FEA-USP

Daniel Mota de Carvalho
Mestrando em Administração pela FEA-USP

Josmar Andrade
Mestrando em Administração pela FEA-USP

São Paulo

Brasil Argentina Colômbia Costa Rica Chile Espanha Guatemala México Peru Porto Rico Venezuela

© 2005 Pearson Education do Brasil
Título original: Global Marketing Management – 7th edition
© 2002 Pearson Education, Inc.
Publicação autorizada a partir da edição original em inglês publicada pela Pearson Education, Inc. sob o selo Prentice Hall.

Todos os direitos reservados. Nenhuma parte desta publicação poderá ser reproduzida ou transmitida de qualquer modo ou por qualquer outro meio, eletrônico ou mecânico, incluindo fotocópia, gravação ou qualquer outro tipo de sistema de armazenamento e transmissão de informação, sem prévia autorização, por escrito, da Pearson Education do Brasil.

Editor: Roger Trimer
Gerente de Produção: Heber Lisboa
Editora de Desenvolvimento: Sabrina Cairo
Editora de Texto: Adriane Gozzo
Preparação: Beth Griffi
Revisão: Alessandra Miranda de Sá
Capa: Marcelo Françozo (a partir do projeto original de Kiwi Design, com ilustração de Photo Disc)
Editoração Eletrônica: ERJ Composição Editorial e Artes Gráficas Ltda.

Dados Internacionais de Catalogação na Publicação (CIP)
(Câmara Brasileira do Livro, SP, Brasil)

Keegan, Warren J.
    Marketing global / Warren J. Keegan ; tradução Adriano de Jonge e Maurício de Andrade; revisão técnica José Augusto Guagliardi. -- São Paulo : Pearson Prentice Hall, 2005.

    Bibliografia.
    ISBN 978-85-87918-29-1

    1. Marketing de exportação - Administração 2. Marketing de exportação - Administração - Estudo de casos I. Título.

04-4630   CDD-658.848

Índice para catálogo sistemático:

1. Marketing de exportação : Administração de empresas   658.848

4ª reimpressão – março 2011
Direitos exclusivos para a língua portuguesa cedidos à
Pearson Education do Brasil Ltda.,
uma empresa do grupo Pearson Education
Rua Nelson Francisco, 26
CEP: 02712-100 – Limão – São Paulo – SP
Fone (11) 2178-8686 – Fax (11) 2178-8688
e-mail: vendas@pearson.com

Aos meus pais, Donald Rayfield Keegan e Edla Polson Keegan

Sumário

Prefácio XVII

Agradecimentos XIX

Parte Um: Introdução e Visão Geral   1

Capítulo 1: Introdução ao Marketing Global 1
    Marketing: uma disciplina universal 2
        O conceito de marketing 2
    Os três princípios do marketing 4
        Valor para o cliente e a equação do valor 4
        Vantagem competitiva ou diferencial 4
        Foco 4
    Marketing global: o que é e o que não é 5
    A importância do marketing global 7
    Orientações administrativas 12
        Orientação etnocêntrica 12
        Orientação policêntrica 13
        Orientações regiocêntrica e geocêntrica 13
    Forças que afetam a integração e o marketing global 15
        Forças motrizes 15
        Forças restritivas 19
    Estrutura deste livro 20

Parte Dois: O Ambiente do Marketing Global   23

Capítulo 2: O Ambiente Econômico Global 23
    A economia mundial — uma visão geral 24
    Sistemas econômicos 25
        Alocação/dotação por mercados 25
        Alocação comandatária 26
        Sistema misto 26
    Estágios de desenvolvimento de mercado 27
        Países de baixa renda 28
        Países de renda média baixa 28
        Países de renda média alta 29
        Países de alta renda 29
        Casos perdidos 29

Estágios de desenvolvimento econômico 29
Renda e paridade de poder aquisitivo ao redor do mundo 30
A localização da população. 34
Marketing e desenvolvimento econômico. 35
    Risco econômico 36
Balança de pagamentos. 36
Padrões de comércio 38
    Comércio de mercadorias. 38
    Comércio de serviços 40
Alianças comerciais internacionais. 41
    Graus de cooperação econômica 42
O Gatt e a OMC 43
Organizações Econômicas Regionais 44
    Grupos de comércio europeus 44
    Grupo de comércio norte-americano. 46
    Grupos de comércio asiáticos 47
    Grupos de comércio das Américas Latina e Central 49
    Grupos de comércio africanos e do Oriente Médio 52

Capítulo 3: Ambiente Social e Cultural 57
Aspectos básicos da sociedade e da cultura 58
    A busca das universalidades culturais 60
    O ponto de vista do antropólogo 61
    Culturas de alto e baixo contexto 61
    Negociação e comunicação 63
    Comportamento social 64
Abordagem analítica de fatores culturais. 65
    A hierarquia de necessidades de Maslow 66
    A tipologia cultural de Hofstede. 68
    O critério da auto-referência e a percepção 68
    Sensibilidade ao ambiente. 69
Ambientes social e cultural: impactos no marketing de produtos industriais 70
Ambientes social e cultural: impactos no marketing de produtos de consumo 73
Complicações multiculturais e abordagens sugeridas 75
    Treinamento em capacitação multicultural 76

Capítulo 4: O Ambiente Político, Legal e Regulatório do Marketing Global 81
O ambiente político 82
    Estados-nações e soberania. 82
    Risco político. 83
    Impostos 83
    Diluição do controle acionário 84
    Expropriação 85
Direito internacional 86

Direito comum *versus* código civil 87
Evitando problemas legais: importantes questões de negócios 87
    Estabelecimento 88
    Jurisdição 89
    Propriedade intelectual: patentes e marcas registradas 90
    Antitruste 93
    Licenciamento e segredos comerciais 93
    Propinas e corrupção: questões legais e éticas 95
Resolução de conflitos, acerto de disputas e litígio 96
    Alternativas ao litígio para o acerto de disputas 97
O ambiente regulatório 98
    A União Européia 98
    A Organização Mundial de Comércio e seu papel no comércio mundial 100
Questões éticas 100

Parte Três: Analisando e Aproveitando Oportunidades do Mercado Global   105

Capítulo 5: Clientes Globais 105
Características de mercados regionais 106
    Europa Ocidental 106
    Europa Central e Leste Europeu 108
    América do Norte 110
    Ásia–Pacífico 111
    América Latina 117
    Oriente Médio 118
    África 119
Marketing em economias em transição e países menos desenvolvidos 120
Compradores globais 121
    A equação de valor e valor para o cliente 122
    A teoria da difusão 123
O plano de marketing global 126

Capítulo 6: Sistemas de Informação e Pesquisa de Marketing Global 129
Visão geral dos sistemas de informação de marketing global 130
    Relação de assuntos para informações 132
    Modos de pesquisa: observação e busca 133
Fontes de informação de mercado 134
    Fontes humanas 134
    Fontes documentais 135
    Fontes na Internet 135
    Percepção direta 136
Pesquisa formal de marketing 137
    Passo 1: Identificação do problema da pesquisa 139
    Passo 2: Desenvolvimento de um plano de pesquisa 142

Passo 3: Coleta de dados..142
Passo 4: Análise de dados 146
Passo 5: Apresentação dos resultados...148
Questões atuais de pesquisa de marketing global..148
O controle da matriz sobre a pesquisa de marketing global...........................150
O sistema de informação de marketing como ativo estratégico.........................151
Abordagem integrada da coleta de informações...152

Capítulo 7: Segmentação, Posicionamento e Seleção de Mercados-Alvo 155

Segmentação do mercado global..156
Segmentação geográfica...157
Segmentação demográfica..157
Segmentação psicográfica...159
Segmentação por comportamento..163
Segmentação por benefícios...163
Segmentação horizontal *versus* vertical...163
Estabelecimento de mercados-alvo globais..164
Critérios para estabelecimento de mercados-alvo....................................164
Seleção de uma estratégia global para o mercado-alvo...............................165
Posicionamento global do produto...166
Posicionamento high-tech...168
Posicionamento high-touch..168

Parte Quatro: Estratégia de Marketing Global   171

Capítulo 8: Estratégias de Entrada e Expansão: Marketing e Suprimento 171

Critérios de decisão para os negócios internacionais...................................173
Risco político...173
Acesso ao mercado 173
Custos e condições dos fatores...174
Considerações de transporte..176
Infra-estrutura do país..176
Câmbio 177
Criando um perfil produto–mercado..177
Critérios de seleção de mercado..177
Visitas a um mercado potencial...179
Modelo de decisão para entrada e expansão..179
Exportação...180
Critérios de decisão para exportar...182
Organizando para exportar..184
Outras alternativas internacionais...186
Suprimento...186
Licenciamento..187
Investimento: *joint-ventures*...189

    Investimento: propriedade e controle 191
    Propriedade/investimento. 192
    Investimento em países em desenvolvimento 193
  Alternativas de estratégias de marketing 194
    Estratégias de expansão de mercado. 195
    Estratégias alternativas: modelo de estágios de desenvolvimento. 196

Capítulo 9: Estratégias Cooperativas e Parcerias Estratégicas Globais 203
  A natureza das parcerias estratégicas globais. 204
  Fatores de sucesso. 207
  Alianças entre fabricantes e empresas de marketing 208
    Exemplos de casos de parcerias 209
  Parcerias internacionais em países em desenvolvimento 210
  Estratégias cooperativas no japão: *keiretsu*. 211
  Além das alianças estratégicas 214

Capítulo 10: Análise e Estratégia Competitiva 219
  Forças de análise da indústria que influenciam a concorrência 220
    Ameaça de novos entrantes. 221
    Ameaça de produtos substitutos 222
    Poder de barganha dos fornecedores 223
    Poder de barganha de compradores 223
    Rivalidade entre concorrentes 223
    Concorrência global e vantagem competitiva nacional. 224
    Condições de fatores. 225
    Fatores básicos *versus* fatores sofisticados 227
    Fatores generalizados *versus* fatores especializados 227
    Condições de demanda. 227
    Indústrias correlatas e de apoio 229
    Estratégia, estrutura e competitividade 229
    Outras forças que atuam no diamante 230
    Outros fatores não relacionados ao mercado. 231
    Diamante simples ou duplo?. 231
  Vantagem competitiva e modelos estratégicos 233
    Estratégias genéricas para criar vantagem competitiva 235
    Estratégias amplas de mercado. 235
    Estratégias de mercado restrito 236
  Posições estratégicas. 238
    Posicionamento baseado em variedade 238
    Posicionamento baseado em necessidades. 238
    Posicionamento baseado em acesso ao consumidor 239
    Que posição assumir?. 239
  Inovação competitiva e intenção estratégica 239
    Camadas de vantagem. 240

       Pontos fracos 241
       Mudando as regras 241
       Colaboração 242
       Hiperconcorrência? 242
       ISO-9000 243

Parte Cinco: Criando Programas de Marketing Global   247

Capítulo 11: Decisões de Produto 247
    Conceitos básicos 249
       Produtos: definição e classificação 249
       Produtos: locais, nacionais, internacionais e globais 250
    Posicionamento de produto 255
       Atributo ou benefício 255
       Qualidade/preço 255
       Uso/usuário 256
       Posicionamento high-tech 256
       Posicionamento high-touch 257
    Níveis de saturação de produto em mercados globais 257
    Considerações de projeto de produto 258
       Preferências 258
       Custo 258
       Leis e regulamentos 259
       Compatibilidade 259
       Etiquetagem, rotulagem e instruções 260
    Atitudes em relação ao país de origem 260
    Expansão geográfica — alternativas estratégicas 262
       Estratégia 1: extensão do produto/comunicação (dupla extensão) 262
       Estratégia 2: extensão do produto/adaptação da comunicação 263
       Estratégia 3: adaptação do produto/extensão da comunicação 264
       Estratégia 4: adaptação do produto/comunicação (dupla adaptação) .. 264
       Estratégia 5: invenção do produto 265
    Novos produtos em marketing global 266
       Identificando idéias de novos produtos 267
       Localização do desenvolvimento de novos produtos 268
       Testando novos produtos em mercados nacionais 268

Capítulo 12: Decisões de Fixação de Preços 271
    Conceitos básicos de fixação de preços 273
    Influências ambientais em decisões de determinação de preços 274
       Flutuações da moeda 274
       Cláusulas de taxa de câmbio 276
       Fixação de preços em um ambiente inflacionário 277
       Controles e subsídios governamentais 278

  Comportamento competitivo 278
  Relações de preço e qualidade 278
 Objetivos e estratégias de determinação global de preços 279
  Skimming de mercado 279
  Estabelecimento de preços de penetração 279
  Defesa de mercado 281
  Margem sobre os custos/escalada de preços 281
  Usando a procedência como instrumento estratégico de fixação de preços ... 283
 Produtos do mercado cinzento 284
 Dumping 285
 Determinação de preços de transferência 288
  Determinação de preço de transferência baseado em custo 288
  Preço de transferência com base em mercado 288
  Preços de transferência negociados 289
  Regulamentos de impostos e preços de transferência 289
  Restrições de tarifas e impostos 291
  Joint-ventures 292
 Fixação de preços globais — três alternativas de política 292
  Extensão/etnocêntrica 292
  Adaptação/policêntrica 292
  Invenção/geocêntrica 294
  Práticas vigentes de determinação de preços 295

Capítulo 13: Canais de Marketing Global e Distribuição Física 299
 Objetivos e restrições de canal 301
  Características do cliente 303
  Características do produto 304
  Características do intermediário 305
  Características ambientais 307
 Canais de distribuição: terminologia e estrutura 307
  Produtos de consumo 307
  Produtos industriais 310
  Varejo global 310
 Inovação em canais internacionais 311
 Estratégia de canal para entrada em novo mercado 312
 Distribuição física e logística 313
  Processamento de pedidos 313
  Estocagem em armazéns 314
  Gerenciamento de estoque 314
  Transporte 314
 Exemplo de caso: o Japão 315
  Imaginando uma estratégia de distribuição japonesa 316

Capítulo 14: Propaganda Global 319
    Propaganda e marcas globais 320
    O conteúdo da propaganda global: o debate da extensão *versus* adaptação 324
    Selecionando uma agência de propaganda 327
    Apelos de propaganda e características de produto 328
    Criando a propaganda 330
        Direção de arte 330
        Título e texto 330
        Considerações culturais 333
        Considerações da mídia global 334
        O milênio 337

Capítulo 15: Promoção Global 341
    Relações públicas e publicidade 341
        O crescente papel das RP em comunicações de marketing global 344
        Como as práticas de relações públicas diferem pelo mundo 344
    Venda pessoal 345
    Promoção de vendas 346
    Marketing direto 348
    Feiras, eventos e exposições 349
    Patrocínios 349

Capítulo 16: e-marketing Global 353
    A morte da distância 354
    Comunicações 354
    O cliente individual como objetivo: além da segmentação 355
    Marketing de relacionamento 355
    Interatividade 355
    Velocidade em chegar ao mercado 355
    Vivendo em uma era de descontinuidades tecnológicas 356
        Quedas de preço indicam velocidade de progresso tecnológico 356
        A convergência tecnológica e a ubiqüidade da tecnologia 356
        O crescimento explosivo da Internet 357
        A evolução do e-commerce 359
    Novas tecnologias mudam as regras da concorrência 361
        A importância de posições dominantes de mercado 362
        A importância de alianças estratégicas 363
        A importância de antecipar grandes investimentos iniciais 364
        A importância das inovações em andamento 364
    Componentes da cadeia eletrônica de valor 365
        Fornecedores de contexto 367
        Agentes de vendas 367
        Agentes de compra 367
        Fazedores de mercado 367
        Especialistas de pagamento e de logística 369

Parte Seis: Programa de Gerenciamento de Marketing Global   **371**

Capítulo 17: Liderando, Organizando e Monitorando o Esforço de Marketing Global **371**
        Liderança 372
            Equipes 372
            Postura 372
        Organização 373
            Padrões de desenvolvimento organizacional internacional 374
            Estrutura de divisão internacional 374
            Centros de gerenciamento regional 377
            Estrutura geográfica 379
            Estrutura de divisões de produto globais 379
            Estrutura matricial 381
            Relações entre estruturas, diversificação externa de produto e tamanho ... 382
            Estrutura organizacional e origem nacional 383
            Estruturando para marcas globais 384
            Saindo do redemoinho organizacional 385
        Auditoria da administração de marketing global 385
            Auditoria de marketing global 385
            Planejamento e orçamento 388
            Avaliando o desempenho 388
            Influências nos planos e orçamentos de marketing 390

Capítulo 18: O Futuro do Marketing Global **395**
        As seis principais mudanças 395
            Crescimento mundial 396
            A economia mundial domina 397
            Desmistificação do modelo do ciclo de comércio 398
            O Triunfo dos mercados 400
            Crescimento dos mercados globais 400
            Crescimento da Internet e da tecnologia da informação 401
        Carreiras em marketing global 401

Índice Onomástico **405**

Índice Remissivo **415**

Prefácio

A sétima edição de *Marketing global* fundamenta-se em alicerces lançados em 1974 com a publicação de *Multinational marketing management*, livro que quebrou paradigmas em marketing internacional. Já em sua primeira edição, o livro abandonava o tradicional foco no comércio exterior, para o marketing internacional, e adotava uma abordagem estratégica que refletia a importância crescente das corporações multinacionais, as pesquisas mais recentes e as experiências mais avançadas dos profissionais da área. O livro combinava textos com casos avançados e tornou-se um sucesso mundial instantâneo. O objetivo de cada nova edição revista é não apenas refletir as práticas mais atuais no mercado, mas também prever os rumos nessa área e manter a posição de liderança do livro como livro-texto para estudantes de graduação e MBA e como referência para profissionais de marketing internacional.

Esta revisão mantém a tradição de pioneirismo deste livro. Cada capítulo foi detalhadamente revisto e atualizado e incluiu-se um capítulo sobre e-marketing global. Além disso, reflete as mudanças geopolíticas que estão revolucionando o comércio mundial. Pela primeira vez na história moderna, países de grande população e baixa renda como China e Índia parecem ter-se tornado capazes de manter um desenvolvimento e um crescimento sustentáveis que, se continuados, farão com que deixem de ser países de baixa ou média-baixa renda e passem a ser países de alta renda. Enquanto isso, empresas dos países mais ricos passam a notar que começam a enfrentar uma forte concorrência e grandes desafios por parte de empresas situadas em países em diversos estágios de desenvolvimento.

A integração econômica mundial permitiu o avanço tanto da estrutura multilateral da Organização Mundial de Comércio quanto dos acordos econômicos regionais, como o Nafta (Área de Livre Comércio das Américas) e a União Européia. O Nafta propõe a união dos Estados Unidos, do Canadá e do México em um programa de integração econômica; a União Européia reúne 25 países europeus, e o número de países desses dois acordos tende a crescer continuamente, incluindo novos membros das respectivas regiões e regiões vizinhas. As duas Coréias continuam em processo de negociação, e as alianças econômicas no Pacífico continuam a se expandir.

O livro está organizado em seis partes: a Parte I é uma introdução ao marketing global. A Parte II abrange os principais ambientes do marketing global: econômico, social e cultural; político, legal e regulador. A Parte III analisa e focaliza oportunidades de mercados globais. A Parte IV apresenta as estratégias de marketing global. A Parte V aborda o composto de marketing global — produto, preço, ponto-de-venda e promoção — e como o e.marketing pode ser integrado a esse composto. Por fim, a Parte VI conclui o livro com o foco na implementação. Descreve as tarefas de liderar, organizar e monitorar a estratégia global; o futuro do marketing global; e as carreiras nesse segmento.

Materiais adicionais

Professores e estudantes encontram no site do livro (www.prenhall.com/keegan_br) diversos materiais adicionais. São eles:

- Apêndice intitulado "Renda e população globais em 2000 e projeções para 2010 e 2020", que abrange todos os países.
- Estudos de casos com perguntas para exercitar a teoria.
- Transparências em PowerPoint para professores.
- Manual do professor (em inglês).

As transparências e o manual do professor são protegidos por senha. Para ter acesso a eles, o professor que adota o livro deve entrar em contato com seu representante Pearson ou enviar um e-mail para universitarios@pearsoned.com.

Agradecimentos

Esta edição é o resultado das contribuições das idéias e da dedicação de muitas pessoas. Entre elas, meus colegas, associados e estudantes da Lubin School of Business, na Universidade Pace, e de muitas outras universidades ao redor do mundo; os professores-adjuntos e membros da Academy of International Business e meus clientes, antigos e atuais.

Embora muitos colegas, alunos e clientes tenham contribuído, quero agradecer especialmente a Dorothy Minkus-McKenna, que foi inestimável na organização do material para esta edição. As bibliotecárias da Universidade Pace, Anne B. Campbell e Michelle Lang, são o sonho de qualquer autor: não importa quão vago e obscuro seja o documento que você pede, elas sempre o encontram. O lema delas é simples: "Se ele estiver lá, nós o encontraremos".

Hermawan Kartajaya, presidente da Federação de Marketing do Pacífico Asiático e diretor de serviços da MarkPlus, em Jacarta, foi um guia sábio e perceptivo para o marketing do Sudeste Asiático e uma grande fonte de idéias e reflexões criativas sobre o conceito e a disciplina de marketing.

O prof. Bodo B. Schlegelmilch, vice-reitor internacional e titular de administração e marketing internacional da Universidade de Economia e Administração de Empresas de Viena e editor-chefe do *Journal of International Marketing*, meu co-autor em *Global marketing management: an european perspective*, contribuiu generosamente com suas idéias e experiência para este livro e foi especialmente fundamental sua contribuição para o Capítulo 16. Mark Green, professor da Simpson College, meu co-autor no livro *Global marketing*, também contribuiu generosamente, fornecendo diversos estudos de casos de sua pesquisa ainda em andamento.

A Universidade Pace possui um exclusivo programa de doutorado que atrai um impressionante grupo de estudantes que se estabeleceram como líderes em vários campos e organizações e desenvolvem seus doutorados ao mesmo tempo que investem em suas carreiras. É um privilégio lecionar nesse programa e gostaria de agradecer às diversas contribuições de meus alunos de doutorado.

Outros que contribuíram para esta edição foram Malcolm McDonald, da Universidade de Cranfield, meu co-autor no livro *Marketing plans that work* e colega na Cranfield; John Stopford, da London Business School; Paul D. Ellis, professor-assistente da Universidade Politécnica de Hong Kong, em Yang Fu; Joseph Ganitsky, professor de negócios internacionais na Universidade Loyola, em Nova Orleans; Donald Gibson, professor da Universidade Macquarere; H. Donald Hopkins, professor associado da Universidade Temple, Filadélfia; Raj Komaran, da Universidade Nacional de Cingapura; Hermann Kopp, professor da Escola Norueguesa de Administração; Howard Perlmutter, da Wharton School, Inc.; James A. F. Stoner, da Universidade Fordham; Martin Topol e Robert Vambery, da Universidade Pace; David Zenoff, da Zenoff Associates; e Dinker Raval e Bala Subramanian, da Morgan State University.

Minhas secretárias, Gail Weldon-Pietrangolare, Victoria Underhill e Mary O'Connor, me deram prestimoso e constante apoio.

A talentosa e criativa equipe da Prentice Hall, com quem é sempre um prazer trabalhar em parceria. Gostaria de agradecer especialmente à editora de aquisições, Whitney Blake, e sua assistente, Melissa Pillerano, pelo constante apoio que me forneceram.

Finalmente, minha maior dívida é com meus clientes: os professores que adotarem este livro e os estudantes e executivos que o comprarem para estudar e aprender mais sobre como ser um competidor de sucesso nos mercados globais. A cada um de meus leitores agradeço pelo apoio e desejo votos de pleno sucesso em seus programas de marketing global.

Parte Um: Introdução e Visão Geral

CAPÍTULO 1

Introdução ao Marketing Global

"A nova interdependência eletrônica recria o mundo na imagem de uma aldeia global."

Marshall Herbert McLuhan, *O meio é a mensagem* (1967)

"No ambiente de negócios dos anos 90, a globalização deve ser vista como um fato. Haverá apenas um referencial para medir o sucesso empresarial: sua participação de mercado internacional. As empresas vencedoras serão aquelas que encontrarem mercados por toda parte."

Jack Welch — General Electric (1994)

Conteúdo do Capítulo

- Marketing: uma disciplina universal
- Os três princípios do marketing
- Marketing global: o que é e o que não é
- A importância do marketing global
- Orientações administrativas
- Forças que afetam a integração e o marketing global
- Estrutura deste livro
- Resumo
- Questões para discussão

Vivemos em um mercado global. Ao ler este livro, você pode estar sentado em uma cadeira vinda do México ou a uma escrivaninha importada da Dinamarca, que podem ter sido compradas na IKEA, varejista global sueco de móveis. O computador em sua mesa pode ser um novo IBM Thinkpad projetado e vendido pelo mundo afora pela IBM e fabricado em Taiwan pela Acer. Pode ser também um Macintosh projetado e comercializado globalmente pela Apple e fabricado na Irlanda. Seus sapatos provavelmente são da Itália, e o café que está tomando é brasileiro ou colombiano.

Você pode estar ouvindo *Mambo nº 5* de Lou Bega — artista alemão de pai italiano e mãe ugandesa que mora em Munique e é contratado da BMG Entertainment, uma divisão de uma empresa de mídia global com sede na Alemanha — em seu aparelho de som que contém um CD player embutido, cuja tecnologia foi desenvolvida em conjunto por uma empresa japonesa e uma outra holandesa. Seu suéter pode ser a última moda da Benetton da Itália. Que horas são agora? Quando olha seu relógio, dá para notar de onde ele veio? Ele pode ser do Japão, de Hong Kong, de Cingapura, das Filipinas ou da Suíça. Bem-vindo ao século XXI. A fantasia de marketing de tempos atrás se tornou realidade: o mercado global chegou.

Nos últimos 160 anos, uma grande onda de transformação afetou profundamente as pessoas e as indústrias de muitos países. Até 1840, os estudantes não levavam para a sala de aula nada que tivesse sido fabricado a mais do que alguns quilômetros de onde moravam — com a possível exceção dos livros. Alguns países, em especial a Grã-Bretanha, estavam envolvidos ativamente no comércio internacional nos meados do século XIX. Desde a Segunda Guerra Mundial, no entanto, houve um crescimento sem precedentes nos mercados globais de empresas que antes só atendiam consumidores locais. Na década de 80, o termo 'marketing global' nem existia. Hoje, as empresas o vêem como o caminho para a plena realização de seu potencial comercial. É por isso que você pode possuir alguns dos produtos descritos anteriormente, quer viva na Ásia, na Europa, na África ou na América Latina. Há, porém, uma razão maior para as empresas levarem o marketing global a sério: a sobrevivência.

Uma empresa incapaz de adotar uma postura globalizada de mercado corre o risco de perder seus negócios domésticos para concorrentes com custos mais baixos, maior experiência e produtos melhores.

Mas o que é marketing global? Como se diferencia do marketing tradicional? Marketing pode ser definido como uma série de atividades que levam a uma transação de troca com lucro entre comprador e vendedor. As atividades do marketing estão centradas nos esforços de uma organização em satisfazer os desejos e as necessidades de seu cliente com produtos e serviços que oferecem valores competitivos. O composto de marketing (ou mix de marketing) (produto, preço, ponto-de-venda e promoção) é a ferramenta básica das empresas de hoje. É uma disciplina universal aplicável tanto na Austrália como em Zanzibar.

Este livro é sobre marketing global. Uma organização que se envolve com marketing global concentra seus recursos nas oportunidades e nas ameaças desse mercado. Uma diferença entre o marketing 'tradicional' e o 'global' é o escopo das atividades. A empresa que utiliza o marketing global conduz importantes atividades de negócios fora do mercado de seu país de origem. Outra diferença é que o marketing global envolve conhecer conceitos, considerações e estratégias específicas que devem ser aplicados com habilidade e em conjunto com os fundamentos universais de marketing, para assegurar o sucesso nos mercados globais. Este livro concentra-se nas dimensões mais importantes do marketing global. Veremos a seguir uma breve apresentação do marketing, embora o autor presuma que o leitor já tenha cursado disciplinas de marketing introdutório e de negócios internacionais ou tenha experiência profissional compatível.

MARKETING: UMA DISCIPLINA UNIVERSAL

A base para implantar um programa de marketing global bem-sucedido é um conhecimento sólido da disciplina. Marketing é o processo de focalizar os recursos e objetivos de uma organização nas oportunidades e necessidades do ambiente. A primeira coisa que se deve saber é que o marketing é uma disciplina universal. É um conjunto de conceitos, ferramentas, teorias, práticas e procedimentos, além de experiência. Juntos, esses elementos constituem uma disciplina que pode ser ensinada e aprendida. Embora marketing seja universal, sua prática varia, obviamente, de país para país. Assim, nem sempre podemos aplicar diretamente experiências de um país em outro. Se os clientes, canais de distribuição e meios disponíveis forem diferentes, poderemos ter que alterar nosso plano de marketing.

O conceito de marketing

Durante as últimas três décadas, o conceito de marketing mudou completamente. Antes seu foco estava no produto, em como fabricar um produto melhor, e esse 'melhor' baseava-se em normas e valores internos. O objetivo era o lucro, e o meio para atingi-lo, vender ou convencer o cliente potencial a trocar seu dinheiro pelo produto da empresa.

O novo conceito de marketing e os 4Ps

O 'novo' conceito de marketing, que surgiu por volta de 1960, mudou o foco do produto para o cliente. O objetivo ainda era o lucro, mas o meio de atingi-lo foi expandido para incluir os demais componentes do composto de marketing ou os 4Ps, como ficaram conhecidos: produto, preço, ponto-de-venda (distribuição) e promoção (comunicação).

O conceito estratégico de marketing

Nos anos 90 já estava claro que o 'novo' conceito de marketing estava ultrapassado e que a época exigia um conceito estratégico: o foco do marketing deixa de estar no cliente ou no produto e passa para o cliente em um ambiente externo mais amplo. Saber tudo sobre o cliente já não basta. Para ter sucesso as empresas devem conhecer o cliente num contexto que inclui concorrência, políticas e regulamentações governamentais e forças econômicas, sociais e políticas abrangentes que formam a evolução dos mercados. No marketing global, isso pode significar trabalhar aliado a agências governamentais de comércio e mesmo a concorrentes para obter acesso ao mercado de um determinado país-alvo.

Uma conseqüência revolucionária da tendência ao conceito estratégico de marketing são os próprios objetivos de marketing, que deixam de ser os lucros e passam a ser os benefícios para os interessados ou *stakeholders*. Os interessados são indivíduos ou grupos que têm algum interesse na atividade de uma empresa, como funcionários, diretoria, acionistas, clientes e até a sociedade e o governo, para mencionar apenas os mais proeminentes. Cada vez mais se reconhece que os lucros são um prêmio pelo desempenho (definido como satisfazer os clientes de maneira socialmente responsável ou aceitável). Para competir nos mercados de hoje, é necessário ter uma equipe de funcionários comprometida em inovar continuamente e fabricar produtos de qualidade. Em outras palavras, marketing deve focalizar o cliente em um contexto e fornecer valor, criando benefícios para os interessados.

A lucratividade não foi esquecida no conceito estratégico de marketing. Na verdade, é um meio importante para criar benefícios para os interessados. O conceito estratégico de marketing atua por meio da administração estratégica, que integra o marketing com outras funções administrativas. Uma das funções da administração estratégica é obter lucro, gerando recursos para investimento no negócio e remuneração para os acionistas. Portanto, lucro ainda é um objetivo fundamental e uma medida do sucesso do marketing mas não um fim em si mesmo. O objetivo do marketing é criar valor para os interessados, e o principal interessado é o cliente. Se seu cliente obtém maior valor de seu concorrente porque este aceita um lucro menor para investidores e diretoria, o cliente escolherá o seu concorrente e você estará fora do negócio. Exemplo disso é a entrada de produtos similares no mercado de PCs IBM; mesmo as empresas mais poderosas podem ser desafiadas por concorrentes mais eficientes ou mais propensos a aceitar retornos menores.

Por fim, com o conceito estratégico de marketing o foco passa do paradigma de maximização microeconômica para a administração de parcerias estratégicas, posicionando a empresa entre os fornecedores e os clientes na cadeia de valor, de modo a criar valor para o cliente. Esse conceito expandido de marketing foi denominado *marketing sem fronteiras* por Jack Welch, ex-CEO da General Electric. A idéia do marketing sem fronteiras é mostrada na Figura 1-1.

Figura 1-1 Marketing sem fronteiras.

Marketing, além de ser um conceito e uma filosofia, é um conjunto de atividades e um processo de negócios. As atividades de marketing são chamadas de 4Ps: produto, preço, ponto-de-venda (distribuição) e promoção (comunicação). O processo de administração de marketing é a tarefa de focalizar os recursos e os objetivos da organização nas oportunidades do ambiente. Veremos a seguir os três princípios do marketing.

OS TRÊS PRINCÍPIOS DO MARKETING

A essência do marketing pode ser resumida em três grandes princípios. O primeiro identifica o objetivo e a tarefa do marketing; o segundo, a realidade competitiva do mercado; e o terceiro, os meios principais de alcançar os dois primeiros.

Valor para o cliente e a equação do valor

A tarefa do marketing é criar, para o cliente, um valor maior que o criado pelos concorrentes. A equação do valor, mostrada na Figura 1-2, é um guia para essa tarefa. Como sugere a equação, pode-se aumentar o valor para o cliente expandindo ou melhorando os benefícios do produto ou serviço, reduzindo-se o preço ou por meio de uma combinação desses elementos. Empresas com uma vantagem de custo podem utilizar o preço como arma competitiva. O conhecimento do cliente associado ao processo de inovação e criatividade podem levar a uma oferta total que proporcione valor superior. Se os benefícios forem suficientemente fortes e valorizados pelos clientes, uma empresa não precisa ser um concorrente de preço baixo para conquistá-los.

Vantagem competitiva ou diferencial

O segundo grande princípio do marketing é a vantagem competitiva. A vantagem competitiva é uma oferta que, em relação à concorrência relevante, é mais atraente para os clientes. A vantagem pode existir em qualquer elemento da oferta da empresa: no produto, no preço, na propaganda e na promoção de ponto-de-venda ou na distribuição do produto. Uma das estratégias mais poderosas para entrar no mercado de um novo país é oferecer um produto superior por um preço mais baixo. A vantagem de preço logo chamará a atenção do cliente e a qualidade superior impressionará quem comprar o produto.

Foco

O terceiro princípio do marketing é o foco ou a concentração da atenção. O foco é essencial para obter êxito na tarefa de criar valor para o cliente na vantagem competitiva. Todas as organizações de sucesso, sejam elas grandes ou pequenas, tiveram êxito em seus resultados porque compreenderam e aplicaram esse grande princípio. A IBM foi bem-sucedida e se tornou uma grande empresa porque era mais claramente focalizada nas necessidades e desejos do cliente do que qualquer outra empresa na emergente indústria de processamento de dados.

Figura 1-2 Equação do valor.

$$V = \frac{B}{P}$$

onde

V = Valor.
B = Benefícios percebidos — custos percebidos (custo de fazer a troca, por exemplo).
P = Preço.

Um dos motivos da crise da IBM no início da década de 90 foi o fato de os concorrentes terem-se tornado mais focados que ela nas necessidades e nos desejos dos clientes. Por exemplo, a Dell e a Compaq colocaram seu foco em fornecer aos clientes recursos computacionais por preços baixos — a IBM oferecia os mesmos recursos por preços mais altos.

É preciso um foco claro sobre os desejos e as necessidades do cliente e a oferta competitiva para mobilizar os esforços necessários a fim de manter a vantagem competitiva. Isso só é alcançado focalizando ou concentrando os recursos e os esforços na satisfação do cliente e em como fornecer o produto que vem ao encontro dessa satisfação.

MARKETING GLOBAL: O QUE É E O QUE NÃO É

A base para um programa bem-sucedido de marketing global é uma compreensão sólida da disciplina de marketing. Marketing é o processo de focalizar os recursos e objetivos de uma organização sobre as necessidades e oportunidades do ambiente. A primeira coisa que se deve saber sobre marketing é que ele é uma disciplina universal. Marketing é um conjunto de conceitos, ferramentas, teorias, práticas e procedimentos, além de experiência. Esses elementos constituem uma área do saber que pode ser ensinada e aprendida.

Embora a disciplina do marketing seja universal, os mercados e clientes são bem diferenciados. Isso significa que a prática do marketing deve variar de ambiente para ambiente. Cada pessoa é única, assim como cada ambiente. Essa realidade de diferenças significa que não podemos sempre aplicar diretamente experiências de um país em outro. Se os clientes, concorrentes, canais de distribuição e meios disponíveis são diferentes, pode ser necessário mudar nosso plano de marketing.

Empresas que não têm consciência disso muitas vezes aprendem da maneira mais dolorosa, transferindo experiências irrelevantes de um país ou região para outro. A Nestlé, por exemplo, quis transferir seu grande sucesso com uma linha de café de quatro sabores da Europa para os Estados Unidos. Seus concorrentes nos Estados Unidos ficaram muito felizes: a transferência levou a um declínio de 1% em sua participação no mercado norte-americano![1]

Uma tarefa importante do marketing global é aprender a perceber até que ponto seus programas e planos de marketing podem ser expandidos mundialmente, assim como quanto devem ser adaptados.

Muito da controvérsia envolvendo o marketing global data do artigo antológico de Theodore Levitt publicado em 1983 na *Harvard Business Review*, "A globalização dos mercados". Levitt argumentou que os profissionais de marketing enfrentam uma "aldeia global homogeneizada" e aconselhou as organizações a desenvolver produtos mundiais padronizados de alta qualidade e vendê-los em todo o mundo utilizando propaganda, preços e distribuição padronizados. Alguns fracassos bastante divulgados, como o da Parker e de outras empresas que tentaram seguir os conselhos de Levitt, geraram dúvidas sobre suas propostas. Alguns observadores questionaram a visão de Levitt. Por exemplo, Carl Spielvogel, presidente da agência de propaganda Backer Spielvogel Bates Worldwide, disse ao *Wall Street Journal*: "O comentário do Theodore Levitt sobre o mundo se tornar homogeneizado é balela. Há uns dois produtos que se deixam comercializar globalmente — e um deles é a Coca-Cola".[2*]

De fato, foi o marketing global que fez da Coca-Cola um sucesso mundial. Mas esse sucesso não foi baseado na padronização total dos elementos do mix de marketing. Em seu livro *The borderless world* (*O mundo sem fronteiras*), Kenichi Ohmae explica que o sucesso da Coca no Japão só foi alcançado com o gasto de grandes somas de dinheiro e tempo para se tornar parte da cultura local. A empresa construiu uma infra-estrutura regional completa, com força de vendas e *vending machines*. Segundo ele, o sucesso da Coca deveu-se à sua capacidade de ser ao mesmo tempo 'global e local', ou *glocal* — a habilidade de ser tão *insider* como uma empresa doméstica e ao mesmo tempo manter os benefícios de uma operação em escala mundial.

---

1 Entrevista com Raymond Viault, vice-presidente da General Mills, Inc.
2 Joanne Lipman, "Ad fad: marketers turn sour on global sales pitch Harvard guru makes", *Wall Street Journal*, 12 maio 1988, p. 1.
* Assim mesmo, pode-se notar que o sabor/gosto da coca-cola se diferencia de um local para outro. Por exemplo, ao adicionar água ao xarope, ela é diferente de uma região para outra (N. do R.T.).

Mas o que significa realmente ser 'glocal'? Trocando em miúdos, significa que uma empresa global bem-sucedida deve ser capaz de "pensar globalmente e agir localmente". Como veremos muitas vezes neste livro, marketing 'global' pode incluir uma combinação de abordagens-padrão (ex.: o produto em si) e alternativas (ex.: distribuição ou embalagem). Um 'produto global' pode ser 'o mesmo produto' em todos os lugares e ao mesmo tempo ser 'diferente'. Marketing global exige que as empresas se comportem de uma forma que seja global e local ao mesmo tempo, respondendo às similaridades e às diferenças dos mercados do mundo.

Como a Coca-Cola tem demonstrado, a capacidade de pensar globalmente e de agir localmente pode ser uma fonte de vantagem competitiva. Adaptando a promoção de vendas, a distribuição e os esforços de atendimento ao cliente às necessidades locais, a Coca estabeleceu uma preferência de marca tão forte que diz ter uma participação de 78% no mercado de refrigerantes do Japão. No início, a gerência da Coca-Cola não entendia o sistema de distribuição japonês, mas com um investimento considerável de tempo e dinheiro conseguiram estabelecer uma força de vendas que era tão eficaz no Japão quanto nos Estados Unidos. Para complementar as vendas de Coca, a unidade japonesa criou uma marca de café em lata e uma bebida láctea sob medida para o mercado japonês.

A Coca-Cola incorpora elementos do mix de marketing de natureza ao mesmo tempo global e local. Neste livro não propomos que o marketing global seja uma tentativa de impor 'na marra' uma abordagem totalmente padronizada de marketing ao redor do mundo. Uma questão central no marketing global é como adequar o conceito de marketing global a um determinado negócio ou produto. Por fim, é necessário compreender que marketing global não significa entrar em todo país do mundo; significa ampliar os horizontes de negócios para abranger o mundo ao se buscar oportunidades e ameaças. A decisão de entrar em mercados estrangeiros depende dos recursos da empresa, das atitudes da diretoria e da natureza das oportunidades e ameaças. Os refrigerantes da Coca-Cola são distribuídos em quase 200 países; de fato, o tema de um relatório anual recente era "Um sistema global de negócios dedicado ao atendimento do consumidor". A Coca é conhecida como a marca mais forte do mundo; sua posição global invejável resultou em parte da vontade e da habilidade da Coca-Cola em apoiar seu principal produto com um forte esforço de marketing local. Apesar de o símbolo onipresente vermelho e branco estar disponível mundialmente, a empresa também produz mais de 200 outras bebidas não alcoólicas para atender às preferências locais.

Uma quantidade considerável de outras empresas tem perseguido o marketing global com sucesso, criando marcas globais fortes. A Philip Morris, por exemplo, fez da Marlboro a marca de cigarros número um no mundo. Em automóveis, a DaimlerChrysler tem obtido reconhecimento global com sua marca Mercedes, e o mesmo vale para seu concorrente Bayerische Motoren Werke Aktiengesellschaft, de Munique, com a marca BMW de automóveis e motos.

Porém, como mostra a Tabela 1-1, as estratégias do marketing global também podem ser baseadas em projetos de produto ou sistema, posicionamento de produto, embalagem, distribuição, serviço ao cliente e considerações de fornecimento. O McDonald's, por exemplo, projetou um sistema de restaurante que pode ser montado em qualquer parte do mundo. Como a Coca-Cola, o McDonald's também adapta o conteúdo de seu menu de acordo com os costumes alimentares locais. Em Jacarta, na Indonésia, por exemplo, jantar no McDonald's é elegante; é um lugar da moda. A Cisco Systems, que fabrica roteadores de LAN que permitem aos computadores se comunicarem entre si, projeta novos produtos que possam ser programados para operar sob quaisquer condições no mundo.[3]

A Unilever utiliza um ursinho em vários mercados do mundo para comunicar os benefícios de seu amaciante de roupas. As motos Harley-Davidson são posicionadas em todo o mundo como genuinamente norte-americanas. A Gillette utiliza a mesma embalagem para seus produtos principais em todos os lugares do mundo. A Benetton, da Itália, utiliza um sofisticado sistema de distribuição para entregar rapidamente a última moda em sua rede de lojas espalhadas pelo mundo.

---

3 Gregory L. Milles, "Tailoring a global product", *International Business*, mar. 1995, p. 50.

Tabela 1-1 Exemplos de marketing global.	
Estratégia de marketing global	**Empresa/país de origem**
Nome de marca	Coca-Cola (EUA), Philip Morris (EUA), DaimlerChrysler (Alemanha)
Design do produto	McDonald's (EUA), Toyota (Japão), Ford (EUA), Cisco Systems (EUA)
Posicionamento do produto	Unilever (Grã-Bretanha/Holanda), Harley-Davidson (EUA)
Embalagem	Gillette (EUA)
Distribuição	Benetton (Itália)
Serviço ao cliente	Caterpillar (EUA)
Sourcing	Toyota (Japão), Honda (Japão), Gap (EUA)

A espinha dorsal do sucesso global da Caterpillar é sua rede de revendedores que ajudam a cumprir a promessa de "peças e serviços 24 horas" em qualquer lugar do mundo. O sucesso da Honda e da Toyota nos mercados mundiais baseou-se inicialmente na exportação de carros das fábricas no Japão. Atualmente, ambas as empresas investem em fábricas nos Estados Unidos e em outros países, a partir dos quais exportam. Em 1994, a Honda foi o exportador número um de carros nos Estados Unidos, embarcando mais de 100 mil Accords e Civics para o Japão e outros 35 países. A Gap concentra seu esforço de marketing nos Estados Unidos, mas conta com confecções de países com mão-de-obra barata para fornecer a maioria de suas roupas.

A abordagem específica de marketing global que uma empresa adota dependerá das condições do setor e de sua fonte (ou fontes) de vantagem competitiva. A Harley-Davidson deve começar a fabricar motos num país com mão-de-obra mais barata, como o México ou a China? Os consumidores norte-americanos continuarão a comprar Toyotas fabricados nos Estados Unidos? A resposta a essas perguntas é "depende". Já que a vantagem competitiva da Harley-Davidson tem como base seu posicionamento "Made in the USA", globalizar a produção pode não ser aconselhável neste momento. O sucesso da Toyota nos Estados Unidos é parcialmente atribuível à sua habilidade de transferir tecnologias de fabricação de primeira linha para o mercado norte-americano, enquanto utiliza a propaganda para enfatizar que o Camry é fabricado por norte-americanos com muitos componentes manufaturados nos Estados Unidos.

A Toyota tem se posicionado como uma marca global independente de qualquer ligação com o país de origem. Um Toyota é um Toyota, não importa onde foi fabricado. O mesmo vale para milhares de outras empresas que posicionam seus produtos com sucesso sem levar em conta o país de origem — o que não é o caso da Harley-Davidson.

A IMPORTÂNCIA DO MARKETING GLOBAL

O maior mercado nacional do mundo, os Estados Unidos, hoje representa cerca de 25% do total do mercado mundial para produtos e serviços. Portanto, as empresas norte-americanas que desejarem alcançar o potencial de crescimento máximo devem globalizar-se. Afinal, 75% do potencial do mercado mundial está fora de seu país de origem.

Empresas que não são norte-americanas têm uma motivação ainda maior em buscar oportunidades de mercado fora de suas fronteiras, entre as quais as quase 300 milhões de pessoas nos Estados Unidos. Por exemplo, apesar de o valor em dólares do mercado nacional para empresas japonesas ser o segundo do mundo (depois dos Estados Unidos), o mercado fora do Japão representa 85% do potencial mundial para empresas japonesas. Para os países europeus, o panorama é ainda mais drástico. Embora a Alemanha seja o maior mercado individual da Europa, 94% do potencial de mercado mundial para as empresas alemãs está fora do país.

Muitas empresas já reconheceram a importância de conduzir atividades econômicas fora do país de origem. Setores cujos âmbitos havia alguns anos eram estritamente nacionais hoje são dominados por algumas poucas empresas globais. O surgimento da corporação global segue quase o mesmo padrão do surgimento da empresa nacional, que nos Estados Unidos aconteceu no fim do século XIX a partir das empresas locais e regionais. A indústria automobilística é um exemplo dramático e de certa maneira serve como aviso. Nos primeiros 25 anos do século XX, havia milhares de empresas de automóveis no mundo, e mais de 500 somente nos Estados Unidos. Hoje, permanecem menos de 20 empresas no mundo inteiro, e apenas duas delas são norte-americanas (Tabela 1-2). A *Fortune* só identifica 24 empresas automobilísticas em sua pesquisa sobre as 500 maiores empresas do mundo. Na maioria dos setores, as empresas que sobreviverão e prosperarão serão as globais. Algumas que não respondem aos desafios e às oportunidades da globalização serão absorvidas por empreendimentos mais dinâmicos, ao passo que outras simplesmente desaparecerão.

Esse fato é ilustrado pela surpreendente notícia da fusão entre a Daimler-Benz e a Chrysler em 1998. Esse negócio de 36 bilhões de dólares — a maior fusão industrial da história até maio de 1998 — marcou a importância da escala, do tamanho e da abrangência na indústria automotiva mundial. As empresas combinadas pularam do 6º e do 15º lugar no mundo para uma colocação conjunta em 5º lugar no ranking, após a GM, a Ford, a Toyota e a Volkswagen. Quando olha a lista das empresas mais importantes do mundo na Tabela 1-2, você pode observar que a pressão para mais alianças e fusões nesse setor ainda vai aumentar.

Tabela 1-2 Total mundial de vendas de automóveis e peças (em milhões de dólares).

	Vendas em 1998	Lucros em 1998	Participação de mercado em 1998
General Motors	$161.315	$2.956	14,5
DaimlerChrysler	154.615	5.656	13,9
Ford Motor	144.416	22.071	13,0
Toyota	99.740	2.787	9,0
Volkswagen	76.307	1.261	6,9
Nissan Motor	51.478	(217)	4,6
Fiat	50.999	692	4,6
Honda Motor	48.748	2.386	4,4
Renault	41.353	1.500	3,7
Peugeot	37.540	539	3,4
BMW	35.887	513	3,2
Robert Bosch	28.610	446	2,6
Mitsubishi Motors	27.480	44	2,5
Volvo	26.773	1.086	2,4
Mazda Motor	16.093	303	1,4
Todas as outras	108.625	2.749	9,9
Total	1.109.949	44.772	100,0

Fonte: Adaptado de *Fortune*, 2 ago. 1999, p. F-19.

O mercado de automóveis japonês é bastante fragmentado. Ele é dividido entre Toyota (32%), Nissan (16%), Honda (12%), Mitsubishi (11%), Mazda (8%), Suzuki (8%), Daihatsu (5%) e outros (8%).[4] A importância das exportações de automóveis como porcentagem da produção total de um país é ilustrada na Tabela 1-3. Fica claro que nem todas essas empresas sobreviverão. Como disse recentemente Thomas Middelhoff, da Bertelsmann AG, "Não há empresas alemãs nem norte-americanas. Só existem empresas malsucedidas e bem-sucedidas".[5] Infelizmente, publicações como a revista *Fortune* ainda preferem categorizar as empresas geograficamente, de acordo com a localização de sua sede.

A Tabela 1-4 mostra 25 das 100 maiores empresas classificadas pelo *Wall Street Journal* em termos de capitalização de mercado — isto é, o valor de mercado de todas as suas ações. A Tabela 1-5 dá uma perspectiva diferente: as primeiras 25 das 500 maiores empresas industriais e de serviços do ranking da revista *Fortune* de 1998. Comparando as dez maiores empresas em cada tabela, percebe-se que, apesar de a General Electric ter o segundo maior valor de mercado, está em 9º lugar quanto à receita e em 2º quanto à lucratividade. A General Motors tinha a maior receita, mas estava colocada no 79º lugar quanto ao seu valor de mercado e em 42º quanto aos lucros. É interessante notar que somente uma empresa japonesa (Nippon Telegraph and Telephone) aparece entre as 10 mais em termos de valor de mercado, mas quatro (Mitsui, Itochu, Mitsubishi e Toyota) figuram entre as 10 mais no que diz respeito às vendas.

A Tabela 1-5 também mostra a importância da indústria automobilística. As três maiores empresas do mundo quanto ao faturamento eram fabricantes de automóveis. A DaimlerChrysler merece destaque especial, pois em três anos subiu da 20ª para a 3ª posição. O varejista global Wal-Mart apresentou um crescimento impressionante nos últimos anos.* Outra empresa a destacar está no setor de serviços financeiros: o Citigroup,

Tabela 1-3 Indústria automobilística: perspectiva global, produção de automóveis em 1996 no país (em unidades).

	Produção	Exportação	Porcentagem	Importação
Japão	7.864	3.232	41	440
Estados Unidos	6.037	534	9	4.064
Alemanha	4.540	2.650	58	1.852
França	3.148	2.026	64	1.386
Coréia	2.265	1.056	47	16
Espanha	1.942	1.543	79	512
Reino Unido	1.686	914	54	—
Itália	1.318	640	49	—
Canadá	1.279	872	68	—
Total	30.079	13.448	45	8.270

Fonte: Associação Japonesa de Fabricantes de Automóveis. Keizai Koho Center, 1998.

---

4 Haig Simonian, "Can Japan keep 11 carmakers?", *Financial Times*, 22 jul. 1998, p. 13.
5 Citado em "Global mall", *Wall Street Journal*, 7 maio 1998, p. 1.
* Em 2002, o Wal-Mart já havia chegado à primeira posição do ranking da *Fortune*, com mais de 200 bilhões de receitas anuais em todo o mundo (N. do R.T.).

Tabela 1-4 As maiores empresas por valor de mercado (em milhões de dólares).

Classificação 1998	Classificação 1996	Empresa (país)	Valor de mercado
1	12	Microsoft (EUA)	$460.304
2	1	General Electric (EUA)	370.661
3	16	IBM (EUA)	233.825
4	19	Wal-Mart (EUA)	214.719
5		Cisco Systems (EUA)	205.839
6		Lucent (EUA)	205.616
7	2	Royal Dutch/Shell (Holanda/Reino Unido)	200.735
8	14	Intel (EUA)	197.818
9	5	Exxon (EUA)	187.243
10	4	Nippon Telegraph & Telephone (Japão)	186.566
11		AT&T (EUA)	178.390
12	10	Merck (EUA)	174.681
13	22[a]	BP Amaco (Reino Unido)	174.461
14		Citigroup	171.143
15		MCI WorldCom (EUA)	160.133
16	3	Coca-Cola (EUA)	153.076
17	30	American International Group (EUA)	144.987
18	29	Pfizer (EUA)	142.046
19	31	Bristol-Myers Squibb (EUA)	139.894
20	13	Johnson & Johnson (EUA)	131.830
21		Deutsche Telekom (Alemanha)	126.781
22		Bank of America (EUA)	126.312
23	7	Toyota Motors (Japão)	119.244
24	15	Procter & Gamble (EUA)	118.569
25		American Online (EUA)	117.872

[a]Reflete uma fusão.

Fonte: "The world's 100 largest public companies", *Wall Street Journal*, 28 set. 1999, p. R-27. Classificado pelo valor de mercado em 30 jun. 1999.

Tabela 1-5 *Fortune*: as maiores empresas por receita (em milhões de dólares).

Classificação 1999	Classificação 1996	Empresa	País	Receitas	Lucros	Classificação
1	1	General Motors	EUA	$161.315	$2.956	42
2	—	DaimlerChrysler	Alemanha	154.615	5.656	9
3	2	Ford Motor	EUA	144.416	22.071	1
4	11	Wal-Mart Stores	EUA	139.208	4.430	17
5	3	Mitsui	Japão	109.373	233	338
6	5	Itochu	Japão	108.749	(266,7)	462
7	4	Mitsubishi	Japão	107.184	244	328
8	8	Exxon	EUA	100.697	6.370	5
9	12	General Electric	EUA	100.469	9.296	2
10	10	Toyota Motor	Japão	99.740	2.787	47
11	6	Royal Dutch/Shell	Reino Unido/ Holanda	93.692	350	296
12	7	Maruben	Japão	93.569	(921)	481
13	9	Sumitomo	Japão	89.021	(102)	444
14	15	IBM	EUA	81.667	6.328	6
15	—	AXA	França	78.729	1.702	85
16	—	Citigroup	EUA	76.431	5.807	8
17	23	Volkswagen	Alemanha	76.307	1.261	114
18	14	Nippon Telephone	Japão	76.119	415	14
19	—	BP Amaco	Reino Unido	68.304	3.260	33
20	13	Nissho Iwai	Japão	67.742	(771)	479
21	14	Nippon Life	Japão	66.300	828	182
22	25	Siemens	Alemanha	66.038	370	295
23	—	Allianz	Alemanha	64.875	2.022	68
24	16	Hitachi	Japão	62.405	(2.651)	490
25	—	U.S. Postal Service	EUA	60.072	550	242

Fonte: Adaptado de *Fortune*, 2 ago. 1999, p. F-1.

que de 1997 para 1999 saltou da 58ª para a 16ª posição. No caso da DaimlerChrysler e do Citigroup, o crescimento deu-se mediante aquisições ou fusões com outras empresas, diferentemente do Wal-Mart, cujo crescimento foi conseqüência da abertura de novas lojas. Alguns dos problemas econômicos ocorridos no

Japão na metade da década de 90 refletiram no desempenho das empresas citadas na tabela. Em 1996, seis das dez maiores empresas eram japonesas; em 1998, apenas quatro. Seja qual for sua posição atual na *Fortune*, as empresas devem sempre olhar para o futuro. Devido a alterações das condições econômicas, fusões e aquisições e inovações, mudanças importantes podem ocorrer. Para se ter uma idéia, entre 1975 e 1995, 60% das empresas *Fortune 500* foram substituídas.[6]

ORIENTAÇÕES ADMINISTRATIVAS

A forma e o conteúdo da resposta que uma empresa dá às oportunidades globais de mercado depende muito das pressuposições e crenças de seus administradores — conscientes ou não — em relação à natureza do mundo. A visão de mundo do pessoal de uma empresa pode ser descrita como etnocêntrica, policêntrica, regiocêntrica e geocêntrica.[7] A administração de uma empresa com orientação predominantemente etnocêntrica pode decidir conscientemente tomar uma direção geocêntrica. As orientações, conhecidas coletivamente como a moldura EPRG, estão resumidas na Figura 1-3.

Orientação etnocêntrica

Uma pessoa que pressupõe ser seu país superior ao restante do mundo tem uma orientação etnocêntrica. A orientação etnocêntrica significa que as pessoas na empresa vêem apenas similaridades nos mercados e pressupõem que produtos e práticas que tiveram sucesso no país de origem, devido à superioridade demonstrada, terão sucesso em qualquer lugar. Em algumas empresas, a orientação etnocêntrica significa que as oportunidades fora do seu país são ignoradas. Essas empresas também são o que chamamos de 'empresas nacionais'. Empresas etnocêntricas que fazem negócios no exterior podem ser descritas como empresas internacionais; elas mantêm a crença de que os produtos que fazem sucesso em seu país são superiores e, portanto, podem ser vendidos em qualquer lugar, sem adaptação.

Na empresa etnocêntrica internacional, as operações no exterior são consideradas secundárias ou subordinadas às nacionais. Uma empresa etnocêntrica pressupõe que os conhecimentos 'provados e testados' da matriz e os recursos organizacionais podem ser aplicados em outras partes do mundo. Isso às vezes pode

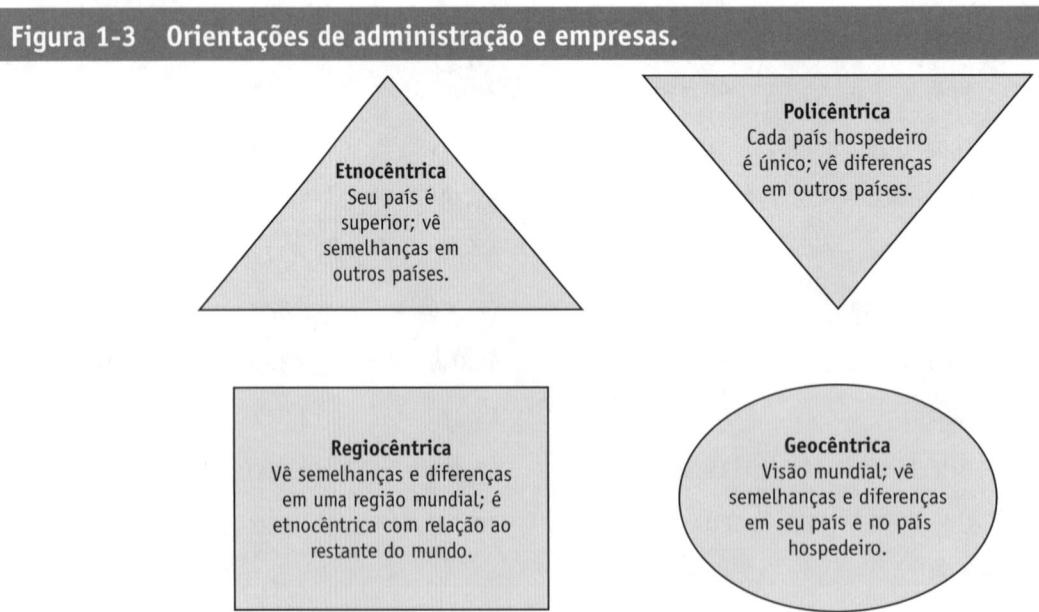

Figura 1-3 Orientações de administração e empresas.

---

6 W. Chan Kim e Renèe Mauborgne, "How to discover the unknown market", *Financial Times*, 6 maio 1999, p. 12.
7 Adaptado de Howard Perlmutter, "The torturous evolution of the multinational corporation", *Columbia Journal of Business*, jan./fev. 1969.

funcionar, mas conhecimentos gerenciais e experiências valiosos dos mercados locais podem passar desapercebidos. Para um fabricante, o etnocentrismo significa ver os mercados externos como um meio de se livrar de excedentes de produção nacionais. Os planos para desenvolver mercados fora do país utilizam políticas e procedimentos idênticos aos utilizados no mercado nacional. Não são feitas pesquisas de marketing sistemáticas fora do próprio país, e nenhuma alteração importante é feita nos produtos. Mesmo quando as necessidades ou os desejos do consumidor nos mercados internacionais diferem daqueles do seu país, essas diferenças são ignoradas na matriz.

A orientação etnocêntrica da Nissan era bastante aparente nos primeiros anos em que ela exportava carros e caminhões para os Estados Unidos. Projetados para os invernos suaves do Japão, os veículos tinham dificuldade de dar a partida em muitas regiões dos Estados Unidos durante os meses frios de inverno. No norte do Japão, muitos proprietários de carros colocavam cobertores sobre o capô de seu automóvel, e a Nissan supunha que os norte-americanos fariam o mesmo. Até a década de 80, a Eli Lilly & Cia. operava uma empresa etnocêntrica na qual as atividades fora dos Estados Unidos eram rigidamente controladas pela matriz e focadas em vender produtos desenvolvidos originalmente para o mercado norte-americano.[8]

Há 50 anos, a maioria dos negócios, especialmente aqueles localizados num país grande como os Estados Unidos, podia funcionar bem com uma orientação etnocêntrica. Hoje, no entanto, o etnocentrismo é uma das maiores ameaças internas que uma empresa enfrenta.

Orientação policêntrica

A orientação policêntrica é o oposto do etnocentrismo. O termo *policêntrico* descreve a pressuposição ou crença da administração de que cada país em que a empresa opera é único. Esse pressuposto dita as bases para que cada subsidiária desenvolva seu próprio negócio e estratégias de marketing para obter sucesso. O termo *companhia multinacional* é muito utilizado para descrever essa estrutura. Até recentemente, os serviços financeiros da Citicorp ao redor do mundo operavam em esquema policêntrico. James Bailey, um executivo da Citicorp, descreveu assim a empresa: "Éramos como um estado medieval. Havia o rei e sua corte, e eles é que mandavam, certo? Não. Eram os senhores de terras que mandavam. O rei e a sua corte podiam declarar isso ou aquilo, mas eram os barões que faziam acontecer".[9] Percebendo que os serviços financeiros estavam se globalizando, o presidente John Reed tentou alcançar um grau mais alto de integração entre as unidades operacionais do Citicorp. Como Jack Welch na GE, Reed procurou inspirar uma orientação geocêntrica em toda a empresa.

Orientações regiocêntrica e geocêntrica

Numa empresa com orientação regiocêntrica, a administração vê as regiões como únicas e tenta desenvolver uma estratégia regional integrada. Por exemplo, uma empresa norte-americana que coloca seu foco nos países incluídos na Nafta — Estados Unidos, Canadá e México — tem orientação regiocêntrica. O mesmo se pode dizer de uma empresa européia que concentra sua atenção na União Européia. Uma empresa com orientação geocêntrica vê o mundo inteiro como um mercado em potencial e tenta desenvolver estratégias mundiais integradas. Uma empresa cuja direção tem orientação regiocêntrica ou geocêntrica também é conhecida como empresa global ou transnacional.[10]

---

8 T. W. Malnight, "Globalization of an ethnocentric firm: an evolutionary perspective", *Strategic Management Journal*, 16, nº 2, fev. 1995, p. 125.
9 Saul Hansell, "Uniting the feudal lords at Citicorp", *New York Times*, 16 jan. 1994, p. 1.
10 Embora as definições aqui apresentadas sejam importantes, para evitar confusão, usaremos a expressão 'marketing global' quando descrevermos atividades gerais de empresas globais. Outro ponto para se ter cuidado é o uso dos termos *internacional*, *multinacional* e *global*, que varia enormemente. Leitores atentos de publicações de negócios provavelmente

QUADRO 1-1

PHILIPS E MATSUSHITA: COMO AS EMPRESAS GLOBAIS TRIUNFAM

Até recentemente, a Philips Electronics, sediada em Eindhoven, na Holanda, era um clássico exemplo de empresa com orientação policêntrica. A Philips mantinha organizações nacionais (ONs, no jargão empresarial) autônomas em todo país e cada uma delas desenvolvia sua própria estratégia. Sua ascensão caminhava muito bem, até enfrentar a competição da Matsushita e de outras empresas japonesas de aparelhos eletrônicos cuja orientação gerencial era geocêntrica. A diferença na vantagem competitiva entre a Philips e seus competidores japoneses era drástica.

Por exemplo, a Matsushita adotou uma estratégia global que concentrava seus recursos em fornecer ao mercado mundial produtos domésticos de entretenimento. Em matéria de televisores, ela ofereceu aos clientes europeus dois modelos baseados num único chassi. Em contrapartida, as ONs européias ofereceram sete modelos diferentes baseados em quatro chassis. Se os clientes tivessem aceitado bem essa variedade, a Philips teria se tornado o mais forte concorrente. Infelizmente, o design dos produtos criados pelas ONs não conquistou a preferência dos clientes, os quais desejavam valor na forma de qualidade, apresentação, design — e preço. A decisão da Philips de oferecer uma grande variedade de design não se baseava no desejo dos clientes, mas sim na estrutura e na estratégia da empresa. Em cada país, sua principal organização tinha o próprio planejamento. Cada unidade do país tinha seu próprio design e operações de produção.

Essa visão policêntrica, multinacional, era tradição da Philips e atrativa para ONs habituadas a operar independentemente. A orientação policêntrica, entretanto, era irrelevante para os clientes, os quais visavam a valor. Eles valorizaram mais a estratégia global da Matsushita do que a estratégia multinacional da Philips. Por quê? Porque a estratégia global da Matsushita criava valor pelo baixo custo e, conseqüentemente, menores preços.

Como empresa multinacional, a Philips desperdiçou recursos na duplicação de esforço que conduzisse à maior variedade de produtos. A variedade acarretou maiores custos, que eram repassados aos clientes sem aumento de benefício. Fica fácil compreender como uma estratégia correta resultou em sucesso da Matsushita na indústria global de produtos eletrônicos de consumo. Como a estratégia da Matsushita ofereceu maior valor ao cliente, a Philips perdeu participação de mercado. Evidentemente, a Philips precisava de uma nova estratégia empresarial. Ao se defrontar com o desafio japonês, os executivos da Philips, conscientemente, abandonaram a visão policêntrica, multinacional, e adotaram orientação mais geocêntrica. O primeiro passo nessa direção foi a criação de grupos, nas indústrias da Holanda, responsáveis pelo desenvolvimento de estratégias globais e de pesquisa e desenvolvimento (P&D), marketing e produção.

A orientação geocêntrica representa uma síntese do policentrismo e do etnocentrismo; é uma 'visão de mundo' que vê similaridades e diferenças em mercados e países e procura criar uma estratégia global que responda plenamente às necessidades e aos desejos locais. Pode-se dizer que um gerente regiocêntrico tem uma visão de mundo em escala regional; o mundo fora de sua região de interesse será visto com uma orientação etnocêntrica ou policêntrica, ou uma combinação dos dois. Como sugere a citação de Jack Welch no começo deste capítulo, pelo menos alguns dos gerentes de empresas devem ter orientação geocêntrica. No entanto, pesquisas sugerem que muitas empresas procuram fortalecer sua competitividade regional em vez de sair diretamente desenvolvendo estratégias globais para responder a mudanças no ambiente competitivo.[11]

A empresa etnocêntrica é centralizada em termos de administração de marketing, a empresa policêntrica é descentralizada e as empresas regiocêntricas e geocêntricas são integradas respectivamente em escala regional e global. Uma importante diferença entre as orientações são os pressupostos sobre os quais se

---

perceberão inconsistências; o uso nem sempre reflete as definições aqui apresentadas. Em especial, empresas globais (sob o ponto de vista do autor, assim como de muitos outros acadêmicos) são muitas vezes descritas como empresas ou corporações multinacionais. As Nações Unidas preferem a expressão *empresa transnacional* a *global*. Quando nos referirmos a uma empresa internacional ou multinacional, estaremos, portanto, mantendo a distinção descrita no texto.

11 Allen Morrison, David A. Ricks e Kendall Roth, "Globalization versus regionalization: which way for the multinational?", *Organizational Dynamics*, inverno 1991, p. 18.

baseiam. A orientação etnocêntrica tem como base a crença na superioridade do país de origem. O pressuposto fundamental da abordagem policêntrica é que há tantas diferenças nas condições culturais, econômicas e de marketing no mundo que é impossível e inútil tentar transferir experiências através de fronteiras.

FORÇAS QUE AFETAM A INTEGRAÇÃO E O MARKETING GLOBAL

O crescimento notável da economia global nos últimos 50 anos foi moldado pela dinâmica interação de várias forças motrizes e restritivas. Durante a maior parte desse tempo, empresas de várias partes do mundo em diferentes ramos alcançaram grande sucesso perseguindo estratégias internacionais, multinacionais e globais. Durante a década de 90, as mudanças no ambiente de negócios impuseram uma série de desafios às formas já estabelecidas de se fazer negócios. Atualmente, a importância crescente do marketing global vem do fato de as forças motrizes terem mais impulso que as restritivas. As forças que afetam a integração global são mostradas na Figura 1-4.

Forças motrizes

Necessidades e desejos de mercado convergentes, avanços tecnológicos, pressão para cortar custos, pressão para melhorar a qualidade, melhorias tecnológicas de comunicação e transporte, crescimento econômico global e oportunidades de alavancagem são importantes forças motrizes; qualquer setor sujeito a essas forças é candidato à globalização.

Tecnologia

A tecnologia é um fator universal que atravessa fronteiras nacionais e culturais. Ela é verdadeiramente 'apátrida'; não há barreiras culturais que impeçam sua aplicação. Uma vez desenvolvida, a tecnologia rapidamente se torna disponível em todas as partes do mundo. Esse fenômeno apóia a previsão de Levitt no que tange ao surgimento dos mercados globais para produtos padronizados. Em seu artigo na *Harvard Business Review*, que se tornou ponto de referência, Levitt antecipou a revolução nas comunicações, que se mostrou de fato uma força motriz do marketing global.[12] Antenas parabólicas, emissoras de televisão que cobrem o mundo, como a CNN e MTV, e a Internet são só alguns dos fatores tecnológicos que impulsionam o sur-

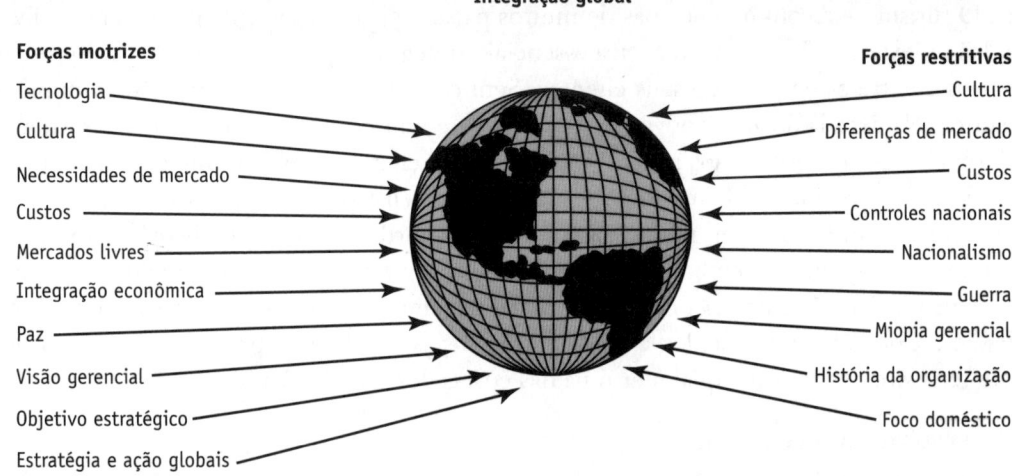

Figura 1-4 Forças motrizes e restritivas que afetam a integração global.

---

12 Theodore Levitt, "The globalization of markets", *Harvard Business Review*, maio/jun. 1983, p. 92.

gimento de uma verdadeira aldeia global. Em um mercado regional como a Europa, a crescente sobreposição de propaganda através de fronteiras nacionais e a mobilidade dos consumidores têm criado oportunidades para que as empresas adotem um posicionamento pan-europeu para seus produtos.

Acordos econômicos regionais

Uma significativa quantidade de acordos comerciais multilaterais tem acelerado o ritmo da integração global. A Nafta já está expandindo o comércio entre os Estados Unidos, o Canadá e o México. O Acordo Geral sobre Tarifas e Comércio (Gatt), ratificado por mais de 120 países em 1994, foi substituído pela Organização Mundial de Comércio (OMC) para promover e proteger o livre comércio. Na Europa, o aumento dos membros da União Européia está derrubando as barreiras do comércio dentro da região.

Desejos e necessidades de mercado

O estudo dos mercados mundiais revela ao mesmo tempo diferenças e universalidades culturais. Os elementos comuns da natureza humana proporcionam a oportunidade de criar mercados globais e atendê-los. O uso da palavra *criar* é proposital. A maioria dos mercados globais não existe na natureza: precisa ser criada por um esforço de marketing. Por exemplo, ninguém precisa de refrigerantes, mas em alguns países atualmente o consumo *per capita* de refrigerantes supera o de água. O marketing impulsionou essa mudança de comportamento, e hoje a indústria de refrigerantes é, de fato, global. São crescentes as evidências de que os desejos e as necessidades do consumidor estão convergindo como nunca, o que cria uma oportunidade para marketing global. Empresas multinacionais que buscam estratégias de adaptação de produto correm o risco de ser ultrapassadas por concorrentes globais que reconheceram as oportunidades de atender aos clientes globalmente.

A Marlboro é um exemplo de marca global de sucesso. Dirigida aos fumantes urbanos de todo o mundo, a marca recorre ao espírito de liberdade, independência e espaços amplos simbolizado pela imagem do caubói em belas paisagens do amplo oeste norte-americano. A necessidade à qual a Marlboro responde é universal, portanto o apelo básico e a execução de sua propaganda e posicionamento são globais. A Philip Morris, que comercializa o cigarro Marlboro, é uma empresa global que descobriu anos atrás como uma necessidade básica de mercado pode ser suprida com uma abordagem global.

Melhorias em transporte e comunicações

As barreiras de custo e tempo associadas à distância têm caído tremendamente nos últimos cem anos. O avião a jato revolucionou a comunicação por tornar possível às pessoas dar a volta ao mundo em menos de 48 horas. O turismo faz com que pessoas de muitos países vejam e experimentem os mais diversos produtos vendidos no exterior. Uma característica essencial do negócio global é a comunicação cara a cara entre funcionários e entre as empresas e seus clientes. Sem os transportes modernos essa comunicação seria difícil de manter. Na década de 90, as novas tecnologias de comunicação — como e-mail e fax, além de tele e videoconferências — permitiram aos gerentes, executivos e clientes conectarem-se de maneira eletrônica de, virtualmente, qualquer lugar do mundo por uma fração do custo das passagens aéreas.

Uma revolução similar ocorreu na tecnologia de transportes. O custo da distribuição física diminui, assim como o tempo exigido para embarque. Uma carta da China até Nova York atualmente é entregue em oito dias — mais rápido que a entrega de correio local em muitos países. O custo unitário de transportar carros do Japão e Coréia para os Estados Unidos em navios especialmente projetados é menor que o custo de transporte terrestre de Detroit a qualquer uma das costas dos Estados Unidos.

Custos de desenvolvimento de produto

A pressão para globalizar é intensa quando novos produtos requerem investimentos importantes e longos períodos de desenvolvimento. A indústria farmacêutica é um exemplo poderoso dessa força motriz. De acordo com a PMA (Pharmaceutical Manufacturers Association — Associação de Fabricantes Farmacêuticos), o custo de desenvolver um novo remédio em 1976 era de 54 milhões de dólares; em 1982 o custo tinha aumentado para 87 milhões de dólares; em 1993, já alcançara os 359 milhões.[13] Esses custos precisam ser recuperados no mercado global, já que nenhum mercado nacional é grande o suficiente para suportar investimentos desse porte. Como observado anteriormente, marketing global não significa necessariamente operar em toda parte; por exemplo, na indústria farmacêutica, que movimenta 200 bilhões de dólares, sete países representam 75% das vendas.

Qualidade

As estratégias globais de marketing podem gerar maiores receitas e margens operacionais, o que, por sua vez, sustenta a qualidade do design e da fabricação. Um empresa global e uma nacional podem, cada uma, gastar 5% da receita em pesquisa e desenvolvimento, porém uma empresa global pode ter muito mais receita que a nacional, porque atende a um mercado mundial. É fácil compreender como a Nissan, a Matsushita, a Caterpillar e outras empresas globais podem atingir qualidade de primeira linha. As empresas globais aumentam as expectativas para todos os concorrentes em um setor. Quando uma empresa global estabelece uma referência em qualidade, a concorrência tem que rapidamente fazer melhorias e se igualar. A concorrência global tem forçado as empresas a melhorar a qualidade. Para produtos verdadeiramente globais, a uniformidade pode reduzir os custos de pesquisa, engenharia, projeto e produção ao longo das funções da empresa. Qualidade, uniformidade e redução de custos foram forças motrizes por trás do desenvolvimento do 'carro mundial' da Ford, vendido nos Estados Unidos como Ford Contour e Mercury Mystique e na Europa e no Brasil como Mondeo.

Tendências econômicas mundiais

Há três motivos para o crescimento econômico ter sido uma força motriz na expansão da economia mundial e no crescimento do marketing global. O primeiro é que o crescimento criou oportunidades que proporcionam um incentivo maior para as empresas se expandirem globalmente. Ao mesmo tempo, um crescimento lento do mercado nacional de uma empresa pode ser um sinal de que ela deve buscar oportunidades em países e regiões com altas taxas de crescimento.

O segundo é que o crescimento econômico reduziu a resistência que poderia ter ocorrido à entrada de empresas estrangeiras nas economias nacionais. Quando um país cresce rapidamente, os governantes tendem a ver com bons olhos quem vem de fora. Um país em crescimento implica mercados em expansão, e em geral há oportunidades suficientes para todos, e uma empresa 'estrangeira' pode entrar em uma economia nacional e se estabelecer sem tirar vendas das empresas locais. Mas, se não houver crescimento econômico, os empreendimentos globais podem tirar faturamento das empresas locais, que tendem a procurar intervenção governamental para proteger sua posição local. Previsivelmente, a recessão mundial no início da década de 90 criou pressões na maioria dos países para limitar o acesso de empresas estrangeiras aos mercados nacionais.

O movimento mundial para a desregulamentação e a privatização é outra força propulsora. A tendência à privatização está abrindo mercados anteriormente fechados e criando ótimas oportunidades. Por exemplo, quando a empresa telefônica de um país é um monopólio do Estado, é muito mais fácil exigir que ela compre de empresas nacionais. Uma empresa independente, privada, estará mais inclinada a procurar a melhor oferta, seja qual for a nacionalidade do fornecedor. A privatização dos sistemas de telefonia ao redor do mundo está criando oportunidades e ameaças para toda empresa do ramo, como presenciado no Brasil a partir da segunda metade da década de 90.

Alavancagem

Uma empresa global possui a oportunidade exclusiva de desenvolver alavancagem — um tipo de vantagem que a empresa desfruta por fazer negócios em mais de um país. Quatro tipos importantes de alavancagem são: transferência de experiência, economias de escala, utilização de recursos e estratégia global.

---

13 A PMA é citada em Malnight, "Globalization of an ethnocentric firm", p. 123.

1. *Transferência de experiência*. Uma empresa global pode alavancar sua experiência em qualquer mercado no mundo. Ela pode se valer de práticas gerenciais, estratégias, produtos, apelos de propaganda ou idéias de vendas e promoção que foram testadas em mercados reais e aplicá-los em outros mercados comparáveis.

   Por exemplo, a Asea Brown Boveri (ABB), empresa com 1.300 subsidiárias em 140 países, tem uma experiência considerável com um modelo gerencial que transfere de um país para outro. A empresa, com sede em Zurique, sabe que sua matriz pode ser gerida com um *staff* pequeno. Quando a ABB adquiriu uma empresa finlandesa, reduziu o *staff* da sede de 880 para 25 funcionários entre 1986 e 1989. O pessoal de uma unidade-sede na Alemanha foi reduzido de 1.600 para 100 entre 1988 e 1989. Ao comprar a Combustion Engineering (empresa norte-americana fabricante de caldeiras para usinas elétricas), a ABB sabia por experiência própria que o *staff* da sede, de 800 pessoas, poderia ser reduzido drasticamente, apesar de a Combustion Engineering ter uma justificativa para cada cargo.

2. *Economias de escala*. A empresa global pode tirar vantagem de seu maior volume de produção para obter vantagens tradicionais de escala em uma única fábrica. Produtos acabados também podem ser produzidos combinando componentes fabricados em unidades de escala eficiente em países diferentes. A gigante Matsushita Electric Company do Japão é um exemplo clássico de marketing global; ela alcançou economias de escala exportando videocassetes, televisores e outros produtos eletrônicos de consumo para o mundo todo a partir de fábricas que, no Japão, produziam em escala. A importância da escala fabril tem diminuído um pouco à medida que as empresas implementam técnicas de produção flexíveis e investem em fábricas fora do país de origem. No entanto, as economias de escala foram o alicerce do sucesso japonês das décadas de 70 e 80.

   A alavancagem proveniente das economias de escala não se limita à produção. Assim como uma empresa nacional pode obter economias de pessoal eliminando cargos duplicados após uma aquisição, uma empresa global pode atingir as mesmas economias em escala global centralizando as atividades funcionais. A escala maior de uma empresa global também cria oportunidades de melhorar a competência e a qualidade do *staff* corporativo.

3. *Utilização de recursos*. Uma força importante de uma empresa global é sua capacidade de identificar no mundo inteiro pessoas, dinheiro e matérias-primas que a capacitam a competir com eficácia nos mercados mundiais. Isso é tão verdadeiro para empresas estabelecidas como para iniciantes. Por exemplo, o British Biotechnology Group, fundado em 1986, levantou fundos de 60 milhões de dólares de investidores nos Estados Unidos, no Japão e na Grã-Bretanha. Para uma empresa global, não importa se o valor da moeda nacional sobe ou desce, porque para essa empresa não existe uma única moeda nacional. O mundo está cheio de moedas, e uma empresa global busca os recursos financeiros nas melhores condições possíveis. Por sua vez, ela os emprega onde a oportunidade de atender a alguma necessidade com lucro é maior.

4. *Estratégia global*. A maior vantagem de uma empresa global pode ser sua estratégia global. Uma estratégia global utiliza um sistema de informação que coleta dados do ambiente de negócios no mundo inteiro para identificar oportunidades, tendências, ameaças e recursos. Quando as oportunidades são identificadas, a empresa global utiliza os três princípios apresentados anteriormente: alavanca suas habilidades e concentra seus recursos para criar valor superior perceptível para clientes e alcançar vantagem competitiva. A estratégia global é um projeto para criar uma oferta vitoriosa em escala global. Isso requer muita disciplina, criatividade e esforço contínuo. A recompensa não é só o sucesso — é a sobrevivência.

A empresa global/transnacional

A empresa global/transnacional, ou qualquer empreendimento de negócios que busca objetivos econômicos conectando os recursos do mundo à oportunidade de mercado mundial, é uma organização que respondeu às forças motrizes e restritivas que movimentam o mundo dos negócios. Dentro do quadro financeiro internacional e sob a proteção da paz global, as empresas globais têm tirado vantagem das tecnologias de comunicação em expansão para buscar oportunidades de mercado e atender a necessidades e desejos em escala global. A empresa global responde às oportunidades de mercado e às ameaças competitivas por meio de uma atuação global e, ao mesmo tempo, tem sido uma das forças que impulsionam o mundo para uma globalização maior.

Forças restritivas

Apesar do impacto das forças motrizes identificadas anteriormente, várias forças restritivas podem desacelerar os esforços de uma empresa no marketing global. Três importantes forças restritivas são a miopia gerencial, a cultura organizacional e os controles nacionais. Porém, como observamos, hoje as forças motrizes são mais fortes que as restritivas, de modo que a importância do marketing global está crescendo continuamente.

Miopia gerencial e cultura organizacional

Em muitos casos, a gerência simplesmente desconsidera oportunidades para perseguir o marketing global. Uma empresa 'míope' e etnocêntrica não terá expansão geográfica. A miopia também é a receita para um desastre mercadológico se a sede tenta impor quando deveria escutar. O marketing global não funciona sem uma equipe local forte que possa fornecer informações sobre as condições do mercado local. Os executivos da Parker tentaram implementar uma estratégia de marketing de cima para baixo que desprezava a experiência adquirida pelos representantes locais. Fracassos dispendiosos fizeram com que a empresa fosse comprada pela gerência da antiga subsidiária do Reino Unido, depois pela Gillette e posteriormente pela norte-americana Sanford, também proprietária da marca Waterman.

Em empresas em que a gerência da subsidiária 'sabe tudo', não há espaço para uma visão panorâmica. Em empresas nas quais a gerência da matriz sabe tudo, não há espaço para a iniciativa local ou conhecimentos profundos das necessidades e condições locais. Executivos e gerentes de empresas globais bem-sucedidas aprenderam a integrar uma visão e uma perspectiva global com o empenho e a iniciativa de mercado local. Um tema fascinante surgiu durante as entrevistas feitas pelo autor com os executivos de empresas globais de sucesso. Esse tema era o respeito pela iniciativa e empenho locais por parte dos executivos da matriz e o respeito correspondente pela visão da matriz por parte dos executivos locais.

Controles e barreiras nacionais

Cada país protege os empreendimentos e interesses locais mantendo controle sobre o acesso ao mercado em setores de alta ou de baixa tecnologia e sobre a propaganda. Esses controles vão desde o monopólio que controla o acesso aos mercados de tabaco ao controle dos mercados nacionais de transmissão de TV, de equipamentos e de transmissão de dados. As barreiras tarifárias foram muito reduzidas nos país de renda alta, graças à OMC, à Nafta e a outros acordos econômicos. No entanto, barreiras não tarifárias (BNTs) ainda dificultam para as empresas estrangeiras obter êxito em certos mercados. A única maneira de que as empresas globais dispõem para superar essas barreiras é 'fazer parte' de cada país onde atuam. Por exemplo, é fato conhecido que as empresas de eletricidade na França aceitam ofertas de fornecedores estrangeiros de equipamentos, mas acabam sempre favorecendo fornecedores nacionais. Quando uma empresa global como a ABB adquire ou estabelece uma subsidiária na França, ela pode receber o mesmo tratamento que as outras empresas locais. Ela se torna uma *insider*.

Propaganda e promoção global também são restringidas por regulamentações governamentais. Em alguns países é ilegal utilizar propaganda comparativa. Em outros, como na Alemanha, concursos e sorteios são ilegais. Outro fator contra a propaganda global é a utilização de padrões técnicos diferentes ao redor do mundo. Os aparelhos de vídeo do Japão e dos Estados Unidos utilizam o padrão NTSC, enquanto na Europa (exceto na França, que utiliza o Secam) o sistema utilizado é o PAL.

ESTRUTURA DESTE LIVRO

Este livro está dividido em cinco partes. A Parte I é composta por este capítulo e procura dar uma visão geral do livro e ao mesmo tempo fazer uma introdução ao marketing global. A Parte II começa com um resumo do ambiente externo e apresenta a teoria básica do marketing global. Os capítulos 2, 3 e 4 cobrem os ambientes externos do marketing global: características de mercado regionais, incluindo a localização de renda e população, matrizes de comércio e investimento, e fases de desenvolvimento do mercado; elementos sociais e culturais, e dimensões legais e regulatórias. A Parte III discute a análise e o estabelecimento de metas para as oportunidades dos mercados globais. O Capítulo 5 trata dos mercados geográficos mais importantes do mundo e o Capítulo 6 fornece informações sobre sistemas de informações e pesquisa de marketing. Segmentação de mercado, estabelecimento de alvos e posicionamento são os tópicos discutidos no Capítulo 7.

A Parte IV aborda a maneira como uma empresa administra os negócios internacionais e as várias alianças estratégicas possíveis. O Capítulo 8 cobre os fundamentos de suprimento, importação e exportação, enquanto o Capítulo 9 trata de parcerias estratégicas cooperativas e globais. A análise das estratégias e da concorrência são discutidas no Capítulo 10. A Parte V é voltada para as considerações globais do mix de marketing. A aplicação de decisões sobre produto, preço, distribuição e comunicações de marketing em resposta às oportunidades e ameaças globais de marketing é tratada em detalhes nos capítulos 12 a 15. O Capítulo 16 aborda as implicações do marketing via Internet e do comércio eletrônico.

A Parte VI engloba os capítulos 17 e 18, que descrevem as dimensões gerenciais do marketing global: planejamento, liderança, organização e controles e o futuro do marketing global.

Resumo

O marketing global é o processo de focalizar os recursos e objetivos de uma empresa nas oportunidades do mercado global. As empresas valem-se do marketing global por dois motivos: para tirar vantagem das oportunidades de crescimento e expansão e para sobreviver. As empresas que deixam de perseguir as oportunidades globais estão sujeitas a perder seus mercados nacionais, que serão explorados por empresas globais mais fortes e competitivas. Este livro apresenta a teoria e a prática de aplicar as disciplinas universais do marketing às oportunidades globais encontradas nos mercados do mundo.

As metas básicas do marketing são criar valor para o cliente e vantagem competitiva pela manutenção do foco. A administração da empresa pode ser classificada em termos de sua orientação em relação ao mundo: etnocêntrica, policêntrica, regiocêntrica e geocêntrica. Uma orientação etnocêntrica caracteriza as empresas nacionais e internacionais; as empresas internacionais buscam oportunidades de marketing fora de seu mercado nacional estendendo os vários elementos do mix de marketing. Uma visão de mundo policêntrica predomina em empresas multinacionais em que o mix de marketing é adaptado pelos gerentes dos países que operam com autonomia. Gerentes de empresas globais e transnacionais são regiocêntricos ou geocêntricos em suas orientações e buscam tanto a extensão como a adaptação das estratégias nos mercados globais.

A importância do marketing global atualmente é moldada pela interação dinâmica de várias forças motrizes e restritivas. As forças do primeiro tipo incluem necessidades e desejos do mercado, melhorias tecnológicas nos transportes, custos, qualidade, crescimento econômico global e oportunidades de obter alavancagem mediante uma operação global. Entre as forças restritivas estão a miopia gerencial e a cultura organizacional, além de controles e barreiras nacionais.

Questões para Discussão

1. Quais são as metas básicas do marketing? Essas metas são relevantes para o marketing global?
2. O que significa regionalização global? A Coca-Cola é um produto global? Explique.
3. Descreva algumas das estratégias globais de marketing disponíveis para as empresas. Dê exemplos de empresas que utilizam essas estratégias.
4. Em que diferem as estratégias globais da Toyota e da Harley-Davidson?
5. Descreva as diferenças entre orientações administrativas etnocêntricas, policêntricas, regiocêntricas e geocêntricas.
6. Identifique e descreva brevemente algumas forças que resultaram em aumento da integração global e na importância crescente do marketing global.
7. Defina alavancagem e explique os diferentes tipos utilizados por empresas com operações globais.
8. Na sua opinião, qual é o futuro de uma empresa como a Renault? Ela poderá continuar como uma empresa independente? Por quê?
9. Indique algumas tendências importantes no mundo que afetarão o marketing.

Leitura Sugerida

David McHardy Reid. "Perspectives for internacional marketers on the Japanese market", *Journal of Internacional Marketing*, 3, nº 1, 1995, p. 63-84.

G. R. Bassiry e R. Hrair Dekmejian. "America's global companies: a leadership profile", *Business Horizons*, 36, nº 1, jan./fev. 1993, p. 47-53.

Gordon Lewis Herschell e Carol Nelson. *Advertising age handbook of advertising*. Chicago: NTC Business Books, 1998.

Gregory L. Miles. "Tailoring a global product", *Internacional Business*, mar. 1995, p. 50-52.

Johny K. Johansson e Ikujiro Nonaka. *Relentless, the japanese way of marketing*. Nova York: HarperBusiness, 1997.

Kenichi Ohmae. *The end of the nation state: the rise of regional economies*. Nova York: The Free Press, 1995.

L. K. Miller. *Transnational corporations: a selective bibliography, 1991-1992*. Nova York: Nações Unidas, 1992.

Richard J. Barnet e John Cavanagh. *Global dreams: imperial corporations and the New World Order*. Nova York: Simon & Schuster, 1994.

Robert B. Reich. *The work of nations*. Nova York: Vintage Books, 1992.

Steven M. Burgess. *The new marketing*. Halfway House, África do Sul: Zebra Press, 1998.

T. Khanna e K. Palepu. "Why focused strategies may be wrong for emerging markets", *Harvard Business Review*, jul./ago. 1997, p. 41-51.

T. W. Malnight. "Globalization of an ethnocentric firm: an evolutionary perspective", *Strategic Management Journal*, 16, fev. 1995, p. 119-141.

Zhengyi Chen. "Marketing globally: planning and practice", *Journal of Internacional Marketing*, 7, nº 2, 1999, p. 96-98.

Warren J. Keegan e Bodo B. Schlegelmilch. *Global marketing management: a European perspective*. Nova York: Prentice Hall, 2000.

William E. Halal. "Global strategic management in a new world order", *Business Horizons*, 36, nov./dez. 1993, p. 5-10.

O Ambiente Econômico Global

O livre comércio, uma das maiores bênçãos que um governo pode conferir ao povo, é impopular em quase todos os países.

Lord Macaulay, 1800-1859

Conteúdo do Capítulo

- A economia mundial — uma visão geral
- Sistemas econômicos
- Estágios de desenvolvimento de mercado
- Estágios de desenvolvimento econômico
- Renda e paridade de poder aquisitivo ao redor do mundo
- A localização da população
- Marketing e desenvolvimento econômico
- Balança de pagamentos
- Padrões de comércio
- Alianças comerciais internacionais
- O Gatt e a OMC
- Organizações econômicas regionais
- Resumo
- Questões para discussão

As macrodimensões do ambiente são: econômica, social, cultural, político/legal e tecnológica. Todas são importantes, mas talvez a característica mais importante do ambiente do mercado global seja a dimensão econômica. Com dinheiro, tudo (tudo bem, quase tudo!) é possível. Sem dinheiro, muitas coisas são impossíveis para o profissional de marketing. Produtos de luxo, por exemplo, não podem ser vendidos para consumidores de baixa renda. Hipermercados e grandes lojas especializadas que vendem alimentos, móveis e/ou bens duráveis requerem uma base ampla de consumidores capazes de fazer compras grandes e transportá-las em seus veículos. Produtos industriais sofisticados exigem como compradores indústrias sofisticadas.

Hoje, diferentemente de qualquer outra época na história do mundo, existe crescimento econômico global. Pela primeira vez na história do marketing global, os mercados de todas as regiões do mundo são alvos potenciais para quase todas as empresas, de alta até baixa tecnologia, de produtos básicos a luxuosos. De fato, os mercados que apresentam maiores taxas de crescimento, como veremos, estão em países nos estágios iniciais de desenvolvimento. As dimensões econômicas desse ambiente de mercado mundial são de importância vital. Este capítulo examina as características do ambiente econômico mundial sob a perspectiva do marketing.

O profissional de marketing global tem a sorte de ter disponível uma quantidade substancial de dados que detalham o ambiente de cada país. Cada país tem dados das contas nacionais, que indicam estimativas do produto interno bruto (PIB), consumo, investimentos, gastos do governo e níveis de preço. Também estão disponíveis em âmbito global os dados demográficos que indicam a quantidade de pessoas, sua distribuição por faixa etária e as taxas de crescimento da população. Mas os dados econômicos disponíveis não se limitam às contas nacionais e aos dados demográficos. Uma única fonte, o *Statistical yearbook of the United Nations*, contém dados globais sobre agricultura, mineração, produção industrial, construção, produção e consumo de energia, comércio interno e externo, transporte ferroviário e aéreo, preços e salários, saúde, habitação, educação, comunicação (correio, telégrafo e telefone) e comunicação de massa por meio de livros, filmes, rádio e televisão. Infelizmente, esses dados estão disponíveis para os países mais desenvolvidos. Quanto menor o desenvolvimento do país, menor a disponibilidade de dados econômicos. Em muitos países de baixa renda do mundo, apesar dos avanços na tecnologia que tornam esse tipo de informação cada dia mais acessível em todos os sentidos, é difícil obter mais que contas nacionais básicas e dados demográficos e de comércio exterior. Mesmo assim, quando se leva em conta o ambiente econômico mundial, o problema do profissional de marketing não é necessariamente a falta de dados, mas sua abundância. Este capítulo vai identificar as características mais notáveis do ambiente econômico, de modo a estruturar os elementos de um programa de marketing global.

A ECONOMIA MUNDIAL — UMA VISÃO GERAL

A economia mundial mudou profundamente desde a Segunda Guerra Mundial. Talvez a mudança mais fundamental tenha sido o surgimento dos mercados globais; tendo identificado novas oportunidades, os concorrentes globais têm substituído continuamente os locais. Ao mesmo tempo, a integração da economia mundial tem aumentado significativamente. A integração econômica no início do século XX era de 10%; atualmente, está por volta de 50%. A integração é notável em duas regiões: a União Européia (a antiga Comunidade Européia) e a Área de Livre Comércio da América do Norte (Nafta).

Há 40 anos, o mundo era muito menos integrado. Quando jovem, trabalhando na Europa e na África na década de 60, o autor ficava surpreso em ver como tudo era diferente. Havia muitas empresas, muitos produtos e uma grande diferenciação. Para ter uma idéia das mudanças, veja a indústria de automóveis. Marcas européias como Renault, Citroën, Peugeot, Morris, Volvo e outras eram radicalmente diferentes dos norte-americanos Chevrolet, Ford ou Plymouth, ou dos modelos japoneses da Toyota e da Nissan. Havia carros locais fabricados por empresas locais, a maioria destinada ao mercado local ou regional. Atualmente o carro mundial é uma realidade para os grandes fabricantes de veículos. Alterações de produto também refletem alterações organizacionais: os maiores produtores de automóveis no mundo tornaram-se, em quase tudo, empresas globais.

Durante a última década, mudanças na economia mundial tiveram grande impacto sobre os negócios. A probabilidade de êxito empresarial é muito maior quando os planos e as estratégias são baseados na nova realidade da economia mundial:

- Os movimentos de capitais, e não o comércio, têm sido a força impulsionadora da economia mundial.
- A produção foi 'desvinculada' do emprego.
- A economia mundial domina a cena. As macroeconomias de países individuais já não controlam os resultados econômicos.
- O crescimento do comércio pela Internet diminui a importância de barreiras nacionais.

A primeira mudança está no aumento do volume dos movimentos de capitais. O valor em dólares do comércio mundial é o maior de todos os tempos. As negociações de bens e serviços beiram 4 trilhões de dólares por ano, mas o mercado do eurodólar em Londres movimenta 400 bilhões a cada dia útil. Isso dá um total de 100 trilhões de dólares por ano — 25 vezes o valor em dólares do comércio mundial. Além disso, as transações de câmbio no mundo inteiro são de aproximadamente 1 trilhão de dólares por dia, o que representa 250 trilhões por ano — 40 vezes o volume do comércio internacional em bens e serviços.[1] Esses dados levam a uma conclusão inevitável: o movimento global de capitais é muito maior que o volume do comércio global em mercadorias e serviços. Isso explica a estranha combinação de déficits comerciais nos Estados Unidos com o aumento constante do dólar na primeira metade da década de 80. Antigamente, quando um país tinha um déficit em sua balança comercial, sua moeda desvalorizava-se. Hoje, são os movimentos dos capitais e do comércio que determinam o valor da moeda de um país.

A segunda mudança trata do relacionamento entre produtividade e emprego. Apesar de o emprego na produção industrial ter se mantido estável ou até ter diminuído, a produtividade continua a crescer. Esse quadro é especialmente claro na agricultura dos Estados Unidos, na qual menos trabalhadores agrícolas produzem mais. Naquele país, a produção industrial mantém-se constante em 23 a 24% do PIB. Isso também se aplica a outros países com economias industriais importantes. Não é a produção industrial que está em declínio, mas sim o emprego na produção industrial.[2] Países como a Grã-Bretanha, que tentaram manter os empregos na produção industrial, tiveram como recompensa perdas tanto de empregos quanto de produção.

A terceira mudança importante é o surgimento da economia mundial como unidade econômica dominante. Executivos de empresas e líderes nacionais que reconhecem isso têm tido as maiores chances de êxito. Aqueles que não reconhecem esse fato sofrerão o declínio e a falência (nos negócios) ou serão derrubados (na política). O verdadeiro segredo do sucesso econômico de alguns países desenvolvidos é o fato de os líderes empresariais e políticos concentrarem seu foco na economia e nos mercados mundiais; uma prioridade importante para governo e empresários no Japão e na Alemanha, por exemplo, é sua posição competitiva no mundo. Muitos outros países, incluindo em algumas situações até os Estados Unidos, têm dado atenção às prioridades e aos objetivos domésticos com a exclusão de sua posição competitiva global.

Na década de 90, a maior mudança foi o final da guerra fria. O êxito do sistema capitalista de mercado causou a derrubada do comunismo como sistema político e econômico. A grande superioridade do desempenho das economias de mercado do mundo levou os países socialistas a renunciar a suas ideologias. Uma mudança política-chave nesses países foi o abandono de tentativas fúteis de administrar economias nacionais com um único plano central. Os diferentes tipos de sistemas econômicos são comparados na próxima seção.

Nesta nova década, o crescimento do uso do computador e do comércio eletrônico está mudando a paisagem econômica. O impacto da Internet e do comércio eletrônico é abordado no Capítulo 16.

SISTEMAS ECONÔMICOS

Existem três tipos de sistemas econômicos: capitalista, socialista e misto. Essa classificação tem como base o método dominante de alocação de recursos: alocação por mercado, alocação comandatária ou por um plano central e alocação mista, respectivamente.

Alocação/dotação por mercados

Um sistema de alocação por mercados (economia de mercado) depende dos consumidores para que os recursos sejam alocados. Ao exprimirem sua preferência de compra, os consumidores 'escrevem' o plano econômico, decidindo o que vai ser produzido e por quem. O sistema por mercados é uma democracia econômica — os cidadãos têm direito a voto com seus orçamentos domésticos, escolhendo os bens de sua preferência. O papel do Estado numa economia de mercado é promover a concorrência e assegurar a proteção do consumidor. Os Estados Unidos, a maioria dos países da Europa Ocidental e o Japão — que detêm três

---

1 Alan C. Shapiro. *Multinational finance management*, 3ª ed. Boston: Allyn & Bacon, 1989, p. 116.
2 Algumas empresas cortaram vagas terceirizando ou subcontratando atividades não ligadas à produção, como processamento de dados, serviços de limpeza e fornecimento de refeição.

quartos do produto bruto do mundo — são exemplos de economias predominantemente de mercado. A superioridade evidente do sistema de alocação por mercados no fornecimento dos bens e serviços que as pessoas querem e precisam tem levado à sua adoção por países anteriormente socialistas.

Alocação comandatária

Em um sistema de alocação comandatária, o Estado tem amplos poderes para servir ao interesse público. Isso inclui decidir quais produtos fabricar e de que maneira. Os consumidores têm a liberdade de gastar seu dinheiro naquilo que está disponível, mas as decisões sobre o que é produzido e, portanto, o que está disponível são tomadas por planejadores do Estado. Já que a demanda excede a oferta, os elementos do composto de marketing não são utilizados como variáveis estratégicas. Diferenciação de produto, propaganda e promoção têm pouca importância e a distribuição é feita pelo governo para eliminar 'exploração' por intermediários. Três dos países mais populosos do mundo — a China, a Rússia e a Índia — dependeram de sistemas de alocação comandatária durante décadas. Esses três países estão atualmente engajados em reformas econômicas destinadas a direcionar o sistema de alocação para o mercado. A previsão feita na Índia por Jawaharlal Nehru há meio século com relação à morte do capitalismo foi refutada. As reformas de mercado e o capitalismo nascente em muitas partes do mundo estão criando oportunidades para investimentos de grande escala por empresas globais. De fato, a Coca-Cola voltou à Índia em 1994, duas décadas depois de ter sido forçada a sair pelo governo. Uma lei que permite empresas 100% estrangeiras ajudou. Um dos últimos baluartes da alocação comandatária é Cuba.*

Sistema misto

Na realidade, não há sistemas puros de alocação por mercado e comandatária entre as economias do mundo. Todos os sistemas de mercado têm um setor de comando, e todos os sistemas de comando têm um setor de mercado; em outras palavras, eles são 'mistos'. Em uma economia de mercado, o setor de alocação por comando é a proporção do PIB que é taxada e gasta pelo governo. Para os 24 membros da Organização para a Cooperação e o Desenvolvimento Econômico (OCDE), essa proporção vai de 32% do PIB nos Estados Unidos a 64% na Suécia.[3] Na Suécia, portanto, onde 64% de todos os gastos são controlados pelo governo, o sistema econômico é mais por 'comando' que por 'mercado'. Nos Estados Unidos acontece o contrário. Da mesma maneira, os agricultores na maioria dos países socialistas tradicionalmente podiam oferecer uma parte de seus produtos no mercado livre. A China deu consideráveis liberdades às empresas e aos indivíduos na província de Guangdong para operarem no sistema de mercado. Mesmo assim, o setor privado da China constitui somente de 1 a 2% da produção nacional.[4]

Um relatório do Heritage Foundation, fundação sediada em Washington, classificou mais de cem países quanto ao grau de liberdade econômica. Dez variáveis-chave foram consideradas: políticas comerciais, políticas fiscais, consumo do governo da produção econômica, política monetária, fluxos de capitais e investimentos estrangeiros, política bancária, controles sobre preços e salários, direitos de propriedade, regulamentos e o mercado negro. A classificação forma um contínuo de 'Livre' até 'Reprimido', entremeado com 'Na maior parte livre' e 'Na maior parte sem liberdade'. Hong Kong está em primeiro lugar em termos de liberdade econômica. Essa posição não mudou, apesar de Hong Kong ter sido legalmente devolvido ao domínio da República Popular da China em 1997. Líbia, Iraque e Coréia do Norte estão nos últimos lugares.[5] No total, 57 dos 161 países relacionados expandiram a liberdade econômica, enquanto 34 a reprimiram. As constatações do relatório estão na Tabela 2-1.

---

* Para abrir uma empresa em Cuba, o governo cubano tem que deter o controle acionário dessa empresa. Por esse motivo, a fábrica de charutos Davidoff decidiu migrar de Cuba para a República Dominicana (N. do R. T.).
3 *OECD Economic Outlook*. Paris: OECD, 1991, p. 206.
4 *Economist*, 8 abr. 2000, seção especial.
5 Gerald P. O'Driscoll Jr., Kim R. Holmes e Melanie Kirkpatrick, "Economic freedom marches on", *Wall Street Journal*, 30 nov. 1999, p. A26.

Tabela 2-1 Índice de liberdade econômica, classificações de 2000.

Livre	Na maior parte livre	Na maior parte sem liberdade	Reprimido
1 Hong Kong	11 Canadá	74 Camboja	139 Burundi
2 Cingapura	Chile	México	Haiti
3 Nova Zelândia	El Salvador	Eslováquia	Ruanda
4 Bahrein	Taiwan	Eslovênia	Síria
Luxemburgo	15 Áustria	Suazilândia	Tadjiquistão
EUA	Holanda	Tunísia	144 Guiné Equatorial
7 Irlanda	17 Argentina	Uganda	145 Belarus
8 Austrália	Bélgica	81 Quênia	Myanmar
Suíça	19 Islândia	Qatar	147 Azerbaijão
Grã-Bretanha	Japão	Senegal	148 Guiné-Bissau
	Emirados Árabes Unidos	84 Armênia	Turcomenistão
	22 Bahamas	Equador	Vietnã
	República Tcheca	Gabão	151 Bósnia
	Estônia	Gana	Uzbequistão
	Finlândia	Guiné	153 Angola
	Alemanha	89 Mongólia	154 Irã
	27 Dinamarca	90 Guiana	155 Laos
	28 Itália	Líbano	156 Congo
	Noruega	Madagascar	157 Cuba
	Portugal	Moldava	158 Somália
	31 Suécia	94 Fiji	159 Líbia
	Trinidad e Tobago	Nigéria	160 Iraque
	33 Coréia do Sul	Papua-Nova Guiné	161 Coréia do Norte
	Panamá	Romênia	
	Espanha	Venezuela	
	36 Peru	99 Honduras	
	37 Barbados	100 Bulgária	
	França	Burkina Fasso	
	Jamaica	Camarão	
	Kuait	China	
	41 Chipre	Djibuti	
	Hungria	Gâmbia	
	Uruguai	Paquistão	
	44 Bolívia	Tanzânia	
	Letônia	108 Argélia	
	46 Guatemala	Costa do Marfim	
	Malásia	110 Brasil	
	Tailândia	Croácia	
	49 Grécia	Egito	
	Israel	Etiópia	
	Marrocos	Indonésia	
	Turquia	115 Lesoto	
	53 Belize	116 Quirguistão	
	Omã	Nepal	
	Paraguai	Nicarágua	
	Polônia	Ucrânia	
	Samoa	120 Geórgia	
	58 Costa Rica	Malaui	
	Maurício	122 Albânia	
	Filipinas	Cabo Verde	
	61 Benin	Cazaquistão	
	Colômbia	Rússia	
	República Dominicana	126 Bangladesh	
	Jordânia	Chade	
	Lituânia	Índia	
	Mali	Mauritânia	
	Namíbia	Moçambique	
	África do Sul	Nigéria	
	Sri Lanka	Serra Leoa	
	Zâmbia	Togo	
	71 Botsuana	134 Sudão	
	Malta	Iêmen	
	Arábia Saudita	136 Congo	
		Suriname	
		Zimbábue	

Fonte: *Wall Street Journal*, 30 nov. 1999, p. A-26.

ESTÁGIOS DE DESENVOLVIMENTO DE MERCADO

Os mercados globais dos países estão em diferentes estágios de desenvolvimento. O PIB *per capita* fornece uma maneira útil de agrupar esses países. Utilizando o PIB como base, dividimos os mercados globais em quatro categorias. Embora a definição de renda para cada uma das fases seja arbitrária, os países em cada uma das quatro categorias têm características similares. Portanto, os estágios proporcionam uma base útil para a segmentação global dos mercados e determinação de mercados-alvo. As categorias são mostradas na Tabela 2-2. Para obter informações mais detalhadas sobre a situação econômica de cada país e pre-

Tabela 2-2 Estágios de desenvolvimento de mercado.				
Grupo de renda por PIB *per capita*	PIB de 2000 (US$ milhões)	PIB *per capita* de 2000 (US$)	% do PIB mundial	População em 2000 (milhões)
Países de alta renda (PIB *per capita* > $ 9.656)	24.259	24.722	81	981
Países de renda média alta (PIB *per capita* > $ 3.126 mas < $ 9.656)	2.031	4.503	7	451
Países de renda média baixa (PIB *per capita* > $ 785 mas < $ 3.125)	3.148	1.302	10	2.418
Países de baixa renda (PIB *per capita* < $ 785)	812	356	3	2.284

Fonte: Warren J. Keegan, *Global income and population 2000 edition: projections to 2010 and 2020*. Nova York: Pace University, Instituto para Estratégia Global de Negócios.

visões para 2010 e 2020, consulte o apêndice "Renda e população globais em 2000 e projeções para 2010 e 2020" no site deste livro.

Países de baixa renda

Países de baixa renda, também conhecidos como países pré-industriais, são aqueles com renda *per capita* menor que 786 dólares. Eles constituem 57% da população do mundo, porém menos de 3% do PIB mundial. Nesse nível de renda os países compartilham as seguintes características:

1. Industrialização limitada e uma porcentagem alta da população se dedicando a agricultura e agricultura de subsistência.
2. Altas taxas de crescimento populacional.
3. Baixos índices de alfabetização.
4. Forte dependência de ajuda externa.
5. Instabilidade política e distúrbios variados.
6. Estão concentrados na África, ao sul do deserto do Saara, a chamada 'África sub-saariana'.

Em geral, esses países representam mercados limitados para todos os produtos e não são locais importantes para ameaças competitivas. Mesmo assim, há exceções. Por exemplo, em Bangladesh, onde o PIB *per capita* é de 366 dólares, uma indústria de confecções crescente tem desfrutado uma explosão nas exportações.

Países de renda média baixa

Os países de renda média baixa (também conhecidos com países menos desenvolvidos ou PMDs) são aqueles cujo PIB *per capita* está entre mais de 786 dólares e menos de 3.125. Esses países constituem 39% da população mundial, porém somente 11% do PIB mundial. Eles estão nos primeiros estágios de industrialização. As fábricas fornecem um crescente mercado nacional com itens como roupas, pilhas, pneus, materiais de construção e alimentos industrializados. Esses países também são lugares para a fabricação de produtos padronizados ou maduros, como confecções para a exportação.

Os mercados consumidores desses países estão em expansão. Os PMDs representam uma ameaça competitiva crescente porque mobilizam sua mão-de-obra relativamente barata — e, muitas vezes, bastante motivada — para atender a mercados-alvo no restante do mundo. Eles têm maior vantagem competitiva com produtos maduros, padronizados e que precisam de muita mão-de-obra, como tênis. A Indonésia, o maior país do Sudeste Asiático, é um bom exemplo de PMD dinâmico: apesar dos problemas políticos, o PIB *per capita* aumentou de 250 dólares em 1985 para 1.176 em 2000. Várias fábricas de lá fabricam tênis mediante contrato com a Nike.

Países de renda média alta

Países de renda média alta ou industrializados são aqueles com um PIB *per capita* entre 3.126 e 9.655 dólares. Eles representam 7% da população mundial e quase 7% do PIB do mundo. Nesses países, a porcentagem da população ocupada na agricultura cai fortemente à medida que as pessoas mudam para o setor industrial e o grau de urbanização aumenta. Muitos dos países nesse estágio — a Malásia, por exemplo — estão se industrializando rapidamente. Seus salários e sua taxa de alfabetização e ensino superior aumentam, mas eles ainda têm um custo de mão-de-obra menor do que o dos países avançados. Os países nesse estágio de desenvolvimento freqüentemente se tornam competidores fortes e passam por um processo de crescimento econômico rápido impulsionado por exportações.

Países de alta renda

Países ricos, também conhecidos como avançados, industrializados, pós-industriais ou de Primeiro Mundo, são aqueles cujo PIB *per capita* supera 9.655 dólares. Com exceção de alguns países ricos em petróleo, os países nessa categoria alcançaram seus níveis de renda atuais por um processo de crescimento econômico sustentado. Esses países representam somente 16% da população mundial, porém 82% do PIB mundial.

A expressão *países pós-industriais* foi utilizada primeiro por Daniel Bell, de Harvard, para descrever os Estados Unidos, a Suécia, o Japão e outras sociedades avançadas de alta renda. Bell sugere que há diferenças entre as sociedades industriais e pós-industriais que vão além da mera consideração de renda. A tese de Bell é de que a inovação nas sociedades pós-industriais deriva cada vez mais da codificação de conhecimentos teóricos, e não de invenções 'aleatórias'. Outras características são a importância do setor de serviços (mais de 50% do PIB), a importância fundamental da troca e do processamento de informações e a ascendência do conhecimento sobre o capital como recurso econômico de primeira importância, da tecnologia intelectual sobre a tecnologia mecânica e de cientistas e profissionais sobre engenheiros e profissionais semiqualificados. Outros aspectos que determinam a sociedade pós-industrial são uma orientação voltada para o futuro e a importância de relacionamentos interpessoais no funcionamento da sociedade.

As oportunidades de produto e mercado na sociedade pós-industrial dependem muito mais de novos produtos e inovações que nas sociedades industriais, já que a maior parte dos lares é muito bem abastecida de produtos básicos. As organizações que buscam o crescimento têm dificuldades para expandir a participação nos mercados existentes, portanto tentam criar novos mercados. Por exemplo, na década de 90, empresas globais do setor de comunicações buscavam criar novos mercados para a multimídia, formas interativas de comunicação eletrônica.

Casos perdidos

Casos perdidos são países com problemas econômicos, sociais e políticos tão sérios que se tornam incapazes de atrair investimentos e operações. Alguns casos perdidos são países com baixa renda e sem crescimento, como a Etiópia e Moçambique, que se arrastam de um desastre a outro. Outros são países outrora bem-sucedidos e em crescimento, mas que ficaram divididos por lutas políticas. O resultado muitas vezes é guerra civil, renda decrescente e perigo para a população. Casos perdidos envolvidos em guerras civis são áreas perigosas; a maioria das empresas acha prudente evitar esses países durante a época de conflito ativo e os profissionais de marketing tendem a ficar longe ou fazer negócios de maneira limitada.

ESTÁGIOS DE DESENVOLVIMENTO ECONÔMICO

Os estágios de desenvolvimento de mercado com base no PIB *per capita* correspondem aos de desenvolvimento econômico mostrados na Tabela 2-3. Países de renda baixa e média baixa também são chamados de países menos desenvolvidos ou PMDs. Os países de renda média alta também são países industrializados e países de renda alta são conhecidos como países avançados, industrializados e pós-industriais. Note que as participações do PIB mundial e dos dados do PIB *per capita* mostrados na Tabela 2-3 têm como base a renda em moeda nacional convertida em dólares norte-americanos em taxas de câmbio da mesma data; elas não refletem o real poder aquisitivo e o padrão de vida nos diferentes países.

Alguns países estão subindo a escada econômica, enquanto outros continuam estagnados em seu desenvolvimento econômico. A tabela "Mudança de categoria de renda de um país", no Apêndice que consta no site do livro, mostra que a Estônia, o Peru e a África do Sul estão passando da categoria média baixa para uma categoria de renda superior. Outra maneira de ver as mudanças no desenvolvimento econômico é olhar os 'grandes mercados emergentes' (GMEs), proposto por Jeffrey E. Carten em seu livro *The big ten*. Esses são mercados que têm um PIB anual maior que 100 bilhões de dólares, crescem a taxas maiores que a média mundial e estão bem posicionados para entrar na próxima categoria de renda mais alta. As empresas devem estar cientes do enorme potencial de crescimento desses países e desenvolver seus planos de acordo com isso.

RENDA E PARIDADE DE PODER AQUISITIVO AO REDOR DO MUNDO

Quando elabora um plano para a expansão no mercado global, em geral a empresa descobre que para a maioria dos produtos a renda é a variável econômica mais valiosa. Afinal de contas, pode-se definir mercado como um grupo de pessoas dispostas a comprar um determinado produto e capazes de fazê-lo. É verdade que para alguns produtos — em especial os de custo unitário mais baixo, como cigarros — a população é um fator mais importante, mas, para uma ampla gama de produtos industriais e de consumo nos mercados internacionais hoje, o mais valioso e importante indicador de potencial é a renda.

O ideal é que o PIB e outras medidas de renda nacional, convertidas para dólares norte-americanos, fossem calculados com base na paridade de poder aquisitivo (isto é, o que a moeda pode comprar no país de emissão) ou mediante comparações dos preços reais para um dado produto. Isso proporcionaria uma comparação real de padrões de vida nos países do mundo. Infelizmente, esses dados não estão disponíveis em relatórios estatísticos normais. Portanto, ao longo deste livro utilizamos a moeda local convertida para dólares norte-americanos pela taxa de câmbio do final do ano. O leitor deve lembrar que as taxas de câmbio, nos melhores casos, igualam os preços das mercadorias e dos serviços comercializados internacionalmente, mas em geral têm pouca relação com os preços dos bens e serviços que não são comercializados internacionalmente e que formam a grande massa do produto nacional na maioria dos países. A produção agrícola e os serviços, em especial, muitas vezes têm preços mais baixos em relação à produção industrial nos países em desenvolvimento que nos países industriais, e a agricultura geralmente representa a maior parte da produção em países em desenvolvimento. Portanto, a utilização de taxas de câmbio tende a exagerar as diferenças da renda real entre países em diferentes estágios de desenvolvimento econômico. A Tabela 2-4

Tabela 2-3 Estágios de desenvolvimento econômico.

Grupo de renda por PIB *per capita*	PIB *per capita* de 2000 ($)	% do PIB mundial	População em 2000 (milhões)	Estágio do desenvolvimento econômico
Países de alta renda (PIB *per capita* > $ 9.656)	24.259	81	981	Avançado, industrializado, pós-industrializado
Países de renda média alta (PIB *per capita* > $ 3.126 mas < $ 9.656)	4.503	7	451	Industrializado
Países de renda média baixa (PIB *per capita* > $ 785 mas < $ 3.125)	1.302	10	2.418	Menos desenvolvido
Países de baixa renda (PIB *per capita* < $ 785)	356	3	2.284	Pré-industrializado

Fonte: Warren J. Keegan. *Global income and population 2000 edition: projections to 2010 and 2020*. Nova York: Pace University, Instituto para Estratégia Global de Negócios.

relaciona os dez maiores países em termos de renda *per capita* do PIB em 2000; as últimas duas colunas mostram as classificações ajustadas pela paridade do poder aquisitivo (PPP). Embora os Estados Unidos estejam em 8º lugar em renda, seu padrão de vida — medido como 'o que o dinheiro pode comprar' — é o segundo depois de Luxemburgo.

Além da distorção do câmbio ilustrada na Tabela 2-4, há a distorção do dinheiro em si como indicador do bem-estar e do padrão de vida de uma nação. O PIB *per capita* do Brasil e do Chile são similares — 4.986 e 5.822 dólares, respectivamente. No entanto, a PPP *per capita* é bem diferente — 5.536 e 12.035 dólares. Um consumidor típico do Chile tem duas vezes mais poder aquisitivo do que um consumidor brasileiro! Uma visita a uma casa de barro na Tanzânia mostrará muitas coisas que o dinheiro pode comprar: rádios, uma cama de ferro, um telhado de metal ondulado, cerveja e refrigerantes, bicicletas, sapatos, fotos e lâminas de barbear. O que a renda *per capita* da Tanzânia de 244 dólares não reflete é o fato de que, em vez de contas de serviços públicos, os tanzanianos têm um poço local e o sol. Em vez de asilos, a tradição e os costumes garantem que as famílias cuidem dos mais velhos em casa. Em vez de médicos e hospitais caros, os aldeões podem recorrer a pajés e curandeiros. Nos países industrializados, uma porção significativa da renda nacional é gerada tomando os bens e os serviços que seriam gratuitos num país pobre e colocando um preço neles. Assim, o padrão de vida em vários países muitas vezes é mais alto do que os dados de renda podem sugerir.

Com essas qualificações em mente, o leitor pode consultar a tabela que mostra a localização da renda mundial e a população por região em 2000 encontrada no Apêndice que consta no site do livro. O fato notável revelado por essas tabelas é a concentração e a renda na 'Tríade' — Estados Unidos e Canadá, União Européia (UE) e Japão. A Tríade representava quase 73% da renda global, porém somente 13% da população global em 2000.

A concentração de riqueza em poucos países industrializados é a característica mais marcante do ambiente econômico global. Os Estados Unidos são um colosso na América do Norte. Em 2000, representavam 90% do PIB da região. Na Europa Ocidental, quatro países — Alemanha, França, Grã-Bretanha e Itália — representavam 73% do PIB da região. O Japão representa 62% do PIB da Ásia; seu PIB é quase duas vezes o tamanho dos PIBs combinados dos outros países da Orla do Pacífico. Na América Latina, Argentina, Brasil e México representavam 73% do PIB da Alcal (Área de Livre Comércio da América Latina).

Tabela 2-4 Os dez maiores países em termos de renda *per capita* e PPP.

Renda *per capita* do PIB em 2000		Renda do PIB de 2000 ajustada pela paridade do poder aquisitivo	
1. Luxemburgo	$38.587	1. Luxemburgo	$35.708
2. Noruega	38.070	2. Estados Unidos	29.953
3. Cingapura	36.484	3. Cingapura	28.648
4. Suíça	36.479	4. Noruega	25.807
5. Kuait	35.242	5. Hong Kong	24.602
6. Japão	34.796	6. Suíça	24.222
7. Dinamarca	33.894	7. Dinamarca	23.555
8. Estados Unidos	20.953	8. Japão	23.353
9. Hong Kong	27.463	9. Bélgica	22.765
10. Áustria	25.854	10. Áustria	21.787

Fonte: Warren J. Keegan. *Global income and population 2000 edition: projections to 2010 and 2020*. Nova York: Pace University, Instituto para Estratégia Global de Negócios.

Com exceção da China e do Brasil, os dez maiores países em 2000 pelo critério do PIB absoluto estão localizados na Tríade (veja a Tabela 2-5).* O PIB dos Estados Unidos, a maior economia do planeta, é maior que o do restante do mundo, excluindo os outros nove países no ranking dos dez maiores. Ninguém sabe o que o futuro trará, mas uma extrapolação do crescimento até o ano 2020 produz um resultado interessante, mostrado na Tabela 2-6. Os Estados Unidos, o Japão e a China ocupariam as três primeiras posições. A China ultrapassaria a Alemanha, a França e a Grã-Bretanha. A Coréia do Sul e a Índia apareceriam na lista e ultrapassariam a Espanha e o Canadá. Esses resultados extrapolados sugerem que a China, com sua combinação de alto crescimento de renda e crescimento populacional relativamente baixo, é uma forte candidata a poderoso líder econômico.

Tabela 2-5   Os dez maiores PIBs do mundo em 2000.

País	PIB (em milhões)
Estados Unidos	$8.259.358
Japão	4.427.104
Alemanha	2.127.086
França	1.446.515
Reino Unido	1.359.764
China	1.179.345
Itália	1.168.771
Brasil	850.852
Canadá	602.158
Espanha	544.944

Tabela 2-6   Projeção dos dez maiores PIBs do mundo em 2020.

País	PIB (em milhões)
Estados Unidos	$15.809.426
Japão	6.262.992
China	3.962.808
Alemanha	3.451.622
França	2.428.733
Reino Unido	2.316.692
Itália	1.771.088
Brasil	1.597.467
Coréia do Sul	1.140.994
Índia	1.114.291

Fonte: Warren J. Keegan, *Global income and population 2000 edition: projections to 2010 and 2020.* Nova York: Pace University, Instituto para Estratégia Global de Negócios.

---

* Em 2003, o Brasil estava algumas posições abaixo no ranking dos países com maior PIB do mundo, ocupando o 15º lugar, com uma receita de 493 bilhões de dólares (N. do R.T.).

Um exame da distribuição de riqueza dentro dos países também revela um quadro de concentração de renda, em especial nos países menos desenvolvidos do antigo bloco comunista. Adelman e Moraes constataram que, em países menos desenvolvidos, a participação média do PIB atribuível aos 20% mais pobres da população é de 5,6%, enquanto 56% ficam com os 20% mais ricos.[6] A renda dos últimos 20% é mais ou menos um quarto do que seria se a renda fosse distribuída uniformemente pela população. Esse estudo sugere que a relação entre a participação na renda nos 20% mais pobres e o desenvolvimento econômico varia de acordo com o nível de desenvolvimento. O desenvolvimento econômico é associado a aumentos na participação dos 20% mais pobres somente depois de níveis altos relativos de desenvolvimento socioeconômico terem sido atingidos. Nos primeiros estágios do processo de desenvolvimento, o desenvolvimento econômico representa uma desvantagem relativa dos grupos mais pobres. O Brasil, por exemplo, tornou-se uma das sociedades mais desiguais do mundo. A China está experimentando uma desigualdade de distribuição de renda similar. O PIB *per capita* vai de 250 a 500 dólares na província do Tibete para 1.000 dólares em Guangdong, Jiangsu e outras províncias do litoral.[7] Infelizmente, uma ampla disparidade de renda tende a gerar inquietação política. Ao longo da história, as pessoas têm gasto a maior parte de sua energia procurando alimento, roupa e abrigo para sobreviver. Um velho ditado popular armênio — "Ganhar a vida é como tirar comida da boca de um leão" — expressa bem essa realidade. Embora o problema da pobreza não tenha sido eliminado em todos os países industrializados, aqueles com populações homogêneas e consciência social avançada têm-no realmente reduzido muito dentro de suas fronteiras.

As condições reais de vida para as massas nos países mais ricos e nos mais pobres não eram tão diferentes em 1850. Hoje, entretanto, a diferença entre o padrão de vida da maioria nos países de renda alta é incomparável ao da maioria nos países de renda baixa. Essa lacuna crescente entre os países mais ricos e mais pobres é um tremendo incentivo para a imigração de países pobres para os de renda alta em busca de oportunidades econômicas e de um padrão de vida melhor.

Desde 1850, a distribuição da população entre os países industrias e pré-industriais não mudou muito, mas entre 1850 e 1992 a participação dos países industriais no PIB mundial aumentou de 39 para 75%. Durante esse período, as taxas anuais compostas de crescimento de 2,7% da produção total e 1,8% de produção *per capita* alteraram profundamente a distribuição de renda. A magnitude da mudança, comparada com os seis mil anos anteriores de nossa existência civilizada, é enorme: mais de um terço da renda real e aproximadamente dois terços da produção industrial gerada por pessoas ao longo da história foram produzidos nos países industrializados no último século. Note que taxas de crescimento anuais relativamente pequenas transformaram a geografia econômica do mundo. O que os países industriais têm feito é sistematizar o crescimento econômico — em outras palavras, eles estabeleceram um processo de mudança gradual e contínua.

Um pesquisador calculou que a Índia, um dos países mais pobres do mundo, poderia alcançar os níveis de renda dos Estados Unidos crescendo a uma média de 5 a 6% ao ano, em termos reais, durante 40 a 50 anos. Isso não é mais do que a expectativa de vida de um indiano médio e, aproximadamente, a metade da vida do norte-americano médio. O Japão foi o primeiro país com um passado não-europeu a alcançar a condição de renda alta. Isso foi o resultado de alto crescimento sustentado e a capacidade de adquirir conhecimentos e know-how, primeiro copiando produtos e depois aperfeiçoando-os. Como o Japão deixou evidente, essa é uma formula potente para superar o atraso e atingir a liderança econômica.

Atualmente, muito mais do que há mil anos, riqueza e renda estão concentrados regionalmente, nacionalmente e também no interior das nações. As implicações dessa realidade são fundamentais para o profis-

---

6 Irma Adelman e Cynthia Taft Morris. *Comparative patterns of economic development, 1850-1914*. Baltimore: Johns Hopkins University Press, 1988, e Irma Adelman e Cynthia Taft Morris. *Economic growth and social equity in developing countries*. Stanford, CA: Stanford University Press, 1973.
7 *Economist*, 8 abr. 2000, p. 4, seção especial.

sional de marketing global. Uma empresa que pretende se diversificar geograficamente pode alcançar esse objetivo estabelecendo-se dentro dos mercados nacionais de poucos países.

A LOCALIZAÇÃO DA POPULAÇÃO

Já observamos a concentração de 72% da renda mundial na Tríade, que engloba somente 13% da população mundial. Como mostra a Tabela 2-7, em 2000 os dez países mais populosos do mundo representavam 59% da renda mundial, e os cinco maiores, 48%. A concentração de renda em países de alta renda e grandes populações implica que uma empresa pode ser global — ou seja, obter uma proporção importante de sua receita de países em diferentes estágios de desenvolvimento — operando em dez países ou menos.

Para produtos cujo preço unitário é suficientemente baixo, a população é uma variável mais importante que a renda para determinar o potencial de mercado. Embora a população não seja tão concentrada quanto à renda, em termos de dimensão dos países existe um quadro de concentração considerável. Os dez países mais populosos do mundo representam quase 60% da população mundial atualmente.

Os seres humanos habitam o planeta Terra há mais de 2,5 milhões de anos, mas seu número era pequeno na maior parte desse período. Na época de Cristo havia aproximadamente 300 milhões de pessoas no planeta, o que equivale a um quarto da população da China hoje. A população mundial aumentou tremendamente durante os séculos XVIII e XIX, alcançando um bilhão de pessoas em 1850. Entre 1850 e 1925, a população global dobrou e, de 1925 a 1960, passou para três bilhões. A população mundial hoje ultrapassa os seis bilhões de pessoas, e com a taxa de crescimento atual atingiremos os dez bilhões na metade do século XXI. As projeções relativas à continuidade dessa taxa de crescimento terão um efeito drástico sobre o total da população futura. Também é preciso considerar que a população não se expande igualmente ao redor do mundo. Os países em desenvolvimento apresentam crescimento mais rápido que os desenvolvidos, mas a taxa de nascimentos, mesmo em países em desenvolvimento, pode variar bastante com as mudanças de atitude em relação a número de filhos, desenvolvimento econômico e doenças. Colocado de maneira simples, a população global provavelmente dobrará durante a vida de muitos estudantes que utilizam este livro (veja a Figura 2-1).

Tabela 2-7 Os dez países mais populosos — dados de 2000 com previsão para 2020.

Renda e população globais	População em 2000 (em milhares)	% da população mundial	População projetada em 2020	PIB em 2000 (em milhões)	PIB *per capita*	% do PIB mundial
Total mundial	6.134.466	100,0	8.504.642	30.578.246	—	100,0
1. China	1.268.121	20,7	1.609.796	1.179.345	930	3,9
2. Índia	1.015.287	16,6	1.464.902	430.096	424	1,4
3. Estados Unidos	275.746	4,5	326.607	8.259.358	29.953	27,3
4. Indonésia	210.785	3,4	286.706	247.846	1.176	0,7
5. Brasil	170.661	2,8	232.130	850.852	5.535	2,8
6. Rússia	146.866	2,4	157.495	342.008	2.329	1,1
7. Paquistão	138.334	2,3	242.669	66.219	479	0,2
8. Bangladesh	129.663	2,1	190.792	47.489	1.501	0,2
9. Nigéria	128.454	2,1	255.338	38.416	299	0,1
10. Japão	127.229	2,1	137.804	4.427.104	34.796	14,6

Fonte: Warren J. Keegan. *Global income and population 2000 edition: projections to 2010 and 2020*. Nova York: Pace University, Instituto para Estratégia Global de Negócios.

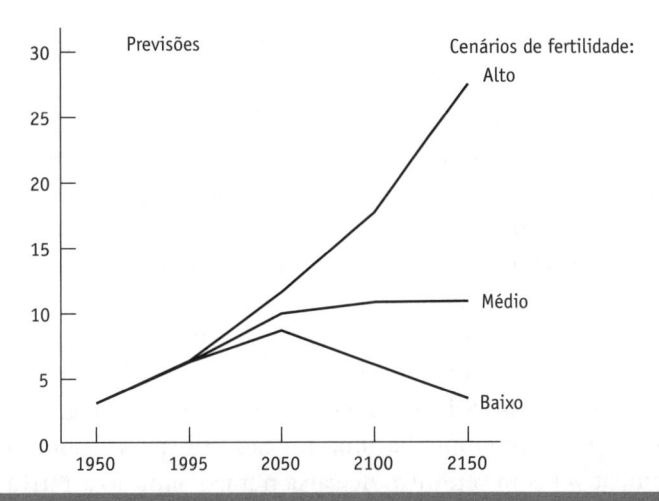

Figura 2-1 População mundial.

Fonte: Nações Unidas.

Em geral, a taxa de crescimento populacional e a renda *per capita* são inversamente proporcionais. Quanto mais baixa a renda *per capita*, mais alta a taxa de crescimento da população, e vice-versa. Em países como Estados Unidos, Alemanha e Japão, a taxa de crescimento de 1990 até 1996 foi de 1% ou menor. Todavia, recentemente alguns países nas categorias de renda média baixa e baixa, concentrados nas antigas repúblicas da União Soviética, têm tido taxas negativas de crescimento populacional.

MARKETING E DESENVOLVIMENTO ECONÔMICO

Uma preocupação importante em marketing é se ele tem alguma relevância para o processo de desenvolvimento econômico. Algumas pessoas acreditam que a área de marketing é relevante somente para a situação de países ricos e industrializados, nos quais o problema maior é direcionar os recursos da sociedade para obter uma produção sempre renovada a fim de satisfazer um mercado dinâmico. Num país menos desenvolvido, argumenta-se, o maior problema é a alocação de recursos escassos para as necessidades óbvias de produção — os esforços devem estar na produção e em como aumentá-la, e não nas necessidades e nos desejos do consumidor.

Por outro lado, pode-se argumentar que o processo de marketing de direcionar os recursos de uma organização nas oportunidades ambientais é de relevância universal. O papel do marketing — identificar as necessidades e os desejos das pessoas e direcionar os esforços individuais e organizacionais para atender a essas necessidades e desejos — é o mesmo em países de alta e de baixa renda. Por exemplo, a busca de fontes alternativas de energia, como a eólica e a solar, é importante por dois motivos: a falta de reservas de carvão em muitos países e a preocupação de que o uso excessivo de combustíveis fósseis contribua para o aquecimento global. Essas preocupações levaram ao desenvolvimento de produtos inovadores, como lanternas solares que são utilizadas em aldeias na Índia e aquecedores solares de água que foram instalados em Gaborone, capital de Botsuana, eliminando quase 40% das necessidades de energia para milhares de famílias.

A literatura econômica enfatiza o "papel do marketing no desenvolvimento econômico" quando o marketing é identificado como atividade de distribuição. Em seu livro *West african trade*, P. T. Bauer analisou a questão do número de comerciantes e sua produtividade.[8] A quantidade e a variedade de comerciantes na África Ocidental foram muito criticadas por observadores oficiais e não-oficiais. Os comerciantes eram considerados perdulários e responsáveis por amplas margens tanto na venda de mercadorias como na compra de produtos. Bauer examinou essas críticas e concluiu que se baseavam em um entendimento equivocado da questão. De acordo com seu ponto de vista, o sistema da África Ocidental economizava em capi-

---

8 Peter T. Bauer. *West África trade*. Londres: Routledge and K. Paul, 1963.

tal e utilizava um recurso abundante: mão-de-obra. Portanto, argumenta Bauer, por critérios econômicos racionais, tratava-se de um sistema produtivo.

Um exemplo simples ilustra o argumento de Bauer. Um comerciante compra um maço de cigarros com 20 unidades por $ 1 e o revende unitariamente por $ 0,10 cada, obtendo uma receita total de $ 2. A pergunta que se deve fazer é: esta pessoa explorou a população na quantia de $ 1 ou prestou um serviço útil? Em uma sociedade em que o consumidor só pode comprar um cigarro de cada vez, o comerciante forneceu um serviço útil, substituindo a mão-de-obra por capital. Nesse caso, o capital seria o acúmulo de um estoque de cigarros pelo consumidor. A posse do capital — $ 1 no exemplo citado — é o primeiro obstáculo importante a ser superado pelo consumidor para fazer esse acúmulo, pois seu padrão de vida não permite que ele fume os 20 cigarros rapidamente, antes que eles estraguem. Portanto, mesmo que o consumidor do exemplo fosse capaz de acumular esse $ 1, terminaria com um maço de cigarros estragados. O comerciante, nesse caso, fracionando o lote, desempenha uma função útil, pois disponibiliza ao consumidor uma quantidade do produto compatível com seu fluxo de caixa numa condição atrativa. Quando a renda aumenta, o comprador fuma com mais freqüência e pode comprar um maço inteiro de cigarros. Nesse processo, a quantia de recursos locais consumidos pela distribuição diminui em relação ao PIB e o padrão de vida aumenta. Nesse meio tempo, em países menos desenvolvidos, nos quais a mão-de-obra é abundante e barata e o capital é escasso e caro, a existência dessa função de distribuição representa uma aplicação útil e racional dos recursos da sociedade. Além disso, a experiência no setor de distribuição é valiosa, pois gera um quadro de talento empresarial em uma sociedade onde as alternativas para esse tipo de formação são escassas.

Risco econômico

O desenvolvimento econômico não segue sempre um caminho reto e ascendente. Mesmo em países com governos estabelecidos, mudanças políticas radicais muitas vezes acompanham mudanças econômicas drásticas. Isso tem um tremendo efeito nas compras do consumidor e no modo como os profissionais de marketing adaptam seus esforços nesses países. Dependendo da gravidade da desordem econômica, de estagflação a depressão, os consumidores compram produtos menos caros e mais funcionais. Esse é um sinal às empresas para que ajustem os preços e as características dos produtos. Exemplos recentes de casos em que foi necessário implantar esse tipo de alteração são os países afetados pela crise asiática que estourou em 1997. No Sudeste Asiático, no final da década de 90, a rúpia indonésia desvalorizou mais de 70% em relação ao dólar norte-americano, o baht tailandês e o won coreano depreciaram-se entre 40 e 50%, o ringgit malásio e o peso filipino perderam 40% do valor e as moedas de Cingapura e Taiwan também sofreram perdas em torno de 20%. Os profissionais de marketing global na região tiveram que adaptar suas estratégias de marketing em cada um desses países.[9]

BALANÇA DE PAGAMENTOS

A balança de pagamentos é o registro de todas as transações econômicas entre os residentes de um país e o restante do mundo. As estatísticas das balanças de pagamentos do Japão e dos Estados Unidos para o período de 1990 a 1993 são mostradas nas tabelas 2-8 e 2-9. O formato aqui é uma reprodução daquele utilizado pelo Fundo Monetário Internacional (FMI) em seu *Balance of payments yearbook*, que resume a atividade econômica de todos os países do mundo.

A balança de pagamentos discrimina as contas 'corrente' e de 'capitais'. A conta corrente é um registro de todas as ocorrências comerciais de mercadorias e serviços, doações particulares e transações de ajuda pública entre países. A conta de capitais é o registro de todos os investimentos diretos de longo prazo, investimentos de carteiras e outros fluxos de capitais de curto e longo prazos. O sinal negativo indica fluxos de saída de moeda; por exemplo, na Tabela 2-8, a linha A2 mostra uma saída de 877 bilhões de dólares que

---

9 Ang Swee Hoon, "Marketing under challenging economic conditions: consumer and business perspective", *MarkPlus Quartely*, out./dez. 1998, p. 18-31.

Tabela 2-8 Balança de pagamentos dos Estados Unidos, 1994-1997 (em bilhões de dólares).				
	1994	1995	1996	1997
A. Conta corrente	−123,21	−115,22	−135,44	−155,38
1. Bens: exportação	504,45	577,69	613,89	681,27
2. Bens: importação	−668,59	−749,57	−803,32	−877,28
3. Balança de bens	−164,14	−171,88	−189,43	−196,01
4. Serviços: crédito	199,25	217,80	236,71	256,06
5. Serviços: débito	−132,45	−141,98	−152,00	−166,09
6. Balança de bens e serviços	−97,34	−96,06	−104,72	−106,04
B. Conta de capitais	−,60	,10	,52	,16
Total A + B	−123,81	−115,12	−134,91	−155,22

Fonte: Adaptado de *Balance of payments statistics yearbook*. Washington: Fundo Monetário Internacional, 1998, p. 852.

representa o pagamento para mercadorias importadas pelos Estados Unidos. Em geral, um país acumula reservas quando o saldo de suas contas corrente e de capitais apresenta superávit; da mesma maneira, ele perde reservas quando o saldo apresenta déficit. É importante ter em mente que a balança de pagamentos como um todo está sempre em equilíbrio. Os desequilíbrios ocorrem em partes do resultado total da balança. Por exemplo, um saldo parcial muito divulgado é a balança comercial, que se refere ao total de mercadorias transacionadas por um país com o exterior (linha 3 nas tabelas 2-8 e 2-9).

As tabelas 2-8 e 2-9 mostram que entre 1994 e 1997 o Japão apresentou um superávit decrescente tanto nas chamadas transações em conta corrente como na balança comercial. Inversamente, no mesmo período, os Estados Unidos mostraram déficits crescentes em ambas as balanças. O déficit geral comercial dos Estados Unidos tem surpreendido constantemente os observadores, dada a fraqueza do dólar em relação às moedas de seus principais parceiros comerciais, como Alemanha e Japão. Uma comparação das linhas 4 e 5 nas duas tabelas mostra uma vantagem da perspectiva dos Estados Unidos. No geral, o Japão equilibra seu superávit comercial com a saída de capitais, enquanto os Estados Unidos equilibram seu déficit comercial com a entrada de capitais. Como parceiros comerciais, os Estados Unidos possuíam uma quantidade crescente de produtos japoneses, enquanto o Japão possuía mais terras, imóveis e papéis do governo norte-americano.

Tabela 2-9 Balança de pagamentos do Japão, 1994-1997 (em bilhões de dólares).				
	1994	1995	1996	1997
A. Conta corrente	131,64	111,04	65,88	94,35
1. Bens: exportação	385,70	428,72	400,28	409,24
2. Bens: importação	−241,51	−296,93	−316,72	−307,64
3. Balança de bens	144,19	131,79	83,56	101,60
4. Serviços: crédito	58,30	65,27	67,72	69,30
5. Serviços: débito	−106,36	−122,63	−129,96	−123,45
6. Balança de bens e serviços	96,13	74,43	21,32	47,45
B. Conta de capitais	−1,85	−2,23	−3,29	−4,05
Total A + B	128,41	108,82	62,59	90,30

Fonte: Adaptado de *Balance of payments statistics yearbook*. Washington: Fundo Monetário Internacional, 1998, p. 852.

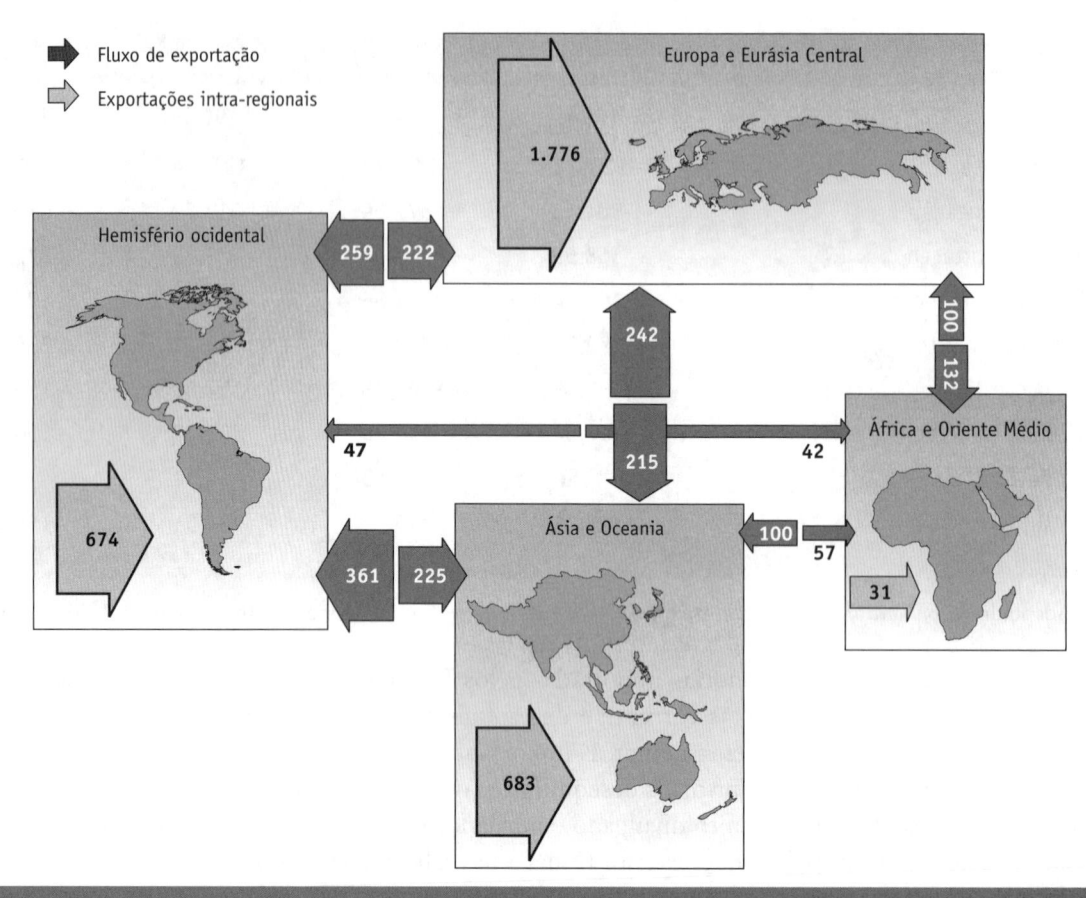

Figura 2-2 Comércio mundial em 1997 (em bilhões de dólares).

Fonte: *Handbook of International Economic Statistics*, fev. 1999, p. 74.

PADRÕES DE COMÉRCIO

Desde o final da Segunda Guerra Mundial, o comércio mundial de mercadorias tem crescido mais rápido do que a produção mundial. Em outras palavras, o crescimento de importação e exportação tem ultrapassado a taxa de aumento do PIB. Além disso, desde 1983 o investimento estrangeiro direto tem crescido com uma velocidade cinco vezes maior que o comércio mundial e dez vezes maior que o PIB.[10] A estrutura do comércio mundial é resumida na Figura 2-2. Nota-se a importância da Europa e da Eurásia Central: elas representam cerca de 60% das exportações e importações mundiais. Os países industrializados têm aumentado sua participação no comércio mundial, comercializando mais entre eles mesmos e menos com o restante do mundo.

Comércio de mercadorias

A Tabela 2-10 mostra os fluxos de comércio no mundo. Em 1994, o valor em dólares do comércio mundial era de aproximadamente 4,1 trilhões. Ao todo, 75% das exportações do mundo foram geradas pelos países industrializados e 25% pelos países em desenvolvimento. A União Européia (UE) representou 40% do total exportado, os Estados Unidos e o Canadá, 18%, seguidos pelo Japão com 9%. Se a UE fosse considerada um único país, sua participação nas exportações do mundo seria um pouco menor que a dos Estados Unidos. O crescimento do comércio fora dos países industrializados tem sido lento.

Os 20 maiores países importadores e exportadores do mundo (segundo o FMI) são mostrados na Tabela 2-11. Entre os exportadores asiáticos, a China e a Coréia do Sul mostraram um crescimento acima de

---

10 "Who wants to be a giant?" *Economist*, 24 jun. 1995, Pesquisa, p. 1.

Tabela 2-10 Informações comerciais importantes dos Estados Unidos.

Volume em dólares em 1998	Exportação: 663 bilhões de dólares		Importação: 912 bilhões de dólares	
Parceiros	Canadá	22%	Canadá	19%
	Europa Ocidental	21%	Europa Ocidental	18%
	Japão	10%	Japão	14%
	México	10%	México	10%
			China	7%
	Total	63%	Total	68%
Commodities	Bens de capital		Petróleo e derivados	
	Automóveis		Maquinário	
	Suprimentos industriais		Automóveis	
	Bens de consumo		Bens de consumo	
	Produtos agrícolas		Matérias-primas industriais	
			Alimentos e bebidas	

Fonte: *The world factbook*, Agência Central de Inteligência.

Tabela 2-11 Os 20 principais exportadores e importadores no comércio mundial de mercadorias, 1997.

Principais exportadores	1997	Mudança percentual de 1996 para 1997	Principais importadores	1997	Mudança percentual de 1996 para 1997
1. Estados Unidos	762,8	9,0	1. Estados Unidos	867,0	8,9
2. Alemanha	482,4	-2,2	2. Alemanha	438,9	-1,6
3. Japão	464,4	3,6	3. Japão	304,9	-3,1
4. China	287,6	12,9	4. Reino Unido	297,5	6,7
5. França	280,9	-1,0	5. França	270,4	3,5
6. Reino Unido	265,2	6,3	6. Holanda	204,7	2,5
7. Itália	222,4	-1,8	7. Canadá	195,2	13,0
8. Canadá	220,1	5,8	8. Itália	190,4	3,8
9. Holanda	171,3	-,005	9. Hong Kong	186,6	11,0
10. Bélgica/Luxemburgo	143,3	1,1	10. China	164,6	5,2
11. Taiwan	135,2	3,6	11. Bélgica/Luxemburgo	155,2	0,2
12. Coréia do Sul	125,0	7,5	12. Coréia do Sul	123,2	-4,0
13. Malásia	115,0	24,0	13. Espanha	119,9	3,5
14. México	108,7	16,2	14. Taiwan	103,9	11,3
15. Espanha	99,5	3,9	15. México	92,5	25,8
16. Cingapura	98,9	1,8	16. Suíça	87,9	-2,7
17. Suíça	90,8	-3,9	17. Malásia	79,3	4,6
18. Suécia	79,1	-1,5	18. Rússia	63,6	9,6
19. Rússia	82,9	-2,7	19. Brasil	61,2	15,0
20. Arábia Saudita	67,2	7,3	20. Áustria	60,6	-3,5

Fonte: Adaptado de *Direction of trade statistics*. Washington: Fundo Monetário Internacional, 1998, p. 2-3.

20% de 1993 a 1994, o que evidencia sua força econômica. No hemisfério ocidental, o crescimento de exportações mexicanas de quase 21% mostra o impacto da Nafta (entre 1992 e 1993, as exportações mexicanas só cresceram 9%). Talvez a mais surpreendente estatística da Tabela 2-11 seja os quase 50% de aumento das exportações da Rússia em 1994, resultado da privatização de setores importantes e de uma ênfase maior nas exportações. O Quadro 2-1, "Medindo a economia russa", aponta as dificuldades para se conhecer realmente a economia da Rússia e, por extensão, de outros países.

Comércio de serviços

Provavelmente, o setor que mais cresce no comércio mundial é o de serviços. São serviços, por exemplo, viagens e entretenimento; educação; serviços empresariais como engenharia, contabilidade e advocacia, e o pagamento de royalties e licenças. Infelizmente, as estatísticas e os dados sobre o comércio de serviços não são tão completos quanto os do comércio de mercadorias. Por exemplo, muitos países (espe-

---

QUADRO 2-1
MEDINDO A ECONOMIA RUSSA

Na Rússia atual, os cidadãos comuns não são apenas aqueles que lutam para andar no mesmo ritmo das rápidas e revolucionárias mudanças econômicas; estatísticas governamentais ainda não podem ser sustentadas. Como resultado, as informações econômicas e as estatísticas vindas da Rússia são imprecisas, inadequadas, distorcidas e tendenciosas.

A principal fonte de estatísticas econômicas da Rússia é uma agência chamada Goskomstat, ou Comitê de Estatísticas Russo. O problema inerente às estatísticas geradas pelo Goskomstat é uma de suas intenções originais: historicamente, o Goskomstat mensurava a situação econômica da União Soviética; a proposta das estatísticas, que é utilizada até hoje como medida econômica, não faz mais sentido devido à mudança da economia — de planejada para de mercado.

O Goskomstat continua a coletar dados e medir a produção nos setores produtivos menores, isto é, indústrias que não foram privatizadas e funcionam ainda como propriedade do Estado. Se essas estatísticas fossem um pouco equilibradas com os números do setor privado, o PIB russo poderia não ser tão severamente subestimado. O Goskomstat, entretanto, não é absolutamente rigoroso com relação ao total do crescimento do setor privado na economia russa. O aumento de *joint-ventures* russas, de vendas a varejo e de serviços e a privatização de bancos têm sido bem documentados pela imprensa, mas não pelo Goskomstat.

O problema do levantamento de dados de negócios iniciados no emergente setor privado é o fato de que esses empreendimentos são difíceis de ser incluídos, por causa das implicações de impostos potenciais. Além disso, devido a técnicas inadequadas de levantamento, centenas de registros de propriedades, empreiteiros e empreendimentos de negócios de permuta, assim como os mercados informal e negro, estão fora da rica estimativa do Goskomstat.

Outrossim, os dados gerados do setor estatal enfraquecido são inadequados, porque doações governamentais não induzem a relatar algum crescimento na produção. Esses empreendimentos estariam arriscados a perder subsídios se a produção aumentasse. Ironicamente, na era soviética, gerentes de negócios do Estado se inclinavam a aumentar o número da produção para atingir o conjunto de metas dos planejadores estatais.

Desse modo, qual é o impacto dos números deformados da Goskomstat? Os números imperfeitos geram agitação em todo o mundo. Outras agências que se fiam nessa fonte para dados econômicos incluem o Banco Mundial, o Fundo Monetário Internacional, o Departamento de Comércio dos Estados Unidos, a Agência Central de Inteligência (CIA), além de um sem-número de bancos e de analistas de indústrias e de investimentos.

De qualquer maneira, as estatísticas minimizam gravemente a produção, especialmente o crescimento da economia privada. O montante estimado de produção não declarada se situa entre 25 e 60%, com os especialistas estimando 45% subestimados para esconder a realidade. Uma conseqüência para a economia russa é o crescimento lento, porque investidores nervosos podem relutar para entrar num mercado retratado por tais números desoladores.

Fonte: Frederick Starr, "The 'glass is half full' case for Russia", *International Economy*, mar./abr. 1995, p. 46, e Judy Shelton. *The coming soviet crash: Gorbachev's desperate pursuit of credit in Western financial markets*. Nova York: The Free Press, 1989.

cialmente os de renda mais baixa) são negligentes no cumprimento de direitos autorais internacionais, na proteção da propriedade intelectual e da lei de patentes. O resultado são perdas para os países que exportam serviços como software e entretenimento em vídeo. De acordo com a Software Publishers Association, as perdas anuais no mundo devido à pirataria de software chegam a oito bilhões de dólares. Na China e em alguns países da antiga União Soviética, acredita-se que mais de 95% do software para computadores pessoais em uso seja pirateado.

Como mostra a Figura 2-3, em 1994 as exportações de serviços dos Estados Unidos totalizaram 195 bilhões de dólares, compensando parcialmente o déficit do comércio de mercadorias. Em 1994, o superávit líquido em serviços — exportações de serviços menos importações de serviços — foi de 60 bilhões. Empresas como American Express, Walt Disney e Texas Instruments desfrutam de crescimento rápido da demanda por seus serviços ao redor do mundo, em parte devido ao dólar fraco.[11]

ALIANÇAS COMERCIAIS INTERNACIONAIS

> **Visite os sites**
> www.wto.org   www.caricom.org
> www.apecsec.org.sg   www.aei.org
> www.iie.org   www.coha.org

Desde a Segunda Guerra Mundial, há um tremendo interesse por parte dos países pela cooperação econômica. Esse interesse tem sido estimulado pelo êxito da Comunidade Européia, que por sua vez foi inspirado pela economia dos Estados Unidos. Há muitos graus de cooperação econômica, que vai desde um acordo entre duas ou mais nações para reduzir barreiras comerciais até a integração completa de duas ou mais economias nacionais. O arranjo mais conhecido no começo do século XX foi o sistema da Comunidade Britânica. Esse sistema assentava as bases para o comércio entre Grã-Bretanha, Canadá, Austrália, Nova Zelândia, Índia e algumas antigas colônias britânicas na África, na Ásia e no Oriente Médio. A decisão da Grã-Bretanha de entrar na Comunidade Econômica Européia resultou no fim desse sistema e mostra a constante evolução da cooperação econômica internacional.

Figura 2-3 Equilíbrio comercial dos Estados Unidos entre o comércio de mercadorias e de serviços (em bilhões de dólares).

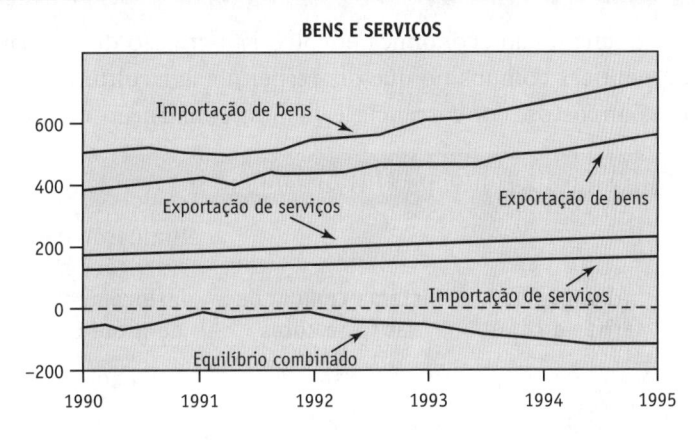

Fonte: U.S. government printing office, *Business America*, jun. 1995, p. 28.

---

11 Ralph T. King Jr., "Quiet boom: U.S. service exports are growing rapidly, but almost unnoticed", *Wall Street Journal*, 21 abr. 1993, p. A.1.

Entre as implicações de alianças econômicas para o marketing podem estar a padronização de embalagens, uma moeda comum que permita aos consumidores comparar preços entre os países e um desenvolvimento econômico que crie um maior número de consumidores com acesso a produtos.

Graus de cooperação econômica

Há quatro níveis de cooperação e integração econômicas, conforme mostra a Tabela 2-12.

Área de livre comércio

Uma área de livre comércio (ALC) é um grupo de países que chegaram a um acordo para abolir todas as barreiras internas ao comércio entre eles. Países que fazem parte de uma ALC podem manter políticas comerciais independentes com países que não pertençam ao bloco. Um sistema de certificados de origem é utilizado para evitar o desvio de comércio em favor de membros com tarifas baixas. Esse sistema desencoraja a importação de produtos de um país membro que possua tarifas mais baixas para exportação a países da área com tarifas externas mais altas. Inspetores da alfândega policiam as fronteiras entre os membros. A Área Econômica Européia é uma ALC que inclui as nações que formam a União Européia mais Noruega, Liechtenstein e Islândia. A área de livre comércio incluindo Canadá e Estados Unidos surgiu formalmente em 1989. Em 1992, representantes dos Estados Unidos, do Canadá e do México concluíram negociações para a Nafta, que entrou em vigor em 1º de janeiro de 1994.

União alfandegária

Uma união alfandegária representa uma evolução lógica da ALC. Além de eliminar as barreiras internas ao comércio, os membros de uma união alfandegária concordam em estabelecer barreiras externas comuns. O Mercado Comum da América Central, o Mercado Comum do Cone Sul (Mercosul) e o Grupo Andino são exemplos de uniões alfandegárias.

Mercado comum

Um mercado comum vai além da remoção de barreiras internas de comércio e do estabelecimento de barreiras externas comuns. Nesse estágio, eliminam-se as barreiras ao fluxo de fatores (mão-de-obra e capital) dentro do mercado. Um mercado comum se constrói eliminando as barreiras tarifárias internas e estabelecendo barreiras externas comuns. Ele busca coordenar as políticas econômica e social dentro do mercado para permitir o livre fluxo de mão-de-obra e capital de país a país. Portanto, um mercado comum cria um mercado aberto não somente para mercadorias, mas também para serviços e capital.

União econômica

A evolução completa de uma união econômica envolveria a criação de um banco central unificado, o uso de uma única moeda e políticas comuns no que diz respeito a agricultura, serviços sociais, desenvolvimento regional, transporte, impostos, concorrência e fusões, construção civil e assim por diante. Uma

Tabela 2-12 Níveis de integração econômica internacional.

Estágio de integração	Abolição de tarifas e cotas	Sistema comum de tarifas e cotas	Eliminação das restrições no deslocamento de produtos	Harmonização das políticas econômicas, sociais e regulatórias
Área de livre comércio	Sim	Não	Não	Não
União alfandegária	Sim	Sim	Não	Não
Mercado comum	Sim	Sim	Sim	Não
União econômica	Sim	Sim	Sim	Sim

união econômica completamente desenvolvida requer uma união política abrangente, que a torne similar a uma nação. A integração mais completa das nações que seriam membros de uma união econômica desenvolvida seria a formação de um governo central que uniria Estados independentes em uma única estrutura política.

A União Européia está próxima de completar a maioria dos passos exigidos para criar uma união econômica plena, porém ainda faltam barreiras importantes.

O GATT E A OMC

O ano de 1997 marcou o 50º aniversário do Gatt (Acordo Geral sobre Tarifas e Comércio), um tratado entre 123 países cujos governos concordaram em, pelo menos em princípio, promover o comércio entre eles. O intuito do Gatt era ser uma iniciativa multilateral, global. Seus negociadores realmente conseguiram liberalizar o comércio mundial de mercadorias e a organização mediou 300 disputas comerciais, muitas envolvendo alimentos, durante seu meio século de existência. O Gatt em si não tinha nenhum poder de coerção (a parte perdedora numa disputa tinha o direito de ignorar o parecer), e o processo de tratar as disputas muitas vezes durava anos.

O sucessor do Gatt, a Organização Mundial de Comércio (OMC), surgiu em 1º de janeiro de 1995. De sua sede em Genebra, a OMC fornece um fórum para negociações relacionadas ao comércio. Por serem imparciais, os peritos em comércio da OMC também atuam como mediadores em disputas comerciais globais. A OMC tem um órgão de acerto de disputas (OAD) que intermedia reclamações sobre barreiras comerciais desleais e outros assuntos entre os países membros da OMC. Durante um período de consulta de 60 dias, as partes de uma reclamação devem negociar de boa-fé e alcançar uma resolução amigável. Caso isso não aconteça, o reclamante pode solicitar ao OAD a nomeação de um conselho de três peritos em comércio para ouvir o caso confidencialmente. Após a reunião, o conselho tem nove meses para emitir um parecer. A OAD tem poderes para agir de acordo com as recomendações do conselho. A parte perdedora tem a opção de recorrer a um órgão de apelação com sete membros. Se, após o devido processo, considerar-se que as políticas comerciais violam as regras da OMC, o país deve alterar essas políticas, sob pena de a OMC autorizar sanções comerciais contra ele.

Uma das primeiras tarefas importantes da OMC foi abrigar as negociações do Acordo Geral de Tarifas de Serviços, por meio do qual 76 países firmaram compromissos quanto ao acesso aos mercados bancários, acionários e de seguros. A OMC teve seu primeiro teste real quando representantes dos Estados Unidos e do Japão se encontraram em 1995 para resolver a disputa sobre as queixas de Washington de que o Japão mantinha práticas desleais ao limitar a importação de peças de automóveis dos Estados Unidos. O governo norte-americano estava reagindo ao fato de que um terço do déficit comercial dos Estados Unidos — 66 bilhões de dólares somente em 1994 — fora com o Japão, e automóveis e peças automotivas representavam dois terços desse montante. Na primavera de 1995, os Estados Unidos ameaçaram impor tarifas de 100% em 13 modelos de carros importados do Japão, que registrou uma queixa formal na OMC. Embora uma guerra comercial tenha sido evitada no último momento, as tensões relacionadas ao comércio entre os dois países estão longe de desaparecer. Nova tensão surgiu em 1998, quando os Estados Unidos ameaçaram impor tarifas de 100% sobre importações européias com roupa de cama italiana. Os Estados Unidos estavam, nesse caso, respondendo ao sistema europeu de cotas para importação de banana.[12]

Os ministros do comércio que representam os países membros da OMC encontram-se anualmente para trabalhar no aperfeiçoamento do comércio mundial. Mesmo assim, ainda não se sabe se a OMC atenderá às expectativas em relação a políticas adicionais importantes sobre questões como a concorrência dos investimentos estrangeiros. Uma das questões está relacionada à resistência de políticos de muitos países, que, pressionados por suas bases eleitorais, colocam obstáculos aos planos da OMC de remover rapidamente as barreiras comerciais. Um grupo comercial norueguês disse aos jornalistas que o lema da OMC

---

12 Karl Taro Greenfeld, "Banana wars", *Time*, 8 fev. 1999, p. 42-43.

deveria ser "Se você pode decidir amanhã, por que decidir hoje?" Mesmo assim, como disse o diretor-geral Renato Ruggerio, "o livre comércio é um processo que não se pode parar".[13]

ORGANIZAÇÕES ECONÔMICAS REGIONAIS

Além das iniciativas multilaterais da OMC, os países de cada região do mundo buscam derrubar as barreiras comerciais dentro de suas regiões. A próxima seção descreve os principais acordos regionais de cooperação econômica. Os grupos de comércio relacionados estão divididos geograficamente em grupos da Europa, América do Norte, Ásia, América do Sul, América Latina, África e Oriente Médio.

Grupos de comércio europeus

União Européia (UE)

A União Européia (antigamente conhecida como Comunidade Européia — CE) foi estabelecida pelo tratado de Roma em 1958. Os seis membros fundadores foram Bélgica, França, Holanda, Itália, Luxemburgo e Alemanha Ocidental. Em 1973, a Grã-Bretanha, a Dinamarca e a Irlanda foram admitidas, seguidas por Grécia em 1981, Espanha e Portugal em 1986 e Finlândia, Suécia e Áustria em 1995. Os dez membros mais recentes — Polônia, Letônia, Lituânia, República Tcheca, Eslováquia, Hungria, Estônia, Eslovênia, Malta e Chipre — entraram em 2004. (Em 1994, os eleitores noruegueses rejeitaram a proposta de participação.) O mapa da Figura 2-4 mostra os membros da UE.

Em 1987, os 12 países que na época eram membros da CE voltaram-se para a difícil tarefa de criar um verdadeiro mercado único para mercadorias, serviços e capitais. Concluir o programa do mercado único no final de 1992 foi uma realização importante da CE; o Conselho de Ministros adotou 232 leis e regulamentos para tornar o mercado único uma realidade. Agora, os cidadãos dos países podem cruzar as fronteiras livremente dentro da UE.

Como as empresas responderam ao movimento para um mercado único na UE? Em uma série de pesquisas realizadas em 1973, 1983 e 1993, Boddewyn e Grosse descobriram que havia uma crescente padronização das políticas de marketing pelas empresas norte-americanas na UE desde sua introdução em 1958, seguida de uma volta a maiores adaptações. Entre os obstáculos à padronização mencionados pelos entrevistados estão diferenças em gostos e hábitos e os regulamentos nacionais de governos para produtos industrializados. Essas descobertas sugerem que os esforços da UE de alcançar maior harmonização ainda têm um longo caminho pela frente.[14]

Sob as decisões do Tratado de Maastricht, a UE implementou uma união econômica e monetária (UEM) que inclui um Banco Central europeu e uma moeda única européia. A implantação da UEM exige definir até que ponto países que compartilham uma moeda devem coordenar orçamentos e impostos. Uma moeda única elimina custos associados à conversão de moedas e incertezas quanto às taxas de câmbio e torna mais fácil para os consumidores nos vários países participantes comparar os preços de bens e serviços. Desde que os membros da UE adotaram a moeda única, eles abdicaram de suas políticas monetárias nacionais em favor de uma política monetária européia. Os instrumentos-chave de política monetária, que são ferramentas importantes de qualquer governo para gerir seu destino econômico, já não são controlados individualmente pelos países. Nem todos os países participam da moeda única, como é o caso da Grã-Bretanha.

A ampliação da UE tornou-se um assunto importante com a aceitação de mais países como candidatos à futura participação. A lista de candidatos é dividida em várias categorias. A revista *The Economist* calcula que Bulgária e Romênia podem se tornar membros plenos em 2008, e a Turquia, em 2011.[15] Em

---

13 Helene Cooper e Bhushan Bahree, "No 'Gatzilla': world's best hope for global trade topples few barries", *Wall Street Journal*, 3 dez. 1996, p. A8.
14 Jean J. Boddewyn e Robert Gross, "American marketing in the European Union: standardization's uneven progress em 1973-1993", *European Journal of Marketing*, 29, nº 12, 1995, p. 23-43.
15 "Enlarging the European Union. A new pace?", *Economist*, 2 out. 1999, p. 45-55.

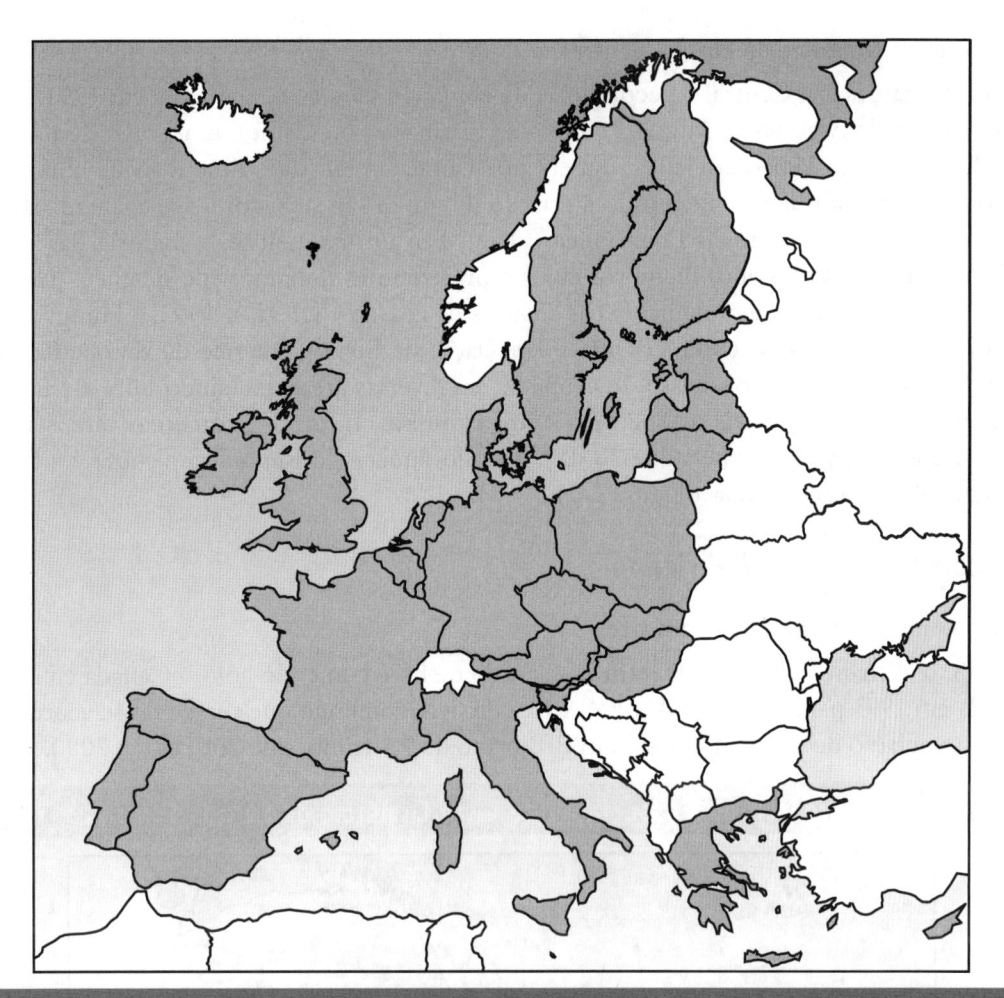

Figura 2-4 Países pertencentes à União Européia.

teoria, o desenvolvimento econômico devia ser o critério principal de admissão; no entanto, muitas questões políticas também estão envolvidas na decisão de admissão de um país na UE.

A Convenção de Lomé

A UE mantém um acordo com 70 países da África, do Caribe e do Pacífico (ACP). A Convenção de Lomé foi estruturada com o objetivo de promover o comércio e oferecer assistência financeira do Fundo de Desenvolvimento Europeu aos países pobres. Recentemente, pressões sobre seus orçamentos fizeram com que alguns países europeus pressionassem para fazer cortes na ajuda prevista.

Área Econômica Européia

Em 1991, após 14 meses de negociação, a Comunidade Econômica Européia e os sete países da Associação de Livre Comércio Europeu (Alce) chegaram a um acordo sobre a criação da Área Econômica Européia (AEE), que teve início em janeiro de 1993. Apesar de ter como objetivo alcançar o livre movimento de bens e serviços, capital e mão-de-obra entre os dois grupos, a AEE é uma área de livre comércio, e não um união alfandegária com tarifas externas comuns. Sendo a Áustria, Finlândia e Suécia atualmente membros da União Européia, Noruega, Islândia e Liechtenstein são os únicos remanescentes da Alce que não são membros da UE (a Suíça votou para não ser parte da AEE). A AEE é o maior bloco comercial do mundo, com seus 400 milhões de consumidores e aproximadamente dez trilhões de dólares de PIB conjunto.

Associação de Livre Comércio da Europa Central

A transição na Europa Central de economias de comando para as de mercado em 1991 levou à destituição do Conselho de Assistência Mútua Econômica (Comecon ou Came), um grupo de países do bloco comunista aliado à antiga União Soviética. Na era pós-Comecon tem sido desenvolvida uma série de propostas de cooperação multilateral, incluindo a criação de um órgão sucessor a ser chamado de Organização para Cooperação Internacional Econômica (Ocie). Em última análise, a maioria das propostas foi bloqueada por candidatos a Estados membros cujos representantes tinham medo de que a participação em um novo bloco regional pudesse prejudicar suas chances de adesão à UE. Em 1992, a Hungria, a Polônia e a Checoslováquia assinaram um acordo criando a Associação de Livre Comércio da Europa Central (Alcec). Os signatários assumiram o compromisso de cooperar em diversas áreas, incluindo infra-estrutura e telecomunicações, projetos sub-regionais, cooperação entre empresas, turismo e comércio varejista.[16] Romênia, Eslovênia e os dois países criados pela divisão da Checoslováquia — a República Tcheca e a Eslováquia — também são membros da Alcec (veja a Figura 2-5).

Grupo de comércio norte-americano

Área de Livre Comércio da América do Norte

Em 1988, os Estados Unidos assinaram um acordo de livre comércio com o Canadá cuja abrangência foi aumentada em 1993 para incluir o México. A área de livre comércio que surgiu desse acordo — o Nafta — tinha uma população de 406,7 milhões e um PIB bruto de 9,3 trilhões de dólares em 2000.

Figura 2-5 Países pertencentes à Associação de Livre Comércio da Europa Central.

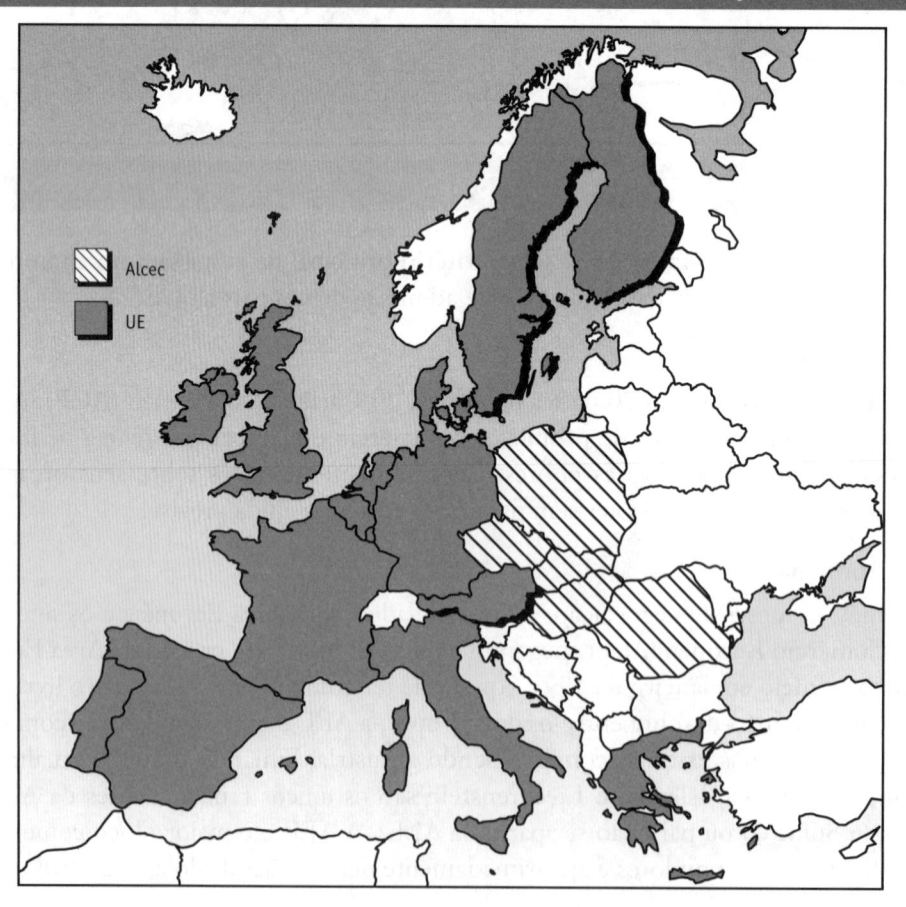

---

16 Bob Jessop, "Regional economic blocs, cross-border cooperation, and local economics strategies in post-socialism", *American Behavioral Scientist*, 38, nº 5, p. 689-690.

Os três governos comprometeram-se a promover o crescimento econômico pela expansão de investimentos e do comércio. Os benefícios para o livre comércio continental permitirão aos três países superar os desafios econômicos das próximas décadas. A eliminação gradual das barreiras ao fluxo de bens, serviços e investimentos, juntamente com uma forte proteção dos direitos de propriedade intelectual (patentes, marcas registradas e direitos autorais), beneficiará empresas, trabalhadores, agricultores e consumidores.

Canadá e México estão em primeiro e terceiro lugares, respectivamente, como principais parceiros comerciais dos Estados Unidos (o Japão está em segundo). Em 1994, o primeiro ano do acordo, as exportações dos Estados Unidos para o Canadá somaram 114,4 bilhões de dólares, enquanto as para o México foram de 50,8 bilhões. Nesse mesmo ano, os Estados Unidos importaram do Canadá 128,9 bilhões de dólares e do México 49,5 bilhões. Os países do Nafta são mostrados na Figura 2-6. Em 1998, o volume do comércio entre os países do Nafta havia aumentado consideravelmente. As exportações dos Estados Unidos para o Canadá tinham aumentado 37%, chegando a 156,6 bilhões de dólares, e para o México totalizaram 78,8 bilhões, um aumento de 55%. Nesse mesmo ano, as importações dos Estados Unidos originárias do Canadá somaram 173,3 bilhões de dólares, um aumento de 34%, enquanto as originárias do México saltaram para 94,6 bilhões, um aumento de 91%.

Grupos de comércio asiáticos

Cooperação Econômica Ásia–Pacífico

Todos os anos, no mês de novembro, representantes de 18 países da Orla do Pacífico reúnem-se formalmente para discutir as possibilidades de liberalizar o comércio. Coletivamente, os países que formam o fórum Cooperação Econômica Ásia–Pacífico (Ceap) representam 38% da população e 52% do PIB mun-

Figura 2-6 Países pertencentes ao Nafta.

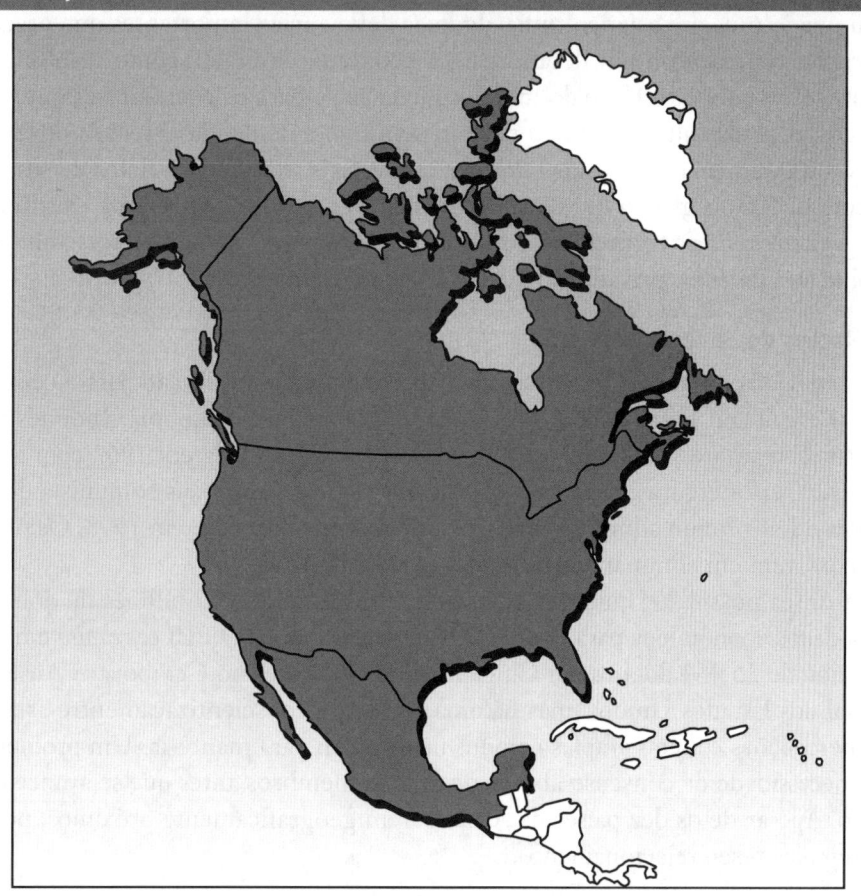

dial. A Ceap proporciona uma oportunidade anual de discussões por pessoas de vários níveis: acadêmicos e executivos de empresas, ministros e chefes de Estado. Alguns pequenos países asiáticos vêem o Ceap como um excelente meio de utilizar os Estados Unidos para contrabalançar o domínio do Japão e da China na região. Como observou um especialista, "Não faz muito tempo, o simples pensamento de que a Coréia do Sul e a Indonésia — e a China então nem se fala — cogitariam o livre comércio era absurdo".

Muitos dos debates entre os membros da Ceap concentram-se na possibilidade ou não de eliminar todas as barreiras comerciais da Ásia. É evidente que os políticos e os agricultores da Coréia do Sul, da China e do Japão ainda apóiam subsídios agrícolas, ao passo que os agricultores dos Estados Unidos, do Canadá e da Austrália querem vender produtos alimentícios na Ásia. Embora o governo japonês tenha tomado medidas, em 1993, para eliminar a proibição de importação de arroz, o acesso ao mercado japonês ainda é restrito. Os agricultores australianos têm se esforçado para desenvolver variedades de arroz para os exigentes consumidores japoneses. Um membro da cooperativa australiana de plantadores de arroz comenta: "Os japoneses são conhecedores de arroz. Se vendermos no Japão, poderemos vender em qualquer lugar. Só precisamos que o mercado japonês se abra".

Além da agricultura, outros assuntos conflitantes têm sido a revisão anual da situação da China como país mais favorecido comercialmente e a posição firme do governo norte-americano sobre direitos humanos.

Em 1997, a reunião da Ceap na cidade de Vancouver, no Canadá, defrontou-se com um desafio surpreendente: a chamada Crise Asiática, que começou na Tailândia e se espalhou rapidamente para Malásia, Indonésia, Coréia e até Japão. Essa crise, causada por práticas bancárias descuidadas nos setores privados desses países, levou a uma falta de confiança dos investidores, principalmente em relação às cotações de títulos negociados nos mercados públicos, notadamente nas bolsas de valores, o que causou um colapso nos preços das ações, uma vertiginosa queda nas cotações das moedas desses países e um aumento maciço das exportações destes para os Estados Unidos. O mundo inteiro foi surpreendido por essa crise, que só enfatizou o fato de que as práticas bancárias na região tinham se tornado desestruturadas e sem controle. O mundo percebeu que o 'milagre' asiático tinha algumas deficiências importantes que precisavam ser corrigidas. Essa 'correção' representou um desafio para a economia mundial: como resolver os problemas na Ásia sem espalhar a crise para o restante do mundo. Ficou claro para os economistas que, enquanto os líderes econômicos dos países de alta renda não permitissem que a demanda agregada em seus mercados entrasse em colapso ou que fossem impostas barreiras comerciais, seria possível aos países da região asiática equilibrar suas contas. Isso exigiria o fim do relacionamento próximo que sempre existiu em muitos países da região entre as empresas e os respectivos governos e também que se estabelecesse um sistema mais rígido de responsabilidades do setor privado para decisões de investimento.

Associação das Nações do Sudeste Asiático

A Associação das Nações do Sudeste Asiático (Ansea) é uma organização para a cooperação econômica, política, social e cultural entre os dez países membros: Brunei, Camboja, Indonésia, Laos, Malásia, Myanma, Filipinas, Cingapura, Tailândia e Vietnã. A Ansea foi fundada em 1967 com a assinatura da declaração de Bangcoc (veja a Figura 2-7). O Vietnã tornou-se o primeiro país comunista do grupo, admitido em 1995. Camboja e Laos foram admitidos em 1997 e Myanma juntou-se em 1998. Os países pertencentes à associação concordaram em eliminar a maioria das tarifas até 2010.

O grupo da Ansea possui 495 milhões de pessoas e um PIB de 700 bilhões de dólares (é importante notar que não há dados econômicos para Brunei, Myanma e Vietnã). O PIB *per capita* em 2000 entre as nações da Ansea variou de 36.484 dólares em Cingapura a 290 dólares no Camboja. A Ansea é o sexto maior parceiro comercial dos Estados Unidos, mas há uma crescente conscientização entre as autoridades da associação de que percepções e metas amplas comuns não bastam para mantê-la. Um problema permanente a ser superado é a necessidade de consenso absoluto entre os membros antes que se avance com qualquer esforço cooperativo. Apesar de os dez países da Ansea serem geograficamente próximos, possuem diferenças históricas que prejudicam seu relacionamento.

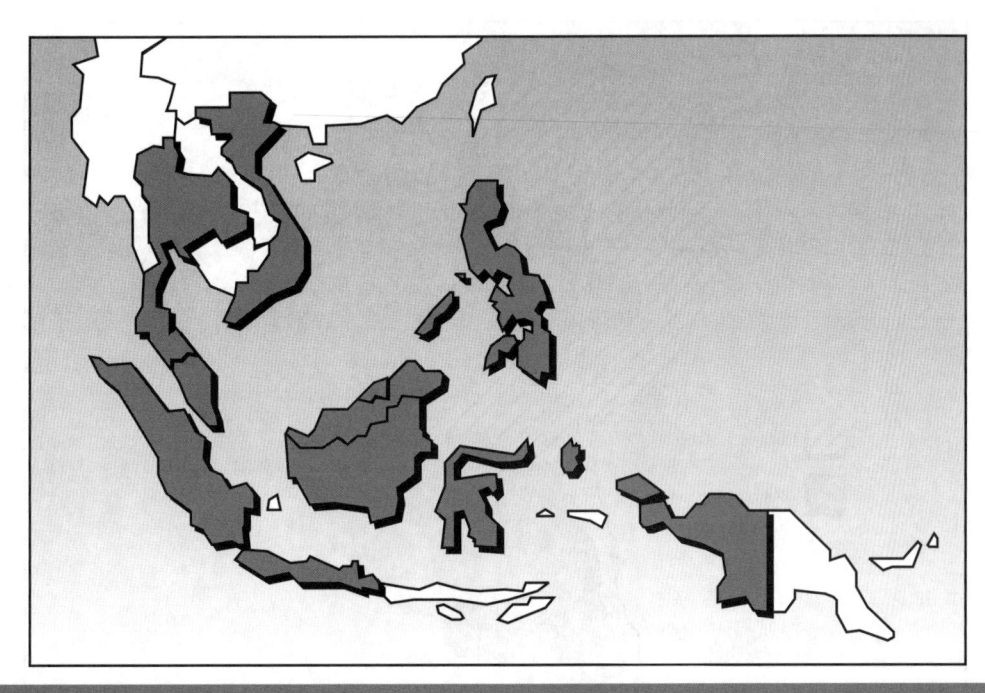

Figura 2-7 Países pertencentes à Associação das Nações do Sudeste Asiático.

Grupos de comércio das Américas Latina e Central

Grupo Andino

O Grupo Andino (veja a Figura 2-8) foi formado em 1969 para acelerar o desenvolvimento de seus Estados membros — Bolívia, Colômbia, Equador, Peru e Venezuela — pela integração social e econômica. Os membros concordaram em baixar as tarifas do comerciais dentro do grupo e colaborar para decidir quais produtos cada país produziria. Ao mesmo tempo, mercadorias e empresas estrangeiras eram mantidas de fora o máximo possível. Um boliviano descreveu assim o resultado infeliz dessa falta de concorrência: "Nós chegamos ao seguinte acordo, 'você compra nossos produtos caros e nós compramos os seus'".[17]

Em 1988, os membros decidiram reestruturar o grupo. Iniciando em 1992, os países que assinaram o Pacto Andino concordaram em formar a primeira zona sub-regional de livre comércio da América Latina. Mais de cem milhões de consumidores seriam afetados pelo pacto, que aboliu todos os incentivos cambiais, financeiros e fiscais e subsídios de exportação até o final de 1992. Foram estabelecidas tarifas externas comuns, o que marcou a transição para uma verdadeira união alfandegária. Uma comissão de alto nível foi criada para examinar quaisquer alegações de práticas comerciais desleais entre os países.

O Grupo Andino, com uma população de somente 113 milhões, representa um PIB de 284 bilhões de dólares, perfazendo um PIB *per capita* de 2.513 dólares.

Mercado Comum do Cone Sul

Argentina, Brasil, Paraguai e Uruguai (veja a Figura 2-8), com uma população conjunta de 232 milhões, um PIB de 1.332 bilhão de dólares e um PIB *per capita* de 5.741 dólares em 2000, concordaram em 1991 com a formação de uma união alfandegária conhecida como o Mercado Comum do Cone Sul (Mercosul). Em 1996, o Chile tornou-se membro associado. O Chile optou por não ser um membro pleno porque suas barreiras tarifárias externas eram mais baixas que as dos países fundadores do Mercosul e sua associação plena exigiria aumentá-las. O país também negocia sua associação ao Nafta.

---

17 "Nafta is not alone", *Economist*, 18 jun. 1994, p. 47-48.

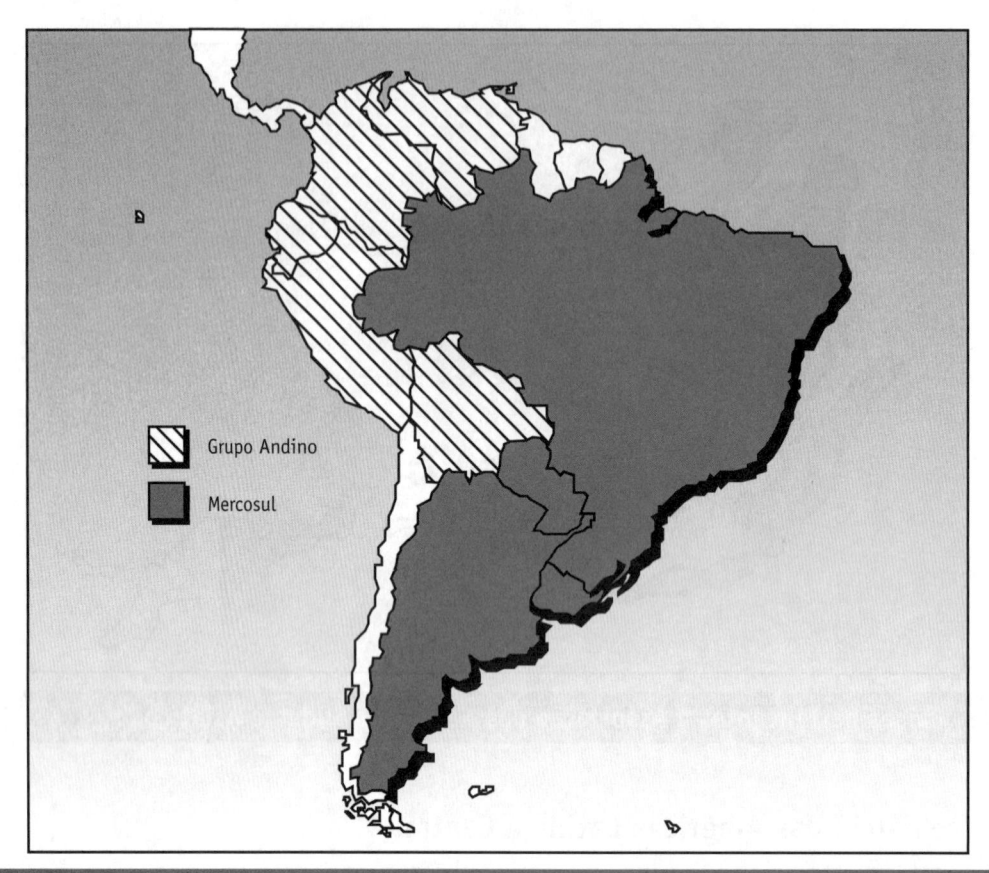

Figura 2-8 Países pertencentes ao Grupo Andino e ao Mercosul.

Um resultado imediato da reforma tarifária foi que os preços de muitos bens de consumo caíram de um dia para o outro na Argentina e no Brasil. Isso, por sua vez, causou impacto direto no comércio do Paraguai, que há muito tempo era um paraíso de baixas tarifas onde os preços de cigarros, equipamentos eletrônicos e bebidas eram 40% menores que no restante da América do Sul. Historicamente, argentinos, uruguaios e brasileiros convergiam para a fronteira do Paraguai para fazer compras na Ciudad Del Este, onde as vendas anuais de mercadorias atingiram 13 bilhões de dólares em 1994. Atualmente muitas pessoas envolvidas com negócios de 'importação e exportação' no Paraguai foram obrigadas a mudar de ramo.[18]

Muita coisa depende dos resultados dessa experiência de cooperação regional. Se o Brasil e a Argentina conseguirem trabalhar bem juntos, as possibilidades de uma América Latina integrada crescerão significativamente. O Brasil tem a maior população e a economia mais forte (em termos do PIB e de exportações) da América Latina, além de as reservas de recursos naturais mais ricas do hemisfério; a Argentina tem a quarta maior população e a terceira maior economia. Um obstáculo relevante à integração é a falta de disciplina econômica e política e de responsabilidade fiscal, que se reflete na volatilidade das moedas dos países do Mercosul.

Comunidade e Mercado Comum Caribenho

A Comunidade e Mercado Comum Caribenho (Comcc) foi formada em 1973 como um movimento em direção à unidade do Caribe. Ela substituiu a Associação de Livre Comércio do Caribe (ALCC), fundada em 1965. Os membros são Antígua, Bahamas, Barbados, Belize, Dominica, Granada, Guiana, Haiti, Jamaica, Montserrat, São Cristóvão e Névis, Santa Lúcia, São Vicente e Granadinas, Suriname e Trinidad e

---

18 Matt Moffett, "Attention, shoppers! Paraguay's bargains may be going fast", *Wall Street Journal*, 30 maio 1995, p. A1, A10.

Tobago. A população dos 15 membros da Comunidade Caribenha é de 112 milhões de pessoas, com um PIB de 209 milhões de dólares e um PIB *per capita* de 1.866 dólares.

A principal atividade da Comunidade Caribenha é a integração econômica por meio de um Mercado Comum Caribenho. A Comcc (veja a Figura 2-9) criou uma união alfandegária com tarifas comuns sobre importações de países externos, lançou ações mutuamente em várias bolsas e criou o Tribunal de Justiça Caribenho para tratar de assuntos econômicos e disputas comerciais, além de trabalhar por uma moeda comum.

Sistema de Integração da América Central

A América Central está tentando reviver seu mercado comum, estabelecido na década de 60. Ele entrou em colapso em 1969, quando deflagrou uma guerra entre Honduras e El Salvador após uma confusão numa partida de futebol entre as equipes dos dois países. Os cinco membros — El Salvador, Honduras, Guatemala, Nicarágua e Costa Rica — decidiram em 1991 restabelecer o mercado comum até 1994. Os esforços para melhorar a integração regional ganharam ímpeto com a concessão de status de observador ao Panamá. Em 1997, tendo o Panamá como membro, o nome do grupo foi alterado para Sistema de Integração da América Central (Siac). O Secretariado para a Integração Econômica da América Central (Sieac), sediado na Cidade da Guatemala, é composto de ministros responsáveis pela integração e desenvolvimento da economia regional. O Sieac é incumbido de ajudar a coordenar o movimento para um mercado comum centro-americano. Ele tem servido como secretariado para um grupo de peritos alfandegários que revisam as Tarifas Alfandegárias da América Central. Em 1993, os países do Mercado Comum Centro-Americano (MCCA) definiram uma tarifa externa comum de 5 a 20% para a maioria das mercadorias (muitas tarifas anteriormente excediam os 100%). Houve alguma resistência a essa mudança; o governo da Costa Rica, por exemplo, já se beneficiara com receitas geradas por tarifas de três dígitos sobre automóveis importados do Japão e de outros países. Regras comuns sobre origem também foram adotadas, permitindo a livre movimentação de bens entres os países membros do MCCA. O grupo do MCCA é mostrado na Figura 2-10. A população total é de 37 milhões de habitantes e o PIB total é de 54 milhões de dólares, perfazendo um PIB *per capita* de 1.458 dólares.

Área de Livre Comércio das Américas

Um dos maiores assuntos relativos ao comércio no hemisfério ocidental é a Área de Livre Comércio das Américas (Alca). A idéia foi proposta formalmente em 1994 pelo então presidente dos Estados Unidos, Bill Clinton, durante uma reunião de chefes de Estado em Miami. Reunindo-se no Brasil em 1997, os ministros do comércio dos 34 países participantes concordaram em criar "comissões preparatórias" para conversas formais que se iniciariam em 1998. O governo Clinton estava bastante interessado em abrir os grandes mercados crescentes e emergentes da região para as empresas norte-americanas e queria que as discussões se concentrassem nas tarifas e nos acordos em setores industriais específicos, como tecnologia

Figura 2-9   Países pertencentes à Comunidade e Mercado Comum Caribenho.

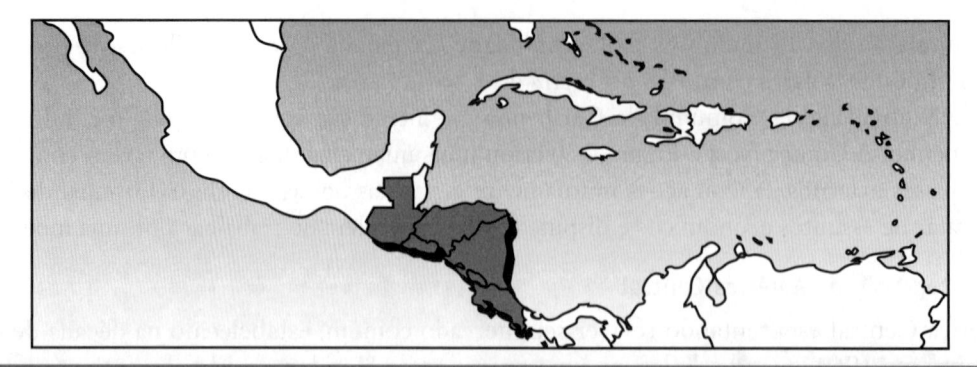

Figura 2-10 Países pertencentes ao Mercado Comum Centro-Americano.

de informação, de modo a antecipar resultados. No entanto, alguns países latino-americanos consideram que os Estados Unidos deixaram de cumprir suas promessas para a região. Como resultado, o Brasil e seus parceiros do Mercosul pleiteiam uma abordagem mais cuidadosa e lenta, de três estágios, para as negociações. O primeiro estágio incluiria discussões sobre os assuntos de facilitação dos negócios, como formulários padronizados de alfândega e desregulamentação setorial; o segundo trataria da resolução de disputas e regras de origem e o terceiro examinaria as tarifas. A Alca foi lançada formalmente na segunda Reunião das Américas, realizada em Santiago no Chile em abril de 1998. De qualquer maneira, o Mercosul, o MCCA, a Comcc, a Siac e o Grupo Andino pretendem continuar a buscar maior integração entre eles mesmos, assim como com a Europa.

Grupos de comércio africanos e do Oriente Médio

Comunidade Econômica dos Estados da África Ocidental

O Tratado de Lagos estabeleceu a Comunidade Econômica dos Estados da África Ocidental (Cedeao) e foi celebrado em maio de 1975 por 16 nações, com o objetivo de promover o comércio, a cooperação e a auto-sustentação na África Ocidental. Os membros são Benin, Burkina Fasso, Cabo Verde, Gâmbia, Gana, Guiné, Guiné-Bissau, Costa do Marfim, Libéria, Mali, Mauritânia, Níger, Nigéria, Senegal, Serra Leoa e Togo (veja a Figura 2-11). A população total da Cedeao é de 300 milhões de habitantes e seu PIB total de 254 milhões de dólares para uma renda *per capita* de 846 dólares.

Em 1980, os países membros concordaram em estabelecer uma área de livre comércio para produtos agrícolas não processados e para artesanato. As tarifas sobre produtos industrializados também seriam abolidas, mas houve atrasos de implantação. Em janeiro de 1990 as tarifas sobre 25 itens fabricados nas nações da Cedeao tinham sido eliminadas. A organização instalou um sistema de computador para processar as estatísticas aduaneiras e de comércio e para calcular a perda de receita causada pela liberalização do comércio intercomunitário. Num movimento em direção a uma moeda comum, foi lançado um cheque de viagem Cedeao para uso dos cidadãos dos países membros.

Tratado de Cooperação do Leste Africano

Durante as décadas de 60 e 70, os esforços para organizar os países do Leste da África fracassaram por vários motivos. Dada a tendência de globalização, uma nova tentativa foi feita e teve como resultado que o Quênia, a Tanzânia e a Uganda assinassem um acordo formando o Tratado de Cooperação do Leste Africano. Tendo como modelo a UE, ela já tem um passaporte comum e caminha para uma moeda comum, uma bolsa de valores regional e a harmonização das leis.

Conferência de Coordenação de Desenvolvimento Sul-Africano

A Conferência de Coordenação de Desenvolvimento Sul-Africano (CCDSA) foi fundada em 1980 pelos países da região com governos de maioria negra para promover o comércio e a cooperação. Os membros são Angola, Botsuana, Congo, Lesoto, Malaui, Maurício, Moçambique, Namíbia, Seychelles, África do Sul, Suazilândia, Tanzânia, Zâmbia e Zimbábue. O verdadeiro empecilho ao comércio é a pobreza do CCDSA. Segundo o Banco Mundial, o PIB em 2000 para todos os 14 países membros era de 174 milhões de dólares, uma cifra que está abaixo do PIB da Dinamarca. A população total é de 216 milhões de pessoas, chegando-se a uma renda *per capita* de 805 dólares. Os países da Cedeao e da CCDSA estão indicados na Figura 2-11.

Conselho de Cooperação dos Estados Árabes do Golfo

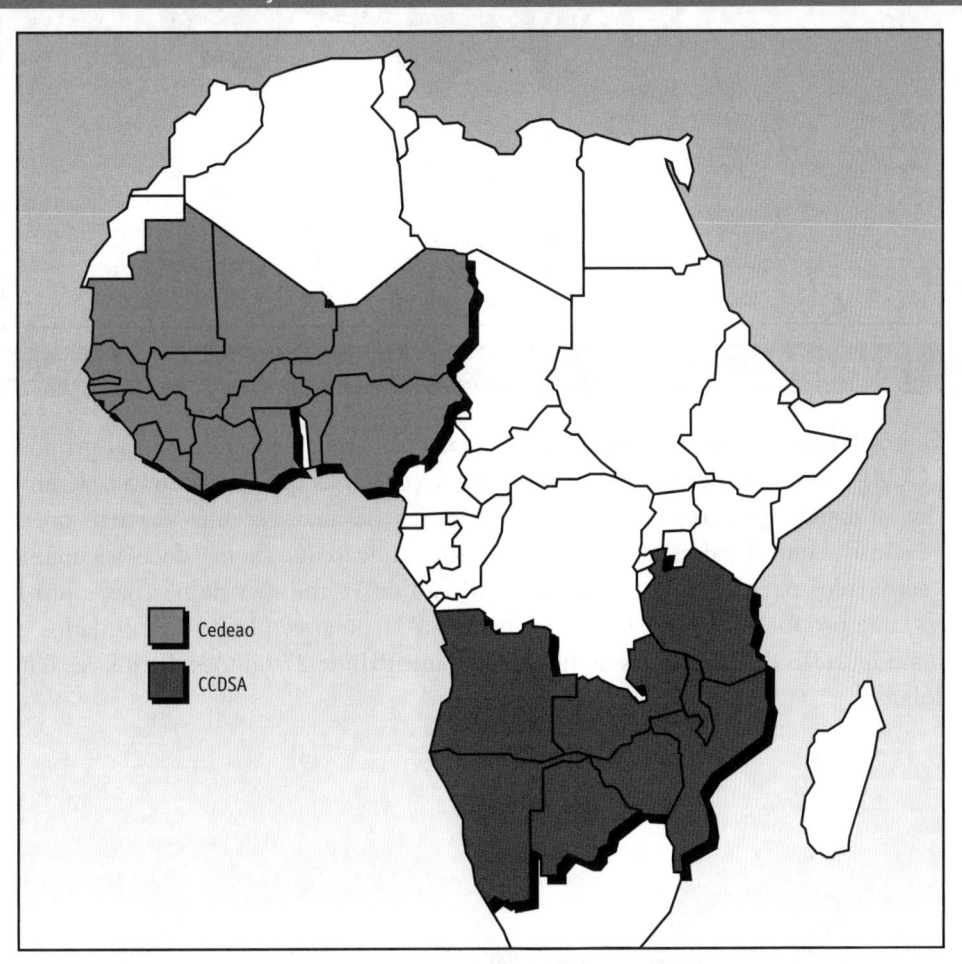

A organização geralmente chamada de Conselho de Cooperação do Golfo (CCG) foi fundada em 1981 por seis países Árabes — Bahrein, Kuait, Omã, Qatar, Arábia Saudita e Emirados Árabes Unidos (veja a Figura 2-12). Não existem dados sobre o PIB do CCG.

A organização é um instrumento para realizar a coordenação, a integração e a cooperação em todos os assuntos econômicos, sociais e culturais. Os ministros das finanças elaboraram um acordo de cooperação econômica que cobre investimentos, petróleo, abolição de tarifas alfandegárias, harmonização das regras bancárias e coordenação monetária e financeira. As comissões do CCG coordenam o desenvolvimento do comércio, estratégias industriais, políticas agrícolas e políticas e preços de petróleo na região.

União do Magreb e Conselho Árabe de Cooperação

Em 1989, duas outras organizações foram estabelecidas. Atualmente a União Árabe do Magreb (UAM) compreende Marrocos, Argélia, Mauritânia, Tunísia e Líbia, e o Conselho de Cooperação Árabe (CCA) é

Figura 2-11 Países pertencentes à Comunidade Econômica dos Estados da África Ocidental e à Conferência de Coordenação de Desenvolvimento Sul-Africano.

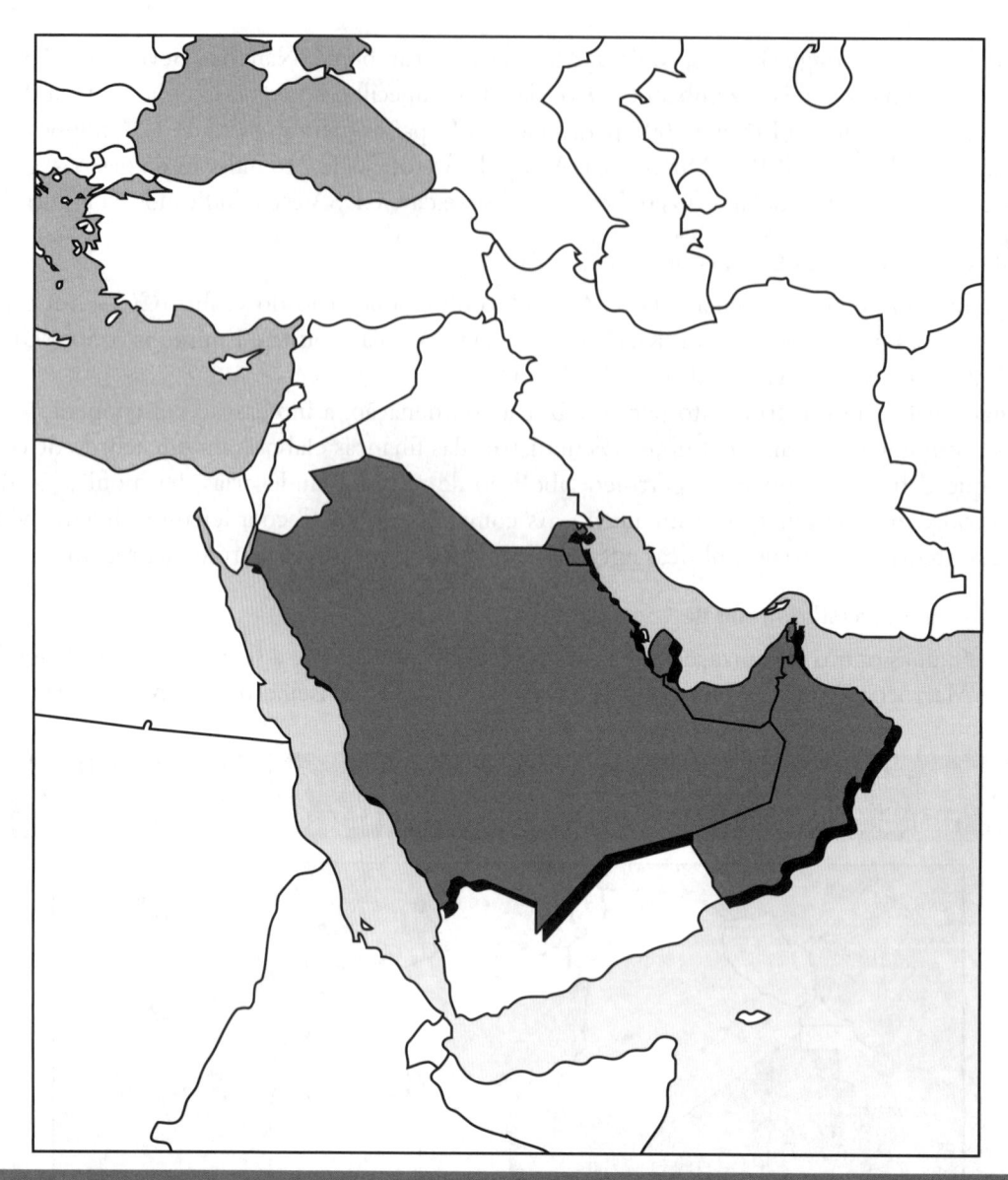

Figura 2-12 Países pertencentes ao Conselho de Cooperação do Golfo.

formado por Egito, Iraque, Jordânia e Iêmen. Muitas nações árabes entendem seus grupos regionais — CGC, UAM e CCA — como comunidades econômicas embrionárias que fomentarão o desenvolvimento do comércio e do investimento entre os países árabes. As organizações mais recentes são mais promissoras que a Liga Árabe, que consiste em 21 países membros e uma constituição que requer decisões unânimes.[19]

A UAM (sem dados para a Líbia) tem uma população de 78 milhões de pessoas e um PIB de 95 bilhões de dólares, que proporciona um PIB *per capita* de 1.231 dólares. O CCA (sem dados de PIB para o Iraque) tem uma população de 42 milhões de habitantes, um PIB de 27 bilhões de dólares e um PIB *per capita* de 1.523 dólares.

---

19 "A survey of the Arab world", *The Economist*, 12 maio 1990, p. 3, 19.

Resumo

O ambiente econômico é um fator determinante das oportunidades e do potencial de mercado global. As economias do mundo podem ser categorizadas como sistemas de alocação por mercado, sistemas de alocação comandatária e sistemas mistos. Nos últimos anos, uma tendência importante é a transição para as economias de mercado em muitos países que antes eram controlados centralmente. Os países podem ser categorizados em termos de seu estágio de desenvolvimento econômico: baixa renda, renda média baixa, renda média alta, renda alta e casos perdidos. É possível identificar estágios distintos e formular estimativas gerais sobre o tipo de demanda associada a um certo estágio de desenvolvimento. Para muitos produtos, o indicador mais importante do potencial de mercado é a renda; portanto, o primeiro passo para determinar o potencial de um país ou região é identificar a renda total e *per capita*.

O potencial de mercado para um produto pode ser avaliado determinando os níveis de saturação do produto sob a luz dos níveis de renda. Em geral, é apropriado comparar os níveis de saturação de países ou de segmentos de consumidores com níveis de renda similares. Indicadores sobre a balança de pagamentos também são considerações econômicas importantes. O déficit de bens dos Estados Unidos ultrapassou a marca dos cem bilhões de dólares várias vezes nos últimos anos; os Estados Unidos são, portanto, devedores; o Japão desfruta um superávit comercial e funciona como país credor.

Uma das maneiras de tratar a complexidade do mundo, com seus mais de 200 mercados nacionais, é lidar com os tratados de cooperação. A UE está eliminando barreiras comerciais na Europa, não só nos 15 países membros, mas também nos países da Europa Central e no Leste Europeu. O Nafta criou uma área de livre comércio que engloba o Canadá, os Estados Unidos e o México. Na Orla do Pacífico, a Ansea está expandindo e eliminando barreiras comerciais. O Mercosul, o Grupo Andino, o MCCA e o Comcc são os quatro acordos de cooperação econômico nas Américas Central e Latina.

Questões para Discussão

1. Explique as diferenças entre o sistema de alocação por mercado, o sistema de alocação comandatária e o sistema misto.
2. Quais são os estágios de desenvolvimento do mercado nacional e que porcentagem da receita mundial é encontrada em cada um desses estágios? Por que essa informação é importante para o profissional de marketing?
3. Qual é o padrão da distribuição de renda no mundo de hoje? Como se comparam os mercados dos países em desenvolvimento com os de renda alta na proporção da renda que flui para 20% mais ricos e mais pobres da população?
4. Um fabricante de rádios de longo alcance está avaliando o potencial de mercado no mundo para seus produtos. Ele pergunta a você se deve considerar países em desenvolvimento como mercados em potencial. O que você aconselharia?
5. Renda e padrão de vida são a mesma coisa? O que quer dizer a expressão *padrão de vida*?
6. Descreva as similaridades e as diferenças de uma área de livre comércio, uma união alfandegária, um mercado comum e uma união econômica. Dê um exemplo de cada.
7. Você concorda com um cronograma de aceitação para a entrada na UE dos países candidatos ou discorda dele? Por quê?

Leitura Sugerida

Alan C. Shapiro. *Multinational finance management*, 3ª ed. Boston: Allyn & Bacon, 1989.

Christopher Enghold. *Doing business in Asia's booming "China triangle"*. Upper Saddle River, NJ: Prentice Hall, 1994.

Claude Cellich. "The big ten: the big emerging markets and how they will change our lives", *Journal of International Marketing*, 6, nº 4, 1998, p. 94-98.

David McHardy Reid. "Changes in Japan's post-bubble business environment: implications for foreign-affiliated companies", *Journal of International Marketing*, 7, nº 3, 1999, p. 38-64.

George F. Gilder. *Microcosm: the quantum revolution in economics and technology*. Nova York: Simon & Schuster, 1989.

J. K. Johansson e M. Hirano. "Japanese marketing in the post-bubble era", *International Executive*, 38, jan./fev. 1996, p. 33-51.

Jaishankar Ganesh. "Converging trends within the European Union: insights from an analysis of diffusion patterns", *Journal of International Marketing*, 6, nº 4, 1998, p. 32-49.

Jeffery E. Garten. *The big ten*. Nova York: BasicBooks, 1997.

John Kenneth Galbraith. *The nature of mass poverty*. Cambridge, MA: Harvard University Press, 1979.

Lester Thurow. *Head to head: the coming economic battle among Japan, Europe, and America*. Nova York: William Morrow and Company, 1992.

Michael E. Porter. *The competitive advantage of nations*. Nova York: The Free Press, 1990.

Michael Prowse. "Is America in decline?", *Harvard Business Review*, jul./ago. 1992, p. 36-37.

Paul Kennedy. *The rise and fall of great powers*. Nova York: Random House, 1987.

Peggy A. Golden, Patricia M. Doney, Denise M. Johnson e Jerald R. Smith. "The dynamics of a marketing orientation in transition economies: a study of russian firms", *Journal of International Marketing*, 3, nº 2, 1995, p. 29-49.

Peter Drucker. "Marketing and economic development", *Journal of Marketing*, jan. 1958, p. 252-259.

Rick Yan. "To reach China's consumers, adapt to Guo Qing", *Harvard Business Review*, set./out. 1994, p. 66-74.

Robert A. Isaak. *International political economy*. Upper Saddle River, NJ: Prentice Hall, 1991.

Stephen J. Randall e Herman W. Konrad. "Nafta in transition", *Journal of Canadian Studies*, 32, nº 4, inverno 1998, p. 168-177.

"The European Community", *Economist*, 11 jul. 1992, p. 5-30.

Timothy M. Shaw e Julius Emeka Okolo (orgs.). *The political economy of foreign policy in ECOWAS*. Londres: Macmillan/St. Martin's Press, 1994.

William J. Ardrey, Anthony Pecotich e Clifford J. Schultz. "American involvement in Vietnam, part II: prospects for U.S. business in a new era", *Business Horizons*, 38, mar./abr. 1995, p. 21-27.

CAPÍTULO 3
Ambiente Social e Cultural

Acredito somente na cultura francesa e considero todo o resto que na Europa se chama 'cultura' um mal-entendido. Não levo em consideração nem mesmo a forma alemã de cultura.

Friedrich Wilhelm Nietzsche, 1844-1900

Conteúdo do Capítulo

- Aspectos básicos da sociedade e da cultura
- Abordagem analítica de fatores culturais
- Ambientes social e cultural: impactos no marketing de produtos industriais
- Ambientes social e cultural: impactos no marketing de produtos de consumo
- Complicações multiculturais e abordagens sugeridas
- Resumo
- Questões para discussão

A epígrafe do famoso filósofo Friedrich Nietzsche é uma lembrança de que a cultura sempre foi uma fonte de desentendimentos e mal-entendidos. O que Nietzsche quer dizer com 'cultura'? Como você logo verá, o significado de cultura para um praticante de marketing global é bem diferente do que era para Nietzsche, que provavelmente se referia à arte, à literatura e mesmo à música na citação acima. Todos esses elementos de 'alta' e 'baixa' cultura são importantes, mas os praticantes de marketing global sabem que a cultura abrange muito mais que a arte. Ela é com certeza uma influência importante sobre o que acontece no mercado.

Na Europa, onde bolinhos, croissants e strudels são o orgulho de padeiros e confeiteiros há muito tempo, os consumidores que seguem tendências começaram a experimentar produtos de confeitaria ao estilo norte-americano. Parece que os europeus estão descobrindo o que os norte-americanos já sabiam desde sempre: além de gostosos, brownies, muffins e cookies são perfeitamente apropriados para o estilo de vida movimentado, que inclui comer entre as refeições, enquanto se viaja no metrô ou se anda de bicicleta. Além disso, os produtos de confeitaria norte-americanos têm validade de mais de um dia, ao contrário de muitos confeitos tradicionais europeus, como tortas de creme. Os confeiteiros europeus, muitos dos quais consideram os produtos do outro lado do oceano inferiores, tiveram de fazer alguns ajustes para satisfazer a mudança de paladar. Como lembra Bernard M. Schapiro, da Millie's Foods, da Inglaterra: "Não era uma venda fácil. Aqui, os biscoitos [cookies] são duros, e você não encontra bolachas macias. A impressão era de que eles não estavam bem assados".

As empresas norte-americanas também viveram um choque cultural. Ao mesmo tempo que os consumidores britânicos se apaixonaram pelos muffins macios e úmidos da Otis Spunkmeyer, os gerentes da empresa norte-americana descobriram que a palavra *spunk* é gíria para sêmen na Inglaterra e em outros países. Depois que o locutor de uma rádio nacional perguntou no ar: "Quem vai comer um produto com um nome desses?", a empresa lhe enviou uma amostra grátis. O resultado foi publicidade favorável das guloseimas na forma de um endosso ao vivo. Agora, algumas confeitarias que vendem os muffins colocam adesivos que dizem "Muffin americano" sobre a palavra ofensiva. Na análise final, como aponta Heather McEvoy, da Colorado Cookie Company: "Um bom confeito é um bom confeito, não importa de onde venha ou em que país seja vendido. Qualquer empresa que fabrique bons confeitos terá mercado na Europa".

A boa receptividade na Europa para os produtos de confeitaria norte-americanos mostra que muitos produtos têm êxito fora do ambiente cultural de seus países. Este capítulo concentra-se nas forças sociais e culturais que formam e afetam o comportamento individual e empresarial no mercado. A orientação conceitual deste capítulo, e também deste livro, é de que as culturas do mundo são caracterizadas tanto por diferenças quanto por similaridades. Portanto, a tarefa dos profissionais de marketing global é dupla: têm de estar preparados para reconhecer e compreender as diferenças entre culturas e depois incorporar essa compreensão ao processo de planejamento de marketing, para que sejam adotadas estratégias e programas de marketing apropriados. Ao mesmo tempo, os profissionais de marketing também devem aproveitar as características culturais comuns e evitar adaptações desnecessárias e dispendiosas do mix de marketing.

Outro fato sobre cultura é que ela está em constante mutação e evolução. No início do século XX, havia uma cultura de desconfiança e etnocentrismo na Europa, razão fundamental dos horrores da Primeira Guerra Mundial. No começo do século XXI, a cultura da Europa Ocidental envolve a nova União Européia. As velhas suspeitas e desconfianças foram substituídas por cooperação e integração. No século XXI, a convergência de culturas será muito acelerada, com a rápida expansão da Internet como meio de comunicação, marketing, transações e entretenimento.

Os praticantes de marketing global devem reconhecer e lidar com as diferenças nos ambientes sociais e culturais dos mercados mundiais. Este capítulo focaliza as importantes diferenças dos mercados mundiais e as igualmente importantes similaridades, que são a expressão das universalidades culturais. Para ajudar os administradores de marketing a compreender melhor as dinâmicas sociais e culturais do mercado global, uma série de abordagens analíticas úteis é apresentada, incluindo a escala de Maslow, a tipologia cultural de Hofstede, o critério de auto-referência e a sensibilidade ao ambiente. Este capítulo proporciona exemplos específicos do impacto da cultura e da sociedade sobre o marketing para produtos industriais e de consumo e termina com sugestões de soluções para dificuldades multiculturais e com uma revisão dos procedimentos de treinamento multicultural usado atualmente em empresas globais.

ASPECTOS BÁSICOS DA SOCIEDADE E DA CULTURA

Antropólogos e sociólogos definem cultura como 'formas de viver', construídas por grupos de seres humanos e transmitidas de uma geração a outra. Uma cultura expressa suas formas de viver no contexto de instituições sociais, que incluem família e instituições educacionais, religiosas, governamentais e empresariais. A cultura envolve valores conscientes e inconscientes, idéias, atitudes e símbolos que formam o comportamento humano *e são transmitidos de uma geração à próxima*. Nesse sentido, a cultura não considera soluções únicas para problemas únicos ou modas e estilos passageiros. De acordo com a definição do antropólogo organizacional Geert Hofstede, cultura "é a programação coletiva da mente que distingue os membros de uma categoria de pessoas dos de outra".[1]

Além de concordar que cultura é algo a ser aprendido, não inato, a maioria dos antropólogos compartilha dois pontos de vista adicionais. Primeiro, todas as facetas da cultura são inter-relacionadas: influencie ou altere um aspecto de uma cultura e todo o resto também será afetado. Segundo, como é compartilhada por membros de um grupo, a cultura define as fronteiras entre grupos diferentes.[2]

A cultura consiste em respostas assimiladas a situações recorrentes. Quanto mais cedo forem aprendidas essas respostas, mais difícil será mudá-las. Gostos e preferências de alimentação e bebida, por exemplo, representam respostas aprendidas que são bastante variáveis de cultura para cultura e podem causar um impacto importante no comportamento do consumidor. A preferência por cores também é influenciada pela cultura. Por exemplo, apesar de o verde ser uma cor muito apreciada em países muçulmanos, é associada a doenças em alguns países asiáticos. O branco, geralmente associado à pureza e à limpeza no Ocidente, pode significar morte em países da Ásia. O vermelho é uma cor popular na maior parte do mundo (muitas vezes associada a sabores fortes, à paixão e à virilidade), no entanto não é muito bem recebida em alguns países africanos.[3] É claro que não existe nenhum atributo inerente ao espectro das cores; todas as associações e percepções com relação à cor têm origem cultural.

Atitudes em relação a categorias inteiras de produtos também podem ser uma influência da cultura. Nos Estados Unidos, por exemplo, os consumidores têm uma predisposição para invocações de produtos que tenham qualidade de 'engenhoca'. Por isso, a faca elétrica, a escova de dentes elétrica, o papa-bolinhas e uma gama de outros aparelhos pequenos do tipo 'poupa-tempo' encontram um mercado ávido; muitos são comprados e utilizados por algum tempo e depois abandonados para sempre. Inquestionavelmente, há uma predisposição menor para esse tipo de produto em outros mercados desenvolvidos, como a Europa.

Essa diferença é resultado de diferenças culturais. Como observamos no capítulo anterior, os níveis de renda também influenciam o comportamento e as atitudes de consumidores ao redor do mundo. Na realidade, a questão básica a ser respondida pelos profissionais de marketing que querem compreender ou prever o comportamento é: "Até que ponto os fatores sociais e culturais influenciam o comportamento, sem levar em conta os níveis de renda?" Algumas vezes, essa influência é muito forte. As empresas dos Estados Unidos, por exemplo, introduziram misturas para bolos macios e com cobertura na Inglaterra, onde o bolo, em vez de sobremesa comida com garfo, é consumido com as mãos na hora do chá. A Green Giant Foods tentou vender milho na Europa, onde a idéia predominante é que o milho é um grão utilizado para alimentar porcos, não gente. Em ambos os casos, as diferenças culturais resultaram em retumbantes fracassos de mercado.

Mesmo assim, a demanda por alimentos práticos, produtos de consumo de luxo, produtos eletrônicos, produtos descartáveis e refrigerantes nos Estados Unidos, na Europa, na Ásia, na África e no Oriente Médio sugere que a maioria dos produtos de consumo tem um apelo amplo, quase universal. Enquanto as comunicações continuarem encolhendo o mundo, mais e mais produtos serão vendidos e consumidos globalmente. Isso implica que uma importante característica da cultura — que define fronteiras entre as pessoas — não limitará o alcance global de empresas que queiram estender suas operações em termos mundiais, mas não significa, porém, que essas empresas poderão ignorar fatores culturais. O fato de existir um mercado global para um produto não quer dizer que você possa abordar o mercado de diferentes países da mesma maneira. A sensibilidade cultural para entender a diversidade pode ser a diferença entre o êxito e o fracasso.

---

1 Geert Hofsted e Michael Harris Bond, "The Confucius connection: from cultural roots to economic growth", *Organizational Dynamics*, primavera 1988, p. 5.
2 Edward T. Hall. *Beyond culture*. Nova York: Anchor Books, 1977, p. 16.
3 Richard R. Still e John S. Hill, "Multinational product planning: a meta market analysis", *International Marketing Review*, primavera 1985, p. 60.

A busca das universalidades culturais

Uma atitude importante para o profissional de marketing global é descobrir as universalidades culturais. Universalidade é uma forma de comportamento existente em todas as culturas. Aspectos universais do ambiente cultural representam para praticantes de marketing global oportunidades de padronizar alguns ou todos os elementos de um programa de marketing. Uma lista parcial de universalidades culturais tiradas do estudo clássico do antropólogo cultural George P. Murdock inclui esportes, adornos corporais, culinária, namoro, dança, arte decorativa, educação, ética, etiqueta, festas em família, tabus sobre alimentos, idioma, casamento, horário de refeições, remédios, luto, música, direitos de propriedade, rituais religiosos, regras de residência, diferenciação de status, comércio.[4] O profissional de marketing global astuto muitas vezes descobre que várias das diversidades aparentes do mundo na realidade são formas diferentes de exprimir a mesma coisa.

A música nos dá um exemplo de como essas universalidades se aplicam ao marketing. Ela faz parte de todas as culturas e é uma forma aceita de expressão artística, além de uma fonte de entretenimento. No entanto, também é uma arte caracterizada por uma variedade de estilos. Portanto, mesmo que a trilha sonora possa ser utilizada com eficácia em comerciais, o tipo de música apropriado em uma parte do mundo pode não ser aceitável ou eficaz em outra. Um jingle pode utilizar um ritmo de bossa-nova na América Latina e de rock nos Estados Unidos. A música é uma universalidade cultural que os profissionais do marketing global podem adaptar às preferências culturais em diferentes países ou regiões.

Sendo a música unanimidade cultural, não é de surpreender que sua comercialização esteja se tornando global. Mas isso não significa que a música do mundo seja uniforme. A Tabela 3-1 mostra a distribuição de música local *versus* internacional em mercados diferentes. Como se vê, em países como Turquia e China, mais de 90% de toda a música tocada é de procedência local. Mesmo nos Estados Unidos, 75% das músicas são locais. Isso significa que a comercialização da música, na Turquia, seja inteiramente local? Com certeza não: as empresas globais de música na Turquia proporcionam aos turcos a música que eles querem e utilizam seu know-how e experiência sobre o processo de atender aos mercados musicais, identi-

Tabela 3-1 Os dez maiores mercados de música local (em %).

	Popular	Pop internacional	Clássica
Turquia	95,7	4,1	0,2
China	92,6	0,5	6,9
Indonésia	87,5	12,5	0,0
Venezuela	85,0	10,0	5,0
Japão	77,2	17,8	5,0
Tailândia	77,2	22,4	0,4
Estados Unidos	75,0	21,0	4,0
Nigéria	70,0	30,0	0,0
Taiwan	70,0	19,9	10,1
Hong Kong	64,9	28,3	6,8

Fonte: Music Business International, MBI World Report, 1996.

---

4 George P. Murdock, "The common denominator of culture". In: Ralph Linton (ed.). *The science of man in the world crisis*. Nova York: Columbia University Press, 1945, p. 145.

ficando e contratando artistas, formando um repertório, lançando e promovendo músicos, gravando discos, planejando embalagens, distribuindo-os e assim por diante. Então, mesmo que o conteúdo do mercado turco de música seja único, o processo de criar valor para clientes na Turquia é idêntico ao processo de criar valor em qualquer lugar. Além disso, a única constante é que o mercado muda, e uma tendência clara dos mercados globais de música é o surgimento de novos sons e tendências.

Os praticantes de marketing global nesse negócio estão sempre atentos ao potencial de ampliar o sucesso de um artista além das fronteiras nacionais. Por exemplo, o sucesso de Robyn — cantora sueca que canta em inglês — primeiro na Suécia e depois no norte da Europa estabeleceu seu potencial de ir além desses mercados. Kadja Nin, cantora de Burundi que canta em suaíle e em francês, tem sido reconhecida como uma voz nova, sensual e internacional. Muitos acham que ela tem potencial para os mercados globais.

O aumento das viagens internacionais e a melhoria das comunicações estão fazendo com que muitas atitudes nacionais com relação ao estilo de roupa, cor, música e bebida estejam convergindo. A globalização da cultura tem sido capitalizada, e até mesmo significativamente acelerada, por empresas que vêm aproveitando as oportunidades de encontrar clientes ao redor do mundo. Coca-Cola, Pepsi, Levi Strauss, McDonald's, IBM, Heineken e BMG Entertainment são algumas das empresas que estão rompendo as barreiras ao expandirem-se com seus produtos para novos mercados. Da mesma maneira, novas leis e mudança de atitude com relação ao uso de crédito estão proporcionando grandes oportunidades globais para fornecedores de serviços financeiros como American Express, Visa e MasterCard International. De acordo com uma estimativa, o volume de vendas com cartões de crédito superou os dois trilhões de dólares no ano 2000. As empresas de cartão de crédito e de vendas on-line dispenderam um enorme esforço de comunicação para persuadir grande quantidade de pessoas a utilizar os cartões. Existe uma grande variedade no mundo em termos de utilização de cartões de crédito e débito e dinheiro vivo. No Japão, a cultura privilegia o uso de dinheiro e de cartões de débito; a Europa tem uma cultura de cheques e cartões de crédito; nos Estados Unidos prevalece a cultura do cartão de crédito.

O ponto de vista do antropólogo

Como aponta Ruth Benedict, em seu clássico livro *The chrysanthemum and the sword* (O *crisântemo e a espada*), o modo como uma pessoa pensa, sente e age tem alguma relação com sua experiência de mundo. Não importa se atitudes e opiniões (normais) são tomadas como bizarras por outras pessoas. Praticantes de marketing global bem-sucedidos devem entender a experiência humana do ponto de vista local — e adaptar-se, incluindo a empatia cultural no processo — se quiserem entender a dinâmica dos mercados fora de seu país de origem.

Qualquer estudo sistemático de um novo mercado geográfico requer a combinação de disciplina intelectual e generosidade. A análise de um outro modo de vida não pode ser desenvolvida quando se é defensivo sobre o próprio modo de vida; é necessário estar seguro de suas próprias convicções e tradições. Além disso, é preciso generosidade para apreciar a integridade e o valor de outros modos de vida e pontos de vista — para superar os preconceitos, que são resultado natural da tendência humana ao etnocentrismo. Quando pessoas naturais de outros países reclamam que norte-americanos, japoneses, franceses, ingleses, chineses e assim por diante são convencidos, intolerantes ou arrogantes, o etnocentrismo local provavelmente está contribuindo para o problema. Os profissionais de marketing global precisam desenvolver um ponto de vista objetivo, que reconheça a diversidade e busque entender suas origens. Há muitos caminhos para o mesmo destino. O profissional de marketing global de sucesso sabe disso e aprecia a rica diversidade da vida.

Culturas de alto e baixo contexto

Edward T. Hall sugeriu o conceito de alto e baixo contexto como um modo de compreender as diferentes orientações culturais.[5] Em uma cultura de baixo contexto, as mensagens são explícitas; as palavras

---

[5] Ver Edward T. Hall. *Beyond culture*. Nova York: Anchor Press/Doubleday, 1976, e "How cultures collide", *Psicology Today*, jul. 1976, p. 66-97.

transmitem a maioria das informações na comunicação. Em uma cultura de alto contexto, há menos informações contidas na parte verbal da mensagem; uma parte considerável da informação está no contexto da comunicação, incluindo os antecedentes, as associações e os valores básicos de quem comunica. Em geral, culturas de alto contexto funcionam com muito menos burocracia do que se considera essencial em culturas de baixo contexto. O Japão, a Arábia Saudita e outras culturas de alto contexto colocam grande ênfase em valores, posição ou lugar na sociedade. Nessas culturas, um empréstimo, por exemplo, depende muito mais do que você é do que da análise formal dos documentos financeiros. Na China, o *guanxi* ou *kuan-xie* é extremamente importante. *Guanxi* se traduz, mais ou menos, como 'relacionamentos', que levam anos para ser desenvolvidos. Nos negócios e na sociedade, o *guanxi* é mais importante até do que as leis. Segundo Chin-ning Chu: "Na China, não importa quantas leis e quanto do direito está a seu favor; sem o *kuan-xie*, você não tem nada. Mesmo que esteja fora da lei e sua posição não tenha o direito a seu favor, se tiver *kuan-xie* e *ho-tai* [bastidores] corretos, não terá como errar".[6] Em uma cultura de baixo contexto, como as dos Estados Unidos, da Suíça ou da Alemanha, negócios são feitos com muito menos informação sobre caráter, antecedentes e valores dos participantes. Coloca-se muito mais confiança nas palavras e nos números da solicitação de um empréstimo.

Em uma cultura de alto contexto, a palavra da pessoa é o que vale. Há menos razões para antecipar contingências e precaver-se contra sanções legais externas, porque a cultura enfatiza que as obrigações e a confiança são valores importantes. Nessas culturas, os sentimentos compartilhados de obrigação e honra tomam o lugar de sanções legais impessoais. Isso ajuda a explicar a importância de longas negociações que parecem nunca chegar ao 'ponto crucial'. Parte da finalidade de negociar para uma pessoa de cultura de alto contexto é conhecer seu parceiro potencial.

Na cultura de alto contexto, o emprego é dado à pessoa que fará o melhor trabalho, que seja confiável e que se possa controlar. Na cultura de baixo contexto, tenta-se fazer as especificações o mais precisas possível para que um construtor seja forçado, por ameaça de processo, a fazer um bom trabalho. De acordo com Hall, um construtor no Japão pode dizer: "O que este pedaço de papel tem que ver com isso? Se não podemos confiar um no outro o suficiente para ir em frente, é melhor pararmos por aqui".

Embora os países possam ser classificados como de alto ou baixo contexto, a tendência geral tem exceções dentro das subculturas. Os Estados Unidos, por exemplo, constituem uma cultura de baixo contexto com subculturas que operam no estilo do alto contexto. Charles A. Coombs, vice-presidente sênior do Federal Reserve Bank (Fed) de Nova York, que cuida das operações de câmbio, dá um exemplo disso em seu livro *The arena of international finance*. O mundo do profissional do Banco Central, conforme ele descreve, é um mundo de 'cavalheiros', isto é, uma cultura de alto contexto. Mesmo durante os dias mais agitados nos mercados de câmbio, a palavra de um profissional do Banco Central basta para que ele obtenha empréstimos de milhões de dólares.

Durante o quebra-quebra e os distúrbios políticos na França, alguns anos atrás, a confiança mútua entre os bancos centrais foi demonstrada de maneira impressionante. Com exceção dos telefones, todas as comunicações entre a França e os Estados Unidos estavam rompidas. Conseqüentemente, o Fed de Nova York concordou em seguir as instruções recebidas do Banco da França, por telefone, para intervir a seu favor, apoiando o franco. No espaço de oito dias, o Fed de Nova York comprou mais de 50 milhões de francos sem uma única confirmação por escrito da compra, de nenhuma das partes. O Fed estava em posição frágil. Duas semanas mais tarde, a filha do presidente do Banco da França foi a Nova York por motivos pessoais e levou consigo as confirmações escritas. "Nosso departamento jurídico suspirou aliviado", lembra Coombs. O departamento jurídico estava operando em uma cultura de baixo contexto, com todas as pressuposições — isto é, tudo tem de ser explicado e confirmado por escrito — que fazem parte dessa cultura. Os banqueiros, que obviamente estavam muito mais à vontade com o assunto, estavam operando dentro de uma subcultura de alto contexto, na qual a palavra de uma pessoa é sua garantia. Uma outra subcultura de alto

---

6 Chin-ning Chu. *The asian mind game*. Nova York: Rawson Associates, 1991, p. 199.

Tabela 3-2 Culturas de alto e baixo contexto.

Fatores/Dimensões	Alto contexto	Baixo contexto
Advogados	Menos importante	Muito importante
A palavra da pessoa	É seu compromisso	Não é confiável; deve ser escrita
Responsabilidade pelo erro organizacional	É levado para o nível mais alto	É levado para o nível mais baixo
Espaço	As pessoas se aproximam muito	As pessoas mantêm uma distância segura e rechaçam invasões
Tempo	Tudo na vida tem seu tempo	Tempo é dinheiro. Deve-se fazer uma coisa de cada vez
Negociações	São longas — o objetivo principal é permitir que ambas as partes se conheçam bem	São rápidas
Concorrência	Esporádica	Comum
Exemplos regionais/nacionais	Japão, Oriente Médio	Estados Unidos, Europa Setentrional

contexto nos Estados Unidos é a máfia, que importou essa cultura da Sicília para os Estados Unidos e a tem mantido com o idioma, os rituais e um forte senso de identidade distinta.

Esses exemplos ilustram o modo de funcionamento de uma cultura de alto contexto, onde há confiança, o conceito de jogo limpo e uma ampla aceitação das regras do jogo e de como ele é jogado. A Tabela 3-2 resume alguns dos pontos em que as culturas de alto e de baixo contexto diferem.

Um dos exemplos mais claros e dolorosos da falha de uma cultura em perceber as motivações e os comportamentos de uma outra remonta ao início da Segunda Guerra Mundial. Ao longo da guerra e mesmo até hoje, os Estados Unidos encontraram grandes dificuldades para tentar entender o império japonês, seu inimigo. Em resposta a esses obstáculos, foram solicitados estudos da cultura japonesa que revelassem sua história, suas tradições, seu caráter nacional, sua vida social e seus costumes, família, personalidade e mente. O resultado são obras excelentes como *O crisântemo e a espada*, de Benedict. Desde a Segunda Guerra Mundial, o Japão emergiu como o maior concorrente dos Estados Unidos; portanto, o volume de estudos e publicações continua a crescer, com o foco passando de valores e motivações sociais e individuais para a cultura corporativa e de negócios.

Seria fácil ficar paranóico com as agruras de negociar entre diferentes culturas, mas o fato é que o maior obstáculo é a atitude. Se você for sincero e realmente quiser aprender algo sobre outra cultura, descobrirá que as pessoas responderão à sua sinceridade e ao seu interesse e o ajudarão a adquirir os conhecimentos de que precisa para ser eficaz. Se você for arrogante e falso e acreditar que está certo e 'eles' estão errados, uma boa dose de aborrecimentos e mal-entendidos estarão à sua espera. O melhor antídoto para o problema de perceber mal uma situação é a vigilância constante e a consciência de que existem muitas oportunidades para errar. Isso deve criar uma atitude de abertura para ver as coisas como elas realmente são. Todo profissional de marketing global deve esforçar-se para suspender seu julgamento e simplesmente ouvir, observar, perceber e absorver os fatos, não importando como eles possam ser definidos.

Negociação e comunicação

Embora o inglês continue crescendo em importância como idioma internacional de viagens e negócios, entender e falar a língua de um país é uma ferramenta inestimável para entender sua cultura. Existe uma máxima muito repetida que diz: "Você pode comprar com o idioma de sua pátria, mas para vender é preciso falar a língua de seu cliente".

A habilidade de comunicar-se em seu próprio idioma, como a maioria de nós aprendeu, não é tarefa fácil. Quando idiomas e culturas mudam, desafios adicionais de comunicação se apresentam. 'Sim' e 'não', por exemplo, são utilizados de maneira completamente diferente no idioma japonês e nas línguas ocidentais. Isso tem causado muita confusão e mal-entendidos. Em inglês, a resposta 'sim' ou 'não' para uma pergunta tem como base a resposta ser afirmativa ou negativa. Em japonês não é assim. A resposta 'sim' ou 'não' pode indicar se a resposta nega ou afirma a própria pergunta. Em japonês, por exemplo, a pergunta "Você não gosta de carne?" seria respondida com 'sim' caso a resposta fosse negativa, como em: "Sim, eu não gosto de carne". A palavra *wakarimashita* significa tanto 'eu comprendo' quanto 'eu concordo'. Para evitar mal-entendidos, os ocidentais devem aprender a distinguir qual interpretação é a correta no contexto total da conversa.

Os desafios apresentados pela comunicação não-verbal são ainda mais terríveis. Por exemplo, os ocidentais que negociam no Oriente Médio devem tomar o cuidado de não mostrar as solas de seus sapatos aos anfitriões ou de entregar documentos com a mão esquerda. No Japão, curvar-se é uma forma importante de comunicação que tem muitas nuanças. As pessoas criadas no Ocidente tendem a ser verbais, enquanto as do Oriente são mais não-verbais. Não é de surpreender que os orientais esperem que as outras captem os sinais não-verbais e que entendam intuitivamente o que não é dito.[7] Os ocidentais devem prestar muita atenção não só no que ouvem, mas também naquilo que vêem quando fazem negócios nessas culturas.

Comportamento social[8]

Há vários comportamentos sociais e comentários que têm diferentes sentidos em outras culturas. Os norte-americanos, por exemplo, geralmente consideram de mau gosto empilhar comida no prato, comer fazendo ruído e arrotar. Alguns chineses, no entanto, acham que é sinal de boa educação pegar uma porção de cada prato servido e consideram o arroto um testemunho de satisfação.

Outros comportamentos sociais, se não forem conhecidos, colocam o viajante internacional em desvantagem. Na Arábia Saudita, por exemplo, é um insulto perguntar ao anfitrião sobre a saúde de sua esposa, mostrar as solas dos sapatos ou tocar e entregar objetos com a mão esquerda. Na Coréia, ambas as mãos devem ser usadas para passar objetos para outra pessoa e não é considerado cortês discutir política e comunismo ou falar sobre o Japão; além disso, apresentações formais são muito importantes. Tanto no Japão quanto na Coréia, espera-se o uso de formas de tratamento que levam em conta a classe social e os títulos ao dirigir-se aos anfitriões. Nos Estados Unidos, não existem regras claras quanto a esse comportamento, exceto em áreas específicas, como nas Forças Armadas ou na medicina. Na Indonésia, é considerado falta de educação apontar para outra pessoa com o dedo, mas você pode apontá-la com o polegar ou indicá-la com um movimento do queixo.

Na maioria dos países, ao saudar alguém, um aperto de mãos é apropriado. Em alguns outros, o cumprimento inclui o aperto de mão e algo mais. No Japão, o aperto de mão pode ser seguido de uma mesura, cuja inclinação e duração devem seguir as da pessoa mais velha. No Brasil, na Coréia, na Indonésia, na China e em Taiwan, um pequeno aceno com a cabeça também é apropriado.

Em alguns países, o cumprimento envolve mais contato. Na Venezuela, por exemplo, amigos íntimos cumprimentam-se com um forte abraço e um bom tapa nas costas; na Indonésia, o 'beijo social' está na moda: primeiro tocar o lado direito do rosto, depois o esquerdo, enquanto se dá a mão. Na Malásia, amigos próximos apertam as duas mãos; na África do Sul, os negros trocam um aperto de mão, entrelaçam os polegares e dão mais um aperto de mão.

---

7 Ver Anthony C. DiBenedetto, Miriko Tamate e Rajan Chandran, "Developing estrategy for the japanese marketplace", *Journal of Advertising Research*, jan./fev. 1992, p. 39-48.
8 Adaptado de Gary Bonviglian e William A. Nowlin, "Cultural awareness: an essential element of doing business abroad", *Business Horizons*, 37, nº 6, nov. 1994, p. 44.

Na maioria dos países, dirigir-se a alguém como 'senhor', 'senhora' ou 'senhorita' é aceitável, mas com as respectivas variações locais. As maneiras de cumprimentar também variam de país para país. Em muitos, os homens não dão a mão à mulher, a não ser que ela estenda a sua primeiro. Na Índia, mulheres, ou um homem e uma mulher, cumprimentam-se juntando as palmas das mãos e curvando a cabeça ligeiramente. No México, usa-se um simples aceno com a cabeça. Em alguns países, como a Índia, não é aconselhável aos homens tocar uma mulher ou conversar sozinhos com ela.

Apesar de muitos comportamentos sociais mencionados variarem de acordo com a norma do próprio país, não se devem fazer julgamentos negativos a respeito. Ao tentar explicar por que se demorou tanto para fechar um negócio, os executivos da matriz precisam entender que tomar chá, fazer visitas e construir o relacionamento são componentes importantes para atingir metas corporativas internacionais.

Socializar-se interculturalmente

Além de conhecer as cortesias específicas, o espaço pessoal, o idioma e as diferenças de comportamento social, há muitos comportamentos sociais interculturais que um negociante internacional deve aprender. Conhecer uma cultura significa conhecer seus hábitos, suas ações e os motivos por trás dos comportamentos. É um erro tirar conclusões sobre o que é culturalmente apropriado ou incorreto, tendo como base suas próprias experiências.

Nos Estados Unidos, por exemplo, a banheira e o vaso sanitário geralmente estão no mesmo cômodo. No entanto, em algumas culturas, como a japonesa, isso é considerado anti-higiênico. Outras culturas acham anti-higiênico até mesmo se sentar no vaso. Em muitas outras, papel higiênico não é a norma. O autor lembra sua primeira visita ao toalete de um ministério indonesiano. Foi ali que descobriu que o governo da Indonésia, em Jacarta, não oferece papel higiênico aos usuários do toalete. Você não perceberá isso no Hotel Intercontinental em Jacarta.

Não é sempre necessário que um viajante a negócios entenda os porquês de uma cultura, mas é importante aceitá-los e respeitá-los quando estiver em terras estrangeiras. Familiarizar-se com a cultura que visitará ou com a de onde trabalhará pode render-lhe excelentes dividendos.

ABORDAGEM ANALÍTICA DE FATORES CULTURAIS

Os fatores culturais são um desafio para os praticantes do marketing global porque estão ocultos. A cultura é um comportamento aprendido e passado de geração para geração, e é difícil para o forasteiro inexperiente e não treinado entendê-la. Tornar-se um administrador global significa desvencilhar-se dos pressupostos culturais. Não fazê-lo impedirá a compreensão correta do significado de declarações e comportamentos dos interlocutores de uma cultura diferente.

Uma pessoa que vem de uma cultura que encoraja a responsabilidade e a iniciativa, por exemplo, pode enfrentar incompreensão ao relacionar-se com clientes ou superiores de uma outra cultura que encoraja os chefes a manter o controle pessoal sobre todas as atividades. Um chefe assim espera ser minuciosamente informado sobre as ações de seus subordinados; já o subordinado pode estar tomando iniciativas na falsa suposição de que o chefe apreciará sua disposição de assumir responsabilidades.

Para transcender o etnocentrismo e a miopia cultural, os gerentes devem fazer um esforço a fim de aprender e internalizar diferenças culturais. Há vários princípios básicos que melhoram a capacidade de aprender sobre outras culturas:

1. O princípio da sabedoria é aceitar o fato de que nunca entenderemos plenamente os outros e muito menos nós mesmos. As pessoas são complexas demais para ser 'entendidas'. Como indicava Carl Jung: "Não há mal-entendidos na natureza (...), mal-entendidos são encontrados somente no âmbito do que chamamos de *compreensão*".[9]

---

9   C. J. Jung. *Critique of psycoanalyses*. Nova Jersey: Princeton University Press, 1975, p. 228.

2. Nossos sistemas perceptivos são extremamente limitados. Nós quase não 'enxergamos' nada. Os sistemas nervosos são organizados pelo princípio do feedback negativo, isto é, nosso sistema de controle é ativado apenas quando os sinais que nos chegam desviam-se do que aprendemos a esperar.
3. Gastamos a maior parte de nossa energia administrando sinais perceptivos.
4. Quando não compreendemos as crenças e os valores de um determinado sistema cultural e de uma sociedade, as coisas que observamos e as experiências por que passamos podem parecer 'bizarras'.
5. Se queremos ser eficazes em outras culturas, devemos tentar entender suas crenças, seus motivos e seus valores. Isso requer uma atitude aberta, que nos permita transcender os limites perceptivos que herdamos de nossa própria cultura.

A hierarquia de necessidades de Maslow

A. H. Maslow desenvolveu uma teoria da motivação humana que ajuda a explicar as universalidades culturais.[10] Ele sugeriu a hipótese de que os desejos das pessoas podem ser ordenados em uma hierarquia de cinco necessidades. À medida que um indivíduo preenche suas necessidades em cada nível, passa para os níveis mais altos (Figura 3-1). Uma vez que as necessidades fisiológicas, as de segurança e as sociais são satisfeitas, duas necessidades mais altas tornam-se dominantes. Primeiro, a necessidade de estima. É o desejo por respeito, por auto-estima e pela estima dos outros, um impulso poderoso que cria demanda por bens que aumentam o status. George Zeien, presidente da Gillette Corporation, entende isso. Os profissionais de marketing da Parker Pen, subsidiária da Gillette, acham que os compradores da Malásia e de Cingapura que querem dar um presente elegante comprarão a mesma caneta que os norte-americanos comprariam na Neiman Marcus. "Não vamos lançar um produto especial para a Malásia", disse Zeien.[11] No Leste da África, as mulheres que possuíam sutiãs sempre os utilizavam com as alças à mostra, para mostrar que os possuíam. Atualmente, na Ásia, mulheres jovens estão fumando — e demonstram uma preferência por marcas ocidentais — como símbolo de melhoria de seu status e poder aquisitivo.

A etapa final da hierarquia de necessidades é a auto-realização. Quando todas as necessidades de alimentação, segurança, amizade e estima dos outros estão satisfeitas, o descontentamento e a inquietação começam a surgir, a não ser que façamos o que estamos aptos a fazer. Um músico deve fazer música, um artista deve criar, um poeta precisa escrever, um construtor necessita construir e assim por diante. É claro que a hierarquia de necessidades de Maslow é uma simplificação do complexo comportamento humano. Outros pesquisadores têm mostrado que as necessidades de uma pessoa não avançam nitidamente de um estágio para outro. Uma ironia dos tempos modernos, por exemplo, é o surgimento da necessidade de segurança nos Estados Unidos, um dos países mais ricos do mundo. De fato, a alta incidência de violência nesse país pode deixar os norte-americanos com um nível de satisfação mais baixo nessa necessidade do que

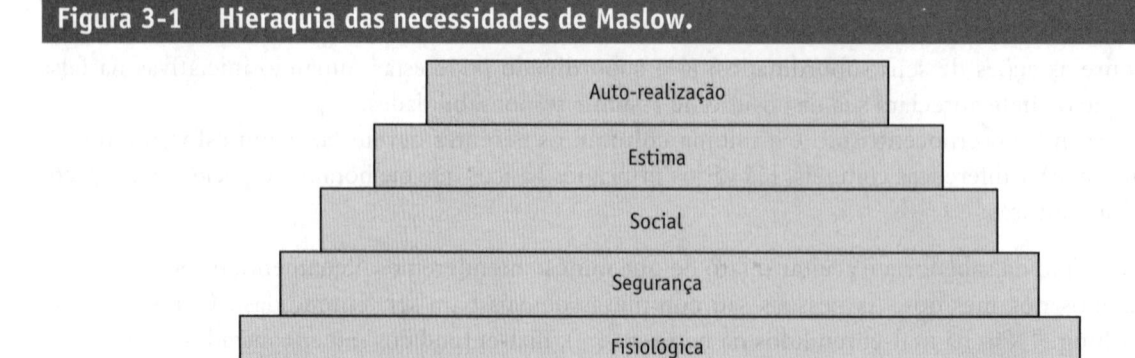

Figura 3-1 Hieraquia das necessidades de Maslow.

- Auto-realização
- Estima
- Social
- Segurança
- Fisiológica

---

10 A. H. Maslow, "A theory of human motivation". In: Harold J. Levitt e Louis R. Pondy (eds.). *Reading in managerial psychology*. Chicago: University of Chicago Press, 1964, p. 6-24.
11 Louis Uchitelle, "Gillette's world view: one blade fits all", *New York Times*, 3 jan. 1994, p. C-3.

em muitos dos considerados 'pobres'. Mesmo assim, a hierarquia sugere um modo de relacionar padrões e níveis de consumo ao comportamento básico humano de preencher necessidades. O modelo de Maslow implica que, à medida que os países avançam nos estágios de desenvolvimento econômico, mais e mais membros da sociedade, tendo satisfeito as necessidades fisiológicas, de segurança e sociais, operam nos níveis da necessidade de estima e superiores. Tudo indica que as necessidades de auto-realização começam a afetar o comportamento de consumo.

Existe uma tendência entre consumidores de países mais ricos de rejeitar objetos materiais como símbolo de status. O automóvel já não é um símbolo de status tão forte para os norte-americanos, e alguns consumidores estão deixando de lado a posse de bens materiais. É claro que essa tendência de rejeição ao materialismo não é exclusividade dos países ricos. Na Índia, por exemplo, existe uma antiga tradição de busca da concientização ou da auto-realização como primeiro objetivo na vida, e não o último. De qualquer maneira, cada cultura é diferente. Na Alemanha de hoje, por exemplo, o automóvel continua o símbolo supremo de status. Os alemães tratam seus carros com carinho, chegando até, nos fins de semana, a ir a locais distantes para lavá-los com água mineral pura.

Helmut Schütte propôs uma hierarquia modificada para explicar as necessidades e os desejos dos consumidores orientais (Figura 3-2).[12] Os dois níveis mais baixos equivalem aos da hierarquia tradicional, mas os três superiores enfatizam a complexidade e a importância das necessidades sociais. As necessidades de afiliação são satisfeitas na Ásia quando um indivíduo é aceito por um grupo. A conformidade com as normas do grupo torna-se a principal motivação do comportamento dos consumidores. Quando os Tamagochis e outras marcas de bichinhos de estimação eletrônicos, por exemplo, estavam na crista da onda no Japão, todo adolescente que queria fazer parte do grupo comprou um (ou mais). Sabendo disso, as empresas japonesas desenvolveram produtos locais especialmente desenhados para ser atraentes para essa faixa etária. O próximo nível, da admiração, é uma necessidade de alto nível que pode ser satisfeita por meio de ações dentro de um grupo que gerem respeito. No topo da hierarquia asiática está o status, a estima da sociedade como um todo. Em parte, atingir o status elevado depende de traços de caráter, mas a busca do status também leva à ostentação; muitos consumidores consomem ostensivamente, comprando produtos e marcas que sejam percebidos pelos demais. A proposta de Schütte, de que o status é a principal na hierarquia asiática, é apoiada pela distribuição geográfica do mercado global de 35 bilhões de dólares para produtos de alto luxo. Vinte por cento das vendas ocorrem só no Japão, com mais 22% no restante da região da Orla do Pacífico. Quase metade das receitas de venda da Gucci italiana é gerada no Leste Asiático.

Figura 3-2   Hierarquia de Maslow: o equivalente asiático.

- Status
- Admiração
- Afiliação
- Segurança
- Fisiológico

Fonte: Hellmut Schütte, "Asian culture and the global consumer", *Financial Times-Mastering Marketing*, Part II, 21 set. 1998, p. 2.

---

12   Helmut Schütte, "Asian culture and the global consumer", *Financial Times-Mastering Marketing*, 21 set. 1998, p. 2.

A tipologia cultural de Hofstede[13]

O antropólogo organizacional Geert Hofstede argumenta que as culturas de diferentes países podem ser comparadas em termos de quatro dimensões. A primeira, *distância do poder*, envolve até que ponto os membros menos poderosos de uma sociedade aceitam — e até esperam — que o poder seja distribuído de maneira desigual. Parafraseando Orwell, todas as sociedades são desiguais, mas algumas são mais desiguais que as outras. A segunda dimensão reflete o grau em que os indivíduos de uma sociedade são integrados em grupos. Em *culturas individualistas*, cada membro da sociedade preocupa-se basicamente com seus interesses e os de sua família direta. Em *culturas coletivistas*, todos os membros da sociedade são integrados em grupos coesos. *Masculinidade*, a terceira dimensão, descreve uma sociedade na qual se espera que os homens sejam assertivos, competitivos e preocupados com o sucesso material, enquanto as mulheres desempenham o papel de nutridoras, preocupadas com assuntos como o bem-estar de crianças. Por outro lado, *feminilidade* descreve uma sociedade em que os papéis sociais de homens e mulheres se sobrepõem, sem que nenhum sexo exiba um comportamento ambicioso ou competitivo demais. Hofstede nota que as primeiras três dimensões referem-se ao comportamento social esperado; a quarta dimensão preocupa-se, nas palavras dele, com "a busca do Homem pela Verdade". *Fuga das incertezas* é o grau em que os membros de uma sociedade ficam incomodados com situações ambíguas, mal definidas e desestruturadas. Algumas culturas expressam fortemente a fuga da incerteza com um comportamento agressivo, emocional e intolerante; são caracterizadas pela crença na verdade absoluta. Maior grau de aceitação da incerteza implica um comportamento mais contemplativo, relativista e tolerante.

A pesquisa de Hofstede convenceu-o de que, embora as quatro dimensões proporcionassem interpretações interessantes e úteis, não permitiam identificar possíveis bases culturais do crescimento econômico. Hofstede também se incomodou com o fato de os dados de campo utilizados nas pesquisas terem sido desenvolvidos por cientistas sociais ocidentais. Como muitos economistas não foram capazes de prever o desenvolvimento econômico explosivo do Japão e dos 'tigres' (Coréia do Sul, Taiwan, Hong Kong e Cingapura), Hofstede deduziu que algumas dimensões culturais asiáticas estavam confundindo os pesquisadores. Esse problema metodológico resolveu-se com um Levantamento de Valores Chineses (LVC), desenvolvido por cientistas sociais chineses. Os dados apoiaram as primeiras três dimensões do 'comportamento social' da cultura identificadas anteriormente (isto é, distância do poder, individualismo/coletivismo e masculinidade/feminilidade). A fuga das incertezas, no entanto, não foi constatada no LVC. Em vez disso, o LVC revelou uma dimensão que não fora detectada pelos pesquisadores ocidentais. Mais do que o esperado, essa nova dimensão — que Hofstede chama de 'dinamismo confuciano' — trata de vários aspectos da cultura que parecem estar fortemente ligados ao crescimento econômico. Hofstede explica que essas dimensões estão ligadas à 'busca da virtude' por uma sociedade, e não da verdade. *Persistência* (perseverança) é o empenho geral na busca de um objetivo. As *relações de ordenamento* por *status* refletem a forte presença de hierarquias sociais, e *cumprir essa ordem* indica a aceitação das relações complementares. A *frugalidade* manifesta-se em altas taxas de poupança. Por fim, *um senso de vergonha* leva à sensibilidade nos contatos sociais. Hofstede nota que esses valores são fortes nos países de alto desempenho, mas que sua mera presença não basta para levar ao crescimento econômico. Duas outras condições são necessárias: a existência de um mercado e um contexto político apoiador.

O critério da auto-referência e a percepção

Como demonstramos, a percepção de uma pessoa a respeito das necessidades do mercado é desenvolvida a partir de suas próprias experiências culturais. Um modelo para redução sistemática do bloqueio e da distorção perceptiva foi desenvolvido por James Lee.[14] Lee batizou a referência inconsciente de nossos pró-

---

13 Hofstede e Bond, "The Confucius connections", p. 5-21.
14 James A. Lee, "Cultural analysis in overseas operations", *Harvard Business Review*, mar./abr. 1966, p. 106-114.

prios valores culturais como *critério da auto-referência* (CAR). Para enfrentar esse problema e eliminar ou reduzir a miopia cultural, ele propôs um modelo sistemático composto por quatro etapas.

1. Defina o problema ou os objetivos em termos de características, hábitos e normas de seu próprio país.
2. Defina o problema ou os objetivos em termos de características, hábitos e normas do país em estudo. Não faça julgamentos de valor.
3. Isole a influência do CAR e examine-a cuidadosamente para ver como ela complica o problema.
4. Redefina o problema sem a influência do CAR e resolva para a situação de mercado do país em estudo.

O CAR ensina que uma habilidade crítica, vital, do profissional de marketing global é a percepção sem preconceitos, a capacidade de enxergar como as coisas funcionam em determinada cultura. Embora essa habilidade também seja valiosa em nosso próprio país, ela é fundamental para o profissional de marketing global, devido à tendência generalizada ao etnocentrismo e ao uso do CAR. O critério de auto-referência pode ser uma força negativa poderosa nos negócios globais, e não considerá-lo pode levar à incompreensões e ao fracasso. Evitar o CAR requer que uma pessoa suspenda suas pressuposições com base em experiências e sucessos anteriores e esteja preparada para adquirir novos conhecimentos sobre a motivação e o comportamento humano.

Sensibilidade ao ambiente

A *sensibilidade ao ambiente* define até que ponto os produtos devem ser adaptados para atender às necessidades culturais específicas de diferentes mercados nacionais. Uma abordagem útil é enxergar os produtos em uma escala de sensibilidade ao ambiente. De um lado, estão os produtos não-sensíveis ao ambiente ou que não requerem maiores adaptações para os vários mercados do mundo. De outro, os produtos altamente sensíveis aos diferentes fatores do ambiente. Uma empresa com produtos não-sensíveis ao ambiente gasta relativamente menos tempo determinando as condições únicas e específicas de mercados locais, porque o produto é basicamente universal. Quanto maior a sensibilidade do produto ao ambiente, mais o administrador terá de atender às condições específicas desse ambiente — econômicas, regulatórias, tecnológicas, sociais e culturais.

A sensibilidade dos produtos pode ser representada em uma escala bidimensional, como mostra a Figura 3-3. O eixo horizontal mostra a sensibilidade ao ambiente; o vertical, o grau de adaptação de que o produto precisa. Produto com baixos níveis de sensibilidade ao ambiente — produtos altamente técnicos, por exemplo — ficam no canto inferior esquerdo da figura. A Intel vendeu mais de cem milhões de microprocessadores, porque um chip é um chip em qualquer parte do mundo. Indo para a direita no eixo hori-

Figura 3-3 Matriz de sensibilidade do produto ao ambiente.

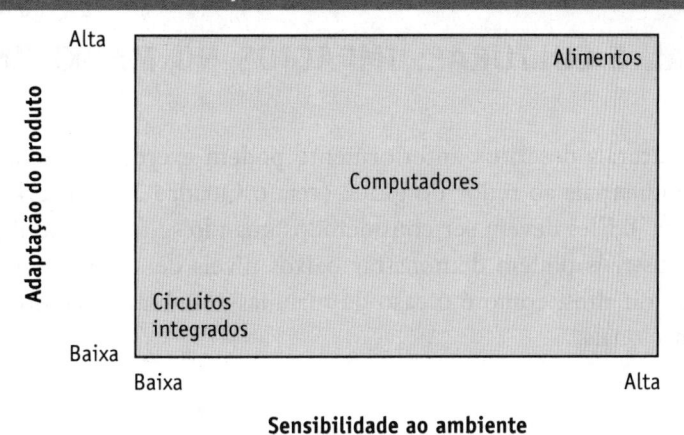

> ## QUADRO 3-1
>
> ### UMA QUESTÃO DE CULTURA: "CORDIALMENTE"
>
> Embora deva ser verdade que "a síntese é a alma do bom senso", ao assinar uma carta comercial, o francês vai muito além do "Cordialmente", característico de muitas cartas escritas em português. Veja a seguir o equivalente em português das dez maneiras mais comuns de se encerrar uma carta escrita em francês.
>
> 1. *Nous vous prions d'agréer, Monsieur, l'expression de nous sentiments dévoués.*
>   Literalmente: "Pedimos que receba, senhor, a expressão de nossos devotos sentimentos."
> 2. *Agréez, Monsieur, l'assurance de mes meilleurs sentiments.*
>   "Aceite, senhor, a prova de nossos melhores sentimentos."
> 3. *Je vous prie d'agréer, Monsieur le Directeur, mes meilleures salutations.*
>   "Peço que aceite, senhor diretor, minhas melhores felicitações."
> 4. *Je vous prie d'agréer, Madame la Directrice, mes meilleures salutations.*
>   "Peço que aceite, senhora diretora, minhas melhores felicitações."
> 5. *Veuillez, croire, Messieurs, à l'assurance de ma haute considération.*
>   "Por favor, acreditem, senhores, na garantia da minha maior consideração."
> 6. *Recevez, Messieurs, mes sincères salutations.*
>   "Recebam, senhores, minhas sinceras felicitações."
> 7. *Je vous prie d'agréer, Monsieur, l'expression de mes sentiments les meilleurs.*
>   "Espero que aceite, senhor, a expressão de meus melhores sentimentos."
> 8. *Je vous prie d'agréer, Mademoiselle, me respectueuses salutations.*
>   "Espero que aceite, senhorita, meus sentimentos de respeito."
> 9. *Veuillez agréer, Monsieur, l'expression de mes sentiments distingués.*
>   "Por favor, aceite, senhor, a expressão dos meus mais puros sentimentos."
> 10. *Je vous prie d'agréer, Messieurs, avec mes remerciements anticipés, l'expression de mes sentiments distingués.*
>   "Peço que aceite, cavalheiro, com meus agradecimentos antecipados, a expressão dos meus mais puros sentimentos."

zontal, o nível de sensibilidade aumenta, assim como a quantidade de adaptação. Os computadores são caracterizados por baixos níveis de sensibilidade ao ambiente, mas as variações das exigências de voltagem requerem adaptações. Além disso, a documentação dos softwares deve ser apresentada no idioma local. No canto superior direito da Figura 3-3 estão os produtos com alta sensibilidade ao ambiente. Alimentos, especialmente os consumidos em casa, estão nessa categoria, porque são sensíveis ao clima e à cultura. O McDonald's tem alcançado um sucesso grande fora dos Estados Unidos adaptando seu menu ao gosto local. Alimentos específicos, como o chocolate, no entanto, precisam ser modificados devido a diferenças de gosto e clima. Os consumidores de alguns países têm preferência pelo chocolate ao leite, outros preferem um chocolate mais escuro e países tropicais fazem ajustes na fórmula de seu chocolate para que agüente temperaturas altas.

AMBIENTES SOCIAL E CULTURAL: IMPACTOS NO MARKETING DE PRODUTOS INDUSTRIAIS

Os vários fatores culturais descritos anteriormente podem exercer influências importantes sobre o marketing de produtos industriais ao redor do globo (veja o Quadro 3-2, "Marketing de um produto industrial na América Latina"). Eles devem ser considerados quando se formula um plano de marketing global. Alguns produtos industriais podem demonstrar baixos níveis de sensibilidade ao ambiente, como os chips para computadores, ou altos, como é o caso de turbinas geradoras quando a política governamental privilegia concorrentes nacionais.

QUADRO 3-2

MARKETING DE UM PRODUTO INDUSTRIAL NA AMÉRICA LATINA

Um país da América Latina decidiu modernizar sua rede de comunicações ao custo de alguns milhões de dólares. Em virtude da reputação de sua qualidade, o governo denominou a empresa norte-americana apenas de 'Y'.

A administração da empresa, imaginando os imprevistos que poderiam acontecer e que precisavam ser evitados, considerou o tamanho do pedido e decidiu ignorar seu representante na América Latina, enviando seu próprio diretor de vendas. Veja a seguir as conseqüências desse comportamento.

O diretor de vendas chegou de viagem e se hospedou no hotel. A princípio, ele teve dificuldades para descobrir quem era seu contato para fazer as negociações. Depois de vários dias sem obter nenhum resultado, entrou em contato com a embaixada norte-americana, que o colocou de imediato em contato com o adido comercial que possuía as informações atualizadas. O adido ouviu toda sua história e concluiu que ele havia cometido vários erros, mas, considerando que os latinos sempre pensam que os norte-americanos agem da maneira errada, achou que nem tudo estava perdido. O adido informou ao diretor de vendas que a pessoa-chave a ser contatada era o ministro das comunicações, e que ele faria o que fosse preciso para obter o contrato. Ele também instruiu o diretor de vendas no modo como negociar em países latino-americanos e especialmente com o ministro.

Em linhas gerais, os conselhos do adido foram os seguintes:

1. "Você não faz negócios aqui da mesma maneira que nos Estados Unidos; é necessário muito mais tempo. Você precisa conhecer muito bem seu parceiro e vice-versa."
2. "Você precisa se encontrar com ele várias vezes antes de começar a falar sobre negócios. Eu vou lhe dizer sobre o que você precisa conversar antes de qualquer coisa. Preste bastante atenção no que vou lhe dizer."
3. "Anote este preço de tabela e coloque o papel em seu bolso. Não o pegue até que eu peça para você fazer isso. Aqui na parte de baixo do Continente Americano, barganhar preços é apenas um dos vários artifícios adotados antes de se fechar um negócio. Nos Estados Unidos, seu aprendizado ensinou-o a agir de acordo com um determinado conjunto de princípios, mas muitos desses princípios não se aplicam aqui. Toda vez que você quiser falar ou reagir em alguma situação olhe para mim antes. Espere um pouco e passe seu papel com a anotação para mim. Isso é muito importante."
4. "Aqui as pessoas gostam de negociar com homens importantes. Ser um 'homem importante' significar ter escrito um livro, ser professor de alguma universidade ou algo parecido. A pessoa com quem você vai se encontrar é um poeta. Ele já publicou vários livros de poesia e, como muitos latino-americanos, é um grande apreciador desse gênero de literatura. Você notará que ele ficará boa parte do encontro recitando poemas para você, e verá que ele faz isso com muito prazer."
5. "Você notará que as pessoas aqui têm muito orgulho de seu passado e do sangue espanhol que corre em suas veias, mas também possuem muito orgulho de terem se libertado da Espanha e terem conquistado sua independência. O fato de eles não serem mais um país colonizado, de viverem em uma democracia e serem livres, é muito, muito importante para eles. Se gostarem de você, serão muito afetuosos e gentis, mas, se não gostarem, o tratarão de maneira fria e reservada."
6. "E outra coisa: aqui eles lidam com o tempo de maneira diferente. Quero dizer, as coisas funcionam de outro modo. Você sabe que nos Estados Unidos as pessoas deixam escapar involuntariamente suas reações e pensamentos, mesmo quando sabem que aquela não é melhor situação para dizer o que acham. Aqui, pessoas com esse tipo de comportamento são vistas como impacientes e egocêntricas. Ou seja, aqui você tem de esperar muito, muito mais — e eu quero dizer *muito mais* mesmo — antes de começar a dizer o verdadeiro motivo da sua visita."
7. "Tem mais um detalhe que eu preciso dizer para você. No nosso país, o homem que vende é quem toma a iniciativa. Aqui, *eles* é quem vão dizer quando estão prontos para começar a falar de negócios. Mas, na maioria das vezes, não discuta sobre preços antes de eles perguntarem, e não seja agressivo."

A NEGOCIAÇÃO

No dia seguinte o adido comercial apresentou o diretor de vendas ao ministro das comunicações. Mas antes eles ficaram esperando um longo tempo em uma ante-sala, vendo várias pessoas entrarem e saírem na sala do ministro. O diretor de vendas olhou para o relógio, andou de um lado para outro impacientemente e perguntou se o ministro realmente estava aguardando-o para o encontro. A reposta que ouviu não foi nem um pouco animadora: "Sim, claro, ele está esperando o senhor, mas estão surgindo inúmeros imprevistos que ele precisa resolver imediatamente. Além disso, é bastante comum as pessoas esperarem aqui". O diretor de vendas respondeu irritado: "Mas ele não sabe que viajei dos Estados Unidos até aqui apenas para este encontro e que perdi uma semana do meu precioso tempo aqui no seu país apenas para encontrá-lo?" "Sim, eu sei", foi a resposta que ouviu, "mas aqui as coisas são um pouco mais lentas que no seu país".

Depois de 30 minutos o ministro apareceu e recebeu o adido comercial com um forte e caloroso abraço, como se fossem dois velhos amigos que não se viam havia muitos anos. Em seguida, estendeu a mão sorridentemente para cumprimentar o diretor de vendas, que, a essa altura, depois da longa espera, perdera completamente o senso de humor.

Após o que pareceu um rápido bate-papo, o ministro se levantou e sugeriu um novo encontro em um café bastante conhecido na cidade. Seria um jantar, na noite seguinte. O diretor de vendas esperava, naturalmente, dada a natureza de seu negócio e o valor do pedido, ser convidado pelo ministro para um encontro em sua casa. Ele não sabia que os latinos reúnem-se em sua residência apenas com familiares e amigos íntimos.

Até esse momento, nada havia sido dito sobre o motivo da visita do diretor de vendas, e isso o incomodava um pouco. As coisas pareciam estar dando errado, além disso ele não tinha a menor intenção de passar mais um dia naquela cidade. O diretor de vendas informara ao escritório antes de viajar que ficaria fora durante uma semana ou dez dias no máximo, e calculou que resolveria essa questão do pedido do cliente em três dias e passaria os outros em Acapulco, na Cidade do México. Agora a semana já se passara, e ele começava a pensar que seria ótimo se conseguisse voltar direto para casa em dez dias.

Ao comentar seu receio com o adido comercial, ele lhe perguntou se o ministro realmente tratava daquele tipo de negócio e, se tratava, por que não se encontrava definitivamente com ele para resolver o assunto de uma vez por todas. O adido comercial, então, começou a transparecer seu excessivo esforço para tranqüilizar o diretor de vendas. Mas ele tentou de novo: "O que você não compreende é que, enquanto esperávamos o ministro durante todo aquele tempo, ele reorganizava sua agenda lotada para encontrar um tempo para jantar com você amanhã à noite. Veja bem, aqui eles não delegam responsabilidades da mesma maneira que nós fazemos nos Estados Unidos. Eles exercem um tipo de controle muito maior do que nós costumamos ter. Em contrapartida, acabam trabalhando 15 horas ou mais por dia. Ele pode não dar nenhum sinal, mas eu lhe garanto que realmente está pensando em negócios. Ele quer fechar o pedido com sua empresa; basta você entender as regras do jogo e tudo dará certo."

Na noite seguinte foi tudo igual. Muita conversa sobre comida e música, sobre diversas pessoas das quais o diretor de vendas jamais ouvira falar. Após o jantar, foram a uma boate. O diretor de vendas, então, animou-se e começou a pensar que ele e o ministro pudessem ter alguma coisa em comum. Isso o incomodava um pouco, principalmente porque o principal motivo de sua viagem sequer havia sido mencionado até o momento. Mas toda vez que ele começava a falar sobre eletrônica, o adido comercial o cutucava e mudava imediatamente de assunto.

A próxima reunião foi em um café, na manhã seguinte. Agora o diretor comercial não conseguia mais esconder sua impaciência. Para piorar as coisas, o ministro tinha uma mania que o incomodava bastante: sempre que o ministro falava ele colocava a mão no diretor. Segurava-o pelo braço e falava tão perto de seu rosto que dava para sentir seu hálito. Conseqüentemente, o diretor comercial tentava se esquivar, procurando aumentar a distância entre ambos.

Depois do café eles caminharam por algum tempo em um parque nas imediações. O ministro filosofava sobre a beleza das árvores, dos pássaros da natureza, até que, de repente, parou diante de uma estátua e disse: "Esta é a estátua do maior herói do mundo, o libertador da humanidade!" Nesse momento tudo piorou: o diretor de vendas perguntou quem era e, ao ouvir como resposta o nome de um famoso patriota latino-americano, disse ao ministro: "Eu nunca ouvi falar dele", e saiu andando. Depois desse dia, o diretor de vendas não teve nenhum outro encontro com o ministro. E o pedido foi fechado com uma empresa sueca.

DISCUSSÃO

1. Que impressão você acha que o diretor de vendas teve do ministro?
2. Como você avalia a qualidade da comunicação de ambas as partes neste caso?
3. O caso retrata uma cultura de alto ou baixo contexto?

Fonte: Adaptado de Edward T. Hall, "The silent language in overseas business", *Harvard Business Review*, maio/jun. 1960, p. 93-96. © 1960 by Presidente e membros da Harvard College; todos os direitos reservados.

A Boeing, gigantesca fabricante aeronaves dos Estados Unidos, tem sentido o impacto de uma política não explícita de evitar fornecedores estrangeiros. A Boeing só tem um concorrente importante, a Airbus, que é um consórcio de empresas européias. Seus sócios são Aerospatiale SA da França; Dasa, uma divisão da DaimlerChrysler, da Alemanha; British Aerospace Plc; Construcciones Aeronauticas SA, da Espanha. Como a Airbus só foi formada na década de 70, sua participação de mercado para aviões comerciais, atualmente na casa dos 50%, é fenomenal. Apesar de a Boeing ter clientes em mais de 145 países, sua participação na Europa continua a cair. Essa queda, em combinação com a crise asiática e muitos problemas administrativos/gerenciais, contribuiu para uma perda de 178 milhões de dólares em 1997.

Num esforço para constituir uma *joint-venture* com sócios russos, ucranianos e norueguesses, a Boeing contratou um designer para decorar as instalações das quais os sócios da *joint-venture* poderiam assistir ao lançamento do foguete Sea Launch. Infelizmente, as instalações foram decoradas com a cor preta, considerada de má sorte na Rússia, e "os russos ficaram furiosos".[15] As instalações foram repintadas às pressas de azul, para evitar esse embaraço cultural.

> **Visite os sites**
> www.boeing.com
> www.airbus.com

AMBIENTES SOCIAL E CULTURAL: IMPACTOS NO MARKETING DE PRODUTOS DE CONSUMO

Pesquisas mostram que, independentemente de classe social e renda, a cultura é uma influência importante no comportamento de consumo e na posse de bens duráveis.[16] Os produtos de consumo são mais sensíveis às diferenças culturais do que os produtos industriais. A fome é uma necessidade fisiológica básica na hierarquia de Maslow; todo mundo precisa comer, mas o que comer pode ser fortemente influenciado pela cultura. As guerras de marketing revelam evidências de que os alimentos são provavelmente a categoria mais sensível dos produtos de consumo. A CPC International não conseguiu tornar as sopas desidratadas Knorr populares entre os norte-americanos. O mercado de sopas dos Estados Unidos era dominado pela Campbell Soup Company; 90% da sopa consumida nos lares era enlatada. A Knorr era uma empresa suíça, adquirida pela CPC, que tinha importante participação no mercado europeu, no qual caldos em cubinhos e sopas desidratadas respondiam por 80% das vendas de sopa. Apesar do fracasso da CPC em mudar os hábitos de consumo de sopa dos americanos, a empresa obtve grande sucesso com seus molhos nos Estados Unidos e como praticante de marketing global; as vendas fora dos Estados Unidos perfazem 63% de suas receitas na linha de alimentos.

Na Campbell, ao contrário, os dados são inversos: 63% das receitas de alimentos são geradas nos Estados Unidos; 27% vêm dos mercados globais. Quando a empresa enfrentou os mercados globais, descobriu que a atitude da dona-de-casa com relação ao preparo de alimento é um fator cultural no marketing de alimentos preparados. Lembre-se de que cozinhar era uma das universalidades culturais identificadas por Murdock. Mesmo assim, hábitos e costumes em relação à cozinha variam de país a país. As pesquisas da Campbell revelaram que as donas-de-casa italianas destinavam aproximadamente 4,5 horas por dia ao preparo de comida, contra uma hora por dia gasta pelas norte-americanas. A diferença refletia não só costumes culturais com relação à cozinha, mas também o fato de que, nos Estados Unidos, uma porcentagem maior das mulheres trabalha fora. E as diferenças parecem aumentar. Desde 1990, a utilização de fogões

---

15 Seanna Browder e Robert McNatt, "Color Boeing red-faced", *Business Week*, 5 abr. 1999, p. 6.
16 Charles M. Schaninger, Jacques C. Bourgeois e Christian W. Buss, "French-english canadian subcultural consumption differences", *Journal of Marketing*, primavera 1985, p. 82-92.

para preparo de refeições nos Estados Unidos diminuiu 25%, enquanto um levantamento recente mostra que mais de 80% dos homens italianos almoçam em casa.

A Campbell identificou uma forte opinião negativa a respeito dos alimentos de conveniência na Itália. Perguntou-se a um grupo de donas-de-casa italianas escolhidas aleatoriamente: "Você gostaria que seu filho se casasse com uma mulher que usa sopas enlatadas?" Praticamente todas responderam 'não'. A elevação da renda, assim como as inovações nos produtos, no entanto, podem ter alterado as atitudes italianas em relação ao tempo e ao conforto, com um efeito positivo correspondente sobre o mercado de alimentos de conveniência. As melhorias no sabor das pizzas congeladas aumentou muito as vendas na Itália.

A sede também mostra como as necessidades diferem de desejos. Tomar líquidos é uma necessidade fisiológica universal. Como acontece com os alimentos, no entanto, as bebidas que as pessoas *querem* beber podem ser influenciadas fortemente pela cultura. O café é uma categoria de bebida que ilustra isso. No Reino Unido, o café instantâneo tem 90% do mercado total de café, mas na Suécia, somente 15%. Os outros países europeus ficam entre esses dois extremos. A grande participação de café instantâneo no mercado britânico pode ser atribuída ao fato de, na categoria de bebidas quentes, a Grã-Bretanha preferir o chá. Só em tempos recentes é que os britânicos têm sido persuadidos a tomar café. O preparo do café instantâneo é mais parecido com o do chá do que o do café moído. Não é de surpreender que, quando os britânicos começaram a beber café, optassem pelo instantâneo, já que seu preparo é compatível com a experiência anterior. Outros motivos para a popularidade do café instantâneo na Grã-Bretanha é a prática de beber café com grandes quantidades de leite, o que mascara o gosto do café. As diferenças no sabor do café ficam, portanto, ocultas, e o sabor de um café de melhor qualidade não é tão importante. Na Suécia, porém, o café é a bebida quente preferida. Os suecos consomem café sem grandes quantidades de leite, portanto o sabor não é mascarado, e prefere-se o café feito na hora.

Os padrões de consumo de refrigerantes também mostram diferenças gritantes ao redor do mundo. A Coca-Cola informa que o consumo *per capita* de seus refrigerantes é de 376 latas (ou volume equivalente) nos Estados Unidos, 203 latas na Alemanha, 95 latas na Itália, 88 latas na França.[17] As diferenças no consumo de refrigerantes são associadas, em parte, ao consumo *per capita* bem mais alto de outros tipos de bebida na Europa. Na França e na Itália, por exemplo, são consumidas de 30 a 40 vezes mais vinho do que nos Estados Unidos, em base *per capita*. Os franceses também preferem a água mineral aos refrigerantes, ao passo que nos Estados Unidos o consumo de refrigerantes ultrapassa o de água. A Alemanha bate em muito os Estados Unidos quanto ao consumo de cerveja *per capita*. É só a cultura que explica essa diferença entre a popularidade de refrigerantes na Europa ocidental e nos Estados Unidos? Não; na realidade, várias variáveis — incluindo a cultura — são responsáveis pelas diferenças, como mostra a seguinte equação:

$C = f(A, B, C, D, E, F, G)$

onde:

C = consumo de refrigerantes
f = função de
A = influências dos preços relativos, qualidade e gosto de outras bebidas
B = gastos com propaganda e eficácia, de todas as categorias de bebidas
C = disponibilidade de produtos nos canais de distribuição
D = elementos culturais, tradição, costumes, hábitos
E = disponibilidade de matérias-primas (particularmente água)
F = condições climáticas, temperatura e umidade relativa
G = níveis de renda

É claro que a cultura afeta a demanda de refrigerantes, mas note que ela é uma entre diversas variáveis. Assim, a cultura é um fator que influencia, mas não determina. Se uma empresa que comercializa refrige-

---

17 Coca-Cola Company, *Relatório Anual de 1997*, p. 31.

rantes na Europa ocidental lançar um programa de marketing (incluindo preços menores, distribuição mais intensa e propaganda maciça), pode-se esperar um aumento de consumo. Também está claro, porém, que qualquer esforço para converter os europeus aos refrigerantes enfrentará a tradição, os costumes e a concorrência de uma variedade de bebidas alternativas disponíveis. A cultura, nesse caso, é um fator de resistência e, já que a cultura muda tão rapidamente, é uma resistência que pode ser superada. A Coca-Cola, por exemplo, utilizou uma campanha maciça de distribuição de amostras grátis e aumentou em 73% seu volume de unidades de engradados de Coca Light em 1992, na Itália, em comparação com 1991. Também em 1992, na Alemanha, o terceiro maior mercado global da Coca, o volume de unidades de engradados aumentou 6% em relação a 1991, apesar da recessão e das demissões causadas pela unificação; na antiga Alemanha Oriental, o volume cresceu 20%. Na França, os esforços de marketing de 1992 concentraram-se na disponibilidade e em maior aceitação por parte do consumidor, o que resultou em um aumento de 6% no volume de vendas de engradados.[18] É claro que as vendas de coca-cola nas franquias do McDonald's ao redor do mundo também tiveram um impacto nessa crescente aceitação.

A entrada de engarrafadores de água no mercado de bebidas dos Estados Unidos é outro excelente exemplo do impacto da eficácia de uma estratégia criativa para enfrentar uma tradição cultural firmemente enraizada. Antes da década de 80, beber água engarrafada não era uma parte importante da cultura dos Estados Unidos. A atitude geral era: "Por que pagar por algo que é de graça?" A Source Perrier SA, empresa francesa de água mineral, decidiu voltar-se para o mercado americano. Ela contratou Bruce Nevin, experiente executivo americano de marketing, e deu-lhe carta-branca para formular uma estratégia criativa.

Nevin decidiu reposicionar a Perrier. Em vez de água importada cara (que nenhum americano normal tocaria), preferiu uma bebida com preço competitivo, de baixo valor calórico, no mercado de refrigerantes. Para apoiar esse posicionamento, Nevin lançou uma grande campanha de propaganda ao consumidor, baixou os preços e mudou o produto do setor de produtos sofisticados nos supermercados para o de refrigerantes. A estratégia exigiu ajustes importantes de três elementos do composto de marketing: preço, promoção e ponto-de-venda. Só o produto ficou inalterado.

O sucesso da campanha superou as expectativas mais otimistas, criando um novo mercado. Em meados da década de 80, a categoria de água engarrafada gerava 2,2 bilhões de dólares por ano e havia-se tornado o segmento de crescimento mais rápido da indústria de bebidas nos Estados Unidos. As vendas anuais da Perrier cresceram de cerca de 40 milhões para 800 millhões de dólares, e a marca abocanhou 80% do mercado de água engarrafada dos Estados Unidos. O sucesso dessa estratégia fundamentou-se em dois fatos indiscutíveis: os americanos estavam prontos para beber água mineral e as táticas foram executadas de maneira brilhante. Os resultados ilustram como um fator cultural restritivo pode ser alterado por uma estratégia criativa de marketing fundamentada em oportunidades de mercado.[19]

COMPLICAÇÕES MULTICULTURAIS E ABORDAGENS SUGERIDAS

As atividades de marketing global são conduzidas em um ambiente em constante mudança, que envolve forças econômicas, culturais e sociais. Abandonando a perspectiva global por um minuto, devemos reconhecer uma coisa: mesmo quando os envolvidos em uma transação comercial fazem parte da mesma sociedade de baixo contexto — os Estados Unidos, por exemplo — e as condições do negócio estão definidas 'preto no branco', as obrigações das partes serão entendidas de maneiras diferentes.

Os relacionamentos de negócios entre pessoas de culturas e/ou nacionalidades *diferentes* são sujeitos a desafios adicionais. As partes oriundas de países diferentes podem ter dificuldades ao assinar um contrato, por causa das diferentes leis que governam suas respectivas atividades e dos problemas decorrentes de seu cumprimento através das fronteiras internacionais. Não importa o que está escrito em um contrato; pro-

---

18 Coca-Cola Company, *Relatório Anual de 1992*, p. 32.
19 Infelizmente, uma manobra infeliz de relações públicas da Perrier, em 1990, conduziu a uma diminuição de 50% de vendas nos Estados Unidos, da qual a empresa ainda não se recuperou.

cessar outra parte por descumprir o combinando significa brigar judicialmente no território do requerido, o que pode ser uma vantagem incontornável para a parte local.

Negociações comerciais que incluem uma parte oriunda de uma cultura de alto contexto provavelmente se complicarão devido a crenças muito diferentes sobre o significado de entendimentos formais de negócios e as obrigações contínuas de todas as partes. O ambiente de negócios em muitos países fora dos mercados mais desenvolvidos pode ser caracterizado por uma variedade de elementos 'hostis': catástrofes naturais e causadas pelo homem, problemas políticos, inconversibilidade da moeda, taxas de câmbio com flutuações exacerbadas, depressões e mudanças nas prioridades econômicas nacionais e no sistema de tarifas. É impossível prever com exatidão como os planos mais cuidadosamente elaborados podem ir por água abaixo, mas o fato é que isso acontece. Executivos e gerentes de marketing envolvidos com tratativas fora do mercado nacional devem construir confiança mútua, afinidades e empatia com os contatos de negócios — isso é essencial para manter relacionamentos duradouros. Contratar um cidadão do próprio país como representante de vendas não é uma garantia automática de sucesso. Se uma empresa altera constantemente seu *staff* internacional, ela corre o risco de impedir a formação do que chamamos de 'subculturas de alto contexto' entre o pessoal da matriz e o de outros países. Isso diminui as chances da empresa de lidar de maneira eficaz com as inevitáveis crises empresariais.

A Índia é um importante fornecedor de produtos agrícolas e florestais brutos e processados para os mercados do mundo. Pequenas empresas familiares coletam, processam e vendem esses materiais. Em geral, os vendedores têm de fechar contratos com compradores estrangeiros para entrega futura desses produtos, meses antes da safra. Os compradores, por sua vez, fecham compromissos contratuais de longo prazo com os clientes. Não é possível às empresas indianas se protegerem, fazendo *hedge* de suas posições: não há bolsas de mercadorias regulamentadas para esses produtos, tampouco os agricultores e coletores de produtos florestais têm recursos para cobrir suas vendas no caso de a safra fracassar. Há grandes problemas durante a maioria das épocas de plantio e colheita: desastres naturais ou um plantio insuficiente resultam em quebra de produção; greves, cortes de energia ou falta de peças de reposição causam atrasos excessivos nos embarques e redução da capacidade. A diminuição da atividade econômica ou alterações inesperadas nos níveis de estoques exigidos podem levar os compradores a pedir — ou até insistir — que os embarques sejam retidos ou os preços reduzidos. É claro que essas ações causarão graves dificuldades financeiras para o fornecedor. Algumas vezes, o fornecedor é incapaz de cumprir exatamente as condições do contrato e fornece um produto alternativo (na maioria das vezes sem aviso). A esperança é de que o comprador pague antes de descobrir a troca e acabe por aceitar a mercadoria com pequenos ajustes.

Os negócios entre a Índia e seus clientes mundiais perpetuam-se, é claro, por interesse mútuo, mas são os relacionamentos pessoais que os tornam possíveis. Falsos rumores, inadimplência dos fornecedores e cancelamentos dos clientes são freqüentes. Portanto, a maior importância é dada aos contratos e aos parceiros de negócios em que se possa confiar plenamente e cujas percepções influenciadas pela cultura são entendidas e previsíveis. A sociedade indiana é tão variada étnica e culturalmente quanto a da Europa, e suas práticas de negócios são ainda mais variadas do que as de lá.

Treinamento em capacitação multicultural

Domínio de idiomas e relacionamentos pessoais são valiosíssimos para o negociante internacional. Uma quantidade crescente de programas de MBA exigem que os estudantes conheçam um ou até dois idiomas estrangeiros.[20]* Dominar outras línguas é um ponto a favor para os recrutadores que acham que o conhecimento de outros idiomas permite aos funcionários uma contribuição imediata em seu trabalho no exterior.

Muitas transações de negócios internacionais são resultado de relações estabelecidas por estudantes estrangeiros enquanto freqüentavam escolas em outros países. Um terço do treinamento do voluntariado da

---

20 Della Bradshaw, "Mastering the world", *The Financial Times*, 22 mar. 1999, p. 9.
* Para o profissional brasileiro, o inglês é a exigência básica, por ser a linguagem de negócios mundial, mas o conhecimento de outras línguas européias ou orientais pode ser um grande diferencial para profissionais de marketing global (N. do R.T.).

Força de Paz é devotado a aprender como as coisas são feitas no país de destino (em especial relacionamentos pessoais). A pessoa de negócios internacional deve ter um preparo comparável e a boa vontade de, pelo menos, considerar os méritos de enquadrar-se na maneira de fazer negócios na cultura do país de destino.

A Samsung, a GE, a AT&T e outras grandes empresas em fase de globalização estão tomando medidas para treinar gerentes e sensibilizá-los para outras maneiras de pensar, sentir e agir. O objetivo é melhorar sua capacidade de lidar eficazmente com clientes, fornecedores, patrões e funcionários de outros países e regiões. Os gerentes têm de aprender a questionar suas próprias crenças, para superar o CAR, e a adaptar o modo como se comunicam, resolvem problemas e até tomam decisões. Gerentes multiculturais precisam aprender a questionar e a reavaliar seus sentimentos com relação a questões básicas de administração como liderança, motivação e trabalho em equipe; isso implica reavaliar alguns sistemas de valores extremamente fundamentais e pessoais. Por fim, os gerentes devem aprender a superar o estereótipos que mantêm em relação aos indivíduos de outras raças, religiões e países; os gerentes também devem tratar com diplomacia os estereótipos que os outros mantêm a respeito deles.

O Grupo Samsung, a maior empresa da Coréia do Sul, recentemente lançou uma campanha de internacionalização. Antes de assumir cargos no exterior, os gerentes freqüentam um 'campo de treinamento básico', de um mês de duração, em que os tópicos abordados variam da etiqueta ocidental à mesa ao assédio sexual. Centenas de jovens e promissores gerentes da Samsung passam um ano em países ocidentais com uma tarefa atípica: divertir-se. Como observa um teórico em administração coreano: "A exposição internacional é importante, mas você tem de adquirir um gosto internacional. Você tem de fazer mais do que simplesmente visitar. Tem de ir ao shopping, olhar as pessoas e desenvolver gostos internacionais". Park Kwang Moo, funcionário da subsidiária de comércio exterior da Samsung, não precisou ir ao shopping: sua missão foi visitar a antiga União Soviética. Ele gastou seus primeiros seis meses estudando o idioma e depois viajou para todas as 15 antigas repúblicas soviéticas. Os superiores de Park ficaram encantados com o relatório de 80 páginas que ele apresentou na volta, apesar de haver muito pouco ali sobre negócios. Segundo um diretor da *trading*, o relatório tratava principalmente dos hábitos de bebida e das idiossincrasias dos russos. "Mas", observou ele, "em vinte anos, se esse homem estiver representando a Samsung em Moscou, ele terá amigos e saberá se comunicar, e é aí que obteremos nosso retorno".[21]

Outra abordagem muito utilizada para alcançar a sensibilização é o uso de *workshops* que incorporam estudos de casos, interpretação de papéis e outros exercícios elaborados para permitir que os participantes enfrentem situações relevantes, verifiquem quais seriam seus pensamentos e ações em uma situação similar, analisem e aprendam com os resultados. Os participantes devem ser capazes de compreender e avaliar suas motivações e abordagens. Muitas vezes, a representação de papéis traz à tona pensamentos e sentimentos que poderiam não ser examinados ou mesmo nunca ser percebidos. Uma variedade de outras técnicas tem sido utilizada para o treinamento inter/multicultural; o objetivo comum é ensinar aos membros de uma cultura maneiras de interagir com eficácia em outras culturas.

Tornar-se hábil internacionalmente e consciente culturalmente deve ser o objetivo de qualquer profissional que almeje fazer negócios no estrangeiro. Isso geralmente significa um esforço consciente de treinamento e desenvolvimento profissional pelas organizações. A agência canadense de desenvolvimento internacional — Canadian International Development Agency (Cida) — é um excelente modelo: mantém cursos pré-embarque de cinco dias, que incluem informações de viagem, introdução à área geográfica do país de destino e apresentações de uma pessoa desse país ou de alguém que tenha voltado de lá recentemente.[22]

Se você não pode freqüentar um treinamento formal ou programa de orientação, é importante procurar fontes de consulta (em texto, áudio ou vídeo) sobre o país de destino. A Brigham Young University, por exemplo, publica a série *Culturegram*, sobre mais de 140 áreas do mundo, com comentários de nativos e análises originais.

---

21 "Sensitivity kick: Korea's biggest firm teaches junior execs strange foreign ways", *Wall Street Journal*, 30 dez. 1992, p. A-1.
22 Bonvillian e Nowlin, "Cultural awareness".

Resumo

A cultura, 'programação da mente' de uma sociedade, tem uma influência profunda e ao mesmo tempo mutável sobre cada ambiente de mercado nacional. Profissionais de marketing global devem reconhecer a influência da cultura sobre todos os aspectos da vida, incluindo hábitos de trabalho e consumo de produtos. O comportamento humano é uma função da personalidade de uma pessoa e de suas interações com as forças coletivas da sociedade e da cultura em que vive. Alguns conceitos podem ajudar quem busca entender as questões culturais. As nações podem ser classificadas como culturas de alto ou baixo contexto; os estilos de comunicação e negociação podem ser diferentes de um país a outro. A hierarquia de Maslow, a tipologia de Hofstede e o critério de auto-referência (CAR) podem ajudar a identificar diferenças e similaridades culturais.

O marketing global teve um papel importante — se não determinante — na velocidade de mudanças culturais ao redor do mundo. Isso é particularmente verdadeiro quanto aos alimentos, mas inclui praticamente todo setor, em particular o de comunicações e o de produtos de consumo. A Internet e a televisão global alteraram o que as pessoas querem saber sobre os produtos e como obtêm essas informações. Os fabricantes de sabão e detergentes mudaram os hábitos de limpeza, a industria eletrônica mudou os padrões de diversão, os comerciantes de vestuário mudaram os estilos, e assim por diante. Embora a cultura também possa afetar as características dos produtos industriais, ela é mais importante como influência sobre o processo de marketing, especialmente na maneira como são conduzidos os negócios. Os administradores de marketing global aprenderam a contar com pessoas que conhecem e entendem os costumes e as atitudes locais para melhorar sua eficácia. Além disso, quem precisa fazer negócios em uma cultura nova precisa aproveitar toda oportunidade de treinamento para evitar complicações multi/interculturais.

Questões para Discussão

1. O que é cultura? Existe algo como uma universalidade cultural — ou universalidades? Se sua resposta for afirmativa, dê um exemplo de universalidade cultural; se for negativa, explique por que isso não existe.
2. As tipologias culturais de Hofstede podem ajudar os profissionais de marketing a entender melhor as culturas externas? Se a resposta for sim, explique como; se for não, explique por que não.
3. Explique o CAR. Vá à biblioteca e encontre exemplos de produtos cujo fracasso poderia ter sido evitado com sua aplicação.
4. Qual é a diferença entre cultura de baixo contexto e cultura de alto contexto? Cite exemplos de um país de cada tipo e justifique sua resposta. Como isso se aplica ao marketing?
5. Considere a equação $Y = f(A, B, C, D, E, F, G)$, onde Y é o consumo de refrigerantes e D é a variável para os elementos culturais. Como essa equação ajudaria um profissional de marketing a compreender a demanda de refrigerantes nos mercados globais?

Leitura Sugerida

A. Pizam. "Life and tourism in the year 2050", *International Journal of Hospitality*, 18, no 4, 1999.

Alexis de Tocqueville. *Democracy in America*. Nova York: New American Library, 1956.

Bruce W. Stening e Mitchell R. Hammer. "Cultural baggage and the adaption of expatriate american and japanese managers", *Management International Review*, 32, 1992, p. 77-89.

Carolyn A. Lin. "Cultural differences in message strategies: a comparison between american and japaneses commercials", *Journal of Advertising Research*, 33, jul./ago. 1993, p. 40-48.

D. McClelland. *The achieving society*. Nova York: Van Nostrand, 1961.

Dinker Raval e Bala Subramanian. "International benchmarking issues: a cross-cultural perspective". In C. Jayachandran, N. Balasubramanian e S. M. Dastagir (orgs.). *Managing economic liberalisation in South Asia*. Nova Déli: Macmillan India, 1998.

E. Hagen. *On the theory of social change*. Homewood, IL: Dorsey Press, 1962.

E. Kaynak et al. "Consumer preferences for fast food outlets in a developing country", *Journal of Euromarketing*, 5, no 4, 1996, p. 99-113.

Edward T. Hall e Mildred Reed Hall. *Hidden differences: doing business with the Japanese*. Nova York: Doubleday, 1990.

Edward T. Hall. *Beyond culture*. Garden City, NY: Anchor Press Doubleday, 1976.

Edwin O. Reischauer. *The japanese*. Cambridge, MA: The Belknap Press of Harvard University Press, 1977.

Geert Hofstede e Michael Harris Bond. "The Confucius connection: from cultural roots to economic growth", *Organizational Dynamics*, primavera 1988, p. 5-21.

Geert Hofstede et al. "Measuring organizational cultures: a qualitative and quantitative study across twenty cases", *Administrative Science Quarterly*, jun. 1990, p. 286-317.

Geert Hofstede. "Culture constraints in management theories", *Academy of Management Executive*, 7, no 1, 1993, p. 81-93.

George Fields. *From Bonsai to Levis*. Nova York: Mentor/New American Library, 1983/1985.

____. *Gucci on the Ginza*. Tókio/Nova York: Kodansha International, 1989.

Gordon E. Miracle, Kyu Yeol Chang e Charles R. Taylor. "Culture and advertising executions: a comparison of selected characteristics of Korean and U.S. television commercials", *International Marketing Review*, 9, no 4, 1992, p. 5-17.

Ignacio Redondo-Bellon. "The effects of bilingualism on the consumer: the case of Spain", *European Journal of Marketing*, 33, no 11/12, 1999.

James C. Abegglen e George Stalk Jr., George. *Kaisha, the japanese corporation*. Nova York: Basic Books, 1985.

Jean-Claude G. Usunier. "Business time perception and national cultures: a comparative survey", *Management International Review*, 31, 1991, p. 197-217.

John B. Ford e Earl D. Honeycutt Jr. "Japanese national culture as a basis for understanding japanese business practices", *Business Horizons*, 35, nov./dez. 1992, p. 27-34.

Laurence Jacobs et al. "Cross-cultural colour comparisons — global marketers beware!", *International Marketing Review*, 8, no 3, 1991, p. 21-30.

Peter N. Dale. *The myth of japanese uniqueness*. Nova York: St. Martin's Press, 1986.

Philip R. Harris e Robert T. Moran. *Managing cultural differences: high performance strategies for a new world of business*. 3a ed. Houston: Gulf Publishing Company, 1991.

Prabhu Guptara. "Multicultural aspects of managing multinationals", *Management Japan*, 26, primavera 1993, p. 7-14.

Ronald E. Dulek, John S. Fielden e John S. Hill. "International communications: an executive primer", *Business Horizons*, 34, jan./fev. 1991, p. 20-25.

Ruth Benedict. *The chrysanthemum and the sword*. Rutland, VT: Charles E. Tuttle, 1972.

____. *Patterns of culture*. Boston: Houghton Mifflin, 1959.

S. Nicholas Samuel, Elton Li e Heath McDonald. "The purchase behavior of Shanghai buyers of processed food and beverage product: implications for research on retail management", *International Journal of Retail & Distribution Management*, 24, abr. 1996, p. 29.

Susan C. Schneider e Arnoud De Meyer. "Interpreting and responding to strategic issues: the impact of national culture", *Strategic Management Journal*, 12, maio 1991, p. 307-320.

Y. Luo e M. Chen. "Managerial implications of guanxi-based strategies", *American Graduate School of International Management*, 1996.

Yvette Reisinger e Lindsay Turner. "A cultural analysis of japanese tourists: case for tourism marketers", *European Journal of Marketing*, 33, no 11/12, 1999.

CAPÍTULO 4
O Ambiente Político, Legal e Regulatório do Marketing Global

Quando em Roma, viva como vivem os romanos; quando estiver em outras partes, viva como vivem em outras partes.
                Santo Ambrósio, 340-397 a.C. (Conselho a Santo Agostinho)

A economia global, em que tanto gestores quanto políticos devem operar hoje em dia, não é uma simples soma, direta e facilmente divisível, de economias nacionais separadas. Ela tem sua própria realidade, suas próprias regras e sua própria lógica.
                Kenichi Ohmae (escritor)

Conteúdo do Capítulo

- O ambiente político
- Direito internacional
- Evitando problemas legais: importantes questões de negócios
- Resolução de conflitos, acerto de disputas e litígio
- O ambiente regulatório
- Questões éticas
- Resumo
- Questões para discussão

Enquanto os governos de muitos países estudam as questões ambientais, em especial a reciclagem, a Alemanha já tem uma lei de embalagens que transferiu os custos de descarte do lixo para a indústria. O governo alemão espera que a lei, conhecida como *Verpackungsverordung* (lei das embalagens), crie uma 'economia de circuito fechado'. O objetivo é forçar os fabricantes a eliminar os materiais dispensáveis não-recicláveis e adotar abordagens inovadoras para produzir e embalar produtos. Apesar dos custos associados com o cumprimento dessa lei, as indústrias parecem estar progredindo no caminho de criar essa economia de circuito fechado. As empresas estão desenvolvendo novas embalagens, que utilizam menos materiais e cujo conteúdo reciclável é maior. Mais de 1.900 empresas não-alemãs participam atualmente desse programa.

A lei alemã de embalagens é só um exemplo do impacto que os ambientes político, legal e regulatório podem exercer sobre as atividades do marketing. Cada governo do mundo regula o comércio e, junto com outros países, tenta controlar o acesso das empresas estrangeiras aos recursos nacionais. Cada país tem seu próprio sistema individual de leis e regulamentos que influencia as operações e atividades da empresa global, inclusive a capacidade da empresa global para aproveitar as oportunidades de mercado. Leis e regulamentos restringem o movimento de produtos, serviços, pessoas, dinheiro e know-how através das fronteiras. O gestor de marketing global deve esforçar-se para agir de acordo com cada conjunto de restrições nacionais — e, em alguns casos, regionais. Esses esforços são prejudicados pelo fato de as leis e regulamentos serem com freqüência ambíguos e mudarem constantemente.

Neste capítulo, consideramos os elementos básicos dos ambientes político, legal e regulatório do marketing global, incluindo problemas atuais e algumas abordagens sugeridas para lidar com esses problemas. Alguns tópicos específicos, como as regras para exportar e importar produtos industriais e de consumo, normas de saúde e segurança e regulamentos relativos à embalagem, à etiquetagem, à propaganda, à promoção e à Internet são discutidos em capítulos posteriores, dedicados aos elementos individuais do composto de marketing. Questões éticas também são abordadas.

O AMBIENTE POLÍTICO

As atividades do marketing global ocorrem dentro de um ambiente político de instituições governamentais, partidos políticos e organizações, pelos quais o povo e o governo de um país exercem o poder. Qualquer empresa que atue fora de seu país de origem deve estudar cuidadosamente a estrutura de governo do país-alvo e analisar as questões emergentes no ambiente político, entre elas a atitude do partido governista em relação à soberania, aos riscos políticos, aos impostos, à ameaça de diluição do capital investido, às expropriações.

Estados-nações e soberania

A soberania pode ser definida como a autoridade política suprema e independente. Um século atrás, o juiz-mor Fuller, da Suprema Corte dos Estados Unidos, disse: "Todo Estado soberano tem o dever de respeitar a independência de outro Estado soberano, e os tribunais de um país não julgarão os atos de governo de um outro, levados a efeito dentro de seu território". Mais recentemente, Richard Stanley deu a seguinte descrição concisa:

"Um estado soberano era considerado livre e independente. Ele regulamentava o comércio, administrava o fluxo de pessoas dentro e fora de suas fronteiras e exercitava jurisdição indivisível sobre todas as pessoas e propriedades em seu território. Ele tinha direito, autoridade e capacidade para conduzir seus assuntos domésticos sem interferência externa e utilizar com pleno discernimento seu poder e sua influência internacional."[1]

As ações de governo tomadas em nome da soberania ocorrem em um contexto que depende de dois critérios importantes: o estágio de desenvolvimento do país e seu sistema político e econômico vigente.

Muitos governos de países em desenvolvimento exercitam o controle sobre seu desenvolvimento econômico adotando legislação e regulamentação protecionistas. Seu objetivo é encorajar o desenvolvimento econômico, protegendo indústrias emergentes ou que consideram estratégicas. Por outro lado, quando atingem o estágio avançado de desenvolvimento econômico, muitas nações declaram que (pelo menos em teoria) qualquer prática ou política que freie o livre comércio é ilegal. Leis antitruste e regulamentos são estabelecidos para promover a concorrência justa. As leis de países avançados muitas vezes definem e preservam a ordem social da nação; as leis podem até abranger as atividades políticas e culturais e mesmo atividades intelectuais e o comportamento social. Na França, por exemplo, as leis proíbem a utilização de palavras estrangeiras como *marketing* em documentos oficiais.

Apesar de a maioria das economias do mundo combinar elementos de sistemas de comando e de mercado, conforme mencionado no Capítulo 2, o poder político soberano de um governo, em uma economia predominantemente de comando, chega a ser bastante profundo na vida econômica do país. Já em uma democracia capitalista, orientada para o mercado, esse poder tende a ser mais restrito. Um fenômeno global atual, tanto na estrutura de comando quanto na de mercado, é a tendência à privatização, isto é, as ações do

---

1 Veja *Changing concepts of sovereignty: can the United Nations keeep pace?* Muscatine, IA: The Stanley Foundation, 1992, p. 7.

governo em direção à redução de seu envolvimento direto na economia como fornecedor de bens e serviços. Em sua essência, cada ato de privatização dilui a parte do governo em um sistema econômico misto. A tendência é claramente evidente no México, onde, no passado, o governo controlava mais de mil 'paraestatais'. A maioria delas foi vendida, incluindo as duas linhas aéreas mexicanas, minas, bancos e outras empresas. As privatizações, no México e em outros países, são prova de que os governos nacionais estão mudando a maneira de exercer a soberania.

Alguns observadores acreditam que a integração do mercado global está corroendo a soberania econômica nacional. O consultor econômico Neal Soss observa: "O recurso supremo de um governo é o poder, e estamos vendo, com freqüência, que a vontade dos governos pode ser sobrepujada por ataques persistentes do mercado".[2] Essa tendência é inquietante? Se a questão for formulada em termos do marketing, o conceito de troca virá à tona: as nações podem estar dispostas a abrir mão da soberania em troca de algo de valor. Se os países conseguirem aumentar sua participação no comércio mundial e a renda nacional, talvez estejam dispostos a ceder alguma soberania. Na União Européia (UE), os países estão abrindo mão de direitos individuais — de estabelecer normas para produtos, por exemplo — em troca de melhor acesso ao mercado.

Risco político

O risco político — o risco de uma mudança na política governamental que possa comprometer a eficácia e a lucratividade das operações da empresa — pode fazer que uma empresa desista de investir no estrangeiro. Quando a percepção do nível de risco político é menor, o país fica mais apto a atrair investimentos. O nível de risco político é inversamente proporcional ao estágio de desenvolvimento econômico do país: se todas as outras coisas permanecerem iguais, quanto menos desenvolvido for o país, maior será o risco político. O risco político dos países da 'Tríade', por exemplo, é bastante pequeno quando comparado a um país em estágio anterior de desenvolvimento na África, na América Latina ou na Ásia.

No final da década de 90, as mudanças no Leste Europeu e na Europa Central e a dissolução da União Soviética demonstraram claramente os riscos e as oportunidades resultantes de distúrbios políticos. O clima político atual do Leste Europeu é caracterizado por um alto grau de incerteza, em países como a Belarus, e pela estabilidade, em países como a Estônia. Tendo rompido com o comunismo, a Rússia e os membros da Comunidade das Nações Independentes (CNI) estão sujeitos a risco político considerável; as forças políticas podem alterar drasticamente o ambiente de negócios, sem aviso prévio. Devido a essa volatilidade potencial, pessoas minimamente envolvidas com negócios internacionais devem ficar a par da formação e da evolução dos partidos políticos na Rússia, em particular aqueles com orientação ultranacionalista (isto é, antiocidental). Apesar de algumas empresas terem concluído que o risco político na Rússia e na CNI é alto demais para justificar investimentos atualmente, a atenção cuidadosa na avaliação do risco deve ser contínua para determinar se as oportunidades compensam os riscos.

Impostos

Não é raro uma empresa ser estabelecida em um lugar, fazer negócios em outro e manter sua sede principal em um terceiro. Esse tipo de atividade geograficamente diversa requer uma atenção especial quanto à legislação fiscal. Muitas empresas esforçam-se para minimizar seu passivo fiscal mudando o local de sua receita. Por exemplo, foi estimado que a sonegação de impostos por empresas estrangeiras que fazem negócios nos Estados Unidos acarreta ao governo norte-americano alguns bilhões de dólares de receita perdida todo ano. Em um procedimento, as empresas estrangeiras reduzem seus lucros fazendo empréstimos para suas afiliadas nos Estados Unidos, em vez de utilizar o investimento direto para financiar as atividades naquele país. A subsidiária norte-americana pode deduzir os juros que paga sobre esses empréstimos, reduzindo, com isso, sua carga tributável.

---

2 Citado em Karen Pennar, "Is the nation-state obsolete in a global economy?", *Business Week*, 17 jul. 1995, p. 80.

> **QUADRO 4-1**
>
> **CONTROLE NACIONAL CRIA BARREIRAS AO MARKETING GLOBAL**
>
> Muitos países tendem a exercer um forte controle sobre a transferência de bens, serviços, dinheiro, pessoas, tecnologia e direitos autorais além de suas fronteiras. Historicamente, um importante motivo para esse controle era a economia. O objetivo era gerar receita cobrando tarifas e impostos. Hoje, os responsáveis pela definição das regras do comércio nacional e internacional em muitos países têm outros motivos para controlar o fluxo através das fronteiras, incluindo a proteção da indústria local e o desenvolvimento de novos empreendimentos regionais. Essas regras são conhecidas como protecionismo ou nacionalismo econômico.
>
> Diferentes objetivos políticos e econômicos e outros valores são as principais razões para o surgimento do protecionismo. As barreiras entre os Estados Unidos e Cuba, por exemplo, existem em razão das grandes divergências políticas e econômicas entre os dois países. Muitas barreiras baseadas em sistemas políticos divergentes desapareceram com o fim da guerra fria, porém novas barreiras, baseadas em outros sistemas de valores diferenciados, surgem a cada dia. Agricultores de todos os países do mundo — sejam eles do Japão, da Europa ou da Ásia — têm como objetivo obter continuamente a maior proteção possível dos governos de seus respectivos países. Em razão do forte lobby exercido por esse grupo econômico em seus países, o controle de produtos agrícolas continua distorcendo a eficiência econômica, apesar dos esforços dos negociadores internacionais para abrir os mercados agrícolas em todo o mundo. Esse tipo de controle é inversamente proporcional às forças que promovem o crescimento econômico.
>
> O preço da proteção pode ser muito alto por duas razões básicas. A primeira é o custo para o consumidor: quando os produtores estrangeiros se deparam com barreiras comerciais, em vez de ter um livre ou fácil acesso ao mercado, o resultado é refletido em preços maiores e uma redução no padrão de vida dos consumidores. A segunda razão está na competitividade entre as empresas locais. Empresas que são protegidas e não competem entre si acabam inevitavelmente experimentando uma perda da motivação em criar novos produtos de qualidade, capazes de conquistar novos mercados. Um dos maiores estimulantes para a competitividade é o livre mercado. Quando uma empresa se lança no mercado mundial, ela precisa trabalhar de todas as formas para atender, melhor do que qualquer outra organização do mundo, ao mercado em que está prestes a entrar.

Não há leis internacionais universais que governem a tributação sobre as empresas que fazem negócios através de fronteiras nacionais. Para dar um tratamento justo, muitos governos têm negociado tratados bilaterais de tributos para fornecer créditos de impostos pelos impostos pagos no estrangeiro. Em 1977, a Organização para o Desenvolvimento e Cooperação Econômica (ODCE) aprovou a Convenção Modelo de Tributação Dupla sobre Renda e Capitais para orientar os países em negociações bilaterais. Geralmente, as empresas estrangeiras são tributadas pela nação onde operam até o nível imposto pelo país de origem, abordagem que não aumenta o total da carga tributária de uma empresa.

Diluição do controle acionário[3]

A pressão política pelo controle nacional das empresas de propriedade estrangeira faz parte do ambiente de negócios globais em países de baixa renda. O principal objetivo do governo nacional é proteger a soberania nacional, especialmente em relação à atividade mercantil doméstica. Às vezes, os governos das nações anfitriãs tentam controlar a propriedade de empresas estrangeiras que operam dentro de suas fronteiras. Nos países subdesenvolvidos, as pressões políticas muitas vezes obrigam as empresas a ter sócios locais.

A legislação que requer que as empresas compartilhem seus ativos nunca foi popular junto à diretoria, mas as conseqüências são, às vezes, surpreendentemente favoráveis. Dennis J. Encarnation e Sushil Vachani examinaram as respostas corporativas à lei indiana de 1973, Lei de Regulamentação do Câmbio (Foreign Exchange Regulation Act — Fera), que limitava a participação acionária de estrangeiros em projetos locais a 40%. Os pesquisadores identificaram quatro opções disponíveis às empresas ameaçadas de diluição:

---

[3] Seção baseada em Dennis J. Encarnation e Sushil Vachani, "Foreign ownership: when hosts change the rules", *Harvard Business Review*, set./out. 1985, p. 152-160.

1. Seguir a lei ao pé da letra. A Colgate-Palmolive (Índia) tomou esse caminho, tornou-se uma empresa indiana e manteve sua posição dominante em um mercado crescente.
2. Deixar o país. Essa foi a resposta da IBM. Após vários anos de negociações, a IBM concluiu que perderia mais com o controle compartilhado do que ganharia continuando as operações sob as novas regras.
3. Negociar sob a lei. Algumas empresas utilizaram a regra de diluição do patrimônio para levantar fundos para o crescimento e a diversificação. Na maioria dos casos, isso foi feito com emissão de ações para investidores locais. A Ciba-Geigy, por exemplo, aumentou sua base acionária em 27%, para 17,7 milhões de dólares, e também negociou um aumento de produção que dobrou suas vendas no Hindustão.
4. Tome medidas antecipadas. Algumas empresas estrangeiras iniciaram, bem antes de a Fera ser aprovada, estratégias defensivas que incluíram a diversificação proativa, para tirar proveito dos incentivos de investimentos, a 'indianização' gradual da empresa, a atualização contínua da tecnologia e a manutenção das vendas de exportação.

O estudo de Encarnation e Vachani fornece algumas lições importantes:

1. Devem-se enxergar todas as possibilidades. Não há uma única solução melhor, e cada empresa deve analisar a si mesma e a situação do país para decidir sobre a estratégia.
2. As empresas devem utilizar a lei para atingir seus objetivos. As experiências de muitas empresas demonstram que, satisfazendo as demandas do governo, é possível tirar vantagem das concessões e subsídios governamentais e da proteção de mercado.
3. Antecipar as mudanças de políticas governamentais. Crie uma situação ganha-ganha. As empresas que tomam iniciativas estão preparadas para agir quando a oportunidade surge. Leva tempo para implementar mudanças; quanto mais cedo a empresa identificar as possíveis direções e iniciativas do governo, mais cedo estará em posição de propor seu próprio plano para ajudar o país a alcançar seus objetivos.
4. Ouvir os gestores locais. Estes devem ser encorajados a antecipar as iniciativas do governo e propor estratégias para a empresa, a fim de aproveitar as oportunidades criadas pelas políticas governamentais. Muitas vezes, os gestores locais entendem melhor o ambiente político. A experiência sugere que eles estão em posição para saber quando as questões surgirão e como transformar uma adversidade potencial em oportunidade por meio de respostas criativas.

A ameaça de diluição do patrimônio levou empresas a operar em outros países por meio de *joint-ventures* ou de alianças estratégicas (ver capítulos 8 e 10). Essas alternativas criam problemas legais específicos; deve haver cláusulas, em contratos de *joint-venture* ou de alianças, relativas à sua dissolução futura, bem como a respeito da propriedade de patentes, marcas registradas ou tecnologia adquiridas em conjunto, incluindo licenciamento mútuo, depois da dissolução, dos direitos de propriedade intelectual desenvolvidos nas operações conjuntas.

Expropriação

A ameaça mais contundente que um governo pode fazer a uma empresa é a expropriação, ou seja, a ação do governo de tirar a posse de uma empresa ou investidor. Geralmente, os investidores estrangeiros são compensados por isso, mas em geral não de maneira 'rápida, eficaz e adequada', como exigiriam normas internacionais. A nacionalização ocorre se a propriedade de bens ou ativos for transferida para o governo do país. Se não há ação compensatória, a ação se torna um confisco.

Mesmo quando não há expropriação ou nacionalização propriamente dita, existe a chamada 'expropriação gradual', limitações severas sobre as atividades econômicas de empresas estrangeiras em certos países em desenvolvimento. Esse procedimento inclui limitações sobre remessa de lucros, dividendos, *royalties* ou honorários de assistência técnica de investimentos locais ou contratos tecnológicos. Outros problemas são exigências maiores de conteúdo local, cotas para a contratação de pessoal local, controles de preços e outras restrições que afetam o retorno sobre o investimento. As empresas globais também sofrem taxas discriminatórias e barreiras não-tarifárias que limitam a entrada de certos produtos industriais e de consumo no mercado, além de estarem sujeitas a leis discriminatórias sobre patentes e marcas registradas. As restrições de propriedade intelectual tiveram o efeito prático de eliminar ou reduzir drasticamente a proteção de produtos farmacêuticos.

Quando os governos expropriam uma propriedade estrangeira, existem impedimentos legais para que a organização mova uma ação para reaver essa propriedade. Por exemplo, de acordo com uma lei dos Estados Unidos, se o governo de uma nação estrangeira estiver envolvido em um ato específico, um tribunal norte-americano não se envolverá. Representantes de empresas expropriadas podem buscar recurso por meio da arbitragem do Centro de Acordos em Litígios Relacionados a Investimentos do Banco Mundial (Internacional Centre for Settlement of Investment Disputes — ICSID). Também é possível adquirir seguros privados ou governamentais contra expropriações. A expropriação de empresas de cobre norte-americanas que operavam no Chile em 1970 e 1971 mostra o impacto que as empresas podem ter sobre seu próprio destino. As empresas que resistiram radicalmente aos esforços do governo de introduzir cidadãos do país na diretoria da empresa foram expropriadas; outras, que se esforçaram para seguir as diretrizes chilenas, obtiveram permissão para continuar com uma diretoria conjunta chileno-americana.

DIREITO INTERNACIONAL

O direito internacional pode ser definido como as regras e os princípios que os estados-nações consideram obrigatórios para si mesmos. Há duas categorias de direito internacional: a lei pública, ou lei das nações, e o direito comercial internacional, que está em evolução. O direito internacional diz respeito ao comércio e a outras áreas que, tradicionalmente, têm ficado sob a jurisdição de nações individuais.

As raízes do direito internacional moderno remontam à antiga Idade Média, na Europa, e ao Tratado de Paz da Vestfália, do século XVII. Antigamente, o direito internacional tratava de guerras, do estabelecimento de paz e de outras questões políticas, como o reconhecimento diplomático de novas entidades e governos nacionais. Regras internacionais complexas surgiram lentamente — cobrindo, por exemplo, a situação das nações neutras. A criação de leis que governam o comércio desenvolveu-se na base de país a país, evoluindo para o que chamamos de 'lei do mercador'. O direito internacional tem também a função de manter a ordem, ainda que em um sentido mais amplo do que a de tratar problemas relacionados a guerras. A princípio, o direito internacional foi essencialmente um conjunto de tratados, convênios, códigos e acordos. À medida que se desenvolveu o comércio entre as nações, a ordem nas questões comerciais assumiu cada vez mais importância. Enquanto a lei originalmente só tratava as nações como entidades, um corpo crescente de leis procurava expandir as aplicações do direito internacional.

Paralelamente à expansão da jurisprudência internacional no século XX, novas organizações jurídicas internacionais contribuíram para a criação de uma regra estabelecida de direito internacional. Ente elas estão o Tribunal Permanente de Justiça Internacional (1920-1945), o Tribunal Internacional de Justiça (TIJ), o braço judiciário das Nações Unidas, estabelecido pelo artigo 7º do Estatuto das Nações Unidas em 1946, e a Comissão de Direito Internacional, estabelecida pelos Estados Unidos em 1947. As disputas que surgem entre as nações são questões de direito público internacional e podem ser levadas ao TIJ, localizado em Haia, que muitas vezes é chamado de Tribunal Mundial. O artigo 38 do Estatuto do TIJ identifica fontes reconhecidas de direito público internacional. Como descrito nos documentos suplementares do Estatuto das Nações Unidas, o artigo 38 do Estatuto do TIJ define as fontes do direito internacional:

"O Tribunal, cuja função é decidir essas disputas conforme lhe forem submetidas, aplicará:

a) Convenções internacionais, sejam elas gerais ou particulares, estabelecendo regras expressamente reconhecidas pelos Estados contestantes.

b) Costume internacional, como evidência de prática generalizada aceita como lei.
c) Princípios gerais de direito reconhecidos por nações civilizadas.
d) Sujeitas às provisões do artigo 59, decisões judiciais e doutrinas de especialistas em direito público mais qualificados de vários países, como meio auxiliar para determinar as regras do direito."

O que acontece quando uma nação permite que um caso contra ela seja apresentado ao TIJ e, depois, não aceita o julgamento contra ela? A nação requerente pode buscar recurso por meio de uma instância política mais alta da ONU, o Conselho de Segurança das Nações Unidas, que poderá utilizar uma gama ampla de poderes para fazer cumprir o julgamento.

Direito comum *versus* código civil

O direito privado internacional é um corpo de leis que se aplicam às interpretações e disputas que surgem das transações comerciais entre empresas de países diferentes. Como já se observou, as leis que governam o comércio surgiram gradualmente. Quarenta e nove dos 50 estados dos Estados Unidos, nove das dez províncias do Canadá e outras antigas colônias inglesas (Austrália, Nova Zelândia, Índia, Hong Kong; colônias africanas de idioma inglês com história colonial) fundamentaram seus sistemas no direito comum. Historicamente, o continente europeu foi influenciado pela lei romana e, depois, pelo Código Napoleônico. Os países asiáticos estão divididos em Índia, Paquistão, Malásia, Cingapura e Hong Kong — todos antigas colônias britânicas — e são jurisdições de direito comum. Japão, Coréia, Tailândia, Indochina, Taiwan, Indonésia e China são jurisdições de código civil. Atualmente, a maioria dos países tem sistemas legais baseados em tradições do código civil, embora um número crescente de países esteja misturando conceitos e estejam surgindo sistemas híbridos. Apesar das diferenças nos sistemas, três formas distintas de leis são comuns a todas as nações. As leis estatutárias são codificadas em nível nacional, federal ou estadual; a lei administrativa tem origem em órgãos reguladores e em comunidades locais, e a jurisprudência é um produto do sistema de tribunais.

Sob o direito civil, o sistema jurídico é dividido em direito civil, comercial e penal. Portanto, a lei comercial tem sua própria estrutura administrativa. Direitos de propriedade, por exemplo, são estabelecidos pelo registro formal da propriedade nos tribunais comerciais. O código civil utiliza normas escritas, complementadas com decisões em julgamento nos tribunais. Por outro lado, o direito comum foi estabelecido por tradição e por precedentes, que são decisões de casos anteriores; até pouco tempo, o direito comercial não era reconhecido como entidade especial. Entre as diferenças estão a definição de 'atos de Deus'; sob direito comum, essa expressão pode referir-se somente a enchentes, tempestades e outros fatos da natureza, a não ser que sejam detalhados em contrato. Nos países com código civil, uma 'inevitável interferência no desempenho' pode ser considerado um ato de Deus. Nesses países, os direitos de propriedade intelectual devem ser registrados, enquanto nos países com direito comum alguns — como marcas registradas, mas não patentes — são estabelecidos por uso anterior.

Uma evolução recente importante é o Código Comercial Uniforme, adotado plenamente por 49 estados dos Estados Unidos, que codifica um corpo de regras elaboradas especificamente para cobrir a conduta comercial. (A Louisiana adotou partes desse código, mas suas leis ainda são fortemente influenciadas pelo código civil francês.) O sistema legal de um país — isto é, direito comum ou civil — afeta diretamente a forma legal que uma entidade de negócios assumirá. Nos países com direito comum, as empresas têm o direito de operar por intermédio da autoridade pública. Em países com código civil, as empresas são formadas por contrato entre duas ou mais partes, que são inteiramente responsáveis pelas ações da empresa.

EVITANDO PROBLEMAS LEGAIS: IMPORTANTES QUESTÕES DE NEGÓCIOS

Os serviços advocatícios são essenciais para enfrentar essas e outras questões legais. A importância das empresas de advocacia internacional é crescente, enquanto as nacionais se conscientizam de que, para atender bem a seus clientes, têm de ter uma presença em jurisdições estrangeiras. Como em muitos setores, a consolidação global está aumentando entre as empresas de advocacia internacionais. Segundo uma previsão, dentro de uma década existirão somente cinco a dez empresas globais de advocacia.[4] A Tabela 4-1 mostra as dez maiores empresas de advocacia do mundo e a porcentagem de seus advogados que trabalham fora do próprio país.

Estabelecimento

Sob quais condições o comércio pode ser estabelecido? Para fazer transações de negócios, os cidadãos de um país devem assegurar-se de que serão tratados com justiça em outro. Na Europa Ocidental, por exemplo, a criação do Mercado Único atualmente assegura que os cidadãos de países membros terão um tratamento justo com relação aos negócios e às atividades econômicas exercidas dentro do Mercado Comum. A formulação de regras administrativas para comércio, negócios e atividades econômicas na UE proporcionará material adicional ao direito internacional.

Os Estados Unidos assinaram tratados de amizade, comércio e navegação com mais de 40 países. Esses acordos proporcionam aos cidadãos dos Estados Unidos o direito de tratamento não-discriminatório no comércio, o direito recíproco de estabelecer um negócio e, particularmente, de investir. Tratados comerciais dão o privilégio, não o direito, de exercer atividades de negócios em um outro país que não seja o seu. Isso pode criar problemas para os gerentes que ainda estão sob a jurisdição de suas próprias leis, mesmo quando estão fora de seu país nativo. Cidadãos dos Estados Unidos, por exemplo, são proibidos, pelo Foreign Corrupt Practices Act, de pagar propinas a um funcionário do governo ou de partido político estrangeiro, mesmo que as propinas sejam habituais na condução dos negócios daquele país.

Tabela 4-1 As dez maiores empresas de advocacia do mundo.

	Matriz	Número de advogados	Advogados fora do seu país de origem (%)
Baker and Mckenzie	Chicago	2.300	80
Clifford Chance	Londres	1.795	48
Eversheds	Londres	1.290	4
Jones, Day, Reavis & Pogue	Cleveland	1.191	10
Skadden, Arps, Slate, Meagher & Flom	Nova York	1.125	9
Linklaters & Alliance[a]	Londres	1.116	32
Freshfields	Londres	1.104	42
Allen & Overy	Londres	1.089	28
Dibb Lupton Alsop	Londres	902	1
Morgan, Lewis & Bockius	Filadélfia	901	6

[a] Os números da Linklaters são anteriores à sua fusão com a Alliance.
Fonte: *Legal Business*.

---

4 Jean Eaglesham, "A global brief", *Financial Times*, 29 abr. 1999, p. 10.

> **QUADRO 4-2**
>
> ## ACORDO MULTILATERAL DE INVESTIMENTOS
>
> Em 1995, a OECD começou a discutir uma nova iniciativa conhecida como Acordo Multilateral de Investimentos (AMI), que definirá regras para investimentos estrangeiros e promoverá um fórum para tomada de decisões. Em alguns países, os chamados requisitos de desempenho favorecem investidores locais em detrimento de estrangeiros. Por exemplo, empresas estrangeiras podem ser obrigadas a adquirir alguns bens e serviços de empresas locais, em vez de terem a liberdade de fazer essa aquisição de fornecedores de seu país de origem. Esses requisitos de desempenho também podem ser subentendidos como exigências que alguns gerentes seniores devem atender, como comprar de empresas nacionais ou exportar uma porcentagem de sua produção.
>
> A existência das negociações para o AMI era praticamente desconhecida do público geral até que um grupo canadense de defesa dos direitos do consumidor obteve seu texto e colocou-o na Internet, tornando-o de conhecimento de qualquer pessoa. A partir de então, um grande número de consumidores e grupos de ações ambientalistas se juntou e realizou protestos pedindo o cancelamento do AMI. Como Mark A. Vallianatos, um analista de políticas internacionais da instituição Friends of the Earth, explica:
>
> "Nosso temor é que o AMI permita que empresas multinacionais tenham a oportunidade de tratar o mundo todo como seu quintal de recursos naturais e trabalho e mercados consumidores. Baseadas no texto do acordo, essas organizações podem fazer qualquer coisa, objetivando apenas o lucro e desconsiderando por completo fatores de proteção ambiental. O acordo garante novos direitos às empresas sem que elas sejam obrigadas a repassá-los para seus funcionários ou mesmo para o ambiente... Um AMI correto deveria considerar, acima de tudo, como os investimentos afetarão o desenvolvimento sustentável, como afetarão os direitos dos trabalhadores e como promoverão ou não a extração em excesso de recursos naturais, entre outros fatores.
>
> Alguns especialistas não acreditam muito no potencial do AMI para contribuir para a degradação do ambiente. R. Garrity Baker, diretor sênior da Chemical Manufacturers Association, diz: "Quando empresas estrangeiras que possuem melhor desempenho ambiental entram no mercado e fazem investimentos baseados em seu know-how, posteriormente esse know-how é absorvido por outras empresas. As empresas estrangeiras acabam servindo de modelo para as outras". Os defensores do AMI também afirmam que o acordo permite que os países adotem qualquer medida necessária e apropriada para garantir investimento é assegurada de modo a refletir a sensibilidade das questões ambientais. No meio do ano de 1998, empresas que trabalhavam pela aprovação do AMI nos Estados Unidos foram eclipsadas pelos constantes desacordos encontrados por agências em Washington que poderiam ser afetadas por pontos do acordo. O Departamento de Estado e o Departamento de Comércio dos Estados Unidos geralmente são tolerantes, mas a Agência de Proteção Ambiental, a Agência Norte-Americana de Desenvolvimento Internacional e o Departamento de Justiça são uníssonos ao afirmar que o AMI poderá levar os Estados Unidos a responder a vários processos judiciais. No nível dos estados, diversos governadores acreditam até que o AMI pode permitir a violação da independência estadual.
>
> *Fontes*: Bette Hileman, "A globalization conundrum", *Chemical and Engineering News*, 20 abr. 1998, p. 45, e "Bye-bye, MAI?", *Financial Times*, 19 fev. 1998, p. 13.

Jurisdição

Os funcionários de uma empresa que trabalham no estrangeiro devem saber até que ponto estão sujeitos à jurisdição do país em que estão. Os funcionários de empresas estrangeiras que trabalham nos Estados Unidos devem entender que os tribunais têm jurisdição na medida em que se demonstre que a empresa 'faz negócios' no estado em que se situa o tribunal. O tribunal pode examinar se a empresa estrangeira mantém escritório, capta negócios, mantém contas bancárias ou outras propriedades ou tem agentes ou outros funcionários no estado em questão. Em um caso recente, a Revlon Inc. processou a United Overseas Ltd. (UOL) em um tribunal distrital dos Estados Unidos. A Revlon acusou a empresa britânica de violação de contrato, alegando que a UOL deixara de comprar xampus especiais encomendados. A UOL, alegando falta de jurisdição, pediu para o tribunal indeferir a queixa. A Revlon contestou, alegando que a UOL estava sujeita à jurisdição do tribunal; citou uma placa da UOL na entrada dos escritórios de uma empresa nova-iorquina, segundo a qual a UOL detinha uma participação de 50%. O tribunal indeferiu a moção da UOL.[5]

Normalmente, toda atividade econômica em uma nação é regulada pelas leis nacionais. Quando uma transação atravessa fronteiras, aplicam-se as leis de qual país? Se as leis nacionais do país Q, concernentes a uma simples transação de exportação, diferem das do país P, aplicam-se as leis de qual deles ao contrato de exportação? Quais se aplicam à carta de crédito aberta para financiar a transação de exportação? As partes envolvidas devem chegar a um acordo sobre essas questões, e a nação cujas leis serão aplicadas deverá ser especificada na cláusula de jurisdição. Há várias escolhas: as leis do domicílio ou lugar principal de negócios de uma das partes, o local onde o contrato foi assinado ou o local de aplicação do contrato. Se uma disputa ocorre sob esse contrato, ela deverá ser ouvida e determinada por uma parte neutra, como um tribunal ou painel de arbitragem. Se as partes deixam de especificar o país cujas leis se aplicarão, uma série de regras bastante complexas que governam as 'leis de conflitos' será aplicada pelo tribunal ou árbitro. Algumas vezes, o resultado será determinado com a ajuda das 'balanças da justiça', com os critérios de cada parte empilhados em lados diferentes da balança.[6]

Propriedade intelectual: patentes e marcas registradas

As patentes e marcas registradas protegidas em um país não são, necessariamente, protegidas em outro; por isso, os profissionais de marketing global devem assegurar que as patentes e marcas registradas sejam, de fato, registradas em cada país onde se negocia. Nos Estados Unidos, onde patentes, marcas registradas e direitos autorais são registrados no Registro Federal de Patentes, o portador da patente detém todos os direitos durante a vida da patente, mesmo se o produto não for produzido ou vendido. A proteção de patentes e marcas registradas nos Estados Unidos é muito eficiente, e a lei norte-americana se embasa nos precedentes de casos decididos anteriormente em tribunal para orientá-la.

As empresas algumas vezes encontram maneiras de explorar as brechas ou outras oportunidades únicas proporcionadas pelas leis de marcas registradas e patentes em determinados países. Na França, o estilista Yves Saint Laurent foi impedido de comercializar um novo perfume de luxo, chamado Champagne, porque as leis francesas só permitem o uso do nome para vinhos espumantes produzidos na região homônima. Saint Laurent lançou o Champagne nos Estados Unidos, na Inglaterra, na Alemanha e na Bélgica; 'Champagne' e outros topônimos não são protegidos como marcas registradas nos Estados Unidos. Na França, o perfume é vendido sem nome.[7] A violação de marcas registradas e de direitos autorais é um problema crítico do marketing global que pode assumir uma variedade de formas. Falsificação é a produção e có-

---

QUADRO 4-3

PIRATARIA DE SOFTWARE

Um dos maiores vendedores de software do Líbano comercializa o Microsoft Office Professional por 200 dólares e a versão pirata por 7. A venda de produtos piratas existe pelas seguintes razões: (1) diante de um PIB *per capita* de 3 mil dólares, a versão de 7 dólares é indiscutivelmente mais acessível; (2) a religião islâmica prega que ninguém pode ser detentor da ciência e, como o software é um produto da ciência, pode, conseqüentemente, pertencer a qualquer um; (3) uma questão dos revendedores, considerando o custo da produção, a grande diferença de preço — "Nós sabemos muito bem o lucro que a Microsoft está tendo"; (4) O governo está trabalhando para consolidar a lei das patentes? Seus esforços são suficientes?

Fonte: James Schofield, "Beating software piract proves to be not soft touch", *Financial Times*, 1º abr. 1999, p. 7.

---

5 Joseph Ortego e Josh Kardisch, "Foreign companies can limit the risk of being subject to U.S. courts", *The National Law Journal*, 17, nº 3, 19 set. 1994, p. C-2.
6 Para mais detalhes sobre esse ponto, veja Radway, "Legal dimensions of international business", Malcom Vermeulen (ed.), *International encyclopedia of business and management*. Londres: Thomson, 1996.
7 Karla Vermeulen, "Champagne perfume launched in United States but barred in France", *Wine Spectator*, 31 out. 1994, p. 9.

pia sem autorização de um produto. Uma falsificação associativa, ou imitação, utiliza o nome de um produto que difere pouco de uma marca famosa, mas é suficientemente próximo para que os consumidores o associem com o artigo genuíno. Um terceiro tipo de falsificação é a pirataria, publicação ou reprodução não autorizada de uma obra protegida por direitos autorais. A pirataria é especialmente danosa para as indústrias de entretenimento e software; programas de computador, fitas de vídeo, cassetes e CDs são particularmente fáceis de duplicar ilegalmente. A Figura 4-1 mostra a porcentagem de software pirateado em determinados países. Estima-se que a pirataria custe à indústria de software cerca de 11,4 bilhões de dólares por ano.

Figura 4-1   Índices de pirataria de software[a] — 1997 (%).

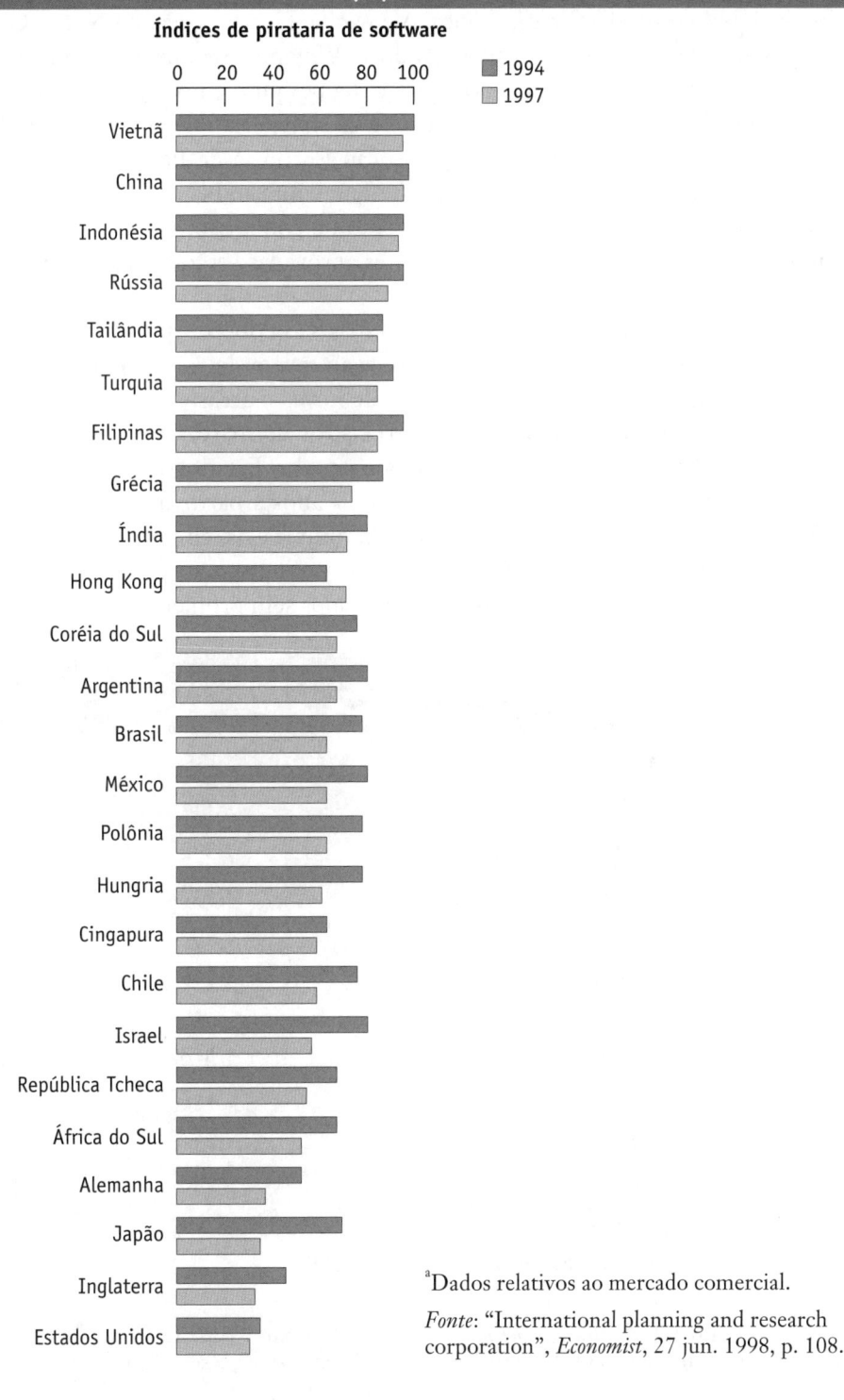

[a]Dados relativos ao mercado comercial.

Fonte: "International planning and research corporation", *Economist*, 27 jun. 1998, p. 108.

Dos muitos acordos internacionais de patentes, o mais importante é a Convenção Internacional para a Proteção da Propriedade Industrial. Também conhecida como União de Paris, a convenção data de 1883 e é, atualmente, respeitada em quase cem países. Esse tratado facilita o registro múltiplo de patentes nos países, assegurando que, uma vez que uma empresa as registre em um país signatário, será beneficiada com um 'direito de prioridade' em outros países, por um ano a partir da data do registro original. Empresas de países filiados que desejam obter direitos de patentes estrangeiras devem recorrer à União de Paris dentro de um ano após fazer o registro em seu próprio país, ou correr o risco de perda permanente dos direitos de patente no estrangeiro.[8]

Dois outros tratados merecem destaque. O Tratado de Cooperação de Patentes (TCP) tem 39 signatários, incluindo Austrália, Brasil, França, Alemanha, Japão, Coréia do Norte, Coréia do Sul, Holanda, Suíça, a antiga União Soviética e os Estados Unidos. Os membros constituem uma união que fornece determinados serviços técnicos e assistência no registro, na pesquisa e no exame de solicitações de patentes em todos os países membros. Em 1994, a China tornou-se signatária oficial do TCP. O Registro Europeu de Patentes administra as solicitações para a Convenção Européia de Patentes, que vigora na UE e na Suíça. Um solicitante pode registrar uma única patente que cubra todos os países da convenção; a vantagem é que a solicitação estará sujeita a um só procedimento de concessão. Enquanto as leis nacionais de patentes permanecem em vigor sob esse sistema, patentes aprovadas serão aplicáveis em todos os países membros por um período de 20 anos da data do registro.

Nos Estados Unidos, as marcas registradas são cobertas pelo Trademark Act de 1946, também conhecido como Lei Lanham. O presidente Reagan tornou lei a Trademark Law Revision Act em novembro de 1988. A lei facilita às empresas o registro de novas marcas, o que aumentou drasticamente a quantidade de registros. A Tabela 4-2 mostra que os registros de marcas registradas nos Estados Unidos aumentou muito desde 1988. Desde 1995, as novas patentes dos Estados Unidos são concedidas por um período de 20 anos da data de registro (antes valiam por 17 anos a partir de sua concessão). Hoje as leis de patentes dos Estados Unidos, da UE e do Japão estão harmonizadas, embora as patentes do Japão sejam mais limitadas que as norte-americanas (a Caterpillar, por exemplo, não pôde proteger inovações no Japão porque produtos japoneses similares podem ser patenteados sem problemas).[9]

Tabela 4-2 Registro de marcas registradas nos Estados Unidos para países selecionados.		
País	1988	1998
Bélgica	111	246
Inglaterra	1.392	2.619
Canadá	2.447	4.894
Alemanha	1.400	2.984
Hong Kong	168	396
Israel	45	438
Japão	1.010	2.231
México	126	693
Coréia do Sul	131	372
Total	6.830	14.873

Fonte: U.S. Patent and Trademark Office.

---

8 Franklin R. Root. *Entry strategies for international markets*. Nova York: Lexington Books, 1994, p. 113.
9 John Carrey, "Inching toward a bordeless patent", *Business Week*, 5 set. 1994, p. 35.

> **Visite os sites**
> www.uspto.gov para informações sobre os Estados Unidos
> www.european-patent-office.org para informações sobre a Europa

Antitruste

As leis antitruste foram elaboradas para combater práticas restritivas de negócios e encorajar a concorrência. Bastante fortes nos Estados Unidos, estão ganhando uma importância crescente no Brasil e em outros países.

As leis antitruste norte-americanas são um legado da era do 'quebra-trustes' do século XIX, nos Estados Unidos, cuja intenção era manter a livre concorrência, limitando a concentração do poder econômico. A Lei Sherman, de 1890, proíbe certas práticas de negócios restritivos, incluindo fixação de preços, limitação de produção, alocação de mercados ou qualquer outro esquema elaborado para limitar ou evitar a concorrência. A lei se aplica às empresas estrangeiras que atuam nos Estados Unidos e também se estende às atividades das empresas dos Estados Unidos fora das fronteiras norte-americanas, caso a conduta da empresa afete o comércio nos Estados Unidos.

A Comissão Européia proíbe acordos e práticas que impeçam, restrinjam e distorçam a competição. A cláusula do comércio interestadual do Tratado de Roma aplica-se ao comércio com outros países, de modo que uma empresa deve estar ciente da conduta de seus afiliados. A comissão também exime certos cartéis dos artigos 85 e 86 do tratado, em um esforço para encorajar o crescimento de negócios importantes. A intenção é permitir que as empresas européias concorram de igual para igual com empresas japonesas e norte-americanas.

Em alguns casos, as leis individuais de um país da Europa aplicam-se a elementos específicos do composto de marketing. Alguns países, por exemplo, permitem a distribuição seletiva ou exclusiva de produtos. A lei comunitária, no entanto, pode ter precedência. Em um caso, a Consten, empresa francesa, tinha os direitos franceses exclusivos de importar e distribuir produtos de consumo eletrônicos da alemã Grundig Company. A Consten processou uma outra empresa francesa, acusando-a de introduzir ilegalmente 'importações paralelas' na França. Isto é, a Consten acusou um concorrente de comprar produtos Grundig de vários fornecedores estrangeiros, sem o conhecimento da Consten, e de vendê-los na França. Apesar de a reclamação da Consten ser deferida por dois tribunais franceses, o tribunal parisiense de recursos suspendeu o julgamento, aguardando uma decisão da Comissão Européia sobre se o contrato Grundig–Consten violava os artigos 85 e 86. A comissão decidiu contra a Consten, com base em que "a proteção territorial provou-se particularmente nociva para a realização do Mercado Comum".[10] O princípio ofendido foi o do livre trânsito de mercadorias, definido nos artigos 24 a 30 do Tratado de Roma.

Licenciamento e segredos comerciais

O licenciamento é um acordo contratual em que um licenciador permite ao licenciado utilizar patentes, marcas registradas, segredos comerciais, tecnologia ou outros ativos intangíveis em troca de pagamento de *royalties* ou outras formas de compensação (veja o Capítulo 8 para uma discussão do licenciamento como estratégia de marketing). Nos Estados Unidos, as leis não regulamentam o processo de licenciamento em si, como fazem as leis de transferência de tecnologia na UE, na Austrália, no Japão e em muitos países em desenvolvimento. A duração de um contrato de licenciamento e o valor dos *royalties* que uma empresa pode auferir são considerados um assunto de negociação comercial entre licenciador e licenciado, e não há restrições governamentais quanto a remessas de *royalties* para o exterior. Em muitos países, esses elementos do licenciamento são regulados por agências governamentais.

---

10 Detlev Vagts. *Transnational business problems*. Nova York: The Foundation Press, 1986, p. 285-291.

São considerações importantes de licenciamento a análise dos ativos que uma empresa pode licenciar, a atribuição e a fixação de um preço aos ativos, a concessão do direito de 'fabricar' o produto ou a concessão dos direitos de 'utilizar' e 'vender' o produto. O direito de sublicenciar é outra questão importante. Como nos acordos de distribuição, as decisões devem ser tomadas também com relação aos acordos exclusivos ou não-exclusivos e ao tamanho do território do licenciado.

Para evitar que o licenciado utilize a tecnologia licenciada para competir diretamente com o licenciador, este último pode tentar limitá-lo a vender somente em seu próprio país. O licenciador pode também buscar, contratualmente, a garantia de que o licenciado interrompa a utilização da tecnologia após o término do contrato. Na prática, as leis antitruste de outros governos, incluindo os Estados Unidos e a UE, podem tornar esses acordos impossíveis. O licenciamento é uma ação potencialmente perigosa, pois pode ser fundamental na criação de um concorrente. Portanto, os licenciadores devem tomar cuidados para assegurar que sua própria posição competitiva permaneça vantajosa. Isso requer inovação constante. Há uma regra simples: se você estiver licenciando tecnologia e know-how que permanecerão imutáveis, será só uma questão de tempo para que o licenciado se torne seu concorrente, não somente com sua tecnologia e seu know-how, mas também com melhorias sobre eles. Quando isso acontecer, você já era.

Os contratos de licenciamento, como vimos, podem ser sujeitos aos exames antitruste. Em um caso recente, a Bayer AG concedeu uma licença exclusiva de patente para um novo inseticida doméstico à S. C. Johnson & Sons. A decisão da empresa alemã de licenciar tinha como base, em parte, o tempo exigido para a aprovação da Agência de Proteção Ambiental (EPA), que se estendera para três anos. A Bayer decidiu que era mais vantajoso deixar a empresa norte-americana lidar com as autoridades regulatórias, em troca de um *royalty* de 5% sobre as vendas. Um processo coletivo, no entanto, foi impetrado contra as empresas, com a alegação de que o licenciamento permitiria à Johnson monopolizar o mercado doméstico de inseticidas, de 450 milhões de dólares. Houve então uma intervenção do Departamento de Justiça dos Estados Unidos, ditando que o contrato de licenciamento era anticompetitivo. Em uma declaração, Anne Bingaman, chefe da unidade antitruste do Departamento de Justiça, disse que "o arranjo confortável que a Bayer e a Johnson mantinham é inaceitável em um mercado altamente concentrado". A Bayer concordou em oferecer licenças para qualquer empresa interessada, em condições melhores do que as do contrato original com a Johnson. A Johnson concordou em notificar o governo dos Estados Unidos de quaisquer futuros contratos pendentes de licenciamentos para inseticidas domésticos. Se a Bayer for uma das partes em qualquer um desses contratos, o Departamento de Justiça terá o direito de vetá-las. Não é surpreendente que a reação da comunidade legal tenha sido negativa. Um advogado de Washington, especialista em direito de propriedade intelectual, observou que o caso "realmente agride as práticas tradicionais de licenciamento". Como explicou Melvin Jager, presidente da Licensing Executives Society, "uma licença exclusiva é uma ferramenta muito valiosa para promover a propriedade intelectual e colocá-la no mercado".[11]

O que acontece se um licenciado obtém segredos comerciais do licenciador? Segredos comerciais são informações confidenciais ou conhecimentos que têm valor comercial, não são de domínio público e em relação aos quais tomaram-se medidas para manter segredo. Entre os segredos comerciais incluem-se processos de fabricação, fórmulas, designs e listas de clientes. Para evitar a divulgação, o licenciamento de segredos comerciais não-patenteados exige contratos de confidencialidade com cada funcionário que tenha acesso às informações protegidas. Nos Estados Unidos, os segredos comerciais são protegidos por leis estaduais, e não por estatutos federais; a maioria dos estados tem adotado a Uniform Trade Secrets Act (Utsa). A lei, nos Estados Unidos, proporciona proteção contra danos relativos a segredos comerciais causados por terceiros que obtiveram informações de intermediários. As retificações incluem indenizações e outras formas de ressarcir os que se julgaram prejudicados.

Na década de 90, houve grandes melhorias nas leis que tratam dos segredos comerciais. Vários países adotaram estatutos sobre segredos comerciais pela primeira vez. O primeiro estatuto do México que prote-

---

11 Brigid McMenamin, "Eroding patent rights", *Forbes*, 24 out. 1994, p. 92.

ge segredos comerciais entrou em vigor em 1991; a primeira lei chinesa de segredos comerciais foi promulgada em 1993. Em ambos os países, as novas leis faziam parte de revisões mais amplas das leis relativas à propriedade intelectual. O Japão e a Coréia do Sul também fizeram emendas em suas leis de propriedade intelectual, para incluir os segredos comerciais. Muitos países do Leste Europeu e da Europa Central também ratificaram leis para proteger segredos comerciais. A Área de Livre Comércio da América do Norte (Nafta), que passou a vigorar em 1994, foi o primeiro acordo comercial internacional a prever a proteção de segredos comerciais. Esse exemplo foi rapidamente seguido pelo Acordo sobre os Aspectos Relativos ao Comércio dos Direitos de Propriedade Intelectual (Trips), que resultou das negociações da Rodada do Uruguai nas tratativas do Gatt. O acordo Trips requer que países signatários protejam os segredos comerciais contra a aquisição, divulgação ou sua utilização "de maneira contrária às práticas comerciais honestas".[12] Apesar desses desenvolvimentos legais, na prática a vigilância é a questão-chave. Empresas que transferem segredos comerciais para outros países devem certificar-se não só da existência de proteção legal, mas também dos riscos associados à fraca vigilância.

Propinas e corrupção: questões legais e éticas

A história não registrou um acesso internacional de ira quando Charles M. Schwab presenteou a amante do sobrinho do czar Alexander com um colar de diamantes e pérolas de 200 mil dólares. Em troca dessa consideração, a Bethlehem Steel ganhou um contrato para fornecer os trilhos da ferrovia transiberiana. Hoje, na era pós-soviética, as empresas ocidentais estão sendo novamente tentadas pelas oportunidades do Leste Europeu. Nessa região, como no Oriente Médio e em outras partes do mundo, estão descobrindo que dar propinas é um modo de vida e que a corrupção prevalece. Particularmente as empresas norte-americanas são limitadas nas respostas que podem dar a esse tipo de situação pelas políticas do governo dos Estados Unidos na era pós-Watergate.

A posição do governo dos Estados Unidos em relação a isso é fazer lobby em outros países, para que adotem um tratado que torne ilegal a prática de pagar funcionários de governos estrangeiros. Em 1997, 20 anos após os Estados Unidos terem proibido o pagamento de autoridades estrangeiras, foi negociado um tratado anticorrupção em Paris, pelos 29 membros da OCDE. As provisões centrais do tratado forçariam os países a processar empresas pelo pagamento de propinas a autoridades estrangeiras, da mesma maneira como o pagamento de seus próprios funcionários é ilegal.[13]

Nas ocasiões em que as empresas operam além-fronteira com a ausência dos constrangimentos legais do país pátrio, elas enfrentam uma gama de escolhas relativas à ética da empresa. Em um extremo, elas podem manter as normas éticas de seu país em todo o mundo, sem ajuste ou adaptação para a prática local. No outro extremo, podem abandonar qualquer tentativa de manter a ética da empresa e adaptar-se inteiramente às condições locais e às circunstâncias percebidas pelos gerentes da empresa em cada ambiente. Entre esses extremos, as empresas podem utilizar várias gradações da ética do país de origem ou adaptar-se, em vários graus, aos costumes e práticas locais.

A corrupção é um fato da vida nos mercados do mundo e não mudará do dia para a noite porque governos o condenam. O que uma empresa deve fazer quando os concorrentes estão oferecendo um 'por fora'? Três alternativas são possíveis. Uma é ignorar a corrupção e agir como se ela não existisse. Outra é reconhecer a existência de corrupção e avaliar seu efeito sobre a decisão de compra do cliente, como se fosse um outro elemento do composto de marketing. A terceira é informar o concorrente de que vai denunciá-lo em seu país de origem.

O valor total da oferta de uma empresa deve ser tão bom, ou melhor, quanto a oferta total do concorrente, incluindo a propina. Pode ser possível oferecer preço mais baixo, produto melhor, melhor distribuição ou melhor propaganda, para compensar o valor agregado pela propina. A melhor linha de defesa é ter

---

12 Salem M. Katsh e Michael P. Dierks, "Globally, trade secrets laws are all over the map", *The National Law Journal*, 17, nº 36, 8 maio 1995, p. C-12.
13 "29 nations agree to outlaw bribing foreign officials", *New York Times*, 11 nov. 1997, p. 1 e D-2.

um produto claramente superior ao da concorrência. Nesse caso, a propina não mudará a decisão de compra. A superioridade evidente em serviços e na representação local também pode pesar na balança.

Para uma discussão sobre *dumping* (venda de produto importado a um preço mais baixo do que o normalmente cobrado no mercado doméstico ou país de origem), veja o Capítulo 13. O Congresso dos Estados Unidos definiu o *dumping* como uma prática comercial desleal que "fere, destrói ou impede o estabelecimento da indústria norte-americana"; portanto, é uma questão tanto legal como de preços. Uma das questões principais perante a Organização Mundial do Comércio é a objeção dos parceiros comerciais dos Estados Unidos à legislação norte-americana de *antidumping*, que é vista como uma restrição desleal de comércio pelos parceiros comerciais dos Estados Unidos.

RESOLUÇÃO DE CONFLITOS, ACERTO DE DISPUTAS E LITÍGIO

Os países variam em suas abordagens para a resolução de conflitos. A Tabela 4-3 mostra a quantidade de advogados praticantes em cada cem mil habitantes, em vários países. Os Estados Unidos têm mais advogados que qualquer outro país do mundo e é, provavelmente, a nação mais litigiosa da Terra. Em parte, esse é um reflexo da natureza de baixo contexto da cultura norte-americana, um espírito de competitividade por confronto e da falta de um princípio importante no código civil: o perdedor de uma ação paga todas as custas para todas as partes. O grau de cooperação legal e de harmonia na UE é única e, em parte, vem da existência de um código civil que funciona como fator aglutinador. Outras organizações regionais têm feito muito menos avanços quanto à harmonização.

Conflitos nos negócios surgirão em qualquer parte, especialmente quando culturas diferentes se unirem para comprar, vender, estabelecer *joint-ventures*, competir e cooperar nos mercados globais. Para as empresas norte-americanas, a disputa com um interlocutor estrangeiro acontece, freqüentemente, em seu próprio país. A questão pode ser julgada nos Estados Unidos, onde a empresa e seus advogados podem ter a vantagem de jogar em 'campo próprio'. O litígio em tribunais estrangeiros, no entanto, torna-se bem mais complexo. Isso se deve, em parte, às diferenças de idioma, sistemas legais, moedas, costumes e práticas tradicionais de fazer negócios. Além disso, os problemas surgem das diferenças em procedimentos relacionados a descobertas. Em sua essência, a descoberta é um processo de obter provas para sustentar reivindicações e determinar quais provas serão admissíveis em quais países e sob quais condições. Outro fator complicador é o fato de que sentenças pronunciados em tribunais de um país podem não ser executáveis no outro. Por todas essas razões, muitas empresas preferem arbitrar antes de entrar em litígio.

Tabela 4-3 Advogados: uma comparação internacional.

País	Advogados para cada cem mil habitantes
Estados Unidos	290
Austrália	242
Reino Unido	141
França	80
Alemanha	79
Hungria	79
Japão	11
Coréia	3

Fonte: Adaptado de Frank B. Cross, "Lawyers, the economy, and society", *American Business Law Journal*, verão 1998, p. 477+.

Alternativas ao litígio para o acerto de disputas[14]

Abordagens extrajudiciais são alternativas que muitas vezes proporcionam uma maneira mais rápida, fácil e menos dispendiosa de resolver pendências comerciais do que o litígio. Na verdade, abordagens alternativas têm uma tradição de séculos. Câmaras de comércio começaram a ouvir e a resolver disputas quando o comércio começou a desenvolver-se entre diferentes tribos ou nações. O acerto de disputas do comércio moderno toma várias formas e ocorre em muitos lugares. A arbitragem formal é um meio de resolver disputas comerciais internacionais fora do tribunal. A arbitragem geralmente envolve uma audiência com todas as partes, perante um painel composto de três membros. O resultado em geral é uma decisão em que as partes concordam, antecipadamente, em respeitar. Tribunais de arbitragem existem há muito tempo em Londres e Zurique. Há décadas a arbitragem comercial é promovida pela Câmara de Comércio Internacional (CCI) em Paris. A CCI recentemente modernizou algumas de suas regras mais antigas, mas sendo a organização comercial internacional mais conhecida tem o maior acúmulo de casos atrasados. Por isso, a CCI tem adquirido a reputação de ser mais lenta e cara do que algumas outras alternativas. A Convenção das Nações Unidas sobre o Reconhecimento e Cumprimento de Recompensas Estrangeiras Arbitradas (também conhecida como Convenção de Nova York) tem mais de 50 signatários. A Convenção de Nova York facilita a arbitragem quando surgem disputas e os signatários concordam em respeitar as decisões da arbitragem.

Algumas empresas e advogados, inexperientes na prática da arbitragem comercial internacional, têm utilizado cláusulas-padrão de arbitragem em contratos que cobrem fusões, separações, assuntos legais e outras questões. As empresas norte-americanas podem estipular que a arbitragem acontecerá no país; as empresas de outros países podem escolher Paris. A arbitragem pode ser um campo minado, devido à quantidade de questões a serem analisadas. Se as partes de um acordo de licenciamento, por exemplo, concordam com uma cláusula de arbitragem em que a validade da patente não pode ser contestada, essa provisão pode não ser exigível em alguns países. As leis de que país serão utilizadas como norma de invalidação?

Especificar uma questão como essa para cada país consumiria tempo demais. Além disso, existe a questão da aceitação; por lei, os tribunais dos Estados Unidos são obrigados a aceitar a decisão de um árbitro em disputas sobre patentes; em outros países, no entanto, não há nenhuma regra geral de aceitação. Para reduzir os atrasos relacionados a essas questões, um perito sugeriu lavrar cláusulas de arbitragem com a maior especificidade possível. Na medida do possível, por exemplo, as políticas de patentes em vários países deveriam ser especificadas; quem redige as cláusulas de arbitragem pode também incluir uma provisão de que todas as questões de patentes estrangeiras serão julgadas de acordo com as leis normativas de seu país de origem. Outra provisão poderia proibir as partes de iniciar ações legais separadas em outros países. O objetivo é ajudar o tribunal de arbitragem a concentrar-se nas intenções expressas das partes.[15]

Enquanto o envolvimento dos Estados Unidos no comércio global crescia drasticamente durante o período pós-Segunda Guerra Mundial, a Associação Americana de Arbitragem (AAA) tornou-se reconhecida como instituição muito eficaz para resolver disputas. A cada ano, a AAA utiliza a mediação para ajudar a resolver milhares de disputas. A AAA entrou em acordos de cooperação com o CCI e outras organizações globais, para promover a utilização de métodos alternativos de resolver disputas; ela serve como agente para administrar a arbitragem nos Estados Unidos, sob os auspícios da CCI. Em 1992, a AAA celebrou um acordo de cooperação com o Centro de Conciliação de Pequim, na China.

Outra agência para o acerto de disputas é o Instituto Sueco de Arbitragem da Câmara de Comércio de Estocolmo. Essa agência administrou muitas disputas entre países ocidentais e socialistas e ganhou credibilidade por sua administração estável e justa. Outras alternativas têm proliferado recentemente. Além dos mencionadas, existem centros ativos de arbitragem em Vancouver, Hong Kong, Cairo, Kuala Lumpur, Cingapura, Buenos Aires, Bogotá e Cidade do México. O Instituto Mundial de Arbitragem foi estabelecido

---

14 Esta seção é basicamente extraída do trabalho de Pines, "Amending the foreign corrupt practices act".
15 Bruce Londa, "An agreement to arbitrate disputes isn't the same in every language", *Brandweek*, 18 set. 1994, p. 18. Veja também John M. Allen Jr. e Bruce G. Merritt, "Drafters of arbitration clauses face a variety of unforeseen perils", *National Law Journal*, 17, nº 33, 17 abr. 1995, p. C-6 e C-7.

em Nova York; no Reino Unido, o Serviço de Aconselhamento, Conciliação e Arbitragem (Advisory, Conciliation and Arbitration Service — Acas) tem alcançado grande êxito em lidar com disputas industriais. O Conselho Internacional para a Arbitragem Comercial (Ciac) foi estabelecido para coordenar as atividades geograficamente dispersas das organizações de arbitragem. O Ciac se reúne, em locais diferentes ao redor do mundo, a cada quatro anos.

A Conferência das Nações Unidas sobre a Lei do Comércio Internacional (United Nations Conference on International Trade Law — Uncitral) também tem sido uma força importante na área da arbitragem. As regras da Uncitral tornaram-se até certo ponto um padrão, já que muitas das organizações mencionadas anteriormente as têm adaptado, com algumas modificações. Muitos países em desenvolvimento, por exemplo, tinham preconceitos contra a CCI, a AAA e outras organizações dos países desenvolvidos. Os representantes dos países em desenvolvimento pressupunham que as decisões dessas organizações poderiam conter viés no sentido de favorecer as empresas multinacionais, em sua maior parte originárias de países desenvolvidos. Os países em desenvolvimento insistiam no acerto em tribunais nacionais, o que era inaceitável para as firmas multinacionais. Isso acontecia especialmente na América Latina, onde a Doutrina Calvo exigia que as disputas surgidas com investidores estrangeiros fossem resolvidas em tribunais nacionais e sob as leis nacionais. A crescente influência das regras da Ciac e da Uncitral, combinadas com a proliferação de centros regionais de arbitragem, contribuiu para mudar as atitudes dos países em desenvolvimento e resultou em um aumento da utilização de arbitragem ao redor do mundo.

O AMBIENTE REGULATÓRIO

O ambiente regulatório do marketing global consiste em uma variedade de órgãos, tanto governamentais como não-governamentais, que fazem cumprir leis ou estabelecer diretrizes para a condução dos negócios. Vários órgãos reguladores (ou 'organizações econômicas internacionais' — OEIs) são identificados na Tabela 4-4. Essas organizações lidam com uma ampla gama de questões de marketing, como controle de preços, avaliação de importações e exportações, práticas comerciais, etiquetagem, regulamentações sobre alimentos e medicamentos, condições de emprego, negociações coletivas de trabalho, conteúdo de propaganda, práticas competitivas e assim por diante. As decisões das OEIs são obrigatórias e executadas pelos estados-membros.[16]

A influência das agências reguladoras é difusa e compreender como operam é essencial para proteger interesses de negócios e promover novos programas. Nos Estados Unidos, por exemplo, a Comissão do Comércio Internacional administra a Lei de Tarifas de 1930. Na Seção 337, proíbe 'métodos desleais de competição', se o efeito dessa competição for destruir ou ferir substancialmente um setor. Para tentar obter compensação ou defender o acesso aos mercados dos Estados Unidos, se contestado sob essa lei, uma empresa vai precisar de serviços jurídicos especializados, apoiados por conhecimentos técnicos sobre patentes e marketing internacional. Vale a pena pedir ajuda ao corpo diplomático do país de origem, para apoiar os esforços em obter uma decisão favorável.

A União Européia

O Tratado de Roma estabeleceu a Comunidade Econômica Européia (CEE), precursora da UE. O tratado contém centenas de artigos, vários dos quais são diretamente aplicáveis às empresas e praticantes do marketing global. Os artigos 30 a 36 estabelecem as políticas gerais, denominadas 'Trânsito Livre de Mercadorias, Pessoas, Capital e Tecnologia' entre os Estados membros. Os artigos 85 e 86 contêm regras de concorrência, conforme emendadas por várias diretrizes da Comissão da UE. Esses artigos e diretrizes constituem a lei comunitária, um pouco semelhante à lei federal dos Estados Unidos.

---

16 Veja Sergi A. Voitovich, "Normative acts of international economic organizations in internacional law making", *Journal of World Trade*, ago. 1990, p. 21-38.

Tabela 4-4 Organizações econômicas internacionais.

Abreviatura	Nome completo
APAPP	Associação dos Países Africanos Produtores de Petróleo
BDA	Banco de Desenvolvimento Asiático
Ceap	Cooperação Econômica Ásia–Pacífico
ATPC	Associação dos Países Produtores de Estanho
BDC	Banco de Desenvolvimento do Caribe
CCEAG	Conselho de Cooperação para os Estados Árabes do Golfo
Cealc	Conselho Econômico para a América Latina e Caribe
CEEAC	Comunidade Econômica dos Estados da África Central
OAA	Organizações de Alimentos e Agricultura
OIAC	Organização Internacional de Aviação Civil
AEI	Agência de Energia Internacional
CFI	Corporação de Finanças Internacionais
AIPC	Associação Internacional de Promoção do Chá
BDI	Banco de Desenvolvimento Islâmico
AGMI	Agência de Garantia Multilateral de Investimentos
CNUCD	Conferência das Nações Unidas para Comércio e Desenvolvimento
Odinu	Organização de Desenvolvimento da Indústria das Nações Unidas
INUTP	Instituto das Nações Unidas para Treinamento e Pesquisa
OMS	Organização Mundial de Saúde
OMM	Organização Mundial de Meteorologia

O Tribunal Europeu de Justiça, com sede em Luxemburgo, atende as disputas que surgem entre as nações membros da UE sobre pendências comerciais como fusões, monopólios e barreiras comerciais. Esse tribunal também tem o poder de resolver conflitos entre as leis nacionais e as da UE. Na maioria dos casos, as da UE prevalecem. Os profissionais de marketing, no entanto, devem estar cientes de que as leis nacionais devem ser sempre consultadas, pois podem ser mais rígidas do que as da comunidade, especialmente no que diz respeito a áreas como competição e antitruste. A lei comunitária procurou harmonizar o máximo possível as leis nacionais, para promover as finalidades definidas nos artigos 30 a 36. O objetivo é trazer as leis 'frouxas' de alguns estados-membros a níveis designados como mínimos. Posições mais restritivas, no entanto, ainda podem existir em algumas leis nacionais.

A Lei Européia Única, de 1987, emendou o Tratado de Roma e produziu forte ímpeto para a criação do Mercado Único, em 31 de dezembro de 1992. Apesar de o objetivo, tecnicamente, não ter sido cumprido totalmente, cerca de 85% das novas recomendações foram implementadas nas leis nacionais da maioria dos Estados membros na data almejada, o que resultou em uma substancial harmonização.

Uma das funções da UE é harmonizar os regulamentos comerciais, para facilitar os negócios. Em vez de conformar-se com as leis individuais de um país, uma empresa agora tem de seguir as leis estabelecidas pelo braço legal que se aplica a todos os países membros. Uma delas é a que está relacionada com as garantias de produtos e entrou em vigor em 1º de janeiro de 2002. Os países da UE concordaram com uma garantia de dois anos sobre os produtos comprados. Isso quadruplicará os períodos de garantia na Áustria, na Alemanha, na Grécia, em Portugal e na Espanha. Em países com garantias mais longas (no Reino Unido, é de seis anos; na França e na Holanda, não há limites), os períodos de tempo podem ser mantidos.[17] Apesar de a harmonização estar acontecendo, as empresas devem cumprir as leis específicas dos países. A Tabela 4-5 fornece alguns exemplos.

A Organização Mundial de Comércio e seu papel no comércio mundial

Em 1948, quando 23 países enfatizaram sua determinação de reduzir as tarifas de importação no Acordo Geral sobre Tarifas e Comércio (Gatt), isso foi considerado um marco nas relações comerciais internacionais. O Gatt teve como base três princípios. O primeiro trata da não-discriminação: cada país membro deve tratar o comércio de todos os outros com igualdade. O segundo princípio diz respeito aos mercados abertos, que são encorajados pelo Gatt com a proibição de todas as formas de proteção, exceto tarifas alfandegárias. O comércio leal é o terceiro princípio, que proíbe os subsídios sobre produtos manufaturados e limita a utilização de subsídios de exportação sobre produtos primários. Na realidade, nenhum desses princípios foi plenamente realizado até o momento, apesar de terem sido realizados muitos avanços durante a Rodada do Uruguai sobre questões como barreiras não-tarifárias, proteção dos direitos de propriedade intelectual e subsídios governamentais.

Outra vitória importante da Rodada do Uruguai foi o estabelecimento da Organização Mundial de Comércio (OMC), em 1995, que substituiu o Gatt. Ao contrário do Gatt, que tinha uma organização mais solta, a OMC, como instituição permanente, é dotada de muito mais poderes de decisão em casos de impasse. Com essas competências estendidas, o poder da OMC tem tido conseqüências visíveis. Durante seus 50 anos de existência, somente 300 reclamações de disputas comerciais internacionais foram registradas no Gatt; desde sua instalação, em 1995, a OMC já lidou com 200 casos.

QUESTÕES ÉTICAS

A ética, assim como o ambiente legal, varia ao redor do mundo. O que é aceitável em um país pode ser considerado antiético em outro. Além das questões morais óbvias, as empresas podem sofrer publicidade negativa. Um caso notável são as alegações de utilização de trabalho infantil. A Nike está bem ciente desse problema, uma vez que se abastece de mercadorias produzidas em países com salários baixos e péssimas regras trabalhistas. Apesar de a Nike não empregar diretamente crianças no processo de fabricação no estrangeiro, um fornecedor poderia fazê-lo. Foi montado um programa, pela Nike, para monitorar seus fornecedores, o que se torna difícil quando alguns interlocutores locais argumentam em favor do trabalho infantil. Com relação ao trabalho infantil no Paquistão, "a proibição do comércio de mercadorias produzidas por crianças pode ter o efeito não-intencionado de forçar essas crianças a outro trabalho remunerado, em troca de um salário mais baixo" e/ou à prostituição. O Ministério do Trabalho dos Estados Unidos tem muitas publicações sobre essa questão específica.[18]

Tabela 4-5	Algumas leis incomuns na União Européia.
Itália	Proíbe todos os tipos de publicidade de tabaco
Grécia	Proíbe a publicidade de brinquedos
Finlândia	Proíbe divulgar a velocidade como diferencial na publicidade de carros
Suécia	Proíbe a publicidade direta para crianças menores de 12 anos
Holanda	Proíbe a promoção do consumo de combustível dos automóveis

Fonte: Adaptado de Brandon Mitchener, "Border crossings", *Wall Street Journal*, 22 nov. 1999, p. R41.

---

17 Michael Smith, "Accord on product guarantees", *Financial Times*, 23 mar. 1999, p. 2.
18 U.S. Department of Labor, "The apparel industry and codes of conduct: a solution to the international child labor problem?", 1996.

Para fazer 'a coisa certa' e também gerar boa publicidade, as empresas podem assumir uma abordagem ativa em relação a questões éticas. A Reebok e a Levi Strauss têm feito isso, estabelecendo normas que os fornecedores devem seguir e monitorando ativamente os resultados, para averiguar se as normas são cumpridas.[19]

Cada vez mais empresas estão respondendo a questões éticas. Um levantamento recente de empresas em 22 países mostrou que 78% dos conselhos de administração estavam estabelecendo normas éticas.[20] É um aumento significativo diante dos 21% de 1987. O estudo também adverte que as diferenças regionais podem prejudicar a implementação eficaz dos esforços.

Resumo

O ambiente legal e político do marketing global é um conjunto de instituições governamentais, partidos políticos e organizações que são a expressão dos povos das nações do mundo. Particularmente, qualquer pessoa ligada ao marketing global deve entender a importância da soberania para os governos nacionais. O ambiente político varia de país para país, e a avaliação de risco é crucial. Também é importante compreender as ações de um determinado governo com relação a impostos, diluição de patrimônio, controle acionário e expropriação.

O ambiente legal consiste de leis, tribunais, advogados e práticas e costumes legais. Os países do mundo podem ser categorizados em termos amplos, em sistemas de direito comum ou de código civil. Os Estados Unidos, o Reino Unido e os países da Comunidade Britânica — Canadá, Austrália, Nova Zelândia, as antigas colônias britânicas na África e a Índia — são países de direito comum; outros países têm como base o código civil. Algumas das questões legais mais importantes são estabelecimento, jurisdição, patentes e marcas registradas, licenciamento, antitruste e corrupção. Quando surgem conflitos legais, as empresas podem iniciar ações legais ou valer-se de arbitragem.

O ambiente regulatório inclui agências, tanto governamentais como não-governamentais, que fazem cumprir as leis ou estabelecem as diretrizes para a condução dos negócios. As atividades do marketing global podem ser afetadas por várias organizações internacionais ou regionais; na Europa, por exemplo, a UE elabora leis que governam Estados membros. A OMC terá grande impacto sobre as atividades do marketing global nos próximos anos.

Embora esses três ambientes sejam complexos, profissionais de marketing astutos fazem planos para evitar situações que possam resultar em conflitos, mal-entendidos ou violação de leis nacionais.

Questões para Discussão

1. O que é soberania? Por que ela é importante no ambiente político do marketing global?
2. Descreva brevemente algumas das diferenças relacionadas ao marketing entre o ambiente legal de um país que acolhe o direito comum e o de um que observa o código civil.
3. Profissionais de marketing global podem evitar conflitos legais compreendendo os motivos que os fazem surgir. Identifique e descreva várias questões legais relacionadas ao comércio global. Quais alternativas estão disponíveis sob a perspectiva do marketing?
4. Você é representante de vendas de uma empresa multinacional e cidadão norte-americano viajando a negócios na África Ocidental. Quando está deixando o país X, o oficial do controle de passaportes do aeroporto lhe diz que há um atraso de uma hora para 'processar' o passaporte. Você explica que seu avião parte em 30 minutos e que o próximo só sairá dali a três dias. Você também explica que seu tempo é valioso (pelo menos 300 dólares a hora) e que realmente precisa tomar o vôo que reservou. O oficial ouve atentamente seu apelo e então 'sugere' que uma contribuição de mil dólares com certeza daria prioridade à liberação de seu passaporte; considerando como seu tempo é precioso, até que seria um bom negócio.
Você acataria a 'sugestão'? Por quê? Se não acataria, o que faria?

---

19 Philip Rosenzweig, "How should multinationals set global workplace standards?", *Financial Times*, seção Mastering Global Business, p. 11.
20 "Global ethic codes", *Wall Street Journal*, 19 ago. 1999, p. A-1.

Se acatar a sugestão, você violará alguma lei? Explique. Se o oficial pedir 25 dólares, você violará alguma lei?

5. "Vejo você no tribunal" é uma maneira de responder quando surgem questões legais. Quais outras abordagens são possíveis?

6. Se você fosse a Nike, o que faria para evitar a publicidade negativa com relação aos relatórios de condições inseguras nas fábricas?

Leitura Sugerida

Barbara C. Samuels. *Managing risk in developing countries: national demands and multinational response*. Princeton, NJ: Princeton University Press, 1990.

Bette K. Fishbein. *Germany, garbage and the green dot: challenging the throwaway society*. Nova York: Inform, 1994.

Daniel Pines. "Amending the foreign corrupt practices act to include a private right of action", *California Law Review*, jan. 1994, p. 185-229.

David Vogel. "The globalization of business ethics: why America remains distinctive", *California Management Review*, 35, outono 1992, p. 30-49.

Detlev Vagts. *Transnational business problems*. Mineola, NY: The Foundation Press, 1986.

Donald M. Spero. "Patent protection or piracy: a CEO views Japan", *Harvard Business Review*, set./out. 1990, p. 58-62.

Frank A. Rodgers. "The war is won, but peace is not", *Vital Speeches of the Day*, 14 maio 1991, p. 430-432.

Franklin R. Root. *Entry strategies for international markets*. Nova York: Lexington Books, 1994.

G. J. Neimanis. "Business ethics in the former soviet union: a report", *Journal of Business Ethics*, 16 fev. 1997, p. 357-362.

Irvine III Clarke. "The harmonization of product country marking statutes: strategic implications for international marketers", *Journal of International Marketing*, 7, nº 2, 1999, p. 81-103.

Jack Kaikati e Wayne A. Label. "The foreign antibribery law: friend or foe?", *Columbia Journal of World Business*, primavera 1980, p. 46-51.

Jennifer M. Bagley et al. "Intellectual property", *American Criminal Law Review*, 32, inverno 1995, p. 457-479.

John Braithwaite. "Transnational regulation of the pharmaceutical industry", *Annals of the American Academy of Political & Social Science*, 525, jan. 1993, p. 12-30.

John L. Graham. "The foreign corrupt practice act: a new perspective", *Journal of International Business Studies*, inverno 1984, p. 107-121.

Joseph Ortego e Josh Kardisch. "Foreign companies can limit the risk of being subject to U.S. courts", *National Law Journal*, 17, 19 set. 1994, p. C2-C3+.

K. Basu e A. Chattopadhyay. "Marketing pharmaceuticals to developing nations: research issues and a framework for public policy", *Canadian Journal of Administrative Sciences*, 12 dez. 1995, p. 300-313.

K. Ohmae. "Putting global logic first", *Harvard Business Review*, jan./fev. 1995, p. 119-125.

K. Ohmae. *The borderless world*. Nova York: Harper Perennial, 1991.

Kate Gillespie. "Middle east response to the U.S. foreign corrupt practices act", *California Management Review*, 29, 1987, p. 9-31.

Katherine Albright e Grace Won. "Foreign corrupt practices act", *American Criminal Law Review*, primavera 1993, p. 787.

Llewellyn D. Howell e Brad Chaddick. "An assessment of three approaches to political risk", *Columbia Journal of World Business*, outono 1994, p. 71-91.

Louis B. Sohn (ed.). *Basic documents of the United Nations*. Brooklyn: The Foundation Press, 1968.

Lyn S. Amine. "The need for moral champions in global marketing", *European Journal of Marketing*, 30 maio 1996, p. 81.

M. J. Epstein e M.-J. Roy. *Strategic learning through corporate environmental management: implementing the ISO 14001 Standard*. Insead's Centre for the Management of Environmental Resources, 1997.

Marian Leich Nash. "Contemporary practice of the United States relating to international law", *American Journal of International Law*, 88, out. 1994, p. 719-765.

Neil H. Jacoby, Peter Nehmenkis e Richard Eells. *Bribery and extortion in world business*. Nova York: McMillan, 1977.

Okezie Chukwumerige. *Choice of law in international commercial arbitration*. Westport, CT: Quorum Books, 1994.

R. Garg et al. "Four opportunities in India's pharmaceutical market", *McKinsey Quarterly*, 4, 1996, p. 132-145.

Raymond Vernon. "The world trade organization: a new stage in international trade and development", *Harvard International Law Journal*, 36, primavera 1995, p. 329-340.

Salem M. Katsh e Michael P. Dierks. "Globally, trade secrets laws are all over the map", *Nacional Law Journal*, 17, 8 maio 1995, p. C-12 a C-14.

Sergei A. Voitovich. "Normative acts of international economic organizations in international law making", *Journal of World Trade*, 4 ago. 1990, p. 21-38.

Shoshana B. Tancer. "Strategic management of legal issues in the evolving transnational business", *Thunderbird Research Center*, 99, nº 5.

Stephan H. Robock e Kenneth Simmonds. *International business and multinational enterprises*. Homewood, IL: Irwin, 1989.

U.S. Department of Labor. *The apparel industry and codes of conduct: a solution to the international child labor problem?* Washington, DC: Bureau of International Labor Affairs, 1996.

William R. Slomanson. *Fundamental perspectives on international law*. St. Paul, MN: West Publishing, 1990.

Visite os sites

www.eiu.com (Unidade de Inteligência Européia)
www.prsgroup.com (risco político)
www.beri.com (risco político)
www.icj-cij.org (Tribunal Internacional de Justiça)
www.iccwbo.org (Câmara de Comércio Internacional)
www.iadb.org (Associação Americana de Arbitragem)

Parte Três: Analisando e Aproveitando Oportunidades do Mercado Global

CAPÍTULO 5

Clientes Globais

Os líderes chineses estão tentando demonstrar que o país pode ter uma economia moderna e poderosa sem conceder ao povo as liberdades individuais que o mundo ocidental chama de 'direitos humanos'. O modelo asiático baseia-se em uma variação dessa proposta: é possível tornar-se forte como o mundo ocidental sem ter de abraçar seus modos permissivos.

James Fallows (escritor)

Conteúdo do Capítulo

- Características de mercados regionais
- Marketing em economias em transição e países menos desenvolvidos
- Compradores globais
- O plano de marketing global
- Resumo
- Questões para discussão

De várias maneiras, os consumidores de todo o mundo estão se tornando cada vez mais parecidos. Em quase todos os lugares, nunca se está longe de um McDonald's, da Coca-Cola ou da MTV. Diversos segmentos de mercado, como os muito ricos, os adolescentes e os tecnocratas, até transcendem as fronteiras nacionais. Mesmo assim, apesar da decrescente importância da geografia como base para distinguir consumidores, os consumidores comuns são diferentes ao redor do mundo. Por exemplo, como sabem bem as grifes de roupas, mesmo roupas íntimas têm características nacionais.

Sob a perspectiva do marketing, para lançar novos produtos ou desenvolver mercados existentes, é preciso analisar informações econômicas, demográficas e culturais atualizadas. O Capítulo 2 apresentou uma visão abrangente do desenvolvimento econômico, enquanto o Capítulo 3 dedicou-se a considerações macroculturais. A segmentação é discutida mais detalhadamente no Capítulo 7. Este capítulo apresenta uma visão regionalizada dos mercados mundiais. Descreve as características dos principais mercados regionais e inclui uma ampla análise do mercado japonês. *Aviso*: Os mercados regionais, apesar de compartilhar muitas características, podem ser segmentados de muitas maneiras e sempre contêm segmentos bastante distintos. As descrições a seguir devem ser consideradas diretrizes amplas, e cada mercado potencial deve ser analisado a fundo. O Carrefour, por exemplo, recentemente entrou no mercado indonésio com sua rede de hipermercados e tem tido muito êxito em atender à classe média emergente de Jacarta. Ele nunca se instalaria na Indonésia se sua pesquisa de marketing se concentrasse apenas nos dados gerais de mercado. Seu segmento de mercado é o de alto poder aquisitivo, não a média do país.

CARACTERÍSTICAS DE MERCADOS REGIONAIS

Existem várias maneiras de dividir os países do mundo em diferentes mercados regionais. Na realidade, definir mercados regionais é um exercício de agrupar países de modo que similaridades e diferenças sejam maximizadas. Um modo simples de agrupar é utilizar o bom senso com relação a critérios importantes ou relevantes. Para obter as mais recentes informações sobre um país, verifique os sites Web de cada um e consulte bases de dados internacionais, como o Departamento de Comércio dos Estados Unidos. É claro que visitas ao país em questão são a melhor maneira de coletar informações. Uma publicação muito útil é *Doing business around the world*, da Dun & Bradstreet. (Veja o quadro "Fontes de informações de marketing para países específicos".) Na seção que segue, os mercados nacionais são agrupados com base na proximidade geográfica. Apresenta-se um breve resumo de cada região, e o Japão é matéria de análise mais profunda.

Europa Ocidental

A Europa Ocidental, que, em território, é menor que a Austrália, gerou quase 32% da renda global em 2000. A região contém 23 países (os da UE, da AEE, a Suíça, as Ilhas do Canal, Gibraltar, Groenlândia e Malta) e uma população total de aproximadamente 460 milhões. As populações variam de 278 mil habitantes na Islândia a 83,3 milhões na Alemanha.

Os países da Europa Ocidental estão entre os mais prósperos do mundo, apesar de a renda ser distribuída desigualmente na região. A renda média *per capita* de Portugal, de 10.797 dólares, por exemplo, é 30% da renda da Suíça, que é de 36.479 dólares. Mesmo com diferenças de renda e diferenças óbvias de idioma e cultura, as sociedades da Europa Ocidental, antigamente tão variadas, têm se tornado notavelmente parecidas. Apesar das diferenças entre padrões de estrutura familiar e de trabalho, elas tendem a movimentar-se na mesma direção. Por exemplo, a proporção de mulheres entre 25 e 34 anos que trabalham dobrou nos últimos 30 a 40 anos.

O objetivo dos países membros da UE é harmonizar as leis e regulamentações nacionais para que bens, serviços, pessoas e mesmo recursos financeiros possam fluir livremente através das fronteiras nacionais. A data de 31 de dezembro de 1992 marcou a aurora de uma nova era econômica na Europa. A UE está se esforçando para mudar a mentalidade de cartel dentro da Europa, implementando regras de competição com base nas leis antitruste norte-americanas. Está estimulando a oferta de empregos em toda a comunidade, e estão sendo organizadas melhorias nas redes ferroviárias e rodoviárias.

O Sistema Monetário Europeu (SME) já está operando com uma Unidade de Moeda Européia (UME), ou 'euro', como base. A Tabela 5-1 apresenta um resumo das mudanças que afetarão as empresas nessa região. O desafio mercadológico é desenvolver estratégias para tirar proveito das oportunidades de um dos mercados mais estáveis e ricos do mundo. As empresas devem determinar até que ponto precisam tratar a região como uma entidade única e de que forma alterar as estruturas organizacionais para melhor tirar proveito de uma Europa unificada. A Tabela 5-2 mostra como as 500 principais empresas globais, segundo classificação da revista *Fortune* (*Fortune Global 500*), estão distribuídas na UE e em outros mercados regionais importantes.

Tabela 5-1 Estratégias de marketing na Comunidade Européia.

	Mudanças que afetam as estratégias	Ameaças ao planejamento das empresas	Opções estratégicas de gerenciamento
Estratégias de produto	Harmonização na padronização dos produtos, nos testes e no processo de certificação	Definição de oportunidades para as diretivas Regras de origem	Produção consolidada Obtenção de economias de marketing
	Regras comuns de patentes e de marcas	Regras de conteúdo local	Mudança de marca para beneficiar o segmento
	Harmonização nas exigências de embalagem, rotulagem e processamento	Diferenças na pesquisa de marketing	Quando possível, embalagem e rotulagem padronizadas
Estratégias de determinação de preços	Ambiente mais competitivo	Importação paralela	Dispõem-se de diferentes impostos e taxas de valor agregado
	Fim das restrições aos produtos estrangeiros	Taxação diferenciada de bens	Entendimento da elasticidade de preços de acordo com a demanda do consumidor
	Medidas antimonopolistas	Menos liberdade para alterações de preços	Produtos com margem alta
	Obtenção do mercado público de aquisições		Introdução de marcas de baixo custo com visibilidade
Estratégias de promoção	Diretrizes uniformes nas emissoras de TV	Restrições à publicidade de álcool e tabaco	Coordena os componentes do mix promocional
	Desregulamentação de monopólios de emissora nacional	Limites à produção de TV estrangeira	Tira vantagem da mídia pan-européia
	Padrões uniformes para os comerciais de TV	Diferenças nas técnicas promocionais permitidas	Posiciona o produto de acordo com os mercados locais
Estratégias de distribuição	Simplificação do trâmite de documentos e processos	Aumento das margens dos distribuidores	Consolida as facilidades de produção
	Eliminação de formalidades padronizadas	Ausência de infra-estrutura de marketing direto	Centraliza a distribuição
		Restrições no uso de bancos de dados computadorizados	Desenvolve canais alternativos (marketing direto e telemarketing)

Fonte: G. Guido, "Implementing a pan-european marketing strategy", *Long Range Planning*, out. 1991, p. 32.

Um aspecto cultural que afeta muito o marketing na Europa Ocidental, em especial quando se trata de embalagens e propaganda, é o idioma. Os principais idiomas da região são o inglês, o alemão, o francês e o espanhol, e a religião mais importante é o cristianismo.

Tabela 5-2 O nível de globalização de alguns setores.

Setores	Número de indústrias	Estados Unidos e Canadá	União Européia	Japão	Não faz parte da 'Tríade'
Aeroespacial	9	7	2	0	0
Bancos	63	14	30	9	10
Bebidas	5	4	1	0	0
Químico	14	2	9	2	1
Computadores	11	8	0	3	0
Eletrônicos	25	8	6	8	3
Energia	5	3	1	0	1
Engenharia	10	2	2	6	0
Alimentos	10	6	2	0	2
Alimentos e farmácia	30	12	12	2	4
Florestamento e papel	7	4	2	1	0
Comércio em geral	13	7	3	3	0
Equipamentos industriais e agrícolas	10	2	5	2	1
Seguros	54	18	16	13	7
Correios	8	3	3	2	0
Metais	9	1	3	4	1
Motores e peças de veículos	24	6	9	8	1
Refinaria de petróleo	27	8	6	3	10
Farmacêuticos	13	8	3	0	2
Distribuidores especializados	13	10	3	0	0
Telecomunicações	20	10	7	2	1
Exportações	19	0	3	11	5
Utilidades públicas	19	8	5	5	1
Atacadistas	10	8	2	0	0

Fonte: "The Fortune global 500", *Fortune*, 2 ago. 1999, p. F-15 a F-21.

Europa Central e Leste Europeu

A Europa Central e o Leste Europeu incluem os países dos Bálcãs (Albânia, Bósnia-Herzegovina, Bulgária, Croácia, Macedônia, Montenegro, Romênia, Eslovênia e Iugoslávia), do Báltico (Estônia, Letônia e Lituânia), a Comunidade de Estados Independentes (a antiga URSS), as Repúblicas Tcheca e Eslovaca, a Hungria e a Polônia. No início da década de 90, mudanças políticas e econômicas extraordinárias varreram a região e focalizaram as atenções nos mercados mais abertos, com mais de 338 milhões de pessoas. Os países do antigo bloco soviético respondiam por 6,9% do PIB mundial em 1990, e sua renda *per capita* era de 3.665 dólares. Em 2000, os mesmos países respondiam por 5,5% da população mundial e por somente 2,5% do PIB do mundo, com uma receita *per capita* de 2.219 dólares. Com salários muito mais baixos que os da Espanha, de Portugal e da Grécia, a Europa Central e o Leste Europeu são regiões atraentes para a instalação de operações de manufatura de baixo custo e, dado seu crescente enriquecimento, são importantes mercados em desenvolvimento. A recente entrada de alguns desses países na CE deve trazer mudanças a sua situação econômica e a sua atratividade comercial.

Hoje, as diferenças em desenvolvimento econômico variam bastante entre os países. A versão européia dos tigres econômicos — Polônia (PIB *per capita* de 3.937 dólares), Hungria (4.429 dólares), República Checa (4.957 dólares) e Eslováquia (3.593 dólares) — adotaram políticas econômicas radicais, que parecem ter sido razoavelmente bem-sucedidas. A renda *per capita* de cada um desses quatro países os coloca na categoria de renda média alta. Por outro lado, a Armênia, o Azerbaijão, a Quirguistão e o Tadjiquistão, todas antigas repúblicas da União Soviética, ainda são países de baixa renda. A Federação Russa, por exemplo, só representava 1% do PIB do mundo em 2000, aproximadamente 60% menos que o do México. O PIB *per capita* da Federação Russa era somente 2.329 dólares, comparado com o nível mexicano de 3.943 dólares. Em 2000, a Rússia era claramente pouco influente nos mercados mundiais, mas seu potencial para crescer e se desenvolver é enorme. O marketing é, sem dúvida, a chave para alcançar o desenvolvimento econômico dos países da Europa Central e do Leste Europeu. Pode levar várias décadas até ele alcançar um nível de sofisticação comparável ao da Europa Ocidental, mas em alguns desses países as mudanças estão se acelerando e o marketing, em muitos deles, já é bastante avançado. Muitas pessoas nesses países, especialmente os jovens, têm 'desaprendido' os modos de vida do passado e estão rapidamente aprendendo sobre democracia e capitalismo. Os países dessas regiões precisam desenvolver suas infra-estruturas e superar esquemas legais e contratuais precários. Uma cultura de negócios também deve ser desenvolvida, assim como um mecanismo para prever a demanda. Em pesquisas feitas em empresas da Polônia, descobriu-se que somente 38% delas haviam montado um departamento de marketing separado das demais atividades da empresa e

---

QUADRO 5-1

FONTES DE INFORMAÇÕES DE MARKETING PARA PAÍSES ESPECÍFICOS

No *Doing business around the world*, da Dun & Bradstreet, são apresentados os perfis de 42 países. Cada seção contém dados econômicos, geográficos e administrativos. Especificamente relacionadas ao marketing estão as seguintes seções: faixa etária, influência religiosa nos negócios, especificidades culturais, proteção dos direitos de propriedade intelectual e características culturais. Por exemplo, a seção de características culturais da Argentina contém informações que poderiam ser extremamente valiosas para os publicitários e os profissionais de marketing do setor de alimentação: as riquezas naturais da Argentina atraíram imigrantes de todas as regiões do mundo. Histórias de miseráveis que ficaram ricos eram muito comuns e, além disso, a frase "rico como um argentino" virou um bordão conhecido no mundo todo no final do século XVIII. Os imigrantes naquele país chegavam das mais diversas regiões: Inglaterra, Irlanda, Alemanha, Polônia e Rússia. Os pais do presidente argentino Carlos Menem eram originários da Síria. Depois da Espanha, o país que mais contribuiu para a imigração na Argentina foi a Itália. Como resultado, o espanhol falado na Argentina é bastante influenciado pelo italiano. Embora seja um espanhol compreensível para as pessoas que conhecem a língua, é notadamente distinto do espanhol falado em qualquer outra região do mundo. No mesmo livro da Dun & Brandstreet, é dito que na África do Sul a população é grande apreciadora de esportes, e esporte é sempre um tópico que desperta diálogos. O rugby é o esporte mais apreciado entre os sul-africanos brancos. Depois dele, os esportes mais populares são: futebol, squash, tênis e golfe. A maratona e o ciclismo também são muito populares, assim como a natação (muitos moradores possuem piscinas em sua residência). Os sul-africanos possuem ainda um esporte de origem nativa chamado *jukskei*, que é equivalente ao arremesso de peso. Essa informação pode ser de grande valia na definição de programas de patrocínio esportivo.

Fonte: Terri Morrison, Wayne A. Conaway e Joseph J. Douress, *Doing business around the world*. Englewood Cliffs, NJ: Prentice Hall, 1997.

que a incidência de departamentos de marketing era mais alta em empresas maiores, que exportam. As empresas industriais lideravam na adoção de departamentos de marketing separados.[1]

Os produtos de consumo requerem um mínimo de adaptação para ser vendidos nos mercados do Leste Europeu. Muitos consumidores do bloco do Leste estão familiarizados com marcas ocidentais e percebem-nas como de qualidade superior à dos produtos nacionais. Enormes melhorias têm sido feitas na infra-estrutura da Europa Central, mas a infra-estrutura de distribuição no Leste Europeu é fraca. Atacadistas atrasados, a falta de armazéns adequados e a situação monetária ainda desestimulam os negócios na CEI. No interior dos países, os pontos-de-venda são insuficientes e em geral mal-iluminados e pouco atraentes, o que torna as compras uma atividade frustrante.

Culturalmente, o idioma mais comum é o russo. As religiões mais importantes são a ortodoxa e a católica romana. Salgadinhos de batata frita, que só começaram a ser produzidos na região depois do desmantelamento da União Soviética, cresceram tremendamente. A Estrella, marca sueca de batata frita produzida pela divisão Jacob Suchard da Kraft, na Lituânia, e distribuída em toda a região, tem seis idiomas em suas embalagens: inglês, lituano, leto, russo, ucraniano e estoniano.

América do Norte

A América do Norte inclui os Estados Unidos, o Canadá e o México. Em 2000, a população conjunta de 407 milhões de pessoas e o PIB superior a 9.254 bilhões de dólares eram similares aos da UE. Os Estados Unidos apresentam uma alta concentração de riqueza e renda em um único ambiente nacional e político e possuem características de marketing diferenciadas. Em 2000, o país, com 276 milhões de pessoas, tinha um PIB *per capita* de 29.953 dólares. Seu mercado oferece uma combinação de alta renda *per capita*, grande população, amplos espaços e recursos naturais abundantes. Altos níveis de poder aquisitivo são associados com renda alta e boa receptividade para inovações e novas idéias quanto a produtos industriais e de consumo. Os Estados Unidos e o Canadá são os países de origem (Tabela 5-2) de mais líderes industriais globais. As empresas norte-americanas, por exemplo, dominam os setores de bebidas, computadores, software, produtos aeroespaciais, entretenimento, equipamentos médicos e, especialmente, vendas a varejo.

Empresas do mundo todo são atraídas por esse enorme mercado. O mercado dos Estados Unidos é do tamanho do da Europa Ocidental e duas vezes o do japonês. Outra característica é que o governo se envolve pouco nos negócios, o que aumenta as oportunidades de acesso ao mercado. Em outros países, a estreita parceria entre governo e empresas muitas vezes atrapalha os esforços de marketing de fornecedores estrangeiros.

O Canadá, com 31 milhões de habitantes e um PIB *per capita*, em 2000, de 19.183 dólares, está avançando, com a cooperação do setor privado, no sentido de criar uma política industrial nacional. As indústrias tradicionais do Canadá só agora estão iniciando as reestruturações que as empresas dos Estados Unidos já estão fazendo há mais de uma década. As exportações representam mais de 30% do PIB canadense, mais do que em muitos outros países industriais importantes, sendo quase a mesma porcentagem da Alemanha. A maior parte das exportações canadenses é de matérias-primas não-processadas, que sofrem forte concorrência dos países da América Latina, cujos custos são mais baixos. Há um esforço para aumentar as vantagens competitivas por meio de inovações. Os governos federal e das províncias terão de alinhar suas políticas para apoiar esses objetivos estratégicos.

Mais de 300 bilhões de dólares em bens e serviços fluem entre o Canadá e os Estados Unidos — o maior relacionamento comercial entre dois países. O Canadá responde por 22% das exportações dos Estados Unidos, que compram quase 80% das exportações canadenses. A Tabela 5-3 apresenta os cinco principais parceiros de exportação e importação dos Estados Unidos. Os norte-americanos investem mais no Canadá do que em qualquer outro país. Muitas empresas norte-americanas, como a General Electric e a IBM, utilizam suas divisões canadenses como fornecedoras globais importantes para algumas linhas de pro-

---

1 David Shipley e Krzysztof Fonfara, "Organizing for marketing among polish companies", *European Journal of Marketing*, 27, nº 11/12, 1993, p. 60-79.

Tabela 5-3	Parceiros comerciais dos Estados Unidos.		
	(Em bilhões de dólares)		
Fontes de importação	1993	1995	1997
Canadá	$111	$144	$168
Japão	107	124	122
México	39	62	74
China	32	46	63
Alemanha	29	37	43
Mercados de exportação			
Canadá	$100	$127	$152
México	42	46	71
Japão	48	64	66
Reino Unido	26	29	36
Coréia	15	25	25

Fonte: U.S. Statistical Abstract, 118ª ed., 1998, Tabela 1323.

duto. O mercado automobilístico proporciona às montadoras dos Estados Unidos grandes ganhos em economia de escala na América do Norte.

Geograficamente, o México faz parte da América do Norte, mas, devido à sua herança espanhola, costuma ser incluído em levantamentos relativos à América Latina e/ou à América Central. Economicamente, o México está mudando com rapidez. Considerando-se o crescimento da população, a economia mexicana só cresceu a uma média de 0,1% ao ano de 1985 a 1995. O país entrou no Nafta em 1993; atualmente, sua taxa de crescimento líquido é de 2,6% (de 1997 a 2000), e ele deverá continuar a se beneficiar de sua participação no acordo. A inflação caiu de 160% ao ano para menos de 16% em 1997. Desde meados de 1980, mais de três quartos das empresas estatais mexicanas foram privatizadas. As empresas que desejam fabricar no México podem estabelecer subsidiárias, *joint-ventures* ou entrar em um programa de *maquiladora*. A *maquiladora* permite que fábricas de manufaturados, montagem ou processamento importem materiais, componentes e equipamentos sem impostos; em contrapartida, utilizam a mão-de-obra barata mexicana para montar o produto. Quando o produto acabado é exportado para o país de origem da empresa (em geral, os Estados Unidos), os fabricantes pagam impostos somente sobre o valor agregado no México.

Os idiomas oficiais da região são o inglês, o espanhol e o francês. Depois do inglês, a segunda língua nos Estados Unidos é o espanhol; no Canadá, é o francês.

Ásia-Pacífico

A região da Orla do Pacífico consiste na Austrália, na Nova Zelândia e em todos os países da Ásia, exceto o Oriente Médio. Embora a América do Norte e a do Sul também sejam banhadas pelo Pacífico, não são consideradas parte da região.

Em termos de população, os 30 países da Ásia-Pacífico são um colosso, com aproximadamente 52% da população mundial, mas só representava 25% da renda global em 2000. Cinqüenta e oito por cento da renda da região estava concentrada no Japão, que tem somente 5% da população do local. Os antigos quatro 'tigres' econômicos da Ásia Oriental — Coréia do Sul, Taiwan, Cingapura e Hong Kong — realizaram as revoluções industriais mais rápidas que o mundo já presenciou e agora estão entre os países de alta renda do mundo. Atrás deles vêm a Tailândia, a Malásia, a Indonésia e a China, que estão prontas para repetir a façanha dos primeiros quatro 'tigres'. Originalmente, a Indonésia e a Tailândia eram consideradas tigres, mas não têm respondido às expectativas. A China, com uma população de 1,27 bilhão de consumidores potenciais, é um país que nenhum profissional de marketing pode se dar o luxo de ignorar, apesar de nem todas as empresas estrangeiras operarem lá com lucro atualmente. A Tabela 5-4 contém estatísticas sobre os países da Ásia–Pacífico; note, particularmente, as taxas de crescimento do PIB dos antigos tigres.

Culturalmente, os principais idiomas são o mandarim e o hindi, mas há centenas de idiomas e dialetos na Ásia. Somente na Indonésia, são faladas pelo menos 365 línguas e dialetos. Em Hong Kong, desde que a colônia foi devolvida ao governo chinês, o idioma inglês é menos favorecido, um fato sutil mas com implicações importantes para o marketing. A região tem muitas religiões, incluindo o budismo, o islamismo, o hinduísmo, o confucionismo, o taoísmo e o xintoísmo. Apesar de ser difícil fazer generalizações quanto ao marketing na Ásia, dada a diversidade de culturas, vários valores culturais o afetam diretamente (Tabela 5-5).

China

A China, com mais de 1,27 bilhão de habitantes, é o país mais populoso do mundo, com aproximadamente 15% da população mundial. Isso basta para atrair muitas empresas. "Imagine se você só vendesse um pacote de determinado produto para cada indivíduo que vive na China", é o fator que motiva muitas empresas multinacionais a entrar nesse mercado. Além do tamanho, a China é uma economia que se desenvolve rapidamente, e seu PIB tem crescido à taxa de 10% ao ano. Em 2000, foi de 1,2 bilhão de dólares, mas isso, traduzido em base *per capita*, resulta somente em 930 dólares e varia muito das províncias do litoral, como Guangzhou e Shangai, que são altamente industrializadas, ao interior agrícola. O crescimento econômico é resultado de uma conversão gradual do sistema econômico para um sistema de livre mercado. As mudanças que ocorrem em termos de compras dos consumidores, devido à quantidade crescente de famílias com renda em alta, são notáveis. O volume de vendas de computadores, que custam ao redor de 600 dólares para uma marca local, cresceu 80% em 1998.[2]

Tabela 5-4 Ásia–Pacífico: dados comparativos de 2000.

País	PIB (bilhões de dólares)	População (milhões)	PIB per capita ($)	PIB — taxa de crescimento 1997-2000 (%)
Japão	4.427	127	34.796	1,1
China	1.179	1.268	930	8,9
Coréia	521	47	10.992	5,0
Índia	430	1.015	424	2,5
Austrália	407	19	21.239	1,2
Taiwan	362	22	16.370	0,0
Indonésia	248	211	1.176	4,2
Hong Kong	188	7	27.463	1,4
Tailândia	177	63	2.822	4,7
Cingapura	120	3	36.484	4,7
Malásia	111	23	4.746	3,3
Nova Zelândia	60	4	15.376	–0,4
Total	8.230	2.809	2.930	—

Fonte: Warren J. Keegan, *Global income and population: 2000 edition and projections to 2010 and 2020*. Nova York: Pace University, Instituto para Estratégia Global de Negócios.

---

2 Leslie Chang, "Chinese consumers are new market for PCs", *Wall Street Journal*, 19 ago. 1999, p. A-14.

Tabela 5-5 Diferenças culturais e de marketing entre os países ocidentais e asiáticos.	
Diferenças culturais	
Ocidentais	**Asiáticos**
Valores familiares, individuais e próximos	Grandes famílias, linhagem/parentesco/trabalho em grupo
Valorização da competição, do desafio, da expressão de idéias próprias	Valorização da harmonia, da cooperação, do impedimento de confrontos
Responsabilidade pessoal, independência	Responsabilidade compartilhada, interdependência
Realização das próprias atividades	Indivíduo público
Indignação com a autoridade	Respeito por autoridade
Preferência por jovens e por novos desafios	Preferência por pessoas mais velhas, tradição de valores
Controle pela 'culpa' e pela consciência	Controle pela 'vergonha'
Diferenças de marketing	
Segmentação de marcas; escolha pessoal e auto-expressão por meio das marcas	Marcas populares famosas; segredo no nome da empresa e no da marca
Apresentadores/testemunhas importantes, porém mais para desviar a atenção das marcas	Imitação, emulação, uso de apresentadores como modelos em anúncios
Semeadura e disseminação a partir de recursos avançados	Adoção rápida de marcas bem-sucedidas
Preferência por disfarçar a riqueza	Demonstração de riqueza e status
Ambientalismo	Confiança na tecnologia

Fonte: George Fields, Hitaka Katahira e Jerry Wind, *Leveraging Japan: marketing to the new Asia*. Nova York: Jossey-Bass, 2000. Copyright © by 2000. Reproduzido com a permissão de Jossey-Bass, Inc., uma subsidiária de John Wiley & Sons, Inc.

Grande parte das relações comerciais estrangeiras com a China baseia-se na importação de máquinas elétricas, brinquedos/jogos, máquinas geradoras de energia e confecções. Só os Estados Unidos importam da China, todos os anos, 36 bilhões de dólares. Além de importar, muitas empresas estrangeiras têm feito investimentos diretos no país, mas nem sempre com êxito. Uma quantidade crescente de empresas está deixando a China, e somente um terço delas é lucrativa. A divisão de caminhões da DaimlerChrysler retirou-se após investir durante três anos sem produzir um veículo sequer.[3] Mesmo assim, muitas empresas automobilísticas estrangeiras continuam a fabricar na China (Figura 5-1).

Japão

A densidade populacional e o isolamento geográfico são os dois fatores cruciais e imutáveis que não podemos deixar de comentar ao discutir o Japão como mercado mundial. É interessante que, apesar de o território japonês ocupar somente 0,28% do total mundial e sua população representar apenas 2,1% do mundo, o Japão gera 15% do PIB mundial. Seu PIB *per capita*, no ano 2000, totalizou 34.796 dólares, comparado com os 930 da China. Nos últimos anos, a economia do Japão tem sofrido uma crise interna e também o impacto da crise em outros países da Ásia. O Japão tem muitas questões de política econômica a resolver e, até que isso aconteça, as previsões de crescimento são de somente 1,5% do PIB.

---

3 Craig S. Smith, "Multinationals rethink Chinese joint ventures", *Wall Street Journal*, 26 out. 1999, p. A-18.

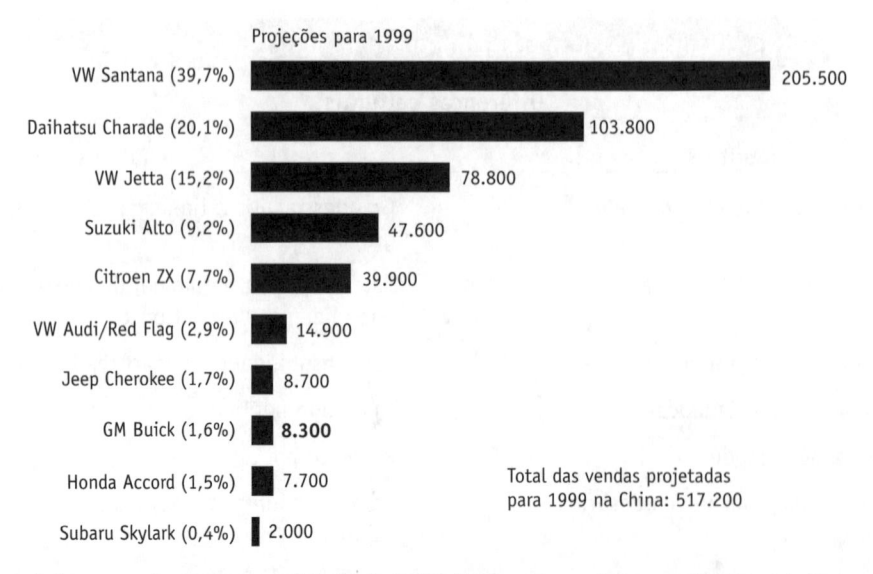

Mercado de automóveis na China

Projeções para 1999

- VW Santana (39,7%): 205.500
- Daihatsu Charade (20,1%): 103.800
- VW Jetta (15,2%): 78.800
- Suzuki Alto (9,2%): 47.600
- Citroen ZX (7,7%): 39.900
- VW Audi/Red Flag (2,9%): 14.900
- Jeep Cherokee (1,7%): 8.700
- GM Buick (1,6%): **8.300**
- Honda Accord (1,5%): 7.700
- Subaru Skylark (0,4%): 2.000

Total das vendas projetadas para 1999 na China: 517.200

Fonte: GM Shangai, "Automotive Resources Asia Ltda.", *Wall Street Journal*, 26 out. 1999, p. A-18.

Figura 5-1   Mercado de automóveis na China.

Setenta e dois por cento da área terrestre do Japão é montanhosa. As áreas residenciais representam somente 3% da área terrestre, e as áreas industriais ocupam mais 1,4%. Tóquio, com uma população de oito milhões de pessoas, é uma das cidades com maior densidade populacional do mundo. Não é de estranhar que os preços dos terrenos estejam entre os mais caros do mundo. Dominar o mercado japonês requer flexibilidade, ambição e um compromisso de longo prazo. O Japão mudou de um mercado fechado para um em que, apesar de aberto, é muito difícil estabelecer-se. Os maiores obstáculos à entrada no Japão são as barreiras não tarifárias de custo, tradição e costumes, práticas de negócios e preferências. Comprar ou alugar espaços para operações de varejo de qualquer espécie, por exemplo, é muito caro. O alto custo dos imóveis tem sido um obstáculo financeiro de peso para as empresas de automóveis estrangeiras que precisam criar uma organização de revendedores no Japão como parte de sua estratégia de marketing.

Qualquer organização que deseje competir no Japão deve estar comprometida em fornecer produtos e serviços de primeira qualidade. Em todos os casos, as estratégias e os planos de marketing devem ser elaborados em conformidade com os gostos e as práticas japonesas. Os japoneses apreciam especificamente produtos de luxo, como roupas de grife, e representam quase a metade das vendas mundiais desses itens.[4] Para conquistar a confiança, são necessárias incontáveis visitas e integração social com os distribuidores. Todos os concorrentes no Japão devem entender o sistema de alianças fechadas entre empresas, o *keiretsu*, se quiserem ter êxito.

O que surpreende a respeito do Japão é ele ser tão diferente e, ao mesmo tempo, similar aos países ocidentais. Muitos desses fatores são bastante conhecidos, mas também existem muitos mitos sobre o consumidor japonês. A Tabela 5-6 mostra algumas das diferenças entre o Japão e os Estados Unidos quanto a cultura, tradições e comportamento; a Tabela 5-7 explora alguns mitos específicos do marketing. Todas as diferenças começam com a orientação cultural fundamental: no Japão, a ênfase é para o grupo ou o país; nos Estados Unidos, celebra-se o indivíduo.

Culturalmente, o idioma mais importante é o japonês; o budismo e o xintoísmo são as principais religiões.

Cingapura

Em menos de três décadas, Cingapura passou de colônia britânica a uma potência industrial vibrante de apenas 616 quilômetros quadrados. Economicamente, passou de certa maneira incólume pela crise asiá-

---

4   "A land fit for consumers", *Economist*, 27 nov. 1999, p. 16.

Tabela 5-6	Comparações e contrastes quanto à cultura, às tradições e ao comportamento entre Japão e Estados Unidos.	
	Japão	**Estados Unidos**
Ênfase no herói/mito	Grupal	Individual
Atitude	Renúncia, dependência	Atitudes próprias, independência
Ênfase	Obrigações	Direitos
Estilo	Cooperação	Competição
Pressuposição	Interdependência	Independência
Visão de si próprio	Homem-organização	Indivíduo com uma habilidade
Atitude cultural 1	Somos únicos	Todos são como nós
Atitude cultural 2	Disposto a tomar emprestado, adotar, adaptar	Síndrome do 'não foi criado aqui'
Objetivo organizacional 1 (trabalhos/emprego)	Participação de mercado	Lucratividade/sucesso financeiro
Objetivo organizacional 2	Mercados globais	Mercados nacionais
Objetivo organizacional 3	Qualidade, valor para o cliente	Produção, retorno financeiro
Identificação do funcionário	Empresa	Ocupação, função
Administração	Generalista	Especialista
Acredita em	Percepção	Pensamento
Relações comerciais com o governo	Cooperação	Separação
Estrutura financeira (débito:lucro)	80:20	40:60
Principais interessados	Funcionários	Acionistas
Valores e objetivos principais	Perfeição, harmonia, consenso	Liberdade, sucesso, conquista

O autor agradece a Chikara Higashi, membro da Japanese Diet, pelo auxílio na elaboração desta tabela.

Fonte: "A land fit for consumers", *Economist*, 27 nov. 1999, p. 16.

tica. Cingapura tem uma infra-estrutura extremamente eficiente — seu porto é o segundo em volume de contêineres do mundo (Hong Kong está em primeiro lugar) — e um padrão de vida que ultrapassa o do Japão. Em 2000, o PIB do país foi de 187 bilhões de dólares, e o PIB *per capita*, de 36.484. Os três milhões de cidadãos de Cingapura têm exercido um importante papel nos feitos econômicos do país, ao aceitar a idéia de que "a nação com mais conhecimentos ganhará" na competição global. O país está em segundo lugar no mundo quanto à liberdade econômica. Programas de treinamento excelentes e uma taxa de 97% de alfabetização ajudam a explicar por que Cingapura tem mais engenheiros *per capita* do que os Estados Unidos. Dado o pleno emprego e o crescimento econômico, Cingapura está recrutando trabalhadores high-tech em outros países. Cerca de cinco mil empresas estrangeiras têm escritórios lá.

O país está muito ligado a seus vizinhos, já que mais de um terço de suas importações são reexportadas para outros países asiáticos. Os esforços de Cingapura para organizar a sociedade civil tem dado alguma notoriedade ao país; a criminalidade é quase inexistente, graças ao tratamento severo do governo para com os criminosos, e a venda de chicletes é proibida, por gerar sujeira.

Culturalmente, os principais idiomas são o inglês, o mandarim, o malaio e o tâmil.

Tabela 5-7   Marketing no Japão: mito *versus* realidade.

Mito	Realidade
Os consumidores japoneses compram baseados no relacionamento e raramente vão às compras.	Os consumidores japoneses vão às compras com freqüência e, às vezes, mais do que os nova-iorquinos ou os londrinos.
Os consumidores japoneses comparam preço e qualidade.	Os consumidores japoneses procuram cada vez mais valor.
Os consumidores japoneses são extremamente nacionalistas.	Os consumidores japoneses estão na fila por produtos estrangeiros de boa qualidade.
Os consumidores japoneses são conservadores e compram apenas marcas conhecidas.	Os consumidores estão dispostos a experimentar novas marcas nacionais ou estrangeiras.
Os consumidores japoneses compram apenas *in loco*.	Os consumidores japoneses estão impulsionando o rápido crescimento das vendas por Internet e por mala direta.
Os canais de distribuição japoneses são impossíveis de penetrar.	Novos canais de distribuição e normas mais flexíveis estão tornando os tradicionais canais de distribuição japoneses mais suscetíveis à penetração.
As empresas japonesas colocam o relacionamento de longo prazo com seus parceiros acima de qualquer coisa.	Em um ambiente que leva em conta o valor, as empresas estão dando maior ênfase ao aspecto puramente comercial dos negócios, em detrimento da estabilidade e da harmonia.

Fonte: George Fields, Hitaka Katahira e Jerry Wind, *Leveraging Japan: marketing to the new Asia*. Nova York: Jossey-Bass, 2000.

Índia

Com uma população que se aproxima de 1 bilhão de pessoas e um PIB de 430 bilhões de dólares, o PIB *per capita* da Índia, de 424 dólares em 2000, era um dos mais baixos da região. Alguns peritos em população prevêem que a Índia ultrapassará a China, que ainda tem uma política de um único filho, como o maior país do mundo em termos populacionais até a metade deste século. A renda no país é polarizada. A Índia tem centenas de milhões de pobres; estima-se que 204 milhões de pessoas, ou 22% da população, são subnutridas.[5] Entretanto, tem também uma 'gama de graduados técnicos talentosos', que estão alimentando o crescimento da indústria indiana de software. Dado esse talento, os salários relativamente baixos e a expansão das conexões de comunicação em tempo real fizeram com que muitas empresas dos Estados Unidos contratassem serviços de lá ou abrissem escritórios na Índia, para desenvolvimento e exportação de software. A indústria de software na Índia experimentou uma taxa de crescimento de 55 a 60% por ano, nos últimos anos, e espera-se que esse crescimento continue.[6] Para 2008, prevê-se que o setor de tecnologia de informática da Índia atinja 100 bilhões de dólares.[7]

Outra indústria em expansão na Índia é a do cinema. Apesar de girar 750 milhões de dólares ao ano, o cinema não é oficialmente reconhecido como indústria pelo governo indiano. A Índia produz cerca de 750 filmes por ano, o que a torna um dos líderes mundiais em produção nessa área. A maioria dos filmes é produzida para o mercado local, mas muitos são transmitidos para toda a Ásia por meio de emissoras via satélite como a Star TV de Hong Kong e a Zee Telefilms. (Rupert Murdoch, dono da Star TV, tem se envolvido em *joint-ventures* com a Zee Telefilms.) Dada a magnitude da indústria cinematográfica, é só uma questão de tempo para que as empresas multinacionais de entretenimento se envolvam com a Índia.

---

5   "The hungry are always with us", *Economist*, 16 out. 1999, p. 49.
6   "India — software industry — an update", 1999 FT Asia Intelligence Wire.
7   Eric W. Pfeiffer, "From India to America", *Forbes*, 23 ago. 1999, p. 21-24.

Mesmo assim, recentemente houve lembretes preocupantes de que o ambiente político ainda é instável. Em 1998, depois que a Índia detonou cinco bombas nucleares, os Estados Unidos aplicaram sanções econômicas contra ela. É um aviso contundente de que a situação política na área, em especial com o vizinho Paquistão, pode ser bastante delicada.

Culturalmente, as línguas mais faladas são o hindu, o bengalês e o inglês. A principal religião é a hindu.

Oceania

A Austrália e a Nova Zelândia são economias insulares estabelecidas nessa região por europeus. Os dois países têm um relacionamento especial, por causa de sua origem britânica, mas não demonstram nenhuma intenção de fundir seus governos. Apesar de ambos cooperarem em muitas áreas, existem muitas diferenças em termos de perfil, cultura e caráter. Os cidadãos dos dois países podem deslocar-se livremente de um para o outro e não há barreiras ou restrições comerciais entre eles. A população conjunta é de 23 milhões, 0,3% do total mundial. O nível de renda *per capita* é relativamente alto — 21.239 dólares na Austrália e 15.376 dólares na Nova Zelândia. A região representa 1,4% da renda global. A Austrália possui 19 milhões de habitantes. A economia do país é mediana (407 bilhões de dólares em 2000) e muito dependente das condições comerciais da Ásia e dos mercados mundiais para seus produtos agrícolas e minerais para exportação, de baixo valor agregado. As taxas de exportação e de importação em relação ao PIB são equivalentes e mantêm-se em torno de 17%. A Ásia é o maior mercado da Austrália; 20% das exportações vão para o Japão, 16%, para os países da Associação das Nações do Sudeste Asiático (Ansea) e 9%, para a Coréia do Sul.

O ambiente do marketing doméstico na Austrália é caracterizado por estratégias do composto de marketing comparáveis às encontradas nos mercados da Tríade. Um desafio importante para as empresas na Austrália é o fato de que as oito principais cidades estão espalhadas pelo vasto continente. O impacto disso sobre a distribuição e a comunicação tende a aumentar os custos do marketing nacional.

A Nova Zelândia é um país pequeno e desenvolvido, com uma população de quatro milhões de pessoas e um território do tamanho, aproximadamente, do Japão ou do Reino Unido. Quarenta anos atrás, o país tinha o terceiro PIB *per capita* do mundo; em 2000, o PIB *per capita* foi de 15.376 dólares, o que fez o país ser ultrapassado, na última década, por Hong Kong, Cingapura e Taiwan. A principal causa do declínio na riqueza relativa da Nova Zelândia foi o fato de ela não ter respondido com rapidez suficiente ao declínio dos preços das *commodities* agrícolas, que representam mais de 60% de suas exportações. Apesar do declínio relativo do PIB *per capita*, continua sendo um dos mais belos países do mundo, com suas maravilhosas montanhas, geleiras e fiordes, seu litoral espetacular e o bom clima temperado.* Nenhum profissional de marketing global deve perder uma visita à Nova Zelândia, especialmente se gosta de viajar de moto. Posso dizer por experiência própria que o país é um dos melhores destinos para esse tipo de viagem.

O inglês é a principal língua e a religião predominante é o cristianismo.

América Latina

A América Latina, com 7% da riqueza do mundo e 9,5% de sua população, é uma região em desenvolvimento. A região inclui o Caribe, a América do Sul e a América Central. Economicamente, o México é considerado parte da América do Norte. A América Latina abriga mais de 510 milhões de pessoas — população maior que a da Europa Ocidental ou que a das regiões combinadas da Europa Central e Oriental. A atração do mercado latino-americano tem sido seu tamanho considerável e sua abundância de recursos.

Após décadas de estagnação, inflação galopante, aumento da dívida externa, protecionismo e folhas de pagamento governamentais inchadas, os países da América Latina têm mostrado surpreendentes mudanças. Orçamentos em equilíbrio são prioridade e estão ocorrendo privatizações. Todos os países da América La-

---

* Depois do sucesso da trilogia *O senhor dos anéis*, filmada no país, a economia beneficiou-se com o aumento da procura do país como locação cinematográfica e destino turístico, principalmente para a prática de esportes 'radicais' (N. do T.).

tina, com exceção de Cuba, agora têm governos eleitos democraticamente. Na Venezuela, contudo, a quantidade de pessoas que não tem comida suficiente quadruplicou nos últimos 20 anos. Em termos percentuais, a Venezuela tem mais gente mal nutrida que a China.[8] Na maioria dos países, os livres mercados, as economias abertas e a desregulamentação começaram a substituir as políticas do passado.

A América Latina está a caminho de eliminar barreiras ao comércio e aos investimentos. Em muitos países, as tarifas alfandegárias, que algumas vezes chegavam a 100% ou mais, foram reduzidas para 10 a 20%. Conforme mencionado no Capítulo 3, os países latino-americanos concentram-se também em desenvolver os mercados comuns sub-regionais. Essas iniciativas são vistas como precursoras de um comércio mais livre com os Estados Unidos. Muitos observadores acreditam ser possível uma área de livre comércio que englobe todo o hemisfério.

O êxito do Chile com exportações faz com que ele seja visto como modelo a ser imitado pelo restante da América Latina, assim como pela Europa Central e pelo Leste Europeu. Os vinhos de padrão mundial produzidos no Chile encontram consumidores ao redor do mundo que buscam produtos de preço mais baixo, e o pescado marítimo chileno pode ser encontrado nos mercados da Europa, da Ásia e da América do Norte. Com a inflação mantida em um dígito, o desemprego por volta de 6% e um modesto superávit orçamentário, o Chile está apontando o caminho para as mudanças no pensamento econômico de outros mercados emergentes. O Chile também tem obtido um ótimo resultado com as privatizações e foi pioneiro na utilização de instrumentos financeiros sofisticados, como os *swaps* de dívida por participação acionária, como forma de diminuir uma parte de sua dívida externa. Os investimentos estrangeiros de longo prazo em 1996, feitos somente pelos Estados Unidos, pela Espanha e pelo Canadá, totalizaram um invejável valor de 3 bilhões de dólares. Essa foi a primeira vez, desde 1974, que o setor de mineração não foi o principal receptor dos investimentos estrangeiros diretos. Ele foi substituído por investimentos em serviços, que totalizaram 2,3 bilhões de dólares.

O Brasil é um exemplo de país que recentemente avançou no desenvolvimento de seus mercados. Com uma população de 178 milhões, é o quinto maior país do mundo e seu território é o quinto maior em área. Economicamente, o país tem 2,6% do PIB mundial, o que equivale a 4.986 dólares por pessoa. A partir da década de 90, o Brasil começou a privatizar, reduziu suas tarifas de importação e dominou a hiperinflação. O resultado foi a entrada de investimentos estrangeiros diretos. Apesar do aumento do desemprego, muitos consumidores têm-se beneficiado do crescimento econômico. Com a entrada da espanhola Telefônica e de outras empresas estrangeiras de telecomunicações no mercado brasileiro, o preço dos telefones celulares baixou de aproximadamente mil dólares para 150. Isso colocou os telefones celulares ao alcance de milhões de brasileiros que, antes, só podiam sonhar com tais comodidades.

As reformas latino-americanas mostram uma ampla mudança das políticas de protecionismo para o reconhecimento dos benefícios das forças de mercado e das vantagens de participar plenamente na economia global. As empresas globais observam de perto a evolução da região. Elas são estimuladas pela liberalização das importações, pelas perspectivas de tarifas mais baixas dentro dos grupos comerciais sub-regionais e pelo potencial para estabelecimento de uma produção sub-regional mais eficiente.

Culturalmente, os principais idiomas são o português e o espanhol, e a religião mais importante é o cristianismo católico romano.

Oriente Médio

O Oriente Médio abrange 16 países: Afeganistão, Chipre, Bahrein, Egito, Irã, Iraque, Israel, Jordânia, Kuait, Líbano, Omã, Qatar, Arábia Saudita, Síria, os Emirados Árabes Unidos e o Iêmen. A região era responsável por 1,9% do PIB mundial em 2000 e tem uma população total de aproximadamente 260 milhões, com uma renda média anual *per capita* de 2.831 dólares nos países sobre os quais há dados do PIB disponíveis.

---

8 "The hungry are always with us", op. cit.

A maioria da população é árabe, seguida por uma grande porcentagem de persas e uma pequena porcentagem de israelitas. Os persas e os árabes compartilham as mesmas crenças e tradições islâmicas, de modo que 95% da população é muçulmana, e 5%, cristã e judia. Apesar dessa aparente homogeneidade, existem grandes diversidades dentro de cada país e dentro dos grupos religiosos.

Os negócios no Oriente Médio são impulsionados pelo preço do petróleo. Sete dos países obtêm desse produto uma renda alta: Bahrein, Iraque, Irã, Kuait, Omã, Qatar e Arábia Saudita. Essas economias detêm mais de 75% das reservas de petróleo do mundo livre. As receitas de petróleo têm aumentado a lacuna entre as nações ricas e pobres do Oriente Médio, e essas disparidades contribuem para a instabilidade social e política da região. A Arábia Saudita continua sendo o mercado mais importante da região. O país é uma monarquia com 16 milhões de pessoas. Só a Arábia Saudita tem 25% das reservas conhecidas de petróleo do planeta.

No passado, a região era caracterizada por um pan-arabismo, uma forma de nacionalismo e lealdade que transcendia fronteiras e se resumia em um dogma antiocidental. Durante a Guerra do Golfo Persa, esse pan-arabismo enfraqueceu um pouco. Para derrotar o Iraque, os árabes do Golfo e seus aliados quebraram muitas de suas leis não escritas, incluindo a de não aceitar ajuda dos Estados Unidos, um aliado tradicional de Israel. Alguns observadores interpretam que essa mudança anuncia novas oportunidades de mercado para a região. Outro sinal positivo foi a declaração de paz entre Israel e Jordânia, que pode facilitar a implementação de uma área de livre comércio no Oriente Médio.

O Oriente Médio não tem um único tipo de sociedade com crenças, comportamentos e tradições típicos. Cada capital e principal cidade na região tem uma variedade de grupos societários, que podem ser diferenciados com base em religião, classes sociais, áreas de ensino e grau de riqueza. Em geral, as pessoas do Oriente Médio são calorosas, amigáveis e tribais. O orgulho tribal e a generosidade para com hóspedes são crenças básicas. A tomada de decisões é baseada no consenso e na idade, que tem mais peso do que o grau de escolaridade. A vida do indivíduo é centrada na família. A autoridade vem com a idade, e o poder está relacionado com o tamanho da família e a precedência. Nos relacionamentos de negócios, prefere-se agir por intermédio de terceiros de confiança; além disso, prefere-se a comunicação oral.

Os negócios são conduzidos com base em conexões. Pessoas bem-relacionadas progridem mais e mais rapidamente. Barganhar é uma arte no Oriente Médio, e um homem de negócios deve estar preparado para antiquadas seções de pechincha. Estabelecer *rapport* pessoal, confiança mútua e respeito são os fatores mais importantes para realizar um bom relacionamento de negócios. Geralmente as decisões não são tomadas por telefone ou correspondência. O homem de negócios árabe trata com o indivíduo, não com a empresa. A maioria dos costumes sociais é baseada na sociedade árabe dominada pelos homens. As mulheres não fazem parte dos negócios ou da parte social para os árabes muçulmanos tradicionais.

Em uma conversa, alguns assuntos devem ser evitados, por ser considerados invasão de privacidade. Por exemplo:

1. Evite iniciar assuntos relacionados aos negócios antes de conhecer bem seu anfitrião árabe. Isso é considerado rude.
2. É tabu fazer perguntas ou comentários relativos à esposa ou às filhas.
3. Evite conversar sobre assuntos religiosos ou política.
4. Evite qualquer discussão sobre Israel.[9]

África

O continente africano é um território enorme. Na realidade, não é possível tratar a África como uma unidade econômica única. O continente é dividido em três áreas distintas: República da África do Sul, África do Norte e África subsaariana, localizada entre o deserto do Saara, ao norte, e o rio Zambeze, ao sul. O

---

9 Philip R. Harris e Robert T. Moran. *Managing cultural differences*, 3ª ed. Houston: Gulf Publishing Company, 1991, p. 506.

mercado é grande, com mais de 730 milhões de pessoas. A África, com 1,3% da riqueza do mundo e 11,9% de sua população, é uma região em desenvolvimento, com uma renda média *per capita* anual de 536 dólares.

A República da África do Sul tem um PIB de 125 bilhões de dólares, quase 50% do PIB total da África ao sul do Saara. A renda *per capita* é de 2.902 dólares. A renda, no entanto, é muito desproporcional, já que 24% da população vive abaixo do nível de pobreza.[10] A África do Sul sofre com os mesmos problemas que o restante do continente: crescimento lento, famílias grandes e baixos investimentos. O ouro e outras minas de minérios, que geram quase 45% das exportações sul-africanas, estão sujeitos aos preços mundiais e encontram-se em decadência. O desemprego é de aproximadamente 30% e mais 11% estão subempregados. Sanções, oficiais e não oficiais, restringiram o crescimento sul-africano durante anos. Com a eliminação do *apartheid* e a remoção das sanções, em 1992, o turismo e o comércio melhoraram. Bancos estrangeiros começaram a emprestar novamente. Na África abaixo do Saara, a África do Sul é um colosso econômico, com um considerável potencial, mas também com um risco político bastante grande.

A Nigéria é a maior nação da África, com uma população de 128 milhões, em 2000, e um PIB de 38 bilhões de dólares. Apesar de ser um importante fornecedor de petróleo para o mundo, a renda *per capita* da Nigéria foi de somente 299 dólares em 2000, e o país é só um terço do tamanho da República da África do Sul em termos econômicos. Quase 30% da população da Nigéria vive abaixo da linha de pobreza, definida como um dólar por pessoa ao dia.[11] A estabilidade da situação econômica geral da Nigéria é altamente dependente do mercado internacional de petróleo. Fazer negócios na Nigéria é bastante difícil: o governo do país é um dos mais incapazes, ineficientes e corruptos do mundo.

Vários países da África abaixo do Saara mostraram enormes declínios em seu PIB no final do século XX. Esse declínio se reflete na quantidade de pessoas subnutridas na região. Na Somália, quase 75% da população é subnutrida. No Congo, Moçambique e Etiópia, mais de 50% das pessoas não têm o que comer.[12] Economicamente, de 1990 a 1996, o PIB de Serra Leoa caiu 8%, o do Congo, 12,5%, e o de Angola, 10%. Além dos problemas econômicos, a África subsaariana enfrenta o alastramento da Aids. Nos países que sofrem de Aids em proporções epidêmicas, a expectativa de vida caiu sete anos em média.[13]

Na África do Norte, os 78 milhões de árabes são diferenciados política e economicamente. Eles são mais ricos e mais desenvolvidos, e muitos países se beneficiam de grandes recursos petrolíferos.

O desafio do marketing nos mercados de baixa renda da África não é estimular a demanda por produtos, mas identificar as necessidades mais importantes da sociedade e desenvolver produtos que atendam a elas. Há muitas oportunidades para a criatividade em desenvolver produtos singulares, que atendam às necessidades dos habitantes de países em desenvolvimento.

Culturalmente, os países da África são muito diferentes um do outro. Além das inúmeras culturas nativas, a cultura e a religião dos antigos colonizadores são evidentes.

MARKETING EM ECONOMIAS EM TRANSIÇÃO E PAÍSES MENOS DESENVOLVIDOS

A escassez de mercadorias e serviços é o problema central das economias em transição (aquelas que estão se convertendo de economia de comando para de livre mercado) e de países menos desenvolvidos (PMD). O marketing é uma disciplina que guia o processo de identificar e satisfazer as necessidades e os desejos das pessoas. O marketing é claramente necessário e muito desejado pelos consumidores nesses países.

Certas características básicas são os desafios do marketing: (1) baixa renda *per capita* (quatro mil dólares ou menos); (2) inflação alta (10 a 30% ao ano); (3) distribuição de renda fortemente desigual; (4) altos níveis de impostos, taxas de importação e outros empecilhos burocráticos; (5) falta de conscientização de

---

10 "Africa: bleak prospects in consumer markets", *Crossborder Monitor On-line Service*, *The Economist Intelligence Unit Limited*, 1998.
11 "Africa: bleak prospects in consumer markets", op. cit.
12 "The hungry are always with us", op. cit.
13 "Unshapely world, too old or too young", *Economist*, 25 set. 1999, p. 56.

marketing com a presença de um mercado ilegal; (6) canais de distribuição e comunicação fragmentados; (7) infra-estrutura inadequada de distribuição e logística.[14]

Apesar dessas dificuldades, oportunidades de longo prazo podem ser alimentadas. Hoje, a Nike produz e vende só uma pequena parcela de seus produtos na China, mas, quando a empresa fala da China como um "mercado de dois bilhões de pés", obviamente está pensando no futuro. Maiores pressões competitivas forçarão as empresas a reavaliar suas estratégias e a procurar novos mercados ainda mais longe. Mesmo algumas empresas de crescimento rápido, em economias em transição (ETs) e em PMDs, estão começando negócios em países que se encontram atrasados em relação a seus próprios países de origem. Várias empresas da Coréia do Sul (por exemplo, Lucky-Goldstar), há pouco considerado um país em desenvolvimento, estão entrando nesses mercados, pois têm experiência em produzir mercadorias por um custo unitário mais baixo. Os mercados emergentes podem ser perdidos por indiferença e pela concorrência estrangeira que chegou antes. Ao decidir se deve ou não entrar em um PMD, um estudo sugeriu o seguinte:

- Olhe além do PIB *per capita*. Os números do *per capita* podem esconder uma considerável classe média naquele mercado. A Índia, por exemplo, tem uma classe média enorme, que está escondida nas estatísticas médias do país.
- Considere os PMDs de maneira coletiva, e não separada. Um mercado pode não ser atraente, mas ter possibilidades mais amplas com os países vizinhos.
- Pese os benefícios e os custos de ser a primeira empresa a oferecer um produto ou serviço em um PMD. Os governos de PMDs muitas vezes concedem subsídios fiscais ou outro tratamento especial para empresas montarem suas operações. Entrar com êxito em um PMD é uma chance de dominar uma importante oportunidade de mercado.
- Estipule prazos realistas para as metas. Devido a diferentes forças legais, políticas ou sociais, as coisas podem andar devagar.[15]

Apesar das sérias dificuldades econômicas que os PMDs do Sudeste Asiático, da América Latina, da África e do Leste Europeu enfrentam no momento, muitas dessas nações evoluirão para se tornar mercados atraentes. O papel do marketing nos PMDs é focalizar os recursos na tarefa de criar e fornecer produtos que atendem melhor às necessidades das pessoas. Os conceitos básicos do marketing podem ser aplicados para que os produtos sejam projetados para se adequar às necessidades e à renda dos mercados em PMDs. Técnicas apropriadas de comunicação de marketing também podem ser aplicadas para acelerar a aceitação desses produtos. O marketing pode ser o elo que relaciona recursos a oportunidades e facilita a satisfação das necessidades dentro das condições do consumidor.

COMPRADORES GLOBAIS

Cada comprador é único, e todos os compradores atravessam um processo similar para chegar a uma decisão. Portanto, apesar de os compradores de países e regiões diferentes do mundo atravessarem um processo similar ao tomar suas decisões de compra, farão compras diferentes, já que responderão a fatores econômicos, sociais, culturais, políticos, governamentais, ambientais, competitivos e pessoais próprios, que influenciam suas decisões.

---

14 Rajeev Batra, "Executive insights: marketing issues and challenges in transitional economies", *Journal of International Marketing*, 5, nº 4, 1997, p. 95-114.
15 Donald G. Halper e H. Chang Moon, "Striving for first-rate markets in third-world nations", *Management Review*, maio 1990, p. 20-21.

A equação de valor e valor para o cliente

Para qualquer organização, operando em qualquer lugar do mundo, a essência do marketing é ultrapassar a concorrência na tarefa de criar valor percebido para os clientes. A equação de valor é um guia para essa tarefa:

$$V = B/P$$

onde

V = valor
B = benefícios
P = preço

O composto de marketing é parte integrante da equação, porque os benefícios são uma combinação de produto, promoção e distribuição. Como regra geral, o valor percebido pelo cliente — variável à esquerda do sinal de igual — pode ser aumentado de duas maneiras básicas. O numerador pode ser aumentado com a melhoria de benefícios associados ao próprio produto, à distribuição ou às comunicações. Ou então pode-se aumentar o valor com a redução do preço. (Com certas categorias de mercadorias diferenciadas, incluindo roupas de grife e outros produtos de luxo, preço alto está associado a valor maior.) As empresas que utilizam o preço como arma competitiva podem gozar de um amplo fornecimento de mão-de-obra barata ou de acesso a matérias-primas igualmente baratas. As empresas também podem reduzir preços se os custos são baixos devido a eficiências na fabricação. Se uma empresa é capaz de oferecer produto superior e boa distribuição, assim como benefícios promocionais e preços mais baixos em relação à concorrência, sua posição é extremamente vantajosa. Foi assim que a Toyota, a Nissan e outros fabricantes de automóveis japoneses ganharam mercado nos Estados Unidos na década de 80. Eles ofereceram carros com mais qualidade e menor preço que os fabricados pela Chrysler, pela Ford e pela General Motors. Não é necessário dizer que, para ser um sucesso de mercado, um produto deve atingir um patamar de qualidade aceitável.

O equivalente atual dos que entraram primeiro no mercado dos Estados Unidos, como fizeram os japoneses, é a Hyundai, cujo preço é 7.500 dólares. A marca sofreu no início devido à reputação de baixa qualidade, mas a Hyundai parece determinada a melhorar a qualidade e estabelecer-se no mercado norte-americano. A imagem corporativa deprecia o valor percebido de um produto; assim, a Hyundai deve aumentar o valor para um nível competitivo, abaixando seu preço. Mesmo que a Hyundai tenha êxito em aumentar a qualidade para padrões mundiais, ela será forçada a oferecer sua marca com desconto, porque a percepção de qualidade não acompanhará as melhorias reais da qualidade. O mesmo se aplica à Samsung no mercado de monitores de computador. Ela continuará a vender a preço menor que a Sony, mesmo depois de igualá-la em qualidade, porque a imagem sempre fica atrás da qualidade real do produto.

O lado positivo da equação de qualidade é que, quando o valor percebido de uma empresa é alto, ela pode cobrar mais que a concorrência pelo mesmo produto. A Toyota e a General Motors (GM) produzem o Toyota Corolla e o GM Prizm em uma *joint-venture* na Califórnia. Em carros idênticos, são colocados a marca Toyota e GM no final da linha de montagem. O Toyota Corolla custa mil dólares a mais do que o GM Prizm porque há um valor percebido maior para a Toyota. A percepção é tão poderosa que as histórias de qualidade superior do Corolla, em comparação com o Prizm, têm sido ouvidas de numerosas fontes nos Estados Unidos. Esse é um belo exemplo do valor positivo da marca de uma empresa e da inferioridade do outro, considerando-se o valor da marca.

O resultado final da equação de valor é que você só pode obter êxito em um mercado se tiver valor percebido igual ou maior que o da concorrência. Se você for novo e desconhecido, sua melhor estratégia será a entrada no mercado com uma oferta que os clientes acharão difícil de recusar: ofereça qualidade e atributos que igualem ou ultrapassem os da concorrência, a um preço menor. O preço chamará a atenção de seu cliente potencial, e a qualidade e os atributos a manterão. Com o passar do tempo, à medida que se tornar conhecido, você poderá aumentar os preços para que reflitam seu valor percebido.

A teoria da difusão[16]

O processo que os compradores atravessam é resumido como 'teoria da difusão', uma teoria universal do marketing. Centenas de estudos descrevem o processo pelo qual um indivíduo adota uma idéia nova. O sociólogo Everett Rogers revisou esses estudos e descobriu um padrão de conclusões notavelmente similares. Em seu livro *Diffusion of innovations*, Rogers resumiu a pesquisa em três conceitos extremamente úteis para o profissional do marketing global: processo de adoção, características das inovações e categorias de adotante.

Obviamente, inovação é algo novo, mas quando aplicado a um produto o novo pode significar coisas diferentes. No sentido absoluto, uma vez que um produto foi introduzido em qualquer parte do mundo, ele já não é mais uma inovação, porque não é mais novo para o mundo. Em termos relativos, no entanto, um produto já introduzido em um mercado pode ser uma inovação em outro lugar, porque é novo e diferente para o mercado-alvo. O marketing global muitas vezes requer esse tipo de introdução de produto. As empresas promovem produtos que podem ser, simultaneamente, inovações em alguns mercados e produtos maduros ou em declínio em outros.

O processo de adoção

Um dos elementos básicos da teoria de difusão de Rogers é o conceito de processo de adoção — fases mentais pelas quais um indivíduo passa entre a primeira vez que fica sabendo de uma inovação e a época de adoção ou compra. Rogers sugere que um indivíduo passa por cinco fases diferentes de procedimento, do primeiro contato até a adoção final ou compra daquele produto:

1. *Conscientização*. Na primeira fase, o cliente toma consciência, pela primeira vez, de um produto ou inovação. Estudos mostram que nessa fase fontes impessoais de informação, como a propaganda na mídia, são mais importantes. Um objetivo importante na comunicação de marketing é criar uma conscientização do produto, com a exposição geral a mensagens publicitárias.
2. *Interesse*. Durante essa fase, o cliente está suficientemente interessado para querer saber mais. O cliente focalizou sua atenção na comunicação relacionada ao produto e tomará providências para pesquisar e obter informações adicionais.
3. *Avaliação*. Nessa fase, o indivíduo avalia mentalmente os benefícios do produto com relação às necessidades percebidas no presente e antecipando o futuro; com base em seu julgamento, decide se experimenta ou não.
4. *Experimentação*. A maioria dos clientes não comprará produtos caros sem, primeiro, provar 'ao vivo' o que os profissionais de marketing chamam de 'experimentar'. Um bom exemplo de experimentação de produto que não envolve a compra é o test-drive de um automóvel. Para produtos de saúde e outros produtos baratos de consumo, o experimentar, muitas vezes, envolve a compra. Os profissionais de marketing freqüentemente induzem à experimentação com a distribuição de amostras grátis. Para produtos baratos, uma compra inicial única é definida como experimentação.
5. *Adoção*. Aqui, o indivíduo ou faz uma compra inicial (no caso de um produto mais caro) ou continua a comprar — adotar e mostrar fidelidade de marca — o produto mais barato. Estudos mostram que, à medida que uma pessoa vai da avaliação por meio da experimentação para a adoção, fontes pessoais de informação são mais importantes que fontes impessoais. É durante essas fases que os representantes de vendas e a propaganda boca a boca tornam-se forças de persuasão importantes na decisão de compra.

Categorias de adotante

As categorias de adotante são classificações de indivíduos, dentro de um mercado, com base em sua tendência à inovação. Centenas de estudos sobre a difusão de inovações demonstram que a adoção é um fenômeno social caracterizado por distribuições normais, conforme mostra a Figura 5-2.

---

16 Esta seção foi extraída de Everett M. Rogers, *Diffusion of innovations*. Nova York: Free Press, 1962.

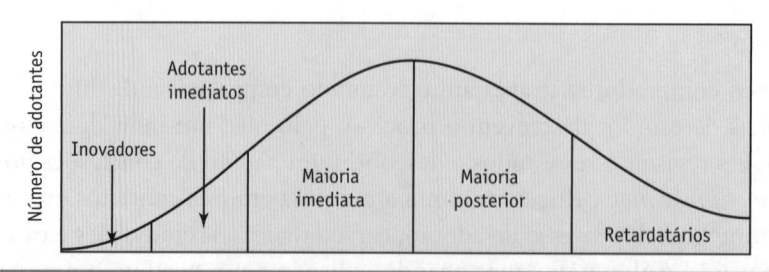

Figura 5-2 Categorias de adotante.

Cinco categorias têm sido apontadas para os segmentos dessa distribuição normal. Os primeiros 2,5% das pessoas a comprar um produto são definidos como inovadores; os próximos 13,5% são definidos como adotantes imediatos; os 34% seguintes, como maioria imediata; os próximos 34%, como maioria posterior; os últimos 16%, como os retardatários. Estudos mostram que os inovadores tendem a ser empreendedores, mais cosmopolitas em seus relacionamentos sociais e mais ricos que os que adotam mais tarde. Os adotantes imediatos são pessoas mais influentes em suas comunidades, até mais que os inovadores. É por isso que eles formam um grupo fundamental no processo de adoção e têm influência considerável sobre a maioria, que são a grande massa de adotantes de qualquer produto. Várias características dos adotantes imediatos se destacam. Primeiro, eles tendem a ser mais jovens, ter status social mais alto e condição financeira mais favorável do que os retardatários. Eles devem reagir às fontes de informação da mídia e ficar sabendo sobre as inovações por essas fontes, porque não podem simplesmente copiar o comportamento de adotantes anteriores.

Um dos motivos mais importantes para a distribuição normal das categorias de adotante é o efeito da interação, isto é, o processo pelo qual os indivíduos que adotaram uma inovação influenciam os outros. A adoção de uma nova idéia ou produto é resultado da interação humana em um sistema social. Se o primeiro adotante de uma inovação ou um novo produto discutir isso com duas outras pessoas, cada uma dessas passar a nova idéia para duas outras pessoas e assim por diante, a distribuição resultante dará um formato normal quando desenhado.

Do ponto de vista do gerente de marketing, os passos tomados para persuadir os inovadores e os adotantes imediatos a comprar um produto são fundamentais. Esses grupos devem tomar a iniciativa e são a base de uma eventual penetração do produto em um mercado novo, porque com o tempo a maioria copiará seu comportamento.

Características das inovações

Além de descrever o processo de adoção do produto, Rogers identificou os cinco fatores mais importantes que afetam a velocidade com que as inovações são adotadas:

1. *Vantagem relativa*. Como um produto novo se compara com os produtos existentes aos olhos dos clientes? A vantagem relativa percebida de um produto novo em comparação com os produtos existentes é uma influência importante sobre a velocidade de adoção. Se um produto tiver uma vantagem relativa substancial em relação à concorrência, provavelmente obterá uma aceitação rápida. Quando os aparelhos de CD foram introduzidos, no início da década de 80, os observadores da indústria previam que somente os audiófilos valorizariam o suficiente o som digital — e teriam dinheiro — para comprá-lo. As vantagens sonoras dos CDs, em relação aos LPs, no entanto, ficaram óbvias para o mercado de massa; à medida que os preços dos CDs baixaram, o LP de vinil de 12 polegadas tornou-se praticamente extinto em menos de uma década.

   Muitas inovações, porém, desafiaram sem sucesso o domínio dos CDs. Uma regra geral para quem quer investir em inovações é que a inovação deve ser pelo menos dez vezes melhor que o produto estabelecido, para se ter sucesso na categoria existente. A fita digital de áudio (DAT) e os novos formatos de CD fracassaram até hoje porque não superaram a barreira do 'dez vezes melhor'.

2. *Compatibilidade.* Refere-se a quanto um produto é coerente com valores existentes e experiências passadas dos adotantes. O histórico de inovações no marketing internacional está repleto de fracassos causados por falta de compatibilidade dos novos produtos no mercado-alvo. O primeiro videocassete para o consumidor geral, o Betamax da Sony, por exemplo, acabou por fracassar, porque só gravava por uma hora. A maioria dos compradores queria gravar filmes e eventos esportivos e rejeitou o Betamax em favor do formato VHS, videocassetes que podiam gravar quatro horas de programação.
3. *Complexidade.* É o grau em que uma inovação ou produto é difícil de entender e utilizar. Complexidade de produto é um fator que pode diminuir a velocidade de adoção, especialmente nos mercados de países em desenvolvimento com baixas taxas de alfabetização. Dezenas de empresas globais estão desenvolvendo produtos eletrônicos novos, interativos e de multimídia. Complexidade é o assunto-chave no que se refere ao design; é uma piada enraizada o fato de que na maioria das casas o relógio do videocassete pisca 12:00 porque os usuários não sabem configurá-lo. Para ter sucesso no mercado de massa, os novos produtos têm de ser tão simples de usar quanto inserir uma fita pré-gravada no aparelho de videocassete.
4. *Divisibilidade.* Um produto pode ser experimentado e utilizado de maneira limitada sem necessidade de incorrer em grandes despesas? As grandes discrepâncias de renda ao redor do mundo resultam em diferenças nas quantidades preferidas de compra, no tamanho da embalagem e nas porções dos produtos. A CPC International, dona da maionese Hellmann's, não conseguia vender bem seus potes normais na América Latina. As vendas decolaram depois que a empresa colocou maionese em pequenos pacotes de plástico, os quais estavam dentro dos orçamentos dos consumidores locais e também não necessitavam de refrigeração — outro ponto positivo.
5. *Comunicabilidade.* É o grau em que os benefícios de uma inovação ou o valor de um produto pode ser comunicado para um mercado potencial. O novo gravador digital da Philips começou devagar, em parte porque a propaganda não conseguiu comunicar claramente que o produto pode fazer gravações com qualidade de CD, utilizando uma nova tecnologia de cassete, e continuar reproduzindo as antigas fitas analógicas.

Difusão de novos produtos

A difusão de novos produtos em vários países oferece muitos desafios para os profissionais de marketing, já que países diferentes respondem de maneiras diferentes a um dado produto novo. Em sua pesquisa, Tellefsen e Takada descobriram que produtos novos se difundem mais lentamente nos Estados Unidos do que na Ásia ou na Europa, e que mesmo dentro da Europa a velocidade da difusão varia de país para país. Eles notaram que a ordem de uma introdução também é importante e que o primeiro país a receber um produto novo tende a ter uma difusão mais lenta do que os países subseqüentes. Outras considerações são o contexto cultural, o cosmopolitismo, a mobilidade e o individualismo, além da tendência da população a evitar incertezas.[17]

Difusão de inovações nos países da Orla do Pacífico

Em comparações entre Estados Unidos, Japão, Coréia do Sul e Taiwan, Takada e Jain mostram evidências de que as diferentes características do país — em particular, a cultura e os padrões de comunicação — afetam o processo de difusão para ar-condicionado, máquina de lavar e calculadora.[18] Tomando como ponto de partida a observação de que o Japão, a Coréia do Sul e Taiwan são culturas de alto contexto, com populações relativamente homogêneas, enquanto os Estados Unidos são uma cultura heterogênea de baixo

---

17 Thomas Tellefsen e Hirokazu Takada, "The relationship between mass media availability and the multicountry diffusion of consumer products", *Journal of International Marketing*, 7, nº 1, 1999, p. 77-96.
18 Hirokazu Takada e Dipak Jain, "Cross-national analysis of diffusion of consumer durable goods in Pacific rim countries", *Journal of Marketing*, 55, abr. 1991, p. 48-53.

contexto, Takada e Jain concluíram que a velocidade de difusão na Ásia é maior, comparada com a dos Estados Unidos. Uma segunda hipótese apoiada pela pesquisa foi de que a adoção seria mais rápida em mercados onde as inovações são introduzidas relativamente tarde. Presumivelmente, o tempo da demora daria aos consumidores potenciais mais tempo de avaliar as vantagens relativas, a compatibilidade e outros atributos do produto. A pesquisa de Takada e Jain tem implicações importantes para o marketing. Eles observam:

> "Se um gerente de marketing planeja entrar nos países de industrialização recente (PIR) ou em outros mercados asiáticos com um produto que se provou bem-sucedido no mercado de origem, o processo de difusão do produto deverá ser mais rápido do que o desse último."[19]

O PLANO DE MARKETING GLOBAL

Cada país do mundo é soberano e único, mas existem similaridades entre os países de uma mesma região ou entre países com o mesmo nível de desenvolvimento, o que torna tanto a abordagem regional como a da fase de mercado bases sólidas para o planejamento de marketing. Neste capítulo, a organização do material foi feita ao redor das áreas geográficas. Poderia, da mesma maneira, ter sido feita com base nas fases de desenvolvimento econômico, assim como uma empresa pode organizar seu plano por produto ou função. Mais detalhes sobre planos de marketing, planos e estruturas de organizações internacionais podem ser encontrados no Capítulo 17.

Resumo

Talvez o fato mais contundente sobre mercados e compradores do mundo seja que, pela primeira vez na história moderna, o mundo inteiro está em crescimento. De acordo com as estimativas do Banco Mundial, cada região do mundo, incluindo a África, crescerá, e, na grande maioria dos casos, os países pobres crescerão mais que os ricos. Esse fenômeno possibilitará novas oportunidades para os profissionais de marketing, que, apesar da crescente globalização, precisam atentar para as características de cada novo mercado em que planejam entrar ou se expandir.

Questões para Discussão

1. Quais são as principais características dos mercados regionais do mundo? Qual é a região que mais cresce? Por quê? Como essa região se enquadra como uma área para a expansão dos esforços de marketing?
2. Qual é o significado da equação de valor para os profissionais do marketing global?
3. Você concorda com a caracterização de James Fallows do 'modelo asiático' na citação que abre o capítulo? É possível atingir altos níveis de renda sem democracia política?
4. Nos Estados Unidos, os consumidores muitas vezes encontram informações em inglês e em francês na embalagem de produtos importados do Canadá, o que vem ao encontro das exigências de embalagem canadenses. Dado o número de pessoas que falam espanhol nos Estados Unidos, os profissionais de marketing norte-americanos deveriam acrescentar o espanhol nas embalagens de seu país?

---

19 Ibid., p. 50.

Leitura Sugerida

Aziz Sunje. "Selling to newly emerging markets", *Journal of International Marketing*, 7, nº 2, 1999, p. 93-96.

B. Mascarehas. "The founding of specialist firms in a global fragmenting industry", *Strategic Management Journal*, 27, primeiro trimestre 1996, p. 27-42.

Bilson Kurus. "The Asean triad: national interest, consensus-seeking and economic cooperation", *Contemporary Southeast Asia*, 16 mar. 1995, p. 404-420.

C. P. Rao e Srivatsa Seshadri. "Industrial buyers expectations of supplier attributes across developing countries: implications for marketing strategies", *International Executive*, 38, set./out. 1996, p. 671-689.

Caio Koch-Weser. "Economic reform and regional cooperation: a development agenda for the Middle East and North Africa", *Middle East Policy*, 2, nº 2, 1993, p. 28-36.

European World Year Book. Londres: Europe Publications Limited.

George Fields, Hotaka Katahira e Jerry Wind. *Leveraging Japan: marketing to the new Asia*. Nova York: Jossey-Bass, 2000.

Gus Tyler. "The nation-state vs. the global economy", *Challenge*, 36, mar. 1993, p. 26-32.

Jan-Benedict E. M. Steenkamp, Frendel ter Hofstede e Michael Wedel. "A cross-national investigation into the individual and national cultural antecedents of consumer innovativeness", *Journal of Marketing*, 63, nº 2, 1999, p. 55-69.

Katrina Savitskie. "Entering the chinese market: the risks and discounted rewards", *Journal of International Marketing*, 7, nº 3, 1999, p. 126-128.

Kenichi Ohmae. *The end of the nation state: the rise of regional economies*. Nova York: Free Press, 1995.

Kym Anderson e Richard Blackhurst (eds.). *Regional integration and the global trading system*. Nova York: Harvester/Wheatsheaf, 1993.

Masao Miyoshi. "A borderless world? From colonialism to transnationalism and the decline of the nation-state", *Critical Inquiry*, 19, verão 1994, p. 726-751.

Nigel M. Healey. "The transition economies of central and eastern Europe: a political, economic, social and technological analysis". *The Columbia Journal of World Business*, 29, primavera 1994, p. 62-70.

Peter Robson e Ian Wooton. "The transnational enterprise and regional economic integration", *Journal of Common Market Studies*, 31, mar. 1993, p. 71-90.

W. Andrew Axline. *The political economy of regional cooperation*. Londres: Pinter, 1994.

World Factbook. Washington, DC: Central Intelligence Agency of U.S. Government.

CAPÍTULO 6

Sistemas de Informação e Pesquisa de Marketing Global

Para sobreviver neste novo mundo de competitividade global, tivemos de nos modernizar. A tecnologia da informação é a base para tudo que fazemos.
James Wogsland (vice-presidente da Caterpillar)

Nada muda com mais constância do que o passado, pois o passado que influencia nossa vida não é o que aconteceu, mas o que acreditamos que tenha acontecido.
Gerald W. Johnston

Conteúdo do Capítulo

- Visão geral dos sistemas de informação de marketing global
- Fontes de informação de mercado
- Pesquisa formal de marketing
- Questões atuais de pesquisa de marketing global
- Abordagem integrada da coleta de informações
- Resumo
- Questões para discussão

As informações, ou dados úteis, constituem a matéria-prima da ação executiva. O profissional de marketing global enfrenta um duplo problema na obtenção de informações necessárias para a tomada de decisões: nos países de renda alta, a quantidade de informações disponíveis excede, de longe, a capacidade de absorção de um indivíduo ou uma organização. O problema das informações é sua superabundância, não sua escassez. Embora os países avançados de todo o mundo estejam no meio de uma explosão de informações, faltam informações disponíveis sobre as características dos mercados em países menos desenvolvidos.

Por isso, o profissional de marketing global enfrenta, ao mesmo tempo, o problema da abundância e da escassez de informações. Ele precisa saber onde obter informações, as áreas e os assuntos que devem ser cobertos e as diferentes maneiras como as informações podem ser obtidas. Este capítulo apresenta um modelo de obtenção de informações para o marketing global e seu processo de pesquisa. Uma vez obtidas, as informações devem ser processadas de modo eficiente e eficaz. O capítulo conclui com uma discussão sobre como gerenciar um sistema de coleta de informações de marketing e o esforço de pesquisa de marketing.

K. M .S. 'Titoo' Ahuwalia, por exemplo, é presidente da ORG-Marg, a maior empresa de pesquisa de marketing da Índia. Várias empresas globais são suas clientes: Avon, Gillette, Coca-Cola e Unilever. Como Titoo costuma dizer, eles estão descobrindo que "a Índia é diferente". A Índia é o segundo país mais populoso do planeta, com uma classe média composta por mais de 200 milhões de pessoas. Apesar da crescente riqueza, tradições e costumes milenares ainda prevalecem. Como resultado disso, o comportamento dos consumidores muitas vezes confunde as expectativas ocidentais. Embora no verão a temperatura freqüentemente alcance níveis bastante elevados, apenas 2% dos moradores das cidades usam desodorante; em vez disso, os indianos tomam banho duas vezes por dia. Apenas 1% das casas tem aparelho de ar-condicionado, e uma recente pesquisa do Gallup revelou que o número de pessoas que tinha intenção de comprar um desses aparelhos no futuro próximo não passava de 1%. As virtudes da simplicidade pregadas antigamente por Gandhi ainda estão na cabeça de muitos; fumantes completam e recompletam com fluido isqueiros descartáveis, e as mulheres reciclam lençóis velhos, em vez de gastar dinheiro com absorventes. Da mesma maneira, em um país em que se acredita que os alimentos formam a personalidade e o temperamento, e os cafés-da-manhã quentes são vistos como fonte de energia, a Kellogg tem tido dificuldades em conseguir adeptos para seus cereais frios.

Para empresas que esperam ter êxito na Índia e em outros mercados emergentes, informações sobre o comportamento dos compradores e do ambiente geral de negócios são vitais para a tomada de decisão eficaz. Quando estiverem pesquisando qualquer mercado, essas empresas devem saber para onde ir a fim de obter informações, que áreas investigar e quais informações procurar, as diferentes maneiras de obtê-las e as várias abordagens analíticas que poderão fornecer importantes percepções e propiciar decisões informadas. Obviamente, os 16 idiomas da Índia, seus 200 dialetos e a baixa taxa de urbanização criam desafios especiais para a pesquisa. Desafios similares, no entanto, podem surgir em qualquer lugar em que o profissional de marketing se encontre.

Para a alegria do profissional de marketing, desde meados da década de 90, há uma riquíssima quantidade de informações de mercado disponível na Internet. Alguns cliques podem render centenas de artigos, resultados de pesquisa e sites Web que oferecem valiosas informações sobre os mercados de determinado país. Mesmo assim, os profissionais de marketing precisam estudar vários tópicos importantes para poder aproveitar ao máximo essa nova tecnologia. Primeiro, precisam compreender a importância da tecnologia e dos sistemas de informação de marketing como ativos estratégicos. Depois, precisam de orientação geral para explorar as informações e identificar as oportunidades. Posteriormente, devem ter uma compreensão geral do processo formal de pesquisa de mercado. Por fim, devem saber como gerenciar os sistemas de coleta de informações de marketing. Esses tópicos são o foco deste capítulo.

VISÃO GERAL DOS SISTEMAS DE INFORMAÇÃO DE MARKETING GLOBAL

A finalidade dos sistemas de informação de marketing (SIM) é fornecer aos gerentes e a outros tomadores de decisões um fluxo contínuo de informações sobre mercados, clientes, concorrentes e operações da empresa, de maneira que devem fornecer um meio de coletar, analisar, classificar, armazenar, recuperar e comunicar dados que digam respeito a tais elementos. O SIM deve também cobrir importantes aspectos do ambiente externo. Por exemplo, as empresas de qualquer ramo precisam dedicar atenção aos regulamentos do governo sobre fusões, aquisições e alianças. As aquisições, como a da VNU NV, empresa de mídia holandesa que foi recentemente comprada pela Nielsen Media Research por 2,5 bilhões de dólares, permitem manter uma posição de liderança.[1] Conforme sugerido pela citação de James Wogsland no início deste capítulo, a competição global intensifica a necessidade de um SIM eficaz. Além da Caterpillar, Mitsui,

---

1 Nikhil Deogun, "Made in U.S.A.: deals from Europe hit record", *Wall Street Journal*, 25 out. 1999, p. C-1.

> **QUADRO 6-1**
>
> ### SISTEMA DE INFORMAÇÃO DA BENETTON
>
> No mundo da moda, a empresa que apresenta primeiro ao mercado os novos estilos, cores e tendências tem tudo para ter vantagem competitiva em relação a seus concorrentes. Segundo Luciano Benetton, fundador da empresa italiana que carrega seu nome, "o mercado da Benetton é, por razões de produto e de alvo, extremamente dinâmico, muda muito rapidamente". O sistema de informação da empresa inclui bancos de dados relacionais e uma rede para a troca eletrônica de dados. Os gerentes da Benetton confiam cegamente nos dados registrados no ato da compra; os dados de cada operação realizada nas sete mil lojas da Benetton espalhadas pelo mundo são transmitidos instantaneamente via satélite para a sede da empresa. Analistas fazem a verificação e a filtragem dessas informações para identificar as tendências e transformá-las em novos produtos.
>
> A maioria das peças de tecido da Benetton é produzida em fios sem cor, cinza; as roupas, então, são tingidas de acordo com as tendências da moda identificadas pelo sistema de informação de marketing, o SIM. O sistema ajuda a reduzir custos de estoque e diminui o número de itens com baixo giro que precisam ter o preço reduzido para serem vendidos. Os agentes de campo da empresa utilizam um sistema de rastreamento para monitorar constantemente as tendências do mercado. O sistema informa se um determinado item está em produção, no estoque ou em trânsito. No coração da Benetton, um centro de distribuição de 57 milhões de dólares, robôs computadorizados fazem a coleta e a armazenagem de 12 mil caixas identificadas por códigos de barra.
>
> O SIM também ajuda a equipe de designers a trabalhar de maneira mais eficiente. Antes da implantação do sistema, os designers eram obrigados a visitar pessoalmente os armazéns a fim de analisar modelos de roupas das estações passadas. Com o novo sistema, todos os itens são fotografados, e as imagens, transformadas em arquivos digitais e armazenadas em um CD conectado a um computador pessoal. Desse modo, um designer pode solicitar uma determinada peça de vestuário de qualquer coleção de anos atrás sem precisar sair de seu escritório — nem mesmo da frente da tela de seu computador.
>
> Se considerarmos o processo como um todo, o SIM da Benetton reduziu o tempo necessário para a criação do design das peças de vestuário da grife de seis meses para apenas algumas semanas. Novos pedidos das lojas podem ser atendidos em um prazo de 13 a 27 dias. Mas mesmo assim Luciano Benetton não está satisfeito. Ele pretende aprimorar ainda mais o sistema de processamento de dados da empresa e utilizar a tecnologia da informação como ferramenta para motivar os funcionários. Bruno Zuccaro, gerente do SIM da Benetton, explica: "Ele diz que não é suficiente conhecer o que vendemos, que precisamos saber o que deveríamos ter vendido e quanto deixamos de ganhar por não termos desenvolvido nosso potencial".
>
> *Fontes*: Michael M. Phillips, "Retailers rely on high-tech distribution", *Wall Street Journal*, 12 dez. 1996, p. A2, e Janette Martin, "Benetton's IS instinct", *Datamation*, 1º jul. 1989, p. 68-15-68-16.

Toyota, ABB, Federal Express, Grand Metropolitan PLC, Ford e Texas Instruments estão entre as empresas com operações globais que mais investem em sofisticados sistemas de troca eletrônica de dados (EDI) para melhorar o compartilhamento de informações interempresas. A Internet também expandiu muito a capacidade de acessar informações atualizadas.

Operações com resultados ruins muitas vezes são conseqüência de dados e informações insuficientes sobre eventos tanto de dentro quanto de fora da empresa. Quando uma nova equipe de administração, por exemplo, foi instalada na unidade norte-americana da Adidas AG, empresa alemã de artigos esportivos, não havia disponíveis sequer dados sobre o giro normal do estoque. Um novo sistema de relatórios revelou que Reebok e Nike, os rivais da empresa, giravam os estoques cinco vezes ao ano, ao passo que a Adidas só o fazia duas vezes. Essas informações foram utilizadas para estreitar o foco do marketing sobre os produtos que mais vendiam na Adidas. A Benetton utiliza seu SIM como ferramenta competitiva estratégica, como mostra o quadro "Sistema de informação da Benetton".

A Colgate-Palmolive recentemente conseguiu padronizar seus diversos e freqüentemente incompatíveis sistemas de correio eletrônico em diferentes lugares do mundo. O processo foi tedioso, mas os executivos da empresa se conscientizaram de que um sistema de mensagens global aumentaria a produtividade dos funcionários. O resultado é que os funcionários, em 165 países, podem facilmente trocar mensagens e arquivos — o tráfego de correio eletrônico quase dobrou em um período de três anos após a implantação plena do sistema. Um empreendimento dessa magnitude requer o apoio total da diretoria, dentro e fora das funções de marketing, e a integração com o processo de planejamento estratégico.

De fato, não é tarefa fácil organizar, implementar e monitorar as informações globais de marketing e as estratégias e os programas de pesquisa. Além do mais, esses pontos não são meramente necessidades do marketing; são imperativos organizacionais. Essas tarefas devem ser coordenadas de uma maneira coerente, que contribua para a orientação estratégica geral da organização. O SIM e a função de pesquisa devem fornecer informações relevantes e oportunas, utilizáveis e com uma boa relação custo–benefício.

Nos últimos anos, houve mudanças drásticas nos eventos políticos e econômicos do mundo inteiro. O aumento da integração econômica global entre os países, a queda do comunismo, as taxas de câmbio voláteis e vários outros fatores estão impulsionando a demanda por acesso a informações seguras sobre negócios e política mundiais. Os ambientes econômicos e políticos ao redor do planeta, hoje, requerem informações do mundo inteiro diariamente. Empresas globais geocêntricas em geral têm sistemas de informação que superam esses desafios. Normalmente, os departamentos de planejamento estratégico ou de pesquisa de mercado gerenciam esses sistemas. Eles distribuem as informações à diretoria e aos gerentes de toda a organização.

Uma discussão mais detalhada sobre o funcionamento do SIM dentro de uma empresa está além do escopo deste livro. A discussão que se segue focaliza relação de assuntos, modos de exploração e fontes de informação característicos das fontes de um sistema global de informação orientado para o ambiente externo.

Relação de assuntos para informações

Um ponto de partida para o SIM global é uma relação de assuntos sobre os quais se deseja obter informações. A relação de assuntos resultante deve ser elaborada para atender às necessidades e aos objetivos específicos da empresa. A sugestão apresentada na Tabela 6-1 consiste em seis amplas áreas de informação. O exemplo atende a dois critérios essenciais: primeiro, contém todas as informações sobre áreas relevantes para a empresa com operações globais; segundo, as categorias da planilha são mutuamente excludentes: qualquer tipo de informação obtida pode ser enquadrado corretamente em uma ou outra categoria. Os elementos básicos do ambiente externo — econômico, cultural e social, legal e regulatório e os fatores financeiros — estarão, sem dúvida, na relação de informações necessárias para a maioria das empresas, como mostra a Tabela 6-1.

Tabela 6-1 Seis categorias de relação de assuntos para um sistema de informação de marketing global.

Categoria	Abrangência
1. Mercados	Estimativa de demanda, comportamento do consumidor, produtos, canais, disponibilidade e custo de sistemas de mídia e capacidade de resposta do mercado
2. Competição	Estratégias e planos funcionais, corporativos e de negócios
3. Intercâmbio estrangeiro	Equilíbrio de pagamentos, taxas de juros, atratividade da moeda do país, expectativas de analistas
4. Informações prescritivas	Leis, regulamentações, taxas em vigor, rendimentos, dividendos tanto do país de origem como do país que recebe os investimentos
5. Informações complementares	Disponibilidade de recursos humanos, físicos, financeiros e informacionais
6. Condições gerais	Visão geral dos ambientes sociocultural, político e tecnológico

Modos de pesquisa: observação e busca

Uma vez determinados os assuntos a serem pesquisados, o próximo passo é a coleta de dados, o que pode ser realizado utilizando-se observação e busca.

No modo de observação, o profissional de marketing se vale da coleta não estruturada de dados. Profissionais com orientação global estão constantemente de olho nas informações sobre oportunidades e ameaças potenciais em várias partes do mundo. Eles procuram saber tudo sobre o ramo de atividade, os negócios, o mercado e os consumidores. Folhear jornais e revistas e navegar na Internet são maneiras de assegurar uma exposição regular às informações. Os profissionais de marketing global também podem desenvolver o hábito de assistir aos noticiários e aos comerciais do mundo inteiro via satélite. Esse tipo de exposição geral às informações é conhecido como *visualização*. Se uma determinada matéria tem relevância especial para a empresa — por exemplo, a entrada de um novo concorrente em uma indústria global; digamos, a Samsung no setor de automóveis —, os profissionais de marketing da indústria automobilística e correlatas e todos os concorrentes da Samsung prestarão especial atenção ao desenrolar da história. Isso é conhecido como *monitoramento*.

O modo de busca é caracterizado por uma atividade mais formal, sendo marcado pela procura deliberada de informações específicas. A busca muitas vezes envolve a investigação, um tipo relativamente limitado e informal de procura. A investigação em geral envolve procurar livros ou artigos em publicações de interesse específico ou fazer busca na Internet sobre um determinado tópico ou questão. A busca também pode consistir em pesquisa — um esforço organizado para obter informações específicas para uma certa finalidade. Esse tipo de pesquisa formal e organizada será descrito mais adiante, ainda neste capítulo.

Um estudo descobriu que quase 75% das informações obtidas pelos executivos da matriz das empresas globais dos Estados Unidos vêm da observação, e não da busca. O modo de visualização, porém, gerou apenas 13% das informações externas importantes, enquanto o monitoramento foi responsável por 60%. Dois fatores contribuem para a pobreza de informações geradas pelo modo de visualização. O primeiro é a exposição limitada dos executivos a informações que não estão claramente definidas em uma relação de assuntos. O outro é a receptividade limitada de um executivo típico às informações de fora do âmbito dessa relação. Os executivos limitam sua exposição a informações que têm pouca probabilidade de serem relevantes ao trabalho ou à empresa. Isso é racional: uma pessoa pode absorver apenas uma pequena fração dos dados que lhe são disponíveis. A exposição à informação e a retenção dos estímulos dela provenientes devem ser seletivos. É vital, no entanto, que a organização como um todo seja receptiva às informações não reconhecidas explicitamente como importantes. Algumas organizações sofrem de alguma variação da síndrome do 'não foi criado aqui'. Se a informação que estão vendo não foi gerada internamente, é descartada de modo sumário. Para ser eficaz, um sistema baseado na observação deve assegurar que a organização esteja exposta a áreas em que eventos importantes para a empresa possam ocorrer. Inovações na informática têm aumentado a velocidade com que as informações são transmitidas e, simultaneamente, encurtado sua vida útil para a empresa. Avanços na tecnologia também exigem mais da empresa global em termos de otimização do tempo de resposta às informações obtidas. Em alguns casos, pode ser aconselhável a utilização de especialistas em tempo integral, com a responsabilidade de orientar e estimular o processo de obter e disseminar informações estratégicas.

De todas as mudanças que afetaram a disponibilidade de informações nos últimos anos, talvez nenhuma seja mais evidente do que a explosão de informações documentais e eletrônicas. A superabundância de informações criou um grande problema para qualquer um que tente estar a par dos principais eventos em mercados nacionais múltiplos. Hoje, os executivos possuem excesso de informações documentais. Mesmo assim, pouquíssimas empresas utilizam um sistema formal para coordenar as atividades de exploração, o que cria uma considerável duplicação de esforços. Não é incomum, por exemplo, os membros de uma diretoria lerem a mesma publicação sobre um determinado assunto, apesar de estarem disponíveis várias outras excelentes que cobrem a mesma área.

Onde você estiver, poderá desfrutar a leitura de publicações estrangeiras como *Economist*, *Financial Times* e *Wall Street Journal*, em suas edições normais e regionais, que são boas fontes de informação abrangente. Vale a pena conferir também os sites recomendados ao longo do livro.

> **Visite os sites**
> www.economist.com
> www.ft.com
> www.wsj.com

A melhor maneira de identificar a duplicação desnecessária é fazer uma pesquisa sobre a atividade de leitura, pedindo para cada pessoa envolvida relacionar as publicações que lê regularmente. Uma reunião das relações revelará a cobertura da leitura. Muitas vezes, o escopo do grupo será limitado a umas poucas publicações, excluindo outras que também valem a pena. Uma boa solução para essa situação é consultar especialistas externos sobre a disponibilidade e a qualidade das publicações das áreas de interesse.

Em geral, a organização global enfrenta as seguintes necessidades:

- O sistema eficiente e eficaz que examine e absorva publicações gerais e publicações técnicas do país de origem, assim como de todos os países nos quais a empresa tenha operações ou clientes.
- Analisar, traduzir, assimilar e confeccionar resumos diários e lançar dados em um sistema de informações de mercado no computador. Apesar dos avanços nas informações globais, sua tradução e conversão eletrônica são feitas manualmente na grande maioria das empresas. Isso continuará nos próximos anos, especialmente nos países em desenvolvimento.
- Expandir a cobertura de informações para outras regiões do mundo.

FONTES DE INFORMAÇÃO DE MERCADO

Fontes humanas

Apesar de a exploração ser uma fonte vital de informações, pesquisas têm demonstrado que os executivos da matriz de empresas globais obtêm quase dois terços das informações externas de que precisam de fontes pessoais. Grande parte das informações externas vem dos executivos sediados no estrangeiro, em subsidiárias, coligadas e filiais da empresa. Esses executivos muito provavelmente estabelecem contato com distribuidores, consumidores, clientes, fornecedores e funcionários do governo. Na verdade, um atributo notável da corporação global — e uma fonte importante de força competitiva — é o papel que os executivos no exterior desempenham na aquisição e na distribuição de informações sobre o ambiente internacional. Os executivos da matriz geralmente reconhecem que os executivos da empresa no estrangeiro são as pessoas que conhecem melhor o que está acontecendo em suas áreas. O comentário a seguir é típico de executivos da matriz:

> Nossas principais fontes são internas. Nós temos, no estrangeiro, um grupo muito bem informado e capaz. O pessoal tem uma dupla vantagem: eles conhecem o que acontece lá e conhecem nosso negócio. Portanto, são uma excelente fonte. Eles sabem o que estamos interessados em conhecer e são capazes de monitorar com eficácia as informações disponíveis de todas as fontes.

A questão das informações expõe uma das principais fraquezas de uma empresa nacional. Embora as oportunidades mais atraentes estejam presentes fora de sua área de atuação, elas provavelmente passarão despercebidas pelas fontes internas de uma empresa limitada a um único país, porque o horizonte de exploração tende a terminar em sua fronteira. Do mesmo modo, a empresa com operações geográficas limitadas pode estar vulnerável, porque as fontes internas no estrangeiro tendem a explorar apenas informações sobre seus próprios países ou regiões.

Outras fontes importantes de informação são amigos, conhecidos, colegas de profissão, consultores e novos funcionários. Esses últimos são particularmente importantes caso tenham trabalhado para a concorrência. Algumas vezes, ocorrem questões legais e éticas relacionadas às informações quando uma pessoa muda de emprego. Quando J. Ignacio Lopez de Arriortua, diretor de compras da General Motors (GM), aceitou ser diretor de produção na Volkswagen (VW), a GM acusou-o de levar importantes documentos e arquivos de computador. Apesar de ter sido absolvido por um tribunal alemão, a publicidade gerada foi motivo de constrangimento para a VW.

Nunca é demais falar sobre a importância de viagens e de contatos para criar relacionamentos e comunicações pessoais. Além disso, um estudo revelou que três quartos das informações adquiridas de fontes humanas são obtidas em conversas realizadas pessoalmente. Por quê? Porque algumas informações são confidenciais demais para serem transmitidas de outra maneira. Funcionários do primeiro escalão do governo, por exemplo, poderiam ter sua carreira comprometida se fossem identificados como fontes de informação. Nesses casos, a maneira mais segura de transmitir informações é pessoalmente, e não por escrito. As informações que incluem estimativas de eventos futuros ou até mesmo avaliações de acontecimentos atuais são muitas vezes consideradas demasiadamente incertas para serem registradas em papel. Comentando sobre esse ponto, um executivo disse:

> As pessoas relutam em comprometer-se por escrito quando se trata de assuntos muito incertos. Elas não são covardes ou cuidadosas demais, simplesmente sabem que você pode errar ao tentar prever o futuro e preferem não ter seu nome associado a documentos que um dia podem parecer ridículos.

A grande importância da comunicação realizada pessoalmente reside na dinâmica da interação pessoal. O contato pessoal propicia uma ocasião para os executivos se encontrarem por um tempo suficientemente longo para permitir a comunicação com alguma profundidade. A discussão face a face também proporciona importantes formas de comunicação não-verbal, conforme discutido no Capítulo 3. Um executivo descreveu o valor desse tipo de contato nos seguintes termos:

> Se você quer realmente saber algo sobre uma área, deve se encontrar pessoalmente com a pessoa. Não há comparação entre um relatório escrito e sentar-se com alguém e conversar. Uma reunião pessoal vale mil relatórios escritos.

Fontes documentais

Um dos avanços mais importantes na pesquisa de marketing global é a extraordinária expansão da quantidade e da qualidade de fontes documentais de informação, tanto impressas como eletrônicas. As duas categorias amplas de informação documental são informações públicas divulgadas e documentos privados não publicados. As primeiras estão disponíveis em diversos meios, incluindo jornais, revistas, televisão e Internet; as últimas estão disponíveis nos documentos internos, na intranet ou nas redes restritas de acesso com senha das empresas, criadas pelas organizações para seus funcionários.

A vasta quantidade de informação documental disponível cria um grande desafio: como encontrar as informações exatas que você deseja? Uma das atividades que mais crescem no mundo é a de empresas que coletam, analisam e organizam dados de várias fontes e os colocam à disposição dos clientes.

Fontes na Internet

A amplitude e a profundidade das informações disponíveis na Internet são vastas e crescem diariamente. Empresas, governo, organizações não-governamentais, empresas de pesquisa de mercado, coletores e compiladores de dados, analistas de títulos, empresas de clipping, universidades e professores universitários, para mencionar apenas alguns, são fontes que podem ser acessadas on-line. A Internet é uma fonte *sui generis* de informações. Ela combina os três tipos básicos de fonte: a humana, a documental (publicada e privada) e a de percepção direta.

A comunicação por e-mail pode ser pessoal ou impessoal. Um documento pode ser constituído apenas de texto ou pode incluir imagens (estáticas ou em movimento) e música.

Com a crescente expansão da banda larga nos meios de transmissão, o aumento da velocidade dos processadores que organizam e transmitem as informações e a expansão constante do universo de transmissores e armazenadores de informações, a Internet é claramente um avanço revolucionário na pesquisa de marketing global.

Uma grande quantidade de recursos eletrônicos foi desenvolvida nos últimos anos. Entre eles estão o National Trade Data Base, que está disponível no CD-ROM do Departamento de Comércio dos Estados Unidos. A GateWaze, empresa de Manchester, em Massachusetts, desenvolveu o software The World Trader, que ajuda pequenas empresas a encontrar oportunidades nos mercados de exportação. Do mesmo modo, a Port Authority de Nova York desenvolveu um programa chamado Export to Win, para ajudar os donos de pequenos negócios a aprender a exportar. Além disso, a Internet e outros serviços de informações interativas apresentam quadros de aviso em que se troca uma gama de informações sobre vários mercados do mundo. Outra fonte on-line é o Economist Intelligence Unit (EIU), mantida pela *Economist*. No Brasil, uma boa fonte de informação é Portal do Exportador, mantido pelo Ministério do Desenvolvimento, Indústria e Comércio Exterior. Ele oferece informações sobre várias áreas que podem contribuir com aqueles que desejam iniciar ou ampliar a atividade exportadora.

> **Visite os sites**
> http://store.eiu.com
> www.portaldoexportador.gov.br

A explosão de informações também tem seus problemas. Há mais e mais informações, porém a grande quantidade faz com que seja mais difícil encontrar o que se está procurando. O desafio é desenvolver estratégias de busca e habilidades para assegurar que você obtenha as informações de que precisa para entender melhor os mercados globais, os clientes e a concorrência.

Percepção direta

A percepção sensorial direta proporciona um pano de fundo indispensável para as informações oriundas de fontes humanas e documentais. A percepção direta envolve todos os sentidos. Significa olhar, sentir, escutar, cheirar ou sentir o gosto pessoalmente para descobrir o que está acontecendo em um determinado país, em vez de obter informações de segunda mão, ouvindo ou lendo sobre uma questão específica. Algumas informações estão facilmente disponíveis em outras fontes, mas requerem a experiência sensorial para serem absorvidas.

Muitas vezes, as informações de pano de fundo ou de contexto são obtidas observando-se uma situação que pode ajudar a preencher 'o quadro geral'. Niall FitzGerald, co-presidente da Unilever, por exemplo, relata o caso do desastroso lançamento do Persil Power no Reino Unido, um sabão em pó com 'um adicional químico de atrito'. Infelizmente, o produto químico funcionava bem demais e comia toda a roupa. Quando estavam tentando encontrar uma solução para o problema, FitzGerald perguntou aos 30 executivos da Unilever quantos deles lavavam suas roupas. Ninguém respondeu. "Lá estávamos nós, tentando descobrir por que os clientes não queriam comprar nosso sabão, e não sabíamos nem como ele era utilizado".[2] A lição que FitzGerald aprendeu dessa situação foi nunca perder de vista o consumidor. Hoje, os re-

---
2 Deborah Orr, "A giant awakens", *Forbes*, 25 jan. 1999, p. 52.

cém-contratados da empresa no Hindustão precisam passar seis semanas morando com uma família em uma aldeia remota da Índia.[3]

O presidente de uma pequena empresa norte-americana que fabrica um dispositivo eletrônico para controlar a corrosão teve uma experiência similar. Depois de passar muito tempo no Japão, ele conseguiu fechar vários pedidos para o dispositivo. Depois de uma explosão inicial de sucesso, os pedidos japoneses minguaram; foi dito ao executivo que a embalagem era simples demais. "Nós não entendíamos por que precisávamos ter um rótulo em cinco cores e uma caixa especialmente desenhada para esse dispositivo, que é colocado sob o capô do carro ou na sala de aquecedores de uma empresa de energia", disse o executivo. Um dia, enquanto esperava o trem-bala no Japão, o distribuidor local comprou um relógio barato na estação e mandou fazer um pacote elegante. O distribuidor pediu ao executivo norte-americano para tentar adivinhar o valor do relógio baseado na embalagem. Como resultado, a empresa redesenhou sua embalagem, cuidando dos mínimos detalhes, como garantir que a fita utilizada para fechar as caixas fossem cortadas no mesmo comprimento.[4]

A Toyota valeu-se muito da percepção direta quando estava redesenhando o carro de luxo Lexus LS 400 para o modelo do ano 1995. O engenheiro-chefe da Lexus e uma equipe de cinco pessoas foram aos Estados Unidos para obter dados básicos sobre o mercado. Eles se hospedaram em hotéis de luxo para conhecer o nível de serviços que os clientes do Lexus exigiam. Os membros da equipe de projetistas visitaram a casa dos clientes e tomaram nota das preferências para coisas como móveis, quadros e mesmo pastas executivas. Como recordou Ron Brown, um planejador de produto para o Lexus sediado nos Estados Unidos: "Era como se você comprasse uma máquina de lavar e o fabricante ligasse e dissesse que queria levar um monte de gente para ver como você lavava suas roupas".[5] Uma coisa que a equipe descobriu foi que os ganchos para pendurar paletós da primeira geração do LS 400 eram pequenos demais. Os japoneses pensavam que os ganchos para paletós eram, literalmente, para pendurar um paletó, mas, na realidade, os proprietários do Lexus muitas vezes penduravam as roupas da lavanderia no carro. O gancho foi redesenhado. "Você consegue pendurar cinco cabides nele. Agora, porém, ele é grande o suficiente para que você não queira que fique exposto o tempo todo, por isso ele se retrai", disse Brown.[6]

A Euro Disney passou por dificuldades financeiras e de marketing. Os consumidores não estavam freqüentando o lugar, e aqueles que visitavam não ficavam muito satisfeitos. Uma questão era a venda de bebida alcoólica no parque. A Disney tinha uma política de não comercializar esse tipo de bebida em suas dependências. Tal política foi alterada somente quando um vice-presidente, enviado à França para resolver o problema, percebeu que, após ter morado na França alguns meses, beber vinho durante as refeições fazia parte da cultura francesa. Não servir vinho era uma 'afronta' aos clientes locais. Com base em sua experiência *in loco*, ele se esforçou para que mudassem a política.[7]

Como mostram esses exemplos, as diferenças culturais e de idioma requerem visitas pessoais aos mercados importantes para entender o 'estilo' do lugar. As viagens não devem ser vistas somente como uma ferramenta administrativa de controle das operações existentes; são também uma ferramenta vital e indispensável para a exploração de informações.

PESQUISA FORMAL DE MARKETING

As informações são um ingrediente fundamental para a formulação e a implementação de uma estratégia de marketing bem-sucedida. Conforme descrito anteriormente, um SIM deve produzir um fluxo contínuo de informações. A pesquisa de marketing, por outro lado, constitui uma maneira sistemática e específica de coletar dados para projetos no modo de busca por exploração. Há duas maneiras de conduzir

---

3 Ibid., p. 53.
4 Nilly Landau, "Face to face marketing is best", *International Business*, jun. 1994, p. 64.
5 James R. Healy, "Toyota strives for new look, same edge", *USA Today*, 13 out. 1994, p. 1B-2B.
6 Ibid.
7 J. Stewart Black e Hal B. Gregersen, "The right way to manage expats", *Harvard Business Review*, mar./abr. 1999, p. 56.

uma pesquisa de marketing. Uma é projetar e implementar um estudo com uma equipe da própria empresa. A outra é contratar os serviços de uma empresa especializada em pesquisa de marketing. A importância do mercado global para as empresas de pesquisa aumentou consideravelmente nos últimos anos. O faturamento da empresa ACNielsen em 1998, por exemplo, proveniente de pesquisas realizadas fora dos Estados Unidos, totalizou 1,4 bilhão de dólares, mais de 70% do faturamento total da empresa. (A Tabela 6-2 apresenta uma classificação de empresas de pesquisa de acordo com a receita gerada fora dos Estados Unidos.) A ACNielsen, somando suas subsidiárias e afiliadas, mantém escritórios em 80 países e clientes em mais de cem. Se sua organização precisar de uma empresa de pesquisa em outro país, o *Green book*, publicado em Nova York pela American Marketing Association, relaciona centenas de empresas ao redor do mundo.

Veja a seguir o endereço Web de algumas empresas de pesquisa de mercado identificadas na Tabela 6-2:

www.acnielsen.com
www.imshealth.com
www.casro.org[8]

Sugere-se ainda a visita a páginas brasileiras das empresas dessa lista e a página de algumas empresas de pesquisa nacionais:

www.acnielsen.com.br
www.gallup.com.br
www.ibope.com.br
www.datafolha.com.br
www.anep.org.br

Tabela 6-2 Classificação de empresas de pesquisa de acordo com a receita gerada fora dos Estados Unidos.

Classificação 1998	Organização	Receita com pesquisa gerada fora dos EUA 1998	Receita mundial com pesquisa 1998	% do total
1.	ACNielsen Corp. (EUA)	$1.035,0	$1.425,4	72,6
2.	IMS Health (Reino Unido/EUA)	671,7	1.084,0	62,0
3.	Research International USA (Kantar Group)	290,3	335,2	86,6
4.	NFO Worldwide (EUA)	270,0	450,0	60,0
5.	Gartner Group (EUA)	183,0	494,7	37,0
6.	Millward Brown Intl. (Kantar Group — EUA)	154,6	233,8	66,1
7.	Video Research (Japão)	149,0	149,0	100,0
8.	United Information Group (Reino Unido)	123,0	182,0	67,6
9.	Information Resources (EUA)	114,3	511,3	22,4
10.	VNU Marketing Information Systems	85,0	428,0	19,9

Fonte: Dados extraídos de *Advertising Age*, 24 maio 1999, p. 32.

---

[8] O Council of American Survey Research Organizations (Casro) é uma associação para empresas de pesquisa instaladas nos Estados Unidos.

A Tabela 6-3 mostra os dez maiores mercados globais para pesquisa de mercado, medidos em termos de faturamento total e *per capita*. Com exceção da Austrália e do Brasil, todos os países relacionados são da 'Tríade'. Os gastos anuais *per capita* vão de 1,46 dólar no Brasil a 25,54 no Reino Unido.

O processo de coleta de dados e de conversão deles em informações úteis pode ser dividido em cinco passos básicos: identificar o problema da pesquisa; desenvolver um plano de pesquisa; coletar dados; analisar os dados; apresentar os resultados. Discutiremos aqui cada passo. Um resumo do processo de pesquisa de marketing internacional é mostrado na Figura 6-1.

Passo 1: Identificação do problema da pesquisa

A história a seguir ilustra o primeiro passo de um processo formal de pesquisa de marketing.

Os diretores financeiro e de marketing de uma empresa de calçados estavam viajando ao redor do mundo para estimar o potencial de mercado para seus produtos. Eles haviam chegado a um país muito pobre, e ambos notaram, imediatamente, que nenhum dos cidadãos locais usava sapatos. O diretor financeiro disse: "Acho melhor voltar para o avião; não há mercado para sapatos neste país". O diretor de marketing respondeu: "Que oportunidade! Todo mundo neste país é um cliente potencial!"

O mercado potencial para sapatos era enorme aos olhos do executivo de marketing. Para confirmar formalmente sua hipótese, alguma pesquisa teria de ser feita. Como mostra essa história, a pesquisa é feita, muitas vezes, depois que um problema ou oportunidade se apresenta. Talvez um concorrente esteja conseguindo penetrar em um ou mais mercados importantes no mundo ou, como na história, a empresa pode querer saber se determinado país ou mercado regional tem um bom potencial de crescimento. É um chavão da pesquisa de mercado que "um problema bem definido já está metade resolvido". Portanto, não importa qual situação coloca o esforço de pesquisa em ação; as duas primeiras perguntas que um profissional de marketing deve fazer são: "De que informações preciso?" e "Por que preciso dessas informações?"

O problema da pesquisa, muitas vezes, envolve avaliar a natureza da oportunidade de mercado. Isso, por sua vez, depende, em parte, de o mercado visado pelo esforço de pesquisa ser existente ou potencial. Os mercados existentes são aqueles nos quais os clientes já estão sendo atendidos por uma ou mais empre-

Tabela 6-3	Dez maiores mercados por país em termos de valor[a] de informação de pesquisa de marketing.	
País	Valor total em 1998	Despesa *per capita*
EUA	$4.935,1	$17,90
Reino Unido	1.525,0	24,54
Alemanha	1.326,1	15,92
França	906,1	15,23
Japão	893,7	7,03
Itália	414,7	7,17
Austrália	285,0	14,84
Espanha	274,2	6,92
Holanda	259,1	16,30
Brasil	250,0	1,46
Total	11.069,0	

[a] Em milhões de dólares.
Fonte: Adaptado de *Marketing News*, 3 jul. 2000, p. 16. Dados da Esomar.

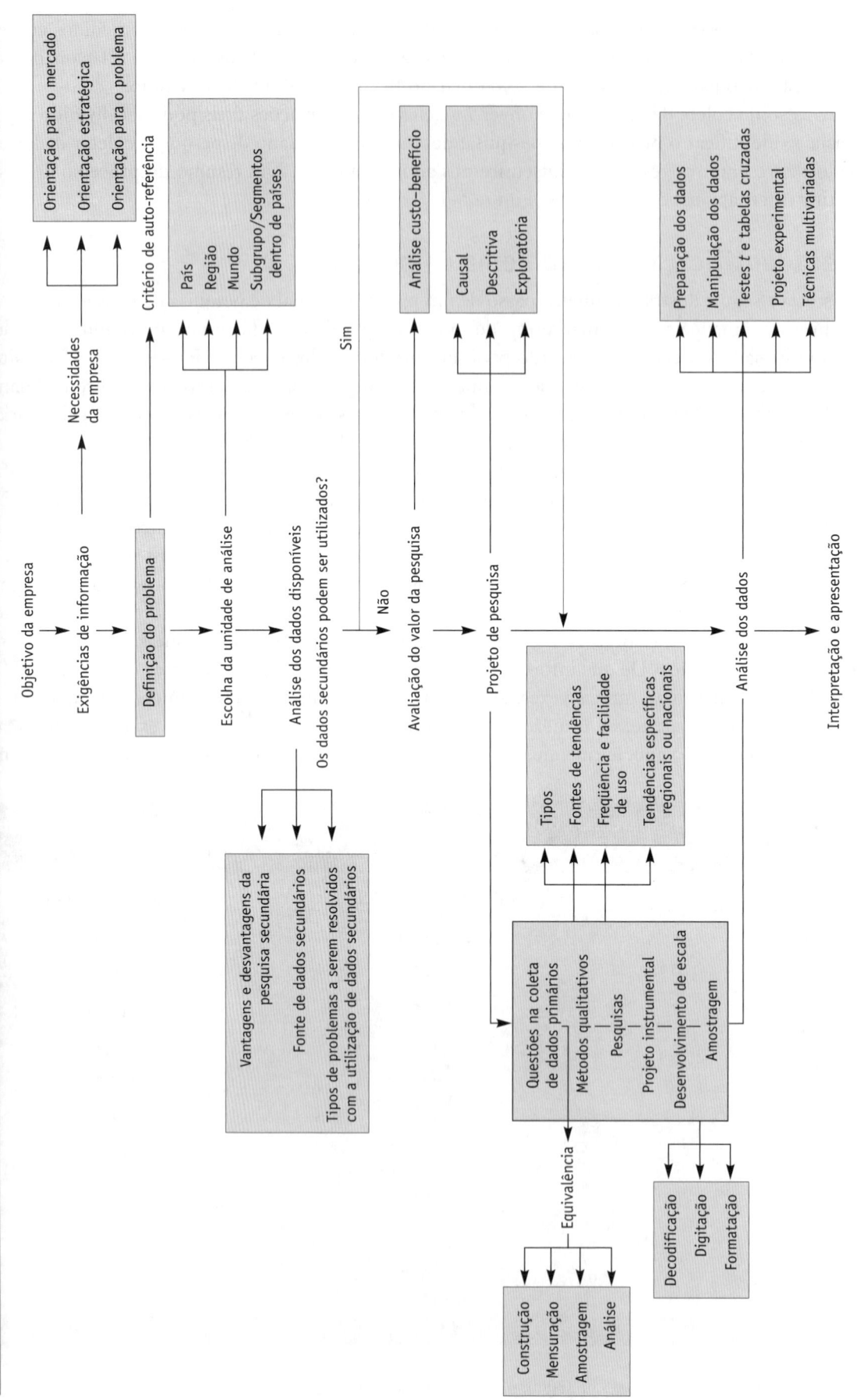

Figura 6-1 Processo de pesquisa de marketing global.

Objetivo da empresa → Exigências de informação → Necessidades da empresa → Orientação para o mercado / Orientação estratégica / Orientação para o problema

→ **Definição do problema** → Escolha da unidade de análise

Critério de auto-referência:
- País
- Região
- Mundo
- Subgrupo/Segmentos dentro de países

→ Análise dos dados disponíveis

- Vantagens e desvantagens da pesquisa secundária
- Fonte de dados secundários
- Tipos de problemas a serem resolvidos com a utilização de dados secundários

Os dados secundários podem ser utilizados?
- Sim → Avaliação do valor da pesquisa → Análise custo-benefício
- Não → Projeto de pesquisa

Projeto de pesquisa: Causal / Descritiva / Exploratória

- Tipos
- Fontes de tendências
- Freqüência e facilidade de uso
- Tendências específicas regionais ou nacionais

Questões na coleta de dados primários:
- Métodos qualitativos
- Pesquisas
- Projeto instrumental
- Desenvolvimento de escala
- Amostragem

Equivalência:
- Construção
- Mensuração
- Amostragem
- Análise

- Decodificação
- Digitação
- Formatação

→ Análise dos dados:
- Preparação dos dados
- Manipulação dos dados
- Testes *t* e tabelas cruzadas
- Projeto experimental
- Técnicas multivariadas

→ Interpretação e apresentação

Fonte: V. Kumar, *International marketing research.* Upper Saddle River, NJ: Prentice Hall, 2000, p. 54.

sas. Em muitos países, os dados sobre o tamanho dos mercados existentes, em termos de receita e vendas unitárias, estão disponíveis. Em países onde esses dados não estão disponíveis, como em Cuba, por exemplo, a empresa deve primeiro estimar o tamanho do mercado, o nível da demanda e a taxa de compra ou de consumo do produto. Um segundo objetivo da pesquisa em mercados existentes pode ser a avaliação da competitividade geral da empresa em termos de atratividade do produto, de preço, de distribuição, de eficácia e de cobertura promocional. Os pesquisadores podem apontar uma fraqueza no produto do concorrente ou identificar um segmento de mercado que não esteja sendo atendido.

Os mercados potenciais podem ser subdivididos em latentes e incipientes. Mercado latente, em essência, é um segmento ainda não descoberto, um mercado no qual a demanda surgiria se um produto apropriado fosse colocado. Em um mercado latente, a demanda é zero antes de o produto ser oferecido. No caso de mercados existentes, o principal desafio da pesquisa é compreender em que grau a concorrência atende às necessidades do cliente. Em mercados latentes, o sucesso inicial não se baseia na competitividade da empresa; depende da capacidade de ser o primeiro a entrar, ou seja, aproveitar a oportunidade e lançar um programa de marketing que aproveite essa demanda latente. Algumas vezes, a pesquisa de mercado tradicional não é um meio eficaz para isso. Como indicou Peter Drucker, o fracasso das empresas norte-americanas ao comercializar o aparelho de fax, uma invenção delas, deve-se à pesquisa, que mostrava não haver demanda potencial para um produto desse tipo. O problema, sob o ponto de vista de Drucker, vem da pergunta típica de pesquisa para um produto cujo alvo é um mercado latente. Suponha que o pesquisador pergunte: "Você compraria um aparelho que custasse mais de 1.500 dólares e lhe permitisse enviar, pelo custo de 1 dólar a página, a mesma carta que o correio entrega por 25 cents?" Com base apenas em fatores econômicos, o entrevistado provavelmente responderá "Não".

Drucker explica que as empresas japonesas são atualmente líderes na venda de aparelhos de fax devido ao fato de sua compreensão do mercado não ter sido baseada em pesquisa. Em vez disso, elas deram uma olhada nos primórdios dos computadores mainframe, das fotocopiadoras e de outros produtos de tecnologia de informação e comunicação. Os japoneses perceberam que somente com a avaliação das economias iniciais da compra e a utilização desses novos produtos as perspectivas de aceitação do mercado eram baixas. Cada um desses produtos, no entanto, teve um sucesso estrondoso depois que as pessoas começaram a usá-los. Essa percepção estimulou os japoneses a focalizar o mercado para os benefícios proporcionados pelo aparelho de fax, em vez de o mercado para os aparelhos em si. Analisando o sucesso dos serviços de entrega rápida, como os da Federal Express, os japoneses concluíram que o mercado para aparelhos de fax já existia.

Mercado incipiente é aquele que surgirá se uma determinada tendência econômica, tecnológica, política ou sociocultural continuar. Se uma empresa oferecer um produto para suprir a demanda incipiente antes que a tendência se firme, ela terá uma resposta fraca do mercado. Depois que as tendências tiverem chance de se desenvolver, a demanda incipiente se tornará latente e, mais tarde, real. Isso também pode ser ilustrado com o impacto da renda crescente sobre a demanda por automóveis e outros bens de consumo duráveis. À medida que aumenta a renda *per capita* de um país, a demanda por automóveis também aumenta. Portanto, se uma empresa pode prever a taxa futura de crescimento da renda de um país, ela também pode prever a taxa de crescimento para seu mercado de automóveis. A Figura 6-2 ilustra a relação entre a posse de automóveis e o produto interno bruto (PIB) *per capita*. A inclinação da curva de crescimento move-se abruptamente para cima no nível de renda de 3.500 dólares *per capita* e estabiliza-se em 20 mil dólares. Outros fatores, porém, influenciam a demanda por automóveis. Nos Estados Unidos, há quase 800 veículos para cada mil habitantes. Comparada com a média da França, Alemanha e Japão, que é de aproximadamente 550 por mil, a média norte-americana é 45% mais alta que a do Japão, embora a renda *per capita* japonesa seja 15% superior à dos Estados Unidos. Combustível barato e dispersão da população sobre um território bem mais vasto explica a quantidade de automóveis relativamente mais alta nos Estados Unidos.

O mundo que os fabricantes de automóveis atendem no planejamento do produto

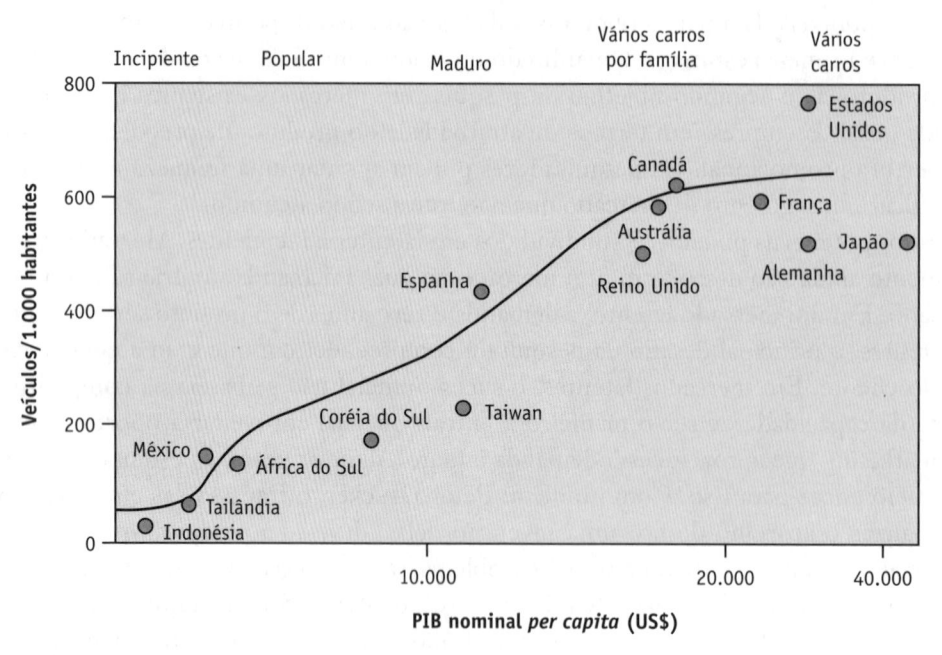

Fonte: Toyota Annual Report, 1996, p. 5.

Figura 6-2 Quantidade de automóveis e PIB *per capita*.

Passo 2: Desenvolvimento de um plano de pesquisa

Depois de definir o problema a ser estudado ou a questão a ser respondida, o profissional de marketing deve enfrentar uma nova série de perguntas: Quanto valem essas informações para mim em dinheiro? O que ganhamos coletando esses dados? Qual seria o custo de não obter os dados que seriam convertidos em informações úteis? A pesquisa requer o investimento de dinheiro e tempo gerencial, e é necessário fazer uma análise de custo–benefício antes de continuar.

Em alguns casos, uma empresa pode prosseguir na mesma linha de ação, não importando o que a pesquisa revele. Mesmo quando mais informações são necessárias para assegurar uma decisão altamente segura, uma estimativa realista de um estudo formal pode revelar que o custo de fazer a pesquisa é simplesmente muito alto. Conforme será discutido na próxima seção, já existe uma grande quantidade de dados potencialmente úteis; utilizá-los, em vez de encomendar um estudo dispendioso, pode significar uma boa economia. Em todo caso, durante a fase de planejamento, as metodologias, os orçamentos e os parâmetros de tempo são definidos. Somente quando o plano estiver completo deve-se empreender o próximo passo.

Passo 3: Coleta de dados

Os dados estão disponíveis nos arquivos da empresa, em uma biblioteca, nas revistas especializadas do ramo ou na Internet? Quando são necessárias as informações? Os profissionais de marketing devem responder a essas perguntas ao prosseguir para o passo de coleta de dados da pesquisa. Utilizar dados facilmente disponíveis poupa tempo e dinheiro. Um estudo formal de mercado pode custar centenas de milhares de dólares e durar meses para ser concluído, sem nenhuma garantia de que as condições encontradas se manterão.

Dados secundários

Um modo de efetuar pesquisa de marketing e coleta de dados com pouco investimento é começar com a pesquisa de dados secundários. Arquivos pessoais, bibliotecas públicas ou da empresa, bancos de dados na Internet, arquivos do governo e associações de classe são algumas das fontes que podem ser exploradas com um mínimo de esforço e, muitas vezes, com custo baixíssimo. Os dados dessas fontes já existem. A Tabela 6-4 mostra como dados gratuitos específicos, baseados nos dados da alfândega norte-americana, podem ser obtidos. Esses dados são conhecidos como 'dados secundários' porque não foram coletados para o projeto específico em andamento. Estudos consorciados, publicados por empresas de pesquisa, são outra fonte de dados e informações secundárias. O Cambridge Information Group publica o Findex, uma lista com mais de 13 mil relatórios e estudos que cobrem 90 setores. O EIU Country Data, da Economist Intelligence Unit, é outra fonte valiosa de informações, tanto impressas como eletrônicas. Outro exemplo da Internet é o Banco de Dados Global de Informações de Mercado (GMID). Ele contém informações sobre 330 produtos de consumo de 49 países, como o mercado para bebidas alcoólicas na China. O custo desse relatório depende dos módulos comprados, podendo custar alguns milhares de dólares, e está disponível em muitas bibliotecas universitárias. Outras páginas interessantes que contêm dados sobre comércio internacional são: www.wto.org (Organização Mundial do Comércio), www.imf.org (Fundo Monetário Internacional) e www.worldbank.org (Banco Mundial).

Dados primários e levantamentos

Quando não há dados disponíveis em estatísticas ou estudos publicados, torna-se necessária a coleta direta. Os dados primários correspondem ao problema específico identificado no primeiro passo. Levantamentos, entrevistas e grupos de foco são algumas das ferramentas utilizadas para coletar dados primários de mercado. Entrevistas pessoais com indivíduos ou grupos permite aos pesquisadores perguntar "Por quê?" e então explorar as respostas. Grupo de foco é uma entrevista em profundidade com grupos, moderada por um profissional treinado, que facilita a discussão de um conceito de produto, de uma campanha, de uma tendência social etc. A Coca-Cola, por exemplo, reuniu grupos de foco no Japão, na Inglaterra e nos Estados Unidos para explorar a possível reação dos consumidores de um protótipo de lata de alumínio arredondada de 350 ml. A empresa estava particularmente ansiosa para responder à concorrência de colas de marcas próprias em mercados-chave. Na Inglaterra, por exemplo, a cola com a marca das lojas Sainsbury

Tabela 6-4   Exemplo de dados da alfândega norte-americana.

Lentes transparentes (outras além das que são para exibições) não trabalhadas opticamente, de vidro (elementos ópticos)
Importado dos Estados Unidos para consumo: junho de 1998 e 1998 (ano todo)
(Valores de consumo, em milhares de dólares)
Unidade de medida: número

País	Junho/1998		1998 (ano todo)	
	Quantidade	Valor	Quantidade	Valor
Total mundial	65.814	141	998.244	940
Brasil	—	—	694.544	76
Canadá	—	—	150	2
Alemanha	—	—	2.661	37
Japão	29.609	99	197.217	670
Malásia	35.955	24	102.297	66
Cingapura	—	—	300	2
Suíça	31	3	31	3
Reino Unido	219	15	1.044	83

Fontes: www.ita.doc.gov/.../Imports/70/701400.html e www.ita.doc.gov/industry/ot...atest-Month/Imports/70/701400.html.

tinha uma participação de 18% do mercado[9] e a Virgin Cola era um concorrente importante. É importante, no entanto, considerar diferenças culturais ao utilizar grupos de foco. Na Ásia, os jovens tendem a seguir e respeitar os mais velhos, e os executivos de baixo escalão, os executivos mais graduados quando estão no mesmo grupo. Na América Latina, os entrevistados tendem a exagerar seu entusiasmo; os asiáticos tendem a mostrar hesitação.[10]

Em alguns casos, as características do produto ditam o local para a coleta dos dados primários de um determinado país. A Case Corporation, por exemplo, recentemente precisou de informações dos agricultores sobre o desenho da cabine para uma nova geração de tratores. A Case vende tratores na América do Norte, na Europa e na Austrália, mas os protótipos que ela havia desenvolvido eram muito caros e frágeis para serem transportados. Trabalhando em conjunto com uma empresa de pesquisa de mercado de Iowa, a Case convidou 40 agricultores dos três continentes para visitar seu laboratório de engenharia próximo de Chicago, a fim de que fossem realizadas entrevistas e avaliações de suas reações a modelos de painéis de instrumentos e controles. Solicitou-se também aos agricultores que examinassem os tratores fabricados pelos concorrentes da Case e os avaliassem em mais de cem elementos diferentes de design. Profissionais da Case da França e da Alemanha estavam presentes para ajudar como intérpretes.[11]

O levantamento muitas vezes envolve obter dados dos clientes ou de algum outro grupo por meio de um questionário. Ele pode gerar dados quantitativos ("Quantas vezes compraria?"), dados qualitativos ("Por que você compraria?") ou ambos. Geralmente implica aplicar um questionário por correio, por telefone ou pessoalmente. Bons livros sobre pesquisa de mercado mostram como elaborar e administrar questionários. Um bom questionário apresenta três características principais:

1. Simplicidade.
2. Facilidade de ser respondido e de as respostas serem registradas pelo entrevistador.
3. Manutenção do foco da entrevista no assunto explorado e obtenção das informações desejadas.

Uma questão importante sobre levantamentos no marketing global é a possível distorção causada pelo referencial cultural das pessoas que elaboram o questionário. Um levantamento elaborado e administrado no Brasil, por exemplo, pode não ser apropriado em algumas culturas não ocidentais, mesmo quando traduzidos com cuidado.[12] Algumas vezes a distorção acontece quando um levantamento é patrocinado por uma empresa que tenha um interesse financeiro no resultado e planos de publicá-lo. A American Express, por exemplo, uniu-se a uma agência francesa de turismo para produzir um estudo que, entre outras coisas, revelasse a impressão que os estrangeiros têm da personalidade dos cidadãos franceses. O relatório mostrava claramente que, ao contrário do estereótipo de longa data, os franceses não são antipáticos para com os estrangeiros. Os entrevistados do levantamento, no entanto, haviam viajado à França a turismo nos dois anos anteriores à pesquisa, fato que provavelmente distorceu o resultado.

Amostragem

Amostragem é a seleção de um subconjunto ou grupo de uma população que seja representativo da população inteira. Os dois tipos básicos são: amostragem probabilística e amostragem não probabilística. Em uma amostragem probabilística, cada unidade escolhida tem a mesma chance que as demais de ser incluída na amostra. Existem cinco categorias de amostragens probabilísticas: aleatória, estratificada, sistemática, por conglomerado e multiestágios. Na amostragem não probabilística, perde-se a confiabilidade estatística, de modo que os resultados obtidos não podem ser considerados válidos para a população como um todo. Os quatro tipos de amostragem não probabilística são: conveniência, julgamento, cota e bola-de-neve.

---

9 Karen Benezra, "Coke queries on contour can", *Brandweek*, 7 nov. 1994, p. 4.
10 Herschell Gordon Lewis e Carol Nelson. *Advertising age handbook of advertising*. Chicago: NTC Business Books, 1998, p. 167.
11 Jonathan Reed, "Unique approach to international research", *Agri Marketing*, mar. 1995, p. 10-13.
12 Geert Hofstede e Michael Harris Bond, "The Confucius connection: from cultural roots to economic growth", *Organizational Dynamics*, primavera 1988, p. 15.

As quatro considerações para utilizar a amostragem probabilística são: a população-alvo deve ser especificada; o método de seleção deve ser determinado; o tamanho da amostra deve ser determinado; e a ausência de resposta deve ser registrada.

Três principais características da probabilidade de uma amostra determinam o tamanho da amostra:

1. O erro de amostragem que pode ser permitido (e).
2. A confiança desejada nos resultados da amostra. No sentido estatístico, a confiança é expressa em termos da quantidade de chances, em cem tentativas, de que os resultados obtidos estejam dentro do intervalo estimado. A confiança desejada em geral está em torno de 99% e é expressa em três erros padrão (t).
3. O desvio padrão (s), a quantidade de variação na característica estudada.

A fórmula para o tamanho da amostra é:

$$n = \frac{(t_2)(s_2)}{e_2}$$

onde:

n = tamanho da amostra
t = limite de confiança expresso em erro padrão (três erros padrão = 99% de confiança = 2,57, 95% nível = 1,96)
s = desvio padrão
e = limite de erro

Uma característica importante dessa fórmula, do ponto de vista dos profissionais de marketing internacional, é que o tamanho da amostra, n, não é uma função do tamanho do universo. Portanto, uma amostra probabilística na Tanzânia terá o mesmo tamanho de uma amostra nos Estados Unidos, se o desvio padrão nas duas populações for igual. Esse fato elimina a economia de escala da pesquisa de marketing em mercados maiores. Se consideramos, por exemplo, um nível de confiança de 95%, um desvio padrão de 0,5 e um limite de erro de ± 5%, o tamanho da amostra exigida para uma amostragem aleatória de um universo será de 392.

$$N = \frac{(1.960)(.5)}{.05^2} = 392$$

O tamanho da amostra de 392 não varia com o tamanho da população total. Em outras palavras, o tamanho da amostra para a China, com uma população de 1,2 bilhão de habitantes, não é maior que a amostra exigida para, digamos, a Samoa Ocidental, com uma população de 170 mil habitantes.

A amostragem não probabilística pode ser utilizada na fase exploratória, em pré-testes, quando se trata de uma população homogênea, quando os pesquisadores não têm informações estatísticas e quando a facilidade de operação é vital. Apesar de os custos e o trabalho de desenvolver uma amostra estatística serem eliminados, existe a chance de aparecerem distorções e incertezas, que não podem ser eliminadas aumentando-se o tamanho da amostra.

Numa amostra de cota, a técnica não probabilística é elaborada tomando-se as características conhecidas na mesma proporção em que ocorrem como características de um universo conhecido. A população pode ser dividida, por exemplo, em seis categorias de acordo com a renda, conforme mostra a Tabela 6-5.

Tabela 6-5 Exemplos de categorias de renda.						
Porcentagem da população	10%	15%	25%	25%	15%	10%
Renda mensal (em moeda local)	0-10	10-20	20-40	40-60	60-70	70-100

Pressupõe-se que a renda é uma característica que diferencia adequadamente a população para os fins do estudo; então, uma amostragem de cota incluiria os entrevistados dos diferentes níveis de renda na mesma proporção da população em geral, isto é, 15% com renda mensal de 10 a 20 e assim por diante.

Em uma amostragem de conveniência — outra amostragem não probabilística —, mais especificamente em um estudo comparativo das atitudes de compra dos consumidores nos Estados Unidos, na Jordânia, em Cingapura e na Turquia, os dados desses três últimos países foram coletados por meio de amostras de conveniência recrutadas entre conhecidos do pesquisador. Apesar de os dados coletados dessa maneira não serem sujeitos à inferência estatística, eles podem ser adequados para responder ao problema definido no primeiro passo. Nesse estudo, por exemplo, os pesquisadores puderam identificar uma tendência clara de convergência para as atitudes de compra e nos costumes que se repetem nos países industriais modernos, nos países industriais emergentes e nos países em desenvolvimento.[13]

Passo 4: Análise de dados

Análise do padrão de demanda

Os padrões de crescimento industrial dão uma boa idéia sobre a demanda de mercado, pois em geral revelam padrões de consumo, padrões de produção e ajudam a avaliar as oportunidades de mercado. Além disso, as tendências na produção industrial indicam mercados potenciais para empresas que fornecem insumos a indústrias. Nos primeiros estágios de crescimento de um país, quando a renda *per capita* é baixa, a produção está concentrada nas necessidades básicas, como alimentos e bebidas e outros tipos de indústria leve. Conforme a renda aumenta, a importância relativa dessas indústrias diminui e a indústria pesada começa a se desenvolver. Se a renda continua a aumentar, o setor de serviços ultrapassa o de manufaturados em termos de importância.

Medidas de elasticidade de renda

A elasticidade da renda descreve o relacionamento entre a demanda para um bem e as mudanças na renda. Os estudos de elasticidade da renda de produtos de consumo mostram que as necessidades como alimentação e vestuário são caracterizadas por uma inelasticidade de demanda. Dito de outra maneira, os gastos com produtos dessas categorias aumentam, mas em uma porcentagem mais baixa do que as taxas de aumento da renda. Isso é exatamente o que diz a lei de Engels, segundo a qual, à medida que a renda aumenta, uma menor proporção da renda total é gasta com alimentos. A demanda por bens de consumo duráveis, como móveis e aparelhos, tende a ser elástica quanto à renda, crescendo relativamente mais rápido do que os aumentos da renda.

Estimativas de mercado por analogia

Estimar o tamanho do mercado a partir de dados disponíveis é uma difícil tarefa de análise. Quando não há dados disponíveis — o que ocorre com freqüência, seja qual for o nível de desenvolvimento dos países —, técnicas alternativas se fazem necessárias. Uma dessas técnicas é a estimativa por analogia. Há duas maneiras de utilizar essa técnica: fazendo comparações cruzadas de seções e deslocando os dados em um determinado período de tempo. No primeiro método, as comparações cruzadas de seções simplesmente pressupõem que existe uma analogia entre a relação de um fator com a demanda para um determinado produto em dois países diferentes. Isso pode ser explicado conforme segue.

Suponhamos que:

X_A = demanda para o produto X no país A
Y_A = fator que correlaciona a demanda para o produto X no país A aos dados do país A

---

13 Eugene H. Fram e Riad Ajami, "Globalization of markets and shopping stress: cross-country comparisons", *Business Horizons*, jan./fev. 1994, p. 17-23.

X_B = demanda para o produto X no país B

Y_B = fator que correlaciona a demanda para o produto X no país A aos dados do país B

Se assumirmos que:

$$\frac{X_A}{Y_A} = \frac{X_B}{Y_B}$$

sendo X_A, Y_A e Y_B conhecidos, podemos encontrar X_B da seguinte maneira:

$$X_B = \frac{(X_A)(Y_B)}{Y_A}$$

Basicamente, a estimativa por analogia utiliza um índice com um único fator, com um valor de correlação obtido de um país, aplicado em um mercado-alvo. Esse é um método muito simples de análise, mas é um método de estimativa geral muito útil quando existe pelo menos um mercado potencialmente análogo para as vendas e um único fator de correlação.

O deslocamento no tempo é um método útil de análise de mercado quando há dados disponíveis para dois mercados em diferentes níveis de desenvolvimento. Esse método tem como base a pressuposição de que há uma analogia entre mercados em diferentes períodos de tempo ou, colocado de outra maneira, que os mercados em questão atravessam os mesmos estágios de desenvolvimento em diferentes momentos. Esse método nada mais é do que a pressuposição de que o nível da demanda para o produto X no país A, no período de tempo 1, apresentou o mesmo nível de demanda do país B no período de tempo 2. Isso pode ser ilustrado da seguinte maneira.

Seja:

X_{A1} = a demanda para o produto X no país A durante o período de tempo 1

Y_{A1} = fator associado à demanda para o produto X no país A no período de tempo 1

X_{B2} = demanda para o produto X no país B durante o período de tempo 2

Y_{B2} = fator ou fatores que correlacionam a demanda para o produto X no país A com os dados do país B para o período de tempo 2

Suponhamos que:

$$\frac{X_{A1}}{Y_{A1}} = \frac{X_{B2}}{Y_{B2}}$$

Se X_{A1}, Y_{A1} e Y_{B2} são conhecidos, podemos calcular X_{B2} conforme se segue:

$$X_B = \frac{(X_{A1})(Y_{B2})}{Y_{A1}}$$

O método de deslocamento no tempo requer que o profissional de marketing estime quando os dois mercados estiveram em estágios similares de desenvolvimento. O mercado para câmaras instantâneas Polaroid na Rússia, por exemplo, em meados da década de 90, pode ser comparável ao mercado de câmaras instantâneas nos Estados Unidos em meados da década de 60. Quando se obtêm dados sobre os fatores associados à demanda para câmaras nos Estados Unidos em 1964 e na Rússia em 1994, como também a demanda real nos Estados Unidos em 1964, é possível estimar o potencial da Rússia no momento presente. Como os videocassetes e as câmaras digitais não estavam disponíveis nos Estados Unidos em meados da década de 60, porém, essa analogia contém falhas sérias. Na verdade, hoje, para a câmara Polaroid, não há em nenhum lugar do mundo um mercado minimamente análogo ao mercado nas décadas de 60 e 70, já que as tecnologias de imagem eletrônicas atuais não estavam disponíveis naquela época. Várias questões devem estar claras quando se utiliza a estimativa por analogia:

1. Os dois países para os quais se pressupõe uma analogia são realmente similares? Para responder a essa pergunta com relação a um produto de consumo, o analista deve compreender as similaridades e as diferenças dos sistemas culturais dos dois países. Se estiver em estudo o mercado para um produto industrial, é preciso entender as bases tecnológicas nacionais de cada país.
2. Os avanços tecnológicos e sociais resultaram em uma situação em que a demanda por um determinado produto dará saltos, ultrapassando padrões anteriores, omitindo padrões inteiros de crescimento que ocorreram em países mais desenvolvidos? As vendas de máquinas de lavar na Europa, por exemplo, sobrepujaram o padrão de vendas dos Estados Unidos.
3. Se existirem diferenças entre disponibilidade, preço, qualidade e outras variáveis associadas ao produto nos dois mercados, a demanda potencial do mercado-alvo não determinará as vendas reais do produto, porque as condições de mercado não serão comparáveis.

Análise por agrupamento

O objetivo da análise por agrupamento é reunir as variáveis em conjuntos que maximizem as similaridades intragrupo e as diferenças intergrupos. A análise por agrupamento é muito apropriada como pesquisa de marketing global, porque similaridades e diferenças podem ser estabelecidas entre os mercados locais, nacionais e regionais do mundo.

Análise dos resultados

Devido à existência de numerosas técnicas de análise e à possibilidade de utilização de diferentes pressuposições, as conclusões finais que podem ser tiradas das pesquisas de mercado variam bastante. Duas empresas que estudam o mesmo país ou segmento de mercado podem chegar a conclusões diferentes — e muitas vezes é o que acontece. As estimativas das receitas de compras on-line para 1999, por exemplo, variaram de 3,9 bilhões de dólares (Direct Marketing Association) a 36 bilhões (Boston Consulting Group).[14]

Passo 5: Apresentação dos resultados

Um relatório baseado na pesquisa de mercado deve ser útil aos administradores como subsídio para o processo decisório. Independentemente de o relatório ser apresentado por escrito, oralmente ou por meio eletrônico, ele deve relatar claramente o problema ou a oportunidade identificada no primeiro passo. Muitos administradores não se sentem à vontade com o jargão de pesquisa e suas complexas análises quantitativas. Os resultados devem ser apresentados de maneira clara, de modo a fundamentar a ação gerencial. Caso contrário, o relatório pode acabar na prateleira acumulando poeira e servir como lembrete de perda de tempo e dinheiro. À medida que os dados fornecidos pelo sistema de informação e pela pesquisa de mercado ficam mais facilmente disponíveis ao redor do mundo, torna-se possível analisar a eficácia dos gastos de marketing além das fronteiras nacionais. Os administradores podem, então, definir onde estão alcançando a maior eficácia marginal para seus gastos de marketing e, em seguida, fazer os ajustes necessários.

QUESTÕES ATUAIS DE PESQUISA DE MARKETING GLOBAL

Os profissionais de marketing engajados em pesquisa global enfrentam problemas e condições especiais que diferenciam suas tarefas das do pesquisador do mercado doméstico. Primeiro, em vez de analisar um só mercado nacional, o pesquisador do mercado global deve analisar muitos mercados nacionais, cada um com características próprias que devem ser reconhecidas nas análises, como vimos anteriormente; além disso, em muitos países, a disponibilidade de dados confiáveis é bastante limitada. Em segundo lugar, os mercados pequenos ao redor do mundo são um problema especial para o pesquisador. O potencial para lucros relativamente pequeno em mercados menores permite gastos apenas modestos com pesquisa de mercado. Portanto, o pesquisador global deve arquitetar técnicas e métodos que mantenham os gastos

---
14 Nua Internet Surveys, "Online shopping revenue estimates", *Marketing News*, 3 jul. 2000, p. 20.

> ## QUADRO 6-2
>
> ### PESQUISA DE MARKETING NOS PAÍSES EM DESENVOLVIMENTO
>
> O exemplo da Nestlé mostra como o entendimento do mercado pode levar ao sucesso. Ela posicionou, com grande êxito, sua marca Maggi de macarrão instantâneo como uma refeição leve, em vez de mais uma opção de macarrão. A Nestlé também soube competir no mercado indiano que tradicionalmente prefere as marcas locais — embora o Nescafé seja a bandeira da empresa para o produto 'café' em muitos países, a Nestlé criou o Sunrise, um café sabor chicória especialmente desenvolvido para o mercado indiano. Os gerentes da Nestlé também verificaram que as 20 milhões de famílias ricas de seu mercado-alvo apresentam valores tradicionalmente associados aos mercados de massa. Assim, a Nestlé passou a manter seus preços baixos: mais da metade dos produtos que ela vende na Índia custam menos de 25 rúpias (cerca de 0,50 cents).
>
> O mercado de tabaco também está se adequando ao consumidor indiano. Sessenta por cento dos homens fumam, embora muitos prefiram uma planta nativa chamada *bidi*, que são enroladas à mão com uma folha natural, em vez de com papel. Como observou Darryl Jayson, economista da Associação de Comerciantes de Tabaco (ACT): "Muitas empresas, locais e estrangeiras, estão torcendo para que os fumantes de *bidi* deixem de fumar essa erva e passem a fumar os cigarros industrializados, à medida que a Índia se torna um país mais rico". Embora as marcas do Ocidente lembrem os malefícios do fumo, o governo ainda retém 70% do preço de venda de cada maço em impostos. Como resultado, o maço de cigarros de marcas européias de alto padrão, como Dunhill, custam quatro dólares, enquanto empresas indianas, como Indian Tobacco Company e outros fabricantes locais, vendem seus maços de cigarros por preços que vão de 0,50 cents a 1,50 dólar. O sabor é outro item que deve ser considerado pelas empresas de tabaco dos Estados Unidos; o fumante indiano prefere a mistura de fumos da Virginia, enquanto o consumidor norte-americano prefere as misturas de fumos de Kentucky e os orientais. Segundo Darryl Jayson: "Os fumantes indianos consideram os cigarros norte-americanos ásperos e com sabor de torrado. Acho que será bem difícil mudar os hábitos deles. Pode levar cerca de 20 anos para que isso comece a acontecer de fato".
>
> *Fontes*: Miriam Jordan, "Marketing gurus say: in India, hink cheap, lose the cold cereal", *Wall Street Journal*, 11 out. 1996, p. A7; O. P. Malik, "The world's tobacco marketers think 20 million indians can't be wrong", *Brandweek*, 9 out. 1995, p. 46, 48, e Malik, "The great indian brand bazaar", *Brandweek*, 5 jun. 1995, p. 31-32.

alinhados com o potencial de lucros desses mercados. Em mercados menores, existe a pressão sobre o pesquisador de descobrir relacionamentos econômicos e demográficos que permitam estimativas de demanda com base em um mínimo de informações. Pode também ser necessário utilizar pesquisas de levantamento baratas, que sacrificam a elegância ou o rigor estatístico para alcançar resultados dentro dos limites de um orçamento menor.

Um outro problema comum em países em desenvolvimento é que os dados podem estar inflacionados ou deflacionados, seja por falta de atenção ou por conveniência política. Um país do Oriente Médio, por exemplo, alterou deliberadamente sua balança comercial de um produto químico, acrescentando mil toneladas às suas estatísticas de consumo, em uma tentativa de encorajar investidores estrangeiros a instalar fábricas. Na Rússia, a Goskomstat, agência estatal que mensura a economia, gera montanhas de estatísticas que induzem ao erro. O PIB pode ser até 40% mais alto que os números oficiais, porque uma grande parcela da atividade econômica é informal, devido aos altos impostos e às leis confusas.[15] Embora a pesquisa de marketing nos países em desenvolvimento apresente desafios, os resultados muitas vezes valem o esforço, como demonstram os exemplos do quadro "Pesquisa de mercado nos países em desenvolvimento".

Outro problema é a comparabilidade das estatísticas internacionais, que variam muito. A falta de técnicas padronizadas para a coleta de dados contribui para o problema. Na Alemanha, por exemplo, os gastos de consumidores são estimados, em sua grande maioria, com base nos impostos sobre o faturamento, en-

---

15 Claudia Rosett, "Figures never lie but they seldom tell the truth about the russian economy", *Wall Street Journal*, 1º jul. 1994, p. A-6.

quanto no Reino Unido os dados dos impostos são utilizados em conjunto com levantamentos de dados dos lares e das fontes de produção.

Mesmo com técnicas de coleta de dados padronizadas, as definições variam ao redor do mundo. Em alguns casos, essas diferenças são pequenas; em outros, são muito importantes. A Alemanha, por exemplo, classifica as compras de aparelhos de televisão como gastos com "lazer e entretenimento", enquanto o mesmo gasto é classificado nos Estados Unidos como "móveis e aparelhos domésticos".

Os dados de levantamentos têm problemas similares de comparabilidade. Quando a PepsiCo International — usuária de pesquisa global — reviu seus dados, descobriu que faltava comparabilidade em várias áreas importantes. A Tabela 6-6 mostra como as categorias de faixa etária eram analisadas em sete países estudados pela PepsiCo. O grupo de pesquisa de mercado da sede da PepsiCo apontou que os resultados de um país poderiam ser comparados com os de um outro somente se os dados fossem reportados com um intervalo de cinco anos. Sem essa padronização, a comparação não era possível. O grupo de pesquisa de mercado recomendou, portanto, que os intervalos-padrão de cinco anos fossem obrigatórios em todos os relatórios para a matriz, mas que quaisquer intervalos considerados úteis para as finalidades locais fossem permitidos. Assim, para as análises locais, as idades de 14 a 19 poderiam ser uma classificação de "juventude" mais pertinente em um país, enquanto as idades de 14 a 24 poderiam ser uma definição mais apropriada para o mesmo segmento de um outro país.

A PepsiCo também achou que as definições de consumo de mercados locais divergiam tanto que ela era incapaz de comparar as participações das marcas entre os mercados. Definições representativas de consumo são mostradas na Tabela 6-7.

Por fim, a pesquisa global de consumo pode ser tolhida pela relutância das pessoas em falar com estranhos, pela dificuldade de localizá-las. Além disso, em um país de renda mais baixa os serviços de pesquisa industrial e de consumo são menos desenvolvidos, embora seu custo seja mais baixo do que nos países de renda alta.

O controle da matriz sobre a pesquisa de marketing global

Uma importante questão para a empresa global é onde colocar o controle de suas pesquisas. A diferença entre uma empresa policêntrica multinacional e uma empresa geocêntrica global, quanto a essa questão, é importante. Na multinacional, a responsabilidade pela pesquisa é delegada à subsidiária operacional. A empresa global delega a responsabilidade de pesquisa para as subsidiárias operacionais, mas retém a responsabilidade e o controle geral de pesquisa como uma função da matriz. Na prática, isso significa que a empresa global assegurará, como no exemplo da PepsiCo, que a pesquisa seja elaborada e executada para fornecer resultados comparáveis.

Tabela 6-6	Classificação de faixa etária a partir dos levantamentos de consumo, principais mercados.					
México	Venezuela	Argentina	Alemanha	Espanha	Itália	Filipinas
14-18	10-14	14-18	14-19	15-24	13-20	14-18
19-25	15-24	19-24	20-29	25-34	21-25	19-25
26-35	25-43	25-34	30-39	35-44	26-35	26-35
36-45	35-44	35-44	40-49	45-54	36-45	36-50
46+	45+	45-65	50+	55-64	46-60	
				65+		

Fonte: PepsiCo International.

Tabela 6-7	Definição de consumo adotada pelos pesquisadores de mercado da PepsiCo.
México	Conta o número de vezes que o produto foi consumido um dia antes da entrevista.
Venezuela	Conta o número de vezes que o produto foi consumido um dia antes da entrevista.
Argentina	Conta o número de bebidas consumido um dia antes da entrevista.
Alemanha	Conta o número de entrevistados que consomem "diariamente ou quase diariamente".
Espanha	Conta o número de bebidas consumido "pelo menos uma vez por semana".
Itália	Conta o número de entrevistados que consumiram o produto um dia antes da entrevista.
Filipinas	Conta o número de copos consumido do produto um dia antes da entrevista.

A comparabilidade requer que as escalas, as perguntas e a metodologia das pesquisas sejam padronizadas. Para isso, a empresa deve injetar um nível de controle e revisão da pesquisa de mercado em um nível global. O diretor de pesquisa de marketing em nível mundial deve estar atento às condições locais quando estiver buscando um programa de pesquisa que possa ser implementado em nível global, e é muito provável que o diretor de marketing acabe com programas elaborados para um conjunto de países que possuem similaridades entre si. A agenda do programa de coordenação de pesquisa global poderia ser semelhante à apresentada na Tabela 6-8.

O diretor de pesquisa global não deve apenas dirigir os esforços dos gerentes de pesquisa em cada país. Sua função é assegurar que a empresa alcance os resultados máximos da alocação total de seus recursos de pesquisa ao redor do mundo. Alcançar isso requer que os profissionais de pesquisa, em cada país, estejam cientes da pesquisa executada no restante do mundo e envolvidos em influenciar a elaboração das pesquisas em seu próprio país, assim como o programa geral de pesquisas. Por fim, o diretor de pesquisa global deve ser responsável pela elaboração do programa geral de pesquisa, sendo sua função obter informações do mundo todo e produzir uma estratégia coordenada de pesquisa que gere as informações necessárias para atingir os objetivos de vendas e lucro globais.

O sistema de informação de marketing como ativo estratégico

O advento do empreendimento transnacional significa que as fronteiras entre a empresa e o mundo exterior estão em processo de dissolução. Historicamente, o marketing é responsável por gerenciar muitos dos relacionamentos através dessas fronteiras. A fronteira entre o marketing e outras funções também está se dissolvendo, o que implica que a idéia tradicional do marketing como uma área funcional distinta dentro da empresa está dando lugar a um novo modelo. O processo de tomada de decisão de marketing também está mudando, em grande parte devido à mudança no papel desempenhado pelas informações, que de ferramenta de apoio passaram a ser um ativo estratégico gerador de riqueza.

Tabela 6-8 Plano de pesquisa de marketing mundial.			
Objetivo da pesquisa	Conjunto A de países	Conjunto B de países	Conjunto C de países
Identificar o potencial do mercado			X
Avaliar as intenções competitivas		X	X
Estimar o apelo do produto	X	X	X
Estudar a reação do mercado ao preço	X		
Avaliar os canais de distribuição	X	X	X

Algumas empresas estão experimentando estruturas organizacionais mais horizontalizadas, com menos hierarquia, menos estruturas centralizadas de tomada de decisões. Essas organizações facilitam a troca e o fluxo de informações entre departamentos que, de outra maneira, não se comunicariam. Quanto mais intensamente a empresa utilizar as informações, maior será o grau de envolvimento do marketing nas atividades tradicionalmente associadas a outras áreas funcionais. Nessas empresas, existe o processamento paralelo de informações.

A crescente necessidade de informações em uma empresa tem impacto sobre sua atratividade no mercado, sua posição competitiva e sua estrutura organizacional. Quanto maior o uso de informações na empresa, maior será a mudança das fronteiras tradicionais produto–mercado. De modo geral, as empresas enfrentam novas fontes de concorrência, por parte de empresas em atividades historicamente não-competitivas, especialmente se essas empresas também dependem muito do uso de informações. O melhor exemplo é o surgimento da 'superindústria' que combina telecomunicações, computadores, serviços financeiros e varejo, dentro do que essencialmente é um setor de informações. Empresas tão diversas como a AT&T, a IBM, a Merrill Lynch, o Citigroup e a Sears hoje concorrem diretamente umas com as outras. Elas oferecem, essencialmente, os mesmos produtos, mas não como resultado de diversificação. Em vez disso, a nova concorrência reflete uma extensão natural e uma redefinição das linhas tradicionais de produtos e atividades de marketing. Hoje, quando uma empresa fala de valor agregado, é menos provável que esteja se referindo aos atributos exclusivos de um produto; o mais provável é que se refira à troca de informações como parte das transações de consumo, muitas das quais transpõem as linhas de produtos tradicionais.

ABORDAGEM INTEGRADA DA COLETA DE INFORMAÇÕES[16]

A organização precisa de uma atividade coordenada para tomar conhecimento dos aspectos do ambiente sobre os quais deseja manter-se informada. O objetivo dessa atividade, que se pode chamar de 'inteligência organizada', é sistematizar a coleta e a análise de informações competitivas, para suprir as necessidades da organização como um todo. Organizar requer mais do que simplesmente coletar e disseminar informações adequadas. Muitas empresas que simplesmente incumbem um analista da tarefa de coletar, analisar e disseminar informações encontram problemas para fazer com que elas sejam utilizadas e adquiram credibilidade, função e relevância para os usuários.

O papel da 'inteligência organizada' de moldar as estratégias dependerá de sua capacidade de suplementar, em vez de substituir, as atividades informais dos funcionários, especialmente os da diretoria. Um obstáculo para um sistema de informações de marketing plenamente integrado, que engloba técnicas formais e informais de coleta de dados, é que em geral as atividades de monitoramento não são integradas com o processo de tomada de decisões. Se as informações não forem utilizadas, o esforço de monitoramento não proporcionará nenhum aumento na competitividade da empresa. O importante trabalho de Michael Porter sobre estratégia competitiva, junto com as crescentes pressões competitivas globais sobre estratégia e perda de domínio de mercado por muitas empresas, ajudou a colocar um novo foco sobre a exploração ambiental. A ênfase tem sido sobre a inteligência competitiva, em vez de uma exploração ambiental mais ampla. Ao considerar a possibilidade de estabelecer um sistema de 'inteligência organizada', a empresa terá de rever as seguintes questões:

Quando uma empresa precisa de inteligência organizada?
1. Os executivos do primeiro escalão estão bem informados sobre as condições competitivas do mercado ou vivem reclamando de falta de informações?

---

16 Esta seção é adaptada de Benjamin Gilad, "The role of organized competitive intelligence in corporate strategy", *Columbia Journal of World Business*, 24, nº 4, 1989, p. 29-36.

2. As propostas e apresentações feitas pela gerência de nível médio demonstra um conhecimento íntimo da concorrência e de outros atores do setor? Esses gerentes parecem saber mais do que foi publicado na literatura do setor?
3. Os gerentes de um departamento ou divisão são informados de atividades de inteligência de outras unidades? Eles trocam informações com freqüência?
4. Quantas vezes, durante os últimos seis meses, a gerência foi surpreendida com mudanças no mercado? Quantas decisões renderam resultados insatisfatórios e qual porcentagem desses resultados deveu-se à falta de uma avaliação adequada da resposta da concorrência?
5. A pressão competitiva aumentou no ramo de atividade em questão? A administração se sente confortável com seu nível de conhecimento sobre os concorrentes estrangeiros?
6. Quanto a empresa gasta com bancos de dados on-line? Quantos usuários conhecem a disponibilidade do sistema e sabem como utilizá-lo?
7. Os usuários de informações sofrem uma sobrecarga de dados mas queixam-se de falta de boas análises e estimativas das implicações para a empresa?

Resumo

A informação é um dos ingredientes mais básicos de uma estratégia de marketing bem-sucedida. O profissional de marketing global deve explorar o mundo em busca de informações sobre oportunidades e ameaças e colocar as informações à disposição, por meio de um sistema de informação gerencial. A exploração pode ser realizada mantendo-se contato com a área de interesse por meio de observações ou ativamente, buscando as informações por meio de pesquisas. As informações podem ser obtidas de fontes humanas e documentais ou de observação direta.

Muitas vezes é necessária uma pesquisa formal, antes de tomar decisões com relação a problemas ou oportunidades específicos. Após desenvolver um plano de pesquisa, os dados são coletados de fontes primárias ou secundárias. Há uma variedade de técnicas para analisar dados, incluindo a análise do padrão de demanda, medidas da elasticidade de renda, estimativas por analogia, análises comparativas e análises por agrupamento. Os resultados das pesquisas devem ser apresentados de maneira clara, para facilitar a tomada de decisões. A pesquisa de marketing global apresenta vários desafios. O primeiro é o simples fato de poder ser necessária uma pesquisa sobre diversos mercados, alguns dos quais são tão pequenos que só permitem gastos modestos. Dados secundários de alguns países também podem ser distorcidos, assim como a comparabilidade pode ser um problema. Uma questão final é o nível de controle da matriz sobre a pesquisa e a administração geral dos sistemas de informação da organização.

Questões para Discussão

1. Quais são as principais fontes de informação para os executivos da matriz das empresas globais?
2. Quais são os diferentes modos de adquirir informações? Qual é o mais importante para obter informações estratégicas?
3. Suponha que o presidente de sua empresa tenha pedido para você desenvolver uma abordagem sistemática de análise porque não quer ser surpreendido por mudanças importantes no mercado ou na concorrência. O que você recomendaria?
4. Resuma os passos básicos do processo de pesquisa de marketing.
5. Quais são as diferenças entre demanda de mercado existente, latente e incipiente? Como essas diferenças podem afetar a elaboração de um projeto de pesquisa de marketing?
6. Descreva algumas técnicas analíticas utilizadas por profissionais de marketing global. Quando é apropriado utilizar cada técnica?
7. Como a Internet afeta os sistemas de informação de mercado?

Leitura Sugerida

Benjamin Gilad. "The role of organized competitive intelligence in corporate strategy", *Columbia Journal of World Business*, inverno 1989, p. 29-35.

Bertil C. Lindberg. "International comparison of growth in demand for a new durable consumer product", *Journal of Marketing Research*, ago. 1982, p. 364-371.

Bragaban Panigrahi, Ranjita Misra e Stephen E. Calrish. "Perceptions of Indian business organizations toward formal marketing research", *The International Executive*, 38, set./out. 1996, p. 613-632.

Cynthia Crossen. *Tainted truth: the manipulation of fact in America*. Upper Saddle River, NJ: Simon & Schuster, 1994.

Earl Naumann, Donald W. Jackson Jr. e William G. Wolfe. "Comparing U.S. and Japanese market research firms", *California Management Review*, 36, verão 1994, p. 49-69.

Irving B. Kravis et al. *A system of international comparisons of gross product and purchasing power*. Baltimore: Johns Hopkins University Press, 1975.

Jan-Benedict E. M. Steenkamp. "Assessing measurement invariance in cross-national consumer research", *Journal of Consumer Research*, 25, nº 1, 1998, p. 78-91.

John M. Kelly. *How to check out your competition: a complete plan for investigating your market*. Nova York: Wiley, 1987.

Kevin Sharer. "Top management's intelligence needs: an executive's view of competitive intelligence", *Competitive Intelligence Review*, primavera 1991, p. 3-5.

Lawrence S. Davidson. "Knowing the unknowable", *Business Horizons*, 32, set./out. 1989, p. 2-8.

Lee Adler. "Managing marketing research in the diversified multinational corporation". In: Edward M. Mazze (ed.). *Marketing in turbulent times and marketing: the challenges and opportunities-combined proceedings*. Chicago: American Marketing Association, 1975, p. 305-308.

M. R. Czinkota e I. A. Ronkainen. "Market research for your export operations, part I", *International Trade Forum*, 3, 1994, p. 22-33.

_____. "Market research for your export operations, part II", *International Trade Forum*, 31, nº 1, 1995, p. 16-21.

Michael R. Mullen. "Diagnosing measurement equivalence in cross-national research", *Journal of International Business Studies*, 26, terceiro trimestre de 1995, p. 573-596.

Nikolai Wasilewski. "Dimensions of environmental scanning systems in multinational enterprises". Pace University, 3 maio 1993.

R. H. Vogel. "Uses of managerial perceptions in clustering countries", *Journal of International Business Studies*, primavera 1976, p. 91-100.

Rashi Glazer. "Marketing in an information-intensive environment: strategic implications of knowledge as an asset", *Journal of Marketing*, out. 1991, p. 1-19.

Reed Moyer. "International market analysis", *Journal of Marketing Research*, nov. 1968, p. 353-360.

Robert Green e Eric Langeard. "A cross-national comparison of consumer habits and innovator characteristics", *Journal of Marketing*, jul. 1975, p. 34-41.

Ruth Stanat. "Tracking your global competition", *Competitive Intelligence Review*, primavera 1991, p. 17-19.

S. Prakash Sethi. "Comparative cluster analysis for world markets", *Journal of Marketing Research*, 8, ago. 1971, p. 350.

S. Tamer Cavusgil. "Qualitative insights into company experiences in international marketing research", *Journal of Business and Industrial Marketing*, verão 1987, p. 41-54.

Susan P. Douglas, C. Samuel Craig e Warren J. Keegan. "Approaches to assessing international marketing opportunities for small- and medium-sized companies", *Columbia Journal of World Business*, out. 1982, p. 2-30.

Thomas H. Davenport, Michael Hammer e Tauno J. Metsisto. "How executives can shape their company's information systems", *Harvard Business Review*, 67, mar./abr. 1989, p. 130-134.

W. R. King e V. Sethi. "Developing transnational information systems: a case study", *Omega*, jan. 1993, p. 53-59.

Warren J. Keegan. *Scanning the international business environment: a study of the information acquisition process*. Tese de doutorado. Harvard Business School, 1967.

CAPÍTULO 7

Segmentação, Posicionamento e Seleção de Mercados-Alvo

"O que é razoável é real. O que é real é razoável."
Georg Wilhelm Friedrich Hegel
Filosofia do direito (1821)

Conteúdo do Capítulo

- Segmentação do mercado global
- Estabelecimento de mercados-alvo globais
- Posicionamento global do produto
- Resumo
- Questões para discussão

O cigarro é um dos produtos globais de consumo mais amplamente distribuídos e lucrativos.[1] No entanto, a quantidade de fumantes em países ricos diminuiu devido ao movimento antitabagismo e às preocupações com a saúde. Os gigantes da indústria de tabaco, como a B.A.T. Industries PLC (British Tobacco), da Inglaterra, e a Philip Morris Company, dos Estados Unidos, têm voltado sua atenção para novas oportunidades de mercado, visando especificamente aos fumantes dos países em desenvolvimento, como China, Tailândia, Índia e Rússia, países em que uma combinação de forças — aumento de renda ou dificuldades econômicas, o fato de o fumo ser considerado elegante e o status associado ao ato de fumar

---

1 Richard J. Barnet e John Cavanagh. *Global dreams: imperial corporations and the new world order*. Nova York: Simon and Schuster, 1994, p. 184.

marcas ocidentais — interage para expandir o mercado de fumantes e a participação das marcas globais líderes. Além disso, muitas mulheres nesses países vêem o fumo como um símbolo de sua crescente participação na sociedade, e as empresas de tabaco estão cada vez mais colocando-as como seu alvo.

As ações empreendidas pelos administradores da Philip Morris, da B.A.T. e outras empresas de tabaco são exemplos de segmentação de mercado e estabelecimento de mercados-alvo. A segmentação de mercado é o esforço de identificar e categorizar grupos de clientes e países de acordo com várias características. Estabelecer mercados-alvo é o processo de avaliar os segmentos e de concentrar os esforços de marketing sobre um país, região ou grupo de pessoas que tenha potencial de resposta. Estabelecido esse mercado-alvo, a empresa deve identificar os consumidores que pode alcançar com mais eficácia e eficiência. A segmentação, o estabelecimento de mercados-alvo e o posicionamento serão examinados neste capítulo.

SEGMENTAÇÃO DO MERCADO GLOBAL

Segmentação de mercado é:

"o processo de subdividir um mercado em vários subconjuntos de clientes que se comportam de maneira semelhante ou tenham necessidades similares. Cada subconjunto pode ser escolhido como um alvo de mercado a ser atingido com uma estratégia específica de marketing. O processo começa com uma base de segmentação — um fator específico ao produto que reflita as diferenças de exigências ou de resposta às variáveis de marketing por parte dos clientes. Como exemplos de variáveis de segmentação, podemos citar: comportamento de compra, uso, benefícios pretendidos, intenções, preferências ou fidelidade".[2]

A segmentação do mercado global é o processo de dividir o mercado mundial em conjuntos distintos de clientes que se comportam de maneira semelhante ou têm necessidades similares. Ou, segundo Hassan e Katsanis, é "o processo de identificar segmentos específicos — sejam eles grupos de países ou grupos individuais de consumidores — de clientes potenciais, com atributos homogêneos, que estejam propensos a demonstrar um comportamento de compra similar".[3] O interesse na segmentação do mercado global remonta a várias décadas. No final da década de 60, John K. Ryans sugeriu que o mercado europeu poderia ser dividido em três amplas categorias — o consumidor sofisticado internacional, o semi-sofisticado e o provinciano — apenas com base na receptividade presumida dos consumidores a uma abordagem comum de propaganda.[4] Arthur Fatt sugeriu que alguns temas, como a vaidade, o desejo de ser saudável e livre de dor e o amor de mãe e filho, eram universais e poderiam ser utilizados em propaganda no mundo inteiro.[5]

Na década de 80, o professor Theodore Levitt propagou a tese de que os consumidores em diferentes países buscam cada vez mais variedade e que os mesmos segmentos novos tendem a aparecer em vários mercados nacionais. Portanto, comidas étnicas ou regionais, como sushi, salada grega ou hambúrguer, poderiam ter demanda em qualquer lugar do mundo. Levitt descreveu essa tendência como a "pluralização do consumo" e a "simultaneidade de segmento" que permitem aos profissionais de marketing perseguir um segmento em escala global.[6]

Atualmente, as empresas globais (e as agências de propaganda que as atendem) tendem a segmentar os mercados do mundo de acordo com um ou mais critérios-chave: geografia, demografia (incluindo a renda nacional e o tamanho da população), variáveis psicográficas (valores, atitudes e estilos de vida), características comportamentais e benefícios procurados. Também é possível reunir diferentes mercados nacionais em termos de seus ambientes (por exemplo: a presença ou falta de regulamentação governamental de um

---

2 Peter D. Bennett (org.). *Dictionary of marketing terms*, 2ª ed. Chicago: American Marketing Association, 1995, p. 165-166.
3 Salah S. Hassan e Lea Prevel Katsanis, "Identification of global consumer segments: a behavioral framework", *Journal of International Consumer Marketing*, 3, nº 2, 1997, p. 17.
4 John K. Ryans Jr., "Is it too soon to put a tiger in every tank?", *Columbia Journal of World Business*, mar./abr. 1969, p. 73.
5 Arthur C. Fatt, "The danger of 'local' international advertising", *Journal of Marketing*, jan. 1967.
6 Theodore Levitt, "The globalization of markets", *Harvard Business Review*, maio/jun. 1983, p. 92-102.

certo setor) para estabelecer agrupamentos. Outra ferramenta poderosa para a segmentação global é a segmentação horizontal por categoria de usuário.

Segmentação geográfica

Fazer segmentação geográfica é dividir o mundo em subconjuntos geográficos. A vantagem da geografia é a proximidade: os mercados de um mesmo segmento geográfico são mais próximos uns dos outros e mais fáceis de visitar na mesma viagem ou durante o mesmo período de tempo. A segmentação geográfica também tem limitações importantes: o simples fato de estarem na mesma região geográfica do mundo não significa que os mercados são similares: o Japão e o Vietnã estão na Ásia Oriental, mas o primeiro é uma sociedade pós-industrial de alta renda, e o segundo, uma sociedade pré-industrial emergente menos desenvolvida. As diferenças dos mercados nesses dois países superam suas similaridades. Simon constatou em sua amostra de "campeões desconhecidos" que, das principais variáveis de segmentação de mercado, a geografia era a menos relevante (Figura 7-1).

Segmentação demográfica

A segmentação demográfica tem como base características mensuráveis das populações, como idade, sexo, renda, escolaridade e ocupação. Uma quantidade considerável de tendências demográficas — envelhecimento da população, quantidade menor de filhos, mais mulheres trabalhando fora, rendas e padrões de vida mais altos — sugere o surgimento de segmentos globais.

Para a maioria dos produtos de consumo e industriais, a renda nacional é a principal variável de segmentação e o mais importante indicador de potencial de mercado. A renda anual *per capita* varia muito nos mercados mundiais, de 81 dólares no Congo a 38.587 dólares em Luxemburgo. O Banco Mundial segmentou os países em alta renda, renda média alta, renda média baixa e baixa renda. Essas categorias são utilizadas no Apêndice "Renda e população globais em 2000 e projeções para 2010 e 2020", no site deste livro.

O mercado norte-americano, com uma renda *per capita* de 29.953 dólares, mais de 8,3 trilhões de dólares de renda nacional em 2000 e uma população de mais de 275 milhões de pessoas, é enorme. Não é de espantar, então, que os norte-americanos sejam um público-alvo por excelência. Apesar de terem rendas *per capita* comparáveis, outros países são pequenos quanto à renda nacional anual. Na Suécia, por exemplo, o PIB nacional *per capita* é de 24.487 dólares, mas sua pequena população (9 milhões de habitantes) implica um PIB de somente 220 bilhões de dólares. Quase 73% do PIB mundial está situado na 'Tríade'. Portanto,

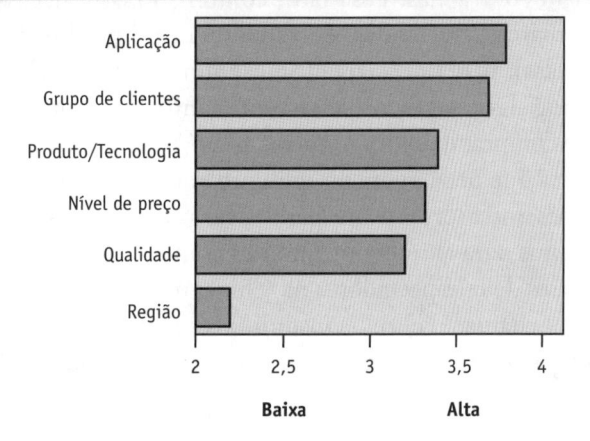

Figura 7-1 Importância do critério de definição do mercado.

Fonte: Hermann Simon. *Hidden champions: lessons from 500 of the world's best unknown companies*. Boston, MA: Harvard Business School Press, 1996, p. 45. Copyright © 1996 by Harvard Business School Publishing Corporation. Reproduzido com permissão da Harvard Business School Press.

segmentando a renda em termos de uma única variável demográfica, uma empresa atingiria os mercados mais ricos estabelecendo como mercados-alvo a União Européia, a América do Norte e o Japão.

Muitas empresas globais também estão cientes de que, para produtos de baixo preço, como cigarros, refrigerantes e outros produtos de consumo, a população é uma variável de segmentação mais importante que a renda. Portanto, a China e a Índia, com 1,3 bilhão e 1 bilhão de habitantes, respectivamente, podem representar mercados-alvo atraentes. Em um país como a China, onde a renda *per capita* é de apenas 930 dólares, o desafio do marketing é atender com sucesso ao mercado de massa existente para produtos de consumo baratos. Procter & Gamble, Unilever, Kao, Johnson & Johnson e outras empresas de bens de consumo procuram atender ao mercado da China e desenvolvê-lo atraídas, em parte, pela possibilidade de mais de cem milhões de chineses terem dinheiro suficiente para gastar, digamos, 14 cents em um pequeno frasco de xampu, próprio para ser usado uma única vez.[7]

As decisões sobre segmentação podem ser complicadas pelo fato de os dados sobre renda nacional como aqueles citados anteriormente para a China e a Índia serem médias. Existem grandes segmentos de alta renda em rápido crescimento em ambos os países. Na Índia, por exemplo, cem milhões de pessoas podem ser classificadas como de "classe média alta", com rendas médias anuais de mais de 1.400 dólares. Fixar um segmento demográfico pode exigir informações adicionais; a estimativa de classe média na Índia vai de alguns milhões até 250 a 300 milhões de pessoas. Se a classe média fosse definida como "pessoas que possuem uma geladeira", seriam 30 milhões de pessoas. Se a posse de um televisor fosse utilizada como critério, seriam de 100 a 125 milhões de pessoas.[8] Uma lição importante para os profissionais de marketing global é o cuidado necessário com os efeitos enganosos das médias, que distorcem as verdadeiras condições de mercado em países emergentes.

É importante observar também que os dados citados para a renda média não refletem o padrão de vida desses países. Para realmente compreender o padrão de vida de um país, é necessário determinar o poder de compra da moeda local. Em países de baixa renda, o poder de compra real da moeda local é mais alto do que o que se pode supor pela taxa de câmbio. Um colega do autor, por exemplo, retornou recentemente de uma viagem à Índia, durante a qual sofreu um pequeno corte na testa, causado pela tampa do porta-malas de um táxi. Ele procurou um médico para tomar uma injeção antitetânica e, como sabia que a malária era um risco naquele país, pediu uma receita para comprar pílulas para um mês. A conta do médico, a injeção, as pílulas e a receita somaram 30 rúpias ou 1 dólar.

A idade é uma outra variável demográfica bastante útil. Um importante segmento mundial são os adolescentes globais: jovens entre 12 e 19 anos. Os adolescentes, em virtude de seu interesse por moda, música e um estilo de vida jovem, exibem um comportamento de consumo notavelmente semelhante nos mais diversos países. Consumidores jovens podem ainda não se ter conformado com as normas culturais e, em geral, até mesmo se rebelam contra elas. Esse fato, combinado com necessidades universais, desejos e fantasias compartilhados (por marcas, novidades, entretenimento e produtos orientados para a imagem e que seguem as últimas tendências), torna possível alcançar um segmento global de adolescentes com um programa unificado de marketing. Esse segmento é atraente tanto em termos de tamanho (quase 1,3 bilhão de pessoas) como de poder de compra, que atinge vários bilhões de dólares. Coca-Cola, Benetton, Swatch e Sony são algumas das empresas que perseguem o segmento adolescente global. A revolução global das telecomunicações é uma tremenda força propulsora para o surgimento desse segmento. Veículos de mídia global, como a MTV, são perfeitos para alcançá-lo. Satélites como o AsiaSatI estão enviando programação e comerciais ocidentais para milhões de telespectadores na China, na Índia e em outros países.

Outro segmento global é a chamada 'elite': consumidores mais velhos e ricos que viajam muito e têm dinheiro para gastar em produtos de prestígio com imagem de exclusividade. As necessidades e os desejos

---

7 Valerie Reitman, "Enticed by visions of enormous numbers, more western marketers move into China", *Wall Street Journal*, 12 jul. 1993, p. B1, B6.

8 John Bussey, "India's market reform requires perspective", *Wall Street Journal*, 8 maio 1994, p. A1. Veja também Miriam Jordan, "In India, luxury is within reach of many", *Wall Street Journal*, 17 out. 1995, p. A1.

desse segmento estão espalhados por várias categorias de produtos: bens duráveis (carros de luxo), bens não duráveis (bebidas caras, como vinhos raros e champanhe) e serviços financeiros (cartões American Express das categorias ouro e platina). A mudança tecnológica nas telecomunicações torna mais fácil atingir o segmento da elite global. O telemarketing global é uma opção viável, já que atualmente os serviços 0800 da AT&T International estão disponíveis em mais de 40 países. A crescente confiança no marketing direto por parte dos varejistas de luxo, como Harrods, Laura Ashley e Ferragamo, também tem produzido resultados impressionantes.

Segmentação psicográfica

A segmentação psicográfica é realizada mediante o agrupamento de pessoas em termos de atitudes, valores e estilos de vida. Os dados são obtidos de questionários que pedem aos entrevistados para indicar quanto concordam ou discordam de uma série de afirmações.

A Porsche, fabricante alemã de carros esportivos, optou pela segmentação psicográfica depois de assistir ao declínio mundial de suas vendas de 50 mil para cerca de 14 mil unidades no período entre 1986 e 1993. Sua subsidiária norte-americana, a Porsche Cars North America, já possuía um perfil demográfico claro de seus clientes: idade superior a 40 anos, curso universitário concluído e renda anual de mais de 200 mil dólares. Um estudo psicográfico mostrou que, deixando a demografia de lado, os compradores de Porsche podiam ser divididos em cinco categorias distintas (Tabela 7-1). Os 'top guns', por exemplo, compram carros da Porsche e esperam chamar a atenção; por outro lado, para os 'fantasiosos' e os 'proprietários orgulhosos', o consumo ostensivo é irrelevante. A Porsche utiliza os perfis para desenvolver campanhas publicitárias específicas para cada segmento. Richard Ford, vice-presidente de vendas e marketing da empresa, ressalta: "Estamos vendendo para pessoas cujos perfis são diametralmente opostos. Você não vai dizer a um elitista como ele fica bem no carro nem a velocidade que ele atinge". Os resultados são promissores: as vendas da Porsche nos Estados Unidos melhoraram quase 50% em 1994.[9]

Uma aplicação de segmentação psicográfica fora dos Estados Unidos concentrou-se nas orientações de valor dos consumidores no Reino Unido, na França e na Alemanha. Apesar de o estudo ser limitado em termos de abrangência, o pesquisador concluiu que "os valores que fundamentam as estruturas de cada país parecem ter similaridade suficiente para assegurar uma estratégia comum de comunicação".[10] A SRI International realizou recentemente uma análise psicográfica do mercado japonês; estudos mais amplos foram

Tabela 7-1	Perfis psicográficos dos clientes norte-americanos da Porsche.	
Categoria	% do total de proprietários	Descrição
Top guns	27%	Ambiciosos; preocupam-se com poder e controle; esperam chamar atenção
Elitistas	24%	Prezam o dinheiro; um carro — mesmo um modelo caro — é apenas um carro, não a extensão da personalidade da pessoa
Proprietários orgulhosos	23%	O importante é possuir; o carro é um troféu, uma recompensa por ter trabalhado muito; não se preocupam em chamar atenção
Bon vivants	17%	Cosmopolitas e aventureiros; o carro intensifica o entusiasmo deles
Fantasiosos	9%	O carro representa apenas uma instrumento de fuga; não se preocupam em impressionar os outros; podem até mesmo se sentir culpados por possuírem um carro

---

9 Alex Taylor III, "Porsche slices up its buyers", *Fortune*, 16 jan. 1995, p. 24.
10 Alfred S. Boote, "Psychographic segmentation in Europe", *Journal of Advertising Research*, 22, nº 6, dez. 1982/jan. 1983, p. 25.

levados a efeito por várias agências de propaganda globais, incluindo a Backer Spielvogel & Bates Worldwide (BSB), a D'arcy Massius Benton & Bowles (DMBB) e a Young & Rubicam (Y&R).[11] Essas análises proporcionaram uma compreensão detalhada de vários segmentos, incluindo o adolescente global e a elite global abordados anteriormente.

Pesquisa global da BSB

A Global Scan da Backer Spielvogel & Bates (BSB) é um estudo que abrange 18 países, a maioria localizada na Tríade. Para identificar as atitudes que poderiam ajudar a explicar e prever o comportamento de compra para diferentes categorias de produto, os pesquisadores estudaram os valores e as atitudes dos consumidores, assim como a audiência/leitura de mídia e as características do processo de compra e utilização de produtos. O levantamento tenta identificar as atitudes dos consumidores tanto no âmbito global como em cada país. Ele se baseia em declarações como: "Quanto mais forte se empurra, mais longe se chega" e "Eu nunca tenho tempo ou dinheiro suficiente". A combinação dos dados dos países resultou em um estudo de segmentação conhecido como Target Scan, uma descrição de cinco segmentos psicográficos globais que a BSB diz representar 95% das populações pesquisadas nos 18 países (Figura 7-2). A BSB classificou os segmentos da seguinte maneira: esforçados, realizadores, pressionados, adaptados e tradicionalistas.

Esforçados (26%). Segmento caracterizado pela grande presença de jovens, com idade média de 31 anos. Essas pessoas possuem vida agitada e estão sempre em movimento. Motivadas para obter sucesso, buscam prazeres materiais e sempre lhes faltam tempo e dinheiro.

Realizadores (22%). Mais velhos que os esforçados, os realizadores são ricos e assertivos. Estão subindo de classe social e já alcançaram um bom grau de sucesso. Como consumidores, valorizam o status; além disso, a qualidade é importante para eles.

Pressionados (13%). Segmento composto, em sua maioria, por mulheres de diversas faixas etárias; caracteriza-se por pressões financeiras e familiares constantes.

Adaptados (18%). Segmento composto por pessoas mais velhas, satisfeitas com a vida; elas conseguem conservar seus valores e, ao mesmo tempo, mantêm a mente aberta quando confrontadas com mudanças.

Tradicionalistas (16%). Segmento 'enraizado no passado'; mantém-se fixo a tradições e valores culturais do país.

Figura 7-2 Estudo de segmentação Global Scan da BSB.

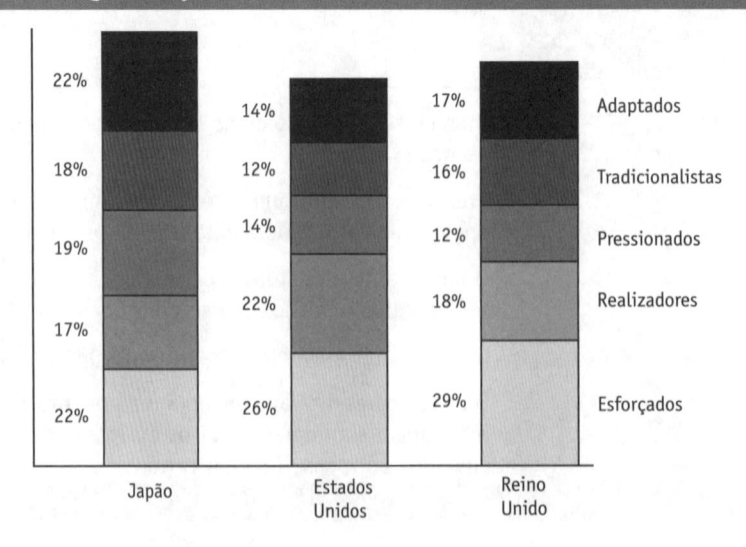

	Japão	Estados Unidos	Reino Unido
Adaptados	22%	14%	17%
Tradicionalistas	18%	12%	16%
Pressionados	19%	14%	12%
Realizadores	17%	22%	18%
Esforçados	22%	26%	29%

---

11 A discussão a seguir é adaptada de Rebecca Piirto. *Beyond mind games: the marketing power of psychographics*. Ithaca, NY: American Demographics Books, 1991.

A Global Scan é uma ferramenta útil para identificar as similaridades ao longo das fronteiras nacionais, assim como para destacar as diferenças entre os segmentos em diferentes países. Nos Estados Unidos, por exemplo, os 75 milhões de baby-boomers fazem inchar os grupos de esforçados e realizadores para quase metade da população. Por outro lado, na Alemanha, o segmento de esforçados é mais velho e representa uma proporção menor da população. A Global Scan apontou importantes diferenças entre norte-americanos e canadenses, que, muitas vezes, são considerados parte do mesmo segmento geográfico da América do Norte.

A Global Scan também revelou diferenças marcantes entre as circunstâncias em que os esforçados se encontram em países diversos. Nos Estados Unidos, os esforçados sofrem cronicamente de falta de tempo e de dinheiro, enquanto os esforçados japoneses dispõem de recursos. Essas dessemelhanças se traduzem diretamente em preferências distintas: os esforçados norte-americanos compram carros bonitos e esportivos que representam bom valor em relação ao custo; os esforçados japoneses vêem seus carros como extensões de suas casas e colocam todo tipo de acessórios, como cortinas e sons caros, por exemplo. Isso implica que deve haver diferentes apelos de propaganda quando esses dois grupos de esforçados constituem o público-alvo.

Estudo do euroconsumidor da DMBB

A equipe de pesquisa da D'arcy Massius Benton & Bowles (DMBB) voltou sua atenção para a Europa e produziu um estudo em 15 países com o título: "O euroconsumidor: mito de marketing ou certeza cultural?" Os pesquisadores identificaram quatro grupos de estilos de vida: os idealistas bem-sucedidos, os novos-ricos, os conformados e os sobreviventes frustrados. Os dois primeiros grupos representam a elite, enquanto os outros dois identificam a grande maioria dos consumidores europeus.

- *Idealistas bem-sucedidos.* Abrangendo de 5 a 20% da população, esse segmento consiste em pessoas que alcançaram o sucesso profissional e material, mesmo mantendo compromissos ou ideais socialmente responsáveis.
- *Novos-ricos.* Esse grupo está ciente de sua posição de 'emergente'; muitos são profissionais de negócios e usam o consumo ostensivo para comunicar seu sucesso aos outros.
- *Conformados.* Englobam de um quarto até metade da população de um país; os membros desse grupo, como os adaptados e tradicionalistas da Global Scan, são conservadores e sentem-se mais à vontade com o que lhes é familiar. Estão contentes com o conforto da casa, da família, dos amigos e da comunidade.
- *Sobreviventes frustrados.* Sem poder e riqueza, esse segmento mantém poucas esperanças de ascensão social e tende a ser resignado ou ressentido. Concentra-se em bairros com alto grau de criminalidade. Apesar de terem baixo status social, suas atitudes muitas vezes afetam o restante da sociedade.

A DMBB também concluiu recentemente um perfil psicográfico do mercado russo. O estudo divide os russos em cinco categorias, com base em sua visão de mundo, comportamento e receptividade para os produtos ocidentais. As categorias incluem *kuptsy*, cossacos, estudantes, executivos e os 'almas russas'. Os membros do maior grupo, os *kuptsy* (o nome deriva da palavra russa utilizada para designar comerciante), teoricamente preferem produtos russos, mas desprezam os produtos de massa de qualidade inferior. É provável que os *kuptsy* admirem automóveis e equipamentos de som dos países com boa reputação quanto à engenharia, como Alemanha e Escandinávia. Nigel Clarke, autor do estudo, observa que a segmentação e a definição de públicos-alvo são apropriadas na Rússia, embora seu amplo mercado consumidor ainda esteja engatinhando. "Se você estiver tratando com um mercado tão diferente como o russo, mesmo que queira abranger todos os segmentos, será melhor pensar: 'Qual grupo preferiria minha marca? Onde está meu centro de gravidade natural?'"[12]

---

12 Stuart Elliot, "Figuring out the russian consumer", *New York Times*, 1º abr. 1992, p. C1, C9.

Caracterizações multiculturais da Y&R

Os 4Cs da Young & Rubicam (Y&R) é um estudo psicográfico de segmentação de 20 países que têm seu foco em objetivos, motivações e valores que ajudam a determinar a escolha do consumidor. Essa abordagem baseia-se no pressuposto de que "alguns processos psicológicos envolvidos no comportamento humano são tão fundamentais que independem de cultura e podem ser encontrados em toda parte do mundo".[13]

Os três grupos gerais podem ser subdivididos em sete segmentos: os limitados (os pobres resignados e os pobres batalhadores), a maioria mediana (os acostumados, os aspirantes e os bem-sucedidos) e os inovadores (os transitórios e os reformadores). Os objetivos, as motivações e os valores desses segmentos vão de 'sobrevivência', 'desistência' e 'subsistência' (pobres resignados) até 'melhoria social', 'consciência social' e 'altruísmo social' (reformadores). A Tabela 7-2 mostra algumas características de comportamento desses sete grupos em termos de atitude, trabalho, estilo de vida e comportamento de compra.

Combinando os dados dos 4Cs para determinado país com outros dados, a Y&R pode prever o comportamento de compra por produto e por categoria para os vários segmentos. Como observado na discussão sobre a Global Scan, no entanto, os profissionais de marketing das empresas globais que são clientes da Y&R são aconselhados a não pressupor que podem desenvolver uma única estratégia ou um único comercial para atingir um segmento específico em muitas culturas. Como diz um colaborador da Y&R: "À medida que você se aproxima do nível de execução, precisa estar atento às diferenças culturais. No princípio,

Tabela 7-2 Os 4Cs da Y&R.

Atitude	Trabalho	Estilo de vida	Comportamento de compra
Pobre resignado			
Infeliz	Operário	Caseiro	Consumidor de gêneros de primeira necessidade
Incrédulo	Mão-de-obra não especializada	Espectador de televisão	Preços baixos
Pobre batalhador			
Infeliz	Operário	Esportes	Preços baixos
Insatisfeito	Artesão	Televisão	Lojas de desconto
Acostumado			
Feliz	Artesão	Família	Hábito
Engajado	Professor	Jardinagem	Fidelidade à marca
Aspirante			
Infeliz	Vendedor	Esportes	Evidente consumo
Ambicioso	Profissional de escritório	Revistas da moda	Crédito
Bem-sucedido			
Feliz	Gerente	Viagens	Luxo
Trabalha muito	Profissional liberal	Jantares	Qualidade
Transitório			
Rebelde	Estudante	Artes	Compras por impulso
Liberal	Profissional da saúde	Revistas especializadas	Produtos exclusivos
Reformador			
Crescimento interno	Profissional liberal	Leitura	Ecologia
Tornar o mundo melhor	Empreendedor	Eventos culturais	Fabricação caseira

---

13 Piirto. *Beyond mind games*, p. 161.

porém, é de grande valia ser capaz de pensar sobre as pessoas que compartilham valores comuns em várias culturas".[14]

Segmentação por comportamento

A segmentação por comportamento concentra-se em saber se as pessoas compram e usam um produto ou não, assim como a freqüência com que o utilizam e em que quantidade. Os consumidores podem ser categorizados em termos de índices de utilização — por exemplo, uso intensivo, uso razoável, uso eventual e não-utilização. Eles podem também ser segmentados de acordo com seu status de usuário: usuários potenciais, não-usuários, ex-usuários, usuários freqüentes, usuários iniciantes e usuários dos produtos da concorrência. Embora a água mineral seja considerada um produto de luxo em alguns mercados de alta renda, a Nestlé está vendendo o produto no Paquistão, onde há um mercado enorme de não-usuários que, apesar da baixa renda, estão dispostos a gastar 18 rúpias por uma garrafa de água limpa, devido ao envenenamento dos poços de água com arsênico e à poluição da água superficial. As empresas de tabaco estão visando à China, porque os chineses fumam bastante.

As instituições financeiras devem considerar várias fontes diferentes de informação sobre o comportamento do consumidor em relação à maneira como poupa e gasta seu dinheiro. O Japão tem a maior quantidade de caixas eletrônicos de bancos, com 1.115 para cada 1 milhão de habitantes, seguido pela Suíça, pelo Canadá e pelos Estados Unidos, onde a média é um pouco maior que 600 caixas por milhão de habitantes. O valor médio de retirada também varia consideravelmente. No Japão, a retirada média é de 289 dólares; a Suíça vem em seguida, com 187 dólares de saque médio, e a Itália vem depois, com 185 dólares. Os Estados Unidos estão bem abaixo na lista, com apenas 68 dólares em média por retirada. Os japoneses tendem a andar com mais dinheiro vivo que as pessoas de outros países.[15]

Segmentação por benefícios

A segmentação global por benefícios tem seu foco no numerador da equação de valor (B em V = B/P). Essa abordagem pode alcançar excelentes resultados, em virtude da maior compreensão dos profissionais de marketing sobre o problema que um produto resolve ou o benefício que ele oferece, sem considerar a geografia. A Nestlé, por exemplo, descobriu que as atitudes dos donos de gatos quanto a alimentar seus bichos de estimação são as mesmas em todo lugar. Em resposta a isso, a empresa criou uma campanha pan-européia para a Friskies, comida seca para gatos. O apelo era que a alimentação seca para gatos é mais adequada para a internacionalmente conhecida natureza independente desse animal.

Segmentação horizontal *versus* vertical

A segmentação vertical tem como base uma categoria ou modalidade de produto e o preço. Os sistemas de diagnóstico médico por imagens, por exemplo, incluem raio X, tomografia computadorizada, ressonância magnética etc. Cada modalidade tem seu preço. Os preços praticados eram a maneira tradicional de segmentar o mercado de diagnóstico por imagens. Uma empresa decidiu usar uma abordagem diferente e segmentar o mesmo mercado pelo sistema de fornecimento de serviços médicos: hospitais de pesquisa e hospitais-escola, hospitais do governo e assim por diante. Ela lançou então uma campanha em escala regional, nacional e, finalmente, global, elaborada para cada tipo de fornecimento de cuidados médicos. Essa abordagem de segmentação horizontal funcionou bem tanto no país de origem da empresa como em seus mercados externos.[16]

---

14 Ibid., p. 165.
15 "Holes in the wall", *Economist*, 6 mar. 1999, p. 99.
16 Entrevista com Nicholas F. Rossiello, vice-presidente de marketing e vendas da AFP Imaging Corporation. Elmsford, NY, 30 out. 1996.

ESTABELECIMENTO DE MERCADOS-ALVO GLOBAIS

Conforme discutido anteriormente, a segmentação é um processo pelo qual os profissionais de marketing identificam grupos de consumidores com desejos e necessidades similares. Estabelecer o mercado-alvo é avaliar e comparar os grupos identificados e selecionar um ou mais como *prospects* de maior potencial. Assim, um composto de marketing é elaborado de modo que forneça à organização o melhor retorno sobre o investimento realizado, ao mesmo tempo que cria o máximo de valor para os consumidores.

Critérios para estabelecimento de mercados-alvo

Os três critérios básicos para avaliar a oportunidade de um mercado-alvo global são os mesmos utilizados no caso de o mercado-alvo ser um único país: tamanho atual e potencial de crescimento do segmento; concorrência, e compatibilidade com os objetivos gerais da empresa e viabilidade de atingir com êxito o alvo almejado.

Tamanho atual e potencial de crescimento do segmento

Atualmente, o segmento de mercado é grande o bastante para proporcionar à empresa uma oportunidade de lucro? Se não é grande ou lucrativo o suficiente hoje, possui um potencial de crescimento que seja atraente para a estratégia de longo prazo da empresa? Na verdade, uma das vantagens de estabelecer um segmento de mercado globalmente é a seguinte: enquanto o segmento de mercado de um só país pode ser pequeno demais, o segmento global pode ser atendido com lucratividade com um produto padronizado se existir em vários países.[17] Os mais de um bilhão de membros da Geração MTV constituem um mercado enorme que, em virtude de seu tamanho, é extremamente atraente para muitas empresas.

A China representa um mercado geográfico individual que oferece oportunidades atraentes para muitos ramos de negócios. Considere por exemplo a oportunidade de crescimento do setor de serviços financeiros. Até hoje existem cerca de apenas três milhões de cartões de crédito circulando no país, e a maioria é utilizada por empresas. Níveis baixos de saturação também são encontrados no setor de computadores pessoais: existe um computador para cada 1.250 pessoas — nos Estados Unidos, essa proporção está chegando a um para cada duas pessoas. A oportunidade para os fabricantes de automóveis é ainda maior, pois a China possui apenas 1,2 milhão de carros de passeio — uma proporção de um automóvel para cada 20 mil chineses. Mesmo com o mercado chinês crescendo 33% ao ano, ainda há um tremendo potencial de mercado.

Concorrência potencial

O mercado ou segmento de mercado caracterizado por forte concorrência pode ser um segmento a ser evitado ou onde utilizar uma estratégia diferente. Muitas vezes, uma marca local concorre com a marca da multinacional que está entrando. No Peru, a Inca Kola é tão popular quanto a Coca-Cola. Na Índia, a Thumbs Cola é a principal marca. Na cidade siberiana de Krasnoyarsk, a Crazy Cola tem uma participação de 48% do mercado.[18] A multinacional pode tentar aumentar as promoções, utilizar promoções diferentes, adquirir uma empresa local ou formar uma aliança com ela.

A posição da Kodak como líder indiscutível do mercado de 2,4 bilhões de dólares para filmes coloridos nos Estados Unidos não inibiu a Fuji de lançar uma ofensiva competitiva. Além de oferecer os tradicionais filmes de 35 mm a preços inferiores aos da Kodak, a Fuji capturou fatias do mercado introduzindo novos filmes dirigidos ao segmento 'amador avançado' que a Kodak negligenciara. Apesar dos sucessos incipientes, após duas décadas de esforços, a participação da Fuji no mercado norte-americano tem se situado entre 10 e 16%. Parte do problema está na força da distribuição da Kodak, que mantém um excelente relacionamento com os supermercados e as redes de farmácia, onde a Fuji também tem que enfrentar diretamente outros concorrentes como a Konica e a Polaroid. Além disso, a Kodak tem acordos com dezenas de parques de diversão, que garantem exclusividade na venda de seus filmes nesses locais. A Fuji também está desen-

---

17 Michael E. Porter, "The strategic role of international marketing", *Journal of Consumer Marketing*, 3, nº 2, primavera 1986, p. 21.
18 Betsy McKay, "Siberian soft drink queen outmarkets Coke and Pepsi", *Wall Street Journal*, 23 ago. 1999, p. B1.

volvendo seu mercado na Europa, onde a Kodak detém uma participação de 'somente' 40% do mercado de filmes coloridos. A Fuji, atualmente, desfruta de 25% do mercado europeu, comparados com os 10% de uma década atrás. Nesse meio-tempo, a Kodak gastou mais de meio bilhão de dólares no Japão, o segundo maior mercado do mundo para suprimentos fotográficos; sua participação de mercado lá está por volta de 10%.[19]

Compatibilidade e viabilidade

Se um mercado-alvo global é considerado suficientemente grande e faltam concorrentes fortes ou os que lá estão não são considerados um obstáculo intransponível, a consideração final é se a empresa pode e deve investir naquele mercado. Em muitos casos, atingir os segmentos de mercado global requer recursos consideráveis, como gastos com distribuição e viagens de funcionários. Outra questão é se perseguir certo segmento é compatível com as metas gerais da empresa e as fontes estabelecidas de vantagem competitiva. Embora a Pepsi estivesse bem enraizada na Rússia, onde entrou em 1972, a Coca esperou 15 anos para dar seu primeiro passo no país e 20 anos para fazer investimentos importantes. Na época da entrada da Coca, a Pepsi tinha 100% do mercado russo de colas. Essa poderia parecer uma posição difícil de desbancar, mas o volume de investimentos da Coca e a habilidosa execução desses investimentos a conduziram para, já em 1996, uma participação de 50% do mercado.[20]

Seleção de uma estratégia global para o mercado-alvo

Se depois de avaliados os segmentos identificados em termos dos três critérios apresentados, é tomada a decisão de ir em frente, deve-se desenvolver uma estratégia apropriada para o estabelecimento dos mercados-alvo. São três as estratégias básicas: marketing padronizado, marketing concentrado e marketing diferenciado.

Marketing global padronizado

O marketing global padronizado é análogo ao marketing de massa em um único país. Envolve a utilização do mesmo composto de marketing em um mercado amplo de compradores potenciais. Essa estratégia exige uma distribuição ampla em uma quantidade máxima de pontos-de-venda. O atrativo do marketing global padronizado é claro: maiores volumes de venda, custos mais baixos de produção e maior lucratividade. O mesmo também vale para as comunicações globais padronizadas.

A Coca-Cola utiliza em sua propaganda global o apelo de jovens em momentos de diversão. Seu programa de patrocínio é global e adaptado para eventos que são populares em países específicos, como futebol no Brasil e na Europa e futebol americano nos Estados Unidos.

Marketing global concentrado

A segunda estratégia global para definição de mercados-alvo utiliza um composto de marketing específico para atingir um único segmento de um mercado global. Na área de cosméticos, essa abordagem tem sido utilizada com êxito pela Lauder, pela Chanel e por outras empresas que procuram atingir o segmento de alta renda e de alto prestígio do mercado. Essa estratégia é muito utilizada por empresas que, embora desconhecidas da maioria das pessoas, têm bastante êxito quando se trata de marketing global. Essas empresas definem seus mercados de maneira estreita, procurando o aprofundamento global em vez de abrangência nacional. A alemã Winterhalter, por exemplo, tem um extraordinário sucesso no mercado de máquinas de lavar louça, mesmo sem nunca ter vendido uma lavadora para um consumidor final. Também nunca vendeu uma lavadora para um hospital, escola, empresa ou qualquer outra instituição. Seu foco concentra-se exclusivamente em lavadoras para hotéis e restaurantes. Ela vende lavadoras, detergentes e serviços. Jüergen Winterhalter comentou a definição estreita de mercado para sua empresa: "Esse

---

19 Clare Ansberry, "Uphill battle: Eastman Kodak Co. has arduous struggle to regain lost edge", *Wall Street Journal*, 2 abr. 1987, p. 1, 12.
20 Entrevista com Oleg Smirnoff, ex-gerente de marketing da PepsiCola International. Nova York, 31 out. 1996.

estreitamento de nossa definição de mercado foi a decisão estratégica mais importante que já tomamos. Foi a base para nosso sucesso na década passada".[21]

Marketing global diferenciado

A terceira estratégia para o estabelecimento de mercados-alvo é uma variação do marketing global concentrado. Requer estabelecer como alvo dois ou mais segmentos distintos de mercado com diferentes compostos de marketing. Essa estratégia permite que a empresa possua uma cobertura de mercado mais ampla. No segmento de automóveis utilitários esportivos, por exemplo, a Land Rover tem o Range Rover, posicionado no topo do mercado e cujo preço ultrapassa os 50 mil dólares, e um veículo mais simples, o Land Rover Discovery, que tem um preço inferior a 35 mil dólares e compete diretamente com o Jeep Grand Cherokee. São dois segmentos diferentes, e a Rover tem uma estratégia concentrada para cada um.

Um dos destaques do marketing global diferenciado é a SMH, a Swiss Watch Company, que oferece desde relógios da linha Swatch, vendidos por 50 dólares no mundo inteiro, até relógios Blancpain, que custam mais de cem mil dólares. Embora a pesquisa, o desenvolvimento e a produção na SMH sejam integrados e atendem à produção de todas as linhas, cada marca SMH é administrada por uma organização completamente separada, que trabalha em um segmento estreito e concentrado no mercado global.

No ramo de cosméticos, a Unilever NV e a Cosmair Inc. perseguem estratégias globais de marketing diferenciadas visando aos dois extremos do mercado de perfumes. A Unilever atinge o mercado de luxo com o Calvin Klein e o Passion de Elizabeth Taylor, enquanto o Wind Song e o Brut são as marcas do mercado de massa. A Cosmair vende Tresnor e Giorgio Armani Gio para o segmento superior do mercado e Gloria Vanderbilt para o segmento inferior. A Procter & Gamble (P&G), conhecida nesse ramo por suas marcas Old Spice e Incognito, também embarcou nessa estratégia em 1991, com a aquisição da Revlon EuroCos, comercializando Hugo Boss para homens e o perfume Roma, de Laura Biagiotti. Recentemente, a P&G lançou uma nova fragrância de alto nível, chamada Venezia, nos Estados Unidos e em nove países europeus.[22]

POSICIONAMENTO GLOBAL DO PRODUTO

Posicionamento é o lugar que seu produto ocupa na mente do cliente. Portanto, uma das mais poderosas ferramentas de marketing não é algo que um profissional de marketing possa fazer ao produto ou a um dos elementos do composto de marketing: posicionamento é o que acontece na mente do cliente. A posição que um produto ocupa na mente do cliente depende de uma série de variáveis, muitas das quais podem ser controladas pelo profissional de marketing.

Depois que os vários segmentos do mercado global foram identificados e um ou mais foram estabelecidos como mercados-alvo, é essencial planejar um modo de atingi-los. Nesse momento, a construção de um planejamento adequado é fundamental. No ambiente do mercado global, muitas empresas têm dado cada vez mais importância a uma estratégia de posicionamento global unificada. O Chase Manhattan Bank, por exemplo, lançou uma campanha de publicidade global avaliada em 75 milhões de dólares, orientada pelo tema: "Lucre com a experiência". Segundo Aubrey Hawes, vice-presidente e diretor corporativo de marketing do banco, os clientes empresariais e de *private banking* do Chase "abrangem o planeta e viajam ao redor do mundo; eles têm espaço para apenas um Chase em sua mente, então por que confundi-los?"

O posicionamento pode funcionar para todos os produtos? Um estudo sugere que o posicionamento global é a forma mais eficaz para categorias de produtos que abordam os dois espectros do contínuo: 'high-touch/high-tech'.[23] Os dois extremos do contínuo são caracterizados por altos níveis de envolvimento do cliente e por uma 'linguagem' compartilhada entre os consumidores.

---

21 Hermann Simon. *Hidden champions: lessons from 500 of the world's best unknown companies.* Boston: Harvard Business School Press, 1996, p. 54.
22 Gabriella Stern, "Procter senses opportunity in posh perfume", *Wall Street Journal*, 9 jul. 1993, p. B1, B5.
23 Teresa J. Domzal e Lynette Unger, "Emerging positioning strategies in global marketing", *Journal of Consumer Marketing*, 4, nº 4, outono 1987, p. 26-27.

QUADRO 7-1

MARKETING GLOBAL EM AÇÃO — EM BUSCA DOS CAÇADORES DE AVENTURA COM UM CLÁSSICO NORTE-AMERICANO

Nas últimas décadas, o marketing de exportação permitiu que a Harley-Davidson aumentasse significativamente as vendas mundiais de suas motocicletas de alta cilindrada. As vendas provenientes de exportação aumentaram de três mil unidades em 1983 para 32 mil em 1999. Nesse mesmo ano, as vendas fora do mercado norte-americano foram superiores a 537 milhões de dólares, maiores que os 400 milhões de 1996 e os 115 milhões de 1989. Da Austrália à Alemanha, passando pela Cidade do México, os amantes da Harley costumam pagar algo em torno de 25 mil dólares pelo prazer de possuir e pilotar um dos ícones da cultura norte-americana. Em muitos países, as revendedoras são obrigadas a colocar seus clientes em filas de espera que podem chegar a seis meses devido à grande demanda pelas motocicletas.

O sucesso internacional da Harley chegou após anos sem que a empresa abrisse os olhos para os mercados além-mar. Antes, a Harley praticamente só vendia suas motocicletas por meio de exportações exclusivas, em virtude de sua precária rede de revendas internacional. Além disso, as campanhas publicitárias nos outros países eram apenas uma tradução literal dos materiais promocionais produzidos nos Estados Unidos. No final dos anos 80, depois de recrutar vendedores para os importantes mercados do Japão e da Europa, os executivos da empresa descobriram um princípio básico do marketing global. "Como se costuma dizer: temos que pensar globalmente, mas agir localmente", diz Jerry G. Wilke, vice-presidente de marketing internacional da Harley. Diante dessa premissa, a empresa começou a adaptar sua estratégia de marketing internacional, tornando-a mais voltada às condições locais.

No Japão, por exemplo, a forte imagem e a alta qualidade da Harley ajudaram a empresa a se tornar a maior importadora de motocicletas naquele país. Mas Toshifumi Okui, presidente da divisão japonesa da Harley, ainda não estava satisfeito. Para ele, o slogan da empresa para o mercado norte-americano — que dizia "Uma namorada fixa para um mundo em constante transformação" — não era adequado para os motociclistas japoneses. Depois de algumas negociações, Okui finalmente conseguiu convencer a cúpula da empresa em Milwaukee a liberarem-no para lançar uma campanha publicitária exclusiva para o Japão, que mesclava imagens dos dois mercados. Na campanha, motociclistas norte-americanos ultrapassam um jinriquixá que carrega uma gueixa. Depois de aprender que os motociclistas japoneses estão de olho na moda e nas novas tendências e consideram isso essencial para personalizar suas motos, a Harley abriu duas lojas especializadas em roupas e acessórios. Hoje, o mercado japonês é o maior do mundo depois do norte-americano.

Na Europa, a Harley descobriu que um 'passeio noturno' possui um significado diferente daquele existente nos Estados Unidos. A empresa patrocinou uma festa na França, onde ofereceram cerveja e um show de rock ao vivo que foi até a meia-noite. Wilke relembra: "As pessoas começaram a perguntar por que estávamos encerrando a festa exatamente no entardecer, então tive que convencer a banda a continuar tocando e manter o bar aberto até as quatro da manhã". Além disso, na Europa as festas são menos comuns do que nos Estados Unidos, então a Harley estimula seus representantes a manter suas portas abertas.

Ao viajar pela Europa, Wilke também aprendeu que os motociclistas alemães gostam de viajar acima de 160 quilômetros por hora. Isso exigiu que a empresa fizesse pesquisas e mudasse o design do banco de suas motocicletas para longos percursos. O esforço de marketing da unidade alemã da Harley também proporcionou o desenvolvimento de novos acessórios para aumentar a proteção do motociclista.

Apesar do aumento considerável de demanda, a empresa, intencionalmente, retém o aumento de produção de suas motos com o objetivo de defender as melhorias em qualidade e para manter limitado o fornecimento do produto em relação à demanda. A Harley ainda dá prioridade ao atendimento dos clientes norte-americanos, mantendo em segundo plano os outros mercados; assim, apenas 18% de sua produção atende ao mercado externo. A escassez da Harley parece se adequar à política dos executivos da empresa. Segundo James H. Patterson: "Motocicletas suficientes significa muitas motocicletas".

Fontes: Relatório Anual de 1999 da Harley-Davidson; Kevin Kelly e Karen Lowry Miller, "The rumble heard round the world: Harleys", *Business Week*, 24 maio 2003, p. 58, 60; Robert L. Rose, "Vrooming back: after nearly stalling, Harley-Davidson find new crowd of riders", *Wall Street Journal*, 31 ago. 1990, p. A1, A6; John Holusha, "How Harley outfoxed Japan with exports", *New York Times*, 12 ago. 1990, p. F5; Robert C. Reid, "How Harley beat back the japanese", *Fortune*, 25 set. 1989, p. 155, e Relatório Anual de 1996 da Harley-Davidson.

Posicionamento high-tech

Computadores pessoais, equipamento de som e vídeo e automóveis são exemplos de categorias de produto em que o posicionamento high-tech se mostra eficaz. Esses produtos são comprados, freqüentemente, com base em seus atributos tangíveis, embora a imagem também seja importante. Os compradores, muitas vezes, já possuem, ou desejam adquirir, bastante informação técnica. Os produtos high-tech podem ser divididos em três categorias: produtos técnicos, produtos de interesse especial e produtos demonstráveis.

Produtos técnicos

Computadores, produtos químicos, pneus e serviços financeiros são uma amostra das categorias de produtos cujos compradores têm necessidades específicas, requerem uma grande quantidade de informações sobre o produto e compartilham uma 'linguagem' comum. Os compradores de computador na Rússia e nos Estados Unidos são igualmente conhecedores de microprocessadores, discos rígidos, modems e memórias. A comunicação de marketing para produtos high-tech deve ser informativa e enfatizar os atributos.

Produtos de interesse especial

Apesar de menos técnicos e mais orientados para o entretenimento e o lazer, os produtos de interesse especial também são caracterizados por uma experiência compartilhada e por um alto envolvimento dos usuários. Mais uma vez, a linguagem comum e os símbolos associados a esses produtos podem transcender barreiras de idioma e cultura. Bicicletas Fuji, equipamento esportivo Adidas e câmaras Canon são exemplos de produtos globais de interesse especial bem-sucedidos.

Posicionamento high-touch

O marketing de produtos high-touch exige mais ênfase na imagem do produto do que nas informações técnicas acerca dele. Como os produtos high-tech, no entanto, as categorias high-touch são altamente envolventes para os consumidores. Os compradores de produtos high-touch também compartilham uma linguagem comum e um conjunto de símbolos relacionados aos temas de riqueza, materialismo e romance. As três categorias de produtos high-touch são: produtos que resolvem um problema comum, produtos da aldeia global e produtos com um tema universal.

Produtos que resolvem um problema comum

Do outro lado do espectro de preços dos produtos high-tech, os produtos dessa categoria proporcionam benefícios ligados aos 'momentos especiais da vida'. Comerciais que mostram amigos conversando quando tomam café ou matando a sede com um refrigerante durante um dia na praia colocam o produto no centro do cotidiano e comunicam os benefícios oferecidos de uma forma que é entendida no mundo inteiro.

Produtos da aldeia global

Fragrâncias Chanel, roupas de grife, água mineral e pizza são alguns exemplos de produtos cujo posicionamento é de natureza fortemente cosmopolita. A moda e os perfumes viajam como resultado do crescente interesse mundial por produtos de alta qualidade, alta visibilidade e altos preços, que elevam o status social. Ainda assim, os produtos alimentícios de preço baixo mencionados há pouco mostram que a categoria aldeia global engloba um amplo espectro.

Nos mercados globais, os produtos podem ter um apelo global em virtude de seu país de origem. A origem norte-americana da Levi's, da Marlboro e da Harley-Davidson aumenta sua atratividade para os cosmopolitas ao redor do mundo. Quanto aos produtos eletrônicos de consumo, o nome Sony é sinônimo da qualidade japonesa; em automóveis, a Mercedes é a incorporação da lendária engenharia alemã.

Produtos que usam temas universais

Conforme mencionado anteriormente, alguns temas de propaganda e apelos de produto são considerados básicos o suficiente para ser verdadeiramente transnacionais. São temas universais o materialismo (voltado para imagens de bem-estar ou status), o heroísmo (temas que incluem pessoas fortes ou altruísmo), o entretenimento (lazer/recreação) e a procriação (imagens de namoro e romance).

Verifica-se que alguns produtos podem ser posicionados de mais de uma maneira, dentro dos pólos high-tech ou high-touch do contínuo. A BMW, por exemplo, pode ser classificada simultaneamente como produto técnico e de interesse especial (visite www.bmw.com). Para reforçar o aspecto high-touch, a BMW publica a *BMW Magazine* para os proprietários de BMW. Além de artigos sobre as características técnicas do carro, a revista traz matérias sobre estilo de vida e anúncios de produtos de luxo, como relógios e jóias caras.

Resumo

O ambiente global deve ser analisado antes de uma empresa visar a uma expansão para novos mercados geográficos. Por meio da segmentação do mercado global, as similaridades e diferenças dos clientes potenciais podem ser identificadas e agrupadas. Demografia, psicografia, características comportamentais e benefícios buscados são atributos comuns utilizados para segmentar os mercados mundiais. Após identificar os segmentos de mercado, o próximo passo é determinar o mercado-alvo. Os grupos identificados são avaliados e comparados, e deles são selecionados os *prospects* com maior potencial. Os grupos são avaliados com base em vários fatores: tamanho do segmento e potencial de crescimento, concorrência, compatibilidade e viabilidade. Após avaliar e identificar os segmentos, os profissionais de marketing devem decidir a estratégia apropriada para estabelecer o alvo. As três categorias básicas de estratégias para estabelecer alvos globais são: marketing padronizado, marketing concentrado e marketing diferenciado. Por fim, as empresas devem planejar um modo de atingir seu mercado-alvo escolhido, determinando o melhor posicionamento para seus produtos ou serviços. Para isso, os profissionais de marketing elaboram um composto de marketing apropriado para fixar o produto na mente dos compradores potenciais no mercado-alvo. Classificar os produtos em high-tech e high-touch é uma abordagem que pode funcionar bem para um produto global.

Questões para Discussão

1. O que é um segmento de mercado global? Escolha um mercado sobre o qual saiba alguma coisa e descreva os segmentos globais para ele.
2. Identifique os maiores segmentos geográficos e demográficos nos mercados globais.
3. A Amazon.com teve sucesso rápido na comercialização de livros on-line. A quais segmentos de mercado a Amazon atende? Os segmentos de mercado-alvo da Amazon são idênticos nos Estados Unidos e no restante do mundo?
4. Fumar é um hábito em declínio nos países de alta renda onde a combinação de maior expectativa de vida, escolaridade, renda e ações judiciais criou uma poderosa campanha antitabagismo. As empresas de cigarro globais estão mudando seu foco de países de alta renda para os mercados emergentes, onde a combinação do aumento da renda e da falta de campanhas antifumo fazem a demanda por cigarros crescer. Essa mudança de foco das empresas de fumo é ética? O que os moradores dos países de alta renda podem fazer em relação ao crescimento do hábito de fumar em mercados emergentes, se é que podem fazer algo?

Leitura Sugerida

Barbara C. Garland e Marti J. Rhea. "American consumers: profile of an import preference segment", *Akron Business and Economic Review*, 19, nº 2, 1988, p. 20-29.

Bonnie Heineman Wolfe. "Finding the international niche: a 'how to' for American small business", *Business Horizons*, 34, nº 2, 1991, p. 13-17.

Frank K. Sonnenberg. *Marketing to win: strategies for building competitive advantage in service industries*. Nova York: HarperBusiness, 1990.

Frenkel Ter Hofstede, Jan-Benedict E. M. Steenkamp e Michel Wedel. "International market segmentation based on consumer-product relations", *Journal of Marketing Research*, 36, nº 1, 1999, p. 1-17.

Gregory L. Miles. "Think global, go intermodal", *International Business*, mar. 1993, p. 61.

Herman Simon. *Hidden champions: lessons from 500 of the world's best unknown companies*. Boston, MA: Harvard Business School Press, 1996.

Jack Trout e Steve Rivkin. *The new positioning: the latest on the world's #1 business strategy*. Nova York: McGraw-Hill, 1996.

James P. Womack, Daniel T. Jones e Daniel Roos. *The machine that changed the world*. Nova York: HarperCollins, 1990.

John Pawle. "Mining the international consumer", *Journal of the Market Research Society*, 41, nº 1, 1999, p. 19-32.

Judith Alster e Holly Gallo. "Corporate strategies for global competitive advantage", Reader's Digest Association Conference Board, working papers nº 996, 1992.

P.S. Raju. "Consumer behavior in global markets: the A-B-C-D paradigm and its application to Eastern Europe and the Third World", *Journal of Consumer Marketing*, 12, nº 5, 1995, p. 37-56.

Paul E. Green e Abba M. Krieger. "Segmenting markets with conjoint analysis", *Journal of Marketing*, 55, nº 4, out. 1991, p. 20-31.

Rebecca Piirto. *Beyond mind games: the marketing power of psychographics*. Ithaca, NY: American Demographics Books, 1991.

S.E. Prokesch. "Competing on customer service: an interview with british airways' sir Colin Marshall", *Harvard Business Review*, nov./dez. 1995, p. 100-116.

Salah S. Hassan e Roger D. Blackwell. *Global marketing*. Orlando, FL: The Dryden Press, 1994.

Thomas Hout, Michael E. Porter e Eeleen Rudden. "How global companies win out", *Harvard Business Review*, set./out. 1982, p. 98-108.

Vicki G. Morwitz e David Schmittlein. "Using segmentation to improve sales forecasts based on purchase intent: which 'intenders' actually buy?", *Journal of Marketing Research*, 29, nº 4, nov. 1992, p. 391-405.

William Taylor. "Message and muscle: an interview with swatch titan Nicolas Hayek", *Harvard Business Review*, 71, mar./abr. 1993, p. 99-110.

Parte Quatro: Estratégia de Marketing Global

CAPÍTULO 8

Estratégias de Entrada e Expansão: Marketing e Suprimento

"Jamais uma nação foi arruinada pelo comércio."

Benjamin Franklin, 1706–1790
Pensamentos sobre assuntos comerciais

Conteúdo do Capítulo

- Critérios de decisão para os negócios internacionais
- Modelo de decisão para entrada e expansão
- Exportação
- Outras alternativas internacionais
- Alternativas de estratégias de marketing
- Resumo
- Questões para discussão

Quando uma empresa decide aventurar-se no exterior, enfrenta muitas decisões. Em quais países deve entrar e em que ordem? Que critérios devem ser utilizados para entrar nos mercados: proximidade, estágio de desenvolvimento, região geográfica, critérios culturais e lingüísticos, situação da concorrência ou outros fatores? Como deve entrar nos novos mercados? Diretamente, expandindo-se a partir de um investimento inicial; diretamente, pela aquisição de uma empresa estabelecida localmente, ou indiretamente, utilizando agentes ou representantes? O novo mercado deve ser suprido com produtos importados da matriz, de países terceiros ou fabricados localmente? Este capítulo responde a essas perguntas e examina as várias estratégias que a empresa pode utilizar para 'tornar-se internacional', começando pela exportação e avançando para o investimento estrangeiro direto. Essas opções não são mutuamente exclusivas e podem ser utilizadas ao mesmo tempo. O impacto da Internet sobre as estratégias de entrada e expansão é discutido no Capítulo 16.

A indústria automobilística dá um bom exemplo. Em que países a empresa poderá obter as peças necessárias à produção? Em que países e por quais canais devem ser vendidos os automóveis? A produção deve ser realocada ou expandida para um outro país?

Os fabricantes podem obter vantagens competitivas instalando a produção em lugares diferentes. Não é de surpreender que a maior parte das montadoras tenham voltado suas atenções para o Brasil e a China. Ambos os países são grandes mercados emergentes; contam com as maiores populações em suas respectivas regiões e com economias de crescimento rápido. O Brasil representa o maior mercado para a Volkswagen (VW) fora da Alemanha; a VW do Brasil opera cinco fábricas, incluindo uma ultramoderna de caminhões, em Resende, que produz cerca de meio milhão de veículos por ano. A Fiat, também uma das principais montadoras do Brasil, gastou 1 bilhão de dólares para aumentar a produção; seu 'carro mundial', o robusto novo Palio, tem vendido bem desde sua introdução em 1996. Os fabricantes norte-americanos também estão no mercado. A General Motors (GM) produz Blazers em São José dos Campos; a GM destinou 1,25 bilhão de dólares para três novas fábricas, incluindo uma moderníssima, de 600 milhões de dólares, para

---

QUADRO 8-1

GRANDES MERCADOS DE AUTOMÓVEIS EM ASCENSÃO

Assim como o Brasil, a China oferece grandes oportunidades para os fabricantes de automóveis. A Volkswagen (VW) é atualmente o maior fabricante de veículos automotores no mercado chinês. As 200 mil unidades do Santana fabricadas na China em uma *joint-venture* com a Shanghai Automotive Industry Corporation (Saic) representam metade do mercado. A Volkswagen também produz o modelo Jetta em Changchum, em parceria com a First Auto Works (FAW). A *joint-venture* entre a Chrysler e a Beijing Auto Works produz o Jeep Cherokee desde os anos 80. Novos planos de investimento são anunciados freqüentemente; por exemplo, a GM lançou uma *joint-venture* com a Saic em 1997 avaliada em mais de 1,5 bilhão de dólares. A parceria surgiu inicialmente para produzir sedans Buick para oficiais do governo.

Apesar da euforia generalizada em relação à China, existe uma série de obstáculos e problemas a serem superados por aqueles que pretendem expandir seus negócios com investimentos naquele país. Em primeiro lugar, o governo chinês não permite que empresas estrangeiras possuam a maior parte das ações em *joint-ventures* com empresas nacionais e, além disso, reserva a elas o direito de controlar os níveis de produção, bem como de definir os preços. A retórica dos oficiais do governo chinês é capaz até mesmo de dar calafrios na espinha de qualquer executivo de uma empresa automobilística. Recentemente, por exemplo, um oficial da FAW disse a um jornal estatal: "Não deveríamos ser mais dependentes da indústria estrangeira de automóveis. O que os sul-coreanos e os japoneses são capazes de alcançar, os chineses também o são". O cenário dos negócios está repleto de projetos interrompidos; em 1997, por exemplo, a Peugeot foi forçada a abandonar uma *joint-venture* em Guangzhou; a Mercedes-Benz chegou a considerar o cancelamento de seu planejamento de um bilhão de dólares na parceria com a Nanfang South China Motor Corporation para fabricar motores e minivans. O acordo é um triunfo da Mercedes, que venceu a Chrysler e a GM na licitação para assinatura do contrato em 1995. Porém, dois anos depois, a parceria ainda estava no freezer, e Jurgen Hubbert, um dos membros do conselho da Daimler-Benz, tem um conselho mais do que sensato para aqueles que estão planejando investir em negócios na China: "Quando você achar que está concluindo um projeto na China, saiba que na verdade você está apenas começando".

O cenário competitivo no Brasil é outro exemplo singular. Por exemplo, em 1987, a Ford e a Volkswagen iniciaram uma *joint-venture* que levou o nome de Autolatina. Os concorrentes internacionais no mercado execraram a parceria e, em 1994, ela foi extinta. Além disso, enquanto a Ford se preparava para suprir o mercado com automóveis produzidos no próprio Brasil, ela vendia unidades importadas. Mas, em 1996, repentinamente o governo brasileiro derrubou as tarifas de carros importados de 70% para 20%, e a Ford não teve outra opção senão atender seus vendedores e distribuidores com um mix de veículos, originários de diversas fontes — uma mudança que confundiu seus parceiros e quase depreciou a reputação da Ford no Brasil. Embora o novo Fiesta seja muito popular e procurado pelos compradores de carros populares, os atrasos na produção permitiram que a Fiat conquistasse uma boa parcela do mercado com seu Palio.

Fontes: Michelle Maynard, "Big three beef up in Brazil", *USA Today*, 7 jul. 1997, p. 1B, 2B; James Harding, "Long march to mass market", *Financial Times*, 25 jun. 1997, p. 13; James Cox, "Chines auto industry stumbles", *USA Today*, 16 dez. 1996, p. 9B; Matt Moffett, "Bruised in Brazil: Ford sleeps as market blooms", *Wall Street Journal*, 13 dez. 1996, p. A10; e John Templeman, "How Mercedes trumped Chrisler in China", *Business Week*, 31 jul. 1995, p. 50-51.

carros pequenos localizada no Rio Grande do Sul. A Ford tem investido mais de 1 bilhão de dólares em uma fábrica em São Bernardo do Campo que produz os modelos Fiesta e Ka. A Chrysler tem uma instalação de produção em Campo Largo e também participa da fabricação de motores de pouco torque em uma *joint-venture* com a BMW. Surpreendentemente, as montadoras japonesas foram relativamente lentas em desenvolver o mercado, embora tenham crescido muito na última década; a Toyota ainda tem pouca penetração, e a fábrica de 100 milhões de dólares da Honda produz somente 15 mil Civics por ano.

A presença de VW, Fiat, GM e outras montadoras no Brasil ilustra o fato de que cada empresa, em vários estágios de sua história, enfrenta uma ampla gama de alternativas estratégicas. Há numerosos casos em que as empresas não consideram as muitas alternativas de que dispõem e utilizam só uma estratégia — muitas vezes, com muita desvantagem. As mesmas empresas também deixam de analisar as alternativas estratégicas disponíveis para seus concorrentes e tornam-se vítimas da terrível síndrome do 'Titanic': um estrondo inesperado no meio da noite, e o navio vai para o fundo.

Algumas empresas estão tomando a decisão de se tornarem globais pela primeira vez; outras procuram expandir suas participações nos mercados mundiais. As empresas em qualquer uma dessas situações enfrentam as mesmas questões básicas de suprimentos. Elas também devem enfrentar as questões de marketing e a administração da cadeia de valor antes de decidir entrar ou expandir sua participação nos mercados globais por meio de licenciamento, *joint-ventures* (ou participação minoritária) ou propriedade plena. Essas decisões são afetadas por questões de investimento e controle e pelas atitudes da empresa quanto ao risco.

CRITÉRIOS DE DECISÃO PARA OS NEGÓCIOS INTERNACIONAIS

Antes de empreender qualquer negócio internacional que envolva suprimentos, exportação, investimento ou uma combinação dessas estratégias, a empresa deve observar as condições do país em estudo, para analisar quais serão as vantagens, desvantagens e os custos e se valerá o risco.

Risco político

O risco político, ou o risco de mudança nas políticas governamentais que poderia ter conseqüências negativas na capacidade da empresa de operar com eficácia e lucro, é um empecilho para a expansão internacional. Quanto mais baixo o nível do risco político, maiores as chances de a empresa investir no país ou mercado. A dificuldade de avaliar o risco político é inversamente proporcional ao estágio de desenvolvimento do país: as outras condições sendo iguais, quanto menos desenvolvido o país, maior a dificuldade de prever o risco político. O risco dos países da 'Tríade', por exemplo, é bastante limitado se comparado com um país pré-industrial menos desenvolvido da África, da América Latina ou da Ásia. Em geral, há uma relação inversa entre o risco político e o estágio de desenvolvimento de um país. Quanto mais alto o nível de renda *per capita*, mais baixo é o nível do risco político.

Em meio à guerra, o McDonald's de Belgrado, na Iugoslávia, teve de mudar sua estratégia de marketing para sobreviver e minimizar suas origens norte-americanas, que eram a base dos ataques físicos. Um boné sérvio foi colocado no logotipo dos arcos dourados, o porão virou abrigo antiaéreo, os preços foram baixados e hambúrgueres grátis foram distribuídos aos manifestantes antiOtan. A matriz do McDonald's teve muito pouco a dizer sobre essas táticas, mas a gerência local ficou muito feliz e orgulhosa de seu feito.[1]

Acesso ao mercado

Um fator-chave na instalação de fábricas é o acesso ao mercado. Se um país ou uma região limita o acesso ao mercado por causa de leis relativas ao conteúdo local, problemas de balança de pagamentos ou qualquer outra razão, pode ser necessário estabelecer uma fábrica dentro do próprio país. As empresas japonesas de automóveis investiram em capacidade produtiva nos Estados Unidos devido a preocupações

---

1 Katarina Kratovac, "At least one U.S. icon survives in Belgrade", *Marketing News*, 11 out. 1999, p. 29.

com o acesso ao mercado. Produzindo carros nos Estados Unidos, eles tinham uma fonte de suprimento que não estaria exposta a ameaças de barreiras tarifárias ou não-tarifárias. Nas décadas de 50 e 60, as empresas dos Estados Unidos criaram instalações produtivas no estrangeiro para assegurar a continuação do acesso aos mercados que haviam sido estabelecidos com exportações diretas.

Custos e condições dos fatores

Custos de fatores são terrenos, mão-de-obra e custos do capital. A mão-de-obra inclui os custos dos funcionários em todos os níveis: fabricação, técnicos e profissionais e administrativos. Os custos de mão-de-obra produtiva básica, atualmente, vão de 0,50 dólar por hora, em países menos desenvolvidos (PMDs), a 6 dólares a 20 dólares ou mais por hora em país desenvolvidos. A Tabela 8-1 mostra os índices dos custos de remuneração por hora de trabalhadores de produção em determinados países e regiões. Note

Tabela 8-1 Índice do custo de remuneração por hora de trabalhadores de produção em alguns países: 1980, 1990, 1995 e 1997.

[**Estados Unidos = 100.** Os custos de remuneração incluem todos os pagamentos feitos diretamente ao trabalhador — pagamento por horas trabalhadas e não trabalhadas (por exemplo, licença), outros pagamentos diretos, despesas do empregador com programas de seguro exigidos legalmente e planos de benefícios privados e contratuais e, no caso de alguns países, outras taxas trabalhistas. Dados conciliados com taxas de câmbio. As médias locais são equiparadas com as do mercado para contabilizar com as diferenças em países de relativa importância para o comércio norte-americano em bens industrializados. Os valores comerciais usados são a soma das importações norte-americanas dos produtos de consumo industrializados (valores personalizados) e as exportações domésticas dos produtos industrializados; para detalhes, veja a fonte.]

Região ou País	1980	1990	1995	1997	União Européia/Região ou País	1980	1990	1995	1997
Estados Unidos	100	100	100	100	Áustria	90	119	147	120
Total[a]	67	83	95	84	Bélgica	133	129	155	125
OECD[b]	77	94	103	90	Dinamarca	110	120	140	121
Europa	102	118	129	112	Finlândia	83	141	140	118
					França	91	102	116	99
Ásia	12	25	37	36	Alemanha	125	147	187	155
Canadá	88	106	93	81	Grécia	38	45	53	N/D
México	22	11	9	10	Irlanda	60	79	79	74
Austrália	86	88	88	88	Itália	83	119	94	92
Hong Kong[c]	15	21	28	30	Luxemburgo	121	110	136	N/D
Israel	38	57	61	66	Holanda	122	123	140	113
Japão	56	86	139	106	Portugal	21	25	31	29
Coréia do Sul	10	25	42	40	Espanha	60	76	75	67
Nova Zelândia	54	56	59	60	Suécia	127	140	125	122
Cingapura	15	25	43	45	Reino Unido	77	85	80	85
Sri Lanka	2	2	3	N/D					
Taiwan	10	26	34	32					

N/D = Não disponível.
[a] Os 28 países para os quais os dados estavam disponíveis em 1997.
[b] Canadá, México, Austrália, Japão, Nova Zelândia e os países europeus.
[c] Novas economias industrializadas, como Hong Kong, Coréia do Sul, Cingapura e Taiwan.

Fonte: Departamento do Trabalho dos Estados Unidos, Secretaria de Estatísticas do Trabalho, 1998.

que, comparados aos Estados Unidos, os custos de remuneração são mais altos em países da Europa Ocidental, apesar de uma recente diminuição, e que os de países emergentes da Ásia têm aumentado em relação aos Estados Unidos desde 1980.

Observe na Tabela 8-1 que a remuneração alemã por hora dos trabalhadores de fábrica é 155% da dos Estados Unidos, e a do México é só 10% da norte-americana. Para a VW, se os salários fossem o único critério para tomar uma decisão, a diferença salarial entre o México e a Alemanha levaria a uma fábrica mexicana para montar os modelos Golf e Jetta destinados aos Estados Unidos. Os custos salariais mais baixos de um país exigem que uma empresa mude sua fábrica para lá? Nem sempre. Na Alemanha, o principal executivo da VW, Ferdinand Piech, tenta melhorar a competitividade de sua empresa convencendo os sindicatos a permitir a flexibilização de horários. Durante picos de demanda, por exemplo, os funcionários trabalhariam seis dias por semana; quando a demanda diminuísse, as fábricas produziriam carros somente três dias por semana.

Além disso, a mão-de-obra é só um dos custos de produção e, muitas vezes, uma pequena porcentagem do custo total associado ao produto. Muitas outras considerações entram na decisão de suprimento, como as aspirações da administração. A SMH, por exemplo, monta todos os relógios que vende, e fabrica a maioria dos componentes para os relógios que monta. Ela fabrica na Suíça, país com a renda mais alta do mundo. O conhecido executivo Nicholas Hayek, da SMH, decidiu que queria fabricar na Suíça apesar de uma secretária no país ganhar mais do que um engenheiro-chefe na Tailândia. Ele fez isso comprometendo-se a manter os custos de mão-de-obra em menos de 10% dos custos totais. Nesse nível, os custos de mão-de-obra não são mais um fator importante para a competitividade. Conforme diz Hayek, não lhe importa se os trabalhadores dos concorrentes trabalham de graça; ele ainda vencerá em um mercado competitivo, porque o valor dos produtos da SMH é bem maior.[2]

Os outros fatores de produção são terrenos, materiais e capital. O custo desses fatores depende de sua disponibilidade e abundância relativa. Muitas vezes, as diferenças nos custos dos fatores compensam umas às outras, de modo que, no saldo final, as empresas estejam niveladas na arena competitiva. Os Estados Unidos, por exemplo, têm terra em abundância, e a Alemanha tem capital abundante. Essas vantagens parcialmente se compensam. Quando isso acontece, o fator crítico é a administração, os profissionais e a eficácia da equipe de produção.

Os custos dos fatores mundiais que afetam a fabricação podem ser divididos em três níveis. O primeiro consiste nos países industrializados, onde os custos dos fatores tendem a igualar-se. O segundo é formado pelos países que estão se industrializando — como Cingapura e outros países da bacia do Pacífico —, que oferecem vantagens econômicas importantes nos custos dos fatores, além de uma infra-estrutura cada vez mais desenvolvida e estabilidade política, o que os torna muito atraentes como locais de fabricação. O terceiro nível inclui a Rússia e outros países que ainda não se tornaram locais importantes para a atividade fabril. Os países do terceiro nível apresentam uma combinação de custos de fatores mais baixos (especialmente salários), um desenvolvimento limitado da infra-estrutura e incertezas políticas maiores.

A aplicação de controles informatizados avançados e outras novas tecnologias de fabricação tem reduzido a proporção da mão-de-obra relativa ao capital para muitos negócios. Ao formular uma estratégia de suprimento, os gerentes e executivos da empresa devem também reconhecer a diminuição da importância da mão-de-obra produtiva direta como uma porcentagem do custo total do produto. As empresas globais mais avançadas já não correm cegamente atrás de lugares baratos para produzir, porque o custo direto da mão-de-obra pode ser uma porcentagem pequena do total. Como resultado, pode não valer a pena incorrer nos custos e riscos de estabelecer uma atividade fabril em um local distante. A experiência da Arrow Shirt Company também ilustra várias questões relacionadas aos custos dos fatores. Durante a década de 80, a Arrow fabricava 15% de suas camisas sociais no Oriente, com uma economia total de 15 dólares por dúzia em relação às camisas fabricadas nos Estados Unidos. A Arrow decidiu eliminar pouco a pouco as importa-

---

2 William Taylor, "Message and muscle: an interview with Swatch titan Nicolas Hayek", *Harvard Business Review*, mar./abr. 1993, p. 99-100.

ções, e investiu 15 milhões de dólares para automatizar suas fábricas nos Estados Unidos. A produtividade aumentou 25% e a Arrow já não depende de um tempo de ciclo de doze meses entre o pedido e a entrega; as camisas produzidas nos Estados Unidos podem ser pedidas com só três meses de antecedência — o que é essencial no ramo da moda. É interessante que a experiência da Arrow ilustra como a decisão de fabricar no próprio país, em vez de no estrangeiro, não remove automaticamente a questão política da perda de empregos: após a automação, a Arrow demitiu quatrocentos funcionários nos Estados Unidos e fechou quatro fábricas.[3]

Muitas empresas se decepcionam ao descobrir que a vantagem dos baixos custos de mão-de-obra de um momento podem desaparecer no momento seguinte, à medida que a lei da oferta e da procura faz com que subam os salários e os preços dos outros insumos de produção. Fabricantes de camisas como a Arrow começaram a abastecer-se no Japão na década de 50. Quando os salários e custos dos terrenos aumentaram, a produção foi transferida para Hong Kong e, depois, para Taiwan e Coréia. Durante a década de 70 e 80, a produção continuou a mudar para China, Indonésia, Tailândia, Malásia, Bangladesh e Cingapura. Nos últimos anos, a produção de camisas mudou do Oriente para a Costa Rica, República Dominicana, Guatemala, Honduras e Porto Rico. Além dos salários baixos, esses países oferecem incentivos fiscais.[4]

Considerações de transporte

Em geral, quanto maior a distância entre a origem do produto e o mercado-alvo, maior o tempo de entrega e mais alto o custo do transporte. Inovações e novas tecnologias de transporte, porém, têm cortado custos, tanto de tempo como financeiros. Para facilitar a entrega global, empresas de transporte como a CSX Corporation estão formando alianças e tornando-se uma parte importante dos sistemas de valores da indústria. Os fabricantes podem tirar vantagem dos serviços intermodais, que permitem que contêineres sejam transferidos entre transportadoras ferroviárias, marítimo-fluviais, aéreas e rodoviárias. Hoje, as despesas de transporte para as exportações dos Estados Unidos representam aproximadamente 5% dos custos totais. Na Europa, a chegada de um mercado único significa menos controles de fronteira, o que acelera os tempos de entrega e reduz custos.

A Acer, uma empresa taiwanesa e o sétimo produtor de computadores do mundo, pratica o que chama de 'modelo fast-food de negócios'. Como um Big Mac no McDonald's, o produto final é montado pouco antes da compra. A Acer divide os componentes do computador em dois tipos: perecíveis e não-perecíveis. Os componentes não-perecíveis, como caixas e teclados, são fabricados em Taiwan e transportados por navio para suas 39 unidades de negócios regionais (UNRs). Os perecíveis, como *drives*, que são constantemente aperfeiçoados, são fabricados mediante a demanda e transportados por via aérea para as UNRs, onde o produto final é montado. A utilização dessa estratégia de logística elimina a demora mínima de um a dois meses para transportar a mercadoria por via marítima e despesas com estoque, além de proporcionar ao consumidor um produto atual.

Infra-estrutura do país

Para ser um local atraente para a instalação de uma unidade de produção, é importante que a infra-estrutura do país seja desenvolvida o suficiente para comportá-la. A infra-estrutura exigida varia de empresa para empresa, mas o mínimo que se faz necessário é energia elétrica, transporte e estradas, comunicações, serviços e fornecedores de componentes, disponibilidade de mão-de-obra, ordem civil e um governo eficaz. Além disso, o país deve oferecer acesso confiável ao câmbio de moeda para a compra dos materiais e componentes necessários vindos do estrangeiro, bem como um ambiente fisicamente seguro, onde se possa trabalhar e transportar os produtos para os clientes.

---

3 Cynthia Mitchell, "Coming home: some firms resume manufacturing in U.S. after foreign fiascoes", *Wall Street Journal*, 14 out. 1986, p. 1.
4 Peter C. T. Elsworth, "Can colors and stripes rescue shirt makers from a slump?", *New York Times*, 17 mar. 1991, Seção 3, p. 5.

Um país pode ter mão-de-obra barata, mas dispõe dos serviços de apoio ou da infra-estrutura necessária para sustentar uma atividade fabril? Muitos países em desenvolvimento oferecem essas condições, mas há muitos que não, como Líbano, Uganda e El Salvador. Um dos desafios de fazer negócios nos mercados russos ou chineses é a infra-estrutura inadequada para apoiar o aumento no volume de embarques.

Câmbio

Ao se decidir onde instalar uma atividade de manufatura, o custo da produção de um país será determinado, em parte, pela taxa de câmbio vigente da moeda do país. As taxas de câmbio hoje são tão voláteis, que muitas empresas perseguem estratégias globais de suprimento como uma forma de limitar o risco relacionado às taxas de câmbio. A qualquer momento, o que era um local atraente para produzir pode tornar-se muito menos atraente devido à flutuação da taxa de câmbio. A crise financeira na Rússia em 1998, por exemplo, fez o rublo cair de 6 para 25 rublos por dólar norte-americano. A empresa prudente incorpora a volatilidade do câmbio em seus pressupostos de planejamento e está preparada para prosperar sob uma variedade de relacionamentos de taxas de câmbio.

As grandes mudanças em níveis de preço de *commodities* e moedas são uma característica da economia mundial atual. Essa volatilidade aponta para uma estratégia de suprimento que proporciona alternativas de países para suprir os mercados. Assim, se o dólar, o iene ou o marco/euro se tornam supervalorizados, a empresa com capacidade de produção em outras localidades pode alcançar vantagens competitivas transferindo a produção para outros locais.

Criando um perfil produto–mercado

O primeiro passo para escolher os mercados de exportação é estabelecer os fatores-chave que influenciam as vendas e a lucratividade do produto em questão. Se uma empresa está iniciando na exportação, seu perfil produto–mercado, provavelmente, terá como base a experiência no mercado de seu país, que pode ou não ser relevante para os mercados de exportação considerados. As questões básicas a ser respondidas podem ser resumidas pelas perguntas a seguir:

1. Quem compra nosso produto?
2. Quem não compra nosso produto?
3. Qual necessidade ou função nosso produto atende?
4. Qual problema nosso produto resolve?
5. O que os clientes compram atualmente para atender à necessidade e/ou resolver o problema para o qual nosso produto é dirigido?
6. Que preço eles pagam pelos produtos que compram atualmente?
7. Quando nosso produto é comprado?
8. Onde nosso produto é comprado?
9. Por que nosso produto é comprado?

Toda empresa deve responder a essas perguntas fundamentais, se quiser ter êxito nos mercados de exportação. Cada resposta proporciona um subsídio para as decisões relativas aos 4Ps. Lembre que a regra geral em marketing é que, se uma empresa quiser penetrar um mercado existente, deverá oferecer mais valor que a concorrência — melhores benefícios, preços menores ou ambos. Isso se aplica tanto ao marketing de exportação como ao marketing no país de origem.

Critérios de seleção de mercado

Um vez que uma empresa criou um perfil produto–mercado, o próximo passo para a escolha de um mercado de exportação é avaliar cada mercado possível. Seis critérios devem ser avaliados: potencial de mercado; acesso ao mercado; custos de transporte; concorrência potencial; exigências de serviço; adequação do produto.

Potencial de mercado

Qual é o potencial de mercado básico para o produto? Para responder a essa questão, a informação secundária é um bom lugar para começar. Fontes valiosas foram discutidas no Capítulo 6. Em certos países, como os Estados Unidos, o governo federal oferece várias publicações compiladas por agências e órgãos governamentais.

O custo de reunir literatura de vendas e boletins técnicos também deve ser considerado na comparação do potencial e da lucratividade do mercado. Esse custo é particularmente importante quando se dispõe de produtos altamente técnicos.

Acesso ao mercado

Esse aspecto da seleção de mercado diz respeito a todo o conjunto de controles nacionais que se aplicam às importações de mercadorias e a quaisquer restrições que o governo do país de origem possa ter. Inclui itens como licença de exportação, taxas de importação, restrições de importação ou cotas, regras de câmbio e acordos preferenciais. Como essa informação é bastante detalhada, é melhor consultar diretamente as câmaras de comércio dos países considerados.

Custo e tempo do transporte

Os custos de preparação e transporte podem afetar o potencial de mercado para um produto. Se um produto similar já está sendo fabricado no mercado-alvo, os custos do frete podem minar a competitividade do produto importado. Se demora meses para o produto chegar a seu mercado-alvo e o produto concorre em uma categoria de rápidas mudanças, como computadores, estratégias alternativas de transporte devem ser consideradas. É importante investigar as alternativas de transporte, assim como as formas de diferenciar um produto para compensar a desvantagem de preço.

Concorrência potencial

Utilizar os representantes comerciais que estão em um país estrangeiro também pode ser valioso. Ao contatar representantes de um determinado país, é importante providenciar o máximo de informações específicas possível. Se um fabricante simplesmente diz: "Fabrico cortadores de grama. Há mercado para isso em seu território?", o representante não pode dar muita informação útil. Se, por outro lado, o fabricante fornece os tamanhos dos cortadores de grama fabricados pela empresa, folhetos descritivos indicando atributos e vantagens e o custo estimado de frete com seguro e o preço de varejo no mercado-alvo, o representante comercial poderá fornecer um relatório útil, baseado na comparação do produto da empresa com as necessidades do mercado e com o que já é oferecido.

Exigências de serviços

Se os produtos exigem serviços, podem ser fornecidos a um custo compatível com o tamanho do mercado?

Adequação do produto

Com a informação sobre o mercado potencial, o custo do acesso ao mercado e a concorrência local, o passo final é decidir como o produto da empresa se adequará ao mercado em questão. Em geral, o produto se adequará se satisfizer os critérios discutidos anteriormente e se for lucrativo.

A Tabela 8-2 apresenta uma matriz de seleção de mercado que incorpora os elementos de informação discutidos há pouco. Suponha que uma empresa tenha identificado a China, a Rússia e o México como mercados potenciais para exportação. A tabela ordena os países do maior para o menor em termos de tamanho de mercado. À primeira vista, a China pode parecer ter o maior potencial simplesmente com base na população e no PIB. Embora a população e o PIB sejam realmente fatores importantes para avaliar o potencial de mercado, outras questões importantes devem ser consideradas.

Tabela 8-2 Matriz de seleção de mercado.

Mercado populacional	PIB do mercado	Índice do tamanho do mercado	Vantagem competitiva		Potencial do mercado	Termos de acesso		Potencial de exportação
China (1,2 bilhão)	1.042	100	0,10	=	10,0	0,20	=	2,00
Rússia (150 milhões)	440	42	0,20	=	8,4	0,60	=	5,04
México (96 milhões)	456	44	0,50	=	22,0	0,90	=	19,80

Primeiro, a vantagem competitiva de nossa empresa hipotética é 0,1 na China, 0,2 na Rússia e 0,5 no México. Multiplicando o tamanho do mercado pelo índice de vantagem competitiva, temos um potencial de mercado de 10 na China, 8,4 na Rússia e 22,0 no México.

O próximo estágio da análise requer uma avaliação das considerações relevantes do acesso ao mercado. Na Tabela 8-2, todas essas condições ou termos são reduzidos para uma quantidade-índice, que é 0,2 para a China, 0,6 para a Rússia e 0,9 para o México. Em outras palavras, as considerações de acesso ao mercado são mais favoráveis ao México do que à Rússia. Multiplicando o potencial de mercado e o índice das considerações de acesso ao mercado, vemos que o México, apesar de seu pequeno tamanho, tem muito mais potencial que a China ou a Rússia. Nesse exemplo, a empresa com recursos limitados teria de começar seu programa de exportação no México, porque ele oferece o potencial de mercado de exportação mais alto, quando se considera o tamanho do mercado, a vantagem competitiva e as condições de acesso. A matriz de seleção de mercado pode, é claro, ser expandida para incluir critérios adicionais como risco político, potencial de crescimento, e assim por diante.

Visitas a um mercado potencial

Após um esforço de pesquisa ter mostrado os mercados potenciais, não há nada que substitua uma visita pessoal para entender o mercado em primeira mão e começar o desenvolvimento de um verdadeiro plano de exportação. Uma visita ao mercado deve visar a várias coisas. Primeiro, deve confirmar (ou contradizer) os pressupostos relativos ao potencial de mercado. Um segundo objetivo importante é coletar os dados adicionais necessários para se chegar a uma decisão final.

Uma forma de visitar um mercado potencial é por meio de uma feira de negócios. (Veja no Capítulo 15 mais informações sobre feiras internacionais ou missões comerciais patrocinadas pelo governo ou entidades de classe.) Centenas de feiras — geralmente organizadas em torno de um produto, grupo de produtos ou atividade — são realizadas nos mercados mais importantes. Os centros comerciais dos Estados Unidos, por exemplo, realizam mais de sessenta feiras de produtos anualmente nas principais cidades estrangeiras.

Participando de feiras e missões comerciais, os representantes da empresa podem fazer avaliações de mercado, desenvolver ou expandir mercados, encontrar distribuidores ou agentes e localizar usuários potenciais (isto é, engajar-se em vendas diretas). Talvez o mais importante seja que, ao visitar uma feira, torna-se possível aprender muito sobre a tecnologia, os preços e a profundidade da penetração de mercado dos concorrentes. Ao andar pelo pavilhão de exposições, por exemplo, pode-se coletar literatura sobre produtos que, muitas vezes, contêm informações estrategicamente úteis. Em geral, os gerentes ou o pessoal de vendas da empresa devem ser capazes de obter uma boa impressão geral dos concorrentes no mercado, ao mesmo tempo que tentam vender os produtos de sua própria empresa.

MODELO DE DECISÃO PARA ENTRADA E EXPANSÃO

Um modelo de decisão para entrada e expansão em novos mercados é mostrado na Tabela 8-3.

> **Tabela 8-3** Modelo de decisão para entrada e expansão em mercado internacional.
>
> 1. Fonte: Doméstico, terceiro ou país de origem?
>   Custo, acesso ao mercado, país dos fatores de origem.
>
> 2. Organização de marketing no país ou na região?
>   Custo, avaliação do impacto no mercado. Se a opção é estabelecer organizações próprias, é preciso decidir quem indicar para cargos estratégicos.
>
> 3. Seleção, treinamento e motivação de agentes e distribuidores locais.
>
> 4. Estratégia de mix de marketing: objetivos e metas em vendas, receitas e participação de mercado; posicionamento, estratégia de mix de marketing.
>
> 5. Implementação da estratégia.

A primeira questão que uma empresa em expansão deve enfrentar é se exporta ou produz localmente. Em muitos mercados emergentes, essa questão é resolvida por políticas nacionais que exigem produção local. Qualquer empresa que deseje entrar no mercado desse país deve ter abastecimento local. Nos países ricos, a produção local normalmente não é exigida; portanto, a escolha é da empresa.

Pressupondo-se que a escolha seja da empresa, os fatores a ser pesados para escolher a produção regional ou global são custo, qualidade, entrega e valor para o consumidor. Entre os custos incluem-se mão-de-obra, materiais, capital, terreno e frete. Economias de escala são um fator importante na determinação do custo: para cada produto há um volume mínimo exigido para justificar o investimento necessário para estabelecer uma fábrica. Se o produto for pesado ou volumoso, os custos de transporte serão maiores e representarão um incentivo para se aproximar a produção do cliente. Um fator que pode compensar os custos de transporte são as economias de escala, que resultam da alocação de custos fixos sobre um volume maior de produção.

Se a empresa decide abastecer-se localmente, tem a escolha de comprar, construir ou alugar sua própria fábrica ou assinar um contrato de manufatura com um fabricante local. Um fabricante contratado, em geral, pode aumentar a produção de uma fábrica existente com menos investimento que o exigido para se começar da estaca zero e alcançar o mesmo volume de produção. Nesse caso, o fabricante contratado pode estar em condições de oferecer um preço atraente.

EXPORTAÇÃO

Na Alemanha, a exportação é um estilo de vida para as empresas do Mittlestand, os 2,5 milhões de empresas pequenas e médias que geram dois terços do PIB alemão e representam 30% das exportações. Para empresas como o fabricante de aço J. N. Eberle; a Trumpf, fabricante de máquinas operatrizes, e a J. Eberspächer, que faz sistemas de escapamento para automóveis, as exportações representam 40% das vendas. Para outras empresas a participação é ainda mais alta. A Mattah Hohner, por exemplo, tem 85% do mercado mundial de gaitas de boca e acordeões.

Os gerentes-proprietários do Mittelstand têm como alvos mercados globais de nicho e prosperam concentrando-se na qualidade e em inovações e investindo pesado em pesquisa e desenvolvimento. O executivo-chefe da G. W. Barth, por exemplo, empresa que fabrica máquinas de torrefação de cacau, investiu quase 2 milhões de dólares em tecnologia infravermelha, que reduzia as variações de temperatura. A participação de mercado global da empresa pulou para 70% — um crescimento de três vezes em sua participação de dez anos antes — porque a Ghirardelli Chocolate, a Hershey Foods e outras empresas adotaram suas máquinas. Na ABM Baumüller, fabricante com 40 milhões de dólares de faturamento em motores e outros componentes para guindastes, investimentos importantes em tecnologia permitem que a empresa projete os produtos para as necessidades do cliente por meio de fabricação flexível. Novos equipamentos automatizados de produção foram instalados, ao custo de 20 milhões de dólares, e permitem mudar para

QUADRO 8-2

A EMPRESAS DE PEQUENO E MÉDIO PORTE DA ALEMANHA

Parte do sucesso das empresas de pequeno e médio porte pode ser atribuído à infra-estrutura de exportação da Alemanha. Diplomatas, banqueiros e outros oficiais em todo o mundo estão constantemente em busca de novas oportunidades; informações sobre negócios potenciais são direcionadas para a Alemanha. Nesse ínterim, representantes de associações comerciais, empresas de exportação auxiliam os exportadores com a documentação e outros quesitos. Alguns bancos possuem departamentos especiais para empresas de pequeno e médio porte, a fim de oferecer financiamento às exportações e ajudar as empresas a obter garantias.

O atual ambiente comercial dentro e fora da Alemanha apresenta dificuldades crescentes para as empresas menores. Em resposta à recessão em 1992 e 1993 na Europa, vários países, principalmente Grã-Bretanha, Itália e Suécia, desvalorizaram suas moedas. Esse movimento abaixou os preços das exportações desses países e, como resultado, tornou os preços das exportações da Alemanha menos competitivos. Entretanto, muitas associações da Alemanha obtiveram aumentos de salários para seus trabalhadores, e a resistência contínua gerou uma pressão adicional para o aumento dos preços das exportações. Os proprietários de pequenas e médias empresas estão atentos para garantir sua sobrevivência, mas a falta de organização limitou sua influência política em Bonn. Os bancos alemães estão delimitando os termos para empréstimos, o que resulta em um enforcamento das linhas de crédito. Muitas empresas estão abrindo o capital para poder crescer, mas pode ser difícil de encontrar capital de investimento. Executivos profissionais estão sendo contratados para auxiliar os donos das empresas. Algumas delas estão até mesmo transferindo suas linhas de produção para fora da Alemanha. A Melitta, por exemplo, começou a fabricar cafeteiras para uso residencial em Portugal em 1995. Para empresas que possuem problemas de caixa baixo, a produção licenciada é uma alternativa econômica.

Fontes: Matt Marshall, "Timid lending hits Germany's exporters", *Wall Street Journal*, 21 nov. 1995, p. A14; Karen Lowry Miller, "The Mittelstand takes a stand", *Business Week*, p. 54-55; Gail E. Schares e John Templeman, "Think small: the export lessons to be learned from germany's midsize companies", *Business Week*, 4 nov. 1994, p. 58-60.

---

produtos diferentes em questão de segundos. A história se repete na Alemanha toda, e o resultado é que, setor após setor, as empresas do Mittelstand são líderes mundiais em exportação.[5]

O sucesso do Mittelstand serve como lembrete do impacto que a exportação pode ter sobre a economia de um país. Também demonstra a diferença entre vendas de exportação e marketing de exportação. As vendas de exportação não envolvem adaptar os produtos, o preço ou o material promocional às exigências dos mercados globais. O único elemento do composto de marketing que difere é o lugar — isto é, o país onde o produto é vendido. Essa abordagem de vendas pode funcionar para alguns produtos ou serviços. Para produtos únicos com pouca ou nenhuma concorrência internacional, uma abordagem dessas é possível. Da mesma maneira, as empresas que são novas nas exportações podem, no início, ter experiências bem-sucedidas de vendas. Mesmo hoje, muitas empresas ainda favorecem as vendas de exportação, mas, à medida que as empresas atingem maturidade no mercado global ou à medida que novos concorrentes entram no páreo, torna-se necessário envolver-se em marketing de exportação.

A exportação é só uma das estratégias possíveis para uma empresa que decidiu tornar-se internacional. Outras opções são o licenciamento, franquias, *joint-ventures* e o investimento estrangeiro direto, quando essa é uma opção para empresas estrangeiras (Figura 8-1). No marketing global, a questão do valor para o cliente está inexoravelmente ligada à decisão do suprimento. Se os clientes forem nacionalistas, poderão atribuir um valor positivo ao atributo 'feito no próprio país'. Essas preferências devem ser identificadas utilizando-se pesquisa de mercado e ser incluídas no cálculo para resolver a equação de valor. As empresas globais têm êxito porque convencem clientes nos mercados mundiais de que sua marca representa valor e qualidade, não o país ou a origem. Uma empresa global bem-sucedida pode fabricar seu produto em qualquer lugar: os clientes confiam na marca e não se importam com o país de origem.

---

5 Gail E. Schares e John Templeman, "Think small: the export lessons to be learned from Germany's midsize companies", *Business Week*, 4 nov. 1994, p. 58-60.

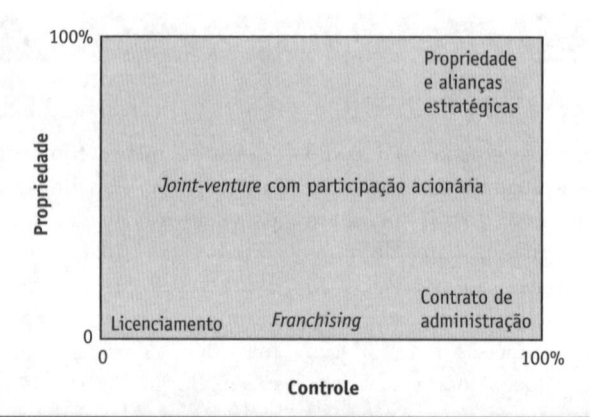

Figura 8-1 Propriedade e controle.

(Eixo Propriedade 0–100%, Eixo Controle 0–100%)
- Licenciamento
- Franchising
- Contrato de administração
- Joint-venture com participação acionária
- Propriedade e alianças estratégicas

Critérios de decisão para exportar

O marketing de exportação estabelece o cliente como alvo no contexto do ambiente total do mercado. O profissional de marketing de exportação não pega o produto doméstico e simplesmente vende para os clientes internacionais. Para o profissional de marketing de exportação, o produto ofertado no mercado nacional é o ponto de partida. Ele é modificado conforme necessário para ir ao encontro das preferências dos mercados-alvo internacionais. As empresas do Mittelstand, como a ABM Baumüller, exemplificam essa abordagem. Do mesmo modo, um profissional de marketing de exportação estabelece preços adequados para a estratégia de marketing, e não simplesmente estende os preços do próprio país para os mercados-alvo. As despesas incorridas na preparação, no transporte e no financiamento da exportação devem ser levados em conta ao se determinarem os preços. Por fim, o profissional de marketing de exportação também ajusta as estratégias e os planos de comunicação e distribuição para adequá-los ao mercado. Em outras palavras, a comunicação eficaz sobre os atributos ou usos do produto para os compradores nos mercados de exportação podem requerer a criação de folhetos com texto, fotos ou artes diferentes. Como o diretor de vendas e marketing de um fabricante comentou, "temos de abordar o mercado internacional baseados em textos de marketing e não de vendas".

O marketing de exportação é o marketing integrado de bens e serviços que se destinam aos clientes dos mercados internacionais. O marketing de exportação requer:

1. Compreensão do ambiente do mercado-alvo.
2. Pesquisa de mercado e identificação do potencial de mercado.
3. Decisões relativas a design do produto, preços, distribuição e canais, propaganda e comunicações — o composto de marketing.

Pesquisas têm demonstrado que a exportação em si é um processo de desenvolvimento que pode ser dividido nos seguintes estágios distintos.[6]

1. A empresa não quer exportar; ela nem sequer atende a um pedido de exportação que lhe chega. Isso pode se dever a uma percepção de falta de tempo ('ocupado demais para atender ao pedido'), a apatia ou a ignorância.
2. A empresa atende a um pedido não solicitado de exportação, mas não procura obter novos pedidos. Uma empresa dessas é uma vendedora exportadora.
3. A empresa explora a viabilidade de exportar (este estágio pode pular o de número 2).
4. A empresa exporta para um ou mais mercados como teste.

---

6 Esta seção é baseada em Warren J. Bilkey, "Attempted integration of the literature of the export behavior of firms", *Journal of International Business Studies*, 9, primavera/verão 1978, p. 33-46. Esses estágios são baseados no processo de adaptação de Rogers. Veja Everett M. Rogers. *Diffusion of innovation*. Nova York: Free Press, 1962.

5. A empresa é um exportador experiente para um ou mais mercados.
6. Após esse êxito, a empresa persegue um marketing com foco em países ou regiões baseada em certos critérios (ex.: todos os países onde se fala inglês, todos os países onde não seja necessário o transporte marítimo).
7. A empresa avalia o potencial global do mercado antes de selecionar os melhores mercados-alvo para incluir em sua estratégia e plano de marketing. Todos os mercados — doméstico e internacional — são igualmente valorizados. Nesse momento, outros fatores ambientais podem entrar em jogo, e o profissional de marketing pode querer explorar *joint-ventures* ou oportunidades de investimento estrangeiro direto para maximizar as oportunidades internacionais.

A probabilidade de a empresa avançar de estágio depende de fatores diferentes. Ir do estágio 2 para o 3 depende da atitude da diretoria quanto à atratividade de exportar e de sua confiança na capacidade da empresa para competir internacionalmente. Mesmo assim, o compromisso é o aspecto mais importante da orientação internacional da empresa. Antes de poder alcançar o estágio 4, a empresa deve receber e atender aos pedidos de exportação não solicitados. A qualidade e a dinâmica da diretoria são fatores importantes que podem levar a esses pedidos. O sucesso no estágio 4 pode levar a empresa aos estágios 5 e 6. A empresa que atinge o estágio 7 está madura, um empreendimento geocêntrico que está relacionando os recursos globais às oportunidades globais. Atingir esse estágio requer uma diretoria com visão e comprometimento.

Um estudo recente observou que para a exportação bem-sucedida é necessário conhecer os procedimentos de exportação e dispor de recursos corporativos suficientes. Um achado interessante foi que mesmo os exportadores mais experientes expressam falta de confiança em seus conhecimentos sobre os arranjos de embarques, procedimentos de pagamento e regulamentações. Esse estudo também mostrou que, embora a lucratividade seja um importante benefício esperado da exportação, há outras vantagens, como aumento da flexibilidade e da resistência e melhoria na capacidade de lidar com as flutuações de vendas no mercado doméstico. Ao passo que a pesquisa geralmente indica que a probabilidade de exportação aumenta com o tamanho da empresa, não está tão claro que a intensidade da exportação — a proporção das vendas sobre o total das vendas — seja diretamente proporcional ao tamanho da empresa. A Tabela 8-4 resume alguns problemas relacionados à exportação enfrentados pelas empresas.[7]

Tabela 8-4 Problemas relacionados à exportação.

Logística
1. Organização do transporte
2. Determinação das taxas de transporte
3. Manuseio de documentação
4. Obtenção de informações financeiras
5. Coordenação da distribuição
6. Embalagem
7. Obtenção de seguro

Procedimento legal
8. Burocracia governamental
9. Responsabilidade legal sobre o produto
10. Licenciamento
11. Clientes/taxa de importação e exportação

Serviços de exportação
12. Oferecimento de peças
13. Oferecimento de serviços de manutenção
14. Oferecimento de suporte técnico
15. Oferecimento de serviços de armazenamento

Promoção de vendas
16. Propaganda
17. Esforço de vendas
18. Informações de marketing

Informações referentes ao mercado externo
19. Locação de mercados
20. Restrições comerciais
21. Competição internacional

---

[7] Masaaki Kotabe e Michael R. Czinkota, "State government promotion of manufacturing exports: a gap analysis", *Journal of International Business Studies*, 23, nº 4, quarto trimestre 1992, p. 637-658.

A decisão de envolver-se em marketing de exportação deve basear-se em vários critérios, incluindo o tamanho potencial do mercado, as atividades da concorrência e questões gerais do composto de marketing, como preços, distribuição e promoção. O próximo passo é a escolha de um ou mais mercados-alvo para a exportação. O processo de seleção deve começar com um plano ou perfil de produto–mercado.

Qualquer que seja a fonte de informações utilizada, o objetivo final é determinar os fatores importantes que afetam a demanda para um produto. Então, utilizando as ferramentas e técnicas descritas no Capítulo 7 sobre como estabelecer mercados-alvo e segmentação e os dados disponíveis, é possível chegar a uma estimativa aproximada da demanda potencial total para o produto em um ou mais mercados internacionais. A renda nacional, muitas vezes, é um bom indicador inicial para as estimativas de demanda. Um senão, porém, é a distribuição de renda dentro de um país. A Índia, com uma população de mais de um bilhão de pessoas, mostra um PIB *per capita* de 424 dólares, no entanto 10% da população, ou seja, cem milhões, são considerados classe média e podem pagar a maioria dos bens de consumo. Um mercado de cem milhões de clientes não deve ser desprezado. Medições estatísticas adicionais deixarão mais precisa essa estimativa da demanda total. Ao estimar a demanda para pneus de carros, por exemplo, os dados sobre a quantidade total de automóveis em qualquer país no mundo deve ser fácil de obter. Combinados com os do consumo de gasolina, esses dados devem permitir uma estimativa do total de quilômetros rodados no mercado-alvo. Quando esse número é combinado com a expectativa de vida dos pneus, torna-se uma questão relativamente simples estimar a demanda.

Organizando para exportar

Os fabricantes interessados em marketing de exportação têm duas preocupações abrangentes: organizar-se no país de origem e organizar-se no mercado-alvo. As questões e abordagens relacionadas à organização são discutidas a seguir.

A organização no país do fabricante

A organização no país-sede envolve a decisão de atribuir a profissionais ou divisões da empresa a responsabilidade pela exportação, ou trabalhar com uma organização externa especializada em um determinado produto ou área geográfica.

Organização interna de exportação. A maioria das empresas cuida de suas próprias operações de exportação. Dependendo do tamanho da empresa, as responsabilidades podem ser incorporadas à descrição de cargo de um funcionário doméstico, mas também podem ser tratadas como parte de uma divisão ou estrutura organizacional separada.

Os possíveis arranjos para cuidar das exportações incluem:

1. Atividade adicional desempenhada pelos funcionários da matriz.
2. Um parceiro exportador afiliado à estrutura de marketing da matriz que tome posse das mercadorias antes que deixem o país.
3. Um departamento de exportação independente da estrutura de marketing da matriz.
4. Um departamento de exportação dentro de uma divisão internacional.
5. Para empresas de muitas divisões, cada uma das possibilidades anteriores existe em cada divisão.

A empresa que atribuir alta prioridade a suas exportações estabelecerá uma organização interna. Ela, então, enfrentará a questão de como organizar com eficácia. Isso depende de duas coisas: a avaliação das oportunidades no marketing de exportação e sua estratégia para alocar recursos aos mercados com base global. É possível que a empresa inclua a responsabilidade pela exportação na descrição de cargo de um funcionário doméstico. A vantagem desse arranjo é óbvia: é uma solução de baixo custo que não requer pessoal adicional. Essa abordagem, porém, só funcionará sob duas condições. Primeiro, o funcionário doméstico designado para a tarefa deverá ser totalmente capaz em termos de conhecer o produto e o cliente.

Segundo, essa capacidade deverá ser aplicável ao(s) mercado(s)-alvo internacional(is). A questão-chave por trás da segunda condição é a extensão da diferença entre o mercado-alvo de exportação e o mercado doméstico. Se as circunstâncias e as características do cliente são similares, as exigências quanto aos conhecimentos regionais especializados são reduzidas.

Organizações de exportação externas independentes. Se uma empresa escolhe não fazer seu próprio marketing e promoção em casa, há vários fornecedores de serviços de exportação, como empresas de comércio exterior (ECE), empresas de administração de exportação (EAEs), comerciantes de exportação, corretores de exportação, gerenciadores de exportação conjunta, representantes de exportação de fabricantes ou agentes comissionados e distribuidores para exportação. Uma ECE típica atua como um departamento de exportação para várias empresas não relacionadas que não tenham experiência com exportação. As EAEs desempenham uma variedade de serviços, incluindo pesquisa de marketing, seleção de canais, coordenação de financiamento e transporte e documentação. De acordo com um levantamento recente de EAEs dos Estados Unidos, as atividades mais importantes para o êxito da exportação são a coleta de informações de marketing, a comunicação com os mercados, a determinação de preços e a garantia de disponibilidade de peças. O mesmo levantamento ordenou as atividades de exportação em termos de grau de dificuldade; análise do risco político, administração da força de vendas, fixação dos preços e obtenção de informações financeiras foram as atividades consideradas mais difíceis. Uma das conclusões do estudo foi que o governo dos Estados Unidos deveria desempenhar melhor a tarefa de ajudar os clientes a analisar o risco político associado aos mercados estrangeiros.[8]

A organização no mercado-alvo

Além de decidir se dependerá do pessoal doméstico ou de especialistas em exportação externos, a empresa também deve tomar providências para distribuir seu produto no país do mercado-alvo. A decisão básica que cada organização exportadora enfrenta é: Até onde dependemos de representação direta no mercado, em vez de representação por intermediários independentes?

Representação direta. Há duas vantagens importantes na representação direta por funcionários da própria empresa no mercado: controle e comunicações. A representação direta permite que decisões relativas ao desenvolvimento do programa, à alocação de recursos e a alterações de preços sejam implementadas unilateralmente. Além disso, quando um produto ainda não está estabelecido em um mercado, são necessários esforços especiais para conseguir vendas. A vantagem da representação direta é que esses esforços especiais são garantidos pelo investimento do profissional de marketing. A outra grande vantagem são as possibilidades maiores de obter feedback e informações sobre o mercado. Essa informação pode melhorar muito as decisões do marketing de exportação relativas a produto, preço, comunicações e distribuição.

A representação direta não significa que o exportador estaria vendendo diretamente para o consumidor ou cliente. Na maioria dos casos, ela envolve vender a atacadistas ou varejistas. Os exportadores mais importantes de automóveis na Alemanha e no Japão, por exemplo, usam representação direta nos mercados dos Estados Unidos, na forma de agências de distribuição controladas por eles, que vendem a revendedores franqueados.

Representação independente. Em mercados menores, na maioria das vezes não é viável estabelecer a representação direta, porque o baixo volume de vendas não justifica o custo. Mesmo em mercados maiores, um fabricante pequeno, geralmente, não dispõe de volume de vendas adequado para justificar o custo da representação direta; portanto, a utilização de um distribuidor independente é um método eficaz de distribuição de vendas. Achar bons distribuidores pode ser a chave para o sucesso na exportação.

---

[8] Donald G. Howard, "The role of export management companies in global partners capital investment marketing", *Journal of Global Marketing*, 8, nº 1, 1994, p. 95-100.

Os representantes indiretos ou independentes, geralmente, cuidam de muitos outros produtos para empresas diferentes. Em muitos casos, simplesmente não há incentivo bastante para os independentes investirem muito tempo e dinheiro representando um produto.

Marketing de carona. O marketing de carona constitui uma inovação na distribuição internacional que tem recebido muita atenção em anos recentes. Nesse arranjo, um fabricante distribui seus produtos por meio dos canais de distribuição de um outro. Ambas as partes podem beneficiar-se: o parceiro ativo na distribuição faz um uso mais intenso da capacidade de seu sistema de distribuição e, com isso, aumenta a receita gerada pelo sistema. O fabricante que pega carona na distribuição do outro tem um custo muito mais baixo do que se distribuísse diretamente. O marketing de carona bem-sucedido requer que as linhas de produto combinadas sejam complementares. Devem ser atraentes para o mesmo cliente, mas não devem ser concorrentes. Se essas exigências forem cumpridas, o arranjo da carona poderá ser uma maneira muito eficaz de utilizar plenamente um sistema de canais de distribuição para ambas as partes. Um caso pertinente é o da Kauai Kookie Kompany, no Havaí, cujos donos observaram turistas japoneses comprando seus cookies antes de retornar para o Japão. Agora os cookies são vendidos em um sistema de carona com as agências de viagem no Japão e podem ser comprados por catálogo depois de os viajantes retornarem a suas casas, reduzindo assim a quantidade de bagagem.[9]

OUTRAS ALTERNATIVAS INTERNACIONAIS

Suprimento

O contrário da exportação é, obviamente, a importação, e muitos países importam mais do que exportam. Ao analisar as estatísticas de importação, estas devem ser subdivididas em duas categorias: bens comprados prontos e bens cujo design e embalagem foram determinados por uma empresa estrangeira. Esses últimos são denominados *bens supridos* e exigem considerações de marketing diferentes daqueles que são meramente importados.

Bens supridos podem ser encontrados tanto na categoria consumo como na industrial. A Nike não fabrica tênis; não possui nenhuma fábrica. Todos os seus calçados são supridos de outros países, principalmente da Ásia. A Turk, empresa conhecida por suas antenas, não produz nem uma antena sequer. As antenas são todas supridas de outros países, sob especificações da Turk. Como e por que uma empresa escolhe utilizar essa estratégia?

Não há regras simples para orientar as decisões de suprimento. De fato, a decisão de suprimento é uma das mais complexas e importantes que uma empresa global enfrenta. Conforme mostra a Tabela 8-5, seis fatores devem ser levados em conta na decisão do suprimento.

Tabela 8-5 Fatores de decisão de suprimento.
1. Fatores de custos e condições
2. Logística (tempo necessário para o preenchimento de pedidos, segurança e custos de transporte)
3. Infra-estrutura do país
4. Risco político
5. Acesso ao mercado (barreiras tarifárias ou não-tarifárias para o comércio)
6. Taxas de câmbio, disponibilidade e conversibilidade da moeda local

---

[9] Jack G. Kaikati, "Don't crack the japanese distribution system — just circumvent it", *Columbia Journal of World Business*, 28, nº 2, verão 1993, p. 41.

Licenciamento

O licenciamento pode ser definido com um arranjo contratual em que uma empresa (o licenciador) torna disponível um ativo para uma outra empresa (o licenciado), em troca de *royalties*, honorários de licenciamento ou alguma outra forma de remuneração.[10] O ativo licenciado pode ser uma patente, um segredo comercial ou o nome da empresa. O licenciamento é uma forma de entrada no mercado global e uma estratégia de expansão bastante atraente. Uma empresa com tecnologia avançada, know-how ou imagem de marca forte pode utilizar os contratos de licenciamento para complementar sua lucratividade com pouco investimento inicial. O licenciamento pode proporcionar um retorno atraente pela duração do contrato, contanto que este inclua as cláusulas de desempenho necessárias. Os únicos custos são a assinatura do contrato e a supervisão de sua implementação.

É claro que qualquer coisa obtida tão facilmente tem suas desvantagens e riscos. A principal desvantagem do licenciamento é que pode ser uma forma muito limitada de participação. Quando estiver licenciando tecnologia ou know-how, o que a empresa não sabe pode colocá-la em posição de risco. Retornos em potencial de marketing e fabricação podem ser perdidos, e o contrato pode ter vida curta se o licenciado desenvolver seu próprio know-how e capacidade de manter-se atualizado quanto à tecnologia na área do produto licenciado. Ainda mais preocupante é que os licenciados podem tornar-se concorrentes ou líderes em sua área de atuação. Isso acontece especialmente porque o licenciamento proporciona à empresa emprestar — alavancar e explorar — os recursos de outra empresa. No Japão, por exemplo, a Meiji Milk produzia e vendia o sorvete *premium* Lady Borden sob um contrato de licenciamento com a Borden, Inc. A Meiji adquiriu habilidades importantes no processamento de produtos lácteos e, quando a data de vencimento do contrato de licenciamento se aproximava, lançou sua própria marca *premium* de sorvete.[11]

Um dos maiores e famosos fracassos de licenciamento nos Estados Unidos remonta a meados da década de 50, quando um dos fundadores da Sony, Masaru Ibuka, obteve um contrato de licenciamento para o transistor da Bell Laboratories, da AT&T. Ibuka sonhava utilizar os transistores para fabricar pequenos rádios a pilha. Os engenheiros da Bell informaram a Ibuka que era impossível fabricar transistores capazes de trabalhar com as altas freqüências exigidas para um rádio e aconselharam-no a tentar fabricar aparelhos para surdez. Não obstante, Ibuka apresentou o desafio a seus engenheiros japoneses, que gastaram muitos meses melhorando o desempenho de alta freqüência. A Sony não foi a primeira empresa a lançar um rádio transistor; um produtor norte-americano construiu o Regency, que tinha transistores da Texas Instruments e uma caixa de plástico colorida. Foram, no entanto, a alta qualidade, o design notável e o marketing hábil da Sony que acabaram por tornar o produto um sucesso mundial.

Por outro lado, não aproveitar uma oportunidade de licenciamento também pode ter conseqüências funestas. Em meados da década de 80, o presidente da Apple Computer, John Sculley, decidiu não licenciar o famoso sistema operacional da Apple. Essa decisão teria permitido a outros fabricantes de computadores produzir unidades compatíveis com o Macintosh. Nesse meio-tempo, a crescente dominação da Microsoft em sistemas operacionais e aplicativos foi muito reforçada pelo Windows, cuja interface gráfica era parecida com a do Mac. A Apple mudou de direção tardiamente e licenciou seu sistema operacional, primeiro para a Power Computing Corporation, em dezembro de 1994, e depois para a IBM e a Motorola. Os clones do Mac tornaram-se populares; a Power Computing vendeu 170 mil deles em 1996; em 1997, haviam capturado mais de 25% do mercado de Macs. Apesar desses esforços, a participação do mercado global para a Macintosh e clones Mac ficou abaixo dos 5%. O fato de a Apple não licenciar sua tecnologia na época pré-Windows custou à empresa mais de 125 bilhões de dólares (a capitalização de mercado da Microsoft, empresa que ganhou a guerra dos sistemas operacionais).

---

10 Franklin Root. *Entry strategies for international markets*. Nova York: Lexington Books, 1994, p. 107.
11 Yumiko Ono, "Borden's breakup with Meiji Milk shows how a japanese partnership can curdle", *Wall Street Journal*, 21 fev. 1991, p. B1.

QUADRO 8-3

POKÉMON NOS ESTADOS UNIDOS

Tudo começou no Japão. Um desenho animado japonês com traços extremamente simples. E se tornou popular no próprio Japão. Muito popular. Naquele país, a Nintendo, proprietária do Pokémon (que significa *pocket mosters* — monstros de bolso), inicialmente o lançou em videogame; em seguida, vieram os brinquedos, as revistas em quadrinhos, as figurinhas e, finalmente, o desenho animado para televisão. No Japão, 50% das crianças assistem ao desenho. Assim, considerando o tremendo sucesso no país, inevitavelmente surgiu uma pergunta entre os executivos da Nintendo: "Será que o desenho atingiria o mesmo sucesso nos Estados Unidos?"

Atualmente, o Pokémon é um exemplo de sucesso de licenciamento de marca nos Estados Unidos. Embora inicialmente tenha havido uma certa hesitação por parte da Nintendo, a marca Pokémon foi licenciada para a 4 Kids Entertainment, Inc., de Nova York. Nos Estados Unidos, a 4 Kids decidiu inverter a seqüência introdutória da apresentação do produto. A estratégia norte-americana começou na televisão e, em seguida, foi ampliada para 90 diferentes contratos de licenciamento, incluindo quatro milhões de videogames. As vendas das cotas de merchandising estavam estimadas em bilhões de dólares em 1999. O desenho foi o programa infantil mais assistido na TV pelas crianças norte-americanas entre 1998 e 1999.

O programa também é apresentado no Canadá, Austrália, Nova Zelândia, Inglaterra, México e América Latina. Os proprietários norte-americanos, porém, gastam uma quantia considerável de investimento financeiro para tornar o desenho compatível com a cultura desses países. Além dos custos de tradução, eles precisam adaptar a grande quantidade de trocadilhos existente na versão japonesa, substituir todos os textos em japonês e até mesmo alterar alguns personagens.

Do ponto de vista financeiro, o licenciamento pode ser considerado lucrativo. A licenciante recebe uma quantia em torno de 5 a 15% das vendas no varejo, e o agente de licenciamento fica com uma porcentagem que varia de 20 a 50% da receita da licenciante. Com isso, podemos considerar que o negócio de licenciamento internacional não pode ser ignorado.

Fontes: Laurel Graeber, "Masters of the universe, youth division", *New York Times*, 29 ago. 1999, Seção 13, p. 4; e John Lippman, "Pockemon's invincible champion", *Wall Street Journal*, 16 ago. 1999, p. B1.

Como mostram as histórias da Borden e dos transistores, as empresas podem descobrir que o dinheiro fácil e à vista obtido com licenciamento pode ser uma fonte de receita bem dispendiosa. Para evitar que o licenciado/concorrente obtenha um benefício unilateral, os contratos de licenciamento devem proporcionar uma troca de tecnologia entre as partes. Como um mínimo absoluto, qualquer empresa que planeje continuar nos negócios deve assegurar que seus contratos de licenciamento contenham o licenciamento da troca plena de tecnologia — isto é, o licenciado compartilha seus desenvolvimentos com o licenciador. No geral, a estratégia de licenciamento deverá assegurar uma vantagem competitiva contínua. Os acordos de licenciamento podem, por exemplo, criar oportunidades de mercado exportador e abrir as portas para relacionamentos de fabricação de baixo risco, além de acelerar a difusão de novos produtos ou tecnologias.

Quando as empresas decidem licenciar, também devem assinar contratos que antecipem uma participação de mercado mais ampla no futuro. Na medida do possível, a empresa deve manter seus caminhos e opções abertos para outras formas de participação no mercado. Um caminho é uma *joint-venture* com o licenciado.

Marcas registradas podem ser uma importante parte da criação e da proteção de oportunidades para licenciamentos lucrativos.[12] Empresas orientadas pela imagem, como a Coca-Cola e a Disney, assim como estilistas como Pierre Cardin, licenciam suas marcas registradas e logotipos para fabricantes estrangeiros de roupas, brinquedos e relógios. Os negócios estão a todo vapor: a receita de licenciamento das marcas mais importantes está aumentando em 15% ou mais por ano. Ao licenciar uma marca, o desafio é manter e aumentar seu valor. Isso significa selecionar e supervisionar com cuidado os licenciados. Um licenciado incompetente pode depreciar seriamente o valor de uma marca ao oferecer mercadorias ou serviços que não estejam à altura dos padrões da marca.

---

12 Comunicação privada entre Warren J. Keegan e E. M. Lang, presidente da Refac Technology Development Corporation.

A franquia é uma forma de licenciamento. É a prática pela qual uma empresa permite que seu nome, logotipo, design cultural e operações sejam utilizados para estabelecer uma nova empresa ou loja. (O Capítulo 13 traz uma discussão mais abrangente sobre franquias.)

Investimento: *joint-ventures*

Uma *joint-venture* com um parceiro local representa uma forma mais ampla de participação em mercados estrangeiros do que a exportação ou o licenciamento. Entre as vantagens dessa estratégia, estão o compartilhamento do risco e a possibilidade de combinar diferentes forças da cadeia de valor — por exemplo, recursos de marketing e fabricação internacional. Uma empresa pode conhecer profundamente um mercado local, ter um sistema abrangente de distribuição ou acesso a mão-de-obra ou matérias-primas baratas. Uma empresa como essa pode juntar-se com um parceiro estrangeiro que detenha consideráveis conhecimentos nas áreas de tecnologia, fabricação e aplicações de processos. Empresas que não têm recursos de capital suficientes podem procurar parceiros para, em conjunto, financiar um projeto. Por fim, uma *joint-venture* pode ser a única maneira de entrar em um país ou região em que as práticas do governo em concorrências favoreçam as empresas locais ou as leis proíbem o controle estrangeiro, mas permitem *joint-ventures*.

Devido a essas vantagens, especialmente em mercados emergentes, diz-se que uma *joint-venture* é a única maneira de entrar em um país, mas nem todos concordam com isso. Na China, de acordo com Wilfried Vanhonacker, a situação está mudando rapidamente, e hoje as empresas devem pensar em ir além da *joint-venture* de participação acionária (JVPA) com um parceiro local bem relacionado e considerar a alternativa de uma empresa estrangeira própria (EEP). Na China, JVPAs e EEPs são similares quanto à parte fiscal e à responsabilidade societária, operando sob regras e regulamentos similares. Existem algumas diferenças técnicas, mas o ponto nevrálgico é que as EEPs exigem menos tempo para ser constituídas que as JVPAs e não requerem um conselho administrativo.

Hoje, os investidores estrangeiros na China estão preferindo as EEPs às JVPAs, pois as EEPs permitem maior flexibilidade e controle, e o governo tem se preocupado mais com o que a empresa traz para o país em termos de empregos, tecnologia e know-how do que com a maneira como os negócios são estruturados.

Na China, como em todo lugar, cada caso deve ser considerado separadamente. Duas perguntas devem ser respondidas em cada caso: Com que cada parceiro contribui para o negócio? Quais são seus interesses e recursos para prosseguir? O fato é que uma *joint-venture* é difícil de manter mesmo em ambientes estáveis, porque os parceiros têm capacidades, recursos, visões e interesses diferentes. Em ambientes de crescimento e mudanças rápidas, é muito mais difícil sustentar uma *joint-venture*. Na China, por exemplo, o acesso aos mercados foi prejudicado pelo que os investidores estrangeiros consideravam um fator de sucesso essencial no país: o *guanxi* (conexões). Na verdade, muitos investidores descobriram que a China é um país muito grande e que o escopo do *guanxi* de seus parceiros é limitado. Muitos investidores descobriram, decepcionados, que seus parceiros não tinham *guanxi* suficiente para avançar. Uma EEP pode manter agentes e consultores para auxiliá-la na compra de terrenos e materiais e na obtenção de aprovações e serviços de que precisa para operar no país.[13]

Algumas alianças importantes de *joint-ventures* são mostradas na Tabela 8-6.

É possível utilizar uma *joint-venture* como fonte de suprimentos para mercados em outros países. Isso deve ser cuidadosamente pensado antes da efetivação do negócio. Uma das principais razões do 'divórcio' em uma *joint-venture* são disputas de mercados de países nos quais os parceiros podem ser concorrentes de fato ou potenciais. Para evitar isso, é essencial elaborar um plano de abordagem para os mercados de países terceiros como parte do contrato do empreendimento.

Joint-ventures podem ter grandes desvantagens. Os parceiros de uma *joint-venture* devem compartilhar tanto os lucros quanto os riscos. A maior desvantagem dessa estratégia de expansão global é que a empresa

---

[13] Para um excelente resumo apoiando a EEP na China, veja Wilfried Vanhonacker, "Entering China: an unconventional approach", *Harvard Business Review*, mar./abr. 1997, p. 130-140.

Tabela 8-6 Entrada no mercado e expansão de *joint-venture*.

Empresas envolvidas	Propósito da *joint-venture*
GM, Toyota	New United Motors Manufacturing, Inc. (Nummi) — uma fábrica operada por ambas as empresas em Freemont, Califórnia
Ford, Mazda	Operação conjunta de uma fábrica em Flat Rock, Michigan
AT&T, NEC	A AT&T fornece tecnologia CAD em troca dos chips lógicos avançados da NEC
AT&T, Mitsubishi Electric	A AT&T fabrica e comercializa os chips de memória da Mitsubishi em troca da tecnologia utilizada para fabricá-los
Texas Instruments, Kobe Steel	Parceria para a fabricação de semicondutores lógicos no Japão
IBM, Siemens AG	Parceria na área de pesquisas para o desenvolvimento de chips semicondutores avançados
James River Corp., Oy Nokia AB Cragnotti e Partners Capital Investments	Jamont, uma subsidiária de produtos de papel instalada na Europa

Fonte: Adaptado de Bernard Wysocki, "Global reach: cross-border alliances become favorite way to crack new markets", *Wall Street Journal*, 26 mar. 1990, p. A1, A12.

incorre em grandes custos associados a questões de controle e coordenação que surgem ao trabalhar com um parceiro. E também, como acontece com o licenciamento, um parceiro de *joint-venture* dinâmico pode evoluir e tornar-se um concorrente. Em alguns casos, as restrições específicas do país limitam a participação da ajuda em capital por empresas estrangeiras. As diferenças multiculturais nas atitudes e no comportamento da administração podem também ser bastante desafiadoras.

A *joint-venture* européia da James River, a Jamont, reuniu 13 empresas de dez países. Entre os principais problemas, estavam os sistemas de computador e as medidas de eficiência da produção. A Jamont utiliza comitês para resolver esses e outros problemas à medida que surgem. Tinham, por exemplo, de manter um acordo sobre o tamanho-padrão do guardanapo de mesa: para alguns mercados, 30 cm por 30 cm era a norma; para outros, a preferência era de 35 cm por 35 cm.[14]

Dificuldades como as descritas são tão sérias, que, de acordo com um estudo com 170 empresas multinacionais, mais de um terço das 1.100 *joint-ventures* eram instáveis, terminando em 'divórcio' ou em aumento significativo do poder de um dos parceiros.[15] Outro pesquisador descobriu que, em 1976, 65 *joint-ventures* com empresas japonesas foram liquidadas ou as ações do parceiro foram transferidas para os japoneses. Isso significou um aumento de 600% sobre os números de 1972. O problema mais fundamental era os diferentes benefícios que cada parte esperava receber.[16]

Em uma aliança, o maior benefício é o que se aprende com o parceiro, e não simplesmente a venda de produtos evitando investimento. Em comparação com empresas norte-americanas e européias, no entanto, os japoneses e coreanos mostram-se muito hábeis em alavancar novos conhecimentos de *joint-ventures*. A Toyota, por exemplo, aprendeu muitas coisas novas em sua parceria com a GM — sobre suprimentos e transporte nos Estados Unidos e sobre como lidar com trabalhadores norte-americanos — que, depois, foram aplicados em sua fábrica da Camry no Kentucky. Alguns gerentes norte-americanos envolvidos no em-

---

14 James Guyon, "A joint-venture papermaker casts net across Europe", *Wall Street Journal*, 7 dez. 1992, p. B6.
15 Lawrence G. Franko, "Joint venture divorce in the multinational company", *Columbia Journal of World Business*, maio/jun. 1971, p. 13-22.
16 W. Wright, "Joint venture problems in Japan", *Columbia Journal of World Business*, primavera 1979, p. 25-31. Veja também W. Wright e C. S. Russell. "Joint venture in developing countries: reality and responses", *Columbia Journal of World Business*, verão 1975, p. 74-80.

preendimento, porém, queixaram-se de que os conhecimentos de fabricação que adquiriram não foram amplamente aplicados na GM. Até onde essa reclamação tem validade não se sabe, mas, se realmente ocorreu, a GM perdeu oportunidades para alavancar seus novos conhecimentos. Mesmo assim, muitas empresas têm conseguido alcançar grandes êxitos por meio de *joint-ventures*. A Gillette, por exemplo, tem utilizado essa estratégia para introduzir novos produtos de barbear no Oriente Médio e na África.

Investimento: propriedade e controle

Outras variáveis-chave na decisão de localização são a visão e os valores das lideranças da empresa. Alguns presidentes de empresas são obcecados pela fabricação em seus próprios países. Nicolas Hayek é presidente da SMH, conhecida por sua linha de relógios Swatch, e liderou uma volta por cima espetacular: a revitalização da indústria suíça de relógios. A Swatch tornou-se um fenômeno de cultura pop, com vendas que beiram 1 bilhão de relógios. A principal marca da empresa no outro lado do espectro de consumo é a Omega, cujos modelos têm preços que vão de 700 dólares a 20 mil dólares. A SMH, recentemente, adquiriu a Blancpain, produtora de nicho de relógios mecânicos de luxo com preços a partir de 200 mil dólares. Hayek demonstrou que, quando se abraça a fantasia e a imaginação da infância e da juventude, uma pessoa pode construir um mercado de produtos de massa em países como a Suíça ou os Estados Unidos. A história do Swatch é tanto um triunfo da engenharia como da imaginação.

A decisão de onde fabricar enfatiza três papéis do marketing para uma estratégia global competitiva. O primeiro relaciona-se à configuração do marketing. Embora muitas atividades de marketing devam ser executadas em cada país, há vantagens em concentrar algumas em um só local. Serviços, por exemplo, devem ser espalhados por todos os países. O treinamento, no entanto, poderia, pelo menos em parte, ser concentrado em um único lugar. Um segundo papel do marketing é a coordenação das atividades em vários países, para alavancar o know-how da empresa. Essa integração pode ter muitas formas, incluindo a transferência de experiências relevantes para outros países, em áreas como administração global de contas e uso similar de métodos de abordagem para a pesquisa de mercado, posicionamento de produto ou outras atividades de marketing. Um terceiro papel crítico do marketing é o de aproveitar as oportunidades de desenvolvimento e pesquisa de produto (P&D). O desenvolvimento da câmera AE-l da Canon é um exemplo. A pesquisa forneceu informações sobre as exigências do mercado que permitiram à Canon desenvolver um produto mundial. A Canon conseguiu desenvolver um produto fisicamente uniforme que exigia menos peças, muito menos engenharia, menos estoque e maiores lotes de produção. Essas vantagens não seriam possíveis se a Canon tivesse desenvolvido modelos de câmera separados que fossem adaptados às condições exclusivas de cada mercado nacional.

Quanto à forma de cooperação e controle, existem muitas, desde contratos de administração até subsidiárias plenas e parcerias estratégicas globais. As questões que essas alternativas levantam são o controle e a propriedade. Como mostra a Tabela 8-3, a segunda questão que deve ser enfrentada na estratégia internacional de marketing é estabelecer ou não uma organização de marketing no país. Essa decisão será resolvida com a avaliação do custo da criação dessa organização comparado com o impacto esperado de uma organização de marketing sobre participação de mercado, vendas e lucros.

A próxima tarefa é a seleção, o treinamento e a motivação de agentes, distribuidores e representantes. Caso se decida não estabelecer uma organização de marketing para o país, os agentes ou distribuidores selecionados serão a organização de marketing no país. A quarta tarefa é formular o composto de marketing e a estratégia de posicionamento e, por fim, implementar a estratégia. Isso será feito pela própria empresa, caso ela tenha criado uma organização de marketing no país; caso contrário, será feito pela empresa em cooperação com um agente ou distribuidor.

Existem muitas opções que representam uma variação no montante de participação acionária e de investimento e no grau de controle do marketing do país. Embora seja possível ter propriedade sem controle e controle sem propriedade, a participação acionária, normalmente, está ligada a um controle maior (veja Figura 8-1). As empresas com filiais ou subsidiárias próprias têm controle total sobre cada aspecto das operações das filiais: estratégias e estruturas, recursos humanos, estratégia e política financeira, estratégias e políticas de marketing, e assim por diante.

Na *joint-venture* com participação acionária (JVPA), isso não acontece. Uma propriedade compartilhada desse tipo de empresa dá o controle a cada um dos proprietários. O licenciamento e a franquia requerem pouco investimento, mas os contratos podem oferecer um controle considerável sobre os negócios ao licenciado ou franqueado.

Propriedade/investimento

Depois de adquirir experiência fora de seu próprio país por meio de exportação ou licenciamento e *joint-ventures*, para muitas empresas chega o momento em que uma participação maior nos mercados globais é desejável. O anseio de controlar e ser o dono das operações fora de seu país leva à decisão de investir. O investimento estrangeiro direto (IED) mostra fluxos recordes de investimento quando as empresas investem ou adquirem fábricas, equipamentos ou outros ativos fora de seu país. Por definição, o investimento direto presume que o investidor tenha controle ou influência significativa sobre o investimento, ao contrário de um investimento de carteira, em que se pressupõe que o investidor não detém influência ou controle. A definição operacional do investimento direto é a propriedade de 20% ou mais da participação acionária da empresa. As empresas, além de fabricar produtos, são produto em si mesmas, e muitas empresas internacionais importantes parecem estar 'fazendo compras'. Os Estados Unidos são líderes na compra de ativos no estrangeiro, mas empresas européias têm comprado muitas empresas dos Estados Unidos a preços altíssimos. A Vodafone, a British Petroleum e a Scottish Power, todas empresas do Reino Unido, compraram as norte-americanas AirTouch Communications, a Amaco e a PacifiCorp, respectivamente. Só esses três negócios representam mais de 133 bilhões de dólares.[17] Por outro lado, a Kodak, por causa das vendas estagnadas no mercado norte-americano, está investindo 1 bilhão de dólares na China, em um esforço de cortar o passo da Fuji, que controla ali mais de 40% do mercado. Produzindo localmente, a Kodak evita a tarifa de 60% sobre filmes importados. A China é o terceiro maior mercado de filmes no mundo depois dos Estados Unidos e do Japão. A Kodak, atualmente, domina aproximadamente 30% do mercado. A Lucky Film Co., fabricante local, tem 20% do mercado.[18]

A forma mais abrangente de participação em mercados globais é ser 100% dono do negócio, o que se consegue estabelecendo uma empresa ou comprando uma existente. Ser dono requer um maior comprometimento de capital e esforço da gerência e oferece a maneira mais plena de participação no mercado. As empresas podem passar do licenciamento e das *joint-ventures* para o estabelecimento de seus próprios negócios, com o objetivo de alcançar uma expansão mais rápida em um mercado, ter mais controle ou aumentar os lucros. Em 1991, por exemplo, a Ralston Purina encerrou uma *joint-venture* de 20 anos com uma empresa japonesa, para começar sua própria subsidiária para ração de animais domésticos. A Monsanto e a Bayer são outras empresas que, recentemente, também desfizeram parcerias para substituí-las por subsidiárias próprias no Japão.[19] Em muitos países, restrições governamentais podem proibir a participação majoritária ou o controle total por empresas estrangeiras.

A expansão direta em grande escala por meio do estabelecimento de novas instalações pode ser cara e exige muito tempo e energia administrativos. A aquisição, por outro lado, é instantânea — algumas vezes, uma abordagem mais barata de entrada no mercado. Apesar de ser totalmente dono render as vantagens adicionais de evitar problemas de comunicação e os conflitos de interesse que possam surgir com uma *joint-venture* ou com um parceiro de co-produção, as aquisições ainda apresentam a tarefa árdua e desafiante de integrar a empresa adquirida no contexto mundial da organização e de coordenar suas atividades.

---

17 Nikhil Deogun, "Made in U.S.A.: Deals from Europe hit record", *Wall Street Journal*, 25 out. 1999, p. C1.
18 William M. Bulkeley e Craig S. Smith, "Kodak to invest in China in a bid to improve its strategies position", *Wall Street Journal*, 24 mar. 1998, p. B4.
19 Ono, "Borden's breakup with Meiji Milk".

A Tabela 8-7 relaciona alguns exemplos adicionais agrupados por ramo de atuação das empresas que seguiram o caminho das aquisições para sua expansão global.

A decisão de investir fora do país — seja por expansão ou aquisição —, algumas vezes, bate de frente com as metas de lucratividade de curto prazo. Essa é uma questão especialmente importante para sociedades anônimas. Apesar desses desafios, existe uma tendência crescente de investimentos no estrangeiro pelas empresas. O valor de mercado do investimento direto dos Estados Unidos no estrangeiro e dos investimentos estrangeiros nos Estados Unidos ultrapassa um trilhão de dólares.

Várias das vantagens das alianças em forma de *joint-ventures* também se aplicam à propriedade integral, incluindo o acesso aos mercados e o drible de barreiras tarifárias ou cotas. Como nas *joint-ventures*, a propriedade também permite a transferência de experiências importantes de tecnologia e proporciona à empresa o acesso a novas técnicas de fabricação. A Stanley Works, por exemplo, fabricante de ferramentas com matriz em New Britain, Connecticut, adquiriu mais de uma dezena de empresas desde 1986, entre elas a National Hand Tool/Chiro de Taiwan, fabricante de alicates que desenvolveu um processo de formação a frio que acelera a produção e reduz o desperdício. A Stanley, agora, utiliza a tecnologia na fabricação de outras ferramentas. O presidente, Richard H. Ayers, vê essa fertilização global e a mistura de tecnologias como o principal benefício da globalização.[20]

As opções discutidas até agora — licenciamento, *joint-ventures* e propriedade — são, na verdade, passos ao longo de um *continuum* de estratégias ou ferramentas alternativas para a entrada e a expansão nos mercados globais. O projeto geral da estratégia global de uma empresa pode exigir uma combinação de exportação/importação, licenciamento, *joint-ventures* e propriedade entre várias unidades operacionais diferentes. É o que acontece no Japão com a Borden, Inc.; ela está terminando os arranjos de licenciamento e de *joint-venture* para os produtos de consumo de grande giro e montando sua própria capacidade de produção, distribuição e marketing para os laticínios. Nesse meio-tempo, nos produtos não-alimentícios, a Borden tem mantido os relacionamentos de *joint-venture* com parceiros japoneses em materiais flexíveis de embalagem e fundição.[21]

Uma empresa pode decidir entrar em um acordo de *joint-venture* ou co-produção para fins de fabricação e pode vender os produtos fabricados sob esse contrato por sua própria subsidiária de marketing ou vender os produtos de uma instalação de co-produção para uma organização de marketing externa. As *joint-ventures* podem ser sociedades em que os sócios detêm 50% do capital, ou sociedades minoritárias ou majoritárias. Sociedades majoritárias podem representar qualquer porcentagem a partir de 51%.

Investimento em países em desenvolvimento

O investimento em países em desenvolvimento progrediu rapidamente na década de 90. O que atrai nas economias em desenvolvimento é seu crescimento rápido, o crescente aumento do poder aquisitivo e mercados em expansão. Fluxos importantes de investimento têm sido dirigidos para os mercados emergentes da Ásia, das Américas, do Oriente Médio e da África. A Tabela 8-8 mostra fontes de investimento no Brasil.

Tabela 8-7 Entrada no mercado e expansão por meio de aquisições.

Tipo de produto/Setor	Empresa compradora	Alvo
Automotivo	DaimlerBenz	Chrysler
Farmacêutico	Rhone-Poulenc	Hoechst
Tabaco	British American Tobacco	Zurich
Petróleo	BP Amoco	Arco
Comunicações	Vodafone	Mannesmann/AirTouch

---

20 Louis Uchitelle, "The Stanley Works goes global", *New York Times*, 23 jul. 1989, Seção 3, p. 1, 10.
21 Relatório Anual da Borden, Inc., 1990, p. 13.

Tabela 8-8	Investimento direto estrangeiro no Brasil (durante o mês de junho de 1995).
País	Quantia (em bilhões de dólares)
Estados Unidos	$19,0
Alemanha	7,1
Reino Unido	5,2
Japão	4,5
Suíça	3,6

Fonte: Diana Jean Schemo, "Brazil's economic samba", *New York Times*, 7 set. 1996, p. C1.

Os investimentos estrangeiros podem tomar a forma de participações acionárias minoritárias ou majoritárias em *joint-ventures* ou na própria empresa ou, como no caso da Sandoz e da Gerber, da compra completa. Pode-se escolher utilizar uma combinação dessas estratégias de entrada adquirindo uma empresa, comprando uma participação acionária em outra e operando uma *joint-venture* com um terceiro. Nos últimos anos, por exemplo, a UPS fez mais de 16 aquisições na Europa e também expandiu seus centros logísticos.

ALTERNATIVAS DE ESTRATÉGIAS DE MARKETING

Qualquer que seja a forma de entrada selecionada, as empresas devem decidir sua estratégia de marketing para cada mercado. De modo geral, as alternativas são utilizar agentes e distribuidores independentes ou estabelecer uma empresa subsidiária própria. Essas alternativas compensam a propriedade e o investimento com controle, como mostra a Figura 8-2.

A vantagem da opção agente/distribuidor é o fato de ela requerer pouco investimento e permitir dosar o desembolso de acordo com o sucesso. A desvantagem é que não cria uma presença de mercado para a empresa e não dá à empresa controle sobre seus esforços de marketing. Além disso, o uso de agentes e distribuidores não significa necessariamente que não haverá investimento. Se um fabricante tem recursos percebidos como abundantes, qualquer cancelamento de um agente ou distribuidor pode levar a um processo por perdas e danos. Nem mesmo contratos escritos com cláusulas de término sem motivo protegem contra ações de agentes ou distribuidores, porque eles podem reivindicar com base na violação da boa-fé.

Em muitos países, as empresas combinam o marketing da própria subsidiária com o dos agentes e distribuidores. Essa opção dá à empresa uma presença local e o controle do esforço de marketing e, onde o custo–benefício for maior, ela tira vantagem dos recursos de distribuidores e agentes. A presença local da empresa pode proporcionar um elo de comunicação melhor com as matrizes regionais e mundiais e, se

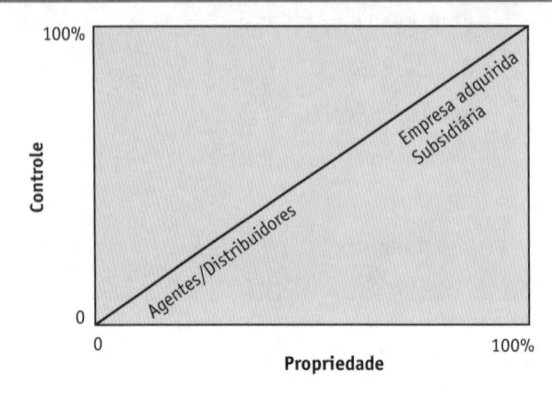

Figura 8-2 Alternativas de marketing estratégico.

bem conduzida, assegura que os esforços da empresa reflitam o pleno potencial de suas capacidades de executar uma estratégia global com resposta local.

Com a presença de uma subsidiária local, a empresa pode concentrar seu foco na formulação e execução de estratégias e planos de mercado que funcionem. Na China, a Procter & Gamble (P&G) opera com uma combinação de *joint-ventures* e a presença de sua própria empresa, com a liderança dos executivos de marketing da P&G dirigindo as estratégias da empresa na China. Essa abordagem permitiu à P&G aumentar sua participação no mercado urbano de xampus para 60%, em relação a 9% da Unilever. A P&G tem investido pesado em pesquisa de mercado, propaganda e distribuição e em criar sua própria presença no mercado. O resultado dessas iniciativas é que a Head & Shoulders, da P&G, é a marca para cuidados capilares que mais cresce na China.[22]

Estratégias de expansão de mercado[23]

As empresas devem decidir se vão expandir procurando novos mercados nos países existentes ou, alternativamente, procurando mercados em novos países, para segmentos de mercado já identificados e atendidos. Há duas dimensões que, combinadas, produzem quatro opções estratégicas, conforme mostra a Figura 8-3.

A estratégia 1 concentra-se em poucos segmentos em poucos países. Esse é o ponto de partida típico para a maioria das empresas e combina os recursos da empresa com as necessidades de investimento no mercado. A não ser que uma empresa seja grande e tenha muitos recursos, essa estratégia pode ser a única maneira realista de começar.

Na estratégia 2, concentração em países e diversificação de segmentos, a empresa atende muitos mercados em poucos países. Essa estratégia foi implementada por muitas empresas européias que permaneceram na Europa e buscaram crescimento expandindo-se para novos mercados. Também é a abordagem das empresas norte-americanas que decidiram diversificar nos mercados dos Estados Unidos, em vez de tornar-se internacionais com os produtos existentes ou criando novos produtos globais. Segundo o Departamento de Comércio dos Estados Unidos, mais de 80% das empresas norte-americanas que exportam limitam suas vendas a cinco mercados ou menos. Isso significa que a maioria das empresas norte-americanas segue as estratégias 1 ou 2.

A estratégia 3, diversificação de países e concentração no segmento de mercado do país, é uma estratégia global clássica segundo a qual a empresa procura o mercado mundial para um produto. Essa estratégia é atraente porque atende ao consumidor mundial, e a empresa consegue alcançar um maior volume acumulado e custos mais baixos que qualquer concorrente e, portanto, ter uma sólida vantagem competiti-

Figura 8-3 Estratégias de expansão de mercado.

País	Mercado — Concentração	Mercado — Diversificação
Concentração	1. Foco exato	2. Foco no país
Diversificação	3. Diversificação no país	4. Diversificação global

---

22 Relatório Anual da Procter & Gamble, 1995, p. 10.
23 Esta seção é baseada em Ayal e J. Zif, "Market expansion strategies in multinational marketing", *Journal of Marketing*, 43, primavera 1979, p. 84-94, e "Competitive market choice strategies in multinational marketing", *Columbia Journal of World Business*, outono 1978, p. 72-81.

va. Essa é a estratégia de um negócio bem-administrado que atende a uma necessidade e a uma categoria de consumidor específicas.

A estratégia 4, diversificação de países e segmentos, é a estratégia corporativa de uma empresa global, multinegócios, como a Matsushita. Em geral, o escopo da Matsushita abrange vários países, e suas várias unidades de negócios e grupos atendem a vários segmentos múltiplos. Com isso, no plano da estratégia corporativa, a Matsushita persegue a estratégia 4. No nível operacional, contudo, os gerentes das unidades individuais devem colocar seu foco nas necessidades do consumidor mundial em seu próprio mercado global. Na Figura 8-3, isso condiz com a estratégia 3 — diversificação de países e concentração da segmentação de mercado. Uma quantidade crescente de empresas em todo o mundo começa a enxergar a importância da participação do mercado não só no nível doméstico, mas também no mundial. O êxito em mercados estrangeiros pode levantar o volume total da empresa e diminuir sua posição de custo.

Estratégias alternativas: modelo de estágios de desenvolvimento

A Tabela 8-9 relaciona os estágios de evolução da corporação global, do doméstico para o internacional e daí para multinacional, global e transnacional. Conforme discutido nos capítulos anteriores, as diferenças entre os estágios podem ser significativas. Infelizmente, há pouco consenso sobre a utilização de cada termo. A terminologia sugerida aqui está em conformidade com os usos correntes pelos principais estudiosos, mas deve-se notar que executivos, jornalistas e outros que não estão familiarizados com a literatura acadêmica podem utilizar os termos de maneira diferente.

Bartlett e Ghoshal proporcionam uma excelente discussão de três setores — bens de consumo, produtos eletrônicos e comutações em telecomunicações — em que os concorrentes individuais têm exemplificado os diferentes estágios em várias épocas de sua história corporativa. A P&G, a General Electric (GE) e a Ericsson, por exemplo, eram empresas internacionais no estágio 2. Por muitos anos, a Unilever, a Philips e a International Telephone and Telegraph (ITT) eram multinacionais no estágio 3. As empresas globais no estágio 4 incluídas no estudo eram todas do Japão: Kao, Matsushita, e NEC.[24]

Como se pode ver na Tabela 8-10, a orientação não se altera quando uma empresa passa de doméstica para internacional. A diferença entre a empresa doméstica e a internacional é que a internacional faz negócios em muitos países. Como a empresa doméstica, ela é etnocêntrica e orientada para o país de origem. A empresa internacional no estágio 2, entretanto, enxerga a extensão das oportunidades de mercado fora de seu país e estende os programas de marketing para explorar essas oportunidades. A primeira mudança na orientação ocorre quando uma empresa entra no estágio 3, a multinacional. Nesse ponto, sua orientação muda de etnocêntrica para policêntrica. A diferença é importante. A empresa etnocêntrica no estágio 2 busca estender seus produtos e práticas a países estrangeiros. Ela enxerga similaridades fora de seu país, mas é relativamente cega às diferenças. A multinacional no estágio 3 é o oposto: enxerga as diferenças e é relativamente cega às similaridades. O foco da multinacional no estágio 3 é adaptar-se ao que é diferente em um país. A Figura 8-4 apresenta as diferentes orientações da administração.

Tabela 8-9	Estágios do desenvolvimento de uma empresa transnacional.
	1. Local
	2. Internacional
	3. Multinacional
	4. Global
	5. Transnacional

---

24 Veja Christopher A. Bartlett e Sumantra Ghoshal. *Managing across borders: the transnational solution*. Boston: Harvard Business School Press, 1989.

Tabela 8-10 Estágios de desenvolvimento 1.

Estágio & Empresa	1 Local	2 Internacional	3 Multinacional	4 Global	5 Transnacional
Estratégia	Local	Internacional	Multilocal	Global	Global
Modelo	N/D	Federação coordenada	Federação descentralizada	Eixo centralizado	Rede integrada
Visão do mundo	Próprio país	Mercados em extensão	Mercados nacionais	Mercados ou recursos globais	Mercados ou recursos globais
Orientação	Etnocêntrica	Etnocêntrica	Policêntrica	Diversificada	Geocêntrica

N/D = Não disponível.

A empresa global no estágio 4 é uma forma limitada de transnacional. A orientação da diretoria é para os mercados globais ou para os recursos globais, mas não ambos. A Harley-Davidson, por exemplo, concentra-se nos mercados globais, mas não nos recursos globais. A empresa não tem interesse em fazer P&D, design, engenharia ou fabricar fora dos Estados Unidos. Até recentemente, o mesmo valia para a BMW e a Mercedes. Ambas as empresas vendiam no mundo inteiro, mas limitavam as atividades de P&D, engenharia, design e fabricação à Alemanha. A Mercedes, agora, planeja dobrar suas compras de fornecedores estrangeiros e construir mais de 10% de seus veículos fora da Alemanha. O presidente da Mercedes, Helmut Werner, nota que: "O problema fundamental das exportações alemãs é que estamos produzindo em um país com moeda forte e vendendo em países com moeda fraca".[25] Quando a empresa progride do estágio 4 para o estágio 5, sua orientação engloba tanto os mercados como os recursos globais.

A Tabela 8-11 ilustra algumas das outras diferenças nas empresas em diferentes estágios. Devem-se destacar algumas qualidades notáveis das empresas no estágio 4 que perseguem estratégias globais integradas. Os ativos principais são dispersos, especializados e interdependentes. Uma empresa automobilística transnacional — a Toyota, por exemplo — fabrica motores e câmbios em vários países e transporta esses componentes para montadoras localizadas em cada uma das regiões do mundo. Laboratórios de design es-

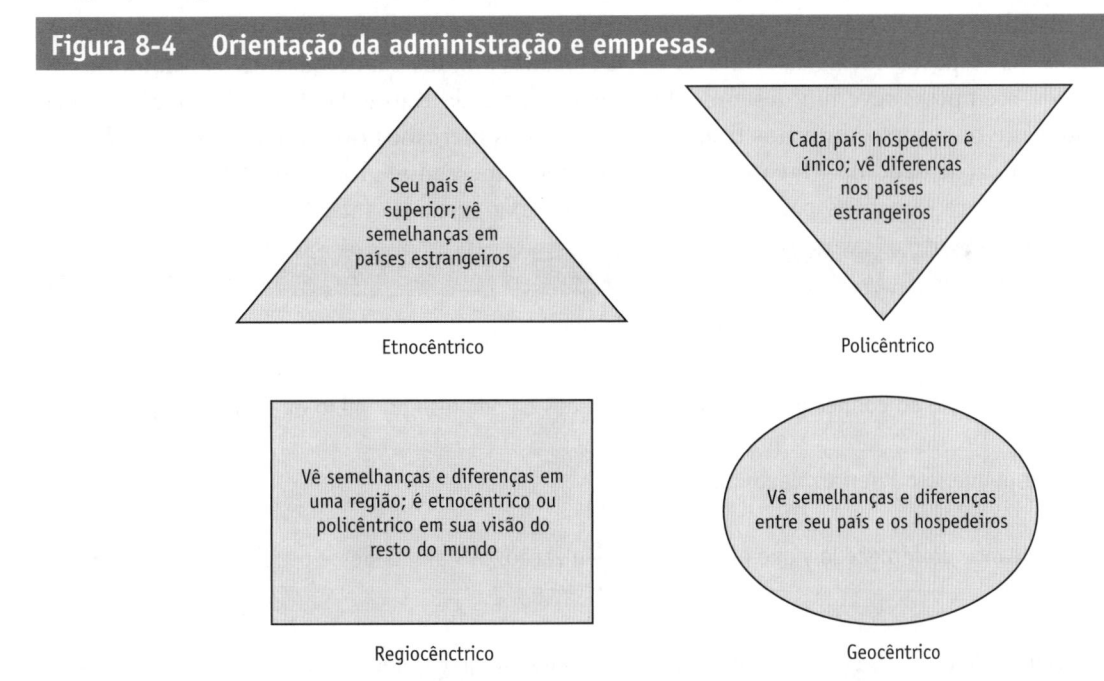

Figura 8-4 Orientação da administração e empresas.

Etnocêntrico: Seu país é superior; vê semelhanças em países estrangeiros

Policêntrico: Cada país hospedeiro é único; vê diferenças nos países estrangeiros

Regiocêntrico: Vê semelhanças e diferenças em uma região; é etnocêntrico ou policêntrico em sua visão do resto do mundo

Geocêntrico: Vê semelhanças e diferenças entre seu país e os hospedeiros

---

25 Audrey Choi, "For Mercedes, going global means being less German", *Wall Street Journal*, 27 abr. 1995, p. B4.

Tabela 8-11 Estágios de desenvolvimento 2.

Estágio e empresa	Características da empresa				
	1 Local	2 Internacional	3 Multinacional	4 Global	5 Transnacional
Principais ativos	Instalado no próprio país	Núcleo centralizado; outros dispersos	Descentralizado e auto-suficiente	Tudo no próprio país, exceto marketing e suprimento	Interdependente dispersado e especializado
Regra das unidades do país	País singular	Adaptação e alavancagem de competências	Exploração de oportunidades locais	Marketing e suprimento	Contribuições para empresas mundiais
Conhecimento	Próprio país	Criado no centro e transferido	Retido dentro de unidades de operação	Marketing ou suprimento desenvolvido conjuntamente e compartilhado	Todas as funções desenvolvidas conjuntamente e compartilhadas

pecializados podem estar localizados em países diferentes e trabalhar juntos no mesmo projeto. O papel das unidades de cada país muda muito à medida que a empresa progride pelos estágios de desenvolvimento. Na empresa em estágio 2, a internacional, o papel da unidade do país é adaptar-se e alavancar a competência da unidade da matriz. No estágio 5, transnacional, o papel de cada país é contribuir com a empresa no mundo inteiro. Na internacional e na multinacional, a responsabilidade da organização de marketing é realizar o potencial dos mercados nacionais individualmente. Na empresa transnacional, a responsabilidade da unidade de marketing é realizar o potencial do mercado nacional e, se possível, contribuir para o êxito dos esforços de marketing ao redor do mundo, compartilhando inovações de sucesso com toda a organização.

Conforme mostra a Tabela 8-12, cada estágio tem seus pontos positivos. A força da empresa internacional é sua capacidade de explorar os conhecimentos e recursos da empresa-mãe fora de seu país de origem. No setor de telecomunicações, a Ericsson adquiriu uma vantagem competitiva sobre a NEC e a ITT, perseguindo essa abordagem. A força de uma multinacional é sua capacidade de adaptar-se e responder às diferenças nacionais. As respostas locais da Unilever são adequadas à indústria de bens de consumo. Assim, em muitos mercados, a empresa teve um desempenho melhor que o da Kao e da P&G. A empresa global alavanca as habilidades e os recursos internos tirando vantagem dos mercados ou recursos globais. Na área de eletrodomésticos, a capacidade da Matsushita de atender aos mercados globais de fábricas em escala mundial causou grandes preocupações para a Philips e a GE. (Na verdade, Jack Welch, da GE, decidiu

Tabela 8-12 Estágios de desenvolvimento 3.

Forças em cada nível

Internacional
  Habilidade para tirar proveito do conhecimento e das capacidades da empresa por meio da difusão de produtos

Multinacional
  Flexibilidade para responder a diferenças nacionais

Global
  Mercado global ou alcance do fornecedor, que alavanca a organização, as habilidades e os recursos da empresa do país

Transnacional
  Combina as forças de cada um dos estágios anteriores em uma rede integrada, que alavanca o aprendizado e a experiência mundiais

abandonar o negócio.)²⁶ A empresa transnacional combina as forças de cada um dos estágios anteriores atendendo a mercados globais utilizando recursos globais e alavancando o aprendizado e as experiências.

No estágio 3, o arranjo de suprimento preferido é a fabricação local. No estágio 5, o suprimento de produto tem como base uma análise que leva em conta custo, entrega e todos os outros fatores que afetam a competitividade e a lucratividade. Essa análise produz um plano de suprimento que maximiza tanto a eficácia competitiva como a lucrativa. Quando a empresa está no estágio 2, os cargos-chave são ocupados por profissionais oriundos do país de origem, tanto nas subsidiárias como na matriz. No estágio 3, os cargos-chave nos países estrangeiros são ocupados por nativos do país, enquanto os cargos de diretoria são, geralmente, ocupados por nativos do país de origem. No estágio 5, o melhor profissional é selecionado para todas as posições de gerência, seja qual for sua nacionalidade. A pesquisa e desenvolvimento (P&D) no estágio 2 é conduzida no país da matriz; no estágio 3, o P&D é descentralizado e fragmentado. Quando uma empresa chega ao estágio 5, a pesquisa faz parte de um plano de P&D integrado mundialmente e é, em geral, descentralizado. A empresa transnacional no estágio 5 pode tirar vantagem dos recursos e responder às aspirações locais para produzir um programa de P&D descentralizado.

A Tabela 8-13 mostra como a Fleetguard, Inc., uma subsidiária totalmente controlada pela Cummins Engine Company, evoluiu durante um período de onze anos.

Tabela 8-13 A evolução da Fleetguard, Inc.

Dimensão estratégica	Estágio 2 Internacional, anos 1 a 4	Estágio 3 Multinacional, anos 5 a 8	Estágio 5 Transnacional, anos 9 a 11
Administração	70% Etnocentrismo 30% Policentrismo	80% Policentrismo 20% Etnocentrismo	60% Policentrismo 40% Geocentrismo
Design	Extensão	75% Descentralizado 25% Extensão	80% Integração 20% Descentralizado
Estrutura	Regional	Regional	20% Matriz 80% Regional
Processo de planejamento	De baixo para cima	De baixo para cima	20% Interativa 80% De baixo para cima
Processo de decisão	70% Descentralizado 30% Centralizado	80% Descentralizado 20% Centralizado	20% Centralizado 80% Descentralizado
Processo de marketing	Não-padronizado	Parcialmente padronizado	Padronizado
Programas de marketing	Padronizado	30% Único 70% Padronizado	Único
Origem do produto	Exportação	Planta construída Exportação	60% Fabricação local 40% Exportação
Recursos humanos Nacionalidade principal do trabalho			
Gerenciamento no país	Próprio país	País hospedeiro	País hospedeiro
Gerenciamento da matriz	N/D	País hospedeiro	Melhor pessoa
P&D, produto desenvolvimento	Próprio país	60% Próprio país 40% Descentralizado	70% Integrado 30% Descentralizado
Controle/medidas	50% Padronização própria 50% Descentralizado	60% Descentralizado 40% Padronização própria	75% Descentralizado 25% Integrado

N/D = Não disponível.
Fonte: Exemplo fornecido por Jon Adamson.

---

26 Para uma excelente discussão sobre a GE, veja Noel Tichy e Stratford Sherman. *Control your destiny or someone else will*. Nova York: HarperBusiness, 1994.

Às vezes, acontece de os melhores esforços de marketing e da diretoria fracassarem ao se tentar uma expansão para mercados estrangeiros. Nesse caso, é igualmente importante saber o momento de retirar-se.

Resumo

As empresas podem escolher entre uma variedade de alternativas ao decidir como participar nos mercados ao redor do mundo. Exportação, licenciamento, *joint-ventures* e propriedade plena, cada uma representa vantagens e desvantagens específicas. A escolha depende, em parte, de como a empresa configura sua cadeia de valor. A exportação pode ajudar a empresa a obter volume e atingir economias de escala. Se a moeda de um país é fraca em relação às moedas dos parceiros comerciais, as vendas de exportação devem ser enfatizadas. O licenciamento é uma boa estratégia para aumentar os lucros com pouco investimento e pode ser uma boa escolha para a empresa com tecnologia avançada ou uma imagem de marca forte. As *joint-ventures*, a terceira alternativa estratégica, oferece às empresas a oportunidade de compartilhar riscos e combinar forças da cadeia de valores. As empresas que estão considerando *joint-ventures* devem planejar com cuidado e comunicar-se bem com os parceiros, para evitar o 'divórcio'. A propriedade plena, mediante estabelecimento ou aquisição, pode requerer o comprometimento de recursos importantes. As aquisições podem proporcionar benefícios de controle total e uma oportunidade de misturar tecnologias.

As estratégias de expansão de mercado podem ser representadas em forma matricial, para ajudar os gerentes em suas deliberações sobre as várias alternativas. Entre as opções, estão concentração de país e de mercado, concentração de país e diversificação de mercado, diversificação de país e concentração de mercado e diversificação de país e de mercado. A estratégia preferida de expansão refletirá o estágio de desenvolvimento da empresa. Uma empresa internacional utiliza a exportação e o licenciamento para explorar os conhecimentos da matriz por meio da difusão mundial dos produtos.

As empresas multinacionais responderão às diferenças locais utilizando as aquisições e estabelecendo fábricas em vários países. As empresas globais exportarão produtos para o mundo todo a partir de fábricas com capacidade para produzir em escala mundial ou dependerão do mundo para obter os recursos. O estágio 5, transnacional, combina as forças desses três estágios em uma rede integrada para alavancar o aprendizado mundial.

Este capítulo resume o marketing de exportação e as decisões que o pessoal da empresa deve tomar para ter êxito como exportadores. Os governos exercem uma forte influência sobre as exportações, mediante programas de apoio, regulamentações, barreiras não-tarifárias e classificações tarifárias.

Ao escolher mercados para exportação, as empresas devem avaliar o mercado potencial, o acesso ao mercado, os custos de frete, a concorrência, a adequação do produto e as exigências de serviços. Com certeza, é uma boa idéia visitar o mercado potencial antes de desenvolver um programa de exportação. As considerações do acesso ao mercado são particularmente importantes para o exportador e o importador. Os exportadores devem entender como as tarifas e os impostos alfandegários afetam os preços a ser pagos pelos importadores. A exportação bem-sucedida requer a tomada de decisões organizacionais (ex.: com referência aos conhecimentos internos ou externos), tanto no país do fabricante como no país do mercado.

Os exportadores e importadores também devem conhecer profundamente os instrumentos financeiros internacionais, em especial cartas de crédito. Escambo e troca são métodos de vender a clientes que não tenham acesso à moeda forte, mas estejam dispostos a pagar de outra maneira que não com dinheiro.

Questões para Discussão

1. Quais são as ferramentas ou estratégias possíveis para a expansão internacional? Quais são as vantagens e desvantagens mais importantes de cada estratégia?
2. O presidente da empresa de manufaturados XYZ de Belo Horizonte-MG mostra-lhe uma oferta de licenciamento de uma empresa em Osaka. Em troca de compartilhar as patentes e o know-how, a empresa japonesa pagará uma remuneração de licença de 5% do preço de fábrica de todos os produtos vendidos com base na licença de sua empresa. O presidente quer um conselho seu. O que você diria?

3. Quais são as diferenças entre as empresas nos estágios de desenvolvimento internacional, multinacional, global e transnacional? Dê exemplos de empresas que se encaixem nas características de cada um desses tipos.
4. Por que a exportação dos Estados Unidos é dominada por grandes empresas? O que poderia ser feito para aumentar as exportações de empresas menores?
5. Quais os seis critérios que devem ser avaliados ao se estudar o potencial dos mercados de exportação?
6. O que é necessário para ser um exportador bem-sucedido?
7. Quais as opções de estratégias que uma pequena empresa perseguiria para entrar no mercado ou expandir-se? E uma empresa grande?

Leitura Sugerida

Abbas J. Ali e Robert C. Camp. "The relevance of firm size and international business experience to market entry strategies", *Journal of Global Marketing*, 6, nº 4, 1993, p. 91-112.

Ali K. Al-Khalifa e S. Eggert Peterson. "The partner selection process in international joint ventures", *European Journal of Marketing*, 33, nº 11/12, 1999.

Allen J. Morrison e Kendall Roth. "A taxonomy of business-level strategies in global industries", *Strategic Management Journal*, 13, nº 6, set. 1992, p. 399-417.

Andrea Bonaccorsi. "What do we know about exporting by small Italian exporting firms?", *Journal of International Marketing*, 1, nº 3, 1993, p. 49-76.

Anoop Madhok. "Revisiting multinational firms' tolerance for joint ventures: a trust-based approach", *Journal of International Business Studies*, 26, nº 1, primeiro trimestre 1995, p. 117-138.

Aysegel Azsomer e S. Tamer Cavusgil. "A dynamic analysis of market entry rates in global industry", *European Journal of Marketing*, 33, nº 11/12, 1999.

Bruce Kogut. "Designing global strategies: comparative and competitive value-added chains", *Sloan Management Review*, verão 1985, p. 17-27.

C. K. Kim e J. Y. Chung. "Brand popularity, country image and market share: an empirical study", *Journal of International Business Studies*, 28, nº 2, 1997, p. 361-386.

Carl Arthur Solberg. "Educator insights: standardization or adaptation of the international marketing mix", *Journal of International Marketing*, 8, no 1, 2000, p. 78-98.

Charles W. L. Hill, Peter Hwang e W. Chan Kim. "An eclectic theory of the choice of international entry mode", *Strategic Management Journal*, 11, nº 2, 1990, p. 117-128.

Charlie E. Mahone Jr. "Penetrating export markets: the role of firm size", *Journal of Global Marketing*, 7, nº 3, 1994, p. 133-148.

Constantine S. Katsikeas. "Perceived export problems and export involvement: the case of Greek exporting manufacturers", *Journal of Global Marketing*, 7, nº 4, 1994, p. 95-110.

D. C. Bello e R. Lohtia. "Export channel design: the use of foreign distributors and agents", *Journal of the Academy of Marketing Science*, 23, nº 2, 1995, p. 83-93.

Departamento do Comércio dos Estados unidos. *A basic guide to exporting*. Washington, DC: U.S. Department of Commerce, 1981.

Dinker Raval e Bala Subramanian. "Product cycle and international product life cycle: economic and marketing perspectives", *Business Journal*, 12, nºs 1 e 2, 1997, p. 48-51.

Donald G. Howard. "The role of export management companies in global marketing", *Journal of Global Marketing*, 8, nº 1, 1994, p. 95-110.

Douglas Dow. "A note on psychological distance and export market selection", *Journal of International Marketing*, 8, nº 1, 2000, p. 51-64.

F. H. Rolf Seringhaus. "Export promotion in developing countries: status and prospects", *Journal of Global Marketing*, 6, nº 4, 1993, p. 7-32.

Franklin R. Root. *Entry strategies for international markets*. Nova York: Lexington Books, 1994.

Gary Hamel e C. K. Prahalad. "Do you really have a global strategy?", *Harvard Business Review*, jul./ago. 1985, p. 139-148.

George S. Yip. "Global strategy as a factor in japanese success", *The International Executive*, 38, nº 1, jan./fev. 1996, p. 145-167.

Gregory E. Osland. "Successful operating strategies in the performance of U.S.–China joint ventures", *Journal of International Marketing*, 32, nº 4, 1994, p. 53-78.

H. J. Wichmann. "Private and public trading companies within the Pacific Rim nations", *Journal of Small Business*, jan. 1997, p. 62-65.

Howard V. Perlmutter e David A. Heenan. "How multinational should your top managers be?", *Harvard Business Review*, nov./dez. 1974, p. 121-132.

Janet Y. Murray, Masaaki Kotabe e Albert Wildt. "Strategic and financial performance implications of global sourcing strategy: a contingency analysis", *Journal of International Business Studies*, 26, nº 1, 1995, p. 181-202.

John A. Quelch e James E. Austin. "Should multinationals invest in Africa?", *Sloan Management Review*, 4, nº 3, primavera 1993, p. 107-119.

Karel G. Van Wolferen. "The Japan problem", *Foreign Affairs*, inverno 1986, p. 288-303.

Kathryn Rudie Harrigan. "Joint ventures and global strategies", *Columbia Journal of World Business*, verão 1984, p. 7-16.

Kwaku Atuahene-Gime. "International licensing of technology: an empirical study of the differences between licensee and non-licensee firms", *Journal of International Marketing*, 1, nº 2, 1993, p. 71-88.

L. C. Leonidou e C.S. Katsikeas. "The export development process: an integrative review of empirical models", *Journal of International Business Studies*, 27, set. 1996, p. 517.

Leonidas C. Leonidou. "Empirical research on export barriers: review, assessment, and synthesis", *Journal of International Marketing*, 3, nº 1, 1995, p. 29-44.

M. Das. "Successful and unsuccessful exporters from developing countries", *European Journal of Marketing*, 28, nº 12, 1994, p. 19-33.

Marjo-Riitta Rynning e Otto Andersen. "Structural and behavioral predictors of export adoption: a Norwegian study", *Journal of International Marketing*, 2, nº 1, 1994, p. 73-90.

Masaaki Kotabe e Michael R. Czinkota. "State government promotion of manufacturing exports: a gap analysis", *Journal of International Business Studies*, 23, nº 4, quarto trimestre 1992, p. 637-658.

P. Aulakh e M. Kotabe. "Antecedents and performance implications of channel integration in foreign markets", *Journal of International Business Studies*, 28, primeiro trimestre 1997, p. 145-175.

Patricia McDougall. "New venture strategies: an empirical identification of eight 'archetypes' of competitive strategies for entry", *Strategic Managment Journal*, 11, nº 6, out. 1990, p. 447-467.

Paul J. H. Schoemaker. "How to link strategic vision to core capabilities", *Sloan Management Review*, 34, nº 1, outono 1992, p. 67-81.

Paul M. Swamidass. "Import sourcing dynamics: an integrative perspective", *Journal of International Business Studies*, 24, nº 4, quarto trimestre 1993, p. 671-692.

Philip J. Rossen e Stan D. Reid (eds.). *Managing export entry and expansion*. Nova York: Praeger, 1987.

Roger A. McCaffrey e Thomas A. Meyer. *An executive's guide to licensing*. Homewood, IL: Dow Jones–Irwin, 1989.

S. Tamer Cavusgil, Shaoming Zou e G. M. Naidu. "Product and promotion adaptation in export ventures: an empirical investigation", *Journal of International Business Studies*, 24, nº 3, terceiro trimestre 1993, p. 449-464.

Sanjeev Agarwal. "Socio-cultural distance and the choice of joint venture: a contingency perspective", *Journal of International Marketing*, 2, nº 2, 1994, p. 63-80.

Stefan H. Robock. "The export myopia of U.S. multinationals: an overlooked opportunity for creating U.S. manufacturing jobs", *Columbia Journal of World Business*, 28, nº 2, verão 1993, p. 24-32.

Thomas Owen Singer e Michael R. Czinkota. "Factors associated with effective use of export assistance", *Journal of International Marketing*, 2, nº 1, 1994, p. 53-72.

Thomas S. Robertson. "How to reduce market penetration cycle times", *Sloan Management Review*, outono 1993, p. 87-96.

Ugur Yavas, Dogan Eroglu e Sevgin Eroglu. "Sources and management of conflict: the case of Saudi–U.S. joint ventures", *Journal of International Marketing*, 2, nº 3, 1994, p. 61-82.

Vern Terpstra e Chow-Ming Joseph Yu. "Export trading companies: an American trade failure?", *Journal of Global Marketing*, 6, nº 3, 1992, p. 29-54.

Wilfried Vanhonacker. "Entering China: an unconventional approach", *Harvard Business Review*, 75, mar./abr. 1997, p. 130-140.

CAPÍTULO 9

Estratégias Cooperativas e Parcerias Estratégicas Globais

"Alianças são uma grande parte do jogo da concorrência global [...] Para vencer globalmente, elas são críticas [...] a maneira menos atraente de tentar ganhar globalmente é achar que você pode abraçar o mundo sozinho."

Jack Welch
Diretor-presidente da General Electric Corporation

"O crescimento e a expansão dos negócios em partes diferentes do mundo terão cada vez mais de ser baseadas em alianças, parcerias, joint-ventures e em todo tipo de relacionamentos com organizações localizadas em outras jurisdições políticas."

Peter Drucker

"As alianças como estratégias de base ampla só garantirão a mediocridade da empresa, não sua liderança internacional."

Michael Porter, professor da Harvard Business School

Conteúdo do Capítulo

- A natureza das parcerias estratégicas globais
- Fatores de sucesso
- Alianças entre fabricantes e empresas de marketing
- Parcerias internacionais em países em desenvolvimento
- Estratégias cooperativas no Japão: *keiretsu*
- Além das alianças estratégicas
- Resumo
- Questões para discussão

O que um carro, um eletrodoméstico, um computador pessoal, uma cerveja, um desodorante e uma empresa de viagens têm em comum? No Japão, a resposta é uma marca. Quatro importantes empresas (Toyota, Matsushita, Cervejaria Asahi e Kao) formaram alianças de marketing para compartilhar a marca registrada 'WiLL'.[1]

Seu intento é criar uma imagem nova e moderna atraente aos consumidores que tenham por volta de 30 anos. Essa faixa etária é composta de aproximadamente 8 milhões de consumidores que querem expressar suas próprias preferências e são céticos quanto às marcas tradicionais e conservadoras.

As companhias aéreas são um ótimo exemplo das parcerias estratégicas globais. A United Airlines tem acordos com 14 companhias: Air Canada, Air New Zealand, ANA, Asian Airlines, Austria, BMI, Lufthansa, Polish Airlines, Scandinavian Airlines, Singapore, Spanair, Thai, US Airwayse e Varig. Essa aliança é conhecida como Star Alliance, cujo lema é "Uma rede de linhas aéreas para o mundo".

---

1 Yumiko Ono, "In Japan, a new brand has five parents", *Wall Street Journal*, 8 out. 1999, p. B1.

> **Visite o site**
> www.star-alliance.com

Nos capítulos anteriores, verificamos uma série de opções — exportação, licenciamento, *joint-ventures* e propriedade — tradicionalmente utilizadas por empresas que querem entrar nos mercados globais pela primeira vez ou expandir suas atividades para além dos níveis atuais. Recentes mudanças nos ambientes políticos, econômicos, socioculturais e tecnológicos da empresa global, no entanto, combinaram-se para alterar a importância relativa dessas estratégias. Barreiras comerciais têm caído, os mercados se globalizaram, as necessidades e desejos do consumidor têm convergido, os ciclos de vida de produtos ficaram mais curtos e surgiram novas tecnologias de comunicação e tendências. Essas mudanças oferecem oportunidades de mercado sem precedentes, mas, ao mesmo tempo, trazem fortes implicações estratégicas para a organização global e novos desafios para o profissional de marketing global.

Como no exemplo da linha aérea citado há pouco, essas estratégias vão, sem dúvida, incorporar uma variedade de colaborações — ou até mesmo ser estruturadas ao redor destas. Antigamente, considerava-se que apenas as partes dominantes de *joint-ventures* colhiam a maioria dos benefícios (ou das perdas) da parceria, mas hoje as alianças além-fronteiras estão assumindo novas e surpreendentes configurações e com participantes mais surpreendentes ainda. Por que uma empresa — global ou não — procura colaborar com uma outra empresa, seja ela local ou estrangeira? Por que os executivos decidem perseguir a colaboração competitiva com outras empresas, algumas delas até rivais?

Cada empresa enfrenta um ambiente de negócios caracterizado por graus de dinamismo, turbulência e imprevisibilidade sem precedentes. Uma empresa, atualmente, deve estar equipada para responder a pressões econômicas e políticas crescentes. O tempo de reação foi drasticamente cortado pelos avanços da tecnologia. A empresa do futuro deve estar pronta para fazer o que for necessário para assegurar que esteja criando valor exclusivo para seus clientes e que tenha uma vantagem competitiva.

Como sugerem as epígrafes deste capítulo, parece não haver muita concordância a respeito da sabedoria da cooperação. Este capítulo vai abordar uma questão fundamental: cooperar ou não e quando fazê-lo. O foco será em parcerias estratégicas globais, no *keiretsu* japonês e em vários outros tipos de estratégia cooperativa que podem ser um elemento importante para o sucesso de uma empresa global.

A NATUREZA DAS PARCERIAS ESTRATÉGICAS GLOBAIS

A terminologia utilizada para descrever as novas formas de estratégia de cooperação varia bastante. As expressões *acordos colaborativos*, *alianças estratégicas*, *alianças internacionais* e *parcerias estratégicas globais* (PEGs) são muito utilizadas para se referir às conexões entre as empresas para que, em conjunto, persigam uma meta comum. Um espectro amplo de acordos entre empresas, incluindo *joint-ventures*, pode estar compreendido por essa terminologia. Mesmo assim, as alianças estratégicas discutidas neste capítulo mostram três características.[2]

1. Os participantes continuam independentes depois da formação da aliança.
2. Os participantes compartilham os benefícios da aliança e o controle sobre o desempenho das tarefas atribuídas.
3. Os participantes fazem contribuições contínuas em tecnologia, produtos e outras áreas estratégicas fundamentais.

---

2 Michael A. Yoshino e U. Srinivasa Rangan. *Strategic alliances: an entrepreneurial approach to globalization*. Boston: Harvard Business School Press, 1995, p. 5. Para uma descrição alternativa, veja Riad Ajami e Dara Khambata, "Global strategic alliances: the new transnationals", *Journal of Global Marketing*, 5, nº ½, 1991, p. 55-59.

De acordo com estimativas, a quantidade de alianças estratégicas tem crescido a uma taxa de 20 a 30% ao ano desde meados da década de 80. A tendência de crescimento para os PEGs provém, em parte, das fusões e aquisições tradicionais além-fronteiras.

Roland Smith, presidente da British Aerospace, oferece uma razão bastante simples para uma empresa entrar em uma PEG: "A parceria é uma das maneiras mais rápidas e baratas de desenvolver uma estratégia global".[3] Como as *joint-ventures* tradicionais, as PEGs têm algumas desvantagens. Cada parceiro deve estar disposto a abrir mão de um pouco de controle, e existem alguns riscos potenciais associados com o fortalecimento de um concorrente de outro país. Apesar dessas desvantagens, as PEGs são atraentes por vários motivos. Primeiro, os altos custos de desenvolvimento de produto podem forçar uma empresa a procurar parceiros; esse foi um motivo para a parceria da Boeing com um consórcio japonês para desenvolver um novo jato, o 777. Segundo, as exigências da tecnologia de muitos produtos atuais significam que uma só empresa pode não dispor das habilidades, do capital ou do know-how para fazer tudo sozinha.[4] Terceiro, as parcerias podem ser a melhor maneira de assegurar o acesso aos mercados nacionais e regionais. Quarto, as parcerias proporcionam importantes oportunidades de aprendizado; de fato, um especialista vê as PEGs como uma 'corrida para aprender'. O professor Gary Hamel, da London Business School, observou que o parceiro que aprende mais rápido pode, no final das contas, dominar o relacionamento.[5]

PEGs e *joint-ventures* têm diferenças significativas. As *joint-ventures* tradicionais são basicamente alianças voltadas para um único mercado ou para um problema específico. Uma verdadeira parceria estratégica global é diferente.[6] Ela se diferencia pelos seguintes atributos:

1. Duas ou mais empresas desenvolvem uma estratégia de longo prazo, com a finalidade de alcançar a liderança mundial perseguindo custos mais baixos, diferenciação ou uma combinação dos dois e de criar variedade, necessidades, posicionamento com base em acesso ou uma combinação dos três.
2. O relacionamento é recíproco. Cada parceiro possui forças específicas que compartilha com os outros; o aprendizado deverá ocorrer para todas as partes.
3. Os esforços e a visão dos parceiros são verdadeiramente globais, estendendo-se dos países e regiões originais para o restante do mundo.
4. Se o relacionamento é organizado ao longo de linhas horizontais, exige-se a transferência lateral contínua de recursos entre os parceiros, sendo a norma o compartilhamento de tecnologia e o somatório de recursos.
5. Se o relacionamento é ao longo de linhas verticais, ambas as partes devem compreender suas forças centrais e ser capazes de defender sua posição competitiva contra a integração à frente ou retrógrada de seu parceiro vertical e trabalhar juntas para criar valor para os clientes do parceiro que está abaixo na cadeia de valor.
6. Quando estiverem competindo em mercados excluídos da parceria, os participantes deverão manter suas identidades nacionais e ideológicas.

O programa Iridium, descrito no quadro "Iridium: anatomia de um fracasso de marketing", incorporou vários requisitos que os especialistas acreditam ser garantias de boas alianças. Primeiro, a Motorola formou uma aliança para explorar uma força exclusiva, ou seja, sua liderança em comunicações sem fio. Segundo, os parceiros da aliança Iridium possuíam seus próprios pontos fortes exclusivos. Terceiro, era improvável que os parceiros pudessem ou quisessem adquirir as capacidades exclusivas da Motorola. Por fim, em vez de focalizar em um determinado mercado ou produto, a Iridium era uma aliança com base em habilidades, know-how e tecnologia.[7] Quando estava tudo acertado, no entanto, a Iridium fracassou. A lição é que ter todos os elementos da aliança alinhados não tem utilidade nenhuma se o produto não oferece um valor exclusivo. A Iridium foi ultrapassada pelo celular e por projetos via satélite alternativos e mais realistas.

---

3 Jeremy Main, "Making global alliances work", *Fortune*, 17 dez. 1990, p. 121.
4 Kenichi Ohmae, "The global logic of strategic alliances", *Harvard Business Review*, mar./abr. 1989, p. 145.
5 Main, "Making global alliances work", p. 22.
6 Howard Perlmutter e David Heenan, "Cooperate to compete globally", *Harvard Business Review*, mar./abr. 1986, p. 137.
7 Adaptado de Michel Robert. *Strategy pure and simple: how winning CEOs outthink their competition*. Nova York: McGraw-Hill, 1993.

QUADRO 9-1

IRIDIUM: ANATOMIA DE UM FRACASSO DE MARKETING

No espectro das empresas que operam no mercado global, existem os vencedores e os perdedores. A Iridium, que acreditava possuir os recursos e a estratégia necessários para se tornar um líder no setor de telecomunicações, acabou como um dos mais dispendiosos fracassos de marketing da história. Embora o marketing raramente seja o único responsável pelo fracasso, nesse caso a razão principal foi a total falta de análise de marketing e de planejamento de marketing realista.

O custo do projeto estava estimado em cinco bilhões de dólares em 1998. O negócio consistia em uma rede global de 66 satélites que serviriam para a operação de uma rede de chips e para telefonia digital. A empresa surgiu a partir do investimentos de várias grandes multinacionais. A Motorola, o principal investidor, fornecia os sistemas e o financiamento; ela era detentora de 18% da Iridium.

O objetivo era revolucionar o setor de telecomunicações. A característica singular da empresa era o fato de que ela podia fornecer serviço em qualquer lugar do mundo. Seu principal público-alvo era os executivos que fazem viagens internacionais com freqüência, um mercado estimado em oito milhões de pessoas.

O que saiu errado então? O aparelho da Iridium ficou conhecido entre os usuários como 'tijolo'. Ele pesava 500 gramas, enquanto a maioria dos celulares da época pesava 120. Além disso, requeria uma série de acessórios para funcionar adequadamente. As instruções para usar o aparelho eram difíceis de compreender, o telefone custava cerca de três mil dólares e o custo da ligação girava em torno de três a sete dólares por minuto.

A Iridium gastou 140 milhões de dólares em mídia para lançar o produto. O slogan era o seguinte: "Em qualquer hora, em qualquer lugar". Infelizmente, o slogan referia-se apenas ao serviço mundial deles — o telefone não funcionava dentro de prédios ou mesmo de automóveis. Suas campanhas publicitárias foram veiculadas em periódicos como o jornal *The New York Times* e a revista *Fortune*, dentre outras, e em revistas distribuídas dentro dos aviões pelas companhias aéreas. Foi veiculada uma campanha de marketing direto em vários mercados internacionais e em 20 idiomas, que resultou na venda de um milhão de aparelhos. Mas, infelizmente, a empresa viu seu esforço desmoronar pelo fato de não ter seguido adequadamente suas estratégias.

Como se todas essas intempéries não fossem suficientes para condenar o produto ao fracasso, os primeiros aparelhos foram distribuídos com atraso no mercado e apresentaram problemas no software. A empresa não havia realizado testes suficientes, não havia garantia para o sistema de segurança e apenas 25 mil usuários podiam ser atendidos simultaneamente.

A Iridium é um exemplo de tecnologia em busca de um mercado. Desde o início, o projeto foi direcionado por uma visão tecnológica que ignorou tanto os concorrentes quanto os consumidores. Por fim, ela falhou porque não foi eficiente ao criar um valor exclusivo em um mercado competitivo.

Fontes: Leslie Cauley, "Iridium's downfall: the marketing took a back seat to science", *Wall Street Journal*, 18 ago. 1999, p. A1, e Christopher Rice, "Iridium: born on a beach but lost in space", *Financial Times*, 20 ago. 1999, p. 16.

Como apontou James Brian Quinn, professor emérito da Tuck School, a Nike, maior produtora de tênis do mundo, não fabrica um só calçado; a Gallo, maior empresa de vinhos do mundo, não colhe uma única uva; e a Boeing, conhecida empresa de aeronaves, não fabrica mais do que as cabines de comando e as asas.[8] Enquanto, para muitas empresas, a terceirização é uma resposta tática destinada a poupar custos no curto prazo, fica claro que a Nike, a Gallo e a Boeing pensaram muito para estabelecer suas cadeias de suprimentos e consideram estratégicos esses arranjos com fornecedores. De fato, a habilidade da Nike de terceirizar toda a sua produção para múltiplos produtores de baixo custo no Oriente é um componente essencial de seu sucesso. Embora esses arranjos verticais possam ser críticos para o sucesso de uma empresa, não são alianças, a menos que os parceiros estejam vinculados em um relacionamento de longo prazo. Se não estiverem, não passam de acordos de fornecimento.

---

[8] James Brian Quinn, "Strategic outsourcing", *Sloan Management Review*, verão 1994.

A Nike e muitas outras empresas enfrentam uma crescente preocupação dos consumidores quanto às condições de trabalho das empresas fornecedoras. Essencialmente, mesmo que o vínculo jurídico entre fornecedor e comprador seja limitado ao contrato de compra, os consumidores insistem em que o comprador se responsabilize pelas condições de trabalho da empresa fornecedora.

Um exemplo de relacionamento estratégico de parceiros de cunho vertical está na fabricação enxuta. Uma montadora de automóveis, por exemplo, depende dos fornecedores não só para montar, mas também para projetar os componentes-chave do carro. Esse tipo de cooperação pode levar a ciclos menores de desenvolvimento, qualidade superior e custos mais baixos, que não ocorrerão se não houver um compromisso mútuo de trabalhar juntos e a confiança de ambas as partes de que uma não invadirá o domínio da outra. Esse tipo de cooperação pode fortalecer a vantagem competitiva de cada um dos parceiros, possibilitando que identifiquem e se concentrem em seus pontos fortes.

Outro exemplo de relacionamento estratégico é uma universidade que contrata uma empresa de hotelaria para fornecer serviços administrativos para alojamento e refeições em um centro de treinamento. A empresa de hotelaria fornece serviços superiores aos que a universidade seria capaz de fornecer e, com isso, faz com que a universidade seja um concorrente mais eficaz em seu mercado. O relacionamento é estratégico porque propicia à empresa criar maior valor para seus clientes.

FATORES DE SUCESSO

Supondo que uma aliança cumpra os seis requisitos definidos há pouco, é necessário considerar os seis fatores básicos a seguir, que têm impacto significativo no sucesso de uma PEG:[9]

1. *Missão*. PEGs bem-sucedidas criam situações ganha–ganha, nas quais os participantes perseguem objetivos com base em necessidades ou vantagens mútuas.
2. *Estratégia*. A empresa pode estabelecer PEGs separadas com diferentes parceiros; a estratégia deve ser estabelecida antecipadamente, para evitar conflitos.
3. *Governança*. Discussão e consenso devem ser as normas. Os parceiros devem ser vistos como iguais.
4. *Cultura*. A química pessoal é importante, assim como o desenvolvimento bem-sucedido de um conjunto de valores compartilhados. O fracasso de uma parceria entre a General Electric Company britânica e a Siemens A. G. foi, em parte, atribuída ao fato de a primeira ser dirigida por executivos financeiros e a última, por engenheiros.
5. *Organização*. Estruturas e projetos inovadores podem ser necessários para compensar a complexidade de uma administração em vários países.
6. *Administração*. As PEGs, invariavelmente, envolvem um tipo diferente de tomada de decisões. Questões potencialmente conflituosas devem ser identificadas antecipadamente e devem-se estabelecer linhas claras e unificadas de autoridade, que resultem no compromisso de todos os parceiros.

As empresas que formam PEGs devem manter esses fatores em mente. Além disso, colaboradores bem-sucedidos serão guiados pelos quatro princípios a seguir:

1. Apesar de buscarem metas mútuas em algumas áreas, os parceiros devem lembrar que são concorrentes em outras.
2. A harmonia não é a medida mais importante do sucesso; algum conflito é de se esperar.
3. Todos os funcionários, engenheiros e gerentes devem entender onde a cooperação termina e o compromisso competitivo começa.
4. Como foi observado anteriormente, aprender com os parceiros é fundamental.[10]

A questão do aprendizado merece uma atenção especial. Uma equipe de pesquisadores observou o seguinte:

---

9   Perlmutter e Heenan, "Cooperate to compete globally", p. 137.
10 Gary Hamel, Yves L. Doz e C. K. Prahalad, "Collaborate with your competitors — and win", *Harvard Business Review*, jan./fev. 1989, p. 134.

O desafio é compartilhar habilidades suficientes para criar vantagens em relação a empresas fora da aliança enquanto se evita uma transferência maciça das habilidades centrais para o parceiro. Essa é uma linha muito tênue. As empresas devem selecionar com cuidado as habilidades e tecnologias que passarão a seus parceiros. Elas devem desenvolver mecanismos de segurança contra as transferências informais e não-intencionais de informações. O objetivo é limitar a transparência de suas operações.[11]

ALIANÇAS ENTRE FABRICANTES E EMPRESAS DE MARKETING

Muitas empresas têm decidido comprar de terceiros o produto que vendem. Apesar de muitas se suprirem em países com baixo custo de mão-de-obra, mesmo empresas domésticas estão terceirizando tarefas, para alcançar maior eficiência. Elas terceirizam a produção ou as atividades de serviços na cadeia de valor para empresas que podem fornecer o produto a um custo menor do que se fosse fabricado internamente.

Essas empresas podem estar em desvantagem em uma PEG com um fornecedor, especialmente se as habilidades de fabricação forem a qualidade atraente do produto. Infelizmente para a empresa de marketing, a excelência de fabricação de uma empresa representa uma capacidade multifacetada que não se transfere facilmente. Os gerentes e engenheiros de países ricos devem aprender a ser mais atenciosos e receptivos e superar a síndrome do 'não foi inventado aqui'* e começar a pensar como se fossem aprendizes, e não professores. Ao mesmo tempo, devem ser menos ávidos em mostrar os êxitos de engenharia de seus laboratórios. Para limitar a transparência, algumas empresas envolvidas em PEGs estabelecem um setor de colaboração. Muito parecido com um departamento de comunicações corporativo, esse departamento é estruturado para servir como um porteiro que canaliza solicitações de acesso a pessoas e a informações. Esse sistema desempenha importante função de controle, que protege contra transferências não-intencionais.

Um relatório da McKinsey esclareceu um pouco mais os problemas específicos de alianças entre empresas ocidentais e japonesas.[12] Muitas vezes, os problemas entre os parceiros tinham menos que ver com os níveis objetivos de desempenho do que com a sensação de desilusão mútua e oportunidades perdidas. O estudo identificou quatro áreas de problemas comuns em alianças que não deram certo. O primeiro grande problema era que cada parceiro tinha um sonho diferente; os parceiros japoneses viam-se saindo da parceria como líderes em seus negócios ou entrando em novos setores e construindo uma nova base para o futuro, enquanto o parceiro ocidental buscava retornos financeiros relativamente rápidos e livres de risco. Segundo um gerente japonês: "Nosso parceiro entrou buscando um retorno. Ele obteve. Agora, reclama que não construiu um negócio. Mas não foi isso que ele se propôs a criar".[13]

A segunda área de preocupação é o equilíbrio entre os parceiros. Cada um deve contribuir para a aliança, e cada um deve depender do outro em um grau que justifique a participação na aliança. O parceiro mais atraente no curto prazo, provavelmente, é uma empresa já estabelecida e competente em seu negócio, com necessidade de adquirir, digamos, algumas novas habilidades tecnológicas. O maior parceiro no longo prazo, no entanto, provavelmente será um participante menos competente ou que não seja do ramo.

Outra causa comum de problemas é a perda por atrito, causada por diferenças de filosofia gerencial, expectativas e abordagens. Todas as funções dentro da aliança podem ser afetadas e, como conseqüência, o desempenho, provavelmente, sofrerá. Falando sobre seu interlocutor japonês, um homem de negócios ocidental disse: "Nosso parceiro só queria ir em frente e investir, sem considerar se haveria ou não um retorno". O parceiro japonês afirmou: "O parceiro estrangeiro demorou tanto para decidir sobre os pontos mais

---

11 Ibid., p. 136.
* Comportamento apresentado por muitos executivos que descartam idéias não originadas em sua área ou divisão, independente do mérito que elas possam ter (N. do E.).
12 Kevin K. Jones e Walter E. Schill, "Allying for advantage", *McKinsey Quarterly*, nº 3, 1991, p. 73-101.
13 Ibid.

óbvios, que sempre estávamos andando muito devagar".[14] Essas diferenças, muitas vezes, causam frustração e discussões que tomam muito tempo, o que, por sua vez, sufoca a tomada de decisões.

Por fim, o estudo descobriu que metas de curto prazo podem ter como resultado que o parceiro limite a quantidade de pessoas que aloca para a *joint-venture*. Aqueles que estão envolvidos em um empreendimento só desempenham incumbências de dois a três anos. O resultado é a amnésia corporativa, ou seja, pouco ou quase nada de memória corporativa é construído sobre como competir no Japão. As metas originais do empreendimento são perdidas cada vez que um grupo novo de gerentes assume. Quando tomados coletivamente, esses quatro problemas sempre assegurarão que o parceiro japonês seja o único envolvido no longo prazo.

Exemplos de casos de parcerias

CFM International/GE/Snecma — Uma história de sucesso

A Commercial Fan Moteur (CFM) International, uma parceria entre a divisão de motores a jato da General Electric (GE) e a Snecma, empresa estatal aeroespacial francesa, é um exemplo muito citado de PEG bem-sucedida. A GE estava motivada pelo desejo de obter acesso ao mercado europeu para poder vender motores para a Airbus Industries; além disso, os 800 milhões de dólares em custos de desenvolvimento eram mais do que a GE podia arriscar sozinha. Enquanto a GE se concentrava no projeto de sistemas e no trabalho de alta tecnologia, o lado francês lidava com ventiladores, propulsores e outros componentes. A parceria resultou no desenvolvimento de um novo motor de muito sucesso, que tem gerado bilhões de dólares em vendas para 125 clientes diferentes.

A aliança desenvolveu-se com ímpeto devido à química pessoal entre dois executivos de alto nível, Gerhard Neumann, da GE, e o falecido general René Ravaud, da Snecma. A parceria prospera, apesar das diferentes visões com relação ao sistema administrativo, o gerenciamento e a organização. Brian Rowe, vice-presidente sênior do grupo de motores da GE, observa que os franceses gostam de trazer executivos graduados de fora do setor, enquanto a GE aproveitar pessoas experientes de dentro da organização. Os franceses também preferem abordar a resolução de problemas com grandes quantidades de dados, enquanto os norte-americanos podem ter uma abordagem mais intuitiva.[15] Mesmo assim, os executivos de ambos os lados da parceria receberam responsabilidades substanciais.

AT&T/Olivetti — Um fracasso

Em teoria, uma parceria, em meados da década de 80, entre a AT&T e a Olivetti da Itália parecia ter tudo para vencer: a missão coletiva era capturar uma fatia importante do mercado global de processamento de informações e comunicações.[16] A Olivetti tinha o que parecia ser uma forte presença no mercado europeu de equipamentos para escritório. Os executivos da AT&T, que acabavam de participar da partilha das unidades de negócios regionais de sua empresa, visavam ao crescimento no estrangeiro, tendo a Europa como ponto de partida. A AT&T prometeu a seu parceiro 260 milhões de dólares e acesso a seu microprocessador e à sua tecnologia de telecomunicações. A parceria exigia que a AT&T vendesse os computadores pessoais da Olivetti nos Estados Unidos e que a Olivetti, por sua vez, vendesse os computadores e os equipamentos de comutação da AT&T na Europa. Alicerçando a aliança, havia a expectativa de que sinergias surgiriam da união de empresas de dois setores diferentes: comunicações e computadores.

Infelizmente, essa visão não foi mais que uma esperança: a Olivetti não tinha uma força real no mercado de computadores nem experiência ou capacidade para vender equipamentos de comunicação. A tensão disparou quando as vendas não atingiram os níveis esperados. O executivo de grupo da AT&T, Robert

---

14 Ibid.
15 Bernard Wysocki, "Global reach: cross border alliances become favorite way to crack new markets", *Wall Street Journal*, 26 mar. 1990, p. A12.
16 Perlmutter e Heenan, "Cooperate to compete globally", p. 145.

Kavner, citou diferenças culturais e de comunicação como fatores importantes que levaram à ruptura da aliança. "Eu não acho que nós ou a Olivetti gastamos tempo suficiente para entender os padrões de comportamento", disse Kavner. "Sabíamos que a cultura era diferente, mas nem chegamos a penetrar nela. Ficávamos irritados e eles ficavam aborrecidos."[17] Em 1989, a AT&T trocou sua parte da Olivetti por uma parte da empresa matriz Compagnie Industriali Riunite S.p.A. (CIR). Em 1993, alegando um declínio no valor da CIR, a AT&T vendeu a participação que restava.

Boeing/Japão — Uma controvérsia

As PEGs têm sido alvo de críticas em algumas rodas. Os críticos avisam que os funcionários de uma empresa que se tornam dependentes de fornecedores externos para os componentes críticos perderão conhecimentos e sofrerão desgaste em suas habilidades de engenharia. Essas críticas são, muitas vezes, dirigidas a PEGs que envolveram empresas dos Estados Unidos e do Japão. Uma aliança proposta entre a Boeing e um consórcio japonês para construir uma nova aeronave com consumo eficiente de combustível, o 7J7, por exemplo, gerou bastante controvérsia. O preço do projeto, quatro bilhões de dólares, era muito alto para a Boeing bancar sozinha. Os japoneses contribuiriam com uma soma que ia de um a dois bilhões; em troca, teriam a chance de aprender técnicas de fabricação e marketing da Boeing. Apesar de o projeto 7J7 ter sido abandonado em 1988, um novo avião de grande porte, o 777, foi desenvolvido com mais ou menos 20% do trabalho empreitado da Mitsubishi, da Fuji e da Kawasaki.[18]

Os críticos enxergam um cenário no qual os japoneses utilizam o que aprendem para construir seu próprio avião e, no futuro, concorrer diretamente com a Boeing — um pensamento que preocupa os norte-americanos, já que a Boeing é um dos maiores exportadores para os mercados mundiais. Uma equipe de pesquisadores desenvolveu uma matriz que ilustra as fases que uma empresa pode atravessar à medida que fica mais dependente de parcerias.[19]

> Fase 1: terceirizar a montagem por mão-de-obra barata.
> Fase 2: terceirizar os componentes de baixo valor para reduzir o preço do produto.
> Fase 3: crescentes níveis de componentes com valor agregado são fornecidos por empresas estrangeiras.
> Fase 4: habilidades de fabricação, projetos e tecnologias funcionalmente relacionadas são levadas para o estrangeiro.
> Fase 5: disciplinas relativas a qualidade, fabricação de precisão, testes e futuros caminhos de derivados dos produtos desaparecem.
> Fase 6: habilidades imprescindíveis que cercam componentes, miniaturização e integração de sistemas complexos vão para além-fronteira.
> Fase 7: o concorrente aprende todo o espectro de habilidades relacionadas que alicerçam as competências essenciais.

A próxima fase é óbvia: o parceiro, agora, tem um conjunto completo de habilidades de fabricação e a capacidade para decidir prosseguir com a integração, isto é, aproximar-se do cliente, introduzindo sua própria marca no mercado.

PARCERIAS INTERNACIONAIS EM PAÍSES EM DESENVOLVIMENTO

A Europa Central, o Leste Europeu, a Ásia, o México, a América Central e a América do Sul oferecem oportunidades animadoras para empresas que buscam entrar em mercados gigantescos e pouco explorados. Uma alternativa óbvia para entrar nesses mercados é a aliança estratégica. Como as *joint-ventures* anteriores entre empresas norte-americanas e japonesas, os parceiros potenciais trocarão acesso ao merca-

---

17 Wysocki, "Global reach", p. A12.
18 John Holusha, "Pushing the envelope at Boeing", *New York Times*, 10 nov. 1991, Seção 3, p. 1, 6.
19 David Lei e John W. Slocum Jr., "Global strategy, competence-building and strategic alliances", *California Management Review*, outono 1992, p. 81-97.

do por know-how, mas a questão de as alianças serem a melhor maneira de obter acesso ao mercado deve ser avaliada com cuidado.

Na China, as empresas multinacionais são obrigadas a ter parceiros locais, e muitas delas estão indo relativamente bem. Atualmente, as duzentas maiores *joint-ventures* da China estão crescendo a uma taxa composta de 38%, com margem após impostos de 8% ao ano.[20] Apesar de o gasto com investimentos ser compreensível em países em desenvolvimento, muitas empresas multinacionais têm levado a estratégia de longo prazo longe demais e estão repensando seus esforços de *joint-venture* na China. Rick Yan diz: "Se você não estiver ganhando dinheiro na China agora, terá poucas chances de ganhar um dia, se não mudar de estratégia".[21] Ele conclui que as empresas que toleram resultados ruins no curto prazo por uma crença errônea de que representarão sucesso no futuro deveriam reexaminar suas estratégias. Yan descobriu que o sucesso é mais uma questão de capacidade gerencial, escala de massa crítica e carteira de produto, do que o tempo de permanência. A Coca-Cola teve sucesso, enquanto a Pepsi-Cola não. Quando os regulamentos foram amenizados, a Coca-Cola procurou participações acionárias e controle gerencial em suas *joint-ventures*. A Pepsi não o fez até bem mais tarde. Não basta ter um sócio local: o marketing e a administração também são fundamentais.

Um mercado da Europa Central com potencial interessante é a Hungria. A Hungria já tem o sistema financeiro e comercial mais liberal da região. Ela também tem fornecido incentivos de investimento a ocidentais, especialmente a indústrias de alta tecnologia. Essa antiga economia comunista tem sua cota de problemas. A recente *joint-venture* da Digital com o Instituto de Pesquisa Húngaro para Física e a empresa de projetos de sistemas de computador supervisionada pelo estado Szamalk é um exemplo. Apesar de o empreendimento ter sido formado para que a Digital pudesse vender e prestar serviços para seus equipamentos na Hungria, a importância real do empreendimento era impedir a clonagem dos computadores da Digital pelas empresas da Europa Central.

ESTRATÉGIAS COOPERATIVAS NO JAPÃO: *KEIRETSU*

O *keiretsu* japonês é uma categoria à parte de estratégia cooperativa. O *keiretsu* é uma aliança entre negócios ou grupo de empreendimentos que, nas palavras de um observador, "parece um clã em guerra, em que famílias de negócios se juntam para lutar por participação de mercado".[22] Os *keiretsu* existem em um espectro amplo de mercados, incluindo o mercado de capitais, mercados de bens primários e mercados de componentes.[23] Os relacionamentos dos *keiretsu* são, muitas vezes, cimentados pela posse de ações em mãos de grandes bancos, como também pela propriedade cruzada de ações de uma empresa e seus compradores e fornecedores não-financeiros. Além disso, os executivos do *keiretsu* podem legalmente sentar-se nos conselhos das outras empresas, assim como compartilhar informações e coordenar preços em reuniões a portas fechadas de 'conselhos de presidentes'. Assim, os *keiretsu* são essencialmente cartéis que têm a aprovação do governo.

Alguns observadores afirmam que os *keiretsu* têm impacto nos relacionamentos de mercado no Japão, alegando que eles possuem, em primeiro lugar, uma função social. Outros reconhecem a importância passada dos padrões preferenciais de comércio associados ao *keiretsu*, mas também que sua influência está enfraquecendo. Vai além do escopo deste capítulo abordar essas questões em detalhe, mas, sem dúvida, para empresas que concorrem com os japoneses ou que querem entrar no mercado japonês, uma compreensão geral do *keiretsu* é crucial. Imagine, por exemplo, o que significaria se, nos Estados Unidos, uma montadora de automóveis (ex.: a General Motors), uma empresa de produtos elétricos (GE), uma fabricante de aço (USX) e uma empresa de computadores (IBM) fossem interconectadas, em vez de empresas separadas. A

---

20 Richard Yan, "Short-term results: the litmus test for success in China", *Harvard Business Review*, set./out. 1998, p. 70.
21 Ibid, p. 61-75.
22 Robert L. Cutts, "Capitalism in Japan: cartels and keiretsu", *Harvard Business Review*, jul./ago. 1992, p. 49.
23 Michael L. Gerlach, "Twilight of the keiretsu? A critical assessment", *Journal of Japanese Studies*, 18, nº 1, inverno 1992, p. 79.

concorrência global na era do *keiretsu* significa que existe concorrência não só entre produtos, mas também entre diferentes regimes de administração e organização industrial.[24]

Como o exemplo hipotético norte-americano sugere, algumas das maiores e mais conhecidas empresas do Japão estão no centro do *keiretsu*. O Grupo Mitsui e o Grupo Mitsubishi, por exemplo, são organizados ao redor de grandes empresas de comércio exterior. Essas duas, juntamente com os grupos Sumitomo, Fuyo, Sanwa e DKB, formam os 'seis grandes' *keiretsu*. Cada grupo busca uma posição forte em cada setor importante da economia japonesa. As receitas anuais de cada grupo estão na ordem de centenas de bilhões de dólares.[25] Em termos absolutos, os *keiretsu* constituíam menos de 0,01% de todas as empresas japonesas, mas representavam fantásticos 78% do valor de capitalização das ações da bolsa de Tóquio, um terço do capital empresarial do Japão e aproximadamente um quarto de seu faturamento.[26] Essas alianças podem bloquear com eficácia os fornecedores estrangeiros de entrar no mercado e resultar em preços mais altos para os consumidores japoneses, enquanto, ao mesmo tempo, proporcionam estabilidade corporativa, compartilhamento de risco e garantia de emprego. A estrutura do *keiretsu* do grupo Mitsubishi é ilustrada em detalhes na Figura 9-1.

Além dos seis grandes, vários outros *keiretsu* foram formados, trazendo novas configurações às formas descritas anteriormente. Os *keiretsu* de fornecimento e distribuição vertical são alianças entre fabricantes e varejistas. A Matsushita, por exemplo, controla uma cadeia de 25 mil lojas National no Japão, por meio da qual vende suas marcas Panasonic, Technics e Quasar. Mais ou menos metade das vendas domésticas da Matsushita é gerada pela cadeia National, cujo estoque é composto entre 50 e 80% das marcas da Matsushita. Os outros fabricantes importantes de eletrônicos de consumo do Japão, incluindo a Toshiba e a Hitachi, têm alianças similares (a cadeia de lojas Sony é muito menor e mais fraca, em comparação). Todos são concorrentes ferozes no mercado japonês.[27]

Um outro tipo de *keiretsu* industrial, fora dos seis grandes, são as alianças hierárquicas verticais entre empresas de montagem e fornecedores e fabricantes de componentes. Operações e sistemas dentro do grupo são altamente integrados, com fornecedores recebendo contratos de longo prazo. A Toyota, por exemplo, tem uma rede de pouco menos de 200 fornecedores primários e 4 mil secundários. Um fornecedor é a Koito; a Toyota é dona de aproximadamente um quinto das ações da Koito e compra mais ou menos a metade de sua produção. O resultado líquido desse arranjo é que a Toyota produz cerca de 25% do valor de venda de seus automóveis, comparados aos 50% da GM. Os *keiretsu* de fabricação mostram ganhos que podem resultar em um equilíbrio ótimo de poder entre fornecedor e comprador. Já que a Toyota compra um dado componente de vários fornecedores (alguns estão no *keiretsu*, alguns são independentes), é imposta uma disciplina ao longo da rede. Além disso, uma vez que os fornecedores da Toyota não trabalham exclusivamente para a Toyota, eles têm o incentivo de ser flexíveis e adaptáveis.[28]

As práticas descritas aqui levam à pergunta sobre se os *keiretsu* violam ou não as leis antitruste. Como observam muitos estudiosos, o governo japonês, às vezes, coloca os interesses de seus fabricantes acima dos interesses dos consumidores. De fato, os *keiretsu* foram estabelecidos, no início da década de 50, como um reagrupamento de quatro grandes conglomerados — os *zaibatsu* — que dominavam a economia japonesa até 1945. Eles foram dissolvidos depois que as forças de ocupação introduziram leis antitruste como parte da reconstrução. Hoje, a Comissão de Comércio Justo do Japão parece favorecer a harmonia, em vez de buscar o comportamento anticompetitivo. Como resultado, a Comissão Federal de Comércio dos Estados Unidos lançou várias investigações sobre fixação de preços, discriminação de preços e acordos exclusivos de

---

24 Ronald J. Gilson e Mark J. Roe, "Understanding the japanese keiretsu: overlaps between corporate governance and industrial organization", *The Yale Law Journal*, 102, nº 4, jan. 1993, p. 883.
25 Clyde V. Prestowitz Jr. *Trading places: how we are giving our future to Japan and how to reclaim it*. Nova York: Basic Books, 1989, p. 296.
26 Carla Rappoport, "Why Japan keeps on winning", *Fortune*, 15 jul. 1991, p. 76.
27 A importância das cadeias de lojas está diminuindo devido ao aumento dos comerciantes de massa, que não estão sob o controle dos fabricantes.
28 "Japanology, Inc. — survey", *Economist*, 6 mar. 1993, p. 15.

O Grupo Mitsubishi

Kinyo-Kai

Papel	Alimentos	Petróleo	Imobiliária e construção
Mitsubishi Paper Mills	Kirin Brewery	Mitsubishi Oil	Mitsubishi Estate / Mitsubishi Construction

Químicos
- Mitsubishi Gas Chemical
- Mitsubishi Petrochemical
- Mitsubishi Monsanto Chemical
- Mitsubishi Plastics Inds.
- Mitsubishi Kasei

Fudow Chemical

- Nitto Kako
- Taiyo Sanso
- Toyo Carbon
- Nippon Synthetic Chemical
- Nippon Kasei Chemical
- Kawasaki Kazei Chemicals
- Tayee Corporation
- Nikko Sanso

- Mitsubishi Shindoh
- Sakai Chemical Ind.

Metais
- Mitsubishi Aluminum
- Mitsubishi Metal
- Mitsubishi Cable Inds.
- Mitsubishi Steel Mfg.

Três principais líderes
- Mitsubishi Corp.
- Mitsubishi Bank
- Mitsubishi Heavy Inds.

Vidro
- Asahi Glass

Fibras e têxteis
- Mitsubishi Rayon

Eletro-eletrônicos
- Mitsubishi Electric
- Mitsubishi Kakoki
- Nikon Corporation
- Mitsubishi Motors

Eina
- Nikon
- Shokuhira Kako
- Meiwa Trading
- Mitsubishi Office Machinery
- Chukyo Coca-Cola Bottling
- Nitro Flour Milling
- Pasco Corp.

Nitro Chemical Ind.

- Ryoden Trading
- Nitto Kenteisu
- Shizuki Electric
- Kodensha Co.
- Kanagawa Electric

Toyo Engineering Works

Mineração e cimento
- Mitsubishi Mining & Cement

Finanças e seguros
- Mitsubishi Trust & Banking
- Meiji, Mutual Life Insurance
- Takio M. & F. Insurance

Navegação e armazém
- Nippon Yusen
- Mitsubishi Warehouse & Transp.

- Kyoei Tanker
- Toyo Senpaku
- Takheiyo Kaiun
- Shinwa Kaiun

- Z.R. Concrete
- P.S. Concrete

Joint-ventures internas do grupo
- Mitsubishi Petroleum Dev.
- Mitsubishi Atomic Power Inds.
- Mitsubishi Research Institute Diamond Lease

Parent Co. → Subsidiárias e afiliadas

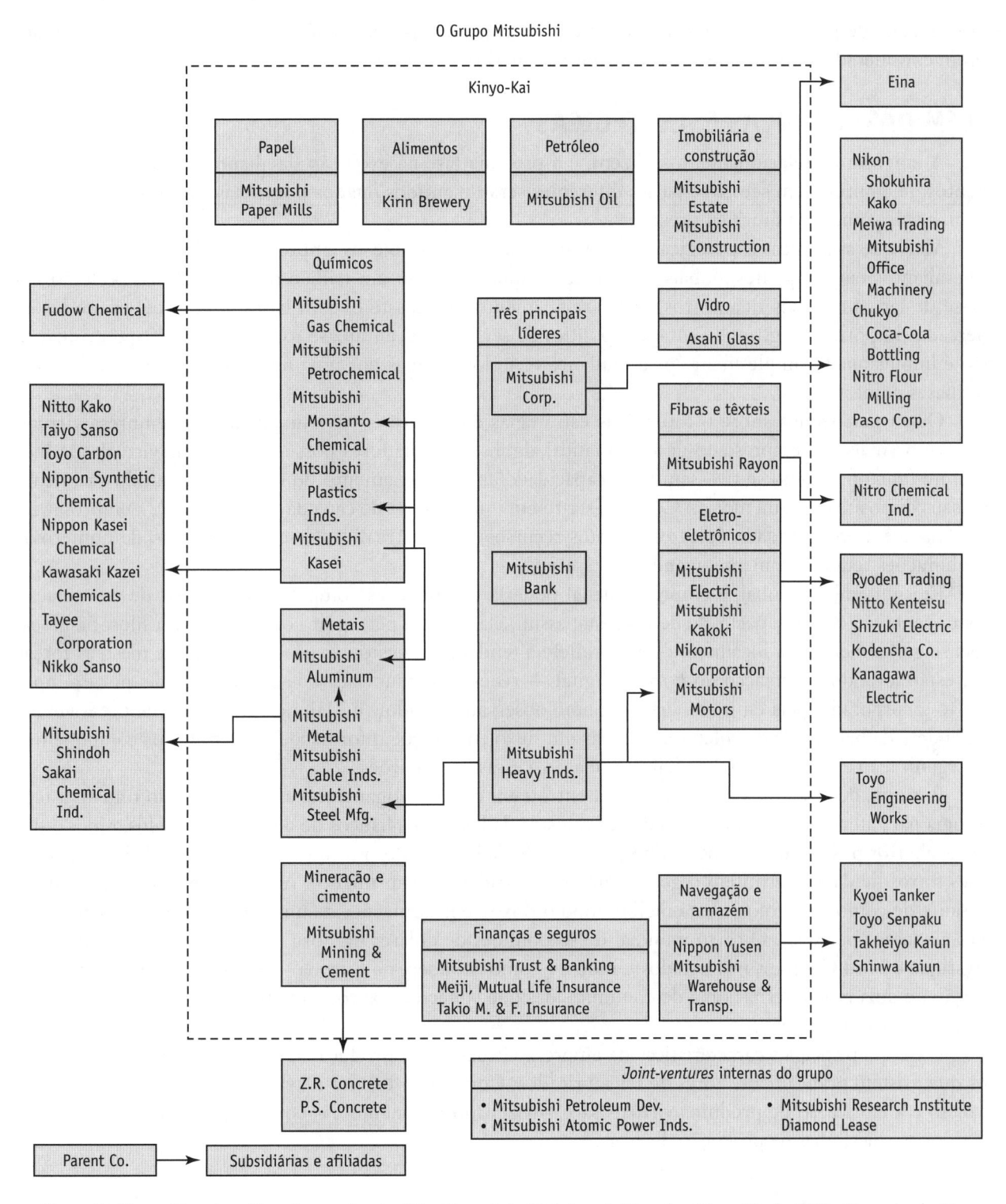

Fonte: Collins e Doorley, *Teaming up for the '90s*. Copyright Deloitte & Touche, Nova York, 1991. Cortesia do Grupo Mitsubishi.

Figura 9-1 A estrutura *keiretsu* do Grupo Mitsubishi.

fornecimento. A Hitachi, a Canon e outras empresas japonesas foram acusadas de restringir a disponibilidade de produtos de alta tecnologia no mercado norte-americano. O Departamento de Justiça considera a possibilidade de processar as subsidiárias de empresas japonesas nos Estados Unidos se as empresas-mães forem consideradas culpadas de práticas comerciais desleais no mercado japonês.[29]

ALÉM DAS ALIANÇAS ESTRATÉGICAS

A empresa de relacionamentos, dizem, é a próxima fase na evolução da aliança estratégica. Agrupamentos de empresas em setores e países diferentes serão mantidos ligados por metas comuns que os encorajem a agir como uma única empresa.

Mais que as alianças estratégicas simples que conhecemos hoje, as empresas de relacionamentos serão superalianças entre gigantes globais, com receitas que beirariam um trilhão de dólares. Elas poderão valer-se de fartos recursos financeiros, evitar regulamentos antitruste e, com bases domésticas em todos os mercados importantes, gozar a vantagem política de ser 'nativas' em quase toda parte. Esse tipo de aliança não é impulsionado simplesmente pela mudança tecnológica, mas por uma necessidade política de ter várias bases domésticas.

Outra perspectiva sobre o futuro das estratégias cooperativas vê o surgimento da empresa virtual. (O termo virtual foi emprestado da informática; alguns computadores possuem memória virtual que lhes permite funcionar como se tivessem mais capacidade de armazenamento do que está embutido realmente em seus dispositivos de memória.) Como descrito em uma matéria de capa da *Business Week*, a empresa virtual "parecerá uma entidade única com vastos recursos, mas, na realidade, será o resultado de numerosas colaborações reunidas somente quando necessárias".[30]

Em um âmbito global, a empresa virtual poderia combinar as competências gêmeas de boa relação custo–benefício com a capacidade de resposta; assim, ela poderia perseguir com facilidade a filosofia glocal ('pense globalmente, aja localmente'). Isso reflete a tendência à customização em massa. As mesmas forças que estão levando à formação do *keiretsu* digital — redes de comunicação de alta velocidade, por exemplo — são incorporadas pela empresa virtual. Como observam Davidow e Malone, "o êxito da empresa virtual dependerá da habilidade de coletar e integrar um fluxo enorme de informações para todos os componentes da organização e agir com inteligência em relação a essas informações".[31]

Por que, de repente, a empresa virtual entrou em cena? Antigamente, as empresas não tinham a tecnologia para atender à administração desses tipos de dados. Hoje, bancos de dados distribuídos, redes e sistemas abertos possibilitam todos os tipos de fluxo de dados exigidos por uma empresa virtual. Em especial, esses fluxos de dados permitem o gerenciamento da cadeia de suprimento. A Ford tem um exemplo interessante de como a tecnologia está melhorando o fluxo de informações de uma única empresa em todas as suas extensas operações. O carro mundial de seis bilhões de dólares da Ford — conhecido como Mercury Mystique e Ford Contour, nos Estados Unidos, e como Mondeo, na Europa — foi desenvolvido com a utilização de uma rede internacional de comunicações que conectava os computadores dos projetistas e engenheiros em três continentes.[32]

Uma das principais características da empresa virtual será a produção de produtos virtuais — produtos que existem praticamente antes de ser fabricados. Como descrito por Davidow e Malone, o conceito, o projeto e a fabricação de produtos virtuais são armazenados na mente das equipes participantes, em computadores e nas linhas de produção flexíveis.[33]

---

29 Rappoport, "Why Japan keeps on winning", p. 84.
30 John Byrne, "The virtual corporation", *Business Week*, 8 fev. 1993, p. 103.
31 William H. Davidow e Michael S. Malone. *The virtual corporation: structuring and revitalization the corporation for the 21st century*. Nova York: HarperBusiness, 1993, p. 59.
32 Julie Edelson Halpert, "One car, worldwide, with strings pulled from Michigan", *New York Times*, 29 ago. 1993, Seção 3, p. 7.
33 Davidow e Malone. *The virtual company*, p. 4.

Capítulo 9: Estratégias Cooperativas e Parcerias Estratégicas Globais

Resumo

As mudanças nos ambientes político, econômico, sociocultural e tecnológico estão levando a novas estratégias na concorrência global. Estratégias cooperativas, incluindo PEGs e o *keiretsu* japonês, têm se tornado mais importantes à medida que as empresas precisam compartilhar o alto custo de desenvolvimento de produtos, dividir habilidades e know-how, ganhar acesso aos mercados e encontrar novas oportunidades para o aprendizado organizacional. As PEGs são diferenciadas por seis atributos: representam estratégias de longo prazo para alcançar a liderança global; envolvem relacionamentos recíprocos; a visão do parceiro é verdadeiramente global, estendendo-se para além das fronteiras domésticas; envolvem uma transferência lateral contínua de recursos; se uma parceria for ao longo de linhas verticais, ambas as partes devem ser capazes de defender sua posição competitiva contra o movimento de integração à frente ou retrógrado do parceiro; e os parceiros devem manter suas identidades nos mercados e não incluí-las na parceria. Seis fatores são fundamentais para o êxito de uma PEG: missão, estratégia, governança, cultura, organização e administração.

Os *keiretsu* têm enorme importância para o êxito das empresas japonesas, tanto no Japão como no restante do mundo. Nos Estados Unidos, a alvorada da era digital está resultando em alianças semelhantes entre empresas dos setores de computadores, telecomunicações e entretenimento. Ao mesmo tempo, algumas alianças estão resultando na criação da empresa virtual, uma organização que existe somente na rede de conexões entre os parceiros.

Questões para Discussão

1. Quais são os seis atributos que diferenciam uma PEG de uma *joint-venture* tradicional? Como elas podem beneficiar o marketing?
2. Quais são os seis fatores que afetam o sucesso das PEGs?
3. Que são os *keiretsu*? Como essa forma de estrutura industrial afeta as empresas que competem com o Japão ou que estão tentando entrar no mercado japonês?
4. Descreva o que se quer dizer com 'empresa virtual'.
5. As epígrafes do capítulo apresentam pontos de vista opostos sobre o valor e a sabedoria de alianças estratégicas. Com qual você concorda? Por quê? Esses pontos de vista podem ser integrados e reconciliados, ou é necessário optar por um lado?

Leitura Sugerida

Benjamin Gomes-Casseres. "Joint ventures in the face of global competition", *Sloan Management Review*, 30, nº 3, primavera 1989, p. 17-26.

Bristol Voss. "Strategic federations frequently falter in Far East", *Journal of Business Strategy*, 14, nº 4, jul./ago. 1993, p. 6.

Carla Kruytbosch. "Let's make a deal", *International Business*, 6, nº 3, mar. 1993, p. 92-96.

David C. Mowery e David J. Teece. "Japan's growing capabilities in industrial technology: implications for US managers and policymakers", *California Management Review*, 35, nº 2, 1993, p. 9-34.

David Lei e John W. Slocum Jr. "Global strategy, competence-building and strategic alliances", *California Management Review*, 35, nº 1, outono 1992, p. 81-97.

David Lei. "Offensive and defensive uses of alliances", *Long Range Planning*, 25, nº 6, dez. 1992, p. 10-17.

Dinker Raval e Bala Subramanian. "Strategic alliances for reentry into abandoned markets: a case study of Coca-Cola in India", *Journal of Global Competitiveness*, 4, nº 1, 1996, p. 142-150.

Edwin A. Murray Jr. e John F. Mahon. "Strategic alliances: gateway to the new Europe?", *Long Range Planning*, 26, nº 4, ago. 1993, p. 102-111.

Farok Contractor e Peter Lorange. *Cooperative strategies in international business*. Cambridge, MA: Ballinger, 1987.

Fumio Kodama. "Technology fusion and the new R&D", *Harvard Business Review*, 70, nº 4, jul./ago. 1992, p. 70-78.

Gary Hamel, Yves L. Doz e C. K. Prahalad. "Collaborate with your competitors — and win", *Harvard Business Review*, 67, nº 1, jan./fev. 1989, p. 133-139.

Gerald A. Johnston. "The yin and the yang: cooperation and competition in international business", *Executive Speeches*, 7, nº 6, jun./jul. 1993, p. 15-17.

H. V. Perlmutter e D. A. Heenan. "Cooperate to compete globally", *Harvard Business Review*, mar./abr. 1986, p. 136-152.

Jack Enen. *Venturing abroad: international business expansion via joint ventures*. Blue Ridge Summit, PA: Liberty Hall Press, 1991.

Jeffrey H. Dyer e William G. Ouchi. "Japanese-style partnerships: giving companies a competitive edge", *Sloan Management Review*, outono 1993, p. 51-63.

Joel Bleeke e David Ernst. "Is your strategic alliance really a sale?", *Harvard Business Review*, 73, nº 1, jan./fev. 1995, p. 97-105.

Jordan D. Lewis. "Competitive alliances redefine companies", *Management Review*, 80, nº 4, abr. 1991, p. 14-18.

Kenichi Ohmae. "The global logic of strategic alliances", *Harvard Business Review*, 67, mar./abr. 1989, p. 143-154.

Kenneth J. Fedor e William B. Werther Jr. "Making sense of cultural factors in international alliances", *Organizational Dynamics*, 24, nº 4, primavera 1995, p. 33-48.

Kirsten S. Wever e Christopher S. Allen. "Is Germany a model for managers?", *Harvard Business Review*, 70, nº 5, set./out. 1992, p. 36-43.

Kosaku Yoshida. "New economic principles in America — competition and cooperation: a comparative study of the U.S. and Japan", *Columbia Journal of World Business*, 26, nº 4, inverno 1992, p. 30-44.

Linda Longfellow Blodgett. "Research notes and communications factors in the instability of international joint ventures: an event historical analysis", *Strategic Management Journal*, 13, nº 6, set. 1992, p. 475-481.

Manab Thakar e Luis Ma. R. Calingo. "Strategic thinking is hip, but does it make a difference?", *Business Horizons*, 35, nº 5, set./out. 1992, p. 47-54.

Mark Fruin. *The Japanese enterprise system*. Oxford: Oxford University Press, 1992.

Michael L. Gerlach. *Alliance capitalism: the social organization of Japanese business*. Berkeley: University of California Press, 1992.

Michael Y. Yoshino e U. Srinivasa Rangan. *Strategic alliances: an entrepreneurial approach to globalization*. Boston: Harvard Business School Press, 1995.

Michel Robert. "The do's and don'ts of strategic alliances", *Journal of Business Strategy*, 13, nº 2, mar./abr. 1992, p. 50-53.

Michel Robert. *Strategy pure and simple: how winning CEOs outthink their competition*. Nova York: McGraw-Hill, 1993.

P. Narayan Pant e Vasant G. Rajadhyaksha. "Partnership with an asian family business — what every multinational corporation should know", *Long Range Planning*, 29, nº 6, 1996, p. 812-820.

Patrick Flanagan. "Strategic alliances keep customers plugged in", *Management Review*, 82, nº 3, mar. 1993, p. 24-26.

Paul Lawrence e Charalambos Vlachoutsicos. "Joint ventures in Russia: put the locals in charge", *Harvard Business Review*, 71, nº 1, jan./fev. 1993, p. 44-51.

Paul S. Adler e E. Cole. "Designed for learning: a tale of two auto plants", *Sloan Management Review*, 34, nº 3, primavera 1993, p. 85-94.

Paul S. Adler. "Time-and-motion regained", *Harvard Business Review*, 71, nº 1, jan./fev. 1993, p. 97-108.

Peter B. Erdmann. "When businesses cross international borders: strategic alliances and their alternatives", *Columbia Journal of World Business*, 28, nº 2, verão 1993, p. 107-108.

Peter Lorange e Johan Roos. "Why some strategic alliances succeed and others fail", *Journal of Business Strategy*, 12, nº 1, jan./fev. 1991, p. 25-30.

Peter Lorange. "Interactive strategic alliances and partnerships", *Long Range Planning*, 29, nº 4, 1996, p. 581-584.

Powell Niland. "Case study — US–Japanese joint venture: New United Motor Manufacturing, Inc. (Nummi)", *Planning Review*, 17, nº 1, jan./fev. 1989, p. 40-45.

Robert Michelet e Rosemary Remacle. "Forming successful strategic marketing alliances in Europe", *Journal of European Business*, 4, nº 1, set./out. 1992, p. 11-15.

Robert W. Haigh. "Building a strategic alliance — the hermosillo experience as a Ford–Mazda proving ground", *Columbia Journal of World Business*, 27, nº 1, primavera 1992, p. 60-74.

S. C. J. Frey e M. M. Schlosser. "ABB and Ford: creating value through cooperation", *Sloan Management Review*, outono 1993, p. 65-72.

Saul Klein e Jehiel Zif. "Global versus local strategic alliances", *Journal of Global Marketing*, 8, nº 1, 1994, p. 51-72.

Stephen Gates. *Strategic alliances: guidelines for successful management*. Nova York: Conference Board, 1993.

Victor Newman e Kazem Chaharbaghi. "Strategic alliances in fast-moving markets", *Long Range Planning*, 29, nº 6, 1996, p. 850-856.

Werner Ketelhohn. "What do we mean by cooperative advantage?", *European Management Journal*, 11, nº 1, mar. 1993, p. 30-37.

William H. Davidow e Michael S. Malone. *The virtual corporation*. Nova York: HarperBusiness, 1993.

William J. Spencer e Peter Grindley. "Sematech after five years", *California Management Review*, verão 1993, p. 9-35.

Yadong Luo. "Evaluating the performance of strategic alliances in China", *Long Range Planning*, 29, nº 4, 1996, p. 534-542.

CAPÍTULO 10

Análise e Estratégia Competitiva

"A melhor estratégia é sempre ser muito forte, primeiro de forma geral e, então, no ponto decisivo (...) não há nenhuma lei mais imperativa e nenhuma mais simples para a estratégia que manter as forças concentradas."

Carl von Clausewitz, 1780–1831
Vom Kriege, Livro III, Capítulo XI,
"Reunião de forças no espaço" (1832–1837)

Conteúdo do Capítulo

- Forças de análise da indústria que influenciam a concorrência
- Concorrência global e vantagem competitiva nacional
- Vantagem competitiva e modelos estratégicos
- Posições estratégicas
- Inovação competitiva e intenção estratégica
- Resumo
- Questões para discussão

A partir de sua sede na Suécia, a IKEA tornou-se o maior varejista mundial de móveis, obtendo 8,5 bilhões de dólares em vendas anuais entre 1998 e 1999. Com 150 lojas em 29 países, o sucesso da empresa reflete a visão de seu fundador, Ingvar Kamprad, de vender uma ampla gama de móveis residenciais elegantes e funcionais a preços tão baixos, que a maioria das pessoas pudesse comprá-los. As partes externas das lojas são pintadas de azul e amarelo vivos — as cores da Suécia. Os compradores podem ver os móveis no piso principal, em diversos ambientes reais dispostos ao longo de espaçosos showrooms. Afastando-se da prática padrão da indústria, os móveis da IKEA recebem nomes como Ivar e Sten, em vez de número de modelo. Na IKEA, as compras funcionam em estilo de auto-atendimento; depois de escolher e anotar os nomes dos itens desejados, os compradores os apanham no andar de baixo, onde encontram caixas contendo os móveis em forma de kit; um dos diferenciais da estratégia da IKEA é que os clientes levam as compras para casa em seu próprio veículo e montam pessoalmente os móveis. O térreo de uma loja típica da IKEA também tem um restaurante, uma loja de conveniência chamada Swede Shop, uma área de diversão infantil supervisionada e um berçário.

O resultado para a IKEA é a criação de um valor exclusivo para os clientes: em vez de vendedores, um número limitado de itens em exposição e um catálogo para fazer pedidos, a IKEA oferece displays com informação sobre todos os produtos que vende. Em uma loja tradicional de móveis, o cliente faz o pedido e espera semanas ou meses pela entrega. Na IKEA, o cliente faz a compra e leva a mercadoria na hora para casa. Na loja tradicional, os móveis estão montados e prontos para uso. Na IKEA, os móveis são vendidos em forma de kit, prontos para montagem. A loja tradicional oferece vendedores e consultores, produtos montados e prontos para o uso, serviço de entrega e preços mais altos. A IKEA oferece preços de arrasar.

A IKEA tem seu foco no consumidor jovem ou, pelo menos, jovial; seu mercado principal é o cliente com orçamento limitado que aprecia a linha de produtos IKEA, seus displays e seus preços. Em razão de a IKEA conhecer as necessidades e os desejos desse segmento de mercado, tem sido bem-sucedida em atender aos clientes em âmbito global, e não apenas na Suécia, onde a empresa foi fundada. O sucesso da IKEA em cruzar fronteiras foi fundamental para fazer com que o varejo de mobiliário deixasse de ser uma indústria policêntrica e se tornasse uma indústria global.

> **Visite o site**
> www.ikea.com

A essência da estratégia de marketing global está em relacionar, com sucesso, os pontos fortes de uma organização com seu ambiente. À medida que os horizontes das empresas expandiram-se de mercados domésticos para mercados globais, expandiram-se também os horizontes dos concorrentes. A realidade em qualquer indústria hoje — inclusive de mobiliário doméstico — é a concorrência global. Isso põe a organização sob pressão crescente para dominar técnicas de análise da indústria e da concorrência, compreender a vantagem competitiva, tanto em nível da indústria como em nível nacional, e desenvolver e manter uma vantagem competitiva. Esses tópicos são abordados detalhadamente neste capítulo.

FORÇAS DE ANÁLISE DA INDÚSTRIA QUE INFLUENCIAM A CONCORRÊNCIA

Uma maneira útil de compreender a natureza da concorrência é por meio da análise da indústria. Uma indústria pode ser definida como um grupo de empresas cujos produtos são substitutos próximos uns dos outros. Em uma indústria, a concorrência favorece a redução da taxa de retorno do capital investido em direção à taxa que seria obtida em uma situação econômica de concorrência perfeita. Taxas de retorno maiores que a chamada 'taxa competitiva' estimula a entrada de capital, seja de novos entrantes, seja de investimentos adicionais de concorrentes já existentes. Taxas de retorno abaixo dessa 'taxa competitiva' resultarão na saída de alguns concorrentes da indústria e no declínio nos níveis de atividade e de competitividade.

De acordo com Michael E. Porter, da Universidade de Harvard, um dos principais teóricos da estratégia competitiva, há cinco forças que influenciam a concorrência em uma indústria (Figura 10-1): a ameaça de novos entrantes; a ameaça de produtos ou serviços substitutos; o poder de barganha dos fornecedores; o poder de barganha dos compradores, e a rivalidade competitiva entre os atuais membros da indústria. Em indústrias como as de refrigerantes, produtos farmacêuticos e cosméticos, uma combinação favorável das cinco forças resultou em retornos atraentes para os concorrentes. A pressão de qualquer uma das forças, contudo, pode reduzir ou limitar a lucratividade. Passaremos agora à discussão de cada uma dessas cinco forças.

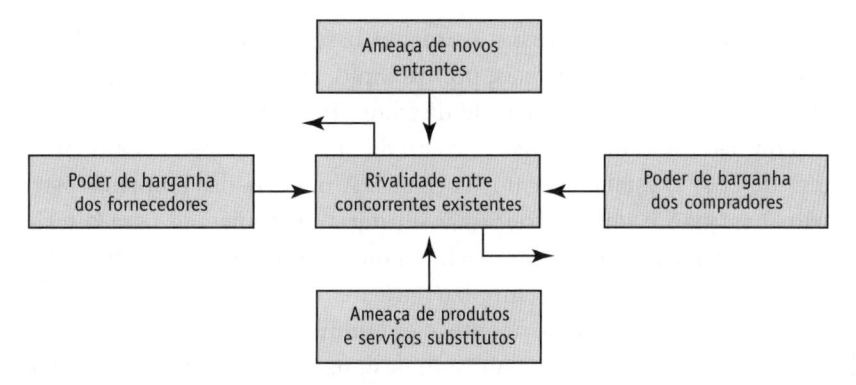

Fonte: Michael E. Porter, *Competitive strategy*. Nova York: Free Press, 1980, p. 4. © 1980, 1998 by The Free Press. Adaptado com permissão da Free Press, uma divisão da Simon & Schuster.

Figura 10-1   Forças que influenciam a concorrência em uma indústria.

Ameaça de novos entrantes

Novos entrantes em uma indústria trazem aumento da oferta, um desejo de ganhar participação e posição no mercado e, muito freqüentemente, novas maneiras de atender às necessidades do consumidor. A decisão de tornar-se um novo entrante no mercado é, muitas vezes, acompanhada de um grande comprometimento de recursos. Novos concorrentes empurram os preços para baixo e apertam as margens, resultando na redução da lucratividade da indústria no longo prazo. Porter descreve oito principais barreiras à entrada, cuja presença ou ausência determina o grau da ameaça de novos entrantes na indústria.[1]

A primeira barreira, economias de escala, refere-se ao declínio no custo unitário do produto à medida que se eleva o volume de produção por período. Embora o conceito de economias de escala seja freqüentemente associado à produção, é também aplicável a pesquisa e desenvolvimento (P&D), administração geral, marketing e outras áreas do negócio. A eficiência da Honda em P&D de motores, por exemplo, resulta da ampla variedade de seus produtos, que incluem motores de combustão interna a gasolina. Quando as empresas existentes em uma indústria alcançam economias de escala significativas, torna-se difícil, para potenciais novos entrantes, ser competitivo.

A diferenciação de produto, segunda principal barreira à entrada, é a medida de até que ponto um produto é visto como único — em outras palavras, se ele é ou não uma *commodity*. Altos níveis de diferenciação de produto e fidelidade à marca, como resultado de atributos físicos do produto ou de comunicação eficaz de marketing, 'levantam barreiras' a prováveis entrantes na indústria. Os gerentes da subsidiária G.D. Searle, da Monsanto, por exemplo, obtiveram diferenciação e ergueram uma barreira na indústria de adoçantes artificiais, por meio da insistência de que o logotipo e a marca Nutrasweet — uma espiral vermelho-e-branca — aparecessem nas embalagens dos produtos que a utilizavam em sua composição.[2]

Uma terceira barreira à entrada diz respeito às exigências de capital. O capital é requerido não somente para as instalações fabris (capital fixo), mas também para financiar P&D, propaganda, vendas e serviços, crédito ao consumidor e estoques (capital circulante). As enormes exigências de capital em indústrias como a farmacêutica, de computadores de grande porte, química e de extração de mineral apresentam gigantescas barreiras à entrada.

Uma quarta barreira de entrada são os custos de mudança causados pela necessidade de mudar de fornecedores e produtos. Esses custos podem incluir novo treinamento, equipamentos auxiliares, avaliação de nova fonte de suprimentos, e assim por diante. O custo percebido pelos consumidores em relação a trocar para um produto de um novo fornecedor pode representar um obstáculo intransponível, impedindo que

---

1 Michael E. Porter. *Competitive strategy*. Nova York: Free Press, 1980, p. 7-33.
2 Eben Shapiro, "Nutrasweet's bitter fight", *New York Times*, 19 nov. 1989, p. C4.

novos entrantes na indústria obtenham sucesso. A imensa base instalada da Microsoft, de sistemas operacionais e aplicativos para computadores pessoais, por exemplo, representa uma enorme barreira à entrada.

Uma quinta barreira é o acesso aos canais de distribuição. Quando os canais estão saturados, exigem grandes investimentos ou não estão disponíveis, o custo de entrada é substancialmente aumentado, porque um novo entrante tem de criar e estabelecer novos canais. A maioria das empresas estrangeiras encontrou essa barreira no Japão. Essa não é uma barreira não-tarifária — projetada para discriminar empresas estrangeiras —, mas aplica-se a *qualquer* empresa, nacional ou estrangeira, que tente entrar no mercado.

A política governamental é uma importante barreira à entrada. Em alguns casos, o governo pode restringir a entrada de novos concorrentes. Isso acontece em muitas indústrias, especialmente nas de países de renda baixa, média baixa e média alta que tenham sido designadas como 'indústrias nacionais' por seus respectivos governos. A estratégia de industrialização do pós-guerra no Japão foi baseada em uma política de preservar e proteger as indústrias nacionais em suas fases de desenvolvimento e crescimento. Em muitos casos, as empresas japonesas, nessas indústrias protegidas, tornaram-se grandes concorrentes internacionais em seus setores. A Komatsu, por exemplo, era uma empresa local fraca quando a Caterpillar anunciou seu interesse em entrar no mercado japonês. Foram dados à Komatsu dois anos de proteção pelo governo japonês, e hoje ela é a segunda maior empresa no mundo em equipamentos de terraplenagem. A China segue hoje uma política de exigir dos investidores estrangeiros de muitas indústrias uma parceria com sócios locais ao investir no país. Em telecomunicações, por exemplo, não é possível investir na China sem um sócio local.

Empresas estabelecidas podem também usufruir de vantagens de custo independentes das economias de escala, que representam barreiras à entrada. O acesso a matérias-primas, localizações favoráveis e subsídios governamentais são alguns exemplos.

Por fim, a reação esperada dos concorrentes pode ser uma importante barreira à entrada. Se novos interessados esperarem que os concorrentes estabelecidos reajam fortemente à sua entrada, as expectativas sobre seu sucesso nesse mercado, certamente, serão afetadas. A crença de um concorrente potencial de que a entrada em uma indústria ou mercado será uma experiência desagradável pode servir de forte impedimento. Bruce Henderson, ex-presidente do Boston Consulting Group (BCG), descrevia a técnica recomendada para evitar a entrada de concorrentes como uma guerra de nervos. A guerra de nervos ocorre quando os líderes da indústria convencem competidores potenciais de que qualquer esforço de entrada no mercado será contraposto a reações vigorosas e desagradáveis.

A G. D. Searle usou guerra de nervos — especialmente mediante reduções drásticas nos preços — para dissuadir concorrentes de entrar no mercado de adoçantes artificiais de baixa caloria quando as patentes da Nutrasweet expiraram. No fim de 1989, Systse T. Kuipers, gerente de marketing da Holland Sweetener Company, queixou-se: "É uma luta sangrenta e todos estão perdendo dinheiro. A Nutrasweet quer dominar cada grama do mercado, mesmo que tenha de dar o produto de graça". Do ponto de vista de Kuipers, a tática da G. D. Searle de cortes profundos de preços na Nutrasweet tinha "o único propósito de afastar os concorrentes potenciais do mercado".[3] De fato, vários produtores europeus já abandonaram o negócio, prova de que a política da G. D. Searle de guerra de nervos foi uma resposta competitiva eficaz à ameaça de novos entrantes.

Ameaça de produtos substitutos

Uma segunda força que influencia a concorrência em uma indústria é a ameaça de produtos substitutos. A disponibilidade de produtos substitutos impõe limites aos preços que os líderes de mercado podem cobrar em uma indústria, pois altos preços podem induzir os compradores a preferir o substituto.

A Barnes & Noble, por exemplo, viu a novata Amazon criar um novo produto: a livraria on-line — os consumidores podiam, agora, escolher entre milhões de livros e receber o pedido em casa ou no escritório, em questão de dias. Para um segmento do mercado de livros, livrarias locais com alguns milhares de livros

---

3 Ibid.

e Café Starbucks não eram indispensáveis. Desde que iniciou, em 1995, a Amazon.com atingiu um faturamento de 1,6 bilhão de dólares, expandiu sua linha de produtos para CDs e vídeos, diversificou para produtos para animais de estimação e remédios — para citar apenas duas áreas — e atendeu 11 milhões de clientes em 160 países. A Amazon.com está crescendo a uma taxa de 169%, enquanto a Barnes & Noble cresce a apenas 16%. Aparentemente, a livraria virtual é um substituto muito bem-sucedido do formato tradicional de venda de livros.

> **Visite os sites**
> www.amazon.com
> www.barnesandnoble.com

Poder de barganha dos fornecedores

Se os fornecedores tiverem poder suficiente sobre as empresas de uma indústria, poderão elevar os preços a níveis suficientemente altos para influenciar significativamente a lucratividade da indústria. Diversos fatores influenciam o poder de barganha de fornecedores:

1. Os fornecedores terão vantagem se forem grandes e em número relativamente pequeno.
2. Quando os produtos e os serviços do fornecedor forem itens importantes para as empresas usuárias, forem altamente diferenciados ou representarem custos de mudança, os fornecedores terão considerável poder sobre os compradores.
3. Os fornecedores também terão poder de barganha se seus negócios não forem ameaçados por produtos substitutos.
4. A disposição e a capacidade dos fornecedores de desenvolver seus próprios produtos e marcas, se não for possível obter condições satisfatórias na venda para a indústria.

Um bom exemplo do poder de barganha de fornecedores é a Organização dos Países Exportadores de Petróleo (Opep), que controla o preço do petróleo. Na década de 70 e novamente no ano 2000, os preços da gasolina foram significativamente aumentados. Uma vez que não há alternativa, os consumidores são forçados a pagar preços mais altos.

Poder de barganha de compradores

O objetivo final de compradores industriais é pagar o preço mais baixo possível para obter os produtos e os serviços que usam em seu processo produtivo. Portanto, em geral, os interesses dos compradores são atendidos quando conseguem abaixar a lucratividade da indústria dos fornecedores. São quatro as principais condições sob as quais os compradores podem exercer poder sobre os fornecedores:

1. Quando compram em grandes quantidades, de modo que as empresas fornecedoras dependem das vendas àquele comprador para sobreviver.
2. Quando os produtos do fornecedor são considerados *commodities* — isto é, comuns ou sem diferenciação —, os compradores, provavelmente, negociarão com firmeza por preços baixos, porque muitas empresas fornecedoras podem atender a suas necessidades.
3. Quando os produtos e serviços da indústria fornecedora representam uma parcela significativa dos custos do comprador.
4. Quando o comprador está disposto a realizar integração vertical reversa.

Rivalidade entre concorrentes

A rivalidade entre empresas refere-se a todas as ações que elas tomam na indústria para melhorar suas posições e obter vantagens umas sobre as outras. A rivalidade manifesta-se em competição por preço, campanhas de propaganda, posicionamento de produto e tentativas de diferenciação. Quando a rivalidade entre concorrentes força as empresas a inovar e/ou a reduzir custos, pode ser uma força positiva. No entanto, quando ela força os preços e, conseqüentemente, a lucratividade para baixo, cria-se instabilidade e influencia-se negativamente a atratividade da indústria. Diversos fatores podem criar rivalidade intensa:

1. À medida que uma indústria se torna madura, as empresas concentram-se na participação de mercado e em como ela pode ser conquistada tomando a participação de outras empresas.
2. As indústrias caracterizadas por altos custos fixos estão sempre sob pressão para manter a produção à plena capacidade, para cobrir os custos. Assim que a indústria acumula excesso de capacidade, o esforço para utilizá-la empurrará os preços e a lucratividade para baixo.
3. A falta de diferenciação ou a ausência de custos de mudança encoraja os compradores a tratar os produtos e serviços como *commodities* e a tomar suas decisões de compra com base, principalmente, em preços. Novamente, ocorre uma pressão para baixo dos preços e da lucratividade.
4. Empresas com alta propensão ao risco podem utilizar ousadas alternativas estratégicas para atingir sucesso em uma indústria. Essas empresas, geralmente, são desestabilizadoras, porque podem estar dispostas a aceitar margens de lucro exageradamente baixas, para se estabelecer, manter sua posição ou expandir-se.

CONCORRÊNCIA GLOBAL E VANTAGEM COMPETITIVA NACIONAL[4]

Uma conseqüência inevitável da expansão da atividade de marketing global é o crescimento da concorrência. Em várias indústrias, a competitividade global é um fator fundamental, com grande impacto sobre o sucesso. Em alguns setores, as empresas globais excluíram praticamente todas as demais empresas de seus mercados. Um exemplo é a indústria de detergentes, na qual três empresas — Colgate, Unilever e Procter & Gamble (P&G) — dominam mundialmente um número crescente de mercados, inclusive na América Latina e na Orla do Pacífico. Devido à facilidade de fabricação de um detergente de qualidade, a força da marca global e as habilidades de marketing tornaram-se fontes de vantagens competitivas globais, que sobrepujam a competição local em vários mercados.[5]

Baseado em mudanças recentes na maneira como se fazem negócios pelo mundo, Michael Porter alerta as empresas globais a não perder de vista as "particularidades locais — conhecimento, relacionamentos e motivação —, que rivais distantes não podem igualar".[6] (Veja a seção "Indústrias correlatas e de apoio", mais adiante neste capítulo.)

A indústria automobilística também se tornou ferozmente competitiva em âmbito global. Parte da razão do sucesso inicial de fabricantes estrangeiros nos Estados Unidos foi a relutância ou incapacidade dos fabricantes locais para projetar e fabricar carros pequenos de alta qualidade a preços módicos. A resistência dos fabricantes norte-americanos era baseada nas condições econômicas de fabricação de automóveis: quanto maior o carro, maior o preço. Sob essa fórmula, carros menores significavam lucros unitários menores. Portanto, os fabricantes resistiam à crescente preferência dos consumidores por carros menores — um caso clássico de etnocentrismo e de miopia de marketing. Enquanto isso, as linhas de produtos japonesas e européias sempre incluíram carros menores do que os fabricados nos Estados Unidos. Na Europa e no Japão, as condições de mercado eram muito diferentes das dos Estados Unidos: menos espaço, altos impostos sobre automóveis e combustíveis e maior interesse do mercado por projetos funcionais e inovações de engenharia. Primeiro a Volkswagen e, depois, os fabricantes japoneses, como a Nissan e a Toyota, constataram uma crescente demanda por seus carros no mercado norte-americano. Vale notar que muitas

---

4 Esta seção é baseada em Michael E. Porter. *The competitive advantage of nations*. Nova York: Free Press, 1990, capítulos 3 e 4, p. 179-273.
5 Veja Joseph Kahn, "Cleaning up: P&G viewed China as a national market and is conquering it", *Wall Street Journal*, 12 set. 1995, p. A1, A6.
6 Michael E. Porter, "Cluster and the new economics of competition". *Harvard Business Review*, 76, nº 6, nov./dez. 1998, p. 77-90.

inovações significativas e avanços tecnológicos — inclusive pneus radiais, freios ABS e injeção eletrônica de combustível — também vieram da Europa e do Japão. Nesse caso, os airbags são uma exceção.

Outra importante inovação na indústria automobilística, que, desde então, se espalhou por todas as indústrias, é a revolucionária produção enxuta. Essa maneira radicalmente diferente de projetar e construir automóveis reduziu drasticamente os custos e elevou a qualidade. A produção enxuta foi inventada no Japão e deu às empresas japonesas de automóvel uma vantagem importante no mercado mundial: preços mais baixos e maior qualidade. De fato, a produção enxuta substituiu a produção em massa, da mesma maneira que a produção em massa substituiu a produção artesanal, e pela mesma razão: aumentou o nível de qualidade e reduziu custos. Atualmente, as empresas que não dominaram as técnicas de produção enxuta saíram do negócio de automóveis.

O efeito da concorrência global foi altamente benéfico para os consumidores do mundo todo. Nos dois exemplos citados — detergentes e automóveis —, os consumidores se beneficiaram. Na América Central, os preços de detergentes caíram e a qualidade melhorou, como resultado da competição global. Nos Estados Unidos, por exemplo, as empresas estrangeiras ofereceram aos consumidores automóveis com as características de desempenho e preço que eles queriam. Se os carros importados, menores e de preços mais baixos, não estivessem disponíveis, seria improvável que os fabricantes de Detroit tivessem oferecido um produto comparável com tal rapidez. Esse processo se repete para qualquer classe de produto em todo o mundo. A concorrência global expande a gama de produtos e aumenta a probabilidade de os consumidores receberem o que desejam.

O lado dramático da competição global é seu impacto nos produtores de bens e serviços. Quando uma empresa oferece aos consumidores de outros países um produto melhor, a preço mais baixo, ela tira consumidores de fornecedores nacionais. A menos que o fornecedor nacional possa criar novos valores e encontrar novos consumidores, os empregos e as condições de vida dos empregados do fornecedor local são ameaçados. Os efeitos sociais dessas influências, freqüentemente, disparam reações políticas que desestabilizam o ambiente de negócios. Os planejadores da indústria e do governo estão tentando compreender melhor os fatores que fazem com que uma nação específica seja um lugar mais ou menos favorável para uma empresa em uma indústria específica. As empresas querem compreender como escolher localizações para suas atividades, de modo a obter vantagem competitiva. Os governos querem saber se devem intervir no ambiente de negócio e, se devem, como.

A próxima seção trata de uma série de questões. Por que uma determinada nação é uma boa base para indústrias específicas? Por que, por exemplo, os Estados Unidos são a base de tantos líderes mundiais em impressoras, produtos químicos e carros de luxo? Por que há tantas empresas líderes em produtos farmacêuticos e chocolates e corretoras na Suíça? Por que os líderes mundiais de produtos eletrônicos domésticos estão sediados no Japão?

De acordo com Michael E. Porter, a presença ou ausência de determinados atributos em um país influencia o desenvolvimento da indústria. Porter descreve esses atributos — condições de fatores, de demanda, indústria correlata e de apoio e estratégia, estrutura e competitividade da empresa — em termos de um 'diamante nacional' (Figura 10-2). O diamante molda o ambiente em que as empresas competem.

Condições de fatores

A expressão 'condições de fatores' refere-se à dotação de recursos de uma nação. Os recursos podem ter sido criados ou herdados, e são divididos em cinco categorias: humanos, físicos, de conhecimento, de capital e de infra-estrutura.

Recursos humanos

A quantidade de trabalhadores disponíveis, suas habilidades, seus níveis salariais e a ética geral da força de trabalho constituem o fator de recursos humanos de uma nação. Países com um suprimento abundante de mão-de-obra barata têm vantagens óbvias na produção atual que depende diretamente de

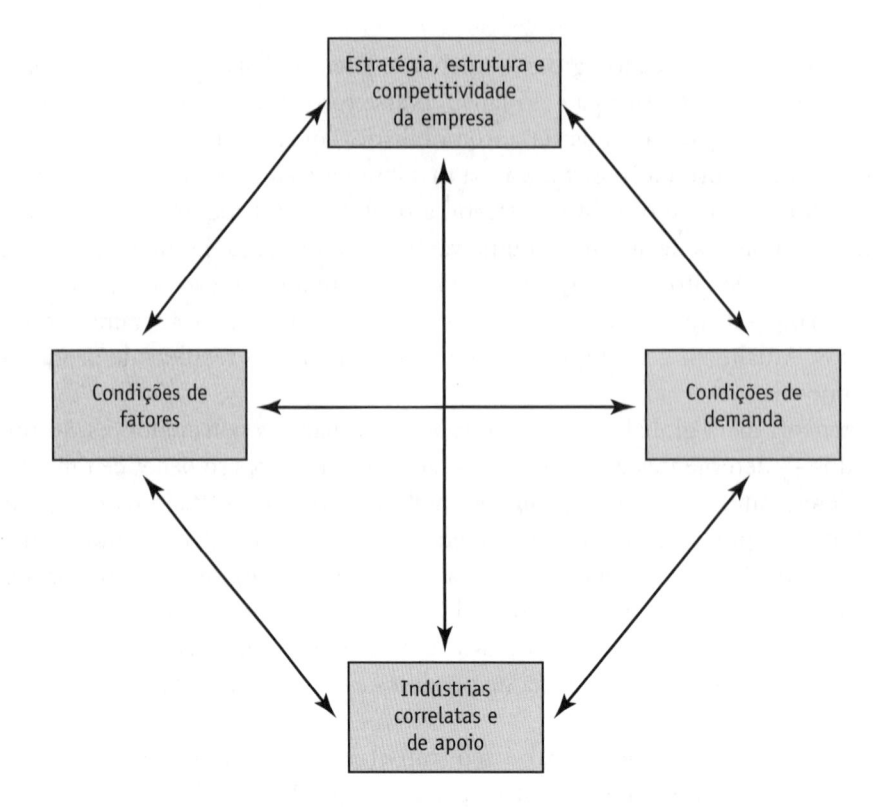

```
                    ┌─────────────────┐
                    │  Estratégia,    │
                    │  estrutura e    │
                    │ competitividade │
                    │   da empresa    │
                    └─────────────────┘
                           ↕
         ┌──────────┐              ┌──────────┐
         │Condições │ ←─────────→  │Condições │
         │de fatores│              │de demanda│
         └──────────┘              └──────────┘
                           ↕
                    ┌─────────────────┐
                    │    Indústrias   │
                    │   correlatas e  │
                    │     de apoio    │
                    └─────────────────┘
```

Fonte: Michael E. Porter, *The competitive advantage of nations*. Nova York: Free Press, 1990, p. 72. © 1990, 1998 by Michael E. Porter. Reproduzido com permissão da Free Press, uma divisão da Simon & Schuster.

Figura 10-2   Fatores determinantes da vantagem nacional.

mão-de-obra; contudo, na maioria das indústrias do mundo desenvolvido, o custo do trabalho 'braçal' está se tornando um fator cada vez menos relevante. Atualmente, os custos de mão-de-obra representam, em média, um oitavo ou menos dos custos totais.[7] Qualquer vantagem de custo desaparecerá se os salários subirem e a produção se deslocar para outro país. Por outro lado, os países de baixos salários podem ficar em desvantagem quando se trata da produção de produtos sofisticados, que requerem trabalhadores altamente qualificados e capazes de trabalhar sem muita supervisão.

Recursos físicos

A disponibilidade, a quantidade, a qualidade e o custo da terra, da água, de minérios e de outros recursos naturais determinam os níveis de recursos físicos de uma nação. O tamanho e a localização de um país também estão incluídos nessa categoria, pois a proximidade de mercados e fontes de suprimento, assim como os custos de transporte, são considerações estratégicas. Esses fatores são, obviamente, importantes fontes de vantagens ou desvantagens para as indústrias dependentes de recursos naturais.

Recursos de conhecimento

A disponibilidade de pessoas com conhecimento científico, técnico e relacionado ao mercado significa que a nação é dotada de recursos de conhecimento. A presença desses fatores é, usualmente, resultado da orientação educacional da sociedade, assim como do número de institutos de pesquisa e de universidades — tanto governamentais como privadas — que operam no país. Esses fatores são importantes para o sucesso em indústrias de produtos e serviços sofisticados e também para fazer negócios em mercados sofisticados. Esse fator está diretamente relacionado à liderança da Alemanha em produtos químicos; há cerca de

---

7 Peter F. Drucker. *Management challenges for the 21st century*. Nova York: HarperBusiness, 1999, p. 99.

150 anos, a Alemanha detém os melhores programas universitários de química, as mais avançadas publicações científicas, e oferece os melhores programas de aprendizado.

Recursos de capital

Os países variam na disponibilidade, na quantidade, no custo e nos tipos de capital disponíveis para as diferentes indústrias do país. A taxa de poupança da nação, as taxas de juros, a legislação tributária e o déficit público afetam a disponibilidade de capital. A vantagem para as indústrias localizadas em países de baixos custos de capital em relação àquelas localizadas em nações com custos relativamente altos pode ser decisiva. As empresas oneradas por altos custos de capital são, em geral, incapazes de permanecer em um mercado em que a concorrência venha de uma nação com baixos custos de capital. As empresas com baixo custo de capital podem manter seus preços baixos e forçar as empresas que pagam custos altos a aceitar baixos retornos de investimento ou abandonar a indústria. A globalização dos mercados de capital está mudando a maneira como o capital se movimenta. Os investidores podem, agora, remeter seu capital para nações ou mercados com o melhor perfil de risco/retorno. As empresas globais estarão, cada vez mais, encaminhando capital aos melhores lugares, evitando operar em nações onde o capital é escasso ou caro.

Recursos de infra-estrutura

A infra-estrutura inclui a existência, a disponibilidade e o custo de utilização de quatro grandes sistemas: sistema bancário de uma nação, sistema de atendimento à saúde, sistema de transporte e sistema de comunicação. Indústrias mais sofisticadas são mais dependentes de infra-estrutura de boa qualidade para ter sucesso.

Fatores básicos *versus* fatores sofisticados

Os fatores podem ainda ser classificados como básicos — como recursos naturais e mão-de-obra — ou sofisticados — como nível de educação e escolaridade da população e infra-estrutura moderna de comunicação de dados. Os fatores básicos não levam a uma vantagem competitiva internacional sustentável. Mão-de-obra barata, por exemplo, é uma vantagem nacional transitória, que se erode à medida que a economia de uma nação melhora e a renda média nacional se eleva em relação a outros países. Os fatores sofisticados, que levam à vantagem competitiva sustentável, são mais escassos e requerem investimentos contínuos. A existência de uma força de trabalho de profissionais treinados, por exemplo, proporciona à Itália a manutenção de uma vantagem competitiva na indústria de cerâmica.

Fatores generalizados *versus* fatores especializados

Uma classificação faz diferença entre fatores generalizados, como um sistema adequado de auto-estradas, e fatores especializados, como sistemas educacionais focalizados. Os fatores generalizados são precedentes requeridos para a vantagem competitiva; contudo a vantagem sustentável requer o desenvolvimento de fatores especializados. A vantagem competitiva da indústria de robótica japonesa, por exemplo, é abastecida por cursos e programas universitários de robótica abrangentes, que formam estagiários habilitados em robótica do mais alto calibre.

A vantagem competitiva pode também ser criada indiretamente por nações que tenham desvantagens seletivas de fator. A ausência de mão-de-obra adequada, por exemplo, pode forçar as empresas a desenvolver formas de mecanização que dêem uma vantagem às organizações do país. A escassez de matérias-primas pode motivar empresas a desenvolver novos materiais. O Japão, por exemplo, confrontado com a escassez de matérias-primas, desenvolveu uma indústria de cerâmica industrial que é líder mundial em inovação.

Condições de demanda

A natureza das condições de demanda do mercado doméstico para os produtos e serviços da empresa ou da indústria é importante porque determina a taxa e a natureza de melhoramento e inovação pelas empresas que atuam nesse mercado. Esses são fatores decisivos na preparação das empresas para a concorrência global. Três características da demanda interna são particularmente importantes para a criação de vantagem competitiva: sua composição, seu tamanho e padrão de crescimento e as maneiras como ela empurra os produtos e serviços da nação para mercados estrangeiros.

A composição da demanda interna determina como as empresas percebem, interpretam e reagem às necessidades dos compradores. A vantagem competitiva pode ser atingida quando a demanda interna estabelece o padrão de qualidade e dá às empresas locais uma idéia melhor das necessidades do comprador, antes que esteja disponível aos rivais estrangeiros. Essa vantagem é ressaltada quando os compradores domésticos pressionam empresas do país a inovar rápida e freqüentemente. A base para a vantagem é o fato de as empresas do país poderem permanecer à frente do mercado, quando as empresas são mais sensíveis e mais reativas à demanda interna e quando essa demanda, por sua vez, reflete ou antecipa a demanda mundial.

O tamanho e o padrão de crescimento da demanda interna serão importantes somente se a composição da demanda doméstica for sofisticada e antecipar a demanda estrangeira. Grandes mercados domésticos oferecem oportunidades para atingir economias de escala e de aprendizagem, enquanto atuam em um mercado familiar e confortável. Há menos apreensão sobre investir em fábricas de grande escala e em dispendiosos programas de P&D quando o mercado doméstico é grande o bastante para absorver a capacidade adicional. Se a demanda doméstica refletir ou antecipar com precisão a demanda estrangeira e se as empresas não se acomodarem em atender apenas ao mercado doméstico, a existência de fábricas e de programas de produção de grande escala será uma vantagem na concorrência global.

O crescimento rápido do mercado interno é outro incentivo para investir e adotar mais depressa novas tecnologias e para construir fábricas grandes e eficientes. O melhor exemplo disso é o Japão, onde o crescimento rápido do mercado doméstico proporcionou incentivo para as empresas japonesas investirem pesadamente em fábricas modernas e automatizadas. A demanda interna precoce, especialmente quando se antecipa a demanda internacional, dá às empresas locais a vantagem de se estabelecer em uma indústria antes das rivais estrangeiras. Igualmente importante é a saturação precoce do mercado, que pressiona uma empresa a expandir suas atividades para mercados internacionais e inovar. A saturação do mercado é especialmente importante se coincide com o rápido crescimento dos mercados estrangeiros.

As maneiras como os produtos e serviços de uma nação se tornam necessários em países estrangeiros é outro aspecto das condições de demanda. Uma forte influência aqui é se o povo e as empresas de um país vão para outro e demandam os produtos e serviços da nação de origem nesses países. Quando as empresas automobilísticas norte-americanas estabeleceram operações em países estrangeiros, por exemplo, a indústria norte-americana de autopeças as acompanhou. O mesmo aconteceu com a indústria japonesa de carros. Quando as empresas japonesas de automóveis estabeleceram operações nos Estados Unidos, os fornecedores japoneses de peças acompanharam seus clientes. Similarmente, quando a demanda estrangeira por serviços de empresas de engenharia se expandiu depois da Segunda Guerra Mundial, essas empresas, por sua vez, estabeleceram uma demanda pelos equipamentos pesados de construção dos Estados Unidos. Isso proporcionou um impulso para a Caterpillar estabelecer operações em outros países.

Uma questão relacionada é estrangeiros viajarem para um país com o objetivo de treinamento, lazer, negócios ou pesquisa. Depois de regressarem ao país de origem, provavelmente, comprarão os produtos e serviços com os quais se familiarizaram enquanto estavam fora. Efeitos similares podem resultar de relações profissionais, científicas e políticas entre nações. Os envolvidos nos relacionamentos começam a demandar os produtos e serviços dos líderes reconhecidos em seus respectivos campos.

Da interação das condições de demanda é que surge a vantagem competitiva. De especial importância são aquelas condições que levam a incentivos iniciais e continuados para investir e inovar e para continuar a competição em mercados cada vez mais sofisticados.

Indústrias correlatas e de apoio

Uma nação tem vantagem quando é a origem de indústrias internacionalmente competitivas em campos relacionados a outras indústrias ou de apoio a elas. As indústrias fornecedoras internacionalmente competitivas fornecem insumos para indústrias que estão à frente delas na cadeia produtiva e que sejam internacionalmente competitivas em termos de inovação tecnológica, preço e qualidade. O acesso se dá em função da proximidade, tanto em termos de distância física como de similaridade cultural. Não são os insumos em si que proporcionam vantagem; é o contato e a coordenação com os fornecedores que permitem à empresa estruturar a cadeia de valor de modo que os elos com os fornecedores sejam otimizados. Essas oportunidades podem não estar disponíveis para empresas estrangeiras.

Vantagens similares surgem quando, em um país, há indústrias internacionalmente competitivas e relacionadas que coordenam e compartilham atividades da cadeia de valor. Esses centros de vantagem competitiva são conhecidos como *clusters*. *Clusters* são concentrações geográficas de empresas e instituições interconectadas em um certo campo, que constituem uma massa crítica. As oportunidades de compartilhamento entre fabricantes de hardware de computador e desenvolvedores de software proporcionam um claro exemplo de *cluster*. As indústrias correlatas também criam oportunidades de penetração como as anteriormente descritas. As vendas de computadores norte-americanos no exterior criaram demanda por softwares da Microsoft e de outras empresas norte-americanas. Porter observa que o desenvolvimento da indústria farmacêutica suíça pode ser atribuído, em parte, à grande indústria suíça de corantes sintéticos; a descoberta dos efeitos terapêuticos dos corantes, por sua vez, levou ao desenvolvimento das empresas farmacêuticas.[8]

Outros *clusters* são a indústria de roupas de couro na Itália; produtos químicos, aparelhos domésticos e mobiliário na Alemanha; produtos de madeira em Portugal, e o cultivo de flores na Holanda. Empresas multinacionais, como a Nestlé, estão incorporando esse conceito ao estabelecer bases internacionais para seus diversos negócios. Ela transferiu seu quartel-general de água engarrafada para a França e mudou para York, na Inglaterra, sua divisão Rowntree Mackintosh de doces.

Estratégia, estrutura e competitividade

Assim como as diferenças na intensidade de competição doméstica, as diferenças em estilos de gerenciamento, habilidades organizacionais e perspectivas estratégicas criam vantagens e desvantagens para empresas que concorrem em diferentes tipos de indústria. Na Alemanha, por exemplo, a estrutura e o estilo gerencial de uma empresa tendem a ser hierárquicos. Os gerentes tendem a possuir uma formação bastante técnica e a ser muito bem-sucedidos quando lidam com indústrias que demandam estruturas altamente disciplinadas, como a indústria química e de equipamentos de precisão. As empresas italianas, porém, tendem a parecer e a ser geridas como as empresas familiares que enfatizam produtos sob encomenda em vez de produtos padronizados, nichos de mercado e flexibilidade substancial para atender às demandas do mercado.

Os mercados de capital e as atitudes em relação a investimentos são importantes componentes de ambientes nacionais. A maioria das ações de empresas americanas de capital aberto, por exemplo, é de propriedade de investidores institucionais, como fundos mútuos e fundos de pensão. Esses investidores compram e vendem ações para reduzir riscos e aumentar o retorno, preferindo não se envolver nas operações de uma única empresa. Esses investidores muito voláteis levam os gerentes a operar com um enfoque de curto prazo sobre resultados trimestrais ou anuais. Essa estrutura dinâmica de mercado de capitais proporciona fundos para indústrias em crescimento e mercados de rápida expansão, em que haja expectativa de retornos rápidos. Por outro lado, os mercados de capitais dos Estados Unidos não encorajam as indústrias mais maduras, nas quais o retorno sobre o investimento é mais baixo e é necessária uma busca paciente por inovação. Muitos outros países têm a orientação oposta. No Japão, por exemplo, é permitido aos bancos assumir participação acionária nas empresas para as quais emprestam dinheiro e proporcionam outros lu-

---

8 Porter, "Clusters and the new economics of competition", p. 77-90.

crativos serviços bancários. Esses bancos assumem uma visão de mais longo prazo que o mercado de ações e estão menos preocupados com os resultados de curto prazo.

Provavelmente, a mais poderosa influência em vantagem competitiva provém da concorrência doméstica, que mantém o dinamismo de uma indústria, além de criar uma pressão contínua para melhorar e inovar. A concorrência local força as empresas a desenvolver novos produtos, a melhorar os existentes, a baixar custos e preços, a desenvolver novas tecnologias e a melhorar a qualidade e os serviços. A concorrência com empresas estrangeiras não tem essa intensidade. Os rivais domésticos têm de lutar uns com os outros não somente pela participação de mercado, mas também pelos funcionários mais talentosos, pelas oportunidades de P&D e pelo prestígio no mercado doméstico. Uma forte concorrência doméstica pode acabar impulsionando as empresas a buscar mercados internacionais que apóiem expansões em escala e em investimentos em P&D, como acontece no Japão. A ausência de concorrência interna poderá gerar acomodação nas empresas domésticas, tornando-as pouco competitivas nos mercados mundiais.

O número de concorrentes domésticos não é o mais importante; é a intensidade da concorrência e a qualidade dos concorrentes que fazem a diferença. É também importante que haja uma taxa razoavelmente alta de novos negócios, para criar novos concorrentes e salvaguardar as empresas mais antigas de se tornarem acomodadas a suas posições de mercado, produtos e serviços atuais. Como observado antes, ao falarmos das forças que determinam a concorrência na indústria, novos entrantes trazem novas perspectivas e novos métodos. Eles, muitas vezes, definem e servem novos segmentos de mercado que as empresas estabelecidas não chegaram a identificar.

Há duas variáveis externas finais a considerar na avaliação da vantagem competitiva nacional: acaso e governo.

Outras forças que atuam no diamante

Há dois elementos adicionais do modelo de Porter a se considerarem na avaliação da vantagem competitiva nacional: acaso e governo. Adicionalmente, há forças, que não as de mercado, que são parte do ambiente e devem ser consideradas uma expansão ou complemento do governo e do acaso.

Acaso

Eventos fortuitos desempenham um papel em dar forma ao ambiente competitivo. São ocorrências que estão além do controle das empresas, indústrias e, normalmente, dos governos. Dentro dessa categoria, há coisas como guerras e suas conseqüências, importantes conquistas tecnológicas, mudanças repentinas no custo de fatores ou suprimento (como a crise do petróleo), mudanças drásticas em taxas de câmbio, e assim por diante.

Os eventos ligados ao acaso são importantes porque criam mudanças na tecnologia que permitem a países e empresas que não eram competitivos vencer o terreno que os separava dos concorrentes estabelecidos e tornar-se competitivos — e até mesmo líderes — na indústria transformada. O desenvolvimento da microeletrônica, por exemplo, permitiu às empresas japonesas alcançar as empresas dos Estados Unidos e da Alemanha em indústrias que se baseavam em tecnologias eletromecânicas — áreas tradicionalmente dominadas por norte-americanos e alemães.

De um ponto de vista sistêmico, o papel do acaso reside no fato de que altera as condições no diamante mostrado na Figura 10-2. A nação com o diamante mais favorável, contudo, terá maior probabilidade de aproveitar-se do acaso, transformando-o em vantagem competitiva. Os pesquisadores canadenses, por exemplo, foram os primeiros a isolar a insulina, mas não puderam converter essa ruptura em um produto internacionalmente competitivo. Empresas dos Estados Unidos e da Dinamarca conseguiram isso por causa de seus respectivos diamantes nacionais.

Governo

Embora seja comum afirmar que o governo é um determinante da vantagem competitiva nacional, o fato é que ele, isso sim, exerce uma influência sobre os determinantes. O governo influencia os determinantes em virtude de seu papel como comprador de produtos e serviços e de criador de políticas de trabalho, educação, formação de capital, recursos naturais e padrões de produtos. Ele também influencia os determinantes por seu papel como regulador de comércio, por exemplo, dizendo aos bancos e às companhias telefônicas o que podem e o que não podem fazer.

Reforçando determinantes positivos de vantagem competitiva em uma indústria, o governo pode melhorar a posição competitiva das empresas da nação. Os governos constroem sistemas legais que influenciam a vantagem competitiva por meio de barreiras tarifárias e não-tarifárias e leis que exigem conteúdo e mão-de-obra locais. O declínio do iene durante a década passada deveu-se, em parte, a uma política deliberada de fortalecer as exportações japonesas e estancar as importações. Em outras palavras, o governo pode melhorar ou diminuir a vantagem competitiva, mas não pode criá-la.

Outros fatores não relacionados ao mercado

Além do governo e do acaso, há outras forças, que não as de mercado, afetando o sistema de estratégia. Entre essas forças, estão, além do governo, grupos de interesse, ativistas e o público. Elas são parte de um sistema estratégico não-econômico que opera na base de forças sociais, políticas e legais que interagem no ambiente não-mercadológico da empresa.[9] A compreensão dessas forças é especialmente complicada e fundamental para o sucesso de estratégias globais implementadas em países e culturas muito diferentes. O ambiente não-mercadológico difere do ambiente de mercado de muitas maneiras. O ambiente de mercado, por exemplo, é principalmente um ambiente que envolve o intercâmbio econômico, enquanto o ambiente não-mercadológico inclui corpos regulatórios, grupos de interesse e outros cujo interesse pode não ser dirigido por motivos econômicos e, freqüentemente, envolve motivos políticos. Em alguns países, por exemplo, grupos ambientalistas promoveram regulamentos que aumentaram muito os custos de capital e operacionais para as empresas fabris. Na indústria farmacêutica, grupos religiosos impediram o progresso na pesquisa genética. Empresas competitivas que operam em diferentes mercados nacionais ou geográficos e que não tenham essas limitações ou custos têm uma vantagem competitiva.

O sistema de determinantes

É importante visualizar os determinantes da vantagem competitiva nacional como um sistema interativo em que a atividade, em qualquer das quatro variáveis do diamante, causa impacto em todos os outros e vice-versa. Essa interdependência entre os determinantes é representada na Figura 10-3. A interação de todas as forças é apresentada na Figura 10-4.

Diamante simples ou duplo?

Outros pesquisadores contestaram a tese de Porter de que o país de origem de uma empresa é sua principal fonte de competências e inovação. O prof. Alan Rugman, por exemplo, da Universidade de Toronto, argumenta que o sucesso de empresas baseadas em pequenas economias, como o Canadá e a Nova Zelândia, brota dos diamantes encontrados nos países hospedeiros. Uma empresa baseada em uma nação da União Européia, por exemplo, pode apoiar-se no diamante nacional de um dos outros membros da União. Similarmente, um impacto da Nafta sobre empresas canadenses significa tornar o diamante dos Estados Unidos relevante para a criação de competência. Rugman argumenta que, em tais casos, a distinção entre nação de origem e nação hospedeira fica indistinta. Ele propõe que os gestores canadenses devem considerar um diamante duplo, retratado na Figura 10-5, e levar em consideração os atributos tanto do Canadá quanto dos Estados Unidos, ao formular a estratégia corporativa.[10]

---

9 David P. Baron, "The nonmarket strategy system", *Sloan Management Review*, 37, nº 1, outono 1995, p. 73-85.
10 Veja Alan M. Rugman e Alain Verbeke, "Foreign subsidiaries and multinational strategic management: an extension and correction of Porter's single diamond framework", *Management International Review*, 33, nº 2, 1993, p. 71-84.

Marketing Global

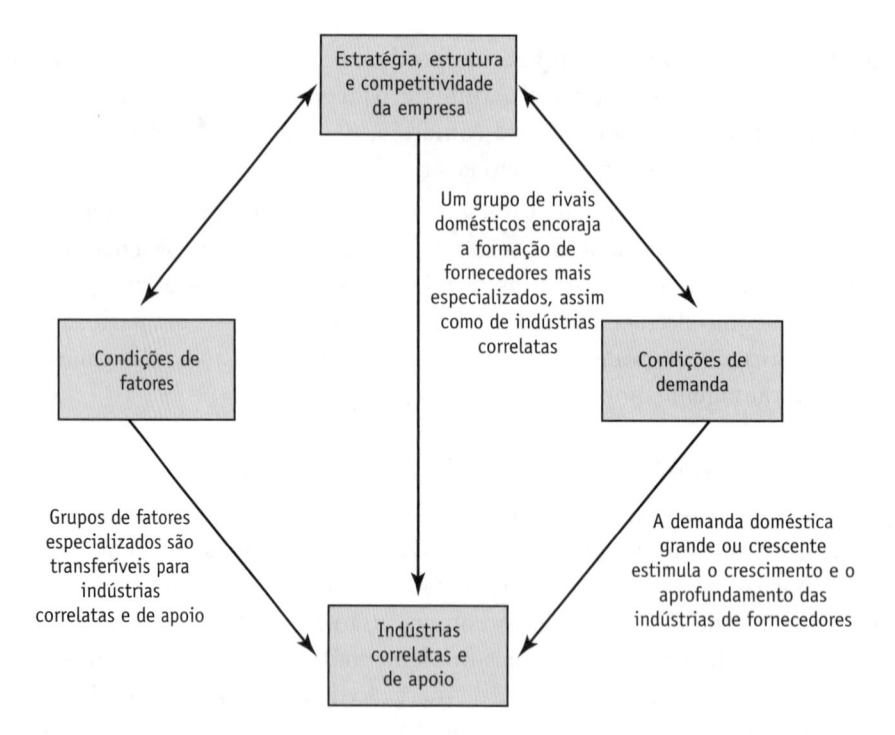

[Diagrama: Estratégia, estrutura e competitividade da empresa / Condições de fatores / Condições de demanda / Indústrias correlatas e de apoio]

- Um grupo de rivais domésticos encoraja a formação de fornecedores mais especializados, assim como de indústrias correlatas
- Grupos de fatores especializados são transferíveis para indústrias correlatas e de apoio
- A demanda doméstica grande ou crescente estimula o crescimento e o aprofundamento das indústrias de fornecedores

Fonte: Michael E. Porter, *The competitive advantage of nations*. Nova York: Free Press, 1990, p. 139. © 1990, 1998 by Michael E. Porter. Reproduzido com permissão da Free Press, uma divisão da Simon & Schuster.

Figura 10-3   Influências sobre o desenvolvimento de indústrias correlatas e de apoio.

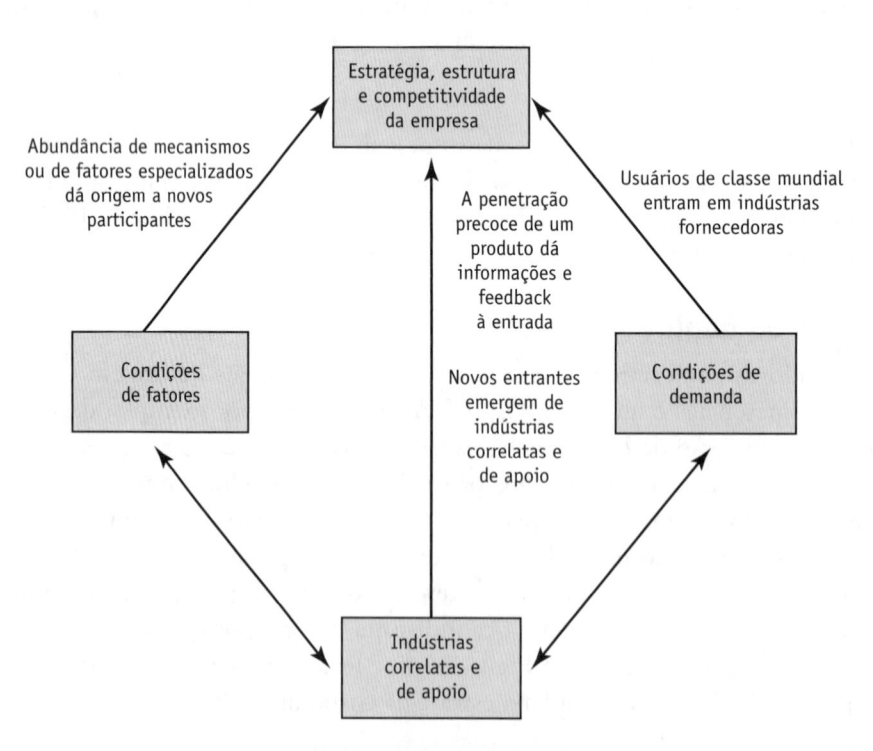

[Diagrama: Estratégia, estrutura e competitividade da empresa / Condições de fatores / Condições de demanda / Indústrias correlatas e de apoio]

- Abundância de mecanismos ou de fatores especializados dá origem a novos participantes
- A penetração precoce de um produto dá informações e feedback à entrada
- Usuários de classe mundial entram em indústrias fornecedoras
- Novos entrantes emergem de indústrias correlatas e de apoio

Fonte: Michael E. Porter, *The competitive advantage of nations*. Nova York: Free Press, 1990, p. 141. © 1990, 1998 by Michael E. Porter. Reproduzido com permissão da Free Press, uma divisão da Simon & Schuster.

Figura 10-4   Influências sobre a competitividade doméstica.

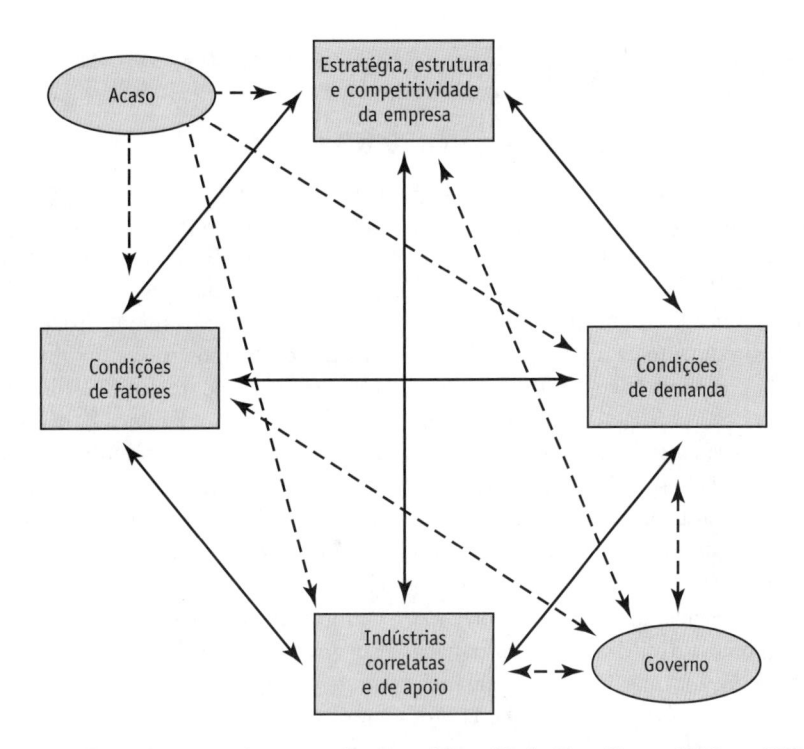

Fonte: Michael E. Porter, *The competitive advantage of nations*. Nova York: Free Press, 1990, p. 127. © 1990, 1998 by Michael E. Porter. Reproduzido com permissão da Free Press, uma divisão da Simon & Schuster.

Figura 10-5   O sistema completo.

VANTAGEM COMPETITIVA E MODELOS ESTRATÉGICOS

Estratégia é ação integrada em busca de vantagem competitiva.[11] Uma estratégia bem-sucedida requer a compreensão do valor singular que será a fonte da vantagem competitiva da empresa. Atualmente, muitas empresas têm obtido sucesso devido a sua capacidade de realizar atividades específicas, ou um conjunto de atividades, melhor que seus concorrentes. Essas atividades capacitam a empresa a criar um valor exclusivo para seus clientes. Esse valor é o ponto fundamental para atingir e sustentar a vantagem competitiva, devendo ser algo que os concorrentes não poderão igualar com facilidade. A singularidade e a magnitude do valor para o cliente, criado pela estratégia de uma empresa, são, em última instância, determinadas pela percepção do consumidor. Resultados operacionais, como vendas e lucros, são medidas que dependem do nível de valor psicológico criado para os clientes: quanto maior o valor percebido pelos clientes, mais forte a vantagem competitiva e melhor a estratégia. Uma firma pode comercializar a melhor ratoeira, mas o sucesso final do produto depende de os clientes decidirem, a seu critério, se devem comprá-la ou não. O valor é como a beleza: está nos olhos de quem vê. Em suma, a vantagem competitiva é alcançada pela criação de mais valor que a concorrência, e esse valor é definido pela percepção do consumidor.

Dois modelos diferentes de vantagem competitiva receberam considerável atenção. O primeiro oferece estratégias genéricas, que são quatro posições alternativas que as organizações podem buscar, de modo a oferecer valor superior e atingir vantagem competitiva. No segundo modelo, as estratégias genéricas isoladas não explicam o espantoso sucesso recente de muitas empresas japonesas. Esse modelo, mais recente, baseado no conceito de intenção de estratégia, propõe quatro diferentes fontes de vantagem competitiva. Ambos os modelos são discutidos a seguir.

---

11 Veja George Day. *Market driven strategy: processes for creating value*. Nova York: Free Press, 1990.

QUADRO 10-1

IKEA: O FOCO NO CUSTO

A IKEA, empresa sueca de móveis descrita na introdução do capítulo, é um exemplo de estratégia com foco no custo. Observa George Bradley, presidente da Levitz Furniture de Boca Raton, Flórida: "A IKEA causou sensação. Ela vai dominar seu nicho em todas as cidades em que entrar". Naturalmente, tal estratégia pode ser arriscada. Como Bradley explica: "Seu mercado é finito porque é muito estreito. Se você não quiser móveis modernos e econômicos, não será para você. Assim, o cliente que compra lá é de um nicho específico. E lembre-se: a moda muda". A questão de sustentação é central para esse conceito de estratégia. Conforme observado, a liderança de custo só será uma fonte sustentável de vantagem competitiva se existirem barreiras que impeçam a concorrência de atingir os mesmos preços. A diferenciação sustentada depende da manutenção do valor percebido e da ausência de imitação por parte dos concorrentes. Diversos fatores determinam se o foco pode ser sustentado como fonte de vantagem competitiva. Primeiro, o foco em custo será sustentável se os concorrentes de uma empresa definirem seus mercados-alvo de maneira mais ampla. O planejador que busca um foco não pode tentar ser tudo para todas as pessoas. Os concorrentes podem diminuir sua desvantagem tentando satisfazer as necessidades de um segmento de mercado mais amplo — uma estratégia que, por definição, significa um foco mais aberto. Em segundo lugar, uma estratégia com foco na diferenciação somente será sustentável se os concorrentes não puderem definir o segmento de maneira ainda mais restrita. O foco também poderá ser sustentado se os concorrentes não puderem suplantar barreiras que impeçam a imitação da estratégia de foco e se os consumidores do mercado-alvo não migrarem para outros segmentos que esse foco estreito não atende.

O foco da IKEA no negócio de móveis capacitou-a a obter um crescimento impressionante, em uma indústria em que as vendas totais têm sido estáveis. Terceirizar a produção para mais de 2.330 fornecedores em 64 países ajuda a empresa a manter sua posição de custo baixo.

O crescimento internacional da IKEA tem sido muito bem-sucedido, mas, de acordo com seu fundador, Ingvar Kamprad, provavelmente não teria sido possível se a empresa tivesse aberto seu capital. Ele não sente necessidade de apresentar lucros constantes e, portanto, pode assumir maiores riscos de investimento. Durante a década de 90, a IKEA abriu várias lojas na Europa Central e no Leste Europeu (a Polônia é um de seus mercados de maior crescimento) e depois se expandiu para a Rússia, onde planeja abrir dez lojas. Como muitos consumidores nessas regiões têm um poder de compra relativamente baixo, as lojas oferecem menor variedade de mercadorias; alguns móveis foram projetados especificamente para residências pequenas, típicas dos antigos países do bloco soviético. Kamprad acredita firmemente em investimentos de longo prazo e declara: "Levará 25 anos para mobiliar a Rússia". Ele acredita que o investimento na Rússia não teria sido possível se a empresa tivesse aberto o capital, pois, nesse caso, teria de apresentar lucros no curto prazo. Na Europa, a IKEA beneficia-se da percepção de que a Suécia é a origem de produtos de alta qualidade. O Reino Unido representa o mercado de maior crescimento na Europa; a loja IKEA de Londres alcançou um crescimento de vendas anuais de 20%. A Alemanha, atualmente, responde por mais de um quarto da receita total da IKEA, que também abriu duas lojas na China, mas tem tido dificuldade em trabalhar com fornecedores locais e em atingir o posicionamento adequado para uma loja localizada em um shopping.

Os analistas da indústria acreditam que os Estados Unidos poderão tornar-se o maior mercado da IKEA (atualmente, respondem por 15% do volume de vendas). A empresa abriu sua primeira loja nos Estados Unidos na Filadélfia, em 1985; hoje, possui 14 lojas em áreas metropolitanas importantes. Como observa Jeff Young, presidente da Lexington Furniture Industries: "A IKEA está caminhando para se tornar o Wal-Mart da indústria de móveis residenciais. Se você estiver nesse negócio, é melhor ficar atento". Alguns consumidores americanos, contudo, ficam irritados ao descobrir que os estoques de alguns itens populares acabaram. Outro problema são as longas filas resultantes do sistema de trabalho simples e sem requinte adotado pela empresa. Um comprador se queixou: "Idéia excepcional, execução ruim. A qualidade de boa parte do que vendem é boa, mas dá tanto trabalho, que a gente se pergunta se vale a pena".

Goran Carstedt, presidente da IKEA da América do Norte, responde a esse tipo de crítica usando a missão da empresa. "Se oferecêssemos mais serviços, nossos preços subiriam", explica ele. "Nossos consumidores compreendem nossa filosofia, que solicita que cada um de nós faça um pouco, de modo a economizar bastante. Eles apreciam nossos preços baixos. E quase todos dizem que voltarão." Para fazer com que voltem sempre, a IKEA gasta entre 25 milhões e 35 milhões de dólares em propaganda para transmitir sua mensagem. Embora seja uma prática comum da indústria confiar fortemente na propaganda de jornal e rádio, dois terços do orçamento de propaganda da IKEA nos Estados Unidos são destinados à TV. John Sitnik, um executivo da IKEA nos Estados Unidos, diz: "Somos diferentes das outras lojas de móveis e decidimos que a TV funciona para nós".

Fontes: Tim Burt, "Ikea chief breaks silence to tell home truths", *Financial Times*, 18 ago. 1998, p. 17; Tim Burt, "Ikea's expansion includes move into Russia", *Financial Times*, 22 jul. 1998, p. 16; George Nichols, "Ikea will never be listed", *Financial Times*, 23 mar. 1999, p. 29; Loretta Roach, "IKEA: furnishing the world", *Discount Merchandiser*, out. 1994, p. 46, 48; "Furnishing the world", *Economist*, 19 nov. 1994, p. 79-80; Jack Burton, "Rearranging the furniture", *International Management*, set. 1991, p. 58-61; Ela Schwartz, "The Swedish invasion", *Discount Merchandiser*, jul. 1990, p. 52, 56; Lisa Marie Petersen, "The 1992 client media all-stars: John Sitnik, IKEA", *Mediaweek*, 12 dez. 1992, p. 25; e Michael E. Porter, *The competitive advantage of nations*. Nova York: Free Press, 1990, p. 158.

Estratégias genéricas para criar vantagem competitiva

Além do modelo de 'cinco forças' de concorrência na indústria, Porter desenvolveu uma estrutura de 'estratégias empresariais genéricas', baseada em duas fontes de vantagem competitiva: baixo custo e diferenciação. A Figura 10-6 mostra que a combinação dessas duas fontes com o escopo do mercado-alvo atendido (restrito ou amplo) ou com a dimensão do mix de produto (restrito ou amplo) permite quatro estratégias genéricas: liderança em custos, diferenciação de produto, diferenciação focalizada e foco de custo.

Estratégias genéricas que visem a obter vantagem competitiva exigem que a empresa faça escolhas em relação à posição que busca atingir, a partir da qual oferece valor exclusivo (baseado em custo ou diferenciação), e ao escopo de mercado ou amplitude de mix de produtos dentro da qual a vantagem competitiva será atingida.[12] A natureza da escolha entre posições e escopo de mercado é um jogo e envolve risco. Escolhendo uma dada estratégia genérica, uma empresa sempre corre o risco de fazer a escolha errada.

Estratégias amplas de mercado

Vantagem de liderança em custos

Quando o valor exclusivo entregue por uma empresa se baseia em sua posição como produtora de mais baixo custo da indústria, em mercados definidos de maneira abrangente ou ao longo de um amplo mix de produtos, ocorre uma vantagem de liderança em custos. Essa estratégia tornou-se cada vez mais popular nos últimos anos, como resultado da popularização do conceito de curva da experiência. Uma empresa que

Figura 10-6 Estratégias genéricas competitivas.

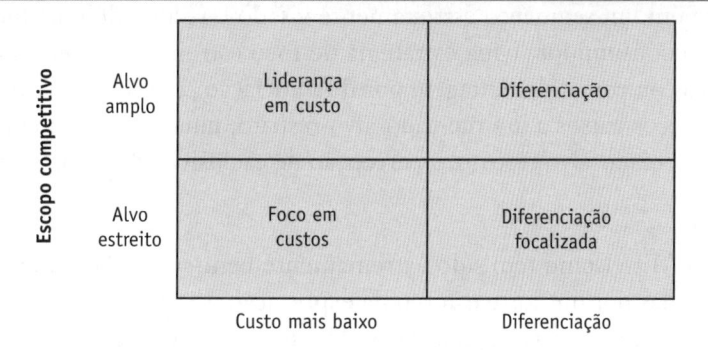

Escopo competitivo		Vantagem competitiva	
		Custo mais baixo	Diferenciação
	Alvo amplo	Liderança em custo	Diferenciação
	Alvo estreito	Foco em custos	Diferenciação focalizada

Fonte: Michael E. Porter. *The competitive advantage of nations*. Nova York: Free Press, 1990, p. 39. © 1990, 1998 by Michael E. Porter. Reproduzido com autorização da Free Press, divisão da Simon & Schuster.

---

12 Porter. *The competitive advantage of nations*, p. 12.

baseia sua estratégia competitiva em liderança global em custos tem de construir as fábricas mais eficientes (em termos de escala ou tecnologia) e obter a maior fatia do mercado, para que seu custo unitário seja o mais baixo da indústria. Essas vantagens, por sua vez, dão ao produtor uma liderança substancial, em termos de experiência na construção do produto. A experiência leva, então, a melhorias em todo o processo de produção, distribuição e serviço, que levam a mais reduções de custo.

Seja qual for sua origem, a vantagem de liderança em custos pode ser a base para oferecer preços mais baixos (e mais valor) aos clientes nos estágios finais e mais competitivos do ciclo de vida do produto. No Japão, empresas de várias indústrias — máquinas fotográficas de 35 mm, equipamentos eletrônicos, motocicletas e automóveis — atingiram liderança em custos em âmbito mundial. A liderança em custos, no entanto, só será uma fonte sustentável de vantagem competitiva se existirem barreiras que impeçam os concorrentes de atingir os mesmos preços baixos. Em uma era de reengenharia de processos e crescente melhoria tecnológica na produção, os fabricantes ultrapassam constantemente uns os outros, em busca de custos mais baixos. Em certa ocasião, por exemplo, a IBM gozava da vantagem de baixo custo na produção de impressoras para computador; os japoneses pegaram a mesma tecnologia e, depois de reduzir custos de produção e de melhorar a confiabilidade, ganharam a vantagem do baixo custo. A IBM contra-atacou com uma fábrica altamente automatizada de impressoras na Carolina do Norte, onde o número de componentes foi reduzido em mais de 50% e usavam-se robôs na montagem. A despeito dessas mudanças, a IBM acabou saindo do negócio, e a fábrica foi vendida.

Diferenciação

Quando o produto de uma empresa é visto como único devido a uma singularidade real ou percebida em um mercado amplo, diz-se que tem uma vantagem por diferenciação. Essa pode ser uma estratégia muito eficaz para defender uma posição de mercado e obter retornos financeiros acima da média; produtos singulares, freqüentemente, permitem preços elevados. São exemplos de diferenciação bem-sucedidos a Maytag em grandes aparelhos domésticos, a Nike em calçados esportivos e quase todas as marcas de produto de consumo de sucesso. Entre fabricantes de motocicletas, a Harley-Davidson destaca-se como líder no mercado norte-americano, mas tem de ajustar sua estratégia de mercado em vários países, dependendo da concorrência local. A Figura 10-7 mostra a participação de mercado da Harley-Davidson em suas três divisões geográficas.

Estratégias de mercado restrito

A discussão anterior sobre liderança em custos e diferenciação considerou somente o impacto em mercados abrangentes. Em comparação, estratégias para atingir uma vantagem de foco estreito têm como alvo um mercado ou consumidores estreitamente definidos. Essa vantagem baseia-se na capacidade de criar mais valor para o cliente em um segmento estreitamente visado e resulta de uma melhor compreensão das necessidades e desejos do consumidor. Uma estratégia de foco estreito pode ser combinada com a estratégia de vantagem em custos ou com a de vantagem por diferenciação. Em outras palavras, enquanto o foco de custo significa oferecer preços baixos a um mercado-alvo restrito, uma empresa que possua diferenciação focalizada oferecerá, a um mercado-alvo restrito, a percepção de exclusividade de produto a preço mais alto.

Diferenciação focalizada

As empresas alemãs Mittelstand têm sido extremamente bem-sucedidas ao buscar estratégias de diferenciação focalizada apoiadas por um forte esforço de exportação. O mundo de equipamentos de áudio oferece um outro exemplo de diferenciação focalizada. Algumas poucas centenas de empresas, nos Estados Unidos e em outros países, produzem alto-falantes, amplificadores e equipamentos de áudio de alta fidelidade que custam milhares de dólares por componente. Embora os componentes de áudio como um todo representem um mercado mundial de 21 bilhões de dólares, as vendas anuais na porção mais alta do segmento

Registros de motocicletas norte-americanas 651 + cc
(em % das vendas totais)

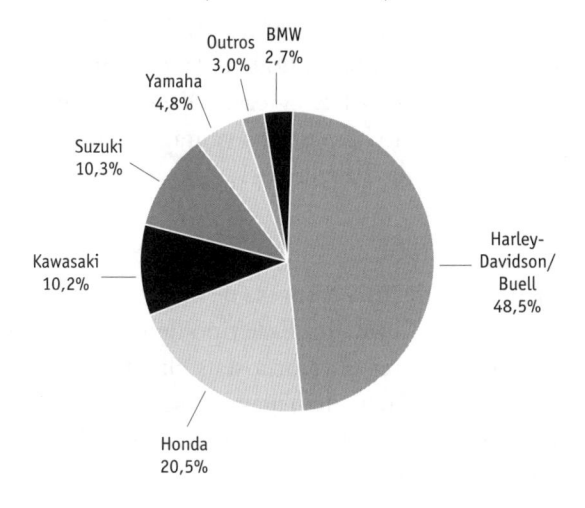

- Outros 3,0%
- BMW 2,7%
- Yamaha 4,8%
- Suzuki 10,3%
- Kawasaki 10,2%
- Harley-Davidson/Buell 48,5%
- Honda 20,5%

Registros de motocicletas Ásia–Pacífico 651 + cc
(em % das vendas totais)

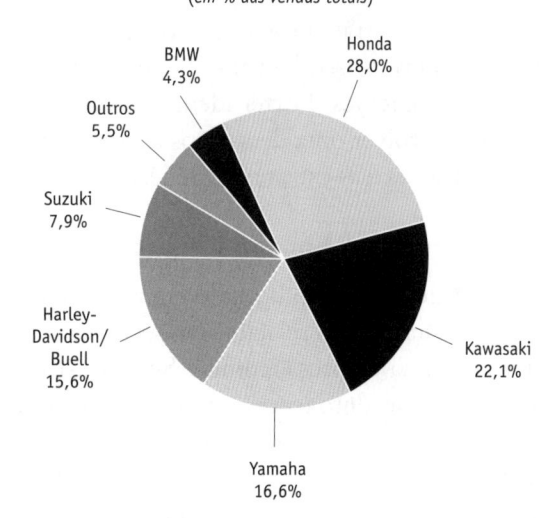

- BMW 4,3%
- Honda 28,0%
- Outros 5,5%
- Suzuki 7,9%
- Harley-Davidson/Buell 15,6%
- Kawasaki 22,1%
- Yamaha 16,6%

Registros de motocicletas européias 651 + cc
(em % das vendas totais)

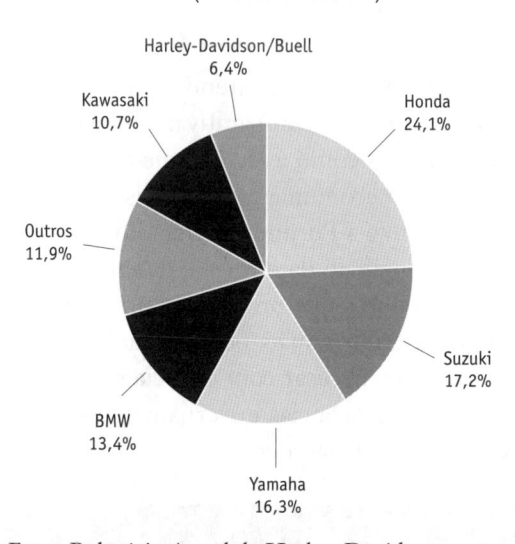

- Harley-Davidson/Buell 6,4%
- Kawasaki 10,7%
- Outros 11,9%
- BMW 13,4%
- Yamaha 16,3%
- Suzuki 17,2%
- Honda 24,1%

Fonte: Relatório Anual da Harley-Davidson.

Figura 10-7 O ambiente competitivo da Harley-Davidson.

são de somente um bilhão de dólares. Somente no Japão, audiófilos exigentes compram anualmente 200 milhões de dólares em equipamentos — boa parte de fabricação norte-americana. Além disso, as empresas norte-americanas estão aprendendo mais sobre seus consumidores orientais e construindo relacionamentos com distribuidores fora dos Estados Unidos.[13]

Foco de custo

A estratégia final é o foco de custo, quando a posição de baixo custo de uma empresa lhe possibilita oferecer, a um mercado-alvo restrito, preços mais baixos que os dos concorrentes. Na indústria de construção de navios, por exemplo, os estaleiros poloneses e chineses oferecem embarcações simples e padronizadas a preços baixos, que refletem os baixos custos de produção.[14]

---

13 Jared Sandberg, "High-end audio entices music lovers", *Wall Street Journal*, 12 fev. 1993, p. B1.
14 Porter. *The competitive advantage of nations*, p. 39.

POSIÇÕES ESTRATÉGICAS

Posições estratégicas que proporcionam vantagem competitiva baseiam-se nas atividades e no local que uma empresa escolhe para operar.[15] A partir dessas posições, uma empresa pode entregar valor exclusivo para seus clientes. Porter identificou três classificações para posições estratégicas.[16] A empresa pode escolher desenvolver uma dessas posições ou uma combinação delas como base de sua vantagem competitiva. As três posições e as estratégias genéricas relacionadas são mostradas na Tabela 10-1.

Posicionamento baseado em variedade

O posicionamento baseado em variedade baseia-se na decisão de uma empresa de realizar um número limitado de atividades relacionadas a entregar um produto ou serviço limitado. Esse tipo de posição é construído por uma empresa, como a Southwest Airlines, que escolhe entregar valor a seus clientes, limitando sua oferta de produto (serviço ponto a ponto, sem serviço de transferência de bagagem, sem reserva de assentos, sem serviço de bordo etc.) de maneira a minimizar seu preço e a maximizar sua confiabilidade e eficiência. Outro exemplo é a Givi, empresa italiana que produz malas para motocicletas. O produto da Givi é único em design, integração e fabricação. Seu preço é elevado, mas, em razão de seu projeto e qualidade ímpares, é um líder de valor no mercado de malas para motocicletas. A empresa está se expandido com sucesso de sua posição européia para uma posição mundial, sempre baseada em variedade.

Posicionamento baseado em necessidades

O posicionamento baseado em necessidades ocorre quando uma empresa tenta atender a um segmento específico de consumidores, realizando atividades para satisfazer um conjunto comparativamente amplo de necessidades desses clientes. Essa posição é bem desenvolvida por empresas como a IKEA, que oferece tudo o que o consumidor jovem (cronológico ou de comportamento) que busca economia possa precisar para mobiliar seu lar. Outro exemplo de empresa com posicionamento semelhante é a Purdue Pharma, líder mundial em analgésicos para dores fortes. A Purdue focalizou uma necessidade — alívio da dor — e desenvolveu um programa integrado para atender a essa necessidade, desenvolvendo produtos que proporcionam mais alívio com menos efeitos colaterais. Além do foco na necessidade, a Purdue criou a mais bem-treinada força de vendas mundial para visitar médicos e responder a suas perguntas sobre como usar com eficácia seus produtos. Foi também capaz de ter seus produtos relacionados pelos hospitais e agências governamentais. Todas essas atividades foram direcionadas pelo foco da empresa na necessidade de aliviar a dor.

Tabela 10-1 Posições estratégicas.

Posição	Exemplos	Estratégia genérica
1. Baseado em variedade Produz um subconjunto de um produto ou serviço de uma indústria	Vanguard Bic Jiffy Lube	Liderança de custo
2. Baseado em necessidades do consumidor	Citibank Bessemer Trust IKEA	Diferenciação
3. Baseado em acesso ao consumidor Segmentação de consumidores que sejam acessíveis de diferentes maneiras	CARmike Cinemas	Segmentação

---

15 É importante não confundir 'posição' com 'posicionamento' — ação de marketing que tem como objetivo posicionar um produto ou uma empresa na mente dos consumidores e dos clientes.
16 Michael Porter, "What is strategy", *Harvard Business Review*, nov./dez. 1996, p. 65-67.

Posicionamento baseado em acesso ao consumidor

A capacidade de uma empresa de atingir de maneira exclusiva ou preferencial um mercado específico é uma posição baseada em acesso. Agências de recrutamento internacional de executivos, tais como a Korn Ferry International, por exemplo, estabelecem relacionamentos com executivos e os acompanham ao longo de suas carreiras. Elas sabem onde eles estão localizados e ajudam seus clientes a consegui-los. A consideração de acesso pode ser um fator crítico decisivo. Uma das primeiras considerações de toda a expansão internacional é quanto ao acesso. As estratégias de marketing global têm de lidar com barreiras para acessar mercados nacionais, geralmente criadas por autoridades governamentais. O acesso a mercados nacionais é restringido por regulamentos, tarifas, distância e um sem-número de barreiras não-tarifárias, entre as quais a maneira de fazer negócios e a abertura a novos entrantes. Como pré-requisito para a expansão internacional, as empresas precisam capacitar-se a realizar as atividades que lidam com essas barreiras de acesso. Desenvolver a capacidade de operar em muitos mercados nacionais, contudo, não confere necessariamente vantagem competitiva global a uma organização. Isso não é a mesma coisa que posicionamento baseado em acesso, que se refere a uma vantagem que pode ser ganha por acesso preferencial ou controle de acesso aos mercados. Para obter vantagem competitiva no mercado-alvo, o novo entrante deve estabelecer um valor percebido singular para seus clientes. Se outros concorrentes puderem obter acesso, ou se já estiverem estabelecidos no mercado, não bastará simplesmente estar presente em um mercado. Os anais de fracassos de negócios internacionais estão repletos de exemplos de empresas que não compreenderam essa mensagem. Acreditaram que tudo o que tinham de fazer era aparecer. Quando o mercado lhes disse que tinham uma desvantagem competitiva, simplesmente fizeram as malas e se retiraram. A Renault fez isso no mercado de automóveis dos Estados Unidos, na década de 60, e a Federal Express no mercado de entrega expressa na Europa, na década de 80. A FedEx reorganizou-se e reformulou sua estratégia de entrada na Europa, enquanto a derrota da Renault nos Estados Unidos levou-a de volta à Europa, onde se posicionou como ator regional em uma indústria global. Nunca tentou voltar ao mercado dos Estados Unidos, mas, com suas operações no Brasil e o controle da Nissan, é hoje um ator global em uma indústria global.

Que posição assumir?

As estratégias reais são uma combinação dessas posições: todas as estratégias vencedoras se baseiam em uma combinação de fazer a coisa certa (baseada em atividade), satisfazer uma necessidade (baseada em necessidade) e no acesso. É valioso e útil, no entanto, identificar o principal fator impulsionador de uma estratégia: atividade, necessidade ou acesso. As empresas vencedoras são aquelas que estabelecem uma posição estratégica, que focalizam o ponto decisivo e são, ao mesmo tempo, muito fortes em tudo. Esta é a máxima de Von Clausewitz: "A melhor estratégia é sempre ser muito forte, primeiro de forma geral e, então, no ponto decisivo".

INOVAÇÃO COMPETITIVA E INTENÇÃO ESTRATÉGICA

Uma estrutura alternativa para compreender a vantagem competitiva trata a competitividade como uma função da capacidade de uma empresa de implantar firmemente novas vantagens em sua organização. Essa estrutura identifica a intenção estratégica, proveniente da ambição e da obsessão de vencer, como meio para alcançar a vantagem competitiva. Escrevendo na *Harvard Business Review*, Hamel e Prahalad observam:

> Poucas vantagens competitivas são duradouras. Manter a posição de vantagem existente não é o mesmo que construir novas vantagens. A essência da estratégia está em criar a vantagem competitiva do amanhã mais depressa do que os competidores conseguem destruir as que você possui hoje. A capacidade de uma organização de melhorar as habilidades existentes e de aprender novas é a mais defensável de todas as vantagens competitivas.[17]

---

17 Gary Hamel e C. K. Prahalad, "Strategic intent", *Harvard Business Review*, maio/jun. 1989, p. 69. Veja também Gary Hamel e C. K. Prahalad, "The core competence of the corporation", *Harvard Business Review*, maio/jun. 1990, p. 79-91.

Essa abordagem é fundamentada nos princípios de W. E. Deming, que enfatizava a necessidade do compromisso da empresa com a melhoria contínua, de modo a ser vencedora na luta competitiva. Por anos, a mensagem de Deming foi ignorada pelos norte-americanos, enquanto os japoneses a acolheram e se beneficiaram tremendamente. (O prêmio empresarial de maior prestígio no Japão tem seu nome.) Depois de muito tempo, os fabricantes dos Estados Unidos estão começando a reagir.

O significado do pensamento de Hamel e Prahalad torna-se evidente quando comparamos a Caterpillar e a Komatsu. Como observado antes, a Caterpillar é um exemplo clássico de diferenciação: a empresa tornou-se o maior fabricante de equipamentos de terraplanagem do mundo porque era fanática por qualidade e serviço. O sucesso da Caterpillar como fornecedor global capacitou-a a atingir uma fatia de 35% do mercado mundial, e mais da metade de suas vendas era realizada para os países em desenvolvimento. A vantagem por diferenciação foi alcançada com durabilidade do produto, serviço global de peças de reposição (inclusive garantia de entrega em qualquer lugar do mundo dentro de 48 horas) e uma forte rede de revendedores fiéis.

A Caterpillar enfrentou um conjunto muito desafiador de forças ambientais. Muitas de suas fábricas foram fechadas por uma greve prolongada, no princípio da década de 80; uma recessão mundial, ao mesmo tempo, provocou uma queda na indústria da construção. Isso afetou empresas clientes da Caterpillar. Além disso, o dólar forte proporcionou uma vantagem de custo a rivais estrangeiros.*

Entre os problemas da Caterpillar, havia uma nova ameaça competitiva vinda do Japão. A Komatsu era a segunda maior empresa do mundo em equipamentos de construção e vinha competindo com a Caterpillar no mercado japonês há anos. Os produtos da Komatsu eram, de modo geral, considerados de menor qualidade. A rivalidade assumiu uma nova dimensão depois que a Komatsu adotou o slogan *Maru-c*, que significa 'cercar a Caterpillar'. Enfatizando a qualidade e tirando vantagem de baixos custos de mão-de-obra e do dólar forte, a Komatsu ultrapassou a Caterpillar nas vendas de equipamentos de terraplanagem no Japão e fez sérias incursões nos Estados Unidos e em outros mercados. Ainda assim, a empresa continuou a desenvolver novas fontes de vantagens competitivas, mesmo depois de atingir qualidade de nível internacional; são exemplos dessas melhorias o encurtamento dos ciclos de desenvolvimento de novos produtos e a racionalização da fabricação. A Caterpillar lutou para sustentar sua vantagem competitiva, porque muitos clientes achavam que a combinação de qualidade, durabilidade e preço baixo da Komatsu criava valor superior. Embora a recessão e um iene forte pusessem nova pressão sobre a Komatsu, porém, a empresa buscou outras oportunidades, diversificando sua linha de produtos para máquinas operatrizes e robôs.[18]

A saga Komatsu/Caterpillar é apenas um exemplo de como batalhas competitivas globais são determinadas por algo mais que estratégias genéricas. Muitas empresas ganharam vantagem competitiva tirando vantagem de rivais, por meio da inovação competitiva, definida por Hamel e Prahalad como "a arte de contingenciar riscos competitivos dentro de proporções gerenciáveis". Eles identificam quatro abordagens de sucesso, utilizadas por concorrentes japoneses: construir camadas de vantagem, procurar os pontos fracos, mudar as regras do jogo e colaborar.

Camadas de vantagem

Uma empresa correrá menos risco em embates competitivos se tiver um amplo leque de vantagens. As empresas bem-sucedidas constroem paulatinamente tais leques, estabelecendo camadas de vantagem, umas sobre as outras. A Komatsu e a indústria de TV japonesa são excelentes exemplos dessa técnica. Por volta de 1970, o Japão não só era o maior produtor mundial de aparelhos de TV em preto-e-branco, mas também já estava a caminho de tornar-se líder na produção de televisores em cores. A principal vantagem competitiva de empresas como a Matsushita, naquela época, era os baixos custos de mão-de-obra.

---

* O livro *Dignidade para todos*, de James Despain e Jane Converse, conta uma parte da luta da Caterpillar com essas dificuldades e como a empresa utilizou a gestão baseada em valores para enfrentar esses problemas (N. do E.).

18 Robert L. Rose e Masayoshi Kanabayashi, "Komatsu throttles back on construction equipment", *Wall Street Journal*, 13 maio 1992, p. B4.

Sabendo que sua vantagem de custo poderia ser temporária, os japoneses acrescentaram as camadas adicionais de vantagens qualidade e confiabilidade, construindo fábricas suficientemente grandes para suprir o mercado mundial. Boa parte dos produtos não trazia a marca do fabricante. A Matsushita Electric, por exemplo, vendia seus produtos a empresas como a RCA, que os comercializavam sob suas próprias marcas. A Matsushita perseguia uma idéia simples: um produto vendido era um produto vendido, qualquer que fosse sua marca.[19]

Com o objetivo de construir a próxima camada de vantagem, os japoneses passaram a década de 70 investindo pesadamente em canais de distribuição e em marcas japonesas, para ganhar reconhecimento. Essa estratégia acrescentou ainda outra camada de vantagem competitiva: a franquia global de marcas — isto é, uma carteira global de clientes. No final da década de 70, os canais e a percepção das marcas estavam suficientemente bem-estabelecidos para apoiar a introdução de novos produtos que podiam beneficiar-se do marketing global — videocassetes e máquinas fotográficas, por exemplo. Por fim, muitas empresas investiram em fabricação regional, de modo que seus produtos pudessem ser diferenciados e mais bem-adaptados às necessidades do consumidor, em mercados locais.

O processo de construir camadas ilustra como uma empresa pode evoluir ao longo da cadeia de valor, para fortalecer a vantagem competitiva. Os japoneses começaram com fabricação, passaram para o marketing e, então, retornaram à P&D básica. Todas essas fontes de vantagem competitiva representam camadas que se reforçam mutuamente e que são acumuladas ao longo do tempo.

Pontos fracos

Uma segunda técnica tira vantagem dos pontos fracos das defesas de concorrentes cuja atenção está estreitamente direcionada para um segmento de mercado ou uma área geográfica. A atenção da Caterpillar, por exemplo, estava voltada para outros lugares quando a Komatsu entrou no mercado do Leste Europeu. Uma série de acontecimentos similares ocorreu na indústria global de motocicletas. Por muitos anos, a Harley-Davidson concentrou seus esforços em grandes motocicletas; portanto, não se preocupou quando a Honda entrou antes dela no mercado norte-americano de motos de baixa cilindrada (50 cc). Os dirigentes da Harley-Davidson não perceberam — ou não deram a devida atenção a isso — a participação da Honda no mercado de motos de corrida, na Europa, mas a Honda usou essa oportunidade para ganhar experiência no projeto e na tecnologia de motores de grande potência. A Harley foi pega de surpresa e, por volta de 1983, a Honda tinha mais de 50% de participação no mercado norte-americano de motocicletas com motores de 700 cc ou mais.

Naquele mesmo ano, cotas de importação foram impostas sobre a importação de motocicletas grandes nos Estados Unidos. Embora as cotas tenham ajudado a salvar a Harley da extinção, a Honda já estava usando sua competência em motores para usos diversos e criou motores para outros produtos, começando com carros. Os primeiros modelos Honda Civic foram montados com motores de motocicleta. Hoje, a Honda orgulha-se de seu amplo mix de produtos, que inclui cortadores de grama, motores de popa, máquinas de solda e geradores — em suma, qualquer coisa movida por motor a gasolina. Essa abordagem, conforme observado antes, permite à Honda gozar de significativas economias de escala em P&D e produção. A Harley-Davidson passou por uma ampla reformulação, melhorou drasticamente a qualidade de seu produto e reconquistou, com sucesso, muito de sua participação de mercado perdida.

Mudando as regras

Uma terceira técnica envolve mudar as chamadas 'regras do jogo' e recusar-se a seguir as regras estabelecidas pelos líderes da indústria. No mercado de copiadoras, por exemplo, a IBM e a Kodak imitaram as estratégias de marketing usadas pela líder de mercado, Xerox. Enquanto isso, a Canon, um desafiador japonês, escreveu novas regras.

---

19 James Lardner. *Fast forward: Hollywood, the japanese, and the VCR wars*. Nova York: New American Library, 1987, p. 135.

Enquanto a Xerox fabricava uma ampla variedade de copiadoras, a Canon fabricava máquinas e componentes padronizados, reduzindo custos de produção. Enquanto a Xerox empregava uma grande força de vendas diretas, a Canon preferiu comercializar por meio de revendedores de produtos para escritório. Além disso, a Canon optou por produtos práticos e confiáveis, de modo que pudesse apoiar-se em revendedores na prestação de serviço de assistência técnica, em vez de incorrer nas despesas requeridas para criar uma rede nacional de serviço. A Canon decidiu ainda vender suas máquinas, em vez de fazer *leasing*, retirando da empresa a carga de financiar a base do *leasing*. Outra importante mudança foi a Canon direcionar suas copiadoras a secretárias e gerentes de departamentos, e não aos altos dirigentes.[20]

A Canon lançou as primeiras copiadoras em cores e as primeiras copiadoras com 'conectividade' (capacidade de imprimir imagens de fontes como computadores e filmadoras). Os resultados foram impressionantes: em 1994, a participação da Canon no mercado norte-americano de copiadoras em cores foi de 64%. Entre 1988 e 1992, foram concedidas à Canon mais patentes norte-americanas que a qualquer outra empresa. O exemplo da Canon mostra como uma estratégia inovadora de marketing — provocando revoluções em produtos, preços, distribuição e vendas — pode levar a uma vantagem competitiva no mercado global.

Colaboração

A última fonte de vantagem competitiva é usar o know-how desenvolvido por outras empresas. Tal colaboração pode tomar a forma de contratos de licenciamento, *joint-ventures* ou parcerias. A história mostra que os japoneses primaram por usar a estratégia de colaboração para alcançar liderança na indústria. Um contrato de licenciamento lendário da história dos negócios é o da Sony com a subsidiária Western Electric da AT&T, na década de 50, por 25 mil dólares. Esse contrato deu à Sony acesso ao transistor e permitiu à empresa tornar-se líder mundial. Capitalizando seus sucessos iniciais na fabricação e na comercialização de rádios portáteis, a Sony transformou-se em um grande concorrente global, cujo nome é sinônimo de ampla variedade de produtos eletrônicos domésticos de alta qualidade. Exemplos mais recentes de colaboração japonesa são encontrados na indústria de aeronaves. Hoje, a Mitsubishi Heavy Industries Ltd. e outras empresas japonesas fabricam aviões sob licença para empresas norte-americanas e também trabalham como subcontratadas para sistemas de peças para aviões. Muitos observadores temem que o futuro da indústria aeronáutica norte-americana possa ser prejudicado à medida que os japoneses ganham perícia tecnológica. Vários exemplos de vantagem colaborativa são discutidos em detalhes na próxima seção.

Hamel e Prahalad continuaram a refinar e desenvolver o conceito de 'intenção estratégica', desde que este foi inicialmente introduzido em seu artigo revolucionário de 1989. Recentemente, os autores traçaram quatro grandes categorias de alavancagem de recursos que os gerentes podem usar para alcançar seus objetivos: concentrar recursos em objetivos estratégicos via convergência e foco; acumular recursos mais eficientemente, inclusive contraindo empréstimos; complementar um recurso com outro mediante mistura e equilíbrio; conservar recursos reciclando, cooptando e protegendo.[21]

Hiperconcorrência?

Richard D'Aveni sugere que as estruturas de estratégia de Porter não tratam adequadamente a dinâmica da competição no século XXI.[22] D'Aveni observa que, no ambiente atual de negócios, a estabilidade de mercado é minada por curtos ciclos de vida de produto, por novas tecnologias e pela globalização. O resultado é o crescimento e a aceleração das forças competitivas. À luz dessas mudanças, D'Aveni acredita que a meta da estratégia se desviou de sustentar para eliminar vantagens. A limitação dos modelos de Porter, argumenta D'Aveni, é que eles proporcionam uma fotografia da concorrência em um dado ponto no tempo. Em outras palavras, são modelos estáticos.

---

20 Hamel e Prahalad, "Strategic intent", p. 69.
21 Gary Hamel e C. K. Prahalad, "Strategy as stretch and leverage", *Harvard Business Review*, mar./abr. 1993, p. 75-84.
22 Richard D'Aveni. *Hypercompetition: managing the dynamics of strategic maneuvering.* Nova York: Free Press, 1994.

Reconhecendo que Hamel e Prahalad abriram novos caminhos ao admitir que poucas vantagens são sustentáveis, D'Aveni objetiva construir sobre o trabalho deles para dar forma a "uma abordagem verdadeiramente dinâmica à criação e destruição de vantagens tradicionais". D'Aveni usa o termo 'hiperconcorrência' para descrever um mundo dinâmico, competitivo, em que nenhuma ação ou vantagem pode ser sustentada por muito tempo. Nesse mundo, argumenta D'Aveni, tudo muda por causa das manobras dinâmicas e interações estratégicas de empresas hipercompetitivas como a Microsoft e a Gillette. De acordo com o modelo de D'Aveni, a concorrência desdobra-se em uma série de interações estratégicas dinâmicas, em quatro arenas: custo *versus* qualidade; *timing* e know-how; barreiras de entrada; reservas financeiras. Cada uma dessas arenas é "continuamente destruída e recriada pelas manobras dinâmicas de empresas hipercompetitivas". Segundo D'Aveni, a única fonte de uma vantagem competitiva verdadeiramente sustentável é a capacidade de uma empresa de gerenciar suas interações estratégicas dinâmicas com os movimentos dos concorrentes, mantendo uma posição relativa de força em cada uma das quatro arenas. A ironia e o paradoxo desse modelo é que, com a finalidade de atingir uma vantagem sustentável, as empresas têm de buscar uma série de vantagens não-sustentáveis! D'Aveni concorda com Peter Drucker, que há tempos aconselhou que o papel do marketing é a inovação e a criação de novos mercados. A inovação começa com o abandono do velho e do obsoleto. Nas palavras de Drucker: "Organizações inovadoras não despendem nem tempo nem dinheiro para defender o dia de ontem. Somente o abandono sistemático do dia de ontem pode transferir os recursos (...) para o trabalho no novo".[23]

D'Aveni incita os gestores a reconsiderar e reavaliar o uso do que ele acredita ser instrumentos e máximas estratégicas antigas. Ele adverte sobre os perigos do comprometimento com uma determinada estratégia ou curso de ação. O concorrente flexível, imprevisível, pode ter uma vantagem sobre o oponente inflexível, comprometido. D'Aveni observa que, na hiperconcorrência, a busca de estratégias genéricas resulta, quando muito, em vantagem de curto prazo. As empresas vencedoras são aquelas que sobem com sucesso a escada da concorrência crescente, não aquelas que se apegam a uma posição fixa. D'Aveni critica o modelo de cinco forças. A melhor barreira de entrada, argumenta ele, é manter a iniciativa, e não montar uma tentativa de defesa para excluir novos entrantes.

ISO-9000

Outra estratégia para atingir vantagem competitiva é a incorporação das normas ISO-9000 às políticas de desenvolvimento e fabricação de produto, embora as empresas de serviços estejam buscando maneiras inovadoras de aplicar essas normas a seus negócios.

Em 1987, a Organização Internacional para a Padronização (ISO) publicou uma série de cinco padrões internacionais de qualidade de produtos e serviços. Essa publicação foi intitulada *Padrões de gerenciamento de qualidade e de garantia de qualidade: diretrizes para seleção e uso* e é comumente referida como Padrões ISO-9000. Os padrões foram originalmente projetados com a intenção de alcançar conformidade e congruência nas relações entre duas partes, mediante o relacionamento normal fornecedor–cliente, em uma ampla gama de indústrias, em base contratual ou não. Isso agora deslocou-se para outro nível, em que a avaliação e a certificação por uma terceira entidade dos processos de um fornecedor é requerida por alguns clientes. Basicamente, a aplicação de padrões ISO permite a um fornecedor dirigir e controlar as operações que determinam a aceitação de um produto ou serviço a ser fornecido. Os padrões ISO-9000 representam o denominador comum de qualidade de negócio, que é aceito internacionalmente. Nos Estados Unidos, os padrões são referidos como a série ANSI/ASQC-Q 90; no Brasil, grande parte da normalização é feita pela Associação Brasileira de Normas Técnicas (ABNT).

As vantagens do registro e da certificação ISO-9000 ocorrem tanto no âmbito doméstico como no internacional. Nacionalmente, proporciona: vantagem competitiva sobre fornecedores que não forem certificados; foco na melhoria contínua; reconhecimento da mídia; melhor percepção por parte dos consumido-

---

23 Peter Drucker, "On the profession of management", *Harvard Business Review Book Series*. Boston, MA: Harvard Business School Publishing, 1988, p. 12.

res.[24] Internacionalmente, ter a certificação ISO-9000 facilita a entrada em mercados de exportação e contribui para a defesa da confiabilidade do produto, caso isso se torne necessário. Os padrões ISO-9000 são amplamente aceitos pelos membros da Comunidade Européia e servem como um "método de assegurar a seus cidadãos a qualidade de produtos que circulam dentro da CE".[25] Aproximadamente 15% de todos os produtos e serviços vendidos na CE são atualmente certificados pelos padrões ISO-9000.

Resumo

Neste capítulo, focalizamos fatores que ajudam as indústrias e os países a alcançar vantagem competitiva. De acordo com o modelo de cinco forças de Porter, a concorrência na indústria se dá em função da ameaça de novos entrantes, da ameaça de substitutos, do poder de barganha de fornecedores e clientes e da rivalidade entre os concorrentes existentes. As posições estratégicas de Porter podem ser usadas pelos administradores para compreender como combinar atividades para criar um valor exclusivo que se torne fonte de vantagem competitiva.

Hamel e Prahalad propuseram uma estrutura alternativa para buscar vantagem competitiva, derivada da intenção estratégica da empresa e do uso da inovação competitiva. Uma empresa pode construir camadas de vantagens, buscar pontos fracos nas defesas dos concorrentes, mudar as regras do jogo ou colaborar com concorrentes, utilizando sua tecnologia e seu know-how. Essa estrutura não contraria, necessariamente, as propostas de Porter. Os conceitos propostos por Hamel e Prahalad, bem como os de D'Aveni, enfatizam o ambiente dinâmico. As posições estratégicas têm vida mais curta que no passado e podem ter de ser suplementadas ou abandonadas mais depressa que antes.

Hoje, muitas empresas estão descobrindo que a concorrência está deixando de ser um fenômeno puramente doméstico, para assumir âmbito global. Assim, a análise competitiva deve ser feita em escala global. Os profissionais de marketing global precisam conhecer também as fontes nacionais de vantagem competitiva. Porter descreveu quatro determinantes de vantagem nacional. As condições de fatores incluem recursos humanos, físicos, conhecimento, capital e padrão de crescimento da demanda doméstica. A taxa de crescimento do mercado doméstico e as maneiras como os produtos de uma nação são empurrados para os mercados estrangeiros também afetam as condições de demanda. Os dois determinantes finais são a presença de indústrias correlatas e de apoio e a natureza da estratégia, da estrutura e da competitividade da empresa. Porter observa que o acaso e o governo também influenciam a vantagem competitiva de uma nação.

Questões para Discussão

1. Como a empresa pode medir sua vantagem competitiva? Como pode uma empresa saber se está ganhando ou perdendo vantagem competitiva?
2. Descreva o modelo de cinco forças de Porter para a concorrência na indústria. Como as várias barreiras de entrada são relevantes para o marketing global?
3. Relacione três posições estratégicas. Escolha uma empresa de sucesso que você conheça, ou sobre a qual tenha lido, e identifique sua posição estratégica.
4. Dê um exemplo de empresa que ilustre cada uma das quatro estratégias genéricas que podem levar à vantagem competitiva: liderança de custo, foco de custo, diferenciação de produto e diferenciação focalizada.
5. Quais são as três posições estratégicas descritas por Michael Porter? Identifique um exemplo de empresa para cada posição.
6. Qual é o relacionamento, se é que existe, entre as quatro estratégias genéricas de Porter e suas três posições estratégicas?
7. Descreva brevemente a estrutura de Hamel e Prahalad para a vantagem competitiva.
8. Como pode uma nação atingir vantagem competitiva?
9. Você concorda com D'Aveni que nenhuma ação ou vantagem competitiva pode ser sustentada por muito tempo? Por quê?
10. O que é a ISO-9000 e como pode beneficiar uma empresa?

---

24 John T. Rabbitt e Peter A. Bergh. *The ISO 9000 book*. White Plains, NY: Quality Resource, 1994.
25 Ibid.

Leitura Sugerida

Alan M. Rugman e Alain Verbeke. "Foreign subsidiaries and multinational strategic management: an extension and correction of Porter's single diamond framework", *Management International Review*, 33, nº 2, 1993, p. 71-84.

Alexis Jacquemin. "The international dimension of european competition policy", *Journal of Common Market Studies*, 31, nº 1, mar. 1993, p. 91-101.

Allen J. Morrison e Kendall Roth. "A taxonomy of business-level strategies in global industries", *Strategic Management Journal*, 13, nº 6, set. 1992, p. 399-417.

Andrall E. Pearson. "Corporate redemption and the seven deadly sins", *Harvard Business Review*, 70, nº 3, maio/jun. 1992, p. 65-75.

Andrew Bartmess e Keith Cerny. "Building competitive advantage through a global network of capabilities", *California Management Review*, 35, nº 2, inverno 1993, p. 78-103.

Andrew S. Grove. *Only the paranoid survive.* Nova York: Doubleday, 1996.

Briance Mascarenhas. "Order of entry and performance in international markets", *Strategic Management Journal*, 13, nº 7, out. 1992, p. 499-510.

David Halberstam. *The reckoning.* Nova York: William Morrow, 1986.

David P. Baron. "The nonmarket strategy system", *Sloan Management Review*, 37, outono 1995, p. 73-75.

David W. Cravens, Kirk Downey e Paul Lauritano. "Global competition in the commercial aircraft industry: positioning for advantage by the Triad nations", *Columbia Journal of World Business*, 26, nº 4, inverno 1992, p. 46-58.

Diane J. Garsombke. "International competitor analysis", *Planning Review*, 17, nº 3, maio/jun. 1989, p. 42-47.

Gary Hamel e C. K. Prahalad. "Strategic intent", *Harvard Business Review*, 67, maio/jun. 1989, p. 63-76.

Gary Hamel e C. K. Prahalad. "Strategy as stretch and leverage", *Harvard Business Review*, 71, nº 2, mar./abr. 1993, p. 75-85.

Gary Hamel e C. K. Prahalad. "The core competence of the corporation", *Harvard Business Review*, 68, maio/jun. 1990, p. 79-93.

Geoffrey A. Moore. *Crossing the chasm: marketing and selling technology products to mainstream customers.* Nova York: HarperBusiness, 1991.

Geoffrey A. Moore. *Inside the tornado: marketing strategies from Silicon Valley's cutting edge.* Nova York: HarperBusiness, 1995.

George S. Day. *Market driven strategy: processes for creating value.* Nova York: Free Press, 1990.

George S. Yip. *Total global strategy: managing for worldwide competitive advantage.* Upper Saddle River, NJ: Prentice Hall, 1995.

"Global competition: confront your rivals on their home turf", *Harvard Business Review*, 71, nº 3, maio/jun. 1993, p. 10.

James C. Abegglen e George Stalk. *The japanese corporation.* Nova York: Basic Books, 1985.

James F. Moore. *The death of competition: leadership and strategy in the age of business ecosystems.* Nova York: HarperBusiness, 1996.

James P. Womack, Daniel T. Jones e Daniel Roos. *The machine that changed the world.* Nova York: HarperCollins, 1990.

Jeffrey R. Williams. "How sustainable is your competitive advantage?", *California Management Review*, 34, nº 3, primavera 1992, p. 29-51.

Jiatao Li e Stephen Guisinger. "How well do foreign firms compete in the United States?", *Business Horizons*, 34, nº 6, nov./dez. 1991, p. 49-53.

Kathryn Rudie Harrigan. "A world-class company is one whose customers cannot be won away by competitors: internationalizing strategic management", *Journal of Business Administration*, 21, nº 12, 1992-1993, p. 251-264.

Kenichi Ohmae. *Triad power.* Nova York: Free Press, 1985.

Michael E. Porter. "What is strategy?", *Harvard Business Review*, nov./dez. 1996, p. 60-78.

Michael E. Porter. *Competition in global industries.* Boston: Harvard Business School Press, 1986.

Michael E. Porter. *Competitive advantage: creating and sustaining superior performance.* Nova York: Free Press, 1985.

Michael E. Porter. *Competitive strategy.* Nova York: Free Press, 1980.

Michael E. Porter. *The competitive advantage of nations.* Nova York: Free Press, 1990.

Michael L. Dertouzos, Richard K. Lester e Robert M. Solow. *Made in America: regaining the competitive edge.* Nova York: HarperCollins, 1989.

Michel M. Robert. "Attack competitors by changing the game rules", *Journal of Business Strategy*, 12, nº 5, set./out. 1991, p. 53-56.

Paul J. H. Schoemaker. "How to link strategic vision to core capabilities", *Sloan Management Review*, 34, nº 1, outono 1992, p. 67-81.

Peter Lorange e Johan Roos. "Why some strategic alliances succeed and others fail", *Journal of Business Strategy*, 12, nº 1, jan./fev. 1991, p. 25-30.

Richard D'Aveni. *Hypercompetition: managing the dynamics of strategic maneuvering*. Nova York: Free Press, 1994.

Roger J. Calantone e C. Anthony Di Benedetto. "Defensive marketing in globally competitive industrial markets", *Columbia Journal of World Business*, 23, nº 3, outono 1988, p. 3-14.

Ronald L. Schill e David N. McArthur. "Redefining the strategic competitive unit: towards a new global marketing paradigm?", *International Marketing Review*, 9, nº 3, 1992, p. 5-24.

Sumantra Ghosal e D. Eleanor Westney. "Organizing competitor analysis systems", *Strategic Management Journal*, 12, nº 1, jan. 1991, p. 17-31.

Tom Peters. "Rethinking scale", *California Management Review*, 35, nº 1, outono 1992, p. 7-29.

W. Daniel Hillis, Daniel F. Burton, Robert B. Costello *et al*. "Technology policy: is America on the right track?", *Harvard Business Review*, 70, nº 3, maio/jun. 1992, p. 140-157.

William G. Egelhoff. "Great strategy or great strategy implementation: two ways of competing in global markets", *Sloan Management Review*, 34, nº 2, inverno 1993, p. 37-50.

Parte Cinco: Criando Programas de Marketing Global

CAPÍTULO 11

Decisões de Produto

As expectativas para os fabricantes norte-americanos de automóveis na Europa pareceriam boas se eles atendessem às condições e exigências desses diversos países, mas tentar fazê-lo da maneira como se fazem negócios nos Estados Unidos faria disso uma tarefa infrutífera.

James Couzens, 1907
Executivo da Ford Motor Company

Conteúdo do Capítulo

- Conceitos básicos
- Posicionamento de produto
- Níveis de saturação de produto em mercados globais
- Considerações de projeto de produto
- Atitudes em relação ao país de origem
- Expansão geográfica — alternativas estratégicas
- Novos produtos em marketing global
- Resumo
- Questões para discussão

A Ste. Suisse Microelectronique et d'Horlogerie S.A. (SMH) é mais conhecida como a empresa que produz o relógio Swatch. Verdadeiramente global, a marca Swatch é sinônimo de design inovador em relógios de pulso e, no início da década de 80, praticamente reinventou o relógio como um acessório de moda duradouro e de preço moderado. Consumidores atentos às novas tendências arrebataram cem milhões dos relógios coloridos entre 1983 e 1993. Durante o mesmo período, a participação suíça no mercado global de relógios cresceu de 15% para mais de 50%, em grande parte por causa do Swatch.

O fabuloso Swatch, que foi vendido por 40 dólares em todo o mundo na primeira década (1986-1996) e que agora é vendido por 50 dólares, é projetado no Laboratório de Design Swatch de Milão, chefiado por Franco Bosisio, que também dirige a SMH Italy. Por quê? Porque a Itália setentrional é um dos centros de design do mundo, e as pessoas que se interessam por design querem ir para lá. Além disso, elas também valorizam a oportunidade de trocar idéias com Alessandro Mendini, diretor de arte do laboratório e figura de destaque no design europeu.

A SMH foi criada para salvar a fragmentada e combalida indústria suíça de relógios. Os banqueiros suíços estavam prontos para desligar a tomada e deixar as empresas asiáticas assumirem a indústria global de relógios. Um homem, porém, Nicolas Hayek, convenceu os bancos de que tinha uma idéia melhor: formar a SMH para assumir algumas das mais celebradas marcas de luxo e lançar o Swatch. A SMH é muito mais que a empresa que produz o Swatch: é também líder na categoria de relógios de luxo, na qual os suíços não têm rival. *Swiss Made* é sinônimo de valor e luxo no mundo dos relógios. A SMH tem nove marcas mundiais principais: Blancpain, Omega, Longines, Rado, Tissot, Certina, Hamilton, Swatch e Flik Flak. O marketing da SMH é radicalmente descentralizado, mas não a produção. Os gerentes de marca têm total autoridade sobre design, marketing e comunicação, mas desempenham um papel limitado na produção e na montagem.

O Blancpain (desde o século XVIII nunca houve um Blancpain a quartzo e nunca haverá) é um relógio mecânico vendido por mais de cem mil dólares, e a marca Omega tem preços de varejo de mil a 50 mil dólares. Quando a SMH foi formada, a Omega estava em ruínas. A chave do sucesso no segmento luxo é a exclusividade: a quantidade máxima de relógios de luxo que se pode vender mundialmente e ainda permanecer como um relógio de luxo é de aproximadamente 600 mil. A ganância da Omega levou-a a atender pedidos de revendedores por relógios de baixo preço. A certa altura, a Omega estava fabricando mais de dois mil modelos, e ninguém mais sabia o que a marca representava. Sob a SMH, o número de modelos foi reduzido de volta para 130 e a Omega foi reposicionada como um relógio de elite para pessoas empreendedoras.

Em 1991, o presidente da SMH, Nicolas Hayek, anunciou a assinatura de um contrato com a Volkswagen para desenvolver o carro Swatch, movido a bateria. Ao mesmo tempo, Hayek disse que sua meta era construir "um carro urbano, de alta qualidade, para duas pessoas, ecologicamente correto", que seria vendido por cerca de 6,4 mil dólares. Dois anos depois, a aliança com a Volkswagen foi desfeita; Hayek alegou que foi por causa de discordâncias sobre o conceito do carro (os gerentes da Volkswagen disseram que as projeções de baixos lucros eram o problema). Na primavera de 1994, Hayek anunciou a entrada em uma nova *joint-venture*, dessa vez com a unidade Mercedez-Benz da Daimler-Benz AG, que investiria 750 milhões de marcos alemães em uma nova fábrica em Hambach–Saargemuend, na França. O protótipo apresentado em Stuttgart em março de 1994 só teve sua versão definitiva à disposição do público em 1997, no salão de Frankfurt. O foco deste capítulo é o produto, provavelmente o elemento mais importante de um programa de marketing. Em grande medida, os produtos de uma empresa definem seu negócio. Todos os aspectos da empresa — incluindo preços, comunicação, políticas de distribuição — devem adequar-se ao produto. Os clientes e concorrentes de uma empresa são determinados pelos produtos que ela oferece. As necessidades de pesquisa e desenvolvimento (P&D) dependerão, em parte, das tecnologias dos produtos da empresa e, em parte — como fica claro pelo exemplo do Swatch —, da visão de seus gerentes e executivos. O desafio enfrentado por uma empresa com horizontes globais é desenvolver políticas e estratégias de produto sensíveis às necessidades de mercado, à concorrência e aos recursos da empresa, em uma escala global. A política de produto deve atingir um equilíbrio entre o benefício de adaptar os produtos às preferências do mercado local e as vantagens competitivas advindas da concentração dos recursos da empresa em um número limitado de produtos padronizados.

Este capítulo examina as principais dimensões das decisões de produtos globais. Inicialmente, são explorados os conceitos básicos de produto. A diversidade de preferências e necessidades em mercados globais é ressaltada por um exame dos níveis de saturação de produto. São identificados critérios de projeto de produto e exploradas atitudes para com produtos estrangeiros. A seção a seguir delineia as alternativas estratégicas disponíveis aos profissionais de marketing global. Ao final, são discutidas questões de novos produtos em marketing global.

CONCEITOS BÁSICOS

Iniciaremos a discussão sobre decisões de produtos globais revendo brevemente conceitos de produto tipicamente cobertos em um curso de marketing básico. Todos os conceitos básicos de produto são inteiramente aplicáveis ao mercado global. Conceitos adicionais, que se aplicam especificamente ao marketing global, também são discutidos.

Produtos: definição e classificação

O que é um produto? A princípio, isso parece uma questão simples com uma resposta óbvia. Um produto pode ser definido em termos de seus atributos físicos tangíveis, como peso, dimensões e materiais. Assim, um automóvel pode ser definido como 1.400 quilos de metal ou plástico, medindo 4,50 metros de comprimento e 1,80 metro de largura. Qualquer descrição limitada aos atributos físicos, contudo, retrata de maneira incompleta os benefícios que um produto proporciona. No mínimo, os compradores de carros esperam que um automóvel proporcione transporte seguro e confortável, o que deriva de características físicas, como airbags e assentos ajustáveis. Os profissionais de marketing, entretanto, não podem ignorar o status, a mística e outros atributos intangíveis de produto, que um modelo de automóvel específico pode proporcionar. Na verdade, os principais segmentos do mercado de automóveis são desenvolvidos em torno desses atributos intangíveis.

Similarmente, os proprietários de motocicletas Harley-Davidson recebem delas muito mais que o transporte básico. A Harley é um produto recreativo: mesmo as pessoas que vão para o trabalho em suas Harleys fazem-no como uma forma de lazer. Já em países de baixa renda, a motocicleta é uma forma de transporte. Há uma clara diferença entre a necessidade atendida por uma motocicleta para o motoqueiro que busca lazer e o que a usa como um meio de transporte. Algumas empresas, como a Harley, focalizam o motoqueiro recreativo (a Harley também vende motos para a polícia), enquanto outras, como a Honda, vendem para motoqueiros que buscam lazer e para o mercado de transporte básico. A Harley, contudo, enfoca um amplo espectro de necessidades: de status, divertimento, afiliação com a lenda e a história da Harley e com os donos de Harleys do passado e do presente, além da sensação que se experimenta em uma delas. A Harley é uma marca de luxo: cara, exclusiva e especial. A Harley-Davidson está vendendo uma experiência social e pessoal. A Harley tem um som e um toque singulares. É uma marca que evoluiu ao longo do tempo mantendo um elo com suas origens. A Harley é uma motocicleta norte-americana que celebra o romance, a aventura e a camaradagem de uma viagem. Quando compra uma Harley, você pode fazer parte do Grupo de Proprietários da Harley (HOG). Como membro do HOG, encontrará outros proprietários Harley e compartilhará a diversão e o prazer de andar de motocicleta com outras pessoas.

A Honda é um exemplo de empresa com estratégia baseada em utilidade: se algo pode ser acionado por motor, pode ser um motor Honda: de 50 cc a 5000 cc, desde umas poucas centenas de dólares até 75 mil dólares, desde o mercado de transporte nos países em desenvolvimento até o mercado de lazer em qualquer país.

Um produto, então, pode ser definido como uma coleção de atributos físicos, psicológicos, de utilidade e simbólicos que, coletivamente, proporcionam satisfação e/ou benefícios para um comprador ou usuário.

Várias estruturas para classificar produtos foram desenvolvidas. Uma classificação muito comum é baseada em usuários e faz distinção entre bens de consumo e bens industriais. Ambos os tipos de bens, por sua vez, podem ainda ser classificados com base em outros critérios, como: de que modo são comprados (de conveniência, de compra comparada, não-procurados e bens de especialidade) e seu tempo de vida (duráveis, não-duráveis e serviços).[1] Essas e outras estruturas de classificação, desenvolvidas para o marketing doméstico, são inteiramente aplicáveis ao marketing global.

---

1 Para uma discussão mais detalhada, veja Warren Keegan, Sandra Moriarty e Thomas Duncan. *Marketing*, 2. ed. Upper Saddle River, NJ: Prentice Hall, Capítulo 10, 1994.

Produtos: locais, nacionais, internacionais e globais

Muitas empresas constatam que, ao expandir os negócios existentes ou adquirir um novo negócio, passam a ter produtos para venda em um único mercado nacional. A Kraft Foods, por exemplo, a certa altura, viu-se no negócio de chicletes na França, no de sorvetes no Brasil e no de massas na Itália. Embora esses negócios fossem, isoladamente, bastante lucrativos, a escala de cada um deles era muito pequena para justificar pesadas despesas em P&D, sem contar marketing, produção e gerenciamento financeiro de escritórios internacionais. Uma questão importante relativa a qualquer produto é se ele tem potencial de expansão para outros mercados. A resposta dependerá das metas e objetivos da empresa e de sua percepção das oportunidades.

Os gerentes correm o risco de cometer dois tipos de erro com relação às decisões de produtos em marketing global. Um deles é ser vítima da síndrome do 'não foi criado aqui', ignorando decisões de produto tomadas por gerentes das subsidiárias ou afiliadas. Os gerentes que se comportam assim estão essencialmente abandonando qualquer esforço para alavancar a política de produto fora do mercado de origem. O outro erro é impor políticas de decisão de produtos para todas as empresas afiliadas, supondo que o que é bom para consumidores no mercado natal é adequado também para consumidores de qualquer lugar. A Volkswagen, fabricante alemã de automóveis, aprendeu as conseqüências desse último erro quando perdeu sua posição de liderança no mercado de importação norte-americano. Um observador da indústria resumiu assim o principal erro da empresa: "Até agora, a Volkswagem pensou que o que funciona na Alemanha deve funcionar nos Estados Unidos". A Volkswagem abriu recentemente um escritório de design em Los Angeles, esperando ficar mais bem sintonizada com as preferências dos compradores norte-americanos de carros.[2] Hoje, a Volkswagen, criando carros globais a partir de plataformas básicas, está voltando aos mercados globais.

As quatro categorias de produto no *continuum*, dentro de uma gradação que vai do local ao global — local, nacional, internacional e global —, são descritas a seguir.

Produtos locais

Um produto local está disponível apenas em uma parte de um mercado nacional. Nos Estados Unidos e em outros países de grande território, a expressão *produto regional* é sinônimo de produto local. Esses produtos podem ser de distribuição exclusiva nessa região ou ser novos produtos, que uma empresa está lançando em mercados-teste para fazer os ajustes necessários antes do lançamento em âmbito nacional. Originalmente, as batatas fritas Cape Cod eram um produto local no mercado da Nova Inglaterra. A empresa, depois, foi comprada pela Frito-Lay, e a distribuição foi expandida para outras regiões dos Estados Unidos.

Produtos nacionais

Produto nacional é aquele que, no contexto de uma empresa específica, é oferecido em um único mercado nacional. Algumas vezes, produtos nacionais surgem quando uma empresa global supre as necessidades e preferências de mercados de um país específico. A Coca-Cola, por exemplo, desenvolveu uma bebida não-carbonatada, com sabor de ginseng, para venda exclusivamente no Japão, e uma bebida amarela, carbonatada, chamada Pasturina, para competir com o refrigerante favorito do Peru, a Inca Cola. Depois de anos tentando tirar a Inca Cola do mercado, a Coca-Cola seguiu a velha máxima estratégica: "Se não pode vencê-los, compre-os", e adquiriu a Inca Cola. No Brasil, a Coca-Cola possui o Kuat, refrigerante de sabor guaraná, para fazer frente a seu principal concorrente no país, o guaraná Antarctica.

Similarmente, a Sony e outras empresas japonesas de produtos eletrônicos de consumo produzem uma variedade de produtos que não são vendidos fora do Japão. Justificativa: os consumidores japoneses têm, aparentemente, um apetite insaciável por produtos eletrônicos. Um exemplo recente é o Can-Tele, da

---

2   Steven Greenhouse, "Carl Hahn's east german homecoming", *New York Times*, 23 set. 1990, Seção 3, p. 6.

Casio, de 16 mil ienes (155 dólares), uma televisão em lata de cerveja, com tela de uma polegada. Foi projetada para caber em um porta-bebida de automóvel. Há também o Uka LaLa, da Sony, um sistema de alto-falantes de mesa projetado para funcionar com aparelhos portáteis Walkman e Discman.[3]

Não obstante tais exemplos, há diversas razões pelas quais produtos nacionais — mesmo aqueles bastante lucrativos — podem representar um substancial custo de oportunidade para uma empresa. Primeiro, a existência de um negócio único em um mercado nacional não dá oportunidade para desenvolver e utilizar a alavancagem global da matriz nas áreas de marketing, P&D e produção. Segundo, o produto nacional não possibilita a transferência e a aplicação da experiência obtida em um mercado para outros mercados. Uma das mais importantes ferramentas disponíveis para o profissional de marketing global é a análise comparativa. Por definição, o profissional de marketing global de um único país não pode valer-se dessa ferramenta. Uma terceira fraqueza do produto de um único país é a dificuldade de transferência de conhecimento gerencial adquirida na área de um produto único. Os gerentes que adquirem experiência com um produto nacional só podem utilizar sua experiência no mercado onde ele é vendido. Similarmente, qualquer gerente proveniente de fora do mercado em que o produto único é vendido não terá experiência no mercado de produto único. Por essas razões, produtos puramente nacionais devem, em geral, ser vistos como menos atraentes que produtos com potencial internacional ou global.

Produtos internacionais

Os produtos internacionais são oferecidos em mercados multinacionais e regionais. O clássico produto internacional é o 'Euro', oferecido por toda a Europa, mas não no restante do mundo. A Renault foi, por muitos anos, um produto Euro; quando entrou no mercado brasileiro, tornou-se uma empresa multirregional. Mais recentemente, a Renault investiu na Nissan e assumiu o controle da companhia. A combinação da Renault na Europa e na América Latina com a Nissan na Ásia, nas Américas, na Europa, no Oriente Médio e na África catapultou a Renault de uma posição multirregional para global. A Renault é um exemplo de como uma empresa pode passar, da noite para o dia, por meio de investimento ou aquisição, de uma posição internacional para uma global.

Produtos globais e marcas globais

Um produto verdadeiramente global é oferecido em todas as regiões do mundo. Alguns foram projetados para atender às necessidades de um mercado global; outros foram projetados para atender às necessidades de um mercado nacional, mas também, felizmente, atendem às necessidades de um mercado global.

Observe que um produto não é uma marca. Equipamentos de som portáteis e pessoais, por exemplo, são uma categoria de produto global; a Sony é uma marca global. Uma marca global, como uma marca nacional ou internacional, é um símbolo sobre o qual os consumidores têm crenças e percepções. Muitas empresas, inclusive a Sony, fabricam aparelhos de som pessoais. A Sony criou a categoria há mais de quinze anos, quando introduziu o Walkman. É importante compreender que as marcas globais devem ser lançadas por empresas globais; um nome de marca global pode ser utilizado como um guarda-chuva para lançar novos produtos. Embora a Sony, como observado previamente, comercialize um grande número de produtos locais, também possui uma forte marca global e fabrica vários produtos globais.

A Figura 11-1 identifica as qualidades de uma marca global: tem o mesmo nome, como é o caso da Coca-Cola, da Sony, da BMW, da Harley-Davidson e assim por diante, ou pode ter o mesmo significado em diferentes idiomas, como acontece com o amaciante de roupas *Snuggle* da Unilever (Estados Unidos), cujo logotipo mostra um simpático ursinho e o nome local, que tenta transmitir um significado idêntico ou similar ao do original em inglês — no Brasil, é 'Fofo'. Uma marca global tem imagem e posicionamento similares e é guiada pelos mesmos princípios estratégicos. O composto de marketing para uma marca global, entretanto, pode variar de país para país. Isso significa que produto, preço, promoção e ponto-de-venda (canais de distribuição) podem variar de país para país. Na verdade, porém, ao acompanhar alguns exem-

---

[3] David P. Hamilton, "Wacky electronic gear again fills japanese stores", *Wall Street Journal*, 4 maio 1994, p. B1.

QUADRO 11-1

OS 'DAVIS' DAS MARCAS PRÓPRIAS LUTAM CONTRA OS 'GOLIAS' DAS MARCAS GLOBAIS

Enquanto muitas diferenças separam os consumidores de diferentes partes do mundo, há uma característica que os consumidores de todos os lugares parecem compartilhar: uma preferência por produtos de baixo preço, alta qualidade e marcas próprias, em vez de marcas mais conhecidas (e caras). Em alguns lugares, a movimentação para as marcas próprias está apenas começando. Em outros, as marcas próprias já existem há vários anos.

Em alguns dos mercados mundiais, a preferência do consumidor por marcas próprias — freqüentemente encorajada por empresas locais — solapa os esforços das empresas estrangeiras na abertura de novos mercados. Em 1992, por exemplo, depois de prolongadas negociações comerciais, a Dole, a Tropicana e outros fabricantes de bebidas, finalmente, foram capazes de vender suas marcas de suco de laranja no Japão. No mesmo período em que os produtos americanos surgiram nas prateleiras das lojas, a cadeia de supermercados Daiei lançou sua marca própria, denominada Savings. Os produtos de marca própria da Daiei incluem suco feito de laranjas brasileiras, a um preço 40% inferior ao das marcas norte-americanas; sorvetes especiais vendidos por 299 ienes, metade do preço da Lady Borden, e bebidas de café em lata, com preços 30% inferiores aos da marca Georgia, da Coca-Cola. A imitação competitiva ajuda na venda das marcas Savings; a Daiei compra o sorvete do mesmo fornecedor que a Borden e os embala em caixas retangulares similares às da Lady Borden.

Nos supermercados do Reino Unido, as margens de lucro operacional do setor de mercearia chegam a 8%, enquanto as dos Estados Unidos não passam de 1%. A razão? As marcas próprias, que respondem por 36% das vendas totais de mercearia na Inglaterra, comparadas com 14% nos Estados Unidos. O sucesso das marcas próprias na Inglaterra deve-se, em parte, a muito menos propaganda nacional, o que contribui para diminuir a fidelidade de marca entre consumidores. Especificamente, a recusa da BBC em aceitar propaganda significa que a propaganda pela TV — uma estratégia-chave para construir a marca e a fidelidade de marca — é muito menos importante do que em outros países. A estrutura é também um fator importante: o negócio de supermercados na Inglaterra é muito menos fragmentado que nos Estados Unidos, por exemplo. As cinco maiores cadeias da Inglaterra — entre elas, a Sainsbury, a Safeway e a Tesco — dominam aproximadamente dois terços do mercado; nos Estados Unidos, a Safeway e outras cadeias maiores respondem por cerca de um quinto das vendas. Marcas bem conhecidas estão sentindo a pressão: o refrigerante de lima-limão Gio, da Sainsbury, compete diretamente com o 7-UP e o Sprite; seu sabão Novon supera a venda dos gigantes globais Procter & Gamble e Unilever.

A história é quase a mesma no Canadá. No início da década de 80, David A. Nichols, diretor da Loblaw Cos. Ltd., baseada em Toronto, criou uma marca própria, chamada President's Choice (PC). Hoje, os produtos de alto nível da PC são encontrados não somente no Canadá, mas também em muitos supermercados norte-americanos, conquistando o público com embalagens criativas e de forte apelo. A Coca-Cola e a PepsiCo atuam, agora, em um mercado de refrigerantes no Canadá em que a participação de marcas próprias cresceu de 5 em 1990 para 25% em 1993.

Fontes: E. S. Browning, "Europeans witness proliferation of private labels", *Wall Street Journal*, 20 out. 1992, p. B1; Yumiko Ono, "The rising sun shines on private labels", *Wall Street Journal*, 26 abr. 1993, p. B1, B6; Richard Gibson, "Pitch, panache buoy fancy private label", *Wall Street Journal*, 27 jan. 1994, p. B1, e Eleena De Lisser e Kevin Helliker, "Private labels reign in British groceries", *Wall Street Journal*, 3 mar. 1994, p. B4.

plos — Marlboro, Coca-Cola, Sony, Mercedes e Avon —, verificaremos que o composto de marketing para esses produtos varia de país para país. O Mercedes, que é exclusivamente um carro de luxo nos Estados Unidos, é também um forte concorrente no mercado de táxi na Europa. A Avon, que é uma linha de cosméticos de preços altos no Japão, é de preço popular no restante do mundo. A despeito dessas variações de composto de marketing, cada um desses produtos é uma marca mundial ou global.

Um produto global difere de uma marca global em um aspecto importante: não leva o mesmo nome e imagem de país para país. Como a marca global, contudo, ele é guiado pelos mesmos princípios estratégicos, é posicionado de maneira similar e pode ter um mix de marketing que varie de país para país. Sempre que uma empresa trabalhar com produtos globais enfrentará uma questão: o produto global deve tornar-se uma marca global? Isso requer que o nome e a imagem do produto sejam padronizados. Os dois maiores exemplos dessa opção foram a mudança das muitas diferentes marcas locais da Standard Oil para Exxon

- Guiadas pelos mesmos princípios estratégicos
- Mesmo nome, imagem similar
- Posicionamento similar
- O mix de marketing pode variar
  Produto
  Preço
  Promoção
  Ponto-de-venda

Exemplos: Marlboro, Coca-Cola, Sony, Avon, Mercedes, BMW, Volvo

Figura 11-1   Marcas globais

(Esso, no Brasil) e a decisão da Nissan de abandonar a marca Datsun nos Estados Unidos e adotar vários nomes de modelo para a linha mundial de produtos Nissan.

A Tabela 11-1 mostra as marcas mais valiosas do mundo, segundo avaliação da Interbrand, uma consultoria internacional de marcas, integrante da Omnicom. Das primeiras 20 marcas no mundo, 14 são de empresas norte-americanas, enquanto o Japão tem duas marcas e a Finlândia, a Alemanha, a Suíça e a Suécia têm uma cada. Quando vistas por categoria, as indústrias de alta tecnologia têm nove marcas, enquanto as outras 11 — exceto para automóveis, com três das maiores marcas — são bastante diversificadas. (o que sugere uma boa ocasião para rever a análise dos *clusters* de Porter, no Capítulo 10).

Tabela 11-1   As 20 marcas mais valiosas do mundo.

Colocação	Nome da marca	Indústria	País
1	Coca-Cola	Bebidas	Estados Unidos
2	Microsoft	Software	Estados Unidos
3	IBM	Computadores	Estados Unidos
4	General Electric	Diversificada	Estados Unidos
5	Ford	Automóveis	Estados Unidos
6	Disney	Entretenimento	Estados Unidos
7	Intel	Computadores	Estados Unidos
8	McDonald's	Alimentos	Estados Unidos
9	AT&T	Telecomunicações	Estados Unidos
10	Marlboro	Fumo	Estados Unidos
11	Nokia	Telecomunicações	Finlândia
12	Mercedes	Automóveis	Alemanha
13	Nescafé	Bebidas	Suíça
14	Hewlett-Packard	Computadores	Estados Unidos
15	Gillette	Higiene pessoal	Estados Unidos
16	Kodak	Imagem	Estados Unidos
17	Ericsson	Telecomunicações	Suécia
18	Sony	Eletrônica	Japão
19	Amex	Serviços financeiros	Estados Unidos
20	Toyota	Automóveis	Japão

Fonte: Interbrand, www.interbrand.com.

Quando uma indústria se torna global, as empresas são pressionadas a desenvolver produtos globais, e um dos principais propulsores para a globalização de produtos é o custo de P&D. À medida que a concorrência se intensifica, as empresas constatam que podem reduzir o custo de P&D de um produto, desenvolvendo um projeto de produto global. Mesmo produtos como automóveis, que devem cumprir padrões nacionais de segurança e poluição, ficam sob pressão para se tornar globais: com um produto global, as empresas podem oferecer uma adaptação de um projeto global, em vez de um projeto nacional em cada país.

A Mars Inc. defrontou-se com a questão de marca global com sua barra de caramelo coberta de chocolate, que era vendida sob diversos nomes de marcas nacionais, como Snickers, nos Estados Unidos, e Marathon, no Reino Unido. A Mars decidiu transformar o doce — um produto global — em uma marca global. Essa decisão envolvia riscos, como a possibilidade de os consumidores do Reino Unido associarem o nome *Snickers* com *knickers*, gíria inglesa para roupa íntima feminina. A Mars também mudou o nome de seu bem-sucedido biscoito europeu de chocolate de Raider para Twix, o mesmo nome usado nos Estados Unidos. Em ambos os casos, um único nome de marca dá à Mars a oportunidade de alavancar todas as suas comunicações de produto através de fronteiras nacionais. Fazendo isso, a empresa tem, agora, de pensar globalmente sobre o posicionamento de Snickers e Twix, algo que não era necessário quando os produtos eram comercializados sob diferentes nomes de marcas nacionais.

A Coca-Cola é, indiscutivelmente, o produto global e a marca global por excelência. O posicionamento e a estratégia da Coca-Cola são as mesmas em todos os países: projeta uma imagem global de alegria, momentos felizes e diversão. A Coca-Cola é 'a real'. Há apenas uma Coca-Cola. É singular, um exemplo brilhante de diferenciação de marca. A essência da discriminação é mostrar a diferença entre seus produtos e outros produtos e serviços da concorrência.

Esse posicionamento é uma realização considerável quando se leva em conta o fato de que a Coca-Cola é um produto de baixa tecnologia. É água flavorizada, carbonatada e adoçada, dentro de um plástico, vidro ou lata. A estratégia da empresa é garantir que o produto esteja à mão para todos. O composto de marketing para a Coca-Cola, contudo, varia. O produto em si é adaptado para se adequar ao gosto local; a Coca-Cola aumenta o teor de açúcar em suas bebidas no Oriente Médio, por exemplo, onde os consumidores preferem um refrigerante mais doce. Os preços também podem variar, para se adequar às condições locais de concorrência, e os canais de distribuição podem diferir. Os princípios estratégicos básicos que orientam o gerenciamento da marca, porém, são os mesmos no mundo todo. Somente um ideólogo insistiria em que um produto global não pode ser adaptado para atender às preferências locais; certamente nenhuma empresa que esteja construindo uma marca global precisa limitar-se a uma absoluta uniformidade do composto de marketing. A questão não é a uniformidade exata, mas fornecer o mesmo valor. Como será discutido nos próximos capítulos, outros elementos do composto de marketing — por exemplo, preço, apelo de comunicação e estratégia de mídia e canais de distribuição — também podem variar.

Comparando as experiências de duas empresas de alimentos na China, uma, a Nestlé, foi muito bem-sucedida, enquanto a outra, a Kraft, enfrentou muita dificuldade. A Kraft tentou vender o Tang e laticínios, como queijo e iogurte. O Tang, a despeito do sucesso inicial, perdeu participação para uma marca local emergente, Jianlibao, uma bebida carbonatada com sabor de laranja.[4] Por outro lado, os produtos de laticínios não fazem parte da dieta tradicional chinesa. Na realidade, muitos chineses não toleram produtos derivados do leite. Além disso, as condições de refrigeração são precárias em muitas partes do país. A Nestlé, por sua vez, concentrou-se em suas marcas globais, como Nescafé, enquanto desenvolvia produtos como macarrão instantâneo e água mineral.

Os profissionais de marketing global devem sistematicamente identificar e avaliar oportunidades para desenvolver marcas globais. Criar uma marca global requer um tipo de esforço de marketing diferente — incluindo uma visão criativa — daquele requerido para criar marcas nacionais. Por outro lado, o esforço contínuo de manter a percepção de marca é menor para uma marca global líder do que para um conjunto de marcas locais. Que critérios os profissionais de marketing usam para decidir sobre a criação de marcas

---

4 Rick Yan, "Short-term results: the litmus test for success in China", *Harvard Business Review*, set./out. 1998, p. 67.

globais? Um especialista argumentou que a decisão deve ser "de baixo para cima, firmada por considerações determinadas pelo consumidor, e não de cima para baixo e determinada pelo fabricante, ou seja, por conveniência da empresa".[5] Um dos determinantes principais de sucesso será se o esforço de marketing está começando do zero ou se a tarefa é reposicionar ou renomear uma marca local existente, na tentativa de criar uma marca global. Começar do zero é muito mais fácil que reposicionar marcas existentes. Ainda assim, a Mars e muitas outras empresas conseguiram transformar com sucesso marcas locais em marcas internacionais ou globais. Hoje, há milhares de marcas globais, e seu número continua crescendo.

POSICIONAMENTO DE PRODUTO

O posicionamento de produto é uma estratégia de comunicação baseada na noção de 'espaço' na mente dos consumidores: refere-se ao fazer com que uma marca seja localizada, na mente do consumidor, acima e em oposição a outras, em termos de atributos e benefícios oferecidos. A palavra *posicionamento*, usada formalmente pela primeira vez em 1969 por Al Ries e Jack Trout, descreve a estratégia de 'delimitar o terreno' ou 'preencher um espaço' na mente do público-alvo.[6]

Diversas estratégias gerais foram sugeridas para posicionar produtos: posicionar por atributo ou benefício, qualidade/preço, uso e aplicação e uso/usuário.[7] Duas estratégias adicionais, high-tech (alta tecnologia) e high-touch (alto toque, ou seja, benefícios emocionais), foram sugeridas para produtos globais.

Atributo ou benefício

Uma estratégia de posicionamento freqüentemente usada explora um atributo, benefício ou característica específica do produto. Em marketing global, o fato de um produto ser importado pode, por si só, representar um posicionamento de benefício. Economia, confiabilidade e durabilidade são outros posicionamentos comuns de atributo/benefício. Os automóveis Volvo são conhecidos por sua construção sólida, que oferece segurança no caso de uma colisão. Na guerra constante entre os cartões de crédito, a propaganda do Visa focaliza o benefício de aceitação mundial no comércio.

Qualidade/preço

A estratégia pode ser imaginada em termos de uma gradação, desde alta qualidade com preço alto até baixa qualidade a preço baixo.[8] O cartão de crédito American Express, por exemplo, tem tradicionalmente se posicionado como um cartão de alto nível, cujo prestígio justifica taxas de anuidade maiores que as do Visa ou do MasterCard. O cartão Discover está no outro extremo da gradação: sua posição de valor resulta da não-cobrança de anuidade e de um desconto anual aos clientes.

Os profissionais de marketing de vodcas importadas, como Absolut, Finlândia e Stolichnaya Cristall, posicionaram com sucesso suas marcas como produtos especiais, pelo dobro do preço de vodcas 'comuns'. Os anúncios da vodca russa Stolichnaya, por exemplo, passam a imagem de 'a mais inconfundível vodca do mundo'. As vodcas também destacam suas origens nacionais, demonstrando como preço/qualidade pode também ser usado juntamente com outras estratégias, como a de benefício/atributo. Os profissionais de marketing, algumas vezes, usam a expressão 'propaganda de transformação' para descrever a propaganda que procura mudar a experiência de compra e uso do produto — em outras palavras, o benefício do produto.[9] Supostamente, comprar e consumir Stolichnaya Cristall é uma experiência de qualidade superior àquela de, digamos, comprar e consumir uma marca mais barata e de menor prestígio.

---

5 A. E. Pitcher, "The role of branding in international advertising", *International Journal of Advertising*, nº 4, 1985, p. 244.
6 Al Ries e Jack Trout. *Positioning: the battle for your mind*. Nova York: Warner Books, 1982, p. 44.
7 David A. Aaker e J. Gary Shansby, "Positioning your product", *Business Horizons*, maio/jun. 1982, p. 56-62.
8 Ibid., p. 57.
9 William Wells, John Burnett e Sandra Moriarty. *Advertising: principles and practices*. Upper Saddle River, NJ: Prentice Hall, 1989, p. 207.

Uso/usuário

O posicionamento também pode ser obtido descrevendo-se como um produto é usado ou associando um produto a um usuário ou classe de usuários, da mesma maneira em todos os mercados. A Benetton, por exemplo, usa o mesmo posicionamento para suas roupas, quando o alvo é o jovem do mercado global. O extraordinário sucesso da Marlboro como marca global deve-se, em parte, a sua associação com caubóis — o símbolo arquetípico de independência rude, liberdade, espaço e estilo americano — e à propaganda de transformação, que focaliza fumantes urbanos. Como explica Clive Chajet, especialista em identidade corporativa e de marca: "O caubói é um dos ícones mais duráveis que se pode ter e, quanto mais forte sua imagem de marca, seja qual for o ambiente em que compete, melhor você se sai".[10]

Por que escolher Marlboro em vez de outra marca? Fumar Marlboro é uma maneira de ceder a um intenso desejo de ser livre e independente. A falta de espaço físico pode ser um reflexo do próprio senso de masculinidade do usuário de Marlboro, ou um símbolo de liberdade e independência. A mensagem é reforçada em propaganda com uma imagem cuidadosamente elaborada, para apelar ao desejo humano universal por aquelas coisas, e incita os fumantes a 'unir-se àquele caubói rude e independente do Velho Oeste'. A propaganda tem sucesso porque é muito bem-feita e, evidentemente, desperta uma necessidade profunda e poderosa encontrada em todo o planeta.[11] Não surpreende que a Marlboro fosse a marca mais popular de cigarro na antiga União Soviética.

A Honda usou o slogan "Você encontra as melhores pessoas em uma Honda" para atrair um novo segmento de compradores norte-americanos de motocicletas no início da década de 60. Mais recentemente, a Harley-Davidson ampliou com sucesso sua imagem, para atingir uma nova classe de entusiastas de motocicleta: os profissionais maduros, que desejavam adotar uma personalidade de fora-da-lei nos fins de semana. Um anúncio do Range Rover especial, mostrando o utilitário esportivo no alto de uma montanha, tem o slogan: "A verdadeira razão para muitos executivos não estarem disponíveis para comentário".

No ambiente do mercado global de hoje, muitas empresas consideram cada vez mais importante ter uma estratégia de posicionamento global unificada. O Banco Chase Manhattan, por exemplo, lançou uma campanha de propaganda global de 75 milhões de dólares, cujo tema era: "Lucre com a experiência". De acordo com Aubrey Hawes, vice-presidente e diretor de marketing do banco, o negócio do Chase e os clientes de bancos privados "estão espalhadas pelo mundo e viajam pelo mundo inteiro. Eles só podem ter um Chase na mente; então, por que vamos tentar confundi-los?".[12]

O posicionamento global pode funcionar para todos os produtos? Um estudo sugere que o posicionamento global é muito eficaz para categorias de produto que se aproximam de cada extremo da gradação 'high-tech/high-touch'.[13] Ambos os extremos da gradação são caracterizados por altos níveis de envolvimento do cliente e por uma linguagem comum entre consumidores.

Posicionamento high-tech

Os computadores pessoais, os equipamentos de som e vídeo e os automóveis são categorias de produto para as quais o posicionamento high-tech provou sua eficácia. Esses produtos são freqüentemente comprados com base em suas características físicas, embora a imagem também possa ser importante. Os compradores em geral já possuem — ou desejam adquirir — considerável informação técnica. Os produtos high-tech podem ser divididos em três categorias: produtos técnicos, produtos de interesse especial e produtos demonstráveis.

Computadores, produtos químicos e serviços financeiros são produtos técnicos, no sentido de que os compradores têm necessidades específicas, requerem uma grande quantidade de informação sobre o pro-

---

10 Stuart Elliot, "Uncle Sam is no match for the Marlboro man", *New York Times*, 27 ago. 1995, Seção 3, p. 11.
11 Jagdish N. Sheth. *Winning back your market*. Nova York: Wiley, 1985, p. 158.
12 Gary Levin, "Ads going global", *Advertising Age*, 22 jul. 1991, p. 42.
13 A discussão a seguir é adaptada de Teresa J. Domzal e Lynette Unger, "Emerging positioning strategies in global marketing", *Journal of Consumer Marketing*, outono 1987, p. 27-37.

duto e compartilham uma linguagem comum. Os compradores de computador na Rússia e nos Estados Unidos são igualmente conhecedores das exigências de microprocessadores Pentium, discos rígidos e memória RAM. As comunicações de marketing sobre produtos high-tech devem ser informativas e enfatizar as características.

Os produtos de interesse especial também são caracterizados por uma experiência compartilhada e alto envolvimento entre os usuários, embora sejam menos técnicos ou mais orientados para o lazer. Novamente, a linguagem comum e os símbolos associados com tais produtos podem transcender barreiras lingüísticas e culturais. As bicicletas Fuji e os equipamentos esportivos da Adidas e da Nike, as máquinas fotográficas Canon e os videogames da Sega são exemplos de produtos globais de interesse especial bem-sucedidos.

Posicionamento high-touch

O marketing de produtos high-touch exige menos ênfase em informação especializada e mais ênfase na imagem. Assim como acontece com os produtos high-tech, entretanto, as categorias de high-touch são muito envolventes para os consumidores. Os compradores de produtos high-touch também compartilham uma linguagem comum e um conjunto de símbolos relativos a temas de saúde, materialismo e romance. Há três categorias de produtos high-touch: produtos que resolvem um problema comum, produtos de aldeia global e produtos com um tema universal. No outro extremo da escala de preço dos high-tech, os produtos high-touch que resolvem um problema, em geral, proporcionam benefícios ligados aos 'momentos especiais da vida'. Anúncios que mostram amigos conversando, tomando uma xícara de café ou matando a sede com um refrigerante durante o dia na praia põem o produto no centro da vida cotidiana e comunicam o benefício oferecido de um modo que é compreendido mundialmente. Perfumes de alto nível e produtos de moda são exemplos de produtos cujo posicionamento é de natureza extremamente cosmopolita. Perfumes e modas espalham-se pelo mundo como resultado do crescente interesse mundial por produtos de alta qualidade, bastante visíveis e de preços altos, que, freqüentemente, ressaltam o status social.

Os produtos podem ter um apelo global em virtude de seus países de origem. O norte-americanismo de Levi's, Marlboro, McDonald's e Harley-Davidson ressalta seu apelo aos cosmopolitas de todo o mundo e oferece oportunidades de posicionamento por benefício. Nos produtos eletrônicos domésticos, Sony é sinônimo da excelente qualidade japonesa; em automóveis, o Mercedes é a personificação da lendária engenharia alemã.

Alguns produtos podem ser posicionados de mais de uma maneira, entre os pólos da gradação high-tech/high-touch. Uma câmera sofisticada, por exemplo, pode simultaneamente ser classificada como de interesse técnico e especial. Outros produtos podem ser posicionados de modo bipolar, isto é, tanto high-tech quanto high-touch. Os produtos eletrônicos domésticos Bang & Olufsen, por exemplo, em virtude de seu design, são percebidos como high-tech e high-touch.

NÍVEIS DE SATURAÇÃO DE PRODUTO EM MERCADOS GLOBAIS

Muitos fatores determinam o potencial de mercado de um produto. Em geral, os níveis de saturação de mercado ou o percentual de compradores potenciais, ou de domicílios, que possuem determinado produto aumentam à medida que cresce a renda nacional *per capita*. Para mercados onde a renda é suficiente para os consumidores comprarem determinado produto, entretanto, outros fatores têm de ser considerados. A venda de condicionares de ar, por exemplo, é explicada por renda e clima. Em um país de baixa renda, muitas pessoas não podem se dar ao luxo de possuir um aparelho de ar condicionado, não importa quanto calor faça. Já os consumidores mais ricos do hemisfério norte podem facilmente adquirir um condicionador de ar, mas têm pouca necessidade desse tipo de aparelho.

Durante a década de 60, o percentual de lares que possuíam aspiradores de pó no Mercado Comum Europeu variava muito: de 95% dos domicílios na Holanda a 7% na Itália. A renda explica apenas parcialmente as diferenças de consumo desse aparelho na Europa. Um fator muito mais importante para explicar os diferentes níveis de consumo é o tipo de assoalho utilizado nas casas de cada país. Quase todos os lares na Holanda possuem tapetes, enquanto, na Itália, seu uso não é comum. Isso ilustra a importância da necessidade como fator determinante do potencial de vendas de um produto. Assim, além das atitudes em relação à limpeza, a presença ou ausência de um produto associado é muito significativa, como vimos no caso dos aspiradores de pó. Se os italianos tivessem mais tapetes e carpetes cobrindo seus pisos, o nível de saturação para aspiradores seria mais alto.

A existência de grandes disparidades na demanda por um produto, de um mercado para outro, é uma indicação do possível potencial para esse produto no mercado de baixo nível de saturação. Uma nova categoria importante de produto nos Estados Unidos, no início da década de 80, por exemplo, era a musse, um produto para o cabelo feminino, mais flexível que o duro e seco *spray*. Esse produto, conhecido como gel em vários países, estava disponível na França e na Europa 25 anos antes de sua introdução nos Estados Unidos. O sucesso do produto na Europa era um sinal claro de potencial de mercado. Na verdade, era mais que provável que essa oportunidade pudesse ter sido explorada antes. Todas as empresas devem ter um sistema ativo de rastreamento global, para identificar oportunidades de mercado potenciais, com base em disparidades de demanda.

CONSIDERAÇÕES DE PROJETO DE PRODUTO

O projeto de produto é um fator-chave que determina o sucesso no marketing global. Deve uma empresa adaptar o produto para vários mercados nacionais, ou oferecer um único projeto ao mercado global? Em alguns casos, fazer uma mudança de projeto pode aumentar as vendas. Os benefícios desses crescimentos potenciais de vendas, contudo, devem ser analisados em relação ao custo de mudar o projeto de um produto e testá-lo no mercado. Os profissionais de marketing global precisam considerar quatro fatores ao tomar decisões de projeto de produto: preferências, custo, leis e regulamentos e compatibilidade.

Preferências

Há importantes e acentuadas diferenças de preferência no mundo para diversos fatores, como cor e sabor. Os profissionais de marketing que ignoram preferências correm sérios riscos. Na década de 60, por exemplo, a Olivetti ganhou considerável distinção na Europa pelo design premiado de suas máquinas de escrever para consumidores; as máquinas de escrever da Olivetti tinham sido exibidas até no Museu de Arte Moderna de Nova York. Embora aclamados pelos críticos, os projetos da Olivetti não desfrutaram de sucesso comercial nos Estados Unidos. O consumidor norte-americano queria uma máquina pesada, volumosa, que seria feia para os modernos padrões de projeto europeus. Volume e peso eram considerados evidência de qualidade pelos consumidores norte-americanos, e a Olivetti foi, portanto, forçada a adaptar nos Estados Unidos seu design premiado.

Algumas vezes, o projeto de um produto que tem sucesso em uma região do planeta não encontra sucesso no restante do mundo. A BMW e a Mercedes dominam o mercado de carros de luxo na Europa e são fortes concorrentes no restante do mundo, com exatamente o mesmo design. De fato, essas companhias têm um projeto mundial. O outro fabricante global de carros de luxo é o Japão, e os fabricantes japoneses expressaram sua grande admiração pelo apelo visual do BMW e do Mercedes projetando carros influenciados pelas linhas e pela filosofia de design dos dois fabricantes. Se a imitação é a mais sincera forma de elogio, a BMW e a Mercedes foram honradas por seus concorrentes.

Custo

Ao tratar da questão de projeto de produto, os dirigentes da empresa devem considerar a fundo os fatores de custo. Naturalmente, o custo real de gerar o produto criará um piso de custo. Outros custos relacionados ao projeto — quer incorridos pelo fabricante, quer pelo usuário final — têm também de ser considerados. Verificamos, neste capítulo, que os custos de serviços de reparo variam ao redor do mundo e têm impacto no projeto do produto. Outro exemplo de como o custo de mão-de-obra afeta as decisões de produto é visto nos enfoques contrastantes adotados em projeto de aeronaves pelos ingleses e pelos norte-americanos. A solução dos ingleses, que resultou no Comet, foi colocar o motor dentro da asa. Esse projeto significou menor resistência ao vento e, conseqüentemente, maior economia de combustível. A desvantagem do projeto é que os motores ficaram menos acessíveis que os montados externamente; portanto, consomem mais tempo para manutenção e reparo. O enfoque norte-americano na questão de localização do motor foi pendurar os motores nas asas, à custa de eficiência e economia de combustível, para ganhar um motor mais acessível e, portanto, reduzir o tempo necessário para manutenção e reparo. Ambos os caminhos para a localização do motor foram racionais. A solução dos ingleses levou em consideração seu custo relativamente mais baixo da mão-de-obra requerida para reparo de motor, e a solução dos norte-americanos levou em consideração os custos relativamente altos de mão-de-obra para reparo de motor nos Estados Unidos.

Leis e regulamentos

A convivência com as leis e regulamentos em diferentes países tem um impacto direto sobre decisões de projeto de produto, freqüentemente levando a adaptações que aumentam os custos. Isso pode ser visto claramente na Europa, onde um dos motivos para a criação do mercado comum foi a necessidade de eliminar barreiras legais e normativas — particularmente nas áreas de padrões técnicos e de normas de saúde e segurança — que impediam as vendas pan-européias de produtos padronizados. Na indústria de alimentos, por exemplo, havia 200 barreiras legais e reguladoras para o comércio através das fronteiras dentro da União Européia em dez categorias. Entre estas, havia proibições ou impostos sobre produtos com certos ingredientes, diferentes leis de embalagem e etiquetagem. Os especialistas previram que a remoção de tais barreiras reduziria a necessidade de adaptar projetos de produto e resultaria na criação de 'europrodutos' padronizados.[14]

Compatibilidade

A última questão de projeto de produto a ser levada em conta pelas empresas é a compatibilidade do produto com o ambiente no qual é usado. Uma coisa simples, como não traduzir o manual do usuário para várias línguas, pode prejudicar as vendas fora do país de origem. Vale lembrar que os sistemas elétricos variam de 50 a 230 volts e de 50 a 60 ciclos. Isso significa que o projeto de qualquer produto acionado por eletricidade tem de ser compatível com o sistema de força do país de uso.

Os fabricantes de televisores e equipamentos de vídeo acham que o mundo é um lugar muito incompatível, por razões além daquelas relatadas para a eletricidade. Três diferentes sistemas de difusão de TV e vídeo são encontrados no mundo hoje: o sistema NTSC norte-americano, o sistema Secam francês e o sistema PAL alemão. As empresas que almejam mercados globais projetam TVs e VCRs 'multissistemas', que permitem ao usuário simplesmente mudar uma chave para operar adequadamente com qualquer sistema. As empresas que não estão almejando mercados globais projetam produtos que atendem a um único tipo de exigência técnica.

Fabricantes de telefones celulares encontram o padrão GSM, que foi adaptado na Europa e em muitos outros países. Os Estados Unidos, porém, têm três diferentes tecnologias de celulares, e o Japão tem ainda outro padrão, o CCU.

O sistema de medida a ser utilizado é outro fator que pode criar resistência ao produto. A falta de compatibilidade é um perigo especialmente nos Estados Unidos, único país do mundo que não adota o sistema métrico decimal. Produtos calibrados em polegadas e libras estão em desvantagem competitiva em mercados que usam o sistema métrico. Quando as empresas integram sua atividade de produção e projeto,

---

14 John Quelch, Robert Buzzell e Eric Salama. *The marketing challenge of Europe 1992*. Reading, MA: Addison Wesley, 1991, p. 71.

o conflito entre o sistema métrico decimal e o sistema inglês requer dispendiosos esforços de conversão e harmonização.

Etiquetagem, rotulagem e instruções

A etiquetagem, a rotulagem e as instruções de produtos devem sujeitar-se a leis e regulamentos. Há, por exemplo, exigências muito severas de rotulagem de medicamentos e venenos. Além disso, o rótulo e a embalagem podem proporcionar ao consumidor valiosas informações nutricionais, por exemplo. Por fim, muitos produtos requerem instruções de operação e de instalação.

Em que língua devem ser impressos os rótulos e as instruções? Uma alternativa é imprimir rótulos e instruções em idiomas que sejam usados nos principais mercados do produto. O uso de várias línguas em etiquetas e instruções simplifica o controle de estoque: a mesma embalagem pode ser utilizada para vários mercados. As economias de simplificação, para valer a pena, devem ser comparadas ao custo de livretos de instrução mais longos e maior espaço em etiquetas para informação.

ATITUDES EM RELAÇÃO AO PAÍS DE ORIGEM

Uma das peculiaridades do marketing global é a existência de atitudes estereotipadas sobre produtos estrangeiros. As atitudes estereotipadas podem favorecer ou prejudicar os esforços dos profissionais de marketing. No lado positivo, como observa um especialista em marketing, "a Alemanha é sinônimo de qualidade de engenharia, a Itália é sinônimo de moda e a França é sinônimo de chique".[15] Nenhum país, contudo, tem o monopólio de reputação estrangeira favorável para seus produtos, ou uma reputação universalmente inferior. Similarmente, cidadãos individuais de um dado país, provavelmente, diferem em termos tanto da importância que atribuem ao país de origem de um produto como de suas percepções de diferentes países. Um recente levantamento do Gallup mostrou que, entre os norte-americanos, as pessoas de 61 anos ou mais são as que mais provavelmente se deixam influenciar pelo país de origem do produto (Tabela 11-2).

A reputação de um país específico pode variar pelo mundo e modificar-se com o passar do tempo. Estudos conduzidos durante a década de 70 e 80 indicavam que a imagem do 'Made in U.S.A.' perdera espaço quando comparada com a imagem do 'Made in Japan'. Hoje, entretanto, as empresas e as marcas norte-americanas estão encontrando aceitação crescente na Europa, no Japão e em outros lugares. Os veículos utilitário-esportivos Jeep Cherokee, as roupas Lands'End e mesmo a cerveja Budweiser, por exemplo, estão sendo comercializados com sucesso na Europa com fortes apelos norte-americanos.

A imagem de país não é uniforme. Os relógios suíços são preferidos na Europa por uma margem esmagadora, mas, no Japão, os consumidores preferem relógios japoneses. Nos Estados Unidos, a preferência por relógios de fabricação suíça varia de uma região para outra.

Tabela 11-2 Influência de país de fabricação sobre decisões de compra de consumidor.

Idade	Percentual
18-30	19%
31-45	35%
46-60	29%
+ de 61	50%

Fonte: Pesquisa Gallup conduzida pela International Mass Retail Association.

---

15 Dana Milbank, "Made in America becomes a boast in Europe", *Wall Street Journal*, 19 jan. 1994, p. B1.

Estereótipos em relação a um país podem constituir uma considerável desvantagem para um concorrente em um dado mercado. Por esse motivo, os profissionais de marketing global devem considerar a mudança dos locais de produção, para explorar vantagens específicas de alguns países. Um estudo recente investigou a relação entre o país de origem de um produto e as percepções de risco do consumidor norte-americano. Especificamente, o estudo comparou percepções de duas categorias de produto — fornos de microondas e jeans — produzidos nos Estados Unidos, no México e em Taiwan. De modo geral, o estudo constatou uma inclinação do consumidor a favor dos microondas e jeans fabricados nos Estados Unidos. O estudo, no entanto, não mostrou nenhuma diferença em risco percebido entre fornos de microondas 'Made in U.S.A.' e 'Made in Taiwan'. Por outro lado, os entrevistados indicaram um risco percebido maior em jeans fabricados em Taiwan, comparados com aqueles dos Estados Unidos. A comparação das duas categorias de produto para os Estados Unidos e o México indicou um viés negativo de país de origem para os produtos 'Made in Mexico'. Por fim, a pesquisa indicou um risco percebido significativamente maior para um forno de microondas mexicano, comparado com um feito em Taiwan; não houve nenhuma diferença significativa entre o México e Taiwan, em termos de risco percebido em comprar jeans.[16]

Naturalmente, os consumidores do México e de Taiwan exibem vieses próprios de país de origem. Um novo empreendimento no Brasil, que fornecia um instrumento científico sensível para a indústria de perfuração de petróleo, descobriu que seus clientes mexicanos não aceitavam instrumentos científicos fabricados no Brasil. Para vencer o preconceito no México contra equipamentos brasileiros, a empresa foi forçada a exportar os componentes de seus instrumentos para a Suíça, onde foram montados, e o produto final foi marcado como 'Made in Switzerland'. Somente então a empresa atingiu níveis de vendas satisfatórios no México.

Se os fabricantes de um país produzem produtos de qualidade que são, não obstante, percebidos como de baixa qualidade, há duas alternativas. Uma é tentar esconder ou disfarçar a origem do produto. A embalagem, o rótulo e o design do produto podem minimizar a evidência da origem estrangeira. Uma política de marcas de utilizar nomes locais contribuirá para uma identidade doméstica. A outra alternativa é continuar com a identificação estrangeira do produto e tentar modificar as atitudes do consumidor para com ele. Com o tempo, à medida que o consumidor experimenta a maior qualidade, as percepções mudam e se ajustam. Não são raras as evidências de que as percepções de qualidade ficam aquém da realidade.

Em alguns segmentos de mercado, os produtos estrangeiros têm uma vantagem substancial sobre seus concorrentes domésticos simplesmente por serem estrangeiros. Parece ser o caso da cerveja nos Estados Unidos. Em um estudo, as pessoas a quem foi pedido para indicar a preferência de paladar de cerveja em um teste cego indicaram a preferência por cervejas domésticas sobre as importadas. Às mesmas pessoas foi, então, pedido indicar taxas de preferência por cervejas em um teste aberto, com etiquetas de identificação. Nesse teste, as pessoas preferiram as cervejas importadas. Hoje, muitos norte-americanos ainda parecem ter uma preferência por cervejas importadas. De acordo com o *Impact*, publicação de novidades da indústria, as importadas respondem por 5% das vendas de cerveja, em volume, nos Estados Unidos.

É uma situação favorável para o profissional de marketing global a origem estrangeira ter uma influência positiva nas percepções de qualidade. Uma maneira de reforçar a preferência estrangeira é a cobrança de um preço elevado pelo produto estrangeiro, para tirar vantagem do comportamento do consumidor de associar preço e qualidade. A posição relativa de cerveja importada no mercado de cerveja de preço alto nos Estados Unidos é um excelente exemplo dessa estratégia de posicionamento. Similarmente, a Anheuser-Busch está desfrutando de um grande sucesso com sua marca Budweiser na Europa. Na Inglaterra, onde ela é posicionada como uma cerveja especial, uma caixa com seis 'Buds' é vendida pelo equivalente a 7 dólares — cerca de duas vezes o preço nos Estados Unidos.

---

16 Jerome Witt e C. P. Rao, "The impact of global sourcing on consumers: country-of-origin effects on perceived risk", *Journal of Global Marketing*, 6, nº 3, 1992, p. 105-128.

EXPANSÃO GEOGRÁFICA — ALTERNATIVAS ESTRATÉGICAS

As empresas podem crescer de três maneiras diferentes. Os métodos tradicionais de expansão de mercado — maior penetração nos mercados existentes, para aumentar a participação de mercado, e extensão da linha para áreas de mercado de produto novo em um único mercado nacional — estão disponíveis para as operações domésticas. Além disso, uma empresa pode expandir-se estendendo suas operações já existentes para novos países e regiões do mundo, sendo esse último método, a expansão geográfica, uma das principais oportunidades de marketing global. Sua eficácia requer uma estrutura adequada para a escolha de alternativas. Quando a empresa tem uma base única de produto/mercado, ela pode optar entre cinco alternativas estratégicas para estender essa base para outros mercados geográficos ou pode criar um novo produto projetado para mercados globais. Quatro alternativas são mostradas na Figura 11-2.

Estratégia 1: extensão do produto/comunicação (dupla extensão)

Muitas empresas utilizam a extensão produto/comunicação como uma estratégia para buscar oportunidades fora do mercado doméstico. Sob as condições certas, essa é a estratégia mais fácil de marketing de produto e, em muitos casos, também a mais lucrativa. As empresas que optam por essa estratégia vendem exatamente o mesmo produto, com a mesma propaganda e apelos promocionais, como usados no país de origem, em alguns ou todos os mercados ou segmentos de mercado mundiais. Observe que essa estratégia é utilizada por empresas nos estágios 2, 4 e 5 descritos no Capítulo 8. A diferença crítica é a de execução e atitude mental. Na empresa do estágio 2, a estratégia de dupla extensão surge de uma orientação etnocêntrica, partindo do pressuposto de que todos os mercados são iguais. A empresa no estágio 4 ou 5 não faz tais suposições; sua orientação geocêntrica permite que ela compreenda claramente seus mercados e, conscientemente, tire vantagens das similaridades dos mercados mundiais.

Alguns profissionais de marketing aprenderam, a duras penas, que a estratégia de dupla extensão não funciona em todos os mercados. Quando a Campbell Soup tentou vender sua sopa de tomate no Reino Unido, descobriu, depois de perdas substanciais, que os ingleses preferem um gosto mais amargo que os norte-americanos. Felizmente, a Campbell aprendeu sua lição e, posteriormente, foi bem-sucedida no Japão, oferecendo sete variedades de sopa — entre elas, a de milho, projetada especificamente para o mercado japonês. Uma empresa norte-americana gastou vários milhões de dólares em um esforço malsucedido para conquistar o mercado inglês de mistura para bolo. Ela oferecia misturas para bolo elaboradas no estilo norte-americano, com cobertura. Depois que o produto foi lançado, a empresa descobriu que os ingleses consomem bolos na hora do chá, e o tipo preferido é seco, fofo e adequado para ser apanhado com a mão esquerda, enquanto a direita segura a xícara de chá. Outra empresa norte-americana, esperando vender misturas de bolo no Reino Unido, montou um painel de donas de casa e pediu-lhes para fazer seu bolo

Figura 11-2 Alternativas estratégicas de planejamento global de produto.

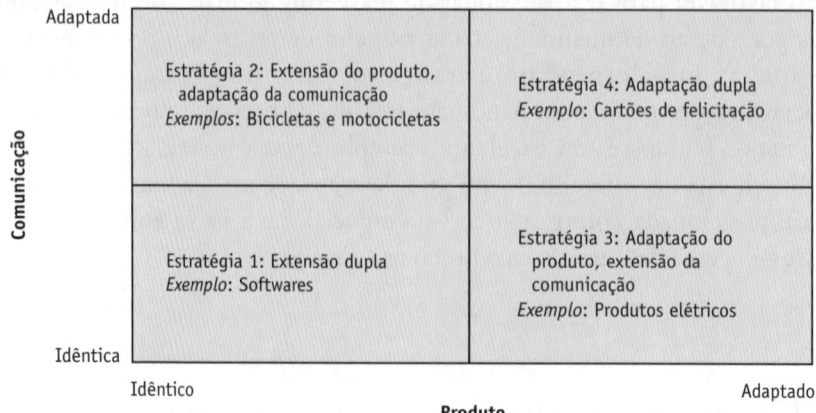

Comunicação	Produto: Idêntico	Produto: Adaptado
Adaptada	Estratégia 2: Extensão do produto, adaptação da comunicação. *Exemplos*: Bicicletas e motocicletas	Estratégia 4: Adaptação dupla. *Exemplo*: Cartões de felicitação
Idêntica	Estratégia 1: Extensão dupla. *Exemplo*: Softwares	Estratégia 3: Adaptação do produto, extensão da comunicação. *Exemplo*: Produtos elétricos

preferido. Tendo aprendido sobre as preferências de bolo dos ingleses, por meio desse estudo, a empresa criou um produto de mistura de bolo seco e fofo e conquistou uma parte substancial do mercado inglês.

A Phillip Morris, certa vez, tentou tirar vantagem do fato de que sua propaganda na TV norte-americana atingia uma considerável audiência no Canadá, na área de fronteira com os Estados Unidos. Os fumantes canadenses preferem um cigarro feito com fumo puro, enquanto os fumantes norte-americanos preferem cigarros feitos de fumo misturado. A Phillip Morris preferiu ignorar as pesquisas de mercado, que indicavam que os canadenses não aceitariam cigarros de fumo misturado, e os executivos prosseguiram com os programas de marketing projetados para estender a distribuição de varejo das marcas norte-americanas nas áreas da fronteira canadense, cobertas pela televisão dos Estados Unidos. Como seria de esperar, a preferência canadense por cigarros puros, não misturados, permaneceu inalterada. Os cigarros de estilo norte-americano eram vendidos até a fronteira, mas não passavam dali, e a Philip Morris teve de interromper a distribuição das marcas americanas no Canadá.

No início da década de 60, a CPC International esperava obter êxito com uma estratégia de extensão de produto com as sopas desidratadas Knorr nos Estados Unidos. As sopas desidratadas dominam o mercado de sopas na Europa, e os gerentes da CPC acreditavam ter uma oportunidade de mercado nos Estados Unidos. Um projeto falho de pesquisa de mercado, porém, levou a conclusões erradas em relação ao potencial comercial para esse produto. A CPC International baseou sua decisão de ir em frente com a Knorr nos relatórios de um painel de comparações do sabor de sopas desidratadas Knorr com o das populares sopas enlatadas. Infelizmente, esse painel não simulou o ambiente real de mercado para sopa, que inclui não apenas tomar a sopa, mas também seu preparo. Sopas secas requerem de 15 a 20 minutos de cozimento, enquanto as enlatadas só exigem aquecer e servir. A diferença de preparo é um fator crítico, influenciador das compras de sopa, e resultou em outro fracasso da estratégia de extensão. Nesse caso, a extensão era apenas parcial: os sabores foram adaptados, mas a forma básica do produto foi estendida. Felizmente, o fracasso não foi absoluto. O produto falhou em relação às expectativas iniciais, mas tem sido um sucesso nos Estados Unidos em sua categoria (sopa desidratada). A participação no mercado da categoria ampla (sopas), contudo, permanece pequena comparada com a da Europa.

A estratégia de extensão produto/comunicação tem um apelo enorme para as empresas globais, por causa das economias de custo associadas a esse caminho. As duas fontes mais óbvias de economia são as economias de escala de produção e a eliminação da duplicação de custos de P&D de produto. Importantes também são as substanciais economias associadas com padronização de comunicações de marketing. Para uma empresa com operações mundiais, o custo de preparar anúncios diferentes para cada mercado pode ser bastante expressivo. Embora essas reduções de custo sejam importantes, não devem desviar os executivos do objetivo mais importante: obtenção do melhor retorno sobre o investimento, que pode requerer o uso de uma estratégia de adaptação ou de invenção. Como vimos, a extensão de produto, a despeito de suas economias imediatas de custo, pode resultar em fracasso de mercado.

Estratégia 2: extensão do produto/adaptação da comunicação

Quando um produto preenche uma necessidade diferente, apela para um segmento também diferente ou executa uma função diferente, sob condições de uso idênticas ou similares às do mercado doméstico, o único ajuste que pode ser requerido é na comunicação de marketing. Bicicletas e ciclomotores são exemplos de produtos que utilizaram essa estratégia. Elas satisfazem necessidades de lazer nos Estados Unidos, mas servem de transporte básico ou urbano em muitos outros países. Similarmente, motores marítimos de popa são usualmente vendidos para um mercado de lazer nos países de alta renda, enquanto os mesmos motores, na maioria dos países de baixa renda, são vendidos principalmente para frotas pesqueiras e de transporte. Outro exemplo é o da empresa de equipamentos agrícolas dos Estados Unidos que decidiu comercializar sua linha norte-americana de cortadores de grama e equipamentos motorizados residenciais, como implementos agrícolas, em países menos desenvolvidos. O equipamento atendia plenamente às necessidades de fazendeiros em muitos desses países. Igualmente importante era o preço baixo: quase um terço a menos que o equipamento concorrente, especialmente projetado para sítios pequenos e oferecido por outros fabricantes estrangeiros.

Como mostram esses exemplos, a estratégia de extensão do produto e adaptação da comunicação — seja projetada ou acidental — resulta em transformação do produto. O mesmo produto físico acaba servindo a uma função ou uso diferente daquele para o qual foi originalmente projetado ou criado. Há muitos exemplos de transformação de produtos alimentícios. O exemplo clássico é o da Perrier. Embora tenha sido anunciada por muito tempo com sucesso, na Europa, como um produto saudável, a Perrier somente se tornou um sucesso nos Estados Unidos depois de comercializada como bebida chique, para ser pedida em restaurantes e bares em lugar de um coquetel.[17]

O apelo da estratégia de adaptação de extensão do produto/adaptação da comunicação é seu custo relativamente baixo de implementação. Como o produto, nessa estratégia, fica imutável, evitam-se os custos adicionais de P&D, embalagem, investimentos em produção e estoque associados aos produtos modificados. Os únicos custos desse enfoque são os de identificar diferentes funções do produto e de revisar as comunicações de marketing (incluindo propaganda, promoção de vendas e material de ponto-de-venda) e adaptá-las à nova função identificada.

Estratégia 3: adaptação do produto/extensão da comunicação

Uma terceira alternativa para o planejamento de produto global é estender, sem mudança, a estratégia básica de comunicação do mercado doméstico, enquanto se adapta o produto ao uso no destino, ou a condições de preferência. Observe que essa estratégia, e a que se segue, pode ser utilizada tanto pelas empresas do estágio 3, como pelas do estágio 4. A diferença fundamental é, como observado antes, de execução ou de atitude mental. Na empresa do estágio 3, a estratégia de adaptação de produto surge de uma orientação policêntrica, pois a empresa do estágio 3 supõe que todos os mercados sejam diferentes. Por outro lado, a orientação geocêntrica dos gerentes e executivos de uma companhia global do estágio 4 sensibilizou-os para diferenças reais, em vez das supostas, entre os mercados.

A Exxon adere a essa terceira estratégia: adapta suas formulações de gasolina, para atender às condições climáticas de diferentes mercados, ao mesmo tempo em que mantém o apelo básico das comunicações: "Ponha um tigre em seu tanque". Similarmente, a Pioneer Hi-Bred International comercializa diferentes variedades de semente de milho, que produzem ótimo rendimento sob diferentes condições de solo e são resistentes a diferentes tipos e níveis de estiagem e de praga. Há muitos outros exemplos de produtos que foram ajustados para realizar a mesma função ao redor do mundo, sob diferentes condições ambientais. Os fabricantes de sopa e de detergente ajustaram as formulações de seus produtos para atender a condições locais de água e de equipamento de lavagem, sem nenhuma mudança no enfoque de sua comunicação básica. Aparelhos domésticos foram adaptados a tamanhos apropriados para uso em ambientes diversos, e roupas foram adaptadas para atender a critérios da moda. Também produtos alimentícios, em virtude de seu alto grau de sensibilidade ambiental, são adaptados com freqüência. O Mueslix, por exemplo, é o nome de um cereal europeu 'saudável', em forma de mingau, que é popular na Europa. A Kellogg's levou o nome Mueslix e o conceito do produto para os Estados Unidos e outros países, mas mudou completamente a formulação e a natureza do produto.

Estratégia 4: adaptação do produto/comunicação (dupla adaptação)

Algumas vezes, quando comparam um novo mercado geográfico com o doméstico, os profissionais de marketing constatam que as condições ambientais ou as preferências do consumidor diferem; o mesmo pode acontecer com a função que um produto desempenha ou com a receptividade do consumidor aos apelos publicitários. Em essência, essa é uma combinação das condições de mercado das estratégias 2 e 3. Em tal situação, uma empresa nos estágios 4 ou 5 utilizará a estratégia de adaptação do produto e da comunicação.

---

17 Em 1993, a Perrier Group of America mudou para a estratégia 1, desenvolvendo mais propagandas nos Estados Unidos em conformidade com a abordagem européia da empresa.

A experiência da Unilever com seu amaciante de roupas na Europa exemplifica o caminho clássico das multinacionais para a adaptação. Por vários anos, o produto foi vendido em dez países sob sete diferentes nomes de marca, com diferentes embalagens e estratégias de mercado. A estrutura descentralizada da Unilever significava que as decisões de produto e de marketing eram deixadas para os gerentes de cada país. Eles escolhiam nomes que tivessem apelo na língua local e selecionavam o projeto da embalagem para ajustá-la aos gostos locais. Hoje, a rival Procter & Gable está lançando produtos competitivos, com uma estratégia pan-européia de produtos padronizados, com nomes únicos, sugerindo que o mercado europeu é mais similar do que a Unilever presumiu. Em resposta, os gerentes de produto da Unilever européia estão tentando mover-se gradualmente em direção à padronização.[18]

A Hallmark, a American Greetings e outros fabricantes de cartões de felicitação sediadas nos Estados Unidos enfrentaram genuínas diferenças de condições de mercado e preferência na Europa, onde a função de um cartão de felicitações é proporcionar um espaço para o remetente escrever uma mensagem personalizada. Em comparação, os cartões norte-americanos contêm uma mensagem impressa. Nas lojas européias, os cartões são manuseados com freqüência pelos consumidores, uma prática que torna necessário embrulhá-los em papel celofane. Assim, os fabricantes norte-americanos, seguindo uma estratégia de ajuste, adaptaram tanto seu produto quanto suas comunicações ao mercado, em resposta a esse conjunto de diferenças ambientais.

Eventualmente, uma empresa poderá recorrer a todas essas quatro estratégias fundamentais simultaneamente, ao comercializar um dado produto em diferentes partes do mundo. A H. J. Heinz, por exemplo, utiliza um conjunto de estratégias no marketing de seu *ketchup*. Enquanto uma estratégia de dupla extensão funciona na Inglaterra, formulações mais picantes são populares na Europa Central e na Suécia. Recentes anúncios veiculados na França mostravam um caubói laçando uma garrafa de ketchup, recordando aos consumidores a herança norte-americana do produto. Os anúncios suecos transmitiam uma mensagem mais cosmopolita; promovendo a Heinz como 'o sabor do mundo' e mostrando símbolos conhecidos, como a Torre Eiffel, os anúncios disfarçavam as origens do produto.[19]

Estratégia 5: invenção do produto

As estratégias de adaptação são abordagens eficazes do marketing internacional (estágio 2) e multinacional (estágio 3), mas podem conduzir à perda de oportunidades de mercado global. Elas não reagem a situações de mercado em que os consumidores não têm o poder de compra para adquirir o produto existente nem o adaptado. Essa última situação aplica-se aos países de baixa renda, que abrigam cerca de 75% da população mundial. Quando os compradores potenciais têm poder de compra limitado, uma empresa pode ter de desenvolver um produto inteiramente novo, projetado para satisfazer a necessidade ou o desejo, a um preço que esteja ao alcance do consumidor potencial. A invenção é uma estratégia potencialmente compensadora para atingir mercados de massa em países menos desenvolvidos.

Na concorrência global, vencem as empresas que podem desenvolver produtos capazes de oferecer os melhores benefícios — que, por sua vez, criam o maior valor para os compradores. Em alguns casos, o valor não é definido em termos de desempenho, mas de preferência em termos de percepção do cliente. Isso é tão importante para um perfume ou champanhe caro quanto para um refrigerante barato. A qualidade do produto é essencial, mas também é necessário apoiar essa qualidade com uma propaganda criativa e comunicações de marketing que criem valor. A maioria dos especialistas acredita que o apelo global e uma campanha global de propaganda são mais eficazes para criar a percepção de valor do que uma série de campanhas nacionais separadas.

A Colgate utilizou essa estratégia ao desenvolver a Total, uma marca de creme dental cuja formulação, imagem e apelo final ao consumidor foram projetados desde o início para crescer e ultrapassar frontei-

---

18 E. S. Browning, "In pursuit of the elusive euroconsumer", *Wall Street Journal*, 23 abr. 1992, p. B2.
19 Gabriella Stern, "Heinz aims to export taste for ketchup", *Wall Street Journal*, 20 nov. 1992, p. B1, B9.

ras nacionais. O produto foi testado em seis países, cada um com um perfil cultural diferente: Filipinas, Austrália, Colômbia, Grécia, Portugal e Reino Unido. A Total, agora, é vendida em quase cem países. De acordo com John Steel, vice-presidente sênior para negócios globais da Colgate, o sucesso da Total resultou da aplicação de um princípio de marketing fundamental: são os consumidores que constroem ou destroem marcas. "Não há nenhum consumidor no número 300 da Park Avenue", diz ele, referindo-se à sede da empresa. E acrescenta: "Você tira muito mais proveito e pode fazer muito mais com uma marca global do que pode fazer com uma marca local. Pode trazer o melhor talento de propaganda do mundo para resolver um problema. Você pode trazer os melhores cérebros de pesquisa, a melhor alavancagem de sua organização sobre algo que seja verdadeiramente global. Então, toda a sua P&D, os imensos custos de embalagem e a propaganda se pagam, e você pode alavancar a organização toda de uma vez".[20]

Como escolher uma estratégia

A maioria das empresas busca uma estratégia de produto que maximize os lucros da empresa no longo prazo. E quais estratégias para mercados globais ajudam a atingir essa meta? Não há, infelizmente, nenhuma resposta única a essa pergunta. De preferência, a resposta depende da combinação específica de produto–mercado–empresa.

Conforme apresentado no Capítulo 3, em termos de sensibilidade cultural, os produtos de consumo são mais sensíveis que os industriais. Outra regra geral é que os produtos alimentícios, especificamente aqueles servidos em casa, em geral exibem o mais alto grau de sensibilidade cultural. Isso significa que alguns produtos, por sua natureza, podem exigir adaptações significativas. Uns requerem somente adaptação parcial, enquanto outros devem ser mantidos como estão.

As empresas diferem em sua disposição e capacidade de identificar e produzir adaptações lucrativas de produtos. Infelizmente, muitas empresas do estágio 1 e do estágio 2 se esquecem dessas questões. Um especialista em novos produtos descreveu três estágios que uma empresa deve atravessar:
1. *Habitante das cavernas*. A principal motivação para o lançamento de novos produtos internacionalmente é dispor de excesso de produção, ou aumentar a utilização da capacidade produtiva.
2. *Nacionalista ingênua*. A empresa reconhece oportunidades de crescimento fora do mercado doméstico, compreende que as culturas e os mercados diferem de país para país e, como resultado, vê a adaptação de produto como a única alternativa possível.
3. *Globalmente sensível*. A empresa encara as regiões, ou todo o mundo, como um mercado competitivo, transpondo barreiras na avaliação das oportunidades de novos produtos, com alguma padronização planejada, bem como alguma diferenciação para se acomodar às variações culturais. O processo de planejamento de novos produtos e os sistemas de controle são razoavelmente padronizados.[21]

Em suma, a escolha da estratégia de produto e de comunicação em marketing internacional é uma função de três fatores: o produto em si, definido em termos da função ou da necessidade a que serve; o mercado, definido em termos das condições sob as quais o produto é usado, as preferências dos consumidores potenciais e a capacidade de comprar os produtos em questão; os custos de adaptação e fabricação para a empresa que pensa em adotar essas alternativas de produto/comunicações. Somente depois da análise da adequação produto/mercado e da capacitação e dos custos da empresa, os executivos podem escolher a estratégia internacional mais lucrativa.

NOVOS PRODUTOS EM MARKETING GLOBAL

O que é um novo produto? A condição de novo pode ser avaliada no contexto do produto em si, da organização e do mercado. O produto pode ser uma invenção ou inovação inteiramente nova — por exemplo, os aparelhos de videocassete (VCR) ou de CD. Pode ser uma expansão de linha (uma modificação de

---

20 Pam Weisz, "Border crossing: brands unify image to counter cult of culture", *Brandweek*, 31 out. 1994, p. 24.
21 Thomas D. Kuczmarski. *Managing new products: the power of innovation*. Upper Saddle River, NJ: Prentice Hall, 1992, p. 254.

um produto existente), tal como a Coca-Cola light. A condição de novidade pode ser também organizacional, como quando uma empresa adquire um produto já existente com o qual não tenha experiência prévia. Finalmente, um produto existente, que não é novo para uma companhia, pode ser novo para determinado mercado.

No ambiente de mercado competitivo e dinâmico atual, muitas empresas entendem que o desenvolvimento contínuo e a introdução de novos produtos são chaves para a sobrevivência e o crescimento. Que empresas se destacam nessas atividades? Gary Reiner, especialista em novos produtos do Boston Consulting Group (BCG), elaborou a seguinte lista: Honda, Compaq, Motorola, Canon, Boeing, Merck, Microsoft, Intel e Toyota, todas com uma característica em comum: são empresas globais que buscam oportunidades em mercados globais em que a competição é acirrada, assegurando que os novos produtos sejam de classe mundial. Outras características observadas por Reiner são:

1. Concentram-se apenas em um ou em poucos negócios.
2. A alta administração está ativamente envolvida em definir e melhorar o processo de desenvolvimento do produto.
3. Têm a capacidade de recrutar e manter os melhores profissionais de cada área.
4. Compreendem que a velocidade em trazer novos produtos ao mercado reforça a qualidade do produto.[22]

Identificando idéias de novos produtos

O ponto de partida de um programa eficaz de novos produtos mundiais é um sistema de informação que busca idéias de novos produtos de todas as fontes e canais potencialmente úteis. As idéias relevantes para a empresa são submetidas a triagem, em centros de decisão dentro da organização. Há muitas fontes de idéias de novos produtos: consumidores, fornecedores, concorrentes, vendedores, distribuidores e agentes, executivos de subsidiárias, executivos da matriz, fontes documentais (por exemplo, relatórios e publicações de centros de informação) e, finalmente, observação real, em primeira mão, do ambiente de mercado. A Figura 11-3 mostra como os gastos corporativos em P&D variam por país.

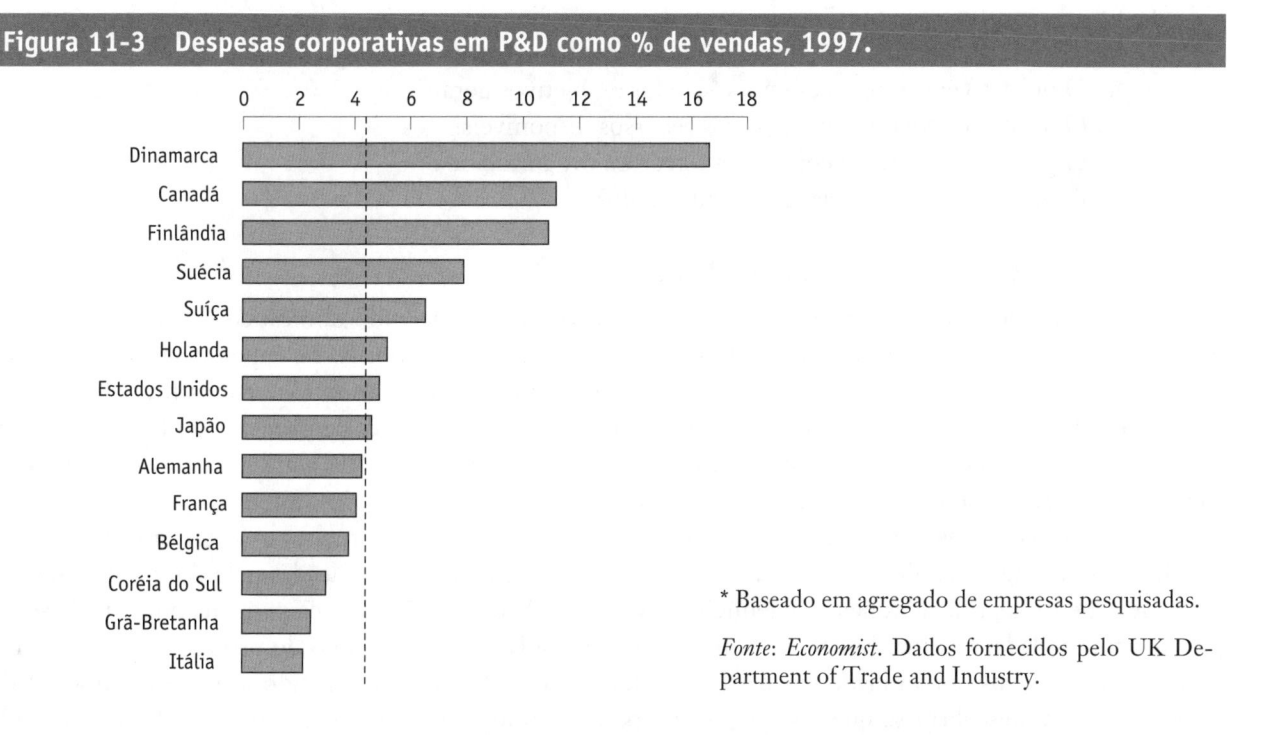

Figura 11-3   Despesas corporativas em P&D como % de vendas, 1997.

* Baseado em agregado de empresas pesquisadas.

Fonte: *Economist*. Dados fornecidos pelo UK Department of Trade and Industry.

---

22 Gary Reiner, "Lessons from the world's best product developers", *Wall Street Journal*, 4 abr. 1990, p. A12.

Localização do desenvolvimento de novos produtos

Uma empresa global tem de tomar uma importante decisão relativa ao desenvolvimento de novos produtos: a atividade de desenvolvimento de novos produtos deve ficar dispersa em diferentes países ou deve ser concentrada em um único local? A vantagem da concentração é que todo o pessoal de desenvolvimento de novos produtos pode interagir diária e pessoalmente. Pode também haver reduções de custo na localização única. A desvantagem da concentração é que ela não aproveita idéias e experiências globais e separa os desenvolvedores do consumidor final. Utilizar uma estratégia de dispersão requer coordenação dos funcionários e transferência eficaz de informações entre as localizações e pode resultar em duplicação de esforços.

Qualquer que seja a estratégia selecionada pela empresa, um grande volume de informações é necessário para identificar adequadamente as oportunidades de novos produtos, e um esforço considerável é posteriormente necessário para selecioná-las. Uma alternativa organizacional para enfrentar essas exigências é a criação de um departamento de novos produtos. São quatro as principais funções desse departamento: assegurar que todas as fontes de informações relevantes sejam continuamente usadas para obter idéias de novos produtos; filtrar essas idéias, para identificar opções para investigação; investigar e analisar as idéias selecionadas de novos produtos; assegurar que a organização forneça os recursos necessários às idéias de novos produtos mais viáveis e que esteja continuamente envolvida em um programa ordenado de lançamento e desenvolvimento de novos produtos, em âmbito mundial.

Com o enorme número de possíveis novos produtos, a maioria das empresas estabelece parâmetros para selecionar e focalizar as idéias mais apropriadas para investigar. As seguintes perguntas são relevantes para essa tarefa:

1. Qual é o tamanho do mercado para esse produto, em diferentes níveis de preço?
2. Podemos comercializar o produto por meio de nossa estrutura existente? Se não, que mudanças serão necessárias e que custos serão requeridos para fazer as mudanças?
3. Estabelecidas estimativas de demanda potencial para esse produto, a preços específicos, nos níveis estimados de concorrência, podemos lançar o produto a um custo que tenha um retorno adequado sobre o investimento?
4. Quais são as movimentações prováveis da concorrência em reação ao lançamento desse produto?
5. Esse produto se encaixa em nosso plano de desenvolvimento estratégico?
    a) O produto é coerente com nossas metas e objetivos gerais?
    b) O produto é coerente com nossos recursos disponíveis?
    c) O produto é coerente com nossa estrutura organizacional?
    d) O produto tem potencial global adequado?

Testando novos produtos em mercados nacionais

A principal lição do lançamento de novos produtos fora do mercado doméstico é a de que, sempre que um produto interage com elementos humanos, mecânicos ou químicos, há o potencial para uma incompatibilidade surpreendente e inesperada. Como praticamente todo produto se enquadra nessa descrição, é importante testar um produto sob condições reais de mercado, antes de proceder ao lançamento em ampla escala. Um teste não envolve, necessariamente, um esforço de teste de marketing integral de escala total. Pode ser simplesmente a observação do uso real do produto no mercado-alvo.

A não-avaliação das condições reais de uso pode levar a grandes surpresas, como no caso das máquinas de costura Singer vendidas em mercados africanos. Essas máquinas, fabricadas pela Singer na Escócia, foram levemente reprojetadas pelos engenheiros escoceses. A localização de uma pequena porca na base do produto foi mudada; a mudança não tinha nenhum efeito sobre o desempenho do produto, mas economizava alguns centavos por unidade em custos de fabricação. Infelizmente, quando a máquina modificada chegou à África, descobriu-se que essa pequena modificação foi desastrosa para as vendas do produto. Os engenheiros escoceses não levaram em conta o fato de que, na África, é hábito as mulheres transportarem as coisas — inclusive máquinas de costura — sobre a cabeça. A porca em questão estava posicionada exatamente no lugar onde a máquina encostava na cabeça para o equilíbrio adequado; como as máquinas não eram mais transportáveis, a demanda caiu substancialmente.

Resumo

O produto é o elemento mais importante de um programa de marketing. Os profissionais de marketing global enfrentam o desafio de formular uma estratégia global coerente de produto para suas empresas. A estratégia de produto requer uma avaliação das necessidades e condições básicas de uso nos mercados já existentes e propostos da empresa. Sempre que possível, as oportunidades para comercializar produtos globais devem ter prioridade sobre as oportunidades de comercializar produtos locais ou internacionais. O mesmo caminho de posicionamento e de marketing pode ser usado em diversos mercados com marcas globais, como é o caso da Coca-Cola.

Os profissionais de marketing têm de considerar quatro fatores ao projetar produtos para mercados globais: preferências, custos, regulamentos e compatibilidade. As atitudes com relação ao país de origem de um produto também devem ser levadas em consideração. Existem cinco alternativas estratégicas para as empresas que buscam expansão geográfica: extensão do produto e da comunicação (dupla extensão); adaptação da comunicação/extensão do produto; extensão da comunicação/adaptação do produto; adaptação do produto e da comunicação (dupla adaptação); invenção de produto. A concorrência global criou uma pressão sobre as empresas para se aperfeiçoarem em desenvolvimento de produtos. Há diferentes definições do que constitui um produto novo; o tipo mais difícil de lançamento de novos produtos é claramente aquele que envolve um produto inteiramente novo, em um mercado onde a empresa tem pouca ou nenhuma experiência. Lançamentos de sucesso de produto global requerem alavancagem. Uma organização tem de acumular e disseminar conhecimento relativo a práticas passadas — tanto bem-sucedidas, quanto malsucedidas. As oportunidades de análise comparativa aumentam ainda mais a eficácia das atividades de planejamento de marketing dentro do sistema global.

Questões para Discussão

1. Qual é a diferença entre produto e marca?
2. Quais são as diferenças entre produto ou marca local, nacional, internacional e global?
3. Que critérios os profissionais de marketing global devem considerar quando tomam decisões sobre projeto de produtos?
4. Como as atitudes dos consumidores em relação ao país de origem de um produto podem afetar a estratégia de marketing?
5. Identifique várias marcas globais. Apresente algumas das razões para o sucesso global das marcas que você escolheu.
6. Descreva brevemente várias combinações de estratégias de produto/comunicação disponíveis aos profissionais de marketing global. Quando é apropriado usar cada uma delas?

Leitura Sugerida

Alphonso O. Ogbuehi e Ralph A. Bellas Jr. "Decentralized R&D for global product development: strategic implications for the multinational corporation", *International Marketing Review*, 9, nº 5, 1992, p. 60-70.

Carl Hamilton. *Absolut: biography of a bottle*. Nova York: Texere, 2000.

Chris Macrae. *World class brands*. Reading, MA: Addison Wesley, 1991.

Christian Gronroos. "Internationalization strategies for services", *Journal of Service Marketing*, 13, nº 4/5, 1999.

Claudio Carpano e James J. Chrisman. "Performance implications of international product strategies and the integration of marketing activities", *Journal of International Marketing*, 3, nº 1, 1995, p. 9-28.

David J. Faulds, Orlen Grunewald e Denise Johnson. "A cross national investigation of the relationship between the price and quality of consumer products: 1970–1990", *Journal of Global Marketing*, 8, nº 1, 1994, p. 7-26.

David K. Tse e Gerald Gorn. "An experiment on the salience of country-of-origin in the era of global brands", *Journal of International Marketing*, 1, nº 1, 1993, p. 57-76.

David K. Tse e Wei-na Lee. "Removing negative country images: effects of decomposition, branding, and product experience", *Journal of International Marketing*, 1, nº 4, 1993, p. 25-48.

Francis M. Ulgado e Moonku Lee. "Consumer evaluations of bi-national products in the global market", *Journal of International Marketing*, 1, nº 3, 1993, p. 5-22.

Gregory R. Elliott e Ross C. Cameron. "Consumer perception of product quality and the country-of-origin effect", *Journal of International Marketing*, 2, nº 2, 1994, p. 49-62.

Herve Mathe e Teo Forcht Dagi. "Harnessing technology in global service businesses", *Long Range Planning*, 29, nº 4, 1996, p. 449-461.

Howard R. Moskowitz e Samuel Rabino. "Sensory segmentation: an organizing principle for international product concept generation", *Journal of Global Marketing*, 8, nº 1, 1994, p. 73-94.

Jerome Witt e C. P. Rao. "The impact of global sourcing on consumers: country-of-origin effects on perceived risk", *Journal of Global Marketing*, 6, nº 3, 1992, p. 105-128.

Johann P. Du Preez, Adamantios Diamantopoulos e Bodo B. Schlegelmilch. "Product standardization and attribute saliency: a three-product empirical comparison", *Journal of International Marketing*, 2, nº 1, 1994, p. 7-28.

John A. Quelch, Robert Buzzell e Eric Salama. *The marketing challenge of Europe 1992*. Reading, MA: Addison Wesley, 1991.

John S. Hill e Up Kwon. "Product mixes in U.S. multinationals: an empirical study", *Journal of Global Marketing*, 6, nº 3, 1992, p. 55-73.

John S. Hill e William L. James. "Product and promotion transfers in consumer goods multinationals", *International Marketing Review*, 8, nº 2, 1991, p. 6-17.

Johny K. Johansson e Hans B.Thorelli. "International product positioning", *Journal of International Business Studies*, 16, nº 3, outono 1985, p. 57-76.

Johny K. Johansson, Ilkka A. Ronkainen e Michael R. Czinkota. "Negative country-of-origin effects:the case of the new Russia", *Journal of International Business Studies*, 25, nº 1, primeiro trimestre 1994, p. 157-176.

Johny K. Johansson, Susan P. Douglas e Ikuiiro Nonaka. "Assessing the impact of country of origin on product evaluations: a new methodologic prospective", *Journal of Marketing Research*, 12, nov. 1985, p. 388-396.

Martin S. Roth. "Effects of global market conditions on brand image customization and brand performance", *Journal of Advertising*, 24, inverno 1995, p. 55-77.

Masaaki Kotabe. "Corporate product policy and innovative behavior of european and japanese multinational: an empirical investigation", *Journal of Marketing*, 54, nº 2, abr. 1990, p. 19-33.

Nicolas Papadopoulos e Louise A. Heslop. *Product–country images: impact and role in international marketing*. Nova York: International Business Press, 1993.

Paul Chao. "Partitioning country of origin effects: consumer evaluations of a hybrid product", *Journal of International Business Studies*, 24, nº 2, segundo trimestre 1993, p. 291-306.

Saeed Samiee. "Customer evaluation of products in a global market", *Journal of International Business Studies*, 25, nº 3, terceiro trimestre 1994, p. 579-604.

Saeed Samiee. "The internationalization of services; trends, obstacles and issues", *Journal of Service Marketing*, 13, nº 4/5, 1999.

Shaoming Zou. "Global product R&D and the firm's strategic position", *Journal of International Marketing*, 7, nº 1, 1999, p. 57-77.

Stephen R. Rosenthal. Effective product design and development: how to cut lead time and increase customer satisfaction. Homewood, IL: Business One Irwin, 1992.

Terry Clark e Daniel Rajaratnam. "International services: perspectives at century's end", *Journal of Service Marketing*, 13, nº 4/5, 1999.

Thomas D. Kuczmarski. *Managing new products: the power of innovation*. Upper Saddle River, NJ: Prentice Hall, 1992.

V. Kanti Prasad e G. M. Naidu. "Perspectives and preparedness regarding ISO-9000 international quality standards", *Journal of International Marketing*, 2, nº 2, 1994, p. 81-98.

Warren J. Keegan, Sandra Moriarty e Tom Duncan. *Marketing*, 2ed. Upper Saddle River, NJ: Prentice Hall, 1995.

William T. Robinson e Claes Fornell. "Sources of market pioneer advantages in consumer goods industries", *Journal of Marketing Research*, ago. 1985, p. 305-317.

Decisões de Fixação de Preços

CAPÍTULO 12

O verdadeiro preço de qualquer coisa é o trabalho e o transtorno de adquiri-la.

Adam Smith
A riqueza das nações (1776)

Conteúdo do Capítulo

- Conceitos básicos de fixação de preços
- Influências ambientais em decisões de determinação de preços
- Objetivos e estratégias de determinação global de preços
- Produtos do mercado cinzento
- *Dumping*
- Determinação de preços de transferência
- Fixação de preços globais — três alternativas de política
- Resumo
- Questões para discussão
- Apêndice 1: Expressões de comércio
- Apêndice 2: Negociando com os Estados Unidos

Para muita gente, a expressão 'mercado negro' conjura imagens de uma economia nebulosa, subterrânea, em que as mercadorias são compradas e vendidas em becos ocultos, sem conhecimento das autoridades governamentais. Para o bem ou para o mal, o marketing global tem uma cor diferente em sua paleta: cinzento. O marketing cinzento é a distribuição, em um país, de produtos de marca registrada, por pessoas não-autorizadas. Algumas vezes, os negociadores cinzentos trazem um produto produzido em um país — champanhe francês, por exemplo — para o mercado de um segundo país, concorrendo com importadores autorizados. Os negociadores cinzentos vendem a preços que ficam abaixo dos estabelecidos pelos importadores autorizados. Essa prática, conhecida como 'importação paralela', pode florescer quando um produto está em falta, ou quando os produtores tentam estabelecer preços altos. Isso aconteceu com o champanhe francês vendido nos Estados Unidos; também acontece no mercado europeu de produtos farmacêuticos, em que os preços podem variar muito de país para país. No Reino Unido e na Holanda, por exemplo, as importações paralelas chegam a representar 10% das vendas de algumas marcas farmacêuticas.

Com a introdução do euro, contudo, essas discrepâncias estão sendo reduzidas, uma vez que os consumidores podem agora facilmente comparar preços nos países que adotaram a moeda única. Outra ferramenta que aumenta a capacidade dos consumidores para fazer compras comparadas é a Internet. A Tabela 12-1 mostra o custo do laptop Dell em países selecionados da União Européia (UE). Por que comprar o computador na Bélgica, quando o mesmo computador é 15% mais barato na Itália? Um consumidor no Japão pode pagar o mesmo preço por uma camisa L.L. Bean que o consumidor nos Estados Unidos. Os únicos custos adicionados serão os de transporte e de diferença de câmbio.

Em qualquer país, três fatores básicos determinam os limites dentro dos quais os preços de mercado devem ser estabelecidos. O primeiro é o custo de produto, que estabelece um piso de preço, ou preço mínimo. Embora seja certamente possível pôr o preço de um produto abaixo do limite de custo, poucas empresas podem dar-se ao luxo de fazer isso por longos períodos de tempo. Segundo, preços da concorrência para produtos comparáveis criam um teto de preço, um limite superior. A concorrência internacional quase sempre exerce pressão sobre os preços de empresas domésticas. Um efeito generalizado do comércio internacional é a redução dos preços. Na verdade, um dos maiores benefícios para um país aberto ao negócio internacional é o impacto favorável da competição internacional nos níveis de preços nacionais e, por sua vez, sobre a taxa de inflação do país. Entre os limites inferiores e superiores para cada produto, há um preço ótimo, que é uma função da demanda para o produto, determinada pela disposição e capacidade dos consumidores de comprar. Como ilustra o exemplo de marketing cinzento, algumas vezes o preço ótimo pode ser afetado por especuladores, que exploram diferenças de preço em diferentes países.

A interação desses fatores se reflete nas políticas de determinação de preços adotadas pelas empresas. Com a crescente globalização, há uma maior pressão competitiva sobre as empresas para restringir aumentos de preço. Em uma indústria globalizada, as empresas têm de competir com concorrentes de todas as partes do mundo. Os automóveis são um bom exemplo. Nos Estados Unidos, um dos mais abertos e competitivos mercados de automóveis do mundo, a luta feroz pela participação de mercado entre empresas norte-americanas, européias, japonesas e coreanas torna difícil, para qualquer empresa, elevar seus preços. Se um fabricante decide aumentar os preços, é importante ter certeza de que o aumento não porá em risco

Tabela 12-1 Moeda local *versus* euro.		
	Moeda local*	**Euro**
Xelin austríaco	37.825	2.749
Franco belga	115.200	2.856
Marca finlandesa	15.354	2.582
Franco francês	17.490	2.666
Marco alemão	5.530	2.735
Libra irlandesa	2.145	2.723
Lira italiana	4.720.656	2.436
Florim holandês	6.230	2.827
Peseta espanhola	419.576	2.522

* Os preços antes de impostos de um computador laptop popular com 64 MB de memória, visto em sites Web em 31.12.1998.

Fonte: Site da Dell Computer Corporation. Acesso em 31 dez. 1998.

a competitividade do produto. Observa John Ballard, presidente de uma companhia de engenharia sediada na Califórnia: "Chegamos a pensar em aumentos de preço, mas nossa pesquisa sobre a concorrência e o que o mercado poderia suportar indicou que não valia a pena tomar esse caminho".[1]

CONCEITOS BÁSICOS DE FIXAÇÃO DE PREÇOS

Como mostra a experiência de Ballard, o gerente global tem de desenvolver sistemas e políticas de precificação que considerem pisos de preço, tetos de preço e preços ótimos em cada um dos mercados nacionais em que a sua empresa opere. A lista a seguir identifica oito considerações de determinação de preço para atuar fora do país de origem:[2]

1. O preço reflete a qualidade de produto?
2. O preço é competitivo?
3. A empresa deve perseguir penetração de mercado, *skimming* de mercado* ou alguma outra política de preço?
4. Que tipo de desconto (comercial, dinheiro, quantidade) e compensação (propaganda, *trade-off*) a empresa deve oferecer a seus clientes internacionais?
5. Os preços devem diferir por segmento de mercado?
6. Que opções de precificação estão disponíveis, se os custos da empresa aumentam ou diminuem? A demanda no mercado-alvo é elástica ou inelástica?
7. Os preços praticados podem ser vistos pelo governo do país de destino como razoáveis ou exploradores?
8. As leis *antidumping* do país-alvo constituem problema?

A tarefa de determinar preços em um mercado global é complicada por taxas de câmbio flutuantes, que podem suportar apenas relações limitadas aos custos subjacentes. De acordo com o conceito de paridade de poder de compra, mudanças em preços domésticos seriam refletidas na taxa de câmbio da moeda corrente do país. Assim, em teoria, as taxas de câmbio flutuantes não devem representar problemas sérios para o profissional de marketing global, porque um aumento ou declínio nos níveis de preço domésticos deve ser compensado por um aumento oposto ou declínio no valor da moeda corrente do país de origem, e vice-versa. No mundo real, contudo, as taxas de câmbio não se movimentam em sincronia com a inflação. Isso significa que os profissionais de marketing global enfrentam decisões difíceis a respeito de como lidar com ganhos inesperados, resultantes de taxas de câmbio favoráveis, ou com perdas devidas a taxas de câmbio desfavoráveis.

O sistema e as políticas de determinação de preços de uma empresa devem também ser coerentes com outras restrições globais específicas. As pessoas responsáveis pelas decisões de fixação de preços globais devem levar em consideração custos de transporte internacional, intermediários em complexos canais internacionais de distribuição e as exigências, por parte de contas globais, de paridade de preços, independentemente de localização. Além da diversidade de mercados nacionais nas três dimensões básicas — custo, concorrência e demanda —, o executivo internacional também precisa lidar com políticas tributárias e reivindicações governamentais conflitantes e com vários tipos de controle de preços. Esses controles incluem regulamentos de *dumping*, legislação de manutenção de preço de revenda, tetos de preço e revisões gerais de níveis de preço. A Procter & Gamble (P&G), por exemplo, enfrentou rígidos controles de preço na Venezuela no final da década de 80. A despeito do aumento de custos de matérias-primas, a P&G foi autorizada em apenas cerca de 50% dos aumentos de preço que solicitou; mesmo assim, alguns meses se

---

1 Lucinda Harper e Fred R. Bleakley, "Like old times: na era of low inflation change the calculus for buyers and sellers", *Wall Street Journal*, 14 jan. 1994, p. A1.
2 Adaptado de "Price, quotations, and terms of sale are key to successful exporting", *Business America*, 4 out. 1993, p. 12.
* Estratégia em que a empresa busca, em primeiro lugar, esgotar a camada de maior poder aquisitivo do mercado, como se o 'desnatasse', para depois baixar o preço e alcançar o restante do mercado (N. do R. T.).

passaram antes que a permissão de aumento de preços tivesse validade. Como resultado, em 1988 os preços de detergente na Venezuela eram menores do que nos Estados Unidos.[3]

O enfoque teórico delineado há pouco é usado, em parte ou no todo, pela maioria das empresas globais experientes, mas deve-se observar que o exportador inexperiente ou eventual, em geral, não despende todo esse esforço para determinar o melhor preço para um produto em mercados internacionais. Esse tipo de empresa, freqüentemente, usará um tratamento muito mais simples para o estabelecimento de preços, tal como o método *cost-plus* (aplicação de uma margem sobre os custos), explicado mais adiante neste capítulo. À medida que os gerentes ganham experiência e se tornam mais sofisticados em suas decisões, entendem que os fatores identificados previamente devem ser considerados ao tomar decisões de determinação de preços.

Há outras importantes considerações organizacionais internas além do custo. Dentro da corporação típica, há muitos grupos de interesse e, freqüentemente, objetivos de preço conflitantes. Diretores de divisões, executivos regionais e gerentes nacionais estão todos preocupados com a lucratividade em seus respectivos níveis organizacionais. Similarmente, o diretor de marketing internacional busca preços competitivos em mercados mundiais. O *controller* e o diretor financeiro estão também preocupados com lucros. O diretor de produção busca grande escala para a eficiência máxima de produção. O advogado tributarista está preocupado com a obediência à legislação governamental de determinação de preços de transferência, e o conselho da companhia está preocupado com as implicações de antitruste das práticas internacionais de fixação de preços.

Completa o problema o mercado global, que se modifica rapidamente, e a natureza imprecisa e distorcida da maior parte da informação disponível em relação à demanda. Em muitas partes do mundo, a informação do mercado externo é distorcida e imprecisa. Muitas vezes, não é possível obter a informação definitiva e precisa que seria a base para um preço ótimo. O mesmo pode ser verdade sobre as informações internas. Na Rússia, por exemplo, a pesquisa de mercado é um conceito bastante novo. Historicamente, a informação detalhada de mercado não era coletada nem distribuída. Além disso, gerentes de fábricas recentemente privatizadas estão tendo dificuldade em estabelecer preços, porque os dados de contabilidade de custos relativos à fabricação, muitas vezes, não estão disponíveis.

Há outros problemas. Quando tentamos estimar a demanda, por exemplo, é importante considerar o apelo do produto em relação aos produtos da concorrência. Embora seja possível realizar tais estimativas depois de conduzir uma pesquisa de mercado, o esforço pode ser dispendioso e demorado. Os gerentes e executivos têm de confiar também na intuição e na experiência. Uma maneira de melhorar as estimativas de demanda potencial é usar analogias. Como descrito no Capítulo 6, esse enfoque, basicamente, significa extrapolar a demanda potencial para mercados-alvo a partir de vendas reais em mercados considerados similares.

INFLUÊNCIAS AMBIENTAIS EM DECISÕES DE DETERMINAÇÃO DE PREÇOS

Os profissionais de marketing global têm de lidar com uma série de considerações ambientais quando tomam decisões de preços. Entre elas, estão as flutuações de moeda, inflação, controles e subsídios do governo, concorrência e demanda de mercado. Alguns desses fatores atuam em conjunto com outros; a inflação, por exemplo, pode ser acompanhada por controles governamentais. Cada consideração é discutida em detalhes a seguir.

Flutuações da moeda

A flutuação do valor da moeda faz parte do cotidiano do profissional de marketing global, que precisa saber tomar decisões nesse tipo de ambiente. Os ajustes de preço são apropriados quando a moeda se fortalece ou quando perde valor? Há duas posições extremas; uma é adotar um preço fixo para os produtos em

---

3 Alecia Swasy, "Foreign formula: Procter & Gamble fixes aim on tough market: the latin americans", *Wall Street Journal*, 15 jun. 1990, p. A7.

moeda dos países-alvo. Se isso for feito, qualquer valorização ou depreciação do valor da moeda no país de produção levará a perdas ou ganhos para o vendedor. A outra posição extrema é fixar o preço de produtos em moeda do país de origem. Nesse caso, qualquer valorização ou depreciação da moeda do país de origem resultará em aumentos ou decréscimos de preço para os consumidores, sem nenhuma conseqüência imediata para o vendedor, exceto pelo aumento do risco de praticar preços distorcidos em relação ao mercado.

Na prática, as empresas raramente assumem uma dessas duas posições extremas. As decisões de fixação de preços devem ser coerentes com a estratégia geral de negócios e de marketing da empresa: se a estratégia for de longo prazo, não terá sentido desistir de uma participação no mercado com a finalidade de manter margens de exportação. Quando as flutuações de câmbio resultam em valorização da moeda de um país exportador, empresas criteriosas fazem duas coisas: aceitam que as flutuações de moeda possam causar impacto desfavorável sobre as margens operacionais e duplicam seus esforços para reduzir custos. No curto prazo, margens mais baixas possibilitam que elas mantenham os preços nos mercados-alvo e, em um segundo momento, baixar os custos faz com que elas melhorem suas margens operacionais.

Para as empresas que tenham uma posição forte em um mercado competitivo, os aumentos de preços podem ser transferidos para os consumidores, sem significativas diminuições de volume de vendas. Em situações de mercado mais competitivas, as empresas de um país de moeda forte, muitas vezes, absorvem qualquer aumento de preço, mantendo os preços de mercado internacional nos níveis anteriores à valorização da moeda. Na prática, um fabricante e seu distribuidor podem trabalhar juntos para manter a participação em mercados internacionais. Qualquer das partes, ou ambas, pode optar por receber uma porcentagem de lucro menor. O distribuidor pode também optar por comprar mais do produto, para alcançar descontos por volume; outra alternativa é manter estoques mais baixos, se o fabricante puder praticar entregas just-in-time. Utilizando essas alternativas, será possível permanecer competitivo em preço nos mercados em que a desvalorização da moeda do país importador seja um fator importante para a fixação dos preços.

Tabela 12-2 Estratégias de estabelecimento de preços globais.

Quando a moeda doméstica for fraca	Quando a moeda doméstica for forte
1. Reforce os benefícios de preço.	1. Engaje-se em competição que não seja baseada em preço, melhorando qualidade, entregas e serviços pós-venda.
2. Expanda a linha de produtos e acrescente mais características caras.	2. Melhore a produtividade e engaje-se em redução de custos.
3. Mude a procedência para o mercado doméstico.	3. Mude a procedência para fora do país de origem.
4. Explore oportunidades em todos os mercados.	4. Dê prioridade a exportações para países com moedas mais fortes.
5. Use enfoque de custo completo, mas aplique determinação de preços de custo marginal para penetrar em mercados novos ou competitivos.	5. Corte as margens de lucro e use precificação a custo marginal.
6. Acelere o processo de repatriação da renda obtida no exterior e as cobranças.	6. Mantenha a renda ganha no exterior no país de destino; desacelere as cobranças.
7. Minimize as despesas em moeda do país de destino.	7. Concentre os gastos em moeda local.
8. Compre serviços de propaganda, seguro, transportes e outros serviços, no mercado doméstico.	8. Compre os serviços necessários no estrangeiro e pague por eles em moeda local.
9. Cobre os clientes estrangeiros em sua própria moeda.	9. Cobre os clientes estrangeiros na moeda do país de origem.

Fonte: S. Tamer Cavusgil, "Pricing for global markets", *Columbia Journal of World Business*, 31, nº 4, inverno 1996, p. 69. © 1996 by *Columbia Journal of World Business*. Reproduzido com autorização.

Se a moeda de um país enfraquece em relação à moeda de um parceiro comercial, um produtor no país de moeda mais fraca pode diminuir os preços de exportação, para aumentar a participação no mercado, ou deixar os preços como estão, para obter margens de lucro maiores. O euro é um bom exemplo. Nos primeiros 17 meses após o lançamento do euro, no começo de 1999, a moeda perdeu aproximadamente um quarto de seu valor. Uma opção para o Banco Central Europeu (BCE) era elevar as taxas de juros, para fortalecer o euro. Enquanto o euro permaneceu fraco, a Alemanha desfrutou um boom de exportações.

A crise que ocorreu com o rublo russo em 1998 é outro bom exemplo de como as flutuações de moeda podem afetar o marketing. Antes da desvalorização do rublo ocorrida entre janeiro e junho de 1998, a participação de mercado de xampus, produtos de pele, tinturas para cabelo, cremes dentais, desodorantes e sabonetes russos em seu mercado doméstico era de somente 27%. Quando o preço de produtos importados subiu drasticamente, muitas mulheres russas mudaram para produtos locais. De janeiro a junho de 2000, a participação de mercado de produtos locais subiu para 44% e forçou a saída de alguns produtores estrangeiros do mercado.[4]

Cláusulas de taxa de câmbio

Grande parte do comércio internacional ocorre por meio de vendas baseadas em contratos para fornecer mercadorias ou serviços ao longo do tempo. Quando esses contratos são entre partes localizadas em países distintos, o problema de flutuações na taxa de câmbio e do risco de câmbio precisa ser levado em consideração.

Uma cláusula de taxa de câmbio permite ao comprador e ao vendedor concordar em fornecer e comprar a preços fixos na moeda nacional de cada empresa. Se a taxa de câmbio flutuar dentro de uma faixa especificada, digamos, 5% a mais ou a menos, as flutuações não afetarão o acordo de fixação de preço, que é explicitado na cláusula de taxa de câmbio. Pequenas flutuações em taxas de câmbio não são um problema para a maioria dos compradores e vendedores. As cláusulas de taxa de câmbio são projetadas para proteger ambos, comprador e vendedor, de grandes mudanças imprevisíveis nas moedas correntes. A Figura 12-1 resume os elementos-chave de uma cláusula de taxa de câmbio. Um exemplo de cláusula real usada por uma das cem maiores empresas, segundo a *Fortune*, sediadas nos Estados Unidos é mostrada na Figura 12-2.

O objetivo básico de uma cláusula de taxa de câmbio é direto e simples: Analisar taxas de câmbio periodicamente (isso é determinado pelas partes; qualquer intervalo de tempo é possível, mas a maioria especifica uma revisão mensal ou quinzenal) e comparar a média diária durante o período de revisão e a média básica inicial. Se a comparação produzir flutuações de taxa de câmbio que estejam fora da faixa acordada de flutuação, será feito um ajuste para alinhar os preços à nova taxa de câmbio, se a flutuação estiver dentro de certo intervalo (no exemplo da Figura 12-2,* a faixa é especificada como maior que ±5%). Se a flutuação for maior que certo limite (10% em nosso exemplo), as partes concordarão em discutir e negociar novos preços.

Figura 12-1 Cláusulas de taxa de câmbio.

- *Objetivo*: proteger as partes de grandes mudanças imprevisíveis de câmbio.
- A revisão de taxa de câmbio é feita trimestralmente para determinar possíveis ajustes para o próximo período.
- A base de comparação é a média diária dos três meses e a média inicial.

---

4 Sabrina Tavernise, "Russian want beauty with scent of home", *New York Times*, 29 jul. 2000, p. C1-C2.
* Muitos países europeus aderiram ao euro e, atualmente, estão passando por um momento de transição, que envolve a adaptação à nova moeda. É importante ressaltar, no entanto, que ainda permanecem diferenças no poder aquisitivo dos países, apesar do uso da mesma moeda (N. do R. T.).

Base inicial de taxa de câmbio em dólares

Base Dólar norte-americano	Itália Lira	Espanha Peseta	Inglaterra Libra	Alemanha Marco	Suécia Coroa	Dinamarca Coroa	Turquia Lira
$ 1 =	1.500	115	0,699	1,622	7,277	6,261	8.849,597
Preço de produto $ 5	7.500	575	3,495	8,11	36,385	31,305	44.247,985

Compare a base inicial com a média diária de três meses:

- Se as diferenças de taxa forem maiores que ±5%, ajuste os preços para o próximo período de três meses.
- Se for maior que ±10%, abra discussões/negociações.

Figura 12-2 Cláusula vigente de taxa de câmbio.

Em outras palavras, a cláusula aceita o efeito do mercado de câmbio estrangeiro sobre o valor de moeda, mas apenas se estiver dentro do intervalo de 5 a 10%. Qualquer variação abaixo de 10% não afeta os preços, e qualquer variação a mais de 10% abre uma renegociação.

Fixação de preços em um ambiente inflacionário

A inflação, ou uma persistente elevação dos níveis de preço, é um fenômeno mundial e requer periódicos ajustes de preço. Esses ajustes são necessários por causa do aumento de custos, que têm de ser cobertos por aumento de preços de venda. Um requisito essencial na atividade de precificação em um ambiente inflacionário é a manutenção de margens de lucros operacionais. Independentemente das práticas de contabilidade de custos utilizadas, se uma empresa mantiver suas margens, ela terá se protegido eficazmente contra os efeitos da inflação. Para conviver com a inflação no Peru, por exemplo, a Procter & Gamble recorreu a aumentos quinzenais nos preços de detergentes, de 20% a 30%.[5]

Neste capítulo, é possível tocar apenas nas principais questões e convenções contábeis relativas aos ajustes de preço em mercados internacionais. Em particular, vale a pena observar que o tradicional método Fifo (*first-in, first-out*) não é apropriado para uma situação inflacionária. Uma prática contábil mais apropriada sob condições de aumento de preços é o método Lifo (*last-in, first-out*), que toma o mais recente preço de aquisição de matéria-prima e o usa como base para estabelecer o custo do produto vendido. Em ambientes altamente inflacionários, os enfoques históricos são métodos menos apropriados de calcular os custos do que o método de substituição. Este último resulta em um enfoque de *next-in, first-out*. Embora esse método não esteja de acordo com os princípios de contabilidade geralmente aceitos, é usado para estimar preços futuros a ser pagos por matérias-primas e componentes; custos que podem, então, ser usados para estabelecer preços. Embora esse enfoque seja útil na tomada de decisão gerencial, não pode ser usado em demonstrações financeiras. Independentemente dos métodos contábeis utilizados, um requisito essencial sob condições inflacionárias de qualquer sistema de determinação de custos é que ele mantenha as margens de lucro bruta e operacional. As ações gerenciais podem manter essas margens, sujeitas às restrições que veremos a seguir.

---

5 Swasy, "Foreign formula", p. 1.

Controles e subsídios governamentais

Se a ação governamental limitar a liberdade de ajustes de preço, a manutenção de margens ficará definitivamente comprometida. Sob certas condições, a ação governamental é uma ameaça real à lucratividade da operação de uma subsidiária. Em um país que esteja sofrendo sérias dificuldades financeiras e esteja no meio de uma crise (por exemplo, falta de moeda estrangeira, causada, em parte, por inflação galopante), os chefes de governo sofrem pressão para tomar alguma atitude. Isso aconteceu por muitos anos no Brasil. Em alguns casos, os governos tomaram medidas de curto prazo, em vez de atacar as causas reais da inflação e da falta de moeda estrangeira. Tais atividades podem incluir o controle amplo ou seletivo de preços. Quando controles seletivos são impostos, as companhias estrangeiras ficam mais vulneráveis ao controle do que locais, particularmente se não tiverem a influência política sobre a tomada de decisões governamentais que as empresas locais possuem.

O controle governamental pode também assumir a forma de exigência de depósito antecipado em dinheiro, imposto sobre os importadores. Essa é uma exigência em que uma empresa tem de comprometer fundos, na forma de um depósito não vinculado a juros, por um período específico de tempo, se deseja importar produtos. Tais exigências criam claramente um incentivo para uma empresa minimizar o preço do produto importado, pois preços mais baixos significam depósitos menores. Outras exigências governamentais que afetam as decisões de preço são as regras de transferência de lucro, que restringem as condições sob as quais os lucros podem ser transferidos para fora do país. Sob tais regras, um alto preço de transferência pago por mercadorias importadas por uma empresa afiliada pode ser interpretado como um dispositivo para transferir lucros para fora do país.

Subsídios governamentais podem também forçar uma empresa à decisão estratégica de mudar a procedência das mercadorias para ser competitiva em preço. Na Europa, os subsídios do governo ao setor agrícola tornam difícil, para as empresas estrangeiras de alimentos processados, competir em preço, quando exportam para a UE. Nos Estados Unidos, alguns, mas não todos, setores industriais são subsidiados. Os produtores e processadores de aves, por exemplo, não são subsidiados, situação que torna seus preços não-competitivos nos mercados mundiais. Um processador de frango do meio-oeste, com clientes europeus, compra seus produtos da França, para revenda na Holanda. Dessa maneira, a empresa tira vantagem de custos mais baixos derivados de subsídios e elimina a escalada de preço devida a tarifas e taxas alfandegárias.

Comportamento competitivo

Conforme observado no início deste capítulo, as decisões de determinação de preços são limitadas não apenas pelo custo e a natureza da demanda, mas também pela ação competitiva. Se os concorrentes não ajustarem seus preços em resposta a custos crescentes, a administração — mesmo que plenamente ciente do efeito de custos crescentes sobre as margens operacionais — estará seriamente limitada em sua capacidade de ajustar os preços de acordo com isso. Ao contrário, se os concorrentes estão fabricando ou comprando em um país de preço mais baixo, pode ser necessário reduzir preços para manter a competitividade.

Relações de preço e qualidade

Há uma relação entre preço e qualidade? Você recebe realmente pelo que paga? Durante as últimas décadas, estudos conduzidos nos Estados Unidos indicaram que o relacionamento geral entre preços e qualidade, conforme medido por organizações de teste de consumo, é bastante fraco. Um recente estudo internacional de quatro países constatou um alto grau de similaridade com os resultados dos estudos nos Estados Unidos. Os autores concluem que a falta de uma relação forte preço–qualidade parece ser um fenômeno internacional.[6] Isso não é surpresa, quando se reconhece que os consumidores tomam decisões de

---

6 David J. Faulds, Orlen Grunewals e Denise Johnson, "A cross-national investigation of the relationship between the price and quality of consumer products, 1970-1990", *Journal of Global Marketing*, v. 8, nº 1, 1994, p. 7-25.

compra com informação limitada e confiam mais na aparência e no estilo do produto e menos em qualidade técnica, conforme medido pelas organizações de teste.

OBJETIVOS E ESTRATÉGIAS DE DETERMINAÇÃO GLOBAL DE PREÇOS

Várias estratégias diferentes de fixação de preços estão disponíveis para os profissionais de marketing global, visando a atingir o objetivo geral de contribuir para as metas de vendas e lucros da empresa mundialmente. Estratégias de preços orientadas ao consumidor — como *skimming* de mercado, penetração e manutenção do mercado — podem ser usadas quando as percepções do consumidor, determinadas pela equação de valor, são utilizadas como um guia. A fixação de preços global também pode basear-se em outros critérios externos, como o aumento de custos quando as mercadorias são embarcadas por longas distâncias, através de fronteiras nacionais. A questão da fixação de preços global pode também ser totalmente integrada no processo de projeto do produto, uma alternativa muito usada por empresas japonesas. Os preços em mercados globais não são invariáveis; devem ser avaliados a intervalos regulares e ajustados, se necessário. Similarmente, os objetivos da determinação de preços podem variar, dependendo do estágio do ciclo de vida de um produto e da situação competitiva de um país específico.

Skimming de mercado

A estratégia de estabelecer preço em busca da 'nata' do mercado é uma tentativa deliberada de atingir um segmento de mercado que esteja disposto a pagar um preço mais alto, *premium*, por um produto. Em tais casos, o produto tem de criar alto valor para os compradores. Essa estratégia de preços é freqüentemente usada na fase introdutória do ciclo de vida do produto, quando a capacidade de produção e a concorrência são limitadas. Estabelecendo-se um preço deliberadamente alto, a demanda fica limitada aos usuários inovadores que estejam dispostos e sejam capazes de pagá-lo. Os principais objetivos dessa estratégia de determinação de preço são maximizar a receita sobre um volume limitado e igualar a demanda à capacidade de fornecimento. Outro objetivo do preço *premium* é reforçar as percepções do consumidor do valor superior do produto. Quando isso é feito, o preço é parte da estratégia total de posicionamento do produto.

Quando a Sony começou a vender os aparelhos videocassete Betamax nos Estados Unidos, usou a estratégia de *skimming*. Harvey Schein, presidente da Sony norte-americana na época, recorda a resposta ao preço de 1.295 dólares.

> Foi realmente fantástico. Quando se tem um novo produto que seja tão atraente como um aparelho de videocassete, pode-se verdadeiramente buscar a 'nata' do público consumidor. O Betamax era vendido por mais de 1 mil dólares (...). Mas havia tanta gente rica que queria ser o primeiro na vizinhança a possuir um, que a coisa simplesmente explodiu — como em um passe de mágica. O produto sumia das prateleiras.[7]

O sucesso inicial do Betamax provou que os consumidores estavam dispostos a pagar um alto preço por um equipamento eletrônico de consumo que lhes permitisse assistir a seus programas preferidos de televisão a qualquer hora do dia ou da noite.

Estabelecimento de preços de penetração

Ao estabelecer preços de penetração, o preço é usado como uma arma competitiva para ganhar participação de mercado. A maioria das empresas que usa esse tipo de determinação de preços em marketing internacional está localizada na Orla do Pacífico. Fábricas com escalas de produção eficientes e com mão-de-obra de baixo custo permitem a essas empresas realizar fortes 'ataques' no mercado.

---

7 James Lardner. *Fast forward: Hollywood, the japanese, and the VCR wars*. Nova York: New American Library, 1987, p. 91.

Deve ser observado que, para um exportador principiante, é improvável usar preços de penetração. A razão é simples: a formulação de preço de penetração, muitas vezes, significa que o produto pode ser vendido com perda, durante um certo período de tempo. As empresas iniciantes em exportação não podem absorver essas perdas. Elas, provavelmente, não têm em funcionamento o sistema de marketing (incluindo transporte, distribuição e equipes de venda) que permite a empresas globais como a Sony fazer uso eficaz de uma estratégia de penetração. Uma empresa cujo produto não seja patenteável, contudo, pode desejar utilizar a fixação de preços de penetração para atingir a saturação de mercado antes que o produto seja copiado por concorrentes.

Quando a Sony desenvolveu o CD player portátil, o custo por unidade, nos volumes iniciais de venda, foi estimado como superior a 600 dólares. Uma vez que esse era um preço impraticável para o produto nos Estados Unidos e em outros mercados-alvo, Akio Morita deu instruções para fixar o preço da unidade na faixa de 300 dólares, para atingir penetração. Como a Sony era um concorrente global, o volume de vendas que esperava atingir nesses mercados levava a economias de escala e a custos mais baixos.

O exemplo da Sony ilustra fielmente as práticas das empresas japonesas quando optam pela estratégia de penetração ao determinar preços. Conforme mostrado na Figura 12-3, os japoneses começam com pesquisa de mercado e características do produto. Até esse ponto, os processos são semelhantes nos Estados Unidos e no Japão. No próximo passo, os processos divergem. No Japão, o preço mínimo de venda, menos

Figura 12-3 Como os japoneses mantêm baixos os custos.

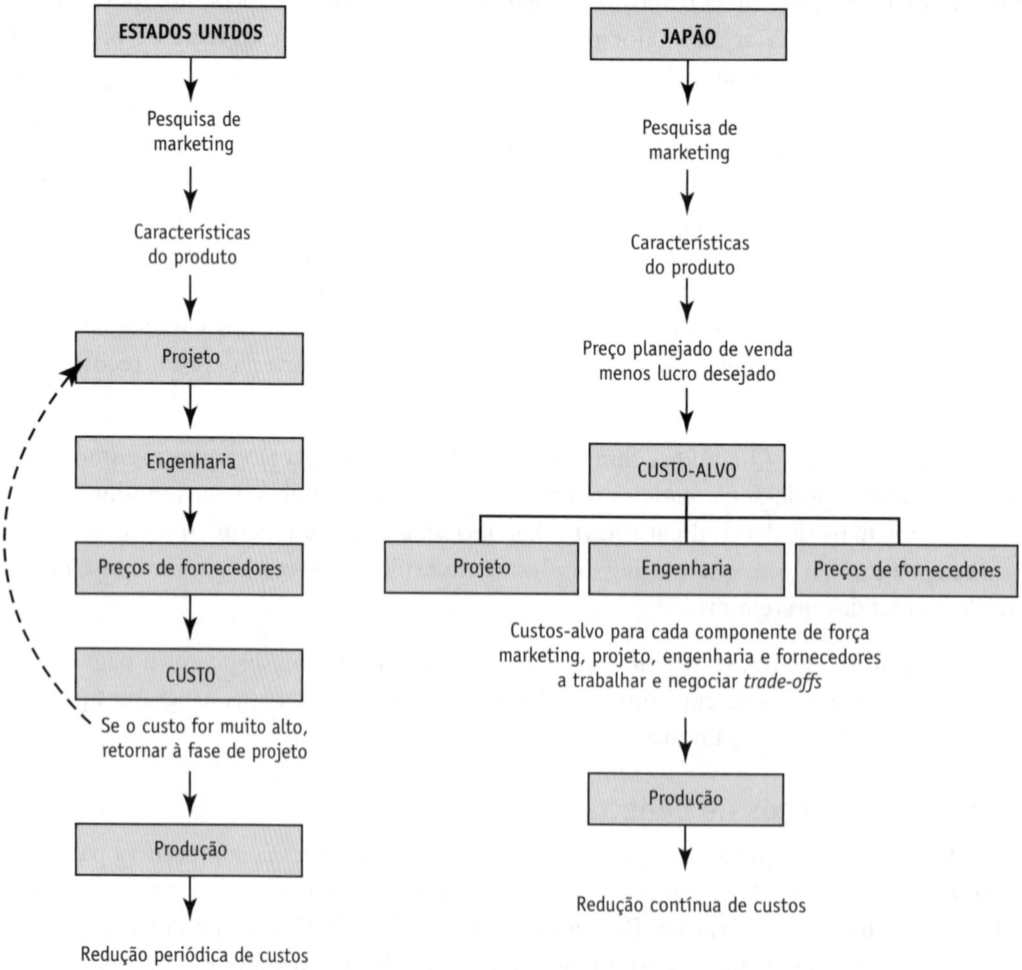

ESTADOS UNIDOS
↓
Pesquisa de marketing
↓
Características do produto
↓
Projeto
↓
Engenharia
↓
Preços de fornecedores
↓
CUSTO
↓ (Se o custo for muito alto, retornar à fase de projeto)
↓
Produção
↓
Redução periódica de custos

JAPÃO
↓
Pesquisa de marketing
↓
Características do produto
↓
Preço planejado de venda menos lucro desejado
↓
CUSTO-ALVO
↓
Projeto | Engenharia | Preços de fornecedores
↓
Custos-alvo para cada componente de força marketing, projeto, engenharia e fornecedores a trabalhar e negociar *trade-offs*
↓
Produção
↓
Redução contínua de custos

Fonte: Michel Robert, *Strategy pure and simple: how winning CEOs outthink their competition*. Nova York: McGraw-Hill, 1993, p. 114-115.

o lucro desejado, é calculado, resultando em um custo-alvo. É somente nesse ponto que o projeto, a engenharia e questões de preços dos fornecedores são tratados; consultas amplas entre todos os membros da cadeia de valor são usadas para atingir o alvo. Concluídas as negociações e feitos os *trade-offs* necessários, a fabricação se inicia, seguida de uma contínua redução de custos. No processo dos Estados Unidos, o custo costuma ser determinado depois que projeto, engenharia e decisões de marketing foram feitos de maneira seqüencial; se o custo for muito alto, o processo volta ao 'quadrado um' — o estágio de projeto.[8]

Defesa de mercado

A estratégia de defesa de mercado é freqüentemente adotada por empresas que desejam manter sua participação nele. Quando a empresa atua em um único país, essa estratégia, geralmente, envolve a reação a reajustes de preço dos concorrentes. Quando uma companhia aérea anuncia tarifas especiais de promoção, por exemplo, a maioria das transportadoras concorrentes tenta igualar a oferta, ou se arrisca a perder passageiros. No marketing global, por sua vez, as flutuações de moeda, muitas vezes, disparam reajustes de preço.

As estratégias de defesa de mercado ditam que a valorização da moeda do país de origem não será automaticamente repassada em forma de preços mais altos. Se a situação competitiva em países do mercado-alvo for sensível a preço, os fabricantes terão de absorver o custo de valorização da moeda, aceitando margens menores, de modo a manter preços competitivos nos mercados desses países.

Uma moeda forte e custos crescentes no país de origem podem também forçar uma empresa a mudar o local de fabricação ou efetuar acordos de licenciamento para o país-alvo ou para outros países, em vez de exportar a partir do país de origem, para manter participação de mercado. A IKEA, empresa sueca de móveis residenciais, produziu 50% de seus produtos nos Estados Unidos em 1992, em comparação com apenas 10% em 1989.[9]

A Chrysler-Daimler e a BMW construíram fábricas e montadoras nos Estados Unidos para produzir Mercedes e BMW utilitários e esportivos de dois lugares para os Estados Unidos e para o mercado mundial. Essa foi uma decisão de investir em novas localizações para a expansão de capacidade. Manter mercado significa que uma empresa tem de examinar cuidadosamente todos os seus custos, para se assegurar de que será capaz de permanecer competitiva em mercados-alvo. No caso dos fabricantes alemães de automóveis, a expansão da produção fora da Alemanha significou que as empresas já não estavam ligadas exclusivamente aos custos da Alemanha em seu processo produtivo.

Quando a moeda do país-alvo enfraquece, fica mais difícil competir em preço com o produto importado. Um país de moeda fraca, porém, pode ser bastante interessante para uma empresa global que possua operações de produção naquele país. Quando a rúpia indonésia caiu de 2.400 para 18 mil por dólar americano e, então, se recuperou para um pouco menos de oito mil, durante a crise asiática do final da década de 90, as empresas globais com operações de produção na Indonésia realizaram lucros inesperados. Seus custos em rúpia aumentaram 100%, mas o valor de sua produção em dólares, ou em qualquer moeda 'forte', aumentou de 300 a 700%. Assim, enquanto o país estava em crise, muitas das empresas globais na Indonésia tiveram excelentes resultados jamais experimentados.

Margem sobre os custos/escalada de preços

As empresas principiantes em exportação, freqüentemente, usam a estratégia de fixação de preços *margem sobre os custos*, para ingressar no mercado global. Há dois métodos de fixação de preços com margem sobre os custos: o mais antigo é o método dos custos contábeis históricos, que define custo como a so-

---

8 Michel Robert. *Strategy pure and simple: how winning CEOs outthink their competition.* Nova York: McGraw-Hill, 1993, p. 114-115.
9 Joan E. Rigdon e Valerie Reitman, "Pricing paradox: consumers still find imported bargains despite weak dollar", *Wall Street Journal*, 7 out. 1992, p. A6.

ma de todos os custos diretos e indiretos de produção e custos gerais indiretos. Um enfoque utilizado em anos recentes é conhecido como 'método de custo futuro estimado'.

A fixação de preços com margem sobre custos requer adicionar todos os custos necessários para levar o produto aonde ele deve ir, mais encargos de transporte e adicionais, e ainda uma porcentagem de lucro. A vantagem óbvia de usar esse método é sua simplicidade: é relativamente fácil chegar a um preço de venda, supondo que os custos contábeis estejam prontamente disponíveis. A desvantagem de usar custos contábeis históricos para chegar a um preço é que esse caminho ignora inteiramente as condições de demanda e de concorrência em mercados-alvo. Portanto, os preços com margem sobre custos contábeis históricos serão, freqüentemente, muito altos ou muito baixos, à luz de condições de mercado e de concorrência. Se eles estiverem certos, será somente por acaso.

Os exportadores iniciantes, entretanto, não se incomodam — eles estão simplesmente reagindo às oportunidades do mercado global, e não pró-ativamente buscando por elas. Os profissionais de marketing global experientes compreendem que nada na fórmula de margem sobre os custos contábeis históricos atende diretamente às questões de competitividade e de valor para o cliente, que devem ser consideradas em uma estratégia racional de estabelecimento de preços.

A escalada de preços é o aumento nos preços de um produto quando as margens de transportes, encargos e distribuição são adicionados ao preço de fábrica. A Tabela 12-3 é um exemplo típico do modelo de escalada de preços que pode ocorrer quando um produto é destinado a mercados internacionais. Nesse exemplo, um distribuidor de equipamentos agrícolas, em Kansas City, está embarcando um contêiner de

Tabela 12-3 Escalada de preços: um contêiner com equipamentos agrícolas de Kansas City para Yokohama.*

Item			Porcentagem de preço FOB
Ex-works em Kansas City		$30.000	100%
Encargos de frete de contêiner de Kansas City para Seattle	$1.475,00		
Taxa de manuseio no terminal	350,00		
Frete marítimo para contêiner de 20 pés	2.280,00		
Fator de ajuste de moeda (CAF) (51% do frete marítimo)	1.162,80		
Seguro (110% do valor CIF)	35,27		
Taxa de despacho	150,00		18
Encargos totais de transporte	5.453,07		
Valor total CIF em Yokohama		35.453,07	
VAT (3% do valor CIF)		1.063,69	3
		36.516,76	
Margem do distribuidor (10%)		3.651,67	12
		40.168,43	
Margem do revendedor (25%)		10.042,10	33
Preço total de varejo		$50.210,53	166%

*Nota: O material foi carregado no portão do fabricante, embarcado por trem para Seattle e, então, seguiu via frete marítimo para Yokohama. O tempo total de trânsito do portão da fábrica até o porto estrangeiro é de 28 dias.

implementos agrícolas para Tóquio, no Japão. O embarque do produto, que custa 30 mil dólares *ex-works* em Kansas City, acaba tendo um preço total de varejo superior a 50 mil dólares em Tóquio — quase o dobro do preço *ex-works* em Kansas City. (*Ex-works* e outros termos comerciais são explicados no Apêndice 1, ao final deste capítulo.)

Vamos examinar o percurso realizado para ver o que ocorreu. Primeiro, há o encargo total de embarque de 5.453,07 dólares, que representa 18% do preço *ex-works* em Kansas City. O principal componente desse encargo é uma combinação de frente terrestre e marítimo, totalizando 5.267,80 dólares. Um fator de ajuste de moeda é cobrado devido ao valor do dólar em relação ao iene. O número flutuará, à medida que os valores das moedas mudarem.

Todos os encargos de importação são avaliados em relação ao preço em terra no destino (custo, seguro, frete ou valor CIF). Observe que não há nenhum item de taxa de alfândega nesse exemplo, já que nenhuma taxa alfandegária é cobrada sobre equipamentos agrícolas remetidos ao Japão, mas em outros países essas taxas podem ser cobradas. Uma margem nominal de 10% do distribuidor (3.652 dólares), na verdade, representa 12% do preço CIF em Yokohama, porque é uma margem não apenas sobre o preço *ex-works*, mas também sobre o frete e o imposto sobre valor agregado (VAT). (Aqui, supõe-se que a margem do distribuidor inclua o custo de transporte a partir do porto de Tóquio.) Finalmente, uma margem do revendedor de 25% acrescenta 10.042 dólares (33%) do preço CIF em Yokohama. Assim como a margem do distribuidor, a do revendedor se baseia sobre o total do custo no destino.

O efeito líquido desse processo acumulativo é um preço total de varejo, em Tóquio, de 50.210 dólares, ou 166% do preço *ex-works*. Essa é a escalada de preço. O exemplo fornecido aqui não é, de modo algum, um caso extremo. Na verdade, canais mais longos de distribuição, ou canais que requeiram uma margem operacional mais alta — como geralmente se encontram em comércio internacional —, podem contribuir para a escalada de preços. Por causa do sistema de distribuição em camadas no Japão, as margens em Tóquio podem facilmente resultar em um preço que seja 200% do valor CIF.

O exemplo de determinação de preço com margem sobre os custos mostra um caminho que um exportador iniciante poderia usar para determinar o preço CIF. Outro exemplo de margem sobre os custos é a exportação de produtos de limpeza doméstica dos Estados Unidos para a América do Sul. A escalada do preço CIF, dos Estados Unidos para a prateleira de varejo na América do Sul, com transporte, encargos de importação e impostos, margens de atacadista e distribuidor, margens de varejo e o VAT, é superior a 300%! Esse tipo de escalada de preços é um incentivo fundamental para transferir a produção para mais perto do consumidor, reduzindo e eliminando custos que são parte do arranjo de procedência da exportação. Os profissionais de marketing global experientes vêem o preço como uma variável estratégica importante, que pode contribuir para os objetivos de marketing e de negócios.

Usando a procedência como instrumento estratégico de fixação de preços

O profissional de marketing global tem diversas opções quando enfrenta o problema da escalada de preços descrito na última seção. As escolhas são feitas, em parte, pelo produto e pela concorrência de mercado. As empresas que comercializam produtos acabados fabricados domesticamente podem ser forçadas a mudar a procedência de certos componentes, ou mesmo de mercadorias acabadas, para países de renda mais baixa, de salários mais baixos, para manter custos e preços competitivos. A indústria de calçados esportivos é um exemplo de indústria em que as empresas líderes optaram por países de baixa renda e baixos salários, para a procedência de seus produtos. Mesmo empresas como a norte-americana New Balance, que continua a fabricar seus tênis nos Estados Unidos, importa componentes de países de renda mais baixa.

A opção da estratégia de baixos salários, contudo, não deve nunca ser encarada como uma solução segura. O problema em mudar a produção para um país de baixos salários é que isso proporciona um ganho limitado e não substitui a inovação continuada na criação de valor para os consumidores. Os países de renda alta são a origem de operações de fabricação econômica mantidas por empresas que foram criativas em encontrar maneiras de baixar o custo da mão-de-obra como uma porcentagem dos custos totais e em criar um valor exclusivo. A indústria suíça de relógios, que opera no negócio mundial de relógios de luxo, não atingiu nem manteve sua proeminência buscando mão-de-obra barata; continua a ter sucesso porque se concentrou em criar um valor singular para seus clientes. O custo da mão-de-obra, como um percentual do preço de venda de relógios suíços, é tão pequeno, que se torna irrelevante na determinação de vantagem competitiva.

Outra opção é obter o produto acabado nos próprios mercados-alvo ou em regiões próximas a eles. As empresas podem optar por uma das alternativas discutidas no Capítulo 9, como licenciamento, *joint-venture* ou um acordo de transferência de tecnologia. Com essa opção, a empresa tem sua presença no mercado em que está tentando penetrar, e já não precisa se preocupar com a escalada de preços resultante de altos custos de fabricação do país de origem e de encargos de transporte.

A terceira opção é uma completa racionalização da estrutura de distribuição no mercado-alvo. Uma racionalização da estrutura de distribuição pode reduzir as margens totais requeridas para realizar a distribuição em mercados internacionais e incluir a seleção de novos intermediários, atribuir novas responsabilidades aos antigos intermediários ou estabelecer operações de marketing direto. A Toys "Я" Us, por exemplo, penetrou no mercado japonês de brinquedos porque passou ao largo das camadas de distribuição e adotou um estilo de venda em depósitos, similar ao enfoque nos Estados Unidos. A Toys "Я" Us foi vista como um caso de teste da capacidade de varejistas ocidentais — lojas de descontos em particular — em mudar as regras de distribuição.

PRODUTOS DO MERCADO CINZENTO

Produtos do mercado cinzento são mercadorias de marca registrada exportadas de um país para outro, onde são vendidas por pessoas ou organizações não-autorizadas. Algumas vezes, os praticantes do marketing cinzento trazem um produto elaborado em um país — champanhe francês, por exemplo — para um mercado de um segundo país, concorrendo com importadores autorizados. O mercado cinzento pratica preços inferiores aos praticados por importadores legítimos. Essa prática, conhecida também como 'importação paralela', pode florescer quando um produto está em falta ou quando os produtores tentam estabelecer preços muito altos. Isso aconteceu com o champanhe francês vendido nos Estados Unidos e também no mercado europeu de produtos farmacêuticos, onde os preços variam muito de país para país. No Reino Unido e na Holanda, por exemplo, as importações paralelas chegam a representar 10% das vendas desse tipo de produto.

Em outro tipo de marketing cinzento, uma empresa fabrica um produto no mercado do país de origem e em mercados estrangeiros. Nesse caso, produtos fabricados no estrangeiro pela afiliada estrangeira da empresa, para vendas no estrangeiro, são, algumas vezes, vendidos por um distribuidor estrangeiro para empresas do mercado cinzento. Estas últimas, então, trazem os produtos para o mercado do país de origem da companhia produtora, onde competem com bens produzidos domesticamente. Em meados da década de 80, por exemplo, os revendedores da Caterpillar nos Estados Unidos viram-se competindo com equipamento de construção do mercado cinzento, fabricado na Europa. O dólar forte proporcionou aos praticantes do marketing cinzento uma oportunidade de trazer equipamentos Caterpillar para dentro dos Estados Unidos, a preços mais baixos que o equipamento produzido domesticamente. Embora as mercadorias do mercado cinzento tenham as mesmas marcas registradas das produzidas domesticamente, podem diferir em qualidade, componentes ou de alguma outra maneira. Os fabricantes podem não honrar garantias sobre algumas importações do mercado cinzento, como câmeras e equipamentos eletrônicos domésticos.[10]

Como mostram esses exemplos, a oportunidade que se apresenta requer que as mercadorias do mercado cinzento tenham preços inferiores aos das mercadorias vendidas por distribuidores autorizados ou das

---

10 James E. Inman, "Gray marketing of imported trademarked goods: tariffs and trademark issues", *American Business Law Journal*, maio 1993, p. 59-116, e Paul Lansing e Joseph Gabriella, "Clarifying gray market gray areas", *American Business Law Journal*, set. 1993, p. 313-337.

produzidas domesticamente. É claro que os compradores ganham com os preços mais baixos e o aumento das opções de escolha. Somente no Reino Unido, por exemplo, as vendas totais anuais de mercadorias do mercado cinzento são estimadas em 1,6 bilhão de dólares. Um caso recente na Europa resultou em uma regulamentação que revigorou os direitos de proprietários de marcas. A Silhouette, fabricante australiana de óculos de verão de alto padrão, processou a cadeia de descontos Harlauer, depois que esta adquiriu milhares de pares de óculos que a Silhouette pretendia que fossem vendidos no Leste Europeu. A Corte Européia de Justiça deu ganho de causa à Silhouette. Ao esclarecer uma diretiva de 1989, a corte determinou que as lojas não podem importar mercadorias com marca de fora da UE e, depois, vendê-las a preços de desconto, sem permissão do dono da marca. O *Financial Times* criticou a regulamentação como "ruim para os consumidores, para a concorrência e para as economias européias".[11]

Nos Estados Unidos, as mercadorias do mercado cinzento estão sujeitas a uma lei de mais de 70 anos, o Tariff Act, de 1930. A Seção 526 da lei proíbe expressamente a importação de mercadorias de fabricação estrangeira, sem a permissão do proprietário da marca registrada. Há, contudo, várias exceções discriminadas na lei; a Alfândega dos Estados Unidos, que implementa o regulamento, e o sistema jurídico têm considerável liberdade em decisões a respeito de mercadorias do mercado cinzento. Em 1988, por exemplo, a Suprema Corte dos Estados Unidos legislou que mercadorias de marca registrada de fabricante estrangeiro, como o champanhe, podiam ser legalmente importadas e vendidas por empresas do mercado cinzento. Em muitos casos, contudo, a interpretação da corte sobre a lei difere daquela da alfândega.

Devido a problemas associados à regulação dos mercados cinzentos, um perito em direito argumentou que, em nome de mercados livres e do livre-comércio, o Congresso dos Estados Unidos deveria suprimir a Seção 526. Em seu lugar, uma nova lei deveria exigir que as mercadorias do mercado cinzento tivessem rótulos explicando claramente quaisquer diferenças entre elas e as mercadorias originárias de canais autorizados. Outros peritos acreditam que, em vez de mudar as leis, as empresas deveriam desenvolver respostas estratégicas pró-ativas contra os mercados cinzentos. Uma possível estratégia seria a segmentação melhorada de mercado e a diferenciação de produto, para tornar os produtos do mercado cinzento menos atrativos; outra seria identificar e encerrar negócio com distribuidores que estivessem envolvidos em operações com esses mercados.

DUMPING

Dumping é uma importante questão de estratégia global de fixação de preços. O Código *Antidumping* do Gatt, de 1979, definiu *dumping* como a venda de um produto importado a um preço mais baixo do que o normalmente cobrado no mercado doméstico ou no país de origem. Além disso, muitos países têm suas próprias políticas e procedimentos para proteger as empresas nacionais contra o *dumping*. A Lei *Antidumping* dos Estados Unidos, de 1921, não definiu *dumping* especificamente, mas, em vez disso, referiu-se a concorrência desleal. O Congresso, contudo, definiu *dumping* como uma prática desleal de comércio que resulta em "prejuízo, destruição ou impedimento da indústria americana". Sob essa definição, o *dumping* ocorre quando os produtos importados vendidos no mercado norte-americano têm preços inferiores ao custo de produção mais uma margem de 8%, ou a níveis abaixo daqueles que prevalecem no país produtor.

O *dumping* foi uma questão importante na Rodada do Uruguai das negociações do Gatt. Muitos países desaprovaram o sistema norte-americano de leis *antidumping*, em parte porque o Departamento de Comércio, historicamente, quase sempre decidiu a favor das empresas norte-americanas. Outra questão era o fato de os exportadores norte-americanos serem freqüentemente denunciados em investigações *antidumping* em países com poucos regulamentos formais para o devido processo. Os negociadores dos Estados Unidos esperavam melhorar a capacidade das empresas americanas de defender seus interesses e compreender a base para os regulamentos.

---

11 Peggy Hollinger e Neil Buckley, "Gray market ruling delights brand owners", *Financial Times*, 17 jul. 1998, p. 8.

O resultado das negociações do Gatt foi um Acordo sobre a Interpretação do Artigo VI. Do ponto de vista dos Estados Unidos, uma das mudanças mais significativas entre o acordo e o código de 1979 é a adição de um padrão de revisão que torna mais difícil contestar as determinações *antidumping* dos Estados Unidos. Houve também um número considerável de mudanças de procedimento e de método. Em alguns casos, essas mudanças têm o efeito de alinhar mais os regulamentos com a lei dos Estados Unidos. Ao calcular o preço justo para um dado produto, por exemplo, quaisquer vendas do produto a preços abaixo dos custos no país exportador não são incluídas nos cálculos; a inclusão dessas vendas teria o efeito de exercer pressões para baixo no preço justo. O acordo também alinhou os padrões do Gatt aos padrões dos Estados Unidos, proibindo os governos de penalizar diferenças entre preços do mercado doméstico e do mercado de exportação inferiores a 2%.

Como a natureza dessas questões e regulamentos sugere, alguns países usam a legislação de *dumping* como um dispositivo legítimo para proteger a empresa local contra práticas de preços predatórias de empresas estrangeiras. Em outras nações, eles representam protecionismo, um dispositivo para limitar a concorrência estrangeira em um mercado. O ponto de vista racional da legislação de *dumping* é que este é prejudicial para o desenvolvimento ordenado da empresa dentro de uma economia. Poucos economistas se posicionariam contra o *dumping* de longo prazo ou contínuo. Se isso fosse feito, seria uma oportunidade para um país tirar vantagem de uma fonte de baixo custo de uma mercadoria específica e para se especializar em outras áreas. O *dumping* contínuo, entretanto, raramente ocorre; a venda de produtos agrícolas a preços internacionais, com os fazendeiros recebendo preços mais altos subsidiados, é um exemplo de *dumping* contínuo. O tipo de *dumping* praticado pela maioria das empresas é esporádico e imprevisível, e não proporciona uma base confiável para o planejamento econômico nacional. Em vez disso, pode prejudicar a empresa doméstica.

Recentemente, as acusações formais de *dumping* têm vindo de países diferentes. Em 1998, os Estados Unidos, a UE, a Austrália e o Canadá apresentaram aproximadamente um terço, ou 225, dos casos abertos. Isso é significativamente inferior ao que ocorreu na década de 80, quando esses mesmos países responderam por 80% de todos os casos.[12] Os países cujas empresas mais apresentaram queixas foram a África do Sul, os Estados Unidos, a Índia, a UE e o Brasil. Quase 20% dos casos foram apresentados contra a UE ou países membros, seguidos pela China e pela Coréia.

Uma empresa americana, a Smith Corona Corporation, de New Canaan, em Connecticut, apresentou uma queixa *antidumping* contra as Brother Industries, do Japão, em 1974, e esteve envolvida em litígio relacionado com *dumping* até o dia em que declarou falência. Uma das lições dessa saga é que pode levar anos para receber a decisão da Comissão de Comércio Internacional (CCI). A Smith Corona teve de reapresentar sua queixa original; a CCI decidiu a seu favor em 1980, ordenando uma taxação de 48,7% sobre as importações de máquinas de escrever portáteis. As taxas, porém, apenas se aplicavam às máquinas de escrever; a Brother reagiu projetando novos produtos, com funções de memória baseadas em chip. Como esse novo produto não era mais classificado como máquina de escrever — em vez disso, era um processador de texto —, a Brother evitou as taxas. A Brother também começou a montar máquinas de escrever e processadores de texto com peças importadas, em uma fábrica no Tennessee. Esse exemplo mostra a que ponto uma empresa pode ir para contornar os regulamentos de *dumping*. A Brother usou tanto a inovação de produto quanto uma estratégia de nova procedência. Por fim, em uma reviravolta irônica, a Brother virou a mesa sobre a Smith Corona, acusando-a de *dumping*. A lógica: muitas das máquinas de escrever da Smith Corona eram importadas de uma fábrica de Cingapura; a Brother usou sua própria fábrica nos Estados Unidos como evidência de que ela era o verdadeiro produtor norte-americano.[13]

---

12 Guy de Jonquieres, "Poor nations starting more dumping cases", *Financial Times*, 6 maio 1999, p. 5.
13 Eduardo Lachica, "Legal swamp: anti-dumping pleas are almost useless, Smith Corona finds", *Wall Street Journal*, 18 jun. 1992, p. A1, A8.

> **QUADRO 12-1**
>
> ## AS VISÕES DE JAMES BOVARD
>
> James Bovard é um incansável defensor do livre-comércio e um crítico da política norte-americana, que faz campanha para influenciar os pontos de vista dos políticos e do público em geral. Em seu recente livro, *The myth of fair trade*, e em numerosos artigos e ensaios, Bovard argumenta que as leis de comércio dos Estados Unidos são hipócritas, porque reduzem, em vez de encorajar, a concorrência. Os resultados, ressalta, são preços mais altos para o consumidor norte-americano. Suas posições e opiniões sobre duas questões de comércio, *dumping* e Super 301, estão resumidas a seguir, assim como algumas reações a elas.
>
> - *Dumping*. Bovard acredita que as leis *antidumping* norte-americanas devem ser abolidas. Chamando as leis de *dumping* de uma relíquia da era de taxa fixa de câmbio, ele observa que o Departamento de Comércio dos Estados Unidos pode condenar uma companhia por *dumping* por diferenças de preço tão pequenas quanto 0,5%, muito embora o dólar possa experimentar flutuações de dois dígitos com relação a outras moedas do mundo. Além disso, uma condenação de *dumping* pode restringir o acesso de uma empresa ao mercado por quinze anos, muito tempo depois da ocorrência de um prejuízo. Bovard adverte que outras nações podem copiar os regulamentos *antidumping* norte-americanos, em detrimento, no final das contas, das empresas norte-americanas.
>
> Embora a Rodada do Uruguai de negociações do Gatt tenha resultado em algumas modificações, atendendo a preocupações específicas de Bovard, a questão mais ampla permanece em aberto. Devem as leis *antidumping* americanas ser extintas? Não, de acordo com Don E. Newquist, ex-presidente da Comissão de Comércio Internacional. Ele argumenta que as leis *antidumping* ajudam a preservar a indústria de base e de tecnologia dos Estados Unidos. Ele adverte que, sem as leis, produtores estrangeiros abrigados de concorrência de importação em seus mercados de origem (como as empresas japonesas) podem usar os excedentes de lucro de vendas domésticas para subsidiar exportações de baixo custo para os Estados Unidos. Isso pode levar a perdas de participação de mercado, reduções de fluxo de caixa e mesmo ao fechamento de fábricas nos Estados Unidos.
>
> - *Super 301 e Seção 301*. Em março de 1994, Bovard posicionou-se contra a decisão da administração Clinton de reinstalar a Super 301 para punir o Japão por práticas injustas de comércio. A Super 301 era uma prerrogativa de comércio de 1988, que permitia aos Estados Unidos classificar nações específicas como comerciantes injustos e impor 100% de tarifas sobre exportações dessas nações, a menos que as exigências dos Estados Unidos fossem aceitas. Um regulamento anterior, a Seção 301 da Lei de Comércio de 1974, permitia ao governo norte-americano investigar e retaliar contra barreiras injustas de comércio de outras nações. A queixa específica de Bovard sobre a ação de Clinton era de que ambas as normas 301 foram ineficazes e que as ameaças de retaliação trouxeram resultados positivos em apenas uma pequena quantidade de casos.
>
> Bovard tem também argumentado, freqüentemente, que os Estados Unidos são hipócritas quando se trata de política comercial, citando numerosos exemplos de práticas de comércio norte-americanas durante os últimos vinte anos para fundamentar sua queixa. Em 1990, por exemplo, os Estados Unidos denunciaram o Canadá por limitar as importações de cerveja norte-americana, muito embora os Estados Unidos imponha suas próprias regulamentações complicadas sobre as importações de cerveja canadense. Em 1989, os Estados Unidos ameaçaram o Japão com a Seção 301, devido ao fato de não ter concedido à Motorola uma área geográfica de vendas suficientemente grande. Bovard atribuiu os problemas de venda da Motorola no Japão a uma simples falta de adaptação de produto; a empresa inicialmente exportava telefones celulares projetados para as freqüências norte-americanas, enquanto as exportações japonesas para os Estados Unidos são projetadas para as freqüências dos Estados Unidos.
>
> *Fontes*: James Bovard, "Trade quotas build new chinese wall", *Wall Street Journal*, 10 jan. 1994, p. A12, e "A U.S. history of trade hipocrisy", *Wall Street Journal*, 8 mar. 1994, p. A1.

Para uma prova positiva de *dumping* ocorrer nos Estados Unidos, tanto a discriminação de preço quanto o prejuízo têm de ser demonstrados. A existência de qualquer um dos dois sem o outro é uma condição insuficiente para constituir *dumping*. As empresas preocupadas com problemas com a legislação *anti-*

dumping desenvolveram vários caminhos para evitá-la. Um enfoque é diferenciar o produto do vendido no mercado de origem. Exemplo disso é um acessório de automóvel que uma empresa embalou com uma chave e um manual de instruções, tornando-o legalmente uma ferramenta. O valor da tarifa no mercado de exportação era menor sobre ferramentas, e a empresa também ganhou imunidade contra as leis *antidumping*, porque a embalagem não era comparável a produtos concorrentes no mercado-alvo. Outra abordagem é fazer acordos competitivos, que não envolvam preço, com afiliadas e distribuidores. O crédito, por exemplo, pode ser estendido, o que, no fim das contas, tem o mesmo efeito de uma redução de preço.

DETERMINAÇÃO DE PREÇOS DE TRANSFERÊNCIA

A determinação de preços de transferência refere-se à formulação de preços de produtos e serviços comprados e vendidos por unidades e divisões de uma mesma empresa. Em outras palavras, estabelecer preços de transferência diz respeito a trocas internas de uma corporação. As subsidiárias da Toyota, por exemplo, vendem e compram entre si. O mesmo acontece com outras empresas que operam globalmente. À medida que as empresas se expandem e criam operações descentralizadas, os centros de lucro se tornam um componente cada vez mais importante no quadro financeiro da empresa como um todo. Sistemas e políticas apropriadas de transferência de preços intracorporação são requeridos para assegurar a lucratividade em cada nível. Quando uma empresa estende suas operações para além das fronteiras nacionais, a determinação de preços de transferência assume novas dimensões e complicações significativas. Ao determinar os preços de transferência para as subsidiárias, as empresas globais têm de levar várias questões em consideração, incluindo impostos, taxas e tarifas, regras de transferência de lucro do país, objetivos conflitantes de sócios em *joint-ventures* e regulamentações governamentais.

Há três importantes abordagens alternativas para estabelecer preços de transferência. A alternativa escolhida variará de acordo com a natureza da empresa, produtos, mercados e as circunstâncias históricas de cada caso. As alternativas são: determinação de preço de transferência baseado no custo; determinação de preço de transferência baseado no mercado; preços negociados.

Determinação de preço de transferência baseado em custo

Como as empresas definem os custos de maneira diferente, algumas, usando o enfoque baseado em custos, podem chegar a preços de transferência que refletem apenas os custos de produção (variáveis e fixos) de fabricação. Alternativamente, os preços de transferência podem ser baseados em custos totais, incluindo custos gerais indiretos de marketing, pesquisa e desenvolvimento (P&D) e outras áreas funcionais. A maneira como os custos são definidos pode ter um impacto sobre as tarifas e os impostos de vendas para afiliadas e subsidiárias das companhias globais.

A determinação de preços com margem sobre o custo é uma variação do enfoque com base em custo. As empresas que seguem esse método de precificação *cost-plus* estão assumindo a posição de que se devem apresentar lucros para qualquer produto ou serviço, em qualquer estágio da movimentação através do sistema corporativo. Em tais casos, os preços de transferência podem ser estabelecidos a uma certa porcentagem dos custos fixos, tal como '110% dos custos'. Mesmo que o estabelecimento de preço com a margem sobre os custos possa resultar em um preço sem nenhuma relação com as condições competitivas e de demanda em mercados internacionais, muitos exportadores usam essa abordagem com sucesso.

Preço de transferência com base em mercado

Um preço de transferência baseado em mercado deriva do preço necessário para ser competitivo no mercado internacional. A restrição sobre esse preço é o custo. Conforme observado previamente, no entanto, há um considerável grau de variação na maneira como os custos são definidos. Como os custos em geral declinam com o aumento do volume, deve-se decidir pela precificação com base em volumes atuais ou planejados. Para usar preços de transferência baseados em mercado, com o objetivo de entrar em um novo mercado que seja muito pequeno para suportar produção local, a procedência de um terceiro país pode ser a melhor opção. Isso permite à empresa estabelecer seu nome ou franquia no mercado, sem comprometer-se em um investimento significativo de capital.

Preços de transferência negociados

Uma terceira alternativa é permitir às afiliadas da organização negociar preços de transferência entre elas mesmas. Em alguns casos, o preço final de transferência pode refletir custos e preços de mercado, mas isso não é obrigatório.[14] O padrão adequado de preços de transferência negociados é conhecido como preço justo: o preço que duas entidades independentes e não relacionadas negociariam.

Regulamentos de impostos e preços de transferência

As empresas globais atuam em um mundo com diferentes alíquotas de impostos comerciais, havendo, portanto, um incentivo natural para maximizar a renda do sistema em países com as taxas de impostos mais baixas e para minimizar receita em países de altas taxações. Os governos, naturalmente, estão bem cientes dessa situação. Em anos recentes, muitos governos tentaram maximizar as receitas nacionais de impostos, examinando os retornos das empresas e obrigando-as à realocação de renda e despesas.

Embora um tratamento completo de questões tributárias esteja fora do escopo deste livro, os estudantes devem entender que uma questão básica de fixação de preços que influencia as empresas globais é: "O que pode fazer uma empresa na área de determinação de preços internacionais à luz das leis tributárias vigentes?" É importante observar que os regulamentos do Tesouro dos Estados Unidos não têm o peso de lei até que estejam apoiados pelos tribunais. Os profissionais de marketing global têm de examinar os regulamentos cuidadosamente, não somente por serem leis tributárias, mas porque orientam a Receita quando revê transações entre organizações comerciais relacionadas. Nos Estados Unidos, a Seção 482 do código tributário e os regulamentos complementares são orientados ao estabelecimento de preços de transferência. O texto completo da Seção 482 é apresentado no Apêndice 2, ao final deste capítulo.

Vendas de propriedade tangível e intangível

A Seção 482 dos regulamentos do Tesouro norte-americano trata de transferências intra-empresa de matérias-primas, componentes e produtos acabados das empresas, assim como de itens intangíveis, como pagamentos pelo uso de tecnologia de produção. A regra geral que se aplica à venda de propriedade tangível é conhecida como fórmula de 'preços justos', definida como os preços que teriam sido cobrados em transações independentes entre partes não-relacionadas, sob circunstâncias similares. Três métodos, arrolados a seguir em ordem de prioridade, são discriminados nos regulamentos para estabelecer um preço justo. Os regulamentos exigem que, para uma empresa utilizar o método de preço inferior, é necessário que ela justifique a não-utilização dos métodos de preços de prioridade superior.

De acordo com o método do preço não-controlado comparável, as vendas não-controladas (entre vendedor e comprador não-relacionados) serão consideradas comparáveis às vendas controladas (vendas entre partes relacionadas) se o produto e as circunstâncias envolvidas forem idênticos, ou quase idênticos, aos de vendas controladas. Freqüentemente, nenhuma venda não-controlada comparável está disponível para uso como referência. Em tais casos, pode ser necessário determinar um preço de revenda aplicável, isto é, o preço no qual o bem comprado em uma venda controlada seja revendido pelo comprador em uma venda não-controlada. Usando esse caminho, que é, às vezes, chamado de 'preço de varejo a menor', um preço justo pode ser estabelecido reduzindo-se, do preço de revenda aplicável, uma quantia que reflita uma margem adequada. Esse é o método de preço de revenda para determinar preços de transferência. O terceiro método, e de menor prioridade, é o método margem sobre custo. Quando a busca de um preço justo leva

---

14 Charles T. Horngren e George Foster. *Cost accounting: a managerial approach*. Upper Saddle River, NJ: Prentice Hall, 1991, p. 856.

uma empresa global à determinação de preços pelo método margem sobre custo, ela voltou aos métodos básicos de determinação de preços de transferência descritos anteriormente.

A Tabela 12-4 resume os resultados de recentes estudos que comparam métodos de determinação de preços de transferência por país. Como mostrado na tabela, aproximadamente a metade das empresas baseadas nos Estados Unidos que atuam internacionalmente usa alguma forma de determinação de preço de transferência baseada em custo.

Determinação de preço competitivo

Devido a essa excessiva ênfase da legislação em preço justo, muitas vezes as empresas norte-americanas podem ser prejudicadas, pois têm dificultada a tarefa de decisão de preços baseados em fatores competitivos de mercado. Evidentemente, se apenas o padrão de preço justo for aplicado, uma empresa poderá não ser capaz de reagir a fatores competitivos existentes em todos os mercados, doméstico e global. Por outro lado, os regulamentos proporcionam uma abertura para a empresa que procura ser competitiva em preço, em produtos de procedência dos Estados Unidos em suas operações internacionais. Muitos interpretam que a intenção dos regulamentos é incentivar as companhias a reduzir preços e aumentar despesas de marketing por intermédio de uma afiliada controlada, para ganhar participação de mercado, mesmo que ela não faça isso em uma transação de preço justo com um distribuidor independente. Isso porque a posição de mercado representa, na verdade, um investimento e um ativo. Uma empresa investiria em tal ativo somente se controlasse o revendedor — isto é, se o revendedor fosse uma subsidiária. Os regulamentos podem também ser interpretados como permitindo a uma empresa baixar seu preço de transferência, com o propósito de entrar em um novo mercado ou enfrentar a concorrência em um mercado existente, instituindo reduções de preço ou aumentando os esforços de marketing nos mercados-alvo. As empresas têm de ter e usar essa flexibilidade ao tomar decisões de preço, se quiserem alcançar sucesso significativo em mercados internacionais, com mercadorias de origem norte-americana.

A importância dos regulamentos

Qualquer que seja a política de determinação de preços, é importante que os executivos e gerentes envolvidos em decisões de política de preços internacionais se familiarizem com os regulamentos pertinentes. A base para a determinação de preços tem de estar de acordo com as regras desses regulamentos. Em um esforço de desenvolver regras de determinação de preços de transferência mais exeqüíveis, a Receita dos Estados Unidos editou regulamentos exigindo documentação atualizada que apóie as decisões de preço de transferência. Tal documentação demandará a participação de pessoal de gerenciamento e de marketing em decisões de preços de transferência, em conjunto com a área contábil. As empresas devem estar preparadas para demonstrar que seus métodos de determinação de preços resultam de escolha bem fundamentada, não de descuido.

Tabela 12-4 Métodos de determinação de preço de transferência para países selecionados.				
Métodos	Estados Unidos	Canadá	Japão	Reino Unido
1. Baseado em custo	46%	33%	41%	38%
2. Baseado em preço de mercado	35%	37%	37%	31%
3. Negociado	14%	26%	22%	20%
4. Outros	5%	4%	0%	11%
	100%	100%	100%	100%

Fontes: Adaptado de Charles T. Horngren e George Foster, *Cost accounting: a managerial approach*. Upper Saddle River, NJ: Prentice Hall, 1991, p. 866.

É verdade que os regulamentos do Tesouro dos Estados Unidos e a política de coação da Receita, muitas vezes, parecem impenetráveis. Há, contudo, ampla evidência de que o governo procura apenas impedir a evasão de impostos e garantir justa distribuição de receita das operações de empresas que fazem negócios internacionais. Ainda assim, o governo nem sempre tem sucesso nos esforços de impor seus regulamentos. Em uma recente decisão da corte, a Merck & Co. acionou o governo dos Estados Unidos com base no fato de que a alocação de 7% da receita de uma subsidiária inteiramente de sua propriedade era "arbitrária, caprichosa e insensata". A Receita havia argumentado que a Merck transferira artificialmente receita para a subsidiária, compartilhando custos associados com P&D, instalações de marketing e pessoal. A corte concordou com a Merck e ordenou à Receita a devolução do imposto cobrado.

Como o caso Merck demonstra, mesmo empresas que se esforçam para cumprir os regulamentos e que documentam esse esforço podem parar no tribunal. Se um auditor tributário levanta questões, os executivos devem ser capazes de defender suas decisões de maneira fundamentada. Felizmente, serviços de consultoria estão disponíveis para ajudar os gerentes a lidar com o mundo enigmático dos preços de transferência.

A determinação de preços de transferência para minimizar a cobrança de impostos pode conduzir a distorções inesperadas e indesejáveis. Um exemplo clássico é o de uma importante empresa norte-americana com uma organização descentralizada, centrada em lucros, que promovia e dava freqüentes e substanciais aumentos de salário a seu gerente de divisão na Suíça. A razão para a ascensão rápida do gerente foi seu excepcional registro de lucros. Seus números extraordinários foram detectados pelo sistema de controle de avaliação de desempenho da empresa, que, por sua vez, disparou os aumentos salariais e as ações de promoção. O problema nessa empresa era que o sistema de controle financeiro não estava ajustado para reconhecer que havia sido criado um centro de lucros em paraíso fiscal. Os lucros altíssimos do gerente eram simplesmente o resultado de preços de transferência artificialmente baixos nas operações de compra do paraíso fiscal e de preços de transferência artificialmente altos para fora do paraíso fiscal suíço para subsidiárias operacionais. Foi preciso uma equipe de consultores externos para desvendar o caso. Os recordes de lucros e perdas da empresa eram uma distorção grosseira dos verdadeiros resultados operacionais. A empresa teve de ajustar seu sistema de controle e usar critérios diferentes para avaliar o desempenho gerencial em paraísos fiscais.

Restrições de tarifas e impostos

Custos e lucros corporativos são também afetados por taxas de importação. Quanto maior a taxa de importação, tanto mais desejável será um preço de transferência baixo. A taxação alta cria um incentivo para reduzir os preços de transferência para minimizar as taxas alfandegárias. Como discutido no Capítulo 8, as taxas, em muitos setores da indústria, foram substancialmente reduzidas ou eliminadas pela Rodada do Uruguai nas negociações do Gatt. Muitas empresas tendem a diminuir a influência de taxas ao desenvolver suas políticas de preços. Há várias razões para isso. Primeiro, algumas empresas consideram as economias de taxas insignificantes, em comparação com os ganhos que podem ser obtidos pela concentração em sistemas eficazes de motivação e alocação de recursos corporativos. Segundo, a alta gerência pode considerar antiético qualquer esforço de minimização sistemática de impostos. Outro argumento é que uma política de determinação de preços simples, consistente e direta minimiza os problemas de investigação de impostos que possam surgir se políticas de preços mais complexas forem adotadas. De acordo com esse argumento, as economias de tempo de executivos e os custos de consultoria externa contrabalançam quaisquer impostos adicionais que tenham de ser pagos usando tal caminho. Finalmente, depois de analisar a tendência mundial em direção à harmonização de alíquotas tributárias, muitos executivos financeiros concluíram que qualquer conjunto de políticas apropriadas a um mundo caracterizado por amplos diferenciais em percentuais de impostos logo se tornará obsoleto. Portanto, concentraram-se em desenvolver políticas de preço apropriadas a um mundo que está evoluindo rapidamente para alíquotas tributárias relativamente similares.

Joint-ventures

As *joint-ventures* constituem um incentivo para estabelecer preços de transferência a níveis mais altos do que seriam usados em vendas a filiais de propriedade integral, porque a participação de uma empresa nos ganhos de uma *joint-venture* é inferior a 100%, de modo que quaisquer lucros que ocorram na *joint-venture* têm de ser compartilhados. A freqüência crescente de auditorias das autoridades fiscais é uma importante razão para a prática de acordos que respeitem a legislação tributária. O critério da autoridade tributária de preços justos é, provavelmente, o mais apropriado para a maioria das *joint-ventures*.

Para evitar conflitos potenciais, as empresas com *joint-ventures* devem preparar com antecedência acordos de precificação aceitáveis para ambas as partes. Seguem-se algumas considerações importantes para a determinação de preços de transferência para *joint-ventures*:[15]

1. A maneira como os preços de transferência serão ajustados em resposta a mudanças de taxa de câmbio.
2. Reduções esperadas em custos de fabricação provenientes de melhorias na curva de aprendizagem e a maneira como elas se refletirão nos preços de transferência.
3. Mudanças na procedência de produtos ou componentes de instalações próprias para fontes alternativas.
4. Os efeitos da concorrência sobre volume e margens gerais.

FIXAÇÃO DE PREÇOS GLOBAIS — TRÊS ALTERNATIVAS DE POLÍTICA

Que política de preços uma empresa global deve adotar? Visto de maneira ampla, há três posições alternativas que uma empresa pode seguir para fixar preços internacionais.

Extensão/etnocêntrica

A primeira pode ser chamada de política de determinação de preços por extensão/etnocêntrica. Essa política requer que o preço de um item seja o mesmo no mundo todo e que o importador absorva o frete e as taxas de importação. Esse caminho tem a vantagem da extrema simplicidade, porque nenhuma informação sobre condições competitivas ou de mercado é necessária para a implementação. A desvantagem desse enfoque está diretamente ligada a sua simplicidade: o estabelecimento de preços por extensão não responde às condições competitivas e de mercado de cada mercado nacional e, portanto, não maximiza os lucros da empresa nem em cada mercado nacional, nem globalmente. O quadro "Determinando os preços da Reebok na Índia" oferece um exemplo de empresa que está tentando manter sua imagem de alta qualidade em mercados globais.

Adaptação/policêntrica

A segunda política de determinação de preços pode ser denominada *adaptação/policêntrica*. Essa política permite que os gerentes de subsidiárias ou filiais estabeleçam o preço que acreditam ser o mais adequado a suas realidades. Sob tal enfoque, não há nenhum controle ou exigência da empresa de que os preços sejam coordenados de um país para o outro. A única restrição desse enfoque é na definição de preços de transferência dentro do sistema corporativo. Esse enfoque é sensível às condições locais, mas pode criar problemas de arbitragem de produto em casos nos quais as disparidades em preços de mercado local superam o custo de transporte e de taxas alfandegárias que separam os mercados.

Quando essas condições existem, há uma oportunidade para o gerente tirar vantagem dessas disparidades de preço, comprando no mercado de preço mais baixo e vendendo no mercado de preço mais alto. Há também o problema de que, sob tal política, conhecimento e experiência valiosos dentro do sistema

---

15 Timothy M. Collins e Thomas L. Doorley. *Teaming up for the 90s: a guide to international joint ventures and strategic alliances.* Homewood, IL: Business One Irwin, 1991, p. 212-213.

> **QUADRO 12-2**
>
> ## DETERMINANDO OS PREÇOS DA REEBOK NA ÍNDIA
>
> Quando a Reebok, segunda maior empresa mundial de calçados esportivos, decidiu entrar na Índia em 1995, enfrentou vários desafios básicos de marketing. Por um lado, a Reebok estava criando um mercado a partir do zero. Calçados esportivos de qualidade superior eram praticamente desconhecidos, e os tênis mais caros disponíveis na época custavam mil rúpias (cerca de 23 dólares). Os gerentes da Reebok também tiveram de escolher um modo de entrada no mercado. Tomou-se a decisão de subcontratar quatro fornecedores locais, um dos quais se tornou sócio em uma *joint-venture*. Havia poucas opções de distribuição. A Bata, uma empresa canadense com operações globais, era o único varejista de calçados com cobertura nacional. As lojas de artigos esportivos no estilo norte-americano eram desconhecidas na Índia. Para reforçar a imagem high-tech da marca Reebok, os executivos da empresa decidiram estabelecer sua própria infra-estrutura de varejo. Havia outros dois elementos cruciais a ser resolvidos: produto e preço. Deveria a Reebok criar uma linha de calçados de mercado de massa especificamente para a Índia ao preço de mil rúpias? A alternativa era oferecer os mesmos designs vendidos em outras partes do mundo ao preço de 2.500 rúpias (58 dólares), um valor que representava o equivalente a um mês de salário para a maioria dos indianos em início de carreira.
>
> No fim, a Reebok decidiu oferecer aos consumidores indianos cerca de 60 modelos escolhidos entre os produtos globais da empresa. A decisão baseou-se, em parte, no desejo de sustentar a imagem de alta qualidade da marca Reebok, mas a empresa compreendeu que isso limitaria o tamanho do mercado. A despeito das estimativas de que a 'classe média' da Índia abrangia 300 milhões de pessoas, o número que poderia dar-se ao luxo de produtos de preço alto era estimado em cerca de 30 milhões. Os calçados mais baratos da Reebok eram cotados em cerca de duas mil rúpias o par; pela mesma quantia aproximada de dinheiro, um fazendeiro poderia comprar uma vaca de ordenha, ou uma dona de casa poderia comprar um refrigerador novo. A reação do consumidor, todavia, foi muito favorável, especialmente entre os jovens da classe média. Como observou Muktesh Pant, um gerente regional da Reebok: "Por duas mil a três mil rúpias, as pessoas sentem que realmente podem fazer uma compra. É mais barato que comprar um relógio novo, por exemplo, se você quer causar boa impressão em uma festa. Embora nossos calçados de preço alto nos ponha em concorrência com coisas como geladeiras e vacas, o lado positivo é que somos novos e somos tratados como uma marca de prestígio".
>
> A Reebok ficou satisfeita ao descobrir que a demanda também era forte fora dos principais mercados metropolitanos, como Delhi, Mumbai e Chennai. O custo de vida é mais baixo em pequenas cidades; assim, os consumidores têm mais renda disponível para gastar. Além disso, os habitantes de áreas rurais tinham menos oportunidades de viajar para o exterior; portanto, não tinham a oportunidade de comprar marcas modernas em outros lugares. A Reebok tem agora cerca de cem lojas de franquia da marca, que vendem cerca de 300 mil pares de tênis na Índia por ano. A empresa exporta duas vezes esse número de calçados fabricados na Índia para a Europa e os Estados Unidos. Como observou Pant: "No começo, nos atrapalhamos com nossa política de preços, mas, no final, ficamos bastante satisfeitos".
>
> > **Visite os sites**
> > www.reebok.com
> > www.bata.com
>
> *Fonte*: Mark Nicholson, "Where a pair of trainers costs as much as a cow", *Financial Times*, 18 ago. 1998, p. 10.

corporativo, em relação a estratégias eficazes de determinação de preços, não são aplicáveis a cada decisão de preço local. As estratégias não são aplicadas porque os gerentes locais são livres para praticar preços da maneira que julgarem mais desejável e podem não estar inteiramente informados sobre a experiência da empresa ao tomar decisões dessa natureza.

Deixar cada unidade local tomar decisões de preço implica outra desvantagem: pode transmitir ao restante do mundo um sinal contrário aos interesses da empresa. As empresas de produtos farmacêuticos, por exemplo, têm de ser extremamente cautelosas ao estabelecer preços de remédios para agências em diferentes países. Em muitos países, estão lidando com monopólios compradores que têm os recursos e a motivação para negociar o preço mais baixo possível. Sem o controle da sede, um pequeno país pode decidir, por várias razões, vender um medicamento a um preço tão baixo, que seja extremamente desvantajoso e insensato para a empresa no restante do mundo. Na indústria química, uma movimentação de preço em qualquer lugar do mundo é instantaneamente detectada no restante do planeta. Portanto, é importante que a determinação de preços esteja sob controle da sede da organização.

Invenção/geocêntrica

A terceira abordagem para determinação de preço internacional pode ser denominada *invenção/geocêntrica*. Usando essa alternativa, uma empresa não fixa um único preço mundial nem permanece distante das decisões de preço das subsidiárias, ocupando, em vez disso, uma posição intermediária. Uma empresa que persegue esse caminho trabalha na suposição de que há fatores singulares de mercado local que devem ser reconhecidos para chegar à decisão de preço. Esses fatores incluem custos locais, níveis de renda, concorrência e a estratégia de marketing local. Os custos locais, adicionados de um retorno sobre o capital investido e o pessoal, fixam o piso de preço para o longo prazo. No curto prazo, entretanto, uma empresa pode decidir perseguir um objetivo de penetração de mercado e ter o preço inferior ao nível de margem sobre custos, usando produtos importados de outra procedência para estabelecer um mercado. Outro objetivo de curto prazo pode ser estimar o tamanho de um mercado a um preço que seja lucrativo, dada a aquisição local de produtos e uma certa escala de produção. Em vez de realizar investimentos diretos, o mercado-alvo pode, inicialmente, ser abastecido a partir de fontes externas de suprimento já existentes, embora de custo mais alto. Se o preço e o produto são aceitos pelo mercado, a companhia pode, então, construir uma unidade local de produção para elevar sua lucratividade nesse mercado. Se a oportunidade de mercado não se materializa, a empresa pode experimentar o produto com outros preços, porque não está obrigada ao volume fixo de vendas que seria necessário se tivesse unidades locais de fabricação.

É essencial selecionar um preço que leve em conta a concorrência local. Muitos esforços de mercado internacional fracassaram nesse ponto. Um importante fabricante norte-americano de eletrodomésticos lançou sua linha na Alemanha e, com produtos fabricados nos Estados Unidos, estabeleceu seu preço simplesmente adicionando a margem de 28,5% sobre os custos de todos os itens de sua linha. O resultado desse método de estabelecer preços foi uma linha que continha uma mistura de produtos de preço baixo e produtos de preço alto. Os produtos de preço alto não vendiam, porque preços melhores eram oferecidos por empresas locais. Os produtos de preço baixo vendiam muito bem, mas teriam rendido lucros mais altos a preços mais altos. Seria necessária a determinação de preços por linha de produto, atribuindo margens mais baixas do que o normal para alguns produtos e margens mais altas para outros, a fim de maximizar a lucratividade de toda a linha.

Para produtos de consumo, os níveis locais de renda são fundamentais na decisão de preços. Se o produto normalmente recebe preço bem acima dos custos totais de produção, o profissional de marketing global tem a flexibilidade de estabelecer o preço abaixo dos níveis vigentes em mercados de baixa renda e, como resultado, reduzir a margem bruta sobre o produto. Nenhum gerente gosta de reduzir margens; contudo, as margens devem ser vistas como um guia para o objetivo final, que é a lucratividade. Em alguns mercados, as condições de renda podem ditar que a lucratividade máxima seja obtida sacrificando margens normais. O ponto importante aqui é que, em marketing global, não existe, na verdade, uma margem 'normal'.

O último fator que influencia a decisão de preços é a estratégia e o composto de marketing local. O preço deve estar adequado aos outros elementos do programa de marketing. Quando se decide perseguir uma estratégia de pressão que usa propaganda em mídia de massa e distribuição intensiva, por exemplo, o preço selecionado deve ser coerente não apenas com os níveis de renda e a concorrência, mas também com os custos e os programas de propaganda abrangente.

Além disso, o enfoque geocêntrico reconhece que a coordenação de preços pela sede é necessária ao lidar com clientes internacionais e arbitragem de produto (compra e venda de produto em diferentes mercados, para lucrar com as discrepâncias de preço). Por fim, o enfoque geocêntrico procura assegurar, consciente e sistematicamente, que a experiência acumulada de determinação de preços seja alavancada e aplicada onde for relevante.

Dos três métodos, somente o enfoque geocêntrico conduz à estratégia global competitiva. Um concorrente global levará em conta mercados globais e concorrentes globais ao estabelecer preços. Os preços estarão de acordo com os objetivos estratégicos globais, e não com o objetivo de maximizar o desempenho em um único país.

Práticas vigentes de determinação de preços

Samli e Jacob estudaram as práticas de determinação de preços de empresas multinacionais dos Estados Unidos.[16] Baseados em uma pesquisa por correspondência, concluíram que 70% das empresas em sua amostragem, composta pelas 350 mais importantes das 500 maiores companhias industriais da *Fortune*, e 100% das maiores companhias multinacionais dos Estados Unidos padronizavam seus preços, enquanto 30% usavam preços variáveis nos mercados mundiais. O levantamento suscita duas questões interessantes. A primeira é: Quais são as práticas correntes de fixação de preços de empresas que operam globalmente? Estão 70% das empresas norte-americanas atuando nos mercados globais com preços padronizados? Quais são as práticas de empresas não-americanas? Como sugerem Samli e Jacob, se isso for realmente verdade, parece que muitas empresas deveriam pensar em rever suas políticas de determinação de preços. Os resultados de um levantamento pelo correio sobre um assunto tão sensível e complexo como a determinação de preços, porém, devem ser sempre considerados suspeitos.

A segunda questão é: Qual deveria ser a política de determinação de preços de empresas globais? Como esboçamos anteriormente, há três opções: extensão/etnocêntrica ou padronizada, adaptação/policêntrica ou localizada, e invenção/geocêntrica. Das três, a terceira é, em teoria, claramente superior. Requer mais informação e integração entre a sede e as subsidiárias que qualquer dos outros dois enfoques, mas é claramente superior em sua capacidade de responder tanto à capacidade de pagamento do consumidor quanto ao estabelecimento de preço competitivo em cada mercado nacional.

Resumo

As decisões de fixação de preços são um elemento crítico do composto de marketing, tendo de refletir custos e fatores competitivos. Não há nenhum preço máximo absoluto, mas, para qualquer cliente, o preço tem de corresponder ao valor percebido do produto. A meta da maioria das estratégias de marketing é estabelecer um preço que corresponda às percepções dos consumidores em relação ao valor do produto e, ao mesmo tempo, não signifique uma perda de dinheiro. Em outras palavras, o objetivo é cobrar o que um produto vale para o cliente e, além disso, cobrir todos os custos e proporcionar uma margem de lucro. Entre as estratégias de determinação de preços, destacam-se o *skimming* do mercado, a penetração de mercado e a defesa de mercado. As decisões de preços têm também de levar em conta a escalada de preços que ocorre quando os produtos são embarcados de um país para o outro.

O estabelecimento de preços internacionais é complicado pelo fato de os negócios terem de conviver com leis e situações competitivas diferentes em cada país. Cada empresa tem de examinar o mercado, a concorrência e seus próprios custos e objetivos, além de regulamentos e leis locais e regionais, ao estabelecer preços que sejam coerentes com a estratégia de marketing global. O *dumping* — vender em mercados internacionais a preços inferiores aos do mercado doméstico ou abaixo do custo de produção — e a importação paralela são duas questões de determinação de preços particularmente conflituosas. Os gerentes têm também de estabelecer preços de transferência que sejam apropriados aos objetivos de lucratividade da empresa e estejam de acordo com os regulamentos tributários dos mercados de cada país.

---

16 A. Coskun Samli e Laurence Jacobs, "Princing practices of American multinational firms: standardization vs. localization dichotomy", *Journal of Global Marketing*, 8, nº 2, 1994, p. 51-73.

Questões para Discussão

1. Quais os três fatores básicos que afetam o preço em qualquer mercado? Que considerações entram nas decisões de preço?
2. Identifique algumas das restrições ambientais sobre as decisões de preços globais.
3. O que é *dumping*? É uma questão importante para o comércio? O *dumping* é uma estratégia competitiva de preços atraente para uma empresa?
4. O que é preço de transferência? Qual é a diferença, se houver, entre um preço de transferência e um preço normal? Quais são os três métodos para determinar preços de transferência?
5. Quais são os três caminhos alternativos para a determinação global de preços? Qual deles você recomendaria a uma empresa que tenha aspirações ao mercado global?
6. Se você fosse responsável pelo marketing mundial de *scanners* de tomografia axial computadorizada (CAT) e o país onde os fabricasse estivesse experimentando uma elevação no valor da moeda em relação a todas as outras moedas do mundo, que opções você teria para ajustar preços, levando em conta a situação de moeda forte?

Leitura Sugerida

A. Coskun Samli e Laurence Jacobs. "Pricing practices of American multinational firms: standardization vs. localization dichotomy", *Journal of Global Marketing*, 8, nº 2, 1994, p. 51-74.

Albert Y. Lew, Stella Cho e Phoebe Yam. "Multinational transfer pricing: implications for North American firms", *The National Public Accountant*, 41, nº 8, 1996.

Coopers & Lybrand. International Transfer Pricing. Oxfordshire: CCH Editions Limited, 1993.

Daniel T. Seymour. *The pricing decision*. Chicago: Probus Publishing, 1989.

David J. Faulds, Orlen Grunewald e Denise Johnson. "A cross-national investigation of the relationship between the price and quality of consumer products, 1970–1990", *Journal of Global Marketing*, 8, nº 1, 1994, p. 7-25.

Dorothy A. Paun, Larry D. Compeau e Shruv Grewal. "A model of the influence of marketing objectives on pricing strategies in international countertrade", *Journal of Public Policy & Marketing*, 16, primavera 1997, p. 69-82.

Hermann Simon e Eckhard Kucher. "The european pricing time bomb and how to cope with it", *European Management Journal*, 10, nº 2, jun. 1992, p. 136-145.

Hermann Simon. "Pricing opportunities — and how to exploit them", *Sloan Management Review*, 33, nº 2, inverno 1992, p. 55-65.

Hugh M. Cannon e Fred W. Morgan. "A strategic pricing framework", *Journal of Business and Industrial Marketing*, 6, nºs 3/4, verão/outono 1991, p. 59-70.

Jeffery R. Williams. "How sustainable is your competitive advantage?", *California Management Review*, 34, nº 3, primavera 1992, p. 29-51.

Karen M. McGowan. "Dimensions of price as a marketing universal: a comparison of japanese and U.S. consumers", *Journal of International Marketing*, 6, nº 4, 1998, p. 49-63.

Matthew B. Myers. "The pricing of export products: why aren't managers satisfied with the results?", *Journal of World Business*, 32, nº 3, 1997, p. 277+.

Michael V. Marn e Robert L. Rosiello. "Managing price, gaining profit", *Harvard Business Review*, 70, nº 5, set./out. 1992, p. 84-94.

Michel Robert. *Strategy pure and simple: how winning ceos outthink their competition*. Nova York: McGraw-Hill, 1993.

Peter A. Glicklich e Seth B. Goldstein. "New transfer pricing regulations adhere more closely to an arm's-length standard", *Journal of Taxation*, 78, nº 5, maio 1993, p. 306-314.

Richard Lancioni e John Gattorna. "Strategic value pricing: its role in international business", *International Journal of Physical Distribution and Logistics*, 22, nº 6, 1992, p. 24-27.

Robert G. Eccles. *The transfer pricing problem: a theory for practice*. Lexington, MA: Lexington Books, 1985.

S. Tamer Cavusgil. "Pricing for global markets", *Columbia Journal of World Business*, 31, nº 4, 1996.

Saeed Samiee e Patrik Anckar. "Currency choice in industrial pricing: a cross-national evaluation", *Journal of Marketing*, 62, nº 3, 1998, p. 112-127.

Stuart Sinclair. "A guide to global pricing", *Journal of Business Strategy*, 14, nº 3, 1993, p. 16-19.

Thomas T. Nagle. *The strategy and tactics of pricing: a guide to profitable decision making*. Upper Saddle River, NJ: Prentice Hall, 1987.

Wagdy M. Abdallah. *International transfer pricing policies: decision making guidelines for multinational companies*. Nova York: Quorum Books, 1989.

Apêndice 1

EXPRESSÕES DE COMÉRCIO

Diversos termos referentes às condições de entrega de mercadorias são comumente usados em comércio internacional. As expressões internacionalmente aceitas de comércio são conhecidas como Incoterms (termos de comércio internacional). Todas as transações comerciais se baseiam em um contrato de venda, e as expressões de comércio usadas nesse contrato têm a importante função de denominar o ponto exato em que a propriedade da mercadoria é transferida do vendedor para o comprador.

O termo mais simples de venda de exportação é ex-works (EXW) — a partir do local de fabricação. Nesse tipo de contrato, o vendedor ajuda o comprador a obter uma licença de exportação, mas sua responsabilidade termina aí. No outro extremo, a forma mais cômoda de venda para o comprador é o Delivered Duty Paid (DDP) — entregue no local determinado e com todas as taxas pagas, incluindo taxas e transporte local para seu depósito. Nesse contrato, a única responsabilidade do comprador é obter uma licença de importação, à custa do vendedor, se ela for necessária para passar pela alfândega. Entre essas duas expressões, há muitas despesas que se agregam às mercadorias, à medida que elas passam do local de fabricação para o depósito do comprador. A seguir, estão alguns dos passos envolvidos na movimentação de mercadorias de uma fábrica para o depósito de um comprador:

1. Obter uma licença de exportação, se necessário (nos Estados Unidos, as mercadorias não-estratégicas são exportadas sob uma licença geral, que não requer nenhuma permissão específica).
2. Obter uma permissão de moeda, se necessário.
3. Embalar as mercadorias para exportação.
4. Transportar as mercadorias para o local de partida (isso envolve, normalmente, transporte rodoviário, fluvial ou ferroviário, para um porto marítimo ou aeroporto).
5. Preparar um conhecimento de carga.
6. Completar os papéis alfandegários necessários para exportação.
7. Preparar faturas alfandegárias ou consulares, conforme requerido pelo país de destino.
8. Providenciar arranjos e preparação do frete marítimo.
9. Obter seguro marítimo e certificado da apólice.

Quem realiza esses passos? Depende dos termos da venda. Nos parágrafos a seguir, são definidos alguns dos termos principais.

Os dois termos a seguir são Incoterms aceitáveis para todos os modos de transporte:

EXW — Ex-works (a partir do local de produção). Nesse contrato, o vendedor coloca a mercadoria à disposição do comprador, no momento especificado em contrato. O comprador recebe a mercadoria nas instalações do vendedor e responsabiliza-se por todos os riscos e despesas desse ponto em diante.

DDP — Delivered Duty Paid (entregue com encargos pagos). Nesse contrato, o vendedor compromete-se a entregar as mercadorias para o comprador no local especificado por ele no país importador, com todos os custos, inclusive taxas, pagos. O vendedor é responsável, nesse contrato, por obter a licença de importação, se esta for requerida.

Os seguintes são *Incoterms* aceitáveis apenas para transporte marítimo e fluvial interno:

FAS — Free Alongside Ship (livre no costado do navio) — *Porto de Embarque Designado*. Nesse contrato, o vendedor tem de colocar as mercadorias ao lado do navio, ou disponível para ele, ou outro modo de transporte, se for o caso, e pagar todas as taxas até esse ponto. A responsabilidade legal do vendedor cessa assim que tenha obtido um recibo de desembaraço do cais.

FOB — Free on Board (livre a bordo do navio). Em um contrato FOB, a responsabilidade e a obrigação do vendedor não cessam até que as mercadorias tenham, realmente sido colocadas a bordo de um navio. Os termos devem, preferencialmente, ser 'FOB navio (porto designado)'. O termo FOB é freqüentemente mal-utilizado em vendas internacionais. FOB significa: "As mercadorias devem ser carregadas a bordo e o comprador paga o frete". Uma vez que os encargos de frete geralmente incluem carregar as mercadorias, em essência, o comprador paga duas vezes!

CIF — Cost, Insurance, Freight (custo, seguro, frete) — *Porto de Destino Designado*. Nesse contrato, como no contrato FOB, o risco de perda ou dano das mercadorias é transferido para o comprador tão logo as mercadorias tenham ultrapassado o casco do navio. O vendedor, contudo, tem de pagar a despesa de transporte até o porto de destino, inclusive a despesa de seguro.

CFR — Cost and Freight (custo e frete). Possui as mesmas características que a modalidade CIF, exceto pelo fato de que o vendedor não é responsável por risco ou perda em nenhum ponto a partir da saída da mercadoria da fábrica.

O próximo *Incoterm* é utilizado apenas para transporte aéreo, ferroviário e multimodal:

FCA — Free Carrier (transportador livre) — *Local Designado*. O vendedor cumpre suas obrigações quando entrega as mercadorias liberadas para exportação à transportadora indicada pelo comprador, no local definido (ex.: aeroporto, pátio de estrada de ferro ou fábrica do vendedor).

Apêndice 2

NEGOCIANDO COM OS ESTADOS UNIDOS

Ao negociar com os Estados Unidos e, principalmente, ao trabalhar com empresas norte-americanas, é importante conhecer a Seção 482 do Código da Receita norte-americana, que diz o seguinte:

"Em qualquer caso de duas ou mais organizações, empresas ou negócios (incorporados ou não, organizados ou não nos Estados Unidos, associados ou não) de propriedade das mesmas empresas ou por elas controladas direta ou indiretamente, a Secretaria pode distribuir, repartir ou alocar renda bruta, deduções, créditos ou dotações entre tais organizações, empresas ou negócios, se julgar que tal distribuição, repartição ou alocação seja necessária para impedir a evasão de impostos ou refletir claramente a renda de qualquer uma das organizações, empresas ou negócios. No caso de qualquer transferência (ou licença) de propriedade intangível (dentro do significado da Seção 936(h)(3)(B)), a renda relativa a tal transferência ou licença deverá ser proporcional à renda atribuível ao intangível".

CAPÍTULO 13

Canais de Marketing Global e Distribuição Física

Seja qual for o lugar que o romano conquiste, ali ele habita.
Lucius Annaeus Sêneca, 8 a.C.– 65 d.C.
Ensaios morais

Conteúdo do Capítulo

- Objetivos e restrições de canal
- Canais de distribuição: terminologia e estrutura
- Inovação em canais internacionais
- Estratégia de canal para entrada em novo mercado
- Distribuição física e logística
- Exemplo de caso: o Japão
- Resumo
- Questões para discussão

Os hipermercados são lojas gigantescas. Parte supermercados, parte loja de departamentos, eles oferecem uma ampla variedade de categorias de produtos — mercearia, brinquedos, mobiliário, lanchonetes e serviços financeiros — tudo sob o mesmo teto. Os hipermercados floresceram na Europa por mais de três décadas. O Carrefour S.A., uma empresa francesa, abriu o primeiro hipermercado em 1962; com ajuda do governo francês, leis de zoneamento garantiram que as lojas concorrentes fossem proibidas na vizinhança. No início de 2000, o Carrefour e seu principal rival, o Euromarché S.A., juntos, tinham 150 dos cerca de mil hipermercados franceses; essas lojas gigantes respondem por cerca de 20% de todas as vendas de varejo e quase metade de todas as vendas de mercearia. A maior parte das lojas européias estabeleceu-se antes que os pontos-de-venda concorrentes, tais como shopping centers e lojas de desconto, atravessassem o Atlântico vindos da América. Em razão de o governo francês ter limitado muito os planos

> **QUADRO 13-1**
>
> ### HIPERMERCADOS
>
> Nos Estados Unidos, os canais de varejo são bastante diversificados. Além de shopping centers há muito estabelecidos e lojas de descontos, há clubes de atacado, como o Price Costco e o Sam's Club, oferecendo preços arrasadores, e os 'campeões de categorias' onde o consumidor encontra tudo o que procura, tais como Toys " Я " Us e Circuit City. Sem se amedrontar com tais competidores, o Euromarché abriu seu primeiro hipermercado norte-americano em outubro de 1984. O Bigg's, em Cincinnati, era uma vez e meia o tamanho de um campo de futebol, com 75 galerias, 40 caixas e 60 mil itens diferentes disponíveis a preços baixos. Um comprador resumiu a vantagem de fazer compras no Bigg's: "Eu posso comprar pão, frios para o lanche e equipamentos elétricos, tudo no mesmo lugar". Em fevereiro de 1988, o Carrefour abriu seu próprio hipermercado nos Estados Unidos, uma loja gigante na Filadélfia, com 30 mil metros quadrados de área de piso. Para não serem ultrapassados, vários varejistas norte-americanos logo acompanharam. O Wal-Mart abriu diversas lojas Hipermarket USA; o Kmart denominou sua versão de American Fare.
>
> Não demorou muito, contudo, para que muitas das grandes lojas começassem a falir. O problema? Não surpreendentemente, muitos compradores acharam as lojas muito grandes e opressivas. Ainda por cima, a grande escala mudou a economia da operação lucrativa. Consultores do Kmart, por exemplo, observaram que seu hipermercado perto de Atlanta podia ter sucesso se atraísse quatro vezes mais compradores que uma loja normal de descontos e se a transação média fosse de 43 dólares — o dobro da média das lojas de desconto. Enquanto isso, os custos associados a operar as grandes lojas traduziam-se em margens brutas de cerca de 8% — metade da margem de uma típica loja de desconto. Por último, mas não menos importante, os norte-americanos simplesmente não se acostumaram a misturar as compras de alimentos com outras compras em um único local. Como observou o consultor de varejo Kurt Barnard: "Concentrar todas as compras em um lugar só não era atraente. Os pais que trabalham não têm tempo para os filhos, muito menos para passar horas fazendo compras". A experiência dos hipermercados nos Estados Unidos parece indicar que maior não significa necessariamente melhor.
>
> *Fontes*: Laurie M. Grossman, "Hypermarkets: a sure-fire hit bombs", *Wall Street Journal*, 25 jun. 1992, p. B1; Steven Greenhouse. "'Hypermarkets' come to U.S.", *New York Times*, 7 fev. 1985, p. 29, e Anthony Ramirez, "Will American shoppers think bigger is really better?", *New York Times*, 1º abr. 1990, Seção 3, p. 11.

de expansão do Carrefour na França, a empresa foi forçada a expandir-se internacionalmente e a aumentar seu negócio por meio de aquisições. É o quarto maior varejista do mundo, com 43% de suas vendas provenientes de países fora da França.[1] O Carrefour tem uma forte presença na Ásia, onde 39 de seus 308 hipermercados estão localizados. Está programada sua primeira loja no Japão, e será a primeira operadora estrangeira de supermercados a conseguir isso.[2] Abriu dois hipermercados nos Estados Unidos, mas depois os fechou, pois o formato hipermercado não tem apelo naquele país.

Os hipermercados são apenas um dos muitos elementos que constituem canais de distribuição pelo mundo. A American Marketing Association define canal de distribuição como "uma rede organizada de agências e instituições que, em combinação, desempenham todas as atividades requeridas para conectar produtores e usuários para realizar a tarefa de marketing".[3] Distribuição é o fluxo físico de mercadorias através de canais; como sugere a definição, os canais são compreendidos por grupos coordenados de indivíduos ou firmas, que desempenham funções adicionando utilidade a um produto ou serviço. Complementando este capítulo, o Capítulo 16 contém informações específicas sobre como a Internet está afetando os canais de marketing.

Os canais de distribuição em mercados mundiais estão entre os aspectos mais altamente diferenciados de sistemas nacionais de marketing. No extremo oposto do espectro dos hipermercados, por exemplo, estão pequenas lojas familiares na América Latina. A diversidade de canais e a ampla gama de possíveis estra-

---

1 Hoover's handbook of world business, 1999.
2 David Owen e Alexandra Harney. "Carrefour expects first store in Japan by 2001", Financial Times, 24 maio 1999, p. 15.
3 Peter D. Bennett. *Dictionary of marketing terms*. Chicago: American Marketing Association, 1988, p. 29.

tégias de distribuição podem apresentar problemas desafiadores para qualquer um que se empenhe em projetar um programa de marketing global. Empresas menores são sempre prejudicadas por sua incapacidade de estabelecer acordos eficazes de canal. Em empresas maiores, que operam via subsidiárias em outros países, a estratégia de canal é o elemento do composto de marketing menos compreendido pela matriz. Em grande parte, os canais são um aspecto do programa de marketing, que é localmente dirigido segundo o critério do grupo de gerenciamento de marketing no próprio país do mercado. Não obstante, é importante para os gerentes responsáveis por programas mundiais de marketing compreender a natureza dos canais internacionais de distribuição. Os canais e a distribuição física são partes integrantes do programa total de marketing e têm de ser apropriados ao projeto do produto, ao preço e aos aspectos de comunicação do programa total de marketing.

OBJETIVOS E RESTRIÇÕES DE CANAL

O propósito dos canais de marketing é criar utilidade para os clientes. As principais categorias de utilidade de canal são ponto (a disponibilidade de um produto ou serviço em um local que seja conveniente para o cliente potencial), tempo (a disponibilidade de um produto ou serviço quando desejado por um cliente), forma (o produto está processado, preparado e pronto para o uso e em condições adequadas) e informação (disponibilidade de respostas a perguntas e de comunicação geral sobre as características úteis do produto e seus benefícios). Como essas utilidades podem ser uma fonte básica de vantagem competitiva e valor de produto, escolher uma estratégia de canal é uma das decisões estratégicas-chave que o gerenciamento de marketing deve fazer.

A posição de liderança da Coca-Cola em mercados mundiais baseia-se em sua capacidade de colocar os produtos "ao alcance de seu desejo, bastando estender o braço", ou seja, disponibilizar o produto/serviço no local acessível ao consumidor, com o mínimo de esforço possível. As estratégias bem-sucedidas de marketing inovam criativamente em estratégia de canal: a ascensão da Dell à posição de número três na indústria mundial de computadores baseia-se em sua estratégia inovadora de canal: marketing direto e montagem sob encomenda. Os clientes da Dell são atraídos por seus preços competitivos e pela possibilidade de pedir a configuração exata de computador que desejam. Eles não sentem falta de ir à loja de computadores. A estratégia da Dell foi desenvolvida nos Estados Unidos e está agora sendo estendida com sucesso para os mercados mundiais, inclusive a China.

As decisões sobre canais são importantes por causa do número e da natureza das relações que têm de ser gerenciadas. As decisões sobre canais, em geral, envolvem compromissos e obrigações legais de longo prazo com outras firmas e indivíduos — com freqüência, muito dispendiosos para ser encerrados ou mudados. Mesmo em casos em que não haja nenhuma obrigação legal, os compromissos podem ser apoiados por boa-fé e sentimentos de obrigação, que são igualmente difíceis de gerenciar e dolorosos de ajustar. Do ponto de vista do profissional de marketing ocupado com o programa de um único país, os arranjos de canal em diferentes partes do mundo são uma fonte valiosa de informação e visão de possíveis novos enfoques para estratégias mais eficazes (naturalmente, isso também vale para os outros elementos do composto de marketing). A determinação de preço de auto-serviço nos Estados Unidos, por exemplo, foi estudada por varejistas da Europa e da Ásia, que, então, lançaram o conceito de auto-serviço em seus próprios países. Os governos e executivos de negócios em todo o mundo examinaram as empresas de comércio japonesas com grande interesse, para aprender com seu sucesso.

O ponto de partida para selecionar o arranjo de canal mais eficaz é um claro enfoque do esforço de marketing da empresa sobre um mercado-alvo e uma determinação de suas necessidades e preferências. Onde estão localizados os clientes potenciais? Quais são suas exigências de informação? Quais são suas preferências por serviço? Até que ponto são sensíveis ao preço? A preferência do cliente tem de ser cuidadosamente determinada, pois é tão perigoso para o sucesso de um programa de marketing criar utilidade em demasia quanto não criar o suficiente. Além disso, cada mercado tem de ser analisado para determinar o custo de proporcionar serviços de canal. O que é apropriado em um país pode não ser eficaz em outro.

QUADRO 13-2

UM CASO DE VINHO: AGREGANDO UTILIDADE POR MEIO DE CANAIS DE DISTRIBUIÇÃO

Todo ano, vinho e bebidas no valor de mais de 1 bilhão de dólares são exportados pela França, Alemanha, Itália e outros países europeus, para todas as partes do mundo. Você alguma vez já se perguntou como uma caixa de vinho vem, digamos, da França para sua loja de bebidas local? Na verdade, depois de deixar a vindima, o vinho pode passar pelas mãos de corretores, agenciadores de frete e distribuidores, antes de terminar a viagem em seu varejista local.

Na França, a estrutura da indústria do vinho é bastante complexa. Um intermediário, chamado de *négociant*, desempenha um papel importante, que varia de acordo com a região. Os *négociants*, algumas vezes, atuam como corretores e têm contratos para comprar quantidades especificadas de vinho pronto, em nome de vários importadores de outros países. O *négociant* também funciona um pouco como banqueiro, pagando ao produtor até 25% adiantados pela entrega. Os *négociants* podem também comprar uvas dos agricultores para fabricar seus próprios vinhos, misturando e engarrafando sob seus próprios rótulos. O vinho pode ser engarrafado e embalado em caixas pelo produtor ou pelo *négociant*.

O vinho destinado à França ou a outro mercado europeu viaja de caminhão. Se o vinho é para ser exportado para os Estados Unidos ou para o Japão, um agente de frete, ou agente de embarque, manda um caminhão à vindima para retirar o vinho. Para os maiores produtores, o tipo mais simples de consolidação tem lugar na própria vindima; um caminhão carregando um contêiner de 6 ou 12 metros encosta na porta da vindima, para ser carregado ali para a viagem marítima. Para produtores menores, os vinhos são retirados e, então, entregues em um armazém. Lá, o agente de embarque consolida várias entregas para encher um contêiner destinado à linha marítima de carga escolhida pelo importador.

As datas e as taxas de embarque variam, dependendo da disponibilidade de contêineres. Em geral, um contêiner de 6 metros pode levar 800 caixas de vinho; um único contêiner de 12 metros pode receber até 1.300 caixas. O peso do vinho deve ser considerado, quando se determina quantas caixas embarcar em um dado contêiner. Não somente as garrafas variam em tamanho (garrafas de 740 ml são as mais comuns, com 12 garrafas em uma caixa), mas também é provável haver uma diferença de peso entre duas caixas de diferentes tipos de vinho. Garrafas mais pesadas, por exemplo, são necessárias para o champanhe e outros vinhos espumantes, uma vez que o conteúdo está sob pressão; garrafas de vinho Bordeaux fino são acondicionadas em engradados de madeira, que pesam mais que as caixas comuns de papelão.

Embarcar vinho é um desafio, devido à natureza volátil e perecível do produto. Estocagem e transporte adequados são vitais; flutuações de luz, calor e temperatura são os maiores inimigos do vinho. Idealmente, o vinho deve ser mantido a uma temperatura constante perto de 13 °C. Para evitar carregamento impróprio e arruinar uma remessa, contêineres refrigerados (conhecidos como *reefers*) são freqüentemente usados, muito embora isso acrescente cerca de 3 dólares por caixa ao custo da remessa. Para melhor proteger o vinho, alguns importadores evitam o transporte durante os meses quentes do ano. Como a propriedade do vinho é transferida para o importador no momento em que o vinho deixa o armazém francês, é importante fazer seguro do carregamento. Os carregamentos de vinho podem ser segurados até mesmo contra possíveis perdas provenientes de guerra e terrorismo. Os melhores importadores tomam providências para a estocagem adequada, mesmo antes de assumir a titularidade sobre o vinho.

A viagem transatlântica para o vinho destinado, por exemplo, aos Estados Unidos leva uma semana ou mais. O porto de entrada depende da localização do importador ou atacadista/distribuidor. O porto de Nova York é usado quando os vinhos se destinam à Costa Leste. O vinho destinado ao meio do país, freqüentemente, entra através de Baltimore, em Maryland, e Norfolk, na Virginia. Os navios que vão para um destino mais ocidental podem seguir um curso através do golfo do México, a caminho de Houston, no Texas; os vinhos destinados ao porto de São Francisco passam pelo canal do Panamá. Depois que o vinho entra nos Estados Unidos, tem de passar pela alfândega. Os agentes alfandegários e o importador ou o atacadista asseguram-se de que o carregamento cumpra todos os regulamentos do governo e que a papelada seja adequadamente preparada. O Bureau of Alcohol, Tobacco and Firearms é a agência governamental dos Estados Unidos com jurisdição sobre vinho e bebidas alcoólicas.

Depois de liberado pela alfândega, o vinho é, então, embarcado para os armazéns do atacadista. Entra em cena novamente a importância do transporte com temperatura controlada. Se o atacadista estiver muito ocupado para apanhar o contêiner imediatamente, ele poderá permanecer nas docas por uma semana ou mais no clima quente; sem refrigeração, o vinho — e o investimento do importador — pode ser perdido. Se o distribuidor estiver localizado em Chicago, o vinho, muitas vezes, entrará no país em Baltimore e completará a última etapa da viagem via estrada de ferro. Algumas vezes, caminhões trazem um carregamento de vinho para o Meio-Oeste a partir da Costa Leste e regressam carregados de carne, de modo a tornar a viagem eficaz em termos de custo. Depois de o vinho ser descarregado no armazém, o pessoal de vendas do distribuidor providencia para que as caixas de vinho sejam entregues por caminhão ou em peruas para varejistas específicos.

Há tanta variedade entre os canais de varejo para o vinho quanto entre produtores. As lojas vão desde pequenas mercearias a seções de vinho em grandes supermercados e a enormes lojas de desconto de vinhos e bebidas, com consideráveis variações entre esses extremos. Em algumas lojas, o vinho é estocado e exibido sem cuidados, muitas vezes em vitrines ensolaradas ou junto a saídas de aquecimento. Outras lojas tomam grandes cuidados para garantir que o vinho não se estrague depois de sua longa viagem em contêineres protetores. Um grande varejista, a Big Y, em Northampton, Massachusetts, chega ao ponto de manter toda a loja a 13 °C durante todo o ano.

Há ainda outros fatores que têm uma influência importante em vendas. Uma delas é a perícia de marketing e a exposição do varejista: a recomendação sobre o ponto-de-venda de um varejista bem-informado é importante na venda de vinhos finos. Também as publicações do setor podem ter um enorme impacto sobre as vendas. Uma boa classificação em publicações, como *Wine Spectator* ou *The Wine Advocate*, pode significar a diferença entre a obscuridade e a venda completa de um determinado vinho. É frequente que varejistas de vinho experientes exibam um recorte de jornal, com uma classificação positiva, diretamente na prateleira de um certo vinho, de modo que os fregueses possam informar-se ao fazer suas compras.

Um fabricante internacional de produtos de construção, por exemplo, que enfatizou o serviço rápido proporcionado por uma força de vendas em caminhonetes equipadas com rádio, cometeu o erro de oferecer serviço demais nos Estados Unidos. A empresa orgulhava-se de que apenas um máximo de duas horas decorria entre o recebimento do pedido de um cliente em um canteiro de obras e a entrega real por um vendedor. O custo desse serviço estava incluído nos preços que a empresa cobrava. Embora seu registro de serviço fosse excepcional, a empresa descobriu que, nos Estados Unidos, seus produtos estavam em séria desvantagem competitiva de preço. Os clientes atribuíam à empresa notas altas por seus serviços, mas, em termos de comportamento efetivo de compra, preferiam comprar de um concorrente cujos custos eram muito mais baixos, por causa de serviços de entrega menos rápidos. O concorrente transferia essas economias de custo para os clientes, na forma de preços mais baixos. Nesse exemplo específico, o preço era mais importante que a utilidade do tempo para a maioria dos clientes norte-americanos. Essa situação não se aplicava a mercados europeus, nos quais a concorrência e a preferência do consumidor tornavam necessária a entrega rápida.

A estratégia de canal em um programa de marketing global tem de adequar-se à posição competitiva da empresa e aos objetivos gerais de marketing em cada mercado nacional. Se uma empresa quiser entrar em um mercado competitivo, enfrentará duas escolhas básicas:

1. Envolvimento direto (suas próprias forças de venda, lojas de varejo, etc.).
2. Envolvimento indireto (agentes independentes, distribuidores, atacadistas).

A primeira escolha requer que a empresa estabeleça lojas próprias ou franquias. A segunda requer incentivos para os agentes de canal independentes, que os induzirão a promover os produtos da empresa. O processo de formar canais internacionais para atender aos objetivos gerais da empresa é restringido por diversos fatores: clientes, produtos, intermediários e o ambiente. Características importantes de cada um desses fatores serão discutidas resumidamente.

Características do cliente

As características do cliente exercem uma importante influência no projeto de canal. Seu número, distribuição geográfica, renda, hábitos de compra e reações a diferentes métodos de venda, tudo varia de país para país; portanto, requer diferentes enfoques de canal. Deve-se lembrar de que os canais disponibilizam acessibilidade aos clientes a produtos/serviços.

Em geral, independentemente do estágio de desenvolvimento do mercado, a necessidade de múltiplos intermediários de canal aumenta à medida que o número de clientes aumenta. O inverso também é verdade: a necessidade de intermediários decresce à medida que o número de clientes diminui. Se houver apenas dez clientes para um produto industrial em cada mercado nacional, por exemplo, esses dez clientes terão de ser contatados diretamente, pelo fabricante ou pelo agente. Para produtos de mercado de massa comprados por milhões de clientes, são necessárias lojas de varejo ou distribuição por reembolso postal. Em um país com grande número de varejistas de baixo volume, usualmente é mais barato alcançá-los via atacadistas. A venda direta que contorna os intermediários atacadistas pode ser a maneira mais eficaz, em termos de custo, de atender a varejistas de grande volume. Essas generalizações aplicam-se a todos os países, independentemente do estágio de desenvolvimento; contudo os costumes individuais de países variam. A Toys "Я" Us enfrentou considerável oposição dos fabricantes japoneses de brinquedos, que se recusavam a vender diretamente à empresa norte-americana, quando ela construiu suas primeiras lojas no Japão.

Características do produto

Certos atributos do produto, tais como o grau de padronização, perecibilidade, tamanho, necessidade de serviço e preço unitário, têm uma importante influência sobre o projeto e a estratégia de canal. Produtos com alto preço unitário, por exemplo, são freqüentemente vendidos por meio da força de vendas de uma empresa, porque o preço de vendas desse dispendioso método de distribuição é uma pequena parte do preço total de venda. Além disso, o alto custo do produto é usualmente associado à sua complexidade ou a características que têm de ser explicadas com algum detalhe, e isso pode ser feito com mais eficácia por uma força de vendas controlada. Computadores mainframe, por exemplo, são produtos dispendiosos, complicados, que requerem não somente explicações, mas também análise de aplicações focadas nas necessidades do cliente. Um vendedor treinado pela empresa é bem apropriado à tarefa de criar utilidade de informação para os compradores de computador.

Computadores do tipo mainframe, fotocopiadoras e outros produtos industriais podem requerer margens para cobrir os custos da engenharia de vendas. Outros produtos requerem margens para proporcionar um grande incentivo monetário a uma força de vendas diretas. Em muitas partes do mundo, os cosméticos são vendidos de porta em porta; representantes da empresa fazem visitas aos clientes potenciais. Os representantes têm de criar no cliente a percepção do valor do cosmético e evocar um sentimento de necessidade para esse valor, que leva a uma venda. A atividade de venda tem de ser paga. As empresas que usam distribuição direta para produtos de consumo dependem de amplas margens brutas de venda para gerar a receita necessária para compensar os vendedores. A Amway e a Avon são duas empresas que tiveram sucesso em estender seu sistema de vendas diretas globalmente.

Produtos perecíveis impõem exigências de utilidade especiais nos membros do canal. Tais produtos, usualmente, necessitam de canais relativamente diretos para assegurar condições satisfatórias por ocasião da compra pelo cliente. Em países menos desenvolvidos, produtores de verduras, pão e outros produtos alimentícios, em geral, vendem suas mercadorias em mercados públicos. Em países desenvolvidos, os produtos alimentícios perecíveis são distribuídos por forças de venda controladas, e o estoque é verificado por essas organizações distribuidoras de vendas, para garantir que estejam frescos e prontos para a compra.

Em 1991, a Andersen Consulting deu assistência à Companhia Panificadora de Moscou para melhorar sua capacidade de distribuir pão na capital russa. Para os russos, o pão é a verdadeira fonte da vida, com os consumidores fazendo fila diariamente para comprar pão fresco em inúmeras padarias e quiosques. Infelizmente, a distribuição era, freqüentemente, prejudicada por excesso de burocracia, que resultava na entrega de pão amanhecido. A Andersen constatou que um terço do pão produzido era perdido. A equipe de consultores chegou a uma solução simples: sacolas de plástico, para manter o pão fresco. A equipe constatou que, embora 95% do pão em países desenvolvidos seja embalado, esse número era de apenas 2% na ex-União Soviética, onde as feiras ao ar livre eram a norma. Os consumidores russos reagiram favoravelmente à mudança: não somente os sacos plásticos garantiam o frescor e prolongavam a vida do pão na prateleira em 600%, mas também os próprios sacos criavam utilidade. Em um país em que tais extras são virtualmente desconhecidos, os sacos constituíam um brinde reutilizável.[4]

Produtos a granel, usualmente, requerem arranjos que minimizem as distâncias de transporte e o número de vezes em que o produto muda de mãos entre os intermediários de canal, antes de atingir o consumidor final. Os refrigerantes e as cervejas são exemplos de produtos a granel cuja disponibilidade ampla é um aspecto importante da estratégia eficaz de marketing.

Características do intermediário

A estratégia de canal tem de reconhecer as características dos intermediários existentes. Os intermediários estão no negócio para maximizar seu próprio lucro, e não o do fabricante. Eles são notórios por 'escolher o filé', isto é, receber pedidos de fabricantes cujos produtos e marcas sejam bastante procurados e evitar produtos de fabricantes que possam requerer um esforço real de venda. Essa é uma reação natural dos intermediários, mas pode representar um sério obstáculo para o fabricante que tenta penetrar em um mercado com um novo produto. O intermediário seletivo não está interessado em construir mercado para um novo produto. Esse é um problema para a empresa internacional em expansão. Freqüentemente, um fabricante com um produto novo ou com um produto com limitada participação de mercado é forçado a estabelecer algum arranjo para evitar o segmento seletivo do canal. Em alguns casos, os fabricantes estabelecem uma dispendiosa organização de distribuição direta, para obter uma fatia do mercado. Quando, finalmente, obtêm uma fatia do mercado-alvo, podem substituir o sistema de distribuição direta por um sistema intermediário mais eficaz em termos de custo. Essa ação não significa que os intermediários sejam melhores que a distribuição direta. É simplesmente a reação de um fabricante a considerações de custo e a recém-adquirida atratividade do produto da empresa para os distribuidores independentes.

Um método alternativo de lidar com o problema dos intermediários seletivos não requer instalar uma dispendiosa força de vendas direta. Em vez disso, a empresa pode confiar na força de vendas de um distribuidor, subsidiando o custo dos representantes de vendas que ele designou para os produtos da empresa. Esse caminho tem a vantagem de manter os custos baixos, unindo as atividades de vendas e de apoio com a equipe de gerenciamento de vendas e o sistema de distribuição física do distribuidor. Com essa abordagem, é possível colocar apoio gerenciado de venda direta e apoio de distribuição por trás de um produto, ao custo de um único vendedor por área de venda. O incentivo do distribuidor para cooperar nesse tipo de arranjo é que ele obtém um representante de vendas gratuito para um novo produto com potencial de ser uma adição lucrativa para sua linha. Esse acordo de cooperação é ideal para conseguir que um novo produto de procedência externa seja distribuído em um mercado.

Seleção e administração de distribuidores e agentes

A seleção de distribuidores e agentes em um mercado-alvo é uma tarefa extremamente importante. Um bom agente comissionado ou distribuidor de estoque pode fazer a diferença entre realizar zero de desempenho e superar 200% do que é esperado. Em qualquer ocasião ao longo do tempo, alguns agentes e distribuidores da empresa serão excelentes, outros serão satisfatórios e outros ainda serão insatisfatórios, com necessidade de substituição.

Para encontrar um bom distribuidor, uma empresa pode começar com uma lista proporcionada pelo Ministério do Comércio e da Indústria de seu próprio país. A câmara de comércio local em um país pode também fornecer uma lista, assim como as associações locais de comércio. É perda de tempo tentar peneirar a lista por correspondência. Vá para o país e converse com usuários finais dos produtos que você está vendendo e descubra que distribuidores eles preferem e por quê, ou obtenha essa informação de alguém no

---

4 "Case study: Moscow Bread Company", Andersen Consulting, 1993.

país que possa fazer a pesquisa para você. Se o produto é de consumo, vá às lojas de varejo e descubra onde os consumidores estão comprando produtos similares aos seus e por quê. Dois ou três nomes continuarão a aparecer. Vá a esses dois ou três e veja qual deles estaria disponível para fazer negócios com sua empresa. Antes de assinar, certifique-se de que haverá alguém na organização que será a pessoa-chave para seu produto. A pessoa-chave é alguém que assumirá como objetivo pessoal obter sucesso com seu produto.

Essa é a diferença fundamental entre o distribuidor de sucesso e o distribuidor que não trará os resultados esperados. Tem de haver um empenho individual, pessoal, sobre o produto. O segundo requisito relacionado a distribuidores ou agentes bem-sucedidos é que eles devem obter sucesso com o produto. O sucesso significa que eles podem vender o produto e fazer dinheiro com isso. Em qualquer caso, o produto tem de ser projetado e precificado de modo a ser competitivo no mercado-alvo. O distribuidor pode auxiliar nesse processo, proporcionando informações sobre os desejos dos consumidores e a concorrência e promovendo o produto que ele representa.

Desempenho de agentes/distribuidores

A Divisão RF da Harris Corporation atingiu grande sucesso em mercados internacionais com seus rádios de ondas curtas. Uma das razões de seu sucesso foi a qualidade dos agentes em mercados-chave e seu compromisso com o produto da Harris. Eles ficaram atraídos pela Harris porque a empresa fazia um produto que era tão bom quanto ou melhor que quaisquer outros produtos do mercado. Além disso, a Harris oferecia comissões de 33% em todas as vendas — pelo menos 15% mais altas que as comissões oferecidas por qualquer outro concorrente. Esse era, certamente, um dos fatores individuais mais importantes para assegurar o sucesso da Harris. A generosa comissão motivou os agentes a vender os produtos da Harris e a proporcionar os recursos financeiros para apoiar um forte esforço de marketing. Havia, naturalmente, uma compensação: os preços da Harris eram mais altos, mas, em seus mercados-alvo esse efeito de preço era mais que compensado pela eficácia de margens maiores.

Encerramento

A única maneira de manter um bom distribuidor ou agente é trabalhar junto com ele, para se assegurar de que esteja fazendo dinheiro com o produto. Qualquer distribuidor que não faça dinheiro com uma linha de produtos prefere deixá-la de lado. É muito simples. Em geral, se um distribuidor não está funcionando, é sensato encerrar o contrato e encontrar outro. Poucas empresas são suficientemente grandes para converter um distribuidor ou agente medíocre em um representante de negócios eficaz. Portanto, as duas cláusulas mais importantes no contrato do distribuidor são as de desempenho e de cancelamento. Assegure-se de que estejam redigidas de tal maneira, que torne possível encerrar o acordo. Há um mito de que é dispendioso, ou mesmo impossível, encerrar acordos com distribuidores e agentes. Algumas das empresas de marketing globais mais bem-sucedidas encerraram centenas de acordos e sabem que o sucesso se baseia em sua disposição de encerrar, se um distribuidor ou agente não tem bom desempenho. O fator-chave é o desempenho. Os distribuidores que não se saem bem têm de reorganizar-se ou ser dispensados.

O encerramento, contudo, pode resultar em problemas legais. Em alguns países, as empresas ficam expostas a cortes judiciais escandalosamente corruptas. No Equador, por exemplo, as cortes concedem, a distribuidores desligados de empresas globais, compensações equivalentes a 400 anos de vendas! Mesmo que exista uma cláusula de encerramento no contrato, em muitas jurisdições os agentes e distribuidores têm direitos que não podem ser retirados pelo acordo. Digamos, por exemplo, que seu acordo lhe dê o direito de encerrar sem justa causa, com aviso prévio de 90 dias, e que o acordo tenha vigência no estado de Nova Jersey; o distribuidor poderá acionar a empresa que representa, com o argumento de que você rompeu a boa-fé e a convenção de lei de tratamento justo do estado. Isso se baseia em uma regra que defende que, se um distribuidor estiver agindo de boa-fé na suposição de que sua escolha como distribuidor vá continuar, ele terá o direito de acionar o fabricante por danos, se o acordo for encerrado. Todo e qualquer acordo assinado em Nova Jersey deve ser redigido com essa questão em mente. Não há substituto para um advogado qualificado, quando se trata da preparação de contratos de agente/distribuidor.

Outra regra para contratos é que você deve ser capaz de ler e compreender o acordo. Se não puder, insista para que seu advogado torne a redigir o acordo em linguagem compreensível. Se você não puder compreender o acordo, ele pode vir assombrá-lo. Seja você um agente ou distribuidor, deve saber quais são seus deveres e direitos conforme o contrato.

Características ambientais

As características gerais do ambiente total são uma consideração importante em projeto de canal. Por causa da enorme variedade de ambientes econômicos, sociais e políticos internacionalmente, há a necessidade de delegar um alto grau de independência ao gerenciamento ou agentes operacionais locais. Uma comparação da distribuição de alimentos em países em diferentes estágios de desenvolvimento ilustra como os canais refletem e respondem a condições subjacentes de mercado em um país. Nos Estados Unidos, diversos fatores se combinam para tornar o supermercado, ou a loja de auto-serviço, a unidade básica de varejo de alimentos. Esses fatores incluem altas rendas, refrigerador/freezers de grande capacidade, propriedade de automóvel, aceitação de alimentos congelados e de conveniência e atitudes com relação à preparação de alimentos. Muitos compradores desejam comprar o equivalente a uma semana de alimentos em uma ida à loja. Eles têm dinheiro, amplo espaço de estocagem na geladeira e a capacidade de transporte do carro para levar essa quantidade de alimento da loja para casa. O supermercado, por ser eficiente, pode atender às necessidades dos compradores de alimento a preços mais baixos que os encontrados nos açougues e em outras lojas tradicionais de alimentos. Adicionalmente, os supermercados podem oferecer mais variedade e uma maior seleção de mercadorias que as lojas de alimentos menores, o que agrada aos consumidores mais ricos.

A tendência continua mesmo em países com uma densidade de lojas baixa. Nos Estados Unidos, por exemplo, milhares de lojas desapareceram nos últimos anos. Os observadores da indústria esperam que essa tendência de menos lojas de mercearia continue em vários graus, em diferentes países.

CANAIS DE DISTRIBUIÇÃO: TERMINOLOGIA E ESTRUTURA

Os canais de distribuição são sistemas que ligam os fabricantes aos consumidores. Embora os canais para produtos de consumo e produtos industriais sejam similares, há também algumas diferenças claras, como será discutido. Os canais de consumo são projetados para pôr a produção nas mãos das pessoas para seu próprio uso; os canais industriais entregam os produtos a fabricantes ou a organizações que os utilizam no processo de produção ou em operações do dia-a-dia.

Produtos de consumo

A Figura 13-1 resume as alternativas de estrutura de canal para produtos de consumo. Um fabricante de produtos de consumo pode vender a consumidores diretamente (usando um catálogo ou outros materiais impressos), por intermédio de varejos de propriedade do fabricante ou de varejistas independentes ou da Internet. Das primeiras quatro alternativas diretas, o negócio de pedido por correio é o mais amplamente usado, e a Internet é o de maior crescimento. A maioria das empresas usa uma combinação de canais. A IKEA, por exemplo, maior varejista mundial de mobiliário, depende basicamente de suas lojas próprias de varejo, mas também tem um catálogo que apóia tanto as lojas de varejo e as lojas on-line em expansão como as vendas diretas por reembolso postal. A IKEA imprime anualmente 38 edições de seu catálogo, em 17 idiomas.

Venda porta-a-porta

A venda porta-a-porta é uma forma de distribuição relativamente dispendiosa que, como observado anteriormente, requer altas margens brutas e pode resultar em preços mais altos para o cliente. Nos Estados Unidos, é uma forma de venda madura. Certos itens — alimentos congelados, aspiradores de pó e cos-

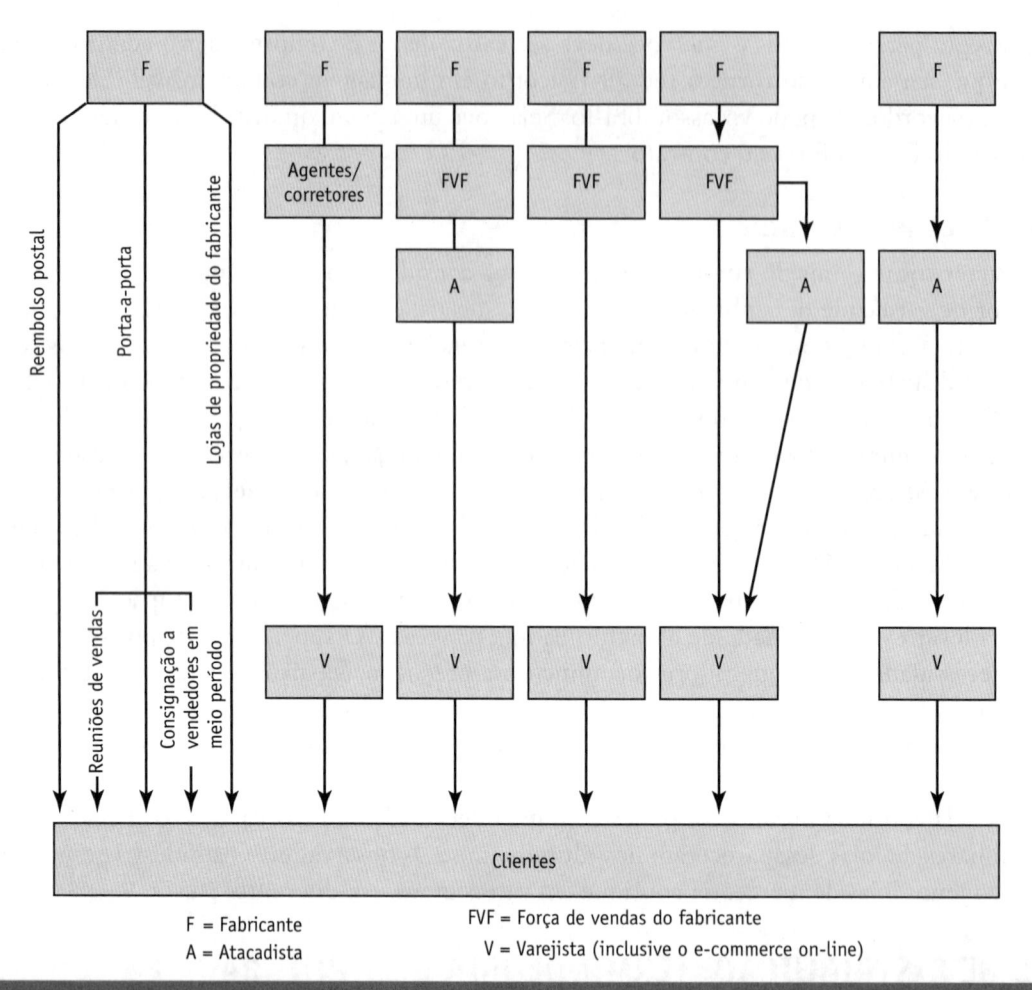

Figura 13-1 Alternativas de canal de marketing — produtos de consumo.

F = Fabricante
A = Atacadista
FVF = Força de vendas do fabricante
V = Varejista (inclusive o e-commerce on-line)

méticos — continuam a ser vendidos dessa maneira. A venda porta-a-porta, contudo, está crescendo em popularidade em muitos países além dos Estados Unidos. Mais de 10% do negócio da Amway, por exemplo, vêm do Japão, e a Avon tem usado esse caminho com sucesso em mais de 50 países identificados pelos executivos como tendo fracas infra-estruturas de varejo. Além disso, eles reconhecem que os baixos níveis de renda se traduzem em baixos níveis de gastos com cosméticos e produtos de toalete. Assim, o papel da força de vendas é comunicar os benefícios dos cosméticos e construir a demanda.

Em países como China, Hungria, República Checa e Rússia, a venda direta no lar é a estratégia de canal perfeita. De fato, a Avon tornou-se a primeira empresa com permissão para vender de porta em porta na China. Desde 1990, a Avon opera uma *joint-venture* com a Fábrica de Cosméticos Guangzhou, na província de Velho Cantão. As empresas de venda direta são especialmente populares na China, onde a Amway é agora a maior empresa norte-americana. A Amway Asia Pacific Ltd. (excluindo o Japão) tem uma rede de aproximadamente 600 mil distribuidores.

Visite o site
www.avon.com

Fabricantes de automóveis norte-americanos que tentam penetrar no mercado japonês não se defrontam com altas tarifas. Em vez disso, enfrentam o fato de que metade dos carros do país é vendida porta-a-porta. A Toyota e seus oito concorrentes mantêm showrooms bem pequenos, comparados com os dos

Estados Unidos, algumas vezes com apenas um ou dois modelos em exposição, mas empregam mais de cem mil vendedores de automóveis. Diferentemente dos norte-americanos, muitos dos compradores de carros japoneses nunca visitam as revendedoras. Na verdade, o relacionamento próximo e de longo prazo entre os vendedores de carros e os japoneses pode ser visto como uma versão para o consumidor do sistema *keiretsu*, discutido no Capítulo 11. Os compradores de carros esperam numerosas reuniões face a face com um representante de vendas, durante as quais se estabelece a confiança. O relacionamento continua depois que o negócio é fechado; os representantes de vendas mandam cartões e continuamente procuram assegurar-se da satisfação do comprador. Os rivais norte-americanos, como a Ford, enquanto isso, tentam gerar tráfego nos showrooms. Nobumasa Ogura, que gerencia uma concessionária Ford em Tóquio, diz: "Precisamos de idéias para vender mais carros sem vendas porta-a-porta, mas a realidade é que ainda não conseguimos nada".[5]

Loja de propriedade do fabricante

Uma terceira alternativa de venda direta é a loja de propriedade do fabricante. A Walt Disney, por exemplo, é proprietária de lojas que vendem aparelhos, vídeos, brinquedos e outras mercadorias relacionadas com os personagens da empresa. Algumas empresas estabelecem uma ou mais lojas de varejo, mais como vitrine ou meio de obter informações mercadológicas do que como estratégia de vendas. Se a linha de produtos de um fabricante for suficientemente extensa para suportar uma loja de varejo, essa forma de distribuição poderá ser muito atraente. A loja de calçados, por exemplo, é uma unidade de varejo viável, e os fabricantes de calçados, em geral, estabeleceram suas próprias lojas diretas como um elemento importante em sua estratégia de vendas, tanto domesticamente como em importantes mercados mundiais. Uma das primeiras empresas internacionais norte-americanas de sucesso, a Singer, estabeleceu uma cadeia mundial de lojas próprias para vender máquinas de costura e prestar serviços de assistência técnica.

Operações de franquia

As operações de franquia constituem um acordo contratual entre um franqueador e um franqueado, pelo qual o franqueador concede ao franqueado o direito de vender mercadorias e/ou serviços. O franqueado concorda em operar o negócio de acordo com um plano definido pelo franqueador e sob um nome de comércio possuído pelo franqueador.

Naturalmente, as franquias mais famosas do mundo são cadeias de fast-food. As lanchonetes da rede McDonald's podem ser encontradas em mais de 120 países. Quase metade do volume do McDonald's provém de vendas internacionais. Sendo um ícone da cultura norte-americana, o McDonald's tanto se beneficiou como sofreu com esse status. Também a KFC (anteriormente conhecida como Kentucky Fried Chicken), a Shakeyu's Pizza Parlor, a East Side Mario's e a I Can't Believe It's Yogurt também derivam mais de 50% de suas vendas de mercados internacionais.

Estruturas de combinação

As outras alternativas de estrutura de canal para produtos de consumo são várias combinações de força de vendas do fabricante e atacadistas visitando lojas de varejo, que, por sua vez, vendem aos clientes. Em um dado país, em certa ocasião, várias classes de produto terão padrões de distribuição característicos associados a elas. No Japão, por exemplo, várias camadas de pequenos atacadistas desempenham um importante papel na distribuição de produtos alimentícios. Tentativas de contornar essas unidades aparentemente desnecessárias no canal falharam, porque o custo para um fabricante em proporcionar o serviço deles (entregas freqüentes e pequenas a mercearias de menor porte) é maior que a margem que requerem. Padrões de canal que parecem ineficientes podem refletir ajustes racionais a custos e preferências em um mercado, ou podem apresentar uma oportunidade, ao profissional de marketing global inovador, de obter vantagens competitivas, introduzindo arranjos de canal mais eficazes.

---

5 Valerie Reitman, "Toyota calling: in Japan's car market, Big Three face rivals who go door-to-door", *Wall Street Journal*, 28 set. 1994, p. A1, A6.

Produtos industriais

A Figura 13-2 resume alternativas de canal de marketing para empresas de produtos industriais. Três elementos básicos estão envolvidos: a força de vendas do fabricante, distribuidores ou agentes e atacadistas. Um fabricante pode atingir os clientes por meio de sua própria força de vendas, de uma força de vendas que visite distribuidores que vendem a clientes ou de uma combinação desses dois arranjos. Um fabricante pode vender diretamente a atacadistas, sem usar uma força de vendas, e os atacadistas, por sua vez, podem suprir os clientes. Por fim, um distribuidor ou agente pode visitar atacadistas ou os clientes para um fabricante. As vendas B2B via Internet são uma opção nova e de rápido crescimento.

Os padrões de distribuição variam de país para país. Antes de decidir que padrão usar e quais atacadistas e agentes selecionar, os gerentes têm de estudar cada economia individualmente. Em geral, quanto maior o mercado, mais viável é para o fabricante usar sua própria força de vendas. A Kyocera Corporation, de Kyoto, no Japão, usou com sucesso sua própria força de vendas no mercado natal e nos Estados Unidos, para alcançar a liderança no mercado global de 1,2 bilhão de dólares, para coberturas cerâmicas de microchips. O fundador da empresa, Kazuo Inamori, faz de tudo para se assegurar de que o ímpeto espiritual da cultura corporativa singular da Kyocera se estenda a todas as partes da empresa, inclusive à força de vendas.

Varejo global

O varejo global é qualquer atividade de varejo que cruze as fronteiras nacionais. Hoje, há um interesse crescente entre varejistas bem-sucedidos de expandir globalmente, mas esse não é um fenômeno novo. Durante séculos, mercadores aventureiros saíram de seus países, tanto para obter mercadorias e idéias, como para operar estabelecimentos de varejo. O desenvolvimento de operações de empresas de comércio na África e na Ásia, pelas organizações de varejo inglesas, francesas, holandesas, belgas e alemãs, tomou corpo

Figura 13-2   Alternativas de canal de marketing — produtos industriais.

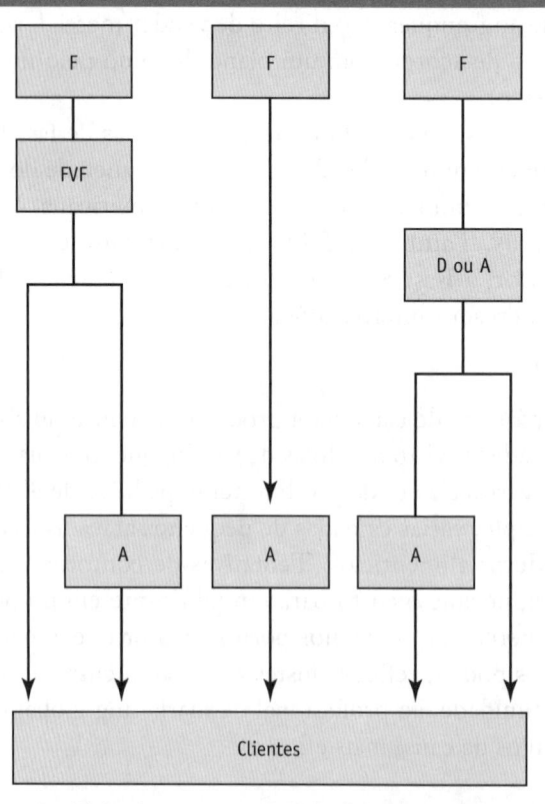

F = Fabricante
A = Atacadista
FVF = Força de vendas do fabricante
D ou A = Distribuidores ou Agentes

durante o século XIX e início do XX. O comércio internacional e as operações de varejo foram dois dos pilares econômicos do sistema colonial daquela era. A grande mudança em andamento no varejo internacional de hoje envolve a dissolução gradual da estrutura de varejo colonial e, em seu lugar, a criação de organizações varejistas internacionais que operam nos países industrializados.

As lojas de varejo podem ser divididas em categorias, de acordo com a metragem de espaço, o nível de serviço oferecido e a extensão e a profundidade dos produtos. Na prática, os tipos de loja têm muitos nomes diferentes em diferentes países, e as definições baseadas em área de venda também variam. Uma variedade de termos é usada para se referir a grandes lojas, incluindo hipermercados, lojas de descontos, supermercados e superlojas.

Em geral, os países em que a proporção de número de lojas é baixo em relação a sua participação de mercado são aqueles que se juntaram à revolução dos supermercados muitos anos depois que ela começou. França, Bélgica, Espanha, Brasil e Colômbia são alguns dos países em que o varejo de supermercados explodiu, à medida que unidades grandes, modernas e altamente eficientes foram construídas. Na Itália, onde a legislação de proteção do trabalho que limitava a abertura de grandes supermercados é um fator, a popularidade das lojas de grande área cresceu mais gradualmente. Elas têm hoje mais da metade da participação do mercado de mercearia, quando era de apenas 25%, há alguns anos. Em outros países, os supermercados existiam há mais de duas décadas. Algumas das unidades menores fecharam, e novas lojas muito grandes surgiram em seu lugar. O varejo é um caminho de mão dupla. Países que possuem cadeias no exterior também hospedam cadeias estrangeiras.

O grande número de iniciativas de varejo internacional malsucedidas sugere que qualquer um que pense em partir para o varejo internacional deve tomar muito cuidado. Falando de oportunidades globais para varejistas norte-americanos, um analista do setor observou: "É difícil operar do outro lado do mar. Uma coisa é abrir no México ou no Canadá, mas as dificuldades de distribuição são realmente muito grandes quando se trata de exportar toda uma concepção de loja para além-mar".[6] A questão crítica para o pretendente a varejista internacional é: "Que vantagens temos em relação à concorrência local?". A resposta, freqüentemente, será 'nada', quando se levam em conta as leis locais que governam a prática de varejo. Em tais casos, não há razão para esperar que iniciativas de varejo internacional resultem em operações altamente lucrativas.

Por outro lado, a resposta pode indicar que existem vantagens potenciais. Basicamente, um varejista tem duas coisas para oferecer aos clientes. Uma é a seleção de mercadorias a um preço, outra é a maneira geral como as mercadorias são oferecidas no ambiente da loja. Isso inclui o local da loja, o estacionamento, a disposição interna da loja e o serviço ao cliente. A JCPenney está expandindo as operações de varejo internacionalmente por ambas as razões. Depois de viajar por diversos países, os executivos da JCPenney compreenderam que os varejistas fora dos Estados Unidos, muitas vezes, não têm sofisticação de marketing em termos de exposição de produtos, localização dos corredores para otimizar o tráfego de clientes e agrupamento de produtos. Em Istambul, na Turquia, por exemplo, uma equipe de visitantes observou que uma loja apresentava lingerie ao lado de equipamento de tubulação. De acordo com William R. Howell, presidente da Penney, a vantagem da empresa em tais casos é sua capacidade de "desenvolver um ambiente que convide o cliente a fazer compras".[7]

INOVAÇÃO EM CANAIS INTERNACIONAIS

Conforme observado no começo deste capítulo, os canais de distribuição pelo mundo são altamente diferenciados. À primeira vista, parece que essa diferenciação pode ser explicada somente em termos de cultura e do nível de renda no mercado. A incidência e a taxa de inovação em canais de varejo, contudo, pode ser explicada em termos das seguintes observações:

---

6 Neil King Jr., "Kmart's Czech invasion lurches along", *Wall Street Journal*, 8 jun. 1993, p. A11.
7 Bob Ortega, "Foreign forays: penney pushes abroad in unusually big way as it pursues growth", *Wall Street Journal*, 1º fev. 1994, p. A1, A7.

1. A inovação acontece somente nos sistemas mais altamente desenvolvidos. Em geral, os agentes de canal em sistemas menos desenvolvidos adaptam avanços já tentados e testados em sistemas mais desenvolvidos.
2. A capacidade de um sistema de adaptar com sucesso as inovações relaciona-se diretamente com seu nível de desenvolvimento econômico. Certos níveis mínimos de desenvolvimento econômico são necessários para apoiar qualquer coisa que vá além dos mais simples métodos de varejo.
3. Quando o ambiente econômico é favorável à mudança, o processo de adaptação pode ser prejudicado ou ajudado por fatores locais demográficos/geográficos, costumes sociais, ação governamental, pressões competitivas e infra-estrutura.
4. O processo de adaptação pode ser grandemente acelerado pelas ações de empresas individuais agressivas.

O auto-serviço — a possibilidade de os clientes manusearem e selecionarem a mercadoria pessoalmente em uma loja, com assistência mínima por parte do pessoal de vendas — é uma importante inovação de canal do século XX. Proporciona um excelente exemplo dos postulados delineados. O auto-serviço foi introduzido nos Estados Unidos. Sua expansão para outros países apóia a hipótese de que a capacidade de um sistema em aceitar inovações está diretamente relacionada a seu nível de desenvolvimento econômico. O auto-serviço foi introduzido primeiro, internacionalmente, nos sistemas mais altamente desenvolvidos; espalhou-se para os países em estágios médios e mais baixos de desenvolvimento, mas atende a segmentos muito pequenos do mercado total desses países.

Se um sistema de marketing atingiu um estágio de desenvolvimento capaz de apoiar uma inovação de canal, é claro que a ação de empresas bem-gerenciadas pode contribuir muito para a difusão da inovação no canal. O rápido crescimento da Benetton e do McDonald's atesta a habilidade e a competência dessas empresas, assim como o apelo de seus produtos. Em alguns casos, as inovações de canal são melhoradas, refinadas e expandidas fora do país natal. As lojas 7-Eleven no Japão, por exemplo, têm a metade do tamanho das lojas dos Estados Unidos e apresentam um terço do estoque; ainda assim, vendem duas vezes mais. A 7-Eleven do Japão orgulha-se de um sistema de informação de ponto-de-venda de quarta geração mais sofisticado que o usado nos Estados Unidos. (Observação: a 7-Eleven, empresa-mãe, é de propriedade japonesa). Contrariamente, na China, as lojas da Kentucky Fried Chicken (KFC) são duas vezes maiores que as dos Estados Unidos, devido à maior ênfase em comer em restaurante, em vez de levar comida para casa.[8]

Outra inovação japonesa da 7-Eleven é um catálogo dentro da loja, Shop America, que permite aos compradores pedir produtos de luxo importados de lojas como Tifanny's e Cartier.[9]

ESTRATÉGIA DE CANAL PARA ENTRADA EM NOVO MERCADO

Uma empresa global que se expande através de fronteiras nacionais, muitas vezes, encontra-se em posição de entrar em um mercado pela primeira vez. A empresa tem de usar canais estabelecidos, construir seus próprios canais ou abandonar o mercado. Obstáculos de canais são freqüentes quando uma empresa entra em um mercado competitivo em que as relações de marcas e suprimentos estão firmemente estabelecidas. Conforme observado antes, há pouco incentivo imediato para um agente de canal independente aceitar um novo produto, quando nomes estabelecidos são aceitos no mercado e estão satisfazendo a demanda atual. A empresa global que procura entrar nesse mercado tem de proporcionar algum incentivo aos agentes de canal ou estabelecer seu próprio sistema de distribuição direta. Cada uma dessas alternativas tem suas desvantagens.

Uma empresa pode decidir proporcionar incentivos especiais a agentes independentes de canal; contudo esse caminho pode ser extremamente dispendioso. A empresa pode oferecer pagamentos diretos — bônus em dinheiro ou prêmios de competição — ligados ao desempenho das vendas. Em mercados compe-

---

8 David J. Arnold e John A. Quelch, "New strategies in emerging markets", *Sloan Management Review*, 40, nº 1, 1998, p. 7-20.
9 James Sterngold, "New japonese lesson; running a 7-11", *New York Times*, 9 maio 1991, p. C7.

titivos com preços suficientemente altos, os incentivos podem tomar a forma de garantia de margens brutas. Ambos os pagamentos, de incentivos e garantia de margens, são dispendiosos. Os pagamentos de incentivo são diretamente onerosos, enquanto as garantias de margens podem ser indiretamente dispendiosas, porque afetam o preço para o consumidor e a competitividade em preços de um produto do fabricante.

Estabelecer a distribuição direta em um mercado novo também pode ser dispendioso. Os representantes de vendas e os gerentes de vendas têm de ser recrutados e treinados. A organização de vendas perderá muito, inevitavelmente, em seu primeiro estágio de operação em um novo mercado, porque não terá volume suficiente para cobrir seus custos gerais. Portanto, qualquer empresa que contemple estabelecer uma força de vendas direta, mesmo que designada para distribuidores, deve estar preparada para suportar perdas com essa força de vendas por um período razoável de tempo.

O custo de uma força de vendas direta é um impedimento ao estabelecimento de distribuição direta em um mercado novo. Não obstante, muitas vezes, é o método mais eficaz. Na verdade, em muitos casos, a distribuição direta é a única maneira viável para uma empresa se estabelecer em um novo mercado. Usando uma força de vendas, o fabricante pode assegurar vendas agressivas e atenção para com seus produtos. Um investimento suficiente de recursos na atividade de vendas, secundado por programas apropriados de comunicação (inclusive propaganda), pode, com o tempo, permitir a um fabricante, que tenha produtos e preços competitivos, obter uma participação de mercado razoável. Quando os objetivos de participação de mercado são atingidos, o fabricante pode pensar em passar de vendas diretas para intermediários independentes. Essa mudança torna-se uma possibilidade quando a participação no mercado e o reconhecimento do mercado tornam a marca do fabricante atraente para os intermediários independentes.

A Kyocera alcançou grande sucesso no mercado dos Estados Unidos atendendo a pedidos de proteção cerâmica de chips de acordo com as necessidades de cada cliente. A Kyocera também se tornou lendária por seus serviços entre os fabricantes de chips do Vale do Silício, na Califórnia. Em vez da norma da indústria eletrônica de usar distribuidores para seus produtos, a Kyocera depende de uma força de vendas assalariada. Ela sustenta suas despesas de P&D, de cem milhões de dólares por ano, com forças de venda nos Estados Unidos — 50 vendedores diretos em 12 escritórios de vendas diretas — e no Japão, que põem imperturbável ênfase em qualidade e serviço ao cliente. Bem cedo, a Kyocera ganhou uma reputação em responder a perguntas do cliente da noite para o dia, enquanto os fornecedores norte-americanos, com freqüência, levavam semanas para responder. Os funcionários trabalhavam noite adentro para satisfazer os pedidos de amostras dos clientes. Outro destaque: nenhuma empresa é suficientemente pequena para a Kyocera atender. Jerry Crowley, da Gazelle Microcircuits, em Santa Clara, relatou, por exemplo, que os vendedores da Kyocera começaram a visitá-lo quando ele tinha apenas 11 funcionários. Gazelle compra chips da Kyocera desde então.

DISTRIBUIÇÃO FÍSICA E LOGÍSTICA

A cadeia de valor e o sistema de valor são instrumentos conceituais que proporcionam uma estrutura para integrar várias atividades organizacionais, inclusive a distribuição física de mercadorias (veja a Tabela 13-1). A distribuição física e a logística são os meios pelos quais os produtos se tornam disponíveis aos consumidores quando e onde eles os desejam. Entre as questões de distribuição, estão o processamento do pedido, a estocagem em almoxarifado, o gerenciamento de estoque e o transporte.

Processamento de pedidos

As atividades relativas ao processamento de pedidos proporcionam entradas de informação fundamentais para atender ao pedido de um cliente. O processamento de pedidos inclui a colocação do pedido, pela qual ele é inserido no sistema de informação da empresa; manuseio do pedido, que envolve localizar, montar e movimentar produtos para a distribuição, e a entrega do pedido, processo pelo qual os produtos se tornam disponíveis para o cliente.

Tabela 13-1	Funções de distribuição na cadeia de valores.

Compras
Logística de entrada
P&D
Montagem e fabricação
Logística de saída
Marketing
    Informação e pesquisa
    Seleção de mercado-alvo
    Política e estratégia de produto
    Política de determinação de preço e estratégia
    Política e estratégia de distribuição
    Política e estratégia de comunicações
        Mensagens, apelos
        Estratégia e plano de mídia
        Plano de propaganda
        Plano de promoção
        Venda pessoal
        Plano de marketing direto
        Mala direta
        Telemarketing
Serviço de instalações e testes
Margem

Estocagem em armazéns

Os armazéns são usados para estocar mercadorias até que elas sejam vendidas; outro tipo de instalação, o centro de distribuição, é projetado para receber eficientemente as mercadorias dos fornecedores e, então, preencher os pedidos para lojas específicas. Uma empresa pode ter seus próprios armazéns e centros de distribuição, ou pode pagar a um especialista para que forneça essas instalações.

Gerenciamento de estoque

O gerenciamento adequado de estoque assegura que não faltem a uma empresa componentes para a fabricação nem mercadorias acabadas, e que ela não incorra na despesa e no risco de acumular estoques excessivos desses itens.

Transporte

Finalmente, as decisões de transporte se referem a qual dos cinco métodos uma empresa deve usar para movimentar seus produtos: estrada de ferro, caminhão, ar, água ou tubulações.

Ao contemplar a expansão de mercado para fora do país de origem, a administração pode tender a configurar esses aspectos da cadeia de valor exatamente como são em casa. Essa, contudo, pode não ser a solução mais eficaz, porque a organização pode não ter a habilidade e a experiência necessárias para conduzir todas as atividades da cadeia de valor nos mercados-alvo. Uma empresa com vantagens competitivas no mercado natal, em atividades tanto a montante como a jusante — fabricação e distribuição, por exemplo —, pode ser forçada a reconfigurar as atividades de distribuição, para entrar com sucesso em novos mercados globais. A expansão da Wal-Mart para o México, por exemplo, foi prejudicada pelo fato de a maioria dos fornecedores mexicanos transportarem diretamente para as lojas, e não aos armazéns de varejistas e a centros de distribuição. Assim, falta à Wal-Mart o controle que é a chave de seus preços baixos nos Estados Unidos. Como observou Sam Dunn, diretor de administração para a Wal-Mart no México: "A chave para esse mercado é a distribuição. O varejista que resolver isso dominará".[10]

Entre as empresas norte-americanas, a 3M é muito eficaz em gerenciar os aspectos físicos da distribuição da cadeia de valor para apoiar as exportações do mercado global. A logística de saída, por exemplo, representa apenas um aspecto do plano geral estratégico global da empresa para apoiar as exportações florescentes para a Europa. Em St. Paul, o centro internacional de distribuição da 3M recebe mais de cinco mil pedidos por semana. Em 1985, os pedidos de exportação levavam 11 dias para atravessar o centro. Por volta de 1990, somente 5,5 dias eram necessários; os erros de embarque foram cortados em 71%, a despeito de o volume ter subido 89%. Na Europa, enquanto isso, a 3M estabeleceu um centro de distribuição em Breda, na Holanda, para receber contêineres de Norfolk, na Virginia, e de outros portos. Os gerentes de logística convenceram a 3M a despender 1 milhão de dólares por ano em caminhões adicionais, para proporcionar serviço diário de entrega a cada uma das 19 subsidiárias européias. O desdobramento foi aprovado depois que os gerentes demonstraram que se poderiam obter economias — devido a estoques mais baixos e entregas mais rápidas —, mesmo que os caminhões não estivessem carregados com a capacidade total.[11]

A empresa Laura Ashley, varejista global de vestuário feminino no estilo inglês tradicional, recentemente reconfigurou sua cadeia de suprimento. A empresa tem mais de 300 lojas de sua propriedade pelo mundo, às quais fornece mercadorias fabricadas em 15 países diferentes. No passado, todos os fornecedores da Laura Ashley mandavam as mercadorias para o centro de distribuição da empresa em Gales. Isso significava que blusas fabricadas em Hong Kong eram, primeiro, remetidas para Gales; as blusas destinadas à loja da empresa em Tóquio tinham, então, de ser remetidas de volta ao Oriente. É claro que esse não era um arranjo eficaz nem eficiente; as lojas da Laura Ashley estavam sempre com 20% das mercadorias em falta, mesmo que os armazéns da empresa estivessem cheios. Para cortar custos e melhorar seu gerenciamento de estoque, a Laura Ashley subcontratou para a distribuição física o Serviço de Logística Empresarial FedEx. O sistema de informação da FedEx está conectado com as lojas; quando um comprador da Laura Ashley pede blusas de Hong Kong, a FedEx providencia a remessa do fabricante diretamente para as lojas.[12]

EXEMPLO DE CASO: O JAPÃO

O Japão representa um desafio de distribuição especialmente difícil para as empresas estrangeiras. A distribuição japonesa é um sistema altamente desenvolvido, que evoluiu para satisfazer as necessidades do consumidor japonês. O número total de lojas de varejo no Japão — 1,6 milhão — representa 5% mais lojas do que nos Estados Unidos, para uma população que é a metade do tamanho. O Japão tem 132 lojas de varejo para dez mil pessoas, comparadas a 65 lojas para dez mil pessoas nos Estados Unidos. Um número correspondentemente alto de intermediários, inclusive mais de 400 mil atacadistas, é necessário no Japão para atender a esse fragmentado sistema de lojas.[13] Algumas mudanças, embora vagarosamente, estão ocorrendo nas estratégias de distribuição do Japão. Em resposta ao número crescente de mulheres japonesas que desejam produtos de luxo, estão casando mais tarde e vivendo mais tempo, estão sendo desenvolvidas lojas temáticas. Em Tóquio, a VenusFort é um enorme shopping center que atrai 120 mil visitantes por

---

10 Bob Ortega, "Tough sale: Wal-Mart is slowed by problems of price and culture in Mexico", *Wall Street Journal*, 28 jul. 1994, p. A1, A5.
11 Robert L. Rose, "Success abroad: 3M, by tiptoeing into foreign markets, became a big exporter", *Wall Street Journal*, 29 mar. 1991, p. A10.
12 Stephanie Strom, "Logistics steps onto retail battlefield", *New York Times*, 3 nov. 1993, p. D1, D2.
13 Jack G. Kaikati, "Don't crack the Japanese distribution system — just circumvent it", *Columbia Journal of World Business*, primavera 1993, p. 38-41.

dia, a maioria mulheres. É decorado com ambiente da Europa meridional e tem até um "céu de imitação no qual o sol nasce e se põe a cada hora".¹⁴

As categorias de atacadistas e varejistas no Japão são divididas de maneira muito precisa. Casas de carne, por exemplo, concentram 80% de seus negócios em carne. Outras lojas específicas demonstram especialização similar. Esse tipo de concentração também acontece no nível de atacado. Esse alto grau de especialização no Japão torna-se possível pelo agrupamento de vários tipos de loja nas interseções das principais ruas ou nas paradas dos trens de subúrbio.

Naturalmente, há muitos casos em que empresas estrangeiras entraram no mercado japonês e foram capazes de sobrepujar dificuldades apresentadas pelo sistema de distribuição. Infelizmente, os problemas de adaptação à distribuição japonesa também impediram que muitas empresas atingissem o sucesso que poderiam ter tido. Historicamente, os profissionais de marketing estrangeiros no Japão cometem dois erros básicos. O primeiro é supor que os problemas de distribuição possam ser resolvidos como no Ocidente, isto é, indo o mais diretamente possível ao cliente e cortando o intermediário. No Japão, por causa da natureza muito fragmentada do varejo, simplesmente não é eficaz, em termos de custos, ir diretamente.

O segundo engano cometido com freqüência é lidar com o mercado japonês à distância, vendendo para uma empresa de comércio. A empresa de comércio pode vender em baixos volumes para um segmento muito limitado do mercado, tal como o segmento de luxo, com o resultado de que há, em geral, um interesse limitado por parte da empresa de comércio. A experiência acaba sendo decepcionante para todas as partes.

A distribuição bem-sucedida no Japão (ou em qualquer outro mercado) requer adaptação às realidades do mercado. No Japão, isso significa, antes de mais nada, adaptação à realidade da distribuição fragmentada. Segundo, requer pesquisa dentro do próprio mercado, inclusive necessidades do cliente e produtos competitivos. Então, a empresa tem de desenvolver uma estratégia geral de marketing que: posicione o produto em relação ao segmento de mercado identificado de acordo com a necessidade, o preço e outras questões; posicione o produto em relação aos concorrentes; defina um plano de marketing — o que inclui um plano de distribuição — para atingir volume e objetivos de participação de mercado.

Imaginando uma estratégia de distribuição japonesa

Na década de 70, Shimaguchi e Rosenberg identificaram várias considerações para qualquer empresa que estivesse formulando e implementando uma estratégia de distribuição no Japão. A primeira requeria achar um sócio japonês, tal como um agente de importação, para ajudar a navegar nas águas desconhecidas. Os agentes de importação variam em tamanho: de pequenos distribuidores locais aos gigantes *sogo-sosha* (empresa gerais de comércio). Os autores também aconselhavam as empresas a perseguir uma estratégia de oferecer melhor qualidade, preço mais baixo ou um posicionamento diferenciado como produto estrangeiro. Os estrangeiros são aconselhados a preparar-se para um esforço de longo prazo e modestos retornos; nada acontece rapidamente na distribuição japonesa, e é necessário ter paciência. Por fim, cultive relações pessoais na distribuição. Fidelidade e confiança são importantes.¹⁵

Essas considerações são ainda relevantes hoje, mas alguns estudos recentes descreveram maneiras de contornar as dificuldades da distribuição japonesa, perseguindo canais de distribuição alternativos. As empresas estrangeiras, por exemplo, podem querer seguir o exemplo da Toys "Я" Us e estabelecer suas próprias lojas de varejo no Japão. A Toys "Я" Us tentou contornar o sistema de atacadistas de multicamadas, comprando diretamente dos fabricantes. Um segundo caminho é usar técnicas de marketing direto. Embora o telemarketing seja relativamente novo e tenha se mostrado mais bem-sucedido em B2B que em marketing de consumo, o pedido por correio no Japão tem experimentado um crescimento anual de 17%. A L. L. Bean, com a ajuda da Internet, vende uma quantidade substancial de mercadorias no Japão, a despeito de jamais ter publicado um catálogo em japonês. A venda porta-a-porta é uma terceira estratégia alternati-

---

14 "A land fit for customers", *Economist*, 27 nov. 1999, p. 16.
15 Mitsuaki Shimaguchi e Larry R. Rosenberg, "Demystifying Japanese distribution", *Columbia Journal of World Business*, primavera 1979, p. 38-41.

va de canal no Japão, que tem sido perseguida com sucesso pela Amway. A Amway estabeleceu seu próprio sistema de mais de um milhão de distribuidores independentes; a maioria dos 190 produtos mais vendidos é importada dos Estados Unidos. Finalmente, uma empresa pode querer explorar maneiras criativas de pegar carona com outras empresas de sucesso. A Shop America, por exemplo, lançou com sucesso um negócio especial de catálogo, em parceria com as lojas de conveniência 7-Eleven no Japão.[16]

Resumo

As decisões de canal são difíceis de gerenciar globalmente, por causa da variação nas estruturas de canal de país para país. Não obstante, certos padrões de mudança, associados com o desenvolvimento do mercado, oferecem ao profissional de marketing global astuto a oportunidade de criar inovações de canal e ganhar vantagem competitiva. As características de clientes, produtos, intermediários e ambiente têm impacto sobre o projeto e a estratégia de canal. Os canais de consumo podem ser diretos, via correio, de porta em porta, pela Internet, por lojas diretas de fábrica/fabricantes, ou podem envolver um ou mais níveis de revendedores. Uma combinação de força de vendas do fabricante, agentes/corretores e atacadistas pode também ser usada. Os canais para produtos industriais são menos variados, com a utilização de força de vendas do fabricante, de atacadistas e revendedores ou agentes.

Em países desenvolvidos, os canais de varejo são caracterizados pela substituição de mão-de-obra por capital. Isso é evidente em lojas de auto-serviço, que oferecem uma ampla gama de itens, a margens brutas relativamente baixas. Em países menos desenvolvidos com mão-de-obra abundante, acontece o oposto. Esses países disfarçam seu desemprego em canais de varejo e de atacado adequados às necessidades do consumidor; tais canais podem ter margens brutas 50% mais baixas que as das lojas de auto-serviço em países desenvolvidos. Um profissional de marketing global tem de adequar o programa de marketing a esses diferentes tipos de canal ou introduzir novos conceitos de varejo.

As questões de transporte e de distribuição física são extremamente importantes em marketing global, por causa das distâncias geográficas envolvidas na fabricação descentralizada de produtos e no atendimento de clientes em diferentes partes do mundo. Hoje, muitas empresas estão reconfigurando suas cadeias de suprimento, para cortar custos e melhorar sua eficiência.

Questões para Discussão

1. De que maneiras os intermediários de canal podem criar utilidade para os compradores?
2. Que fatores influenciam as estruturas e estratégias de canais disponíveis ao profissional de marketing global?
3. O que são intermediários seletivos? Que caminhos podem ser usados para lidar com esse problema?
4. Compare as estruturas típicas de canal para produtos de consumo e produtos industriais.
5. Discuta brevemente as questões globais associadas a distribuição física e logística de transporte. Cite um exemplo de empresa que esteja fazendo melhorias de eficiência em sua distribuição física.
6. Que desafios especiais de distribuição existem no Japão? Qual é a melhor maneira para uma empresa não japonesa lidar com esses desafios?

Leitura Sugerida

"Retail marketing: international perspectives", *European Journal of Marketing*, 26, nºs 8/9, 1992, edição especial.

Charles Sherwood e Robert Bruns. "Solving international transportation problems", *Review of Business*, 14, nº 1, verão/outono 1992, p. 25-30.

---

16 Kaikati, "Japanese distribution systems".

Daniel C. Bello e Ritu Lohtia. "Export channel design: the use of foreign distributors and agents", *Journal of the Academy of Marketing Science*, 23, nº 2, 1995, p. 83-93.

David J. Burns e John T. Brady. "Retail ethics as appraised by future business personnel in Malaysia and the United States", *Journal of Consumer Affairs*, 30, nº 1, 1996, p. 195+.

George Fields. *From bonsai to Levi's: an insider's surprising account of how the japanese live*. Nova York: Macmillan, 1983.

Harash J. Sachdev, Daniel C. Bello e Bruce K. Pilling. "Control mechanisms within export channels of distribution", *Journal of Global Marketing*, 8, nº 2, 1994, p. 31-50.

Jack G. Kaikati. "Don't crack the japanese distribution system — just circumvent it", *Columbia Journal of World Business*, 28, nº 2, verão 1993, p. 34-45.

Janeen E. Olsen e Kent L. Granzin. "Economic development and channel structure: a multinational study", Journal of Macromarketing, 10, nº 2, outono 1990, p. 61-77.

John S. Hill, Richard R. Still e Unal O. Boya. "Managing the multinational sales force", *International Marketing Review*, 8, nº 1, 1991, p. 19-31.

K. Raguraman e Claire Chan. "The development of sea-air intermodal transportation: an assessment of global trends", *Logistics and Transportation Review*, 30, nº 4, dez. 1994, p. 379-396.

Klein, Saul e Victor Roth. "Satisfaction with international marketing channels", *Journal of the Academy of Marketing Science*, 21, nº 1, inverno 1993, p. 39-44.

Louis W. Stern e Adel L. El-Ansary. *Marketing channels*, 4ed. Upper Saddle River, NJ: Prentice Hall, 1992.

Mark Carr, Arlene Hostrop e Daniel O'Connor. "The new era of global retailing", *Journal of Business Strategy*, 19, nº 3, 1998, p. 11-15.

Nicholas Alexander. *International retailing*. Oxford: Blackwell Business, 1997.

P. T. Bauer. *African trade*. Cambridge: Cambridge University Press, 1954.

Paul R. Murphy, James M. Daley e Douglas R. Dalenberg. "Doing business in global markets: perspectives of international freight forwarders", *Journal of Global Marketing*, 6, nº 4, 1993, p. 53-68.

Randy L. Allen. "The why and how of global retailing", *Business Quarterly*, 57, nº 4, verão 1993, p. 117-122.

Robert E. Weigand. "Parallel import channels — options for preserving territorial integrity", *Columbia Journal of World Business*, 26, nº 1, primavera 1991, p. 53-60.

S. Tamer Cavusgil. "The importance of distributor training at Caterpillar", *Industrial Marketing Management*, 19, nº 1, fev. 1990, p. 1-9.

Saeed Samiee. "Retailing and channel considerations in developing countries: a review and research proposition", *Journal of Business Research*, 27, nº 2, jun. 1993, p. 103-129.

Sudhir Kale e Roger P. McIntyre. "Distribution channel relationships in diverse cultures", International Marketing Review, 8, nº 3, 1991, p. 311-345.

Ward Hanson. *Principles of Internet marketing*. Cincinnatti: South Western College Publishing, 2000.

CAPÍTULO 14

Propaganda Global

Rapazes e moças de 18 anos em Paris têm mais em comum com rapazes e moças de 18 anos em Nova York do que com seus próprios pais. Compram os mesmos produtos, assistem aos mesmos filmes, ouvem as mesmas músicas, bebem as mesmas colas. A propaganda global simplesmente trabalha sobre essa premissa.

William Roedy
Diretor da MTV Europa

Conteúdo do Capítulo

- Propaganda e marcas globais
- O conteúdo da propaganda global: o debate da extensão *versus* adaptação
- Selecionando uma agência de propaganda
- Apelos de propaganda e características de produto
- Criando a propaganda
- Resumo
- Questões para discussão

Claramente, propaganda, publicidade e outras formas de comunicação constituem ferramentas fundamentais para o profissional de marketing global. As comunicações de marketing — a variável promoção dos 4Ps do composto de marketing — envolvem todas as formas de comunicação usadas por organizações para informar, relembrar, explicar, persuadir e influenciar as atitudes e o comportamento de compra de consumidores e outras pessoas. O propósito primário das comunicações de marketing é falar com os consumidores sobre os benefícios e valores que um produto ou serviço oferece. Os elementos do mix de promoção são propaganda, relações públicas, vendas pessoais, promoção de vendas e marketing direto. A Internet, um meio que combina todos esses componentes, será discutida no Capítulo 16. Todos esses elementos podem ser utilizados em marketing global, sozinhos ou em diversas combinações.

Várias mudanças estão ocorrendo em propaganda, como o crescimento da Internet e da televisão global. Esse crescimento reflete-se nos gastos anuais de propaganda. Em 1998, o investimento mundial em propaganda superava 300 bilhões de dólares; hoje, este volume está se aproximando dos 500 bilhões. O mercado de televisão se estabilizou nos Estados Unidos e declinou no Japão, mas a China e a Índia estão experimentando um crescimento de dois dígitos em gastos com propaganda.

O ambiente no qual os programas e estratégias de comunicação de marketing são implementados também variam de país para país. O desafio de se comunicar eficazmente através de fronteiras é uma razão pela qual a Nike, a Nestlé, a Microsoft e outras empresas estão abraçando um conceito conhecido como 'comunicação integrada de marketing' (CIM). Os adeptos da abordagem CIM reconhecem explicitamente que os vários elementos da estratégia de comunicação da empresa têm de ser cuidadosamente coordenados.[1] Neste capítulo, a propaganda será examinada a partir da perspectiva do praticante de marketing global. O Capítulo 15 é dedicado aos restantes elementos do mix de promoção: relações públicas, vendas pessoais, promoção de vendas, marketing direto, feiras e exposições e patrocínio.

> **Visite o site**
> www.adageglobal.com

PROPAGANDA E MARCAS GLOBAIS

A propaganda pode ser definida como qualquer mensagem paga para promoção de idéias, bens ou serviços, inserida em um veículo de massa por um patrocinador identificado. A propaganda global é o uso dos mesmos apelos de propaganda, mensagens, arte, textos, fotografias, histórias e segmentos de vídeo em mercados de múltiplos países. Uma empresa global capaz de transformar com sucesso uma campanha doméstica em uma campanha mundial, ou de criar uma nova campanha global a partir do zero, tem uma vantagem decisiva. Há razões poderosas para tentar criar uma campanha global eficaz. O processo criativo forçará uma empresa a determinar se há um mercado global para seu produto. A primeira empresa a encontrar um mercado global para qualquer produto está sempre em vantagem sobre os concorrentes que fizerem a mesma descoberta mais tarde. A busca de uma empresa de propaganda global pode ser o marco da procura de uma estratégia global coerente. Tal procura deve juntar todos os envolvidos com o produto, para que compartilhem informações e alavanquem suas experiências.

Já que a propaganda é, freqüentemente, projetada para agregar valor psicológico a um produto ou marca, ela desempenha um papel mais importante nas comunicações de marketing de produtos de consumo que em marketing de produtos industriais. Os produtos de baixo custo, de compra freqüente, geralmente requerem um pesado apoio de propaganda para relembrar os consumidores sobre eles. A Tabela 14-1 relaciona as 15 principais categorias de produtos medidas pelos gastos com propaganda. Depois de automóveis, os produtos de higiene pessoal e alimentos são, respectivamente, os números dois e três.

Sem nenhuma surpresa, portanto, as empresas de produtos de consumo encabeçam a lista de grandes anunciantes globais. A Unilever, a Procter & Gamble, a Nestlé e a Coca-Cola investiram um bilhão de dólares cada uma em propaganda fora dos Estados Unidos. A classificação dos anunciantes globais pela *Advertising Age*, em termos de despesas em propaganda fora dos Estados Unidos, é mostrada na Tabela 14-2.

A Tabela 14-3 mostra os dez maiores países no mundo, em termos de gastos em propaganda. Os Estados Unidos e o Japão encabeçam a lista. Duas empresas, a Coca-Cola e a Colgate-Palmolive, gastaram porções substanciais de seus orçamentos internacionais na América Latina, 29,9 e 44,8%, respectivamente.

---

1 Thomas R. Duncan e Stephen E. Everett, "Client perception of integrated marketing communications", *Journal of Advertising Research*, maio/jun. 1993, p. 119-122.

Tabela 14-1	Categorias globais por gastos medidos em propaganda.			
Categoria	Propaganda medida 1998	Propaganda medida 1997	% de mudança	Classificação
Automotivo	$9.904,2	$9.711,9	2,0	1
Cerveja, vinho e licor	633,9	553,4	14,6	11
Telefones celulares	307,1	252,5	21,6	15
Cigarros	430,0	386,3	11,3	14
Limpeza	1.017,4	921,4	10,4	8
Computadores, software, periféricos	697,7	683,2	2,1	10
Remédios	1.573,3	1.479,7	6,3	5
Produtos eletrônicos	1.352,7	1.552,3	-12,9	7
Divertimento e mídia	2.448,7	2.109,0	16,1	4
Restaurantes fast-food	726,6	694,5	4,6	9
Alimentação	5.224,9	4.868,5	7,3	3
Produtos de higiene pessoal	9.558,3	9.022,9	5,9	2
Varejo	530,7	403,5	31,5	13
Refrigerantes	1.377,3	1.265,6	8,8	6
Brinquedos	591,7	575,4	2,8	12

Fonte: *Advertising Age*, www.adage.com/dataplace/archives/dp402.html.

A Nestlé e a General Motors despenderam substanciais porções de seus orçamentos na África, no Oriente Médio e no Canadá. Espera-se a continuação da tendência de gastos mundiais em propaganda.

Há várias razões para a crescente popularidade da propaganda global. As empresas globais confirmam a convicção dos gestores das empresas de que os temas unificados não somente incitam as vendas de curto prazo, mas também ajudam a constituir a identidade de produto no longo prazo e proporcionam significativas economias em custos de produção.[2] Centros regionais de comércio como a Europa estão experimentando um aumento de marcas internacionalizadas, à medida que as empresas se alinham, compram outras empresas e organizam suas políticas de determinação de preços e seus planos de produção para uma região unificada. A partir de um ponto de vista de marketing, há muita atividade em andamento que tornará algumas marcas verdadeiramente pan-européias em um curto período de tempo. Esse fenômeno está acelerando o crescimento da propaganda global.

O potencial da propaganda global eficaz também aumenta à medida que as empresas reconhecem e adotam novos conceitos, como culturas de produto. As empresas compreendem que alguns segmentos de mercado podem ser definidos com base em demografia global — cultura da juventude, por exemplo — preferencialmente à cultura étnica ou nacional. Tênis e outros produtos de vestuário, por exemplo, podem ser direcionados a um segmento-alvo mundial de jovens de 18 a 25 anos. Conforme observado na citação do início deste capítulo, William Roedy, diretor da MTV Europa, vê claras implicações de tais culturas de produto para a propaganda. A MTV é justamente um dos veículos de mídia que possibilitam às pessoas, virtualmente, em qualquer lugar, ver como o restante do mundo vive e conhecer produtos que são populares

---

[2] Ken Wells, "Selling to the world: global ad campaigns after many missteps finally pay dividends", *Wall Street Journal*, 27 ago. 1992, p. A8.

Tabela 14-2 Os 25 maiores praticantes de marketing global.

Classificação em 1999	Anunciante	Sede	Gastos fora dos EUA 1999
1	Unilever	Roterdã (Holanda)/Londres (Reino Unido)	$3.110
2	Procter & Gamble Co.	Cincinnati (EUA)	2.988
3	Nestlé	Vevey (Suíça)	1.580
4	Coca-Cola Co.	Atlanta (EUA)	1.178
5	Ford Motor Co.	Dearborn (EUA)	1.150
6	General Motors Corp.	Detroit (EUA)	1.148
7	L'Oreal	Paris (França)	1.120
8	Volkswagen	Wolfsburg (Alemanha)	1.009
9	Toyota Motor Corp.	Toyota City (Japão)	1.007
10	PSA Peugeot Citroen	Paris (França)	906
11	Sony Corp.	Tóquio (Japão)	886
12	Mars Inc.	McLean (EUA)	841
13	Renault	Paris (França)	809
14	Philip Morris Cos.	Nova York (EUA)	767
15	Henkel	Duesseldorf (Alemanha)	728
16	Nissan Motor Co.	Tóquio (Japão)	657
17	McDonald's Corp.	Oak Brook (EUA)	649
18	Fiat	Turim (Itália)	649
19	Danone Group	Paris (França)	642
20	Ferrero	Perugia (Itália)	603
21	Colgate-Palmolive Co.	Nova York (EUA)	591
22	Deutsche Telekom	Bonn (Alemanha)	578
23	DaimlerChrysler	Stuttgart (Alemanha)	556
24	Reckitt Benckiser	Windsor, Berkshire (Reino Unido)	543
25	Johnson & Johnson	New Brunswick (EUA)	486

Fonte: Advertising Age, www.adageglobal.com/cgi-bin/pages.pl?link=438.

Tabela 14-3 Os maiores mercados por gastos de propaganda.

Estados Unidos	Itália
Japão	Brasil
Alemanha	Espanha
Reino Unido	Canadá
França	

Fonte: Advertising Age, www.adageglobal.com/cgi-bin/pages.pl?link=425.

QUADRO 14-1

ADIDAS

As empresas norte-americanas de tênis são hábeis no marketing global. A Reebok é líder de mercado na França, na Espanha e na Inglaterra, mas a Nike é a número um em muitos outros países europeus. Embora slogans como 'Just do it' e 'Planet Reebok' sejam apresentados em inglês, outras partes da mensagem são adaptadas, para refletir diferenças culturais. Na França, por exemplo, a violência em anúncios é inaceitável, de modo que a Reebok substitui as cenas de boxe por imagens de mulheres correndo em uma praia. Além disso, a participação européia em esportes é menor que nos Estados Unidos; portanto, os europeus visitam menos as lojas de produtos esportivos. Na França, os tênis Reebok são vendidos em quase mil lojas tradicionais de calçados.

Mesmo em face de tal concorrência acirrada e crescente, a Adidas ainda goza de alta fidelidade de marca entre os europeus mais velhos. A empresa recruta pessoal jovem e paga-lhes para usar tênis Adidas em público; eles são pagos também para trabalhar em lojas de produtos esportivos e promover os produtos Adidas de outras maneiras. A Adidas também atualizou sua imagem entre consumidores europeus mais jovens, criando um novo esporte, chamado *streetball*. Anúncios apresentados na MTV Europa mostram jogadores equipados com a linha de produtos *streetball* da empresa. Diferentemente de seus rivais norte-americanos, a Adidas não utiliza uma campanha de propaganda global. Uma campanha de 1995, por exemplo, lançada fora dos Estados Unidos, mostrava Emil Zatopke, um antigo corredor olímpico da República Tcheca.

A empresa, contudo, mantém uma única agência de propaganda — a Leagas Delany, sediada em Londres — para todos os seus mercados globais. Bruce Haines, presidente da agência, observa: "A Adidas é estruturada por territórios geográficos e unidades de negócio baseadas em esporte. Queremos assegurar um estilo próprio, uma assinatura, seja qual for o trabalho, seja qual for o esporte". Em um movimento indicando otimismo em relação ao futuro da Adidas, em 1995 o Grupo Dreyfus elevou sua participação ao nível de propriedade total. Enquanto isso, a Adidas está fortemente empenhada em um novo e revolucionário calçado esportivo leve.

Fontes: Dagmar Mussey, "Adidas strides on its own path", *Advertising Age*, 13 fev. 1995, p. 6; Kevin Goldman, "Adidas tries to fill its rivals' big shoes", *Wall Street Journal*, 17 mar. 1994, p. B5; Joseph Pereira, "Off and running: pushing U.S. style, Nike and Reebok sell sneakers to Europe", *Wall Street Journal*, 22 jul. 1993, p. A1, A8; Stephen Barr, "Adidas on the rebound", *CFO*, set. 1991, p. 48-56, e Igor Reichlin, "Where Nike and Reebok have plenty of running room", *Business Week*, 11 mar. 1991, p. 56-60.

em outras culturas. Muitos desejos humanos são bastante similares, se apresentados dentro de situações de experiências reconhecíveis. Gente de todo o mundo quer valor, qualidade e a última tecnologia disponível e acessível; todo mundo, em todos os lugares, quer ser amado e respeitado, sente fome, e assim por diante.[3]

A propaganda global, freqüentemente, proporciona às empresas economias de escala em propaganda, assim como melhor acesso a canais de distribuição. Nos casos em que o espaço nas gôndolas é disputado, como acontece com produtos alimentícios, uma empresa deve convencer os varejistas a expor seus produtos em vez dos concorrentes. Uma marca global apoiada por propaganda global pode ser mais atraente porque, do ponto de vista do varejista, tem menos probabilidade de encalhar. A Landor Associates, empresa especializada em identidade e projeto de marca, recentemente determinou que a Coca-Cola é a número um na posição de percepção de marca e estima nos Estados Unidos, número dois no Japão e número seis na Europa. A padronização, contudo, nem sempre é necessária ou mesmo aconselhável. O Nescafé, da Nestlé, é comercializado como marca global, embora as mensagens de propaganda e a formulação de produto variem, para se adequar a diferenças culturais.

---

[3] Dean M. Peebles, "Executive insights: don't write off global advertising", *International Marketing Review*, 6, nº 1, 1989, p. 73-78.

O CONTEÚDO DA PROPAGANDA GLOBAL: O DEBATE DA EXTENSÃO *VERSUS* ADAPTAÇÃO

Especialistas em comunicação geralmente concordam que as exigências gerais para a comunicação e a persuasão eficazes são fixas, e não variam de país para país. O mesmo vale para os componentes do processo de comunicação: a mensagem do anunciante global (ou emissor) deve ser codificada, transmitida via canal apropriado e decodificada pelo consumidor (ou receptor). A comunicação ocorre somente quando o significado é transferido. Quatro dificuldades principais podem comprometer a tentativa de uma organização comunicar-se com consumidores localizados em qualquer parte:

1. A mensagem pode não alcançar o receptor pretendido. O problema pode ser resultado da falta de conhecimento do anunciante sobre a mídia apropriada para atingir certos tipos de audiência. A eficácia da televisão como meio de atingir audiência de massa, por exemplo, é diretamente proporcional à extensão do hábito de assistir a televisão no país.
2. A mensagem pode atingir o público-alvo, mas não ser compreendida, ou mesmo ser malcompreendida. Isso pode resultar de uma compreensão inadequada do nível de sofisticação do público-alvo ou de codificação imprópria.
3. A mensagem pode atingir o público-alvo e ser compreendida, mas ainda assim não induzir o receptor a realizar a ação desejada pelo emissor. Isso pode resultar de uma falta de conhecimento cultural sobre um público-alvo.
4. A eficácia da mensagem pode ser prejudicada por ruído. Ruído, neste caso, é uma influência externa, como propaganda da concorrência, outros vendedores e confusão do lado do receptor, o que pode prejudicar a eficácia final da comunicação.

A questão-chave para o profissional de marketing global é se a mensagem específica de propaganda e a estratégia de mídia devem ser alteradas de região para região, ou de país para país, devido a exigências ambientais. Os proponentes da abordagem do tipo 'um mundo, uma voz' para a propaganda global acreditam que a era da aldeia global está se aproximando rapidamente e que gostos e preferências estão convergindo mundialmente. De acordo com o argumento de padronização, como as pessoas, em todos os lugares, desejam os mesmos produtos pelas mesmas razões, as empresas podem alcançar grandes economias de escala com a unificação de sua propaganda pelo mundo. Os anunciantes que seguem a abordagem localizada são céticos a respeito do argumento da aldeia global. Mesmo a Coca-Cola, a marca mais global no mundo, grava *spots* de rádio em 40 línguas, com 140 trilhas diferentes.[4] A Coca-Cola argumenta que os consumidores ainda diferem de país para país e têm de ser alcançados por propaganda feita sob medida para seus respectivos países. Os proponentes da abordagem local destacam que a maioria dos erros graves ocorrem porque os anunciantes não compreenderam as culturas estrangeiras e não conseguiram adaptar-se a elas. Nick Brien, diretor da Leo Burnett, explica a situação assim:

> À medida que o poder da mídia tradicional declina dia a dia, a construção da marca localmente torna-se mais cara, e melhora o custo–benefício da construção internacional da marca. O desafio para publicitários e agências é descobrir mensagens que funcionem em diferentes países e culturas. Simultânea a essa tendência global, há uma crescente tendência local. Está se tornando cada vez mais importante compreender as exigências de ambas.[5]

Durante a década de 50, a opinião generalizada dos profissionais de propaganda era de que a propaganda internacional eficaz requeria atribuir responsabilidade pelo preparo de campanha a uma agência local. No início da década de 60, essa idéia de delegação local foi repetidamente contestada. Eric Elinder, por exemplo, presidente de uma agência de propaganda sueca, escreveu: "Por que devem três artistas, em três diferentes países, se sentar e desenhar o mesmo ferro elétrico, e três redatores escreverem sobre o que,

---

4 Relatório Anual da Coca-Cola, 1999, p. 18.
5 Meg Carter, "Think globally, act locally", *Financial Times*, 30 jun. 1997, p. 12.

> **QUADRO 4-2**
>
> ### CAMPANHAS GLOBAIS PARA PRODUTOS GLOBAIS
>
> Certos produtos de consumo se prestam à propaganda extensiva. Se um produto apela para a mesma necessidade pelo mundo afora, há a possibilidade de estender o apelo para essa necessidade. A lista de produtos que se tornam globais, antes limitada a alguns bens de consumo e de luxo, está crescendo. A propaganda global é, em parte, responsável pelas vendas mundiais crescentes de fraldas descartáveis, relógios de pulso, xampus e tênis. Alguns anunciantes globais experientes estão se beneficiando de novas campanhas. A empresa de jeans Levi Strauss & Company alcançou recordes de venda na Europa em 1991, à força de uma campanha estendida sem mudança para europeus, latino-americanos e australianos. A questão básica é se existe, de fato, um mercado global para o produto. Se o mercado for global, os apelos poderão ser padronizados e estendidos. Refrigerantes, uísque escocês, relógios suíços e alta costura são exemplos de categorias de produtos cujos mercados são verdadeiramente globais. A Seagram's, por exemplo, recentemente lançou uma campanha global centrada no tema "Sempre haverá um Chivas Regal". A campanha foi veiculada em 34 países e traduzida para 15 línguas. Em 1991, a Seagram's lançou uma campanha global de outdoors para reforçar o apelo universal do Chivas. A teoria: em qualquer lugar do mundo, o rico provará a marca, onde quer que ele tenha feito sua fortuna.
>
> A Gillette usou o enfoque global de 'um produto/uma marca/uma estratégia' quando introduziu o aparelho de barbear Sensor em 1990. O slogan da campanha era "Gillette, o melhor que o homem pode obter", um apelo que se esperava atravessar fronteiras com facilidade. Peter Hoffman, vice-presidente de marketing do North Atlantic Shaving Group, declarou em um press-release: "Fomos abençoados com uma categoria de produto em que podemos comercializar sistemas de barbear através de fronteiras multinacionais como se fossem um único país. O Gillette Sensor disparará uma estratégia total da marca Gillette que revolucionará todo o mercado de barbear". No mercado japonês, a campanha de publicidade padronizada da Gillette difere notavelmente da de sua arqui-rival Schick. Anteriormente ao lançamento do Sensor, a Gillette fazia a propaganda sob medida para o mercado japonês; atualmente, exceto pela tradução para o japonês da frase "O melhor que o homem pode obter", os anúncios mostrados no Japão são os mesmos que os mostrados nos Estados Unidos e no restante do mundo. Enquanto isso, a Schick usa atores japoneses em seus anúncios.

no final das contas, é simplesmente o mesmo texto para o mesmo ferro?"[6] Elinder argumentava que as diferenças entre os consumidores dos países estavam diminuindo e que ele atenderia mais eficazmente aos interesses do cliente empregando especialistas de primeira para estruturar uma forte campanha internacional única. A campanha seria, então, apresentada com minúsculas modificações, que envolviam principalmente traduzir o título e o texto na linguagem mais adequada para cada país.

Quando a década de 80 começou, Pierre Liotard-Vogt, ex-presidente da Nestlé, expressou opinião similar em uma entrevista à *Advertising Age*.

Advertising Age: Os paladares e as preferências de alimentos são diferentes em cada um dos países em que o senhor faz negócios?

Liotard-Vogt: Os dois países em que talvez estejamos vendendo mais café instantâneo são a Inglaterra e o Japão. Antes da guerra, não se bebia café nesses países, e ouvi as pessoas dizerem que não adiantava tentar vender café instantâneo para os ingleses, porque eles bebem somente chá, e ainda menos para os japoneses, porque eles bebem chá verde e não estariam interessados em mais nada.

Quando eu era muito jovem, morei na Inglaterra e, naquela época, se você falasse a um inglês sobre comer espaguete ou pizza ou coisas assim, ele lhe olharia estranho, pensando que isso talvez fosse comida para italiano. Agora, em qualquer esquina de Londres você encontra pizzarias e restaurantes de massas.

---

6 Eric Elinder, "International advertisers must devise universal ads, dump separate national ones, Swedish ad man avers", *Advertising Age*, 27 nov. 1961, p. 91.

Assim, não acredito em 'gostos nacionais'. São hábitos, não é a mesma coisa. Se você traz ao público uma comida diferente, mesmo que seja inicialmente desconhecida, quando se familiarizarem com ela, vão gostar também.

Até certo ponto, sabemos que no norte gostam de um café mais leve e um pouco ácido e menos torrado; no sul, preferem café muito escuro. Assim, não posso dizer que não existam diferenças de gosto. Mas acreditar que essas preferências sejam estabelecidas e não possam ser mudadas é um engano.[7]

O debate 'padronizado *versus* localizado' ganhou um impulso tremendo depois da publicação, em 1983, do artigo do professor Ted Levitt, na *Harvard Business Review*, intitulado: "A globalização dos mercados", mencionado em capítulos anteriores. Em contraste com os pontos de vista expostos por Levitt e Liotard-Vogt, algumas pesquisas acadêmicas recentes sugerem que a tendência é o uso crescente de propaganda internacional localizada. Ali Kanso chegou a essa conclusão em um estudo em que analisou dois grupos diferentes de gerentes de propaganda: os que assumiam abordagens localizadas para propaganda no exterior e os que assumiam abordagens padronizadas.[8] Outra constatação foi que os gerentes sintonizados em questões culturais tendiam a preferir o enfoque localizado, enquanto gerentes menos sensíveis a questões culturais preferiam o enfoque padronizado. Bruce Steinberg, diretor de propaganda de vendas da MTV Europa, descobriu que o pessoal responsável pela execução de campanhas globais localmente pode demonstrar forte resistência a uma campanha global. Algumas vezes, Steinberg tem de visitar até 20 diretores de marketing da mesma empresa para obter aprovação para um anúncio pan-europeu da MTV.[9]

Como observa Kanso, a controvérsia sobre enfoques de propaganda, provavelmente, continuará pelos próximos anos. A propaganda localizada e a padronizada têm seu espaço, e ambas continuarão a ser utilizadas. A conclusão de Kanso: o que é preciso para o sucesso de uma campanha internacional é um compromisso global com uma visão local. Em última análise, a decisão de usar uma campanha global ou localizada depende de os gerentes reconhecerem as variáveis envolvidas. Por um lado, uma campanha global resultará em benefícios substanciais e em economias de custo, maior controle e alavancagem potencial criativa a partir de um apelo global. Por outro lado, as campanhas localizadas têm a vantagem de apelos que focalizam os mais importantes atributos de um produto em cada nação ou cultura. A questão de quando usar cada enfoque depende do produto envolvido e dos objetivos de uma empresa em determinado mercado.

No Japão, por exemplo, a PepsiCo obteve grande sucesso com uma campanha local utilizando o 'Pepsiman', um boneco de super-herói. Antes de 1996, os anúncios mostrados no Japão eram os mesmos comerciais globais usados no restante do mundo. No mercado de 24 bilhões de dólares de refrigerantes do Japão, contudo, a Pepsi estava bem distante da Coca-Cola; a Pepsi detinha apenas 3% de participação no mercado, comparados com 30% de participação da Coca. O personagem Pepsiman foi projetado por um talento local japonês, mas a Industrial Light & Magic, empresa de efeitos especiais de propriedade do criador de *Guerra nas estrelas*, George Lucas, foi contratada para dar aos comerciais de TV um estilo norte-americano, high-tech. Rompendo com sua estratégia usual de publicar anúncios globais e aumentando o orçamento de propaganda em 50% sobre 1995, as vendas da Pepsi em 1996 subiram 14%.[10]

A propaganda do McDonald's também gozou de um aumento de popularidade no Japão, mas pela razão oposta: o McDonald's está incluindo o Japão em sua abordagem global, que convida os consumidores a associar o restaurante a membros da família, interagindo em várias situações. Desde 1996, a campanha do McDonald's no Japão apresentava vários aspectos da paternidade. Um comercial mostrava pai e filho voltando de bicicleta para casa com sanduíches e batatas fritas; outro mostrava o pai dirigindo uma van, cheia de crianças barulhentas, em direção ao McDonald's, para tomar milk-shake. Os anúncios surgiram exata-

---

7 "A conversation with Nestlé's Pierre Liotard-Vogt", *Advertising Age*, 30 jun. 1980, p. 31.
8 Ali Kanso, "International advertising strategies: global commitment to local vision", *Journal of Advertising Research*, jan./fev. 1992, p. 10-14.
9 Wells, "Selling to the world", p. A1.
10 Yumiko Ono, "Pepsico's pitch in Japan has new twist", *Wall Street Journal*, 23 maio 1997, p. B10.

mente quando muitos trabalhadores japoneses reavaliavam o equilíbrio entre o trabalho e a vida familiar. A campanha ilustra o uso da propaganda global localizada; os comerciais usam atores japoneses, e músicos locais compuseram músicas que lembram programas clássicos da TV japonesa.[11]

SELECIONANDO UMA AGÊNCIA DE PROPAGANDA

Outro problema de propaganda global que as empresas enfrentam é entre criar anúncios elas próprias, usar uma agência externa ou combinar ambas as estratégias. A Channel, a Benetton e a Diesel, por exemplo, dependem de pessoal próprio de marketing e de propaganda para sua criação; a Coca-Cola tem sua própria agência, a Edge Criative, mas também usa os serviços de agências externas. Quando uma ou mais agências externas são usadas, podem atender contas de produtos em uma base de vários países ou mesmo em uma base global. É possível selecionar uma agência local em cada mercado nacional, ou uma agência com escritórios tanto domésticos como no exterior. Além da Coca-Cola, a Levi-Strauss e a Polaroid usam agências locais. Atualmente, contudo, há uma crescente tendência de os clientes ocidentais designarem agências globais para contas de produtos, para apoiar a integração das funções de marketing e de propaganda; as empresas sediadas no Japão são menos propensas a usar essa abordagem. As agências têm consciência dessa tendência e estão procurando realizar aquisições internacionais e *joint-ventures* para ampliar seu alcance geográfico e sua capacidade de atender a clientes em uma base de conta global. As 20 maiores organizações de propaganda global classificadas pela receita bruta de 1998 são mostradas na Tabela 14-4.

As organizações identificadas na Tabela 14-4 podem incluir uma ou mais agências principais e também unidades especializadas em marketing direto, relações públicas ou pesquisa. A árvore genealógica da agência de propaganda da Adidas AG reflete o sistema típico da propriedade de agências atualmente: a Leagas é de propriedade da Abbott Mead Vickers/BBDO, que, por sua vez, é uma unidade da BBDO Worldwide, cujo controlador é o Grupo Omnicom. É também interessante observar que as únicas três agências a mostrar declínio foram japonesas, e que os declínios foram maiores que 10%, resultado direto da crise econômica asiática. A renda bruta total no Japão caiu 2,2%; 33,1% na Tailândia; 33,9% na Malásia; 39,1% na Coréia do Sul, e 68,1% na Indonésia.[12]

Ao selecionar uma agência de propaganda, as seguintes questões devem ser consideradas:

- *Organização da empresa*. As empresas descentralizadas podem querer manter a escolha nas mãos da subsidiária local.
- *Sensibilidade nacional*. A agência global está familiarizada com a cultura local e os hábitos de compra em um país específico, ou é preciso escolher uma agência local?
- *Área de cobertura*. A agência candidata cobre todos os mercados relevantes?
- *Percepção do cliente*. Que tipo de imagem de marca a empresa quer projetar? Se o produto precisa de uma forte identificação local, seria melhor escolher uma agência nacional.

Deve-se observar que as agências de propaganda em outros países podem diferir em suas estruturas e estratégias. No Japão, a propaganda é muito mais concentrada que nos Estados Unidos. Há duas superagências, a Hakuhodo e a Dentsu, enquanto agências globais respondem somente por 6% do faturamento. Os japoneses põem muito mais ênfase na mídia e não é incomum uma agência representar concorrentes diretos.[13]

A despeito de uma inegável tendência a usar agências globais para apoiar os esforços globais de marketing, as empresas com orientação geocêntrica se adaptarão às exigências do mercado global e selecionarão acertadamente a melhor agência ou agências. A Colgate, por exemplo, recentemente adquiriu a linha

---

11 Yumiko Ono, "Japan warms to McDonald's doting dad ads", *Wall Street Journal*, 8 maio 1997, p. B1, B12.
12 R. Craig Endicott, "New York, NY, once again is world's leading advertising venue, as its agencies generated $44.57 bil in 1998 billings", *Advertising Age*, 19 abr. 1999, p. 1+.
13 George Fields, Hotaka Katahira e Jerry Wind. *Leveraging Japan: marketing to the New Asia*, 1999 (manuscrito).

Tabela 14-4	As 20 maiores organizações de propaganda do mundo.			
Classificação em 1998	Organização de propaganda	Sede	Renda bruta mundial 1998	% de mudança
1	Omnicom Group	Nova York	$4.812,0	12,0
2	Interpublic Group of Cos.	Nova York	4.304,5	13,1
3	WPP Group	Londres	4.156,8	14,9
4	Dentsu	Tóquio	1.786,0	−10,2
5	Young & Rubicam	Nova York	1.659,9	10,8
6	Havas Advertising	Paris	1.297,9	9,7
7	True North Communication	Chicago	1.242,3	3,1
8	Grey Advertising	Nova York	1.240,4	8,5
9	Leo Burnett Co.	Chicago	949,8	8,2
10	Publicis	Nova York	930,0	28,8
11	Snyder Communications	Bethesda (EUA)	904,2	29,1
12	MacManus Group	Nova York	859,2	2,0
13	Hakuhodo	Tóquio	734,8	−13,4
14	Saatchi & Saatchi	Nova York	682,1	7,5
15	Cordiant Communications Group	Londres	603,2	1,0
16	TMP Worldwide	Nova York	347,4	13,7
17	Asatsu-DK	Tóquio	343,4	−12,5
18	Carlson Marketing Group	Plymouth (EUA)	326,8	15,2
19	USWeb/CKS	Santa Clara (EUA)	228,6	100,0
20	HA-Lo	Niles (EUA)	224,0	37,4

Fonte: Advertising Age, 19 abr. 1999.

Kolynos de produtos de higiene bucal na América Latina; a McCann Erickson Worldwide ficou responsável por essa conta, muito embora a Young & Rubicam tenha grande parte dos negócios da Colgate no restante do mundo.[14] As agências ocidentais ainda julgam mercados como a Coréia do Sul e o Japão muito complexos; similarmente, as agências japonesas e coreanas acham igualmente difícil estabelecer a presença de agências locais em mercados ocidentais. Não é de estranhar que, quando a unidade Saturn da General Motors se preparou para entrar no mercado japonês, em 1997, tenha contratado a agência Dai-Ichi Kikaku, de Tóquio.

APELOS DE PROPAGANDA E CARACTERÍSTICAS DE PRODUTO

A propaganda tem de comunicar apelos que sejam relevantes e eficazes no ambiente do mercado-alvo. Como os produtos, freqüentemente, estão em estágios diferentes de ciclo de vida em vários mercados nacionais e por causa das diferenças culturais, sociais e econômicas básicas existentes, o apelo mais eficaz para

---

14 Sally Goll Beatty, "Young & Rubicam is only one for Colgate", *Wall Street Journal*, 1º dez. 1995, p. B6.

um produto pode variar de mercado para mercado. Não obstante, os praticantes de marketing global devem tentar identificar situações em que:
1. Reduções de custo potenciais possam existir em função da presença de economias de escala.
2. Barreiras à padronização, tais como diferenças culturais, não sejam significativas.
3. Os produtos satisfaçam necessidades funcionais e emocionais similares em diferentes culturas.

Green, Cunningham e Cunningham dirigiram um estudo multicultural para determinar a extensão em que os consumidores de diferentes nacionalidades usam os mesmos critérios para avaliar dois produtos de consumo comuns: refrigerantes e creme dental. Seus entrevistados foram estudantes dos Estados Unidos, da França, da Índia e do Brasil. Em comparação com a França e a Índia, a amostragem dos Estados Unidos pôs mais ênfase nos atributos subjetivos de produtos e menos nos funcionais, e a amostra do Brasil pareceu ainda mais interessada nos atributos subjetivos do que a amostra dos Estados Unidos. Os autores concluíram que as mensagens de propaganda não deverão usar o mesmo apelo para esses países, se os anunciantes quiserem comunicar os atributos mais importantes de seus produtos para cada mercado.[15]

A propaganda eficaz também pode requerer o desenvolvimento de diferentes abordagens criativas, usando um apelo básico do produto ou proposição de venda como ponto de partida. Em outras palavras, pode haver diferenças entre o que se diz e como se diz. Se a execução criativa em um mercado-chave estiver intimamente ligada a determinado atributo cultural, a execução poderá ter de ser adaptada a outros mercados. A proposição de vendas para muitos produtos e serviços, por exemplo, é divertimento ou prazer, e a apresentação criativa deve mostrar as pessoas se divertindo de maneira apropriada para um país ou uma cultura.

Muitos anúncios japoneses deixam os visitantes estrangeiros intrigados. Um comercial para as copiadoras Mita mostrava um prédio sendo demolido, com apenas uma menção à marca no final. Tomatu Kishii, diretor de criação sênior da Dentsu, observa: "Embora não seja fácil achar uma conexão entre uma máquina copiadora e um prédio em demolição — já que não há —, é precisamente essa grande disparidade que, para os japoneses, impregna esse comercial de impacto e, para os ocidentais, o torna tão difícil de ser apreciado".[16]

De acordo com uma pesquisa recente, experientes executivos de propaganda indicaram que fortes propostas de venda podem ser transferidas com sucesso em cerca de 50% das vezes. Um exemplo de proposta de venda transferida com bons resultados é a alta qualidade. A promessa de custo baixo ou de mais valor pelo dinheiro gasto, em geral, sobrepõe-se a barreiras nacionais. Na mesma pesquisa, a maioria dos executivos indicou que não acreditava que abordagens criativas pudessem ser aplicadas em vários países. Os obstáculos são barreiras culturais, barreiras de comunicação, problemas legais (ex.: crianças não podem ser utilizadas na França para comercializar produtos), posições competitivas (a estratégia de propaganda para uma marca ou produto líder é, normalmente, bastante diferente da utilizada para uma marca menor) e problemas de execução.

A categoria de produtos alimentícios é a que tem mais possibilidade de sofrer com a sensibilidade cultural. Assim, os praticantes de marketing de alimentos e produtos alimentícios têm de estar alerta à necessidade de localizar sua propaganda. Um bom exemplo disso é o recente esforço da H. J. Heinz Company para desenvolver o mercado internacional de ketchup. A estratégia da Heinz demandava adaptar tanto o produto como a propaganda aos gostos do país-alvo.[17] Na Grécia, por exemplo, os anúncios mostram o ketchup sendo derramado sobre massas, ovos e bifes. No Japão, eles sugerem aos cozinheiros japoneses que usem o ketchup como ingrediente em alimentos de estilo ocidental, tais como omeletes, salsichas e massas. Barry Tilley, gerente-geral da divisão de comércio para o hemisfério ocidental da Heinz, com sede em Londres, diz que a Heinz usa grupos de foco para determinar o que os consumidores estrangeiros desejam em termos de paladar e imagem. Os norte-americanos preferem um ketchup relativamente doce, mas os europeus preferem uma variedade mais apimentada, mais picante. Significativamente, os esforços estrangei-

---

15 Robert T. Green, William H. Cunningham e Isabella C. M. Cunningham, "The effectiveness of standardized global advertising", *Journal of Advertising*, verão 1975, p. 25-30.
16 *Nikkei Sangyo Shimbun*, 26 jan. 1999, p. 3.
17 Gary Levin, "Ads going global", *Advertising Age*, 22 jul. 1991, p. 4, 42.

ros de marketing da Heinz são mais bem-sucedidos quando a empresa se adapta rapidamente às preferências culturais locais. Na Suécia, o apelo "made-in-America" é tão enfraquecido no anúncio da Heinz, que "os suecos nem imaginam que a Heinz seja norte-americana. Pensam que é alemã, por causa do nome", diz Mr. Tilley. Em comparação, os temas norte-americanos ainda funcionam bem na Alemanha. A Kraft e a Heinz tentam superar uma à outra em anúncios com fortes imagens norte-americanas. No mais recente comercial de TV da Heinz, jogadores de futebol norte-americano em um restaurante ficam muito zangados quando os 12 bifes que pediram chegam sem ketchup. O comercial termina bem, naturalmente, com bastante ketchup Heinz sendo servido.[18]

Em geral, quanto menor o número de compradores de um produto, menos importante é a propaganda como elemento do mix de promoção. O marketing bem-sucedido de produtos industriais dispendiosos e tecnicamente complexos, por exemplo, requer, geralmente, uma força de vendas direta altamente treinada. Quanto mais sofisticado e tecnicamente complexo um produto industrial, mais necessário isso se torna. Para esses produtos, não existe razão para deixar agências nacionais duplicar os esforços umas das outras. A propaganda de produtos industriais — computadores e equipamentos de telecomunicação, por exemplo — desempenha um importante papel em estabelecer o palco para o trabalho da força de vendas. Uma boa campanha de propaganda pode tornar significativamente mais fácil para um vendedor conseguir entrar e, uma vez lá dentro, fazer a venda.

CRIANDO A PROPAGANDA

Direção de arte

A direção de arte se ocupa da apresentação visual — a linguagem artística das peças impressas ou para televisão. Algumas formas de apresentação visual são universalmente compreendidas. A Revlon, por exemplo, usou um produtor francês para desenvolver comerciais de televisão em inglês e espanhol, para uso em mercados internacionais. Esses comerciais, filmados em estúdios parisienses, comunicam os apelos universais e as vantagens específicas dos produtos Revlon. Produzindo seus anúncios na França, a Revlon obtém comerciais eficazes de televisão a um preço muito mais baixo do que teria de pagar por comerciais de mesma duração produzidos nos Estados Unidos. A PepsiCo usou quatro comerciais básicos para comunicar seus temas de propaganda. A cena básica de pessoal jovem se divertindo em uma festa ou em uma praia foi adaptada para refletir as características gerais do ambiente físico e racial da América do Norte, da América do Sul, da Europa, da África e da Ásia. A música nesses comerciais foi também adaptada para satisfazer gostos regionais, do rock nos Estados Unidos à bossa nova na América Latina, passando pelo *high life* na África.

O anunciante internacional tem de assegurar-se de que as execuções visuais sejam estendidas aos mercados de maneira apropriada. A Benetton, recentemente, enfrentou um problema com sua campanha 'United Colors of Benetton'. A campanha apareceu em 77 países, principalmente na imprensa ou em outdoors. A direção de arte se utilizou de justaposições raciais impactantes e provocativas — uma mão branca e uma mão negra algemadas juntas, por exemplo. Outra versão da campanha, mostrando uma mulher negra amamentando uma criança branca, ganhou prêmios na França e na Itália. Como a imagem evocava a história da escravidão na América, contudo, essa peça específica não foi usada no mercado norte-americano.

Título e texto

Traduzir o texto de um anúncio tem sido tema de grande debate nos círculos da propaganda. O texto deve ser relativamente curto e evitar gíria ou expressões idiomáticas. Deve-se levar em consideração que línguas diferentes usam mais ou menos espaço para transmitir a mesma mensagem, o que levou ao aumento do uso de imagens e ilustrações nas peças. Cada vez mais os anúncios europeus e japoneses são pura-

---

18 Gabriella Stern, "Heinz aims to export taste for ketchup", *Wall Street Journal*, 20 nov. 1992, p. B1.

mente visuais, transmitindo uma mensagem específica e invocando o nome da empresa.[19] Baixas taxas de alfabetização em muitos países comprometem seriamente o uso da forma impressa como dispositivo de comunicação e requerem maior criatividade no uso da mídia eletrônica.

É importante reconhecer a sobreposição no uso de linguagens em muitas áreas do mundo (por exemplo, a UE, a América Latina e a América do Norte). Capitalizando isso, os publicitários globais podem obter economias de escala produzindo títulos de anúncios com a mesma linguagem e mensagem para esses mercados. Naturalmente, o sucesso dessa abordagem vai depender, em parte, de evitar-se ambigüidade acidental no texto dos anúncios. Por outro lado, em algumas situações, o texto do anúncio tem de ser traduzido na língua local. Slogans de propaganda, em geral, apresentam os problemas mais difíceis de tradução. O desafio de codificar e decodificar slogans e títulos em diferentes contextos nacionais e culturais leva a erros risíveis. O 'bom de lamber os dedos' (*finger-lickin' good*), da Kentucky Fried Chicken, por exemplo, transformou-se na China em 'coma seus dedos'; a versão asiática do título 'Venha viver' (*Come alive*), da Pepsi, foi entendida como um chamado para trazer os ancestrais de volta das sepulturas.

Os executivos de propaganda podem preferir criar novos títulos para um mercado estrangeiro na língua do país-alvo ou traduzir o título original para a língua-alvo. Uma terceira opção é deixar alguns (ou todos) elementos do título na língua original (do país de origem). Escolhendo dentre essas alternativas, o anunciante tem de considerar se uma mensagem traduzida pode ser recebida e compreendida pelo público estrangeiro pretendido. Qualquer um com conhecimento de línguas estrangeiras compreende que a capacidade de pensar nessa língua facilita a comunicação precisa. Tem-se de compreender a conotação das palavras, frases e estruturas de sentenças, assim como seu significado traduzido, de modo a se ter certeza de que uma mensagem será compreendida corretamente depois de recebida. O mesmo princípio se aplica à propaganda, talvez em um grau ainda maior. Um criador de títulos e textos capaz de pensar na língua-alvo e compreender os consumidores do país-alvo será capaz de criar apelos mais eficazes, organizar as idéias e burilar a língua específica, especialmente se isso envolver expressões coloquiais, expressões idiomáticas e de humor. Na China meridional, por exemplo, o McDonald's toma cuidado para não anunciar preços com múltiplas ocorrências do algarismo quatro. A razão é simples: em cantonês, a pronúncia do número quatro é similar à da palavra 'morte'.[20] Em seus esforços de desenvolver uma imagem de marca global, a Citicorp descobriu que a tradução de seu slogan "Citi never sleeps" ("O Citi nunca dorme") transmitia a idéia de que o Citibank tinha um distúrbio de sono, como a insônia. Os executivos da empresa decidiram manter o slogan, mas usar o inglês no mundo todo.[21]

Ao desenvolver propaganda de televisão e impressa para uso em países de renda alta, como Estados Unidos, Canadá, Japão e UE, o anunciante tem de reconhecer diferenças importantes de estilo e conteúdo. Os anúncios que os espectadores de alguns países consideram irritantes podem não ser necessariamente percebidos assim por espectadores de outros países. Os anúncios norte-americanos fazem uso freqüente de porta-vozes e de comparações diretas de produto, usando argumentos lógicos para tentar apelar para a razão do público. A propaganda japonesa é mais orientada para a imagem e apela para os sentimentos da audiência. No Japão, freqüentemente, o mais importante não é o declarado explicitamente, mas, de preferência, o que fica implícito. A propaganda da Nike nos Estados Unidos é lendária por seu estilo irreverente, 'na cara', e depende bastante do endosso de celebridades do esporte, como Michael Jordan. Em outras partes do mundo, onde o futebol é o esporte preferido, alguns anúncios da Nike são considerados de mau gosto, e suas personalidades-chave têm menor relevância. A Nike respondeu ajustando seu foco; Geoffrey Frost, diretor de propaganda global, observa: "Temos de nos enraizar nas paixões de outros países. Faz parte de nosso crescimento".[22]

---

19 Vern Terpstra e Ravi Sarathy. *International marketing*. Orlando, FL: The Dryden Press, 1991, p. 465.
20 Jeanne Whalen, "McDonald's cooks worldwide growth", *Advertising Age International*, jul./ago. 1995, p. I4.
21 Stephen E. Frank, "Citicorp's big account is at stake as it seeks a global brand name", *Wall Street Journal*, 9 jan. 1997, p. B6.
22 Roger Thurow, "Shtick ball: in global drive, Nike finds its brash ways don't always pay off", *Wall Street Journal*, 5 maio 1997, p. A10.

QUADRO 14-3

REGULAMENTOS DA PROPAGANDA DE CIGARRO

China

Com validade a partir de 31 de outubro de 1994, o governo chinês baniu todos os tipos de propaganda de cigarros. Com uma população de 1,2 bilhão de habitantes e tendo um de cada três fumantes no mundo, a China é considerada um amplo mercado potencial para os fabricantes de cigarro, em uma época em que os mercados ocidentais estão encolhendo. A proibição — que cobre a propaganda na mídia e em lugares públicos, como teatros e eventos esportivos — foi parte da primeira lei de propaganda da China. Segundo a lei, o anúncio de néon verde para a marca Salem, da R.J. Reynolds, teria de ser removida do aeroporto de Xangai, onde policiais antifumo independentes são empregados para cobrar multas dos violadores da proibição contra o fumo.

Europa Central e Oriental

A recente inundação de mercadorias ocidentais, de confeitos Mars e de cigarros Winston a carros Mercedes, começou a ocasionar alguns ressentimentos na Rússia. Como um observador comentou, a hostilidade à propaganda e às vendas ocidentais remete à era comunista, quando os soviéticos tinham medo de ser enganados nas conversações sobre desarmamento ou acordos comerciais. Agora que a guerra fria terminou, a animosidade se manifesta no nível do consumidor. Os oponentes da propaganda estão recebendo ajuda do Ocidente: no final de 1993, comerciais de TV defendendo uma proibição de todos os tipos de anúncio de cigarro começou a aparecer na maioria dos canais russos. Os anúncios eram financiados por Andrew Tobias, colunista do *Time* e guru financeiro, e pela Smoke-free Educational Services, um grupo norte-americano contra o fumo.

Um porta-voz da RJR em Winston-Salem, na Carolina do Norte, disse que a empresa estava simplesmente atendendo a uma necessidade já existente. O governo russo pediu à empresa que ajudasse a atender à demanda, depois de tumultos sobre a escassez de cigarro há muitos anos. Muitos russos ainda acreditam que as empresas ocidentais de tabaco gastam exageradamente em anúncios em seu país porque sabem que existem enormes lucros a ser obtidos com fumantes russos. Como observou um russo: "Na maioria dos países, a propaganda do fumo foi proibida. Nossa saúde vale menos do que a deles? Por favor, Presidente, ponha um ponto final na propaganda de cigarro".

Houve esforços em outros países, como Hungria e Romênia, de sanções severas contra a propaganda de cigarro, com proibições ou proibições parciais, mas as novas leis tendem a ser tão confusas e fracamente fiscalizadas, que as empresas de tabaco, freqüentemente, as ignoram. Não obstante, algumas empresas do setor já se prepararam para crescentes restrições sobre a propaganda de cigarro, eliminando qualquer menção a cigarros e mesmo a própria imagem do produto de seus anúncios. Como exemplo, os anúncios do Marlboro, da Philip Morris, são amplamente reconhecíveis apenas pelo seu logotipo vermelho e branco.

Austrália

Em junho de 1994, a empresa Philip Morris iniciou uma ação legal para reverter a proibição do governo australiano sobre a propaganda de cigarro, argumentando que isso infringia a liberdade de expressão da empresa. Sob a legislação aprovada em 1992, a propaganda e o patrocínio de tabaco na Austrália começou a ser reduzida, até ser totalmente proscrita em 1996, com exceção de eventos internacionais, como as corridas de Fórmula 1. A Phillip Morris tentou conseguir que a lei de proibição de propaganda de tabaco da Commonwealth fosse declarada inválida. O vice-presidente, David Davies, acredita que a lei vai além de impedir a propaganda de cigarro e impõe uma ampla lista de restrições que infringem direitos básicos. De acordo com Davies, "a subsidiária australiana da Philip Morris diz que as leis antitabaco violam a garantia implícita de liberdade de comunicação da Constituição Australiana, desafia o poder dos estados e está além dos poderes do governo federal".

União Européia

Portugal, Noruega e França baniram a propaganda de cigarros inteiramente. Anúncios na imprensa da França e da Noruega, contudo, oferecem produtos de marcas ligadas a cigarros, como botas Camel e isqueiros Marlboro. No Reino Unido, restrições voluntárias entraram em vigor desde 1971; os anúncios de cigarros estão banidos de vitrines de lojas, TV e cinemas, mas pôsteres externos, cartazes e patrocínio de eventos esportivos são permitidos. Em discurso em 1977, a rainha Elizabeth pediu uma proibição total. Uma proposta de proibição de anúncios de tabaco para toda a UE foi apresentada em meados de 1991, com o objetivo de cumprir as regras de mercado único do

Tratado de Maastricht, sobre a UE. Como era de se esperar, a proibição tem enfrentado a oposição de empresas de tabaco e associações de propaganda. A comissão justificou a proibição, observando que vários países tinham, ou estavam considerando, restrições contra a propaganda de tabaco e que havia uma necessidade de regras comuns no comércio através das fronteiras.

A orientação calorosamente debatida de proibir a propaganda de cigarro em toda a UE está perdendo força e foi remetida de volta à mesa de negociações. A Grécia, país que se opôs ao banimento, assumiu oficialmente a presidência da UE em janeiro de 1994 e estabeleceu a agenda para as negociações da UE. Uma grande campanha para salvar a proibição do tabaco é altamente improvável. Os membros da UE estão chegando à conclusão de que cada país deve cuidar da proibição individualmente, em vez de acompanhar cegamente suas diretrizes. Em janeiro de 1994, por exemplo, o primeiro-ministro holandês pressionou os líderes do Conselho Europeu de Bruxelas para retirar a diretriz proibitiva do tabaco e permitir aos países que decidissem seus próprios caminhos.

Para a R. J. Reynolds International, a Philip Morris International, a B. A. T. e outras empresas de tabaco, a diminuição da ameaça de uma proibição pan-européia sobre anúncios de tabaco é uma notícia bem-vinda. A indústria gasta de 600 milhões a um bilhão de dólares em propaganda na UE anualmente. Uma proibição lhes causaria prejuízos principalmente em países onde concorrem com bem-estabelecidos monopólios de tabaco estatais, como França, Itália e Espanha.

Brasil

Após muitos anos de campanha, a propaganda de cigarros no Brasil foi sendo progressivamente cerceada. Iniciou-se pela obrigatoriedade de incluir, nas peças publicitárias, mensagens falando sobre os malefícios do fumo, até que finalmente se proibisse toda a propaganda, exceto a de ponto-de-venda. Atualmente, as empresas de tabaco são obrigadas a incluir nas embalagens de cigarro mensagens e fotos que alertam para os malefícios do fumo.

Fontes: "Australia's ad ban is fought", *New York Times*, 7 jun. 1994, p. 19; Marcus Brauchli. "China passes law in move to prohibit ads for tobacco", *Wall Street Journal*, 31 out. 1994, p. B10; Lili Cui. "Mass media boycott tobacco ads", *Beijing Review*, 6 jun. 1994, p. 8; Amy Haight. "EC ad ban may go up in smoke", *Advertising Age*, 17 jan. 1994, p. 18; Steven Gutterman. "After the Russian thaw, a new big chill to the West", Advertising Age, 24 jan. 1994, p. 3, 44, e "Tobacco adverts: fuming", *Economist*, 5 fev. 1994, p. 60-61.

Considerações culturais

Conhecer a diversidade cultural, especialmente o simbolismo associado a traços culturais, é essencial ao criar propaganda. Os gerentes locais de países podem fornecer informações importantes, como quando se deve ter cautela na criatividade em propaganda. O uso de cores e relacionamentos homem–mulher podem gerar erros e mal-entendidos. O branco na Ásia, por exemplo, é associado à morte. Cenas íntimas entre homens e mulheres são consideradas de mau gosto no Japão e são ilegais na Arábia Saudita. O experiente profissional de propaganda John O'Toole oferece as seguintes dicas aos anunciantes globais:

> O pessoal norte-americano de criatividade transferido para outro país sempre quer fotografar homens europeus beijando as mãos de mulheres. Raramente, no entanto, sabem que o nariz nunca deve tocar a mão, ou que esse ritual é reservado apenas a mulheres casadas. E como se sabe que a mulher da fotografia é casada? Pela aliança em sua mão esquerda, naturalmente. Bem, na Espanha, na Dinamarca, na Holanda e na Alemanha, as mulheres católicas usam o anel na mão direita. Ao fotografar um casal entrando em um restaurante ou teatro, você mostra a mulher precedendo o homem, correto? Não. Não na Alemanha nem na França. E ficaria ridículo no Japão. Mostrar alguém em um comercial com a mão levantada, com o dorso voltado para o espectador, e movendo os dedos em direção a si mesmo deveria comunicar 'venha cá'. Na Itália, significa 'adeus'.[23]

---

23 John O'Toole. *The trouble with advertising*. Nova York: Chelsea House, 1981, p. 209-210.

Tomatsu Kishii identificou sete características que distinguem a estratégia criativa dos japoneses da utilizada pelos norte-americanos.

1. Formas de expressão indiretas, em vez de diretas, são preferidas nas mensagens. Essa atitude de evitar a expressão direta permeia todos os tipos de comunicação entre os japoneses, inclusive sua propaganda. Muitos anúncios de televisão não mencionam o que é desejável sobre a marca em uso e deixa o público julgar por si mesmo.
2. Com freqüência, há pouca relação entre o conteúdo do anúncio e o produto anunciado.
3. Somente um breve diálogo (ou narração) é usado nos comerciais de televisão, com o mínimo de conteúdo explicativo. Na cultura japonesa, quanto mais se fala, menos os outros percebem a pessoa como de confiança ou segura de si. Um anúncio de 30 segundos de roupas masculinas jovens mostra cinco modelos em diferentes roupas da estação, terminando com uma breve declaração do narrador: "Nossa vida é um desfile de moda!".
4. O humor é usado para criar um elo de sentimentos mútuos. Em vez de brincadeiras exageradas, as dramatizações bem-humoradas envolvem membros da família, vizinhos e colegas de escritório.
5. Celebridades aparecem como conhecidos próximos, ou como pessoas comuns.
6. A prioridade é a confiança na empresa, não a qualidade do produto. Os japoneses tendem a acreditar que, se a empresa é grande e tem uma boa imagem, a qualidade de seus produtos também deve ser boa.
7. O nome do produto é reforçado na mente do consumidor com comerciais curtos, de 15 segundos.[24]

Uma recente pesquisa com executivos de marketing e propaganda japoneses identificou cinco importantes abordagens para a criação de textos publicitários no Japão:

Relações (30%). Foco em promover elos pessoais entre a marca e o consumidor.

Promoção do produto (19%). Foco sobre a força do produto. Uma tática de vendas de curto prazo.

Perseguição de onipresença (19%). Desejo de ganhar prêmios e aclamação popular por meio de atividades de marketing integradas.

Diretos (18%). Uso de celebridades, atributos exagerados de produto e outras associações memoráveis.

Entretenimento (14%). Sentimento de que a propaganda deve ser divertida e digna de noticiário.[25]

Considerações da mídia global

Os praticantes de marketing global e suas agências de propaganda investem muito tempo e dinheiro para desenvolver os apelos de propaganda apropriados, mas uma mídia eficaz deve ser selecionada para que esses apelos publicitários atinjam os consumidores. A tarefa criativa de desenvolver apelos de nada valerá se não for auxiliada pelo conhecimento dos canais de mídia que serão usados para comunicar esses apelos.

Decisões de mídia

Embora os mercados estejam se tornando cada vez mais similares em países industrializados, as situações da mídia ainda variam bastante. A disponibilidade de televisão, jornais e outras formas de mídia eletrônica e impressa variam pelo mundo. O crescimento rápido dos usuários da Internet está também mudando a propaganda global. Isso pode ter um impacto sobre as decisões de mídia. Estima-se que as des-

---

24 C. Anthony di Benedetto, Mariko Tamate e Rajan Chandran, "Developing creative advertising strategy for the japanese marketplace", *Journal of Advertising Research*, jan./fev. 1992, p. 39-48; há vários estudos que comparam o conteúdo dos anúncios em diferentes partes do mundo, entre eles Mary C. Gilly, "Sex roles in advertising: a comparison of television advertisements in Austrália, Mexico, and United States", *Journal of Marketing*, abr. 1988, p. 75-85, e Marc G. Weinberg e Harlan E. Spotts, "A situation view of information content in TV advertising in the U.S. and U.K.", *Journal of Advertising*, 53, jan. 1989, p. 89-94.

25 Fields, Katahira e Wind. *Leveraging Japan: marketing to the New Asia*.

pesas com propaganda on-line pelas empresas norte-americanas devem dobrar em 2004. Isso colocaria esses gastos na frente de anúncios nas *Páginas Amarelas* e em revistas e rivalizaria com as despesas de propaganda no rádio.[26] Os números de circulação de jornais, por exemplo, em uma base *per capita*, cobrem um amplo espectro. No Japão, onde a leitura é alta, há um exemplar de jornal em circulação para cada duas pessoas. Há aproximadamente 65 milhões de jornais em circulação diária nos Estados Unidos, uma taxa *per capita* de aproximadamente um para quatro. A taxa é de um jornal para cada 10 a 20 pessoas na América Latina e um para 200 pessoas na Nigéria e na Suécia.

Mesmo quando a disponibilidade de mídia é alta, seu uso como veículo de propaganda pode ser limitado. Na Europa, por exemplo, a propaganda na televisão ou não existe ou é muito restrita — como na Dinamarca, na Suécia e na Noruega. O tempo permitido à propaganda a cada dia varia de 12 minutos na Finlândia a 80 minutos na Itália, sendo permitidos 12 minutos por hora por canal na França, e 20 na Suíça, na Alemanha e na Áustria. Os regulamentos referentes ao conteúdo dos comerciais variam, e há períodos de espera de até dois anos em diversos países, antes que um anunciante possa obter tempo de transmissão. Na Alemanha, os encaixes de tempo de propaganda são reservados e pagos com um ano de antecedência.

Na Arábia Saudita, onde toda a propaganda é sujeita a censura, os regulamentos proíbem uma longa lista de assuntos, incluindo:

- Anúncios de livros, publicações ou revistas de horóscopo e previsão de sorte são proibidos.
- Os anúncios que assustam ou perturbam crianças devem ser evitados.
- O uso de prelúdios nos anúncios que pareçam indicar um item de noticiário ou declaração oficial devem ser evitados.
- O uso de propaganda comparativa é proibido.
- Filmes não-censurados não podem ser anunciados.
- As mulheres apenas podem aparecer em comerciais que se relacionem com assuntos familiares, e devem aparecer de maneira decente, que assegure sua dignidade feminina.
- Crianças do sexo feminino de menos de 6 anos de idade podem aparecer em comerciais, desde que seus papéis sejam limitados a uma atividade infantil.
- As mulheres devem usar um vestido longo e adequado, que lhes cubra completamente o corpo, exceto a face e as palmas das mãos. Roupas de banho ou vestimentas semelhantes não são permitidas.[27]

Veículos de mídia e gastos

Como em todas as decisões de marketing, os anunciantes têm de escolher entre veículos de mídia globais ou locais. Os veículos globais consistem, principalmente, de televisão a cabo, como MTV, ITN e CNN, que estão se expandindo rapidamente, e de edições regionais de publicações. Um novo meio de propaganda global em crescimento explosivo é a Internet. Qualquer empresa, organização ou indivíduo pode inserir um banner na Web e, se estiverem dispostos a criar seu próprio site Web, estabelecerão uma presença global!

A mídia local varia por país e consiste de televisão, rádio, jornais/revistas, mídia em veículos e outdoors. A Tabela 14-5 mostra uma análise histórica de gastos por meio no Japão. Mostra que os gastos de propaganda em jornal caíram em 10 pontos percentuais, ao passo que o marketing direto/outdoor/outra categoria cresceu em 11 pontos percentuais, indicando que o mix de mídia em cada país justifica constante monitoramento. Em comparação, os gastos de mídia nos Estados Unidos em 1996 foram: jornais, 39,3%; televisão, 31,2%; revistas, 18,8%; rádio, 4,1%; outdoor, 5,1%; cinema, 0,7%.[28] Na Tabela 14-6, o gasto de mídia no Japão é comparado ao gasto de mídia no Reino Unido.

---

26 Youchi Dreazen, "Net is expected to rival radio in ad spending by 2004", *Wall Street Journal*, 12 ago. 1999, p. B12.
27 National Trade Data Bank: The Export Connection, USDOC, International Trade Administration, Market Research Reports, 2 out. 1992. Veja também Mushtag Luqmani, Ugur Yavas e Zahir Quraeshi, "Advertising in Saudi Arabia: content and regulation", *International Marketing Review*, 6, nº 1, 1989, p. 59-72.
28 Advertising Association, "Survey of European advertising expenditures 1980-1996", fev. 1998, p. 115.

Tabela 14-5　Gasto histórico por mídia no Japão (1976-1997).

Ano	Jornal %	Revista %	Rádio %	TV %	Mkt direto/ Outdoor/Outros %	Anúncio de exportação %	Total %
1976	31,2	5,6	4,8	36,0	23,4	2,3	100,0
1977	30,8	5,3	4,9	36,5	21,4	1,8	100,0
1978	30,9	5,2	4,9	36,7	21,6	1,8	100,0
1979	31,0	6,3	5,0	36,5	21,8	2,0	100,0
1980	32,1	6,6	5,2	34,0	21,0	2,6	100,0
1981	30,7	5,9	6,1	34,0	21,8	2,0	100,0
1982	30,2	5,2	6,1	34,5	21,8	2,5	100,0
1983	30,1	8,8	6,1	34,6	21,7	3,3	100,0
1984	30,0	6,4	6,1	35,4	21,8	2,5	100,0
1985	25,3	6,4	4,6	30,9	33,3	0,1	100,0
1986	25,1	6,6	4,5	29,9	33,9	0,1	100,0
1987	25,0	6,5	4,4	29,7	34,1	0,2	100,0
1988	25,6	6,7	4,3	29,8	33,5	0,2	100,0
1989	26,1	8,6	4,1	28,8	35,3	0,2	100,0
1990	24,4	8,7	4,2	28,8	35,6	0,2	100,0
1991	23,5	8,8	4,7	23,3	36,0	0,2	100,0
1992	22,3	6,7	4,3	30,3	36,2	0,2	100,0
1993	21,6	6,7	4,1	31,0	38,4	0,2	100,0
1994	21,7	6,7	3,9	31,0	35,6	0,3	100,0
1995	21,5	6,9	3,8	32,3	35,2	0,3	100,0
1996	21,6	7,0	3,8	33,1	34,2	0,3	100,0
1997	21,1	7,3	3,8	33,5	34,0	0,3	100,0

Fonte: George Fields, Hotaka Katashira e Jerry Wind, *Leveraging Japan*. São Francisco: Jossey-Bass, 2000.

Tabela 14-6　Gasto por mídia no Japão *versus* Reino Unido.

	% 1996	
	Japão	Reino Unido
Televisão	33%	36%
Jornais	22%	38%
Revistas	7%	17%
Rádio	4%	4%
Outdoor[a]	34%	5%
	100%	100%

[a] Inclui mala direta e outros somente no Japão.

Como se poderia esperar, os maiores gastos em propaganda *per capita* ocorreram sobretudo nos países altamente desenvolvidos do mundo. Os mais baixos gastos ocorreram nos países menos desenvolvidos. Os países de alta renda gastam, aproximadamente, de 1,5 a 2,5% de seu produto interno bruto (PIB) em propaganda. Nos países de baixa renda, as despesas variam de menos que 0,5 a 1%. Os Estados Unidos são, de longe, o maior consumidor de propaganda no mundo.

Uma questão-chave em propaganda é qual das mídias medidas — impressa, eletrônica, exterior, e assim por diante — utilizar. A propaganda impressa continua a ser o veículo número um de propaganda na maioria dos países. O gasto em mídia impressa nos Estados Unidos, contudo, tem declinado. O uso de jornais para propaganda impressa é tão variado por todo o mundo, ao ponto de quase desafiar qualquer descrição. No México, um anunciante que possa pagar por um anúncio de página inteira pode conseguir a primeira página, enquanto, na Índia, a falta de jornais pode requerer reservar um anúncio seis meses antes.

Em alguns países, especialmente aqueles onde a mídia eletrônica é de propriedade do governo, as estações de rádio e de televisão podem irradiar apenas um número restrito de mensagens de propaganda. Na Arábia Saudita, nenhuma propaganda de televisão era permitida antes de 1986; atualmente, o conteúdo do comercial e a formatação visual são restritos. Em tais países, a proporção de fundos de propaganda alocados à imprensa é extremamente alta. Em 1995, o Canal 1 nacional da Rússia baniu toda a propaganda comercial; a proibição foi posteriormente suspensa.

À medida que mais e mais pessoas têm acesso a aparelhos de televisão, como ocorre no Sudeste Asiático, a propaganda na televisão torna-se cada vez mais importante como veículo de comunicação.

Mundialmente, o rádio continua a ser um veículo de propaganda menos importante que a imprensa e a televisão. Como proporção medida das despesas totais com a veiculação de propaganda, o rádio fica consideravelmente abaixo da imprensa, da televisão e da propaganda direta. Em países em que os orçamentos de propaganda são limitados, entretanto, o enorme alcance do rádio pode proporcionar um meio de comunicação com um amplo mercado consumidor que tem uma boa relação custo–benefício. O rádio também pode ser eficaz em países onde o índice de alfabetização é baixo. O rádio correspondeu a mais de 20% dos gastos totais de mídia medida em apenas dois países, ambos menos desenvolvidos.

À medida que os países ampliam os sistemas de transporte de massa e constroem e ampliam sua infra-estrutura de estradas de rodagem, os anunciantes utilizam mais pôsteres e painéis internos e externos em veículos de transporte e outdoors para atingir o público comprador. A propaganda em veículos foi recentemente introduzida na Rússia, onde bondes e ônibus foram enfeitados com as cores vivas de marcas ocidentais.

Outra questão enfrentada por agências de propaganda é se elas serão remuneradas mediante uma taxa fixa ou com base em desempenho. Usando a Internet, as remunerações são baseadas em uma taxa fixa por mil banners da marca vistos ou pelo número de pessoas que realmente clicam para entrar em um site (*page view*). Acompanhar o desempenho nos vários mercados ao redor do mundo não será fácil, mas os grandes anunciantes estão pressionando por isso nos Estados Unidos.

O milênio

Como será a propaganda neste milênio? A agência de propaganda do futuro será muito diferente. As principais diferenças serão no uso crescente de computadores para todas as áreas funcionais da agência e em todos os mercados. Os computadores serão a fonte das pesquisas de mercado mais atualizadas, e os criadores que vivem em diferentes países serão capazes de trabalhar juntos na mesma campanha. Como um meio global de propaganda, o número de usuários da Internet no mundo todo crescerá. As agências terão alianças pelo mundo, à medida que a propaganda se tornará mais global e os consumidores, simultaneamente, mais globais e mais individualistas. Haverá uma crescente integração de análise de mercado e estratégia e criatividade, à medida que as velhas divisões entre consultoria de marketing e agências de criação cederem lugar a uma nova integração dessas atividades.

Resumo

As comunicações de marketing — a variável promoção dos 4Ps do composto de marketing — incluem a propaganda, as relações públicas, a promoção de vendas e a venda pessoal. Embora os praticantes de marketing possam identificar oportunidades para campanhas globais de propaganda, a adaptação local ou campanhas locais distintas podem também ser necessárias. Uma razão poderosa para desenvolver campanhas globais é que o processo força uma empresa a tentar identificar um mercado global para seu produto. Além disso, a identificação de apelos e benefícios globais estimula uma empresa a lutar profundamente para identificar necessidades básicas e motivos de compra. Ao criar a propaganda, há que se tomar o cuidado de assegurar que direção de arte, título e texto sejam apropriados para os públicos pretendidos nos países-alvo. Os anunciantes podem colocar uma única agência global a cargo da propaganda mundial; é também possível usar uma ou mais agências em base regional ou local. A intensidade da propaganda varia de país para país. Os Estados Unidos, por exemplo, respondem por menos de 25% do produto mundial bruto, mas por quase 50% dos gastos mundiais em propaganda. A disponibilidade da mídia varia consideravelmente de país para país. A televisão é o meio principal em muitos países, mas sua disponibilidade para a propaganda é severamente restringida, ou mesmo inexistente, em outros.

Questões para Discussão

1. De que maneiras podem as marcas globais e campanhas globais de propaganda beneficiar uma empresa?
2. Como o debate padronizado *versus* localizado se aplica à propaganda?
3. Ao criar propaganda para os mercados mundiais, que questões os diretores de arte e redatores devem levar em consideração?
4. Como variam as opções de mídia disponíveis aos anunciantes em diferentes partes do mundo? O que podem fazer os anunciantes para lutar com as limitações da mídia em certos países?

Leitura Sugerida

Anish Banerjee. "Transnational advertising development and management: an account planning approach and process framework", *International Journal of Advertising*, 13, 1994, p. 95-124.

Barbara Mueller. "Standardization vs. specialization: an examination of westernization in Japanese advertising", *Journal of Advertising* Research, 1991, p. 7-18.

Barbara Mueller. *International advertising: communicating across cultures*. Belmont, CA:Wadsworth Publishing Company, 1995.

Charles R. Taylor, R. Dale Wilson e Gordon E. Miracle. "The effect of brand differentiating messages on the effectiveness of Korean advertising", *Journal of International Marketing*, 2, nº 4, 1994, p. 31-52.

D.A. Leslie. "Global Scan: the globalization of advertising agencies, concepts, and campaigns", *Economic Geography*, 71, nº 4, out. 1995, p. 402-426.

Dana L. Alden, Wayne D. Hoyer e Chol Lee. "Identifying global and culture-specific dimensions of humor in advertising: a multinational analysis", *Journal of Marketing*, 57, nº 2, abr. 1993, p. 64-75.

David A. Hanni, John K. Rynas Jr. e Ivan R.Vernon. "Coordinating international advertising — the Goodyear case revisited for Latin America", *Journal of International Marketing*, 3, nº 2, 1995, p. 83-98.

David Murphy. "Cross-border conflicts", *Marketing*, 11 fev. 1999, p. 30-33.

Dawn Birch e Janelle McPhail. "Does accent matter in international television advertisements?", *International Journal of Advertising*, 18 maio 1999, p. 251+.

Douglas M. Sanford e Lynda Maddox. "Advertising agency management of domestic and international accounts", *International Marketing Review*, 16, nº 6, 1999.

Fred Zandpour. "Global reach and local touch: achieving cultural fitness in TV advertising", *Journal of Advertising Research*, 34, nº 5, set./out. 1994, p. 35-63.

Greg Harris. "International advertising standardization: what do the multinationals actually standardize?", *Journal of International Marketing*, 2, nº 4, 1994, p. 13-30.

Herschell Gordon Lewis e Carol Nelson, *Advertising age handbook of advertising*. Chicago: NTC Business Books, 1998, p. 200.

J. Craig Andrews, Srinivas Durvasula e Richard G. Netemeyer. "Testing the cross-national applicability of U.S. and Russian advertising", *Journal of Advertising*, 23 mar. 1994, p. 71-82.

John S. Hill e Alan T. Shao. "Agency participants in multicountry advertising: a preliminary examination of affiliate characteristics and environments", *Journal of International Marketing*, 2, nº 2, 1994, p. 29-48.

Johny K. Johansson. "The sense of 'nonsense': Japanese TV advertising", *Journal of Advertising*, 23, nº 1, mar. 1994, p. 17-26.

Ludmilla Gricenko Wells. "Western concepts, Russian perspectives: meanings of advertising in the former Soviet Union", *Journal of Advertising*, 23, nº 1, mar. 1994, p. 83-95.

Marieke K. de Mooij. *Advertising worldwide: concepts, theories, and practice of international, multinational and global advertising*, 2ed. Upper Saddle River, NJ: Prentice Hall, 1994.

Martin S. Roth. "Depth versus breadth strategies for global brand image management", *Journal of Advertising*, 21, nº 2, jun. 1992, p. 25-36.

Mushtag Luqmani, Ugur Yavas e Zahir Quraeshi. "Advertising in Saudi Arabia: content and regulation", *International Marketing Review*, 6, nº 1, 1989, p. 59-72.

Nan Zhou e Russell W. Belk. "China's advertising and the export marketing curve: the first decade", *Journal of Advertising Research*, 33, nº 6, nov./dez. 1993, p. 50-66.

Ravi Parameswaran e R. Mohan Pisharodi. "Facets of country of origin image: an empirical assessment", *Journal of Advertising*, 23, nº 1, mar. 1994, p. 43-56.

Ray E. Hiebert. "Advertising and public relations in transition from communism: the case of Hungary, 1989–1994", *Public Relations Review*, 20, nº 4, inverno 1994, p. 357-372.

Richard Tansey e Michael R. Hyman."Dependency theory and the effects of advertising by foreign-based multinational corporations in Latin America", *Journal of Advertising*, 23, nº 1, mar. 1994, p. 27-42.

Ritu Lohtia, Wesley J. Johnston e Linda Aab. "Creating an effective print advertisement for the China market: analysis and advice", *Journal of Global Marketing*, 8, nº 2, 1994, p. 7-30.

Siew Meng Leong, Sween Hoon Ang e Leng Lai Tham. "Increasing brand name recall in print advertising among Asians", *Journal of Advertising*, 25, nº 2, 1996, p. 65-81.

Thomas R. Duncan e Stephen E. Everett. "Client perception of integrated marketing communications", *Journal of Advertising Research*, maio/jun. 1993, p. 119-122.

W. R. McCullough. "Global advertising which acts local: the IBM subtitles campaign", *Journal of Advertising Research*, 36, nº 3, 1996, p. 11-15.

Promoção Global

Relações públicas, vendas pessoais, promoção de vendas, marketing direto, feiras e eventos e patrocínios

CAPÍTULO 15

Sempre que possível, a propaganda procura alcançar uma harmonia programada entre todos os impulsos e aspirações e esforços humanos. Usando métodos artesanais, ela se projeta em direção à suprema meta eletrônica de uma consciência coletiva.

Marshall McLuhan, 1911–1980
Teórico canadense das comunicações

Conteúdo do Capítulo

- Relações públicas e publicidade
- Venda pessoal
- Promoção de vendas
- Marketing direto
- Feiras, eventos e exposições
- Patrocínios
- Resumo
- Questões para discussão

No Capítulo 14, focalizamos a propaganda, uma das formas de comunicação disponíveis aos profissionais de marketing. Neste, enfocamos a promoção global, que inclui relações públicas (algumas vezes, referida como assessoria de imprensa), venda pessoal, promoção de vendas, marketing direto, feiras e eventos e patrocínio.

RELAÇÕES PÚBLICAS E PUBLICIDADE

O esforço de relações públicas (RP) de uma empresa deve desenvolver relações de boa vontade e compreensão entre os componentes, tanto internos quanto externos. Os profissionais de RP tentam gerar publicidade favorável, a qual, por definição, é uma forma de comunicação não-paga. O pessoal de RP também desempenha o papel-chave de responder a notícias ou abordagens desfavoráveis na mídia, devidas a atividades da empresa em diferentes partes do globo. Em tais casos, o trabalho da RP é assegurar que a empresa responda prontamente e transmita sua versão da história. Os instrumentos básicos da RP incluem press-releases, newsletters/boletins, entrevistas coletivas, visitas a fábricas e a outras instalações da empresa, artigos em publicações setoriais ou profissionais, publicações e catálogos da empresa, aparição do pessoal da empresa em programas de entrevistas na TV e no rádio, eventos especiais e páginas na Internet. Conforme observado antes, uma empresa exerce completo controle sobre o conteúdo de sua propaganda* e paga pela colocação dessas mensagens na mídia. A mídia, contudo, tipicamente recebe muito mais releases impressos e outros materiais de RP do que é capaz de usar. Falando de modo geral, uma empresa tem pouco controle sobre quando (ou se) as informações que forneceu à mídia serão publicadas. A empresa não pode controlar diretamente a tendência, a intenção ou o tom da cobertura. Além de exemplos discutidos mais adiante, a Tabela 15-1 resume diversos casos de publicidade global envolvendo empresas bem conhecidas.

Na verdade, mesmo no campo da própria RP, freqüentemente há grandes diferenças entre a teoria e a prática. Uma área específica de discussão é a noção da RP como um 'modelo simétrico de duas vias' de comunicação, que deve ocorrer entre entidades iguais. Esse modelo sustenta que os esforços de relações públicas devem ser orientados em direção à responsabilidade social e à solução de problemas e ser caracterizados por diálogo e harmonização de interesses. Como tal, o modelo simétrico leva a RP além de um papel de defesa de interesses que beneficie a organização. Um modelo similar desenvolvido na Áustria, conhecido como 'relações públicas orientadas ao consenso', sustenta a visão de que a comunicação simétrica de duas vias é mais desejável, e especialmente eficaz, em situações potenciais de conflito entre partes envolvidas. As questões relativas a planejar um aterro sanitário indesejável seria um exemplo. Como observou um especialista, no entanto, a implementação desses modelos continua problemática.[1]

A PepsiCo fez bom uso de comunicações integradas de marketing quando empreendeu um programa global ambicioso para renovar a embalagem da Pepsi-Cola. Para aumentar a percepção de sua nova lata azul, a Pepsi contratou um Concorde a jato e pintou nele a nova cor azul. A Pepsi também gerou noticiário grátis, gastando cinco milhões de dólares para filmar um anúncio com dois cosmonautas russos segurando

Tabela 15-1 Exemplos de publicidade global.

Empresa/Marca (País de origem)	Natureza da publicidade
Bruno Magli (Itália)	Comercializa calçados possivelmente usados por O. J. Simpson na noite em que Nicole Simpson foi assassinada; a atenção difundida em noticiários de TV e mídia impressa foi estimada em cem milhões de dólares. As vendas de calçados aumentaram 50% durante o julgamento.
Nike (EUA)	Vítimas do culto suicida Heaven's Gate usavam Nike quando morreram.
Mitsubishi (Japão)	Acusações de assédio sexual em uma fábrica em Illinois recebeu ampla cobertura da mídia.
McDonald's (EUA)	O mais longo julgamento civil da história britânica. O McDonald's processou dois ativistas vegetarianos por difamação depois que eles distribuíram panfletos em que chamavam a rede de fast-food de uma 'ameaça multinacional' que abusava de animais e trabalhadores. Os réus ganharam publicidade mundial para sua causa.

---

* Adota-se aqui a diferenciação entre propaganda (*advertising*), que são as mensagens com patrocinador identificado, colocado de forma paga em meios de comunicação de massa, e publicidade (*publicity*), que são os esforços não-pagos, típicos das relações públicas (N. do R.T.).

1 Karl Nessman, "Public relations in Europe: a comparison with the United States", *Public Relations Journal*, 21, nº 2, verão 1995, p. 155-158.

uma réplica gigante da nova lata, enquanto orbitavam a Terra na estação espacial Mir. Como Massimo d'Amore, chefe de marketing internacional da PepsiCo, disse aos repórteres: "O espaço é a fronteira final do marketing global. As guerras das colas foram travadas em todos os lugares, e já é tempo de levá-las ao espaço". Ainda resta saber se esse esforço gerará dividendos em termos de aumento de fidelidade à marca.

A IBM gastou cerca de cinco milhões de dólares para promover uma partida de xadrez em 1996 entre Gary Kaparov e um computador chamado Deep Blue (referência à cor azul do logotipo da IBM). A partida, que ocorreu em Nova York, foi aclamada como um dos maiores golpes publicitários dos últimos anos. Para construir visibilidade e interesse, a IBM comprou anúncios de página inteira nos jornais, remeteu numerosos press-releases, estabeleceu um site na Internet e comprou cartazes de ônibus em Manhattan. O esforço foi um exemplo perfeito de comunicação integrada de marketing; a partida foi amplamente coberta pela mídia mundial. Como Peter Harleman, da Landor Associates — uma empresa de identidade corporativa —, disse ao *Wall Street Journal*: "O dinheiro quase não pode comprar a propaganda que a IBM está tirando disso". John Lister, da empresa de consultoria de identidade de marca Lister Butler, concordou: "Eles estão fazendo um ótimo trabalho de alavancagem da marca com isso. Não somente têm o nome da IBM vinculado a praticamente todos os noticiários sobre isso, mas até mesmo marcaram seu computador com a cor da empresa, azul". Especialistas do setor estimam que a partida gerou cerca de cem milhões de dólares em mídia favorável espontânea. O site Web da IBM proporcionou cobertura ao vivo e gerou um milhão de visitas durante uma única partida, um número que se acredita ser um recorde na World Wide Web nessa época. A publicidade foi especialmente gratificante para os executivos da IBM, porque os problemas com seu sistema de informação nas Olimpíadas de 1996 havia resultado em uma grande cobertura negativa.[2]

Algumas vezes, a publicidade é gerada quando uma empresa simplesmente executa suas atividades de marketing global. A Nike e outras empresas receberam bastante publicidade negativa por causa de denúncias de condições de trabalho desumanas em fábricas operadas por subcontratados. Até hoje, a equipe de relações públicas da Nike não conseguiu contrabalançar as críticas, o que seria possível simplesmente por se comunicar o impacto econômico positivo que a Nike teve nas nações em que seus tênis são fabricados. A Volkswagen recebeu bastante cobertura da imprensa por vários meses depois que seu chefe de operações, recentemente contratado, foi acusado de espionagem industrial.

O supremo teste da compreensão de uma organização sobre o poder e a importância das relações públicas ocorre durante uma época de turbulência ambiental, especialmente uma crise potencial ou real. Quando o desastre ocorre, uma empresa ou setor é, muitas vezes, lançado sob os refletores. O manejo rápido e eficaz das comunicações durante essas ocasiões pode ter implicações significativas. A melhor resposta é ser sincero e direto, tranqüilizando o público e proporcionando à mídia informações precisas.

Qualquer empresa que esteja aumentando suas atividades fora do país de origem pode utilizar pessoal de RP para fazer uma primeira ligação entre a empresa e os demais interessados: funcionários, sindicatos, acionistas, consumidores, mídia, analistas financeiros, governos e fornecedores. Muitas empresas têm sua própria equipe interna de RP, mas outras podem preferir contratar os serviços de uma firma externa. Algumas firmas de RP são associadas com organizações de propaganda; a Burston-Marsteller, por exemplo, é uma unidade de RP da Young & Rubicam, enquanto a Fleishman-Hillard é afiliada à D'Arcy Masius Benton & Bowles. Outras, inclusive a Shandwick PLC e a Edelman Public Relations Worldwide, sediadas em Londres, e a Hill & Knowlton, do Canadá, são independentes. Diversas firmas de RP independentes no Reino Unido, na Alemanha, na Itália, na Espanha, na Áustria e na Holanda juntaram-se em uma rede conhecida como Globalink. O propósito da rede é proporcionar aos membros várias formas de assistência, como contatos com a imprensa, planejamento de eventos, modelos de abordagem de texto e sugestões para adequar campanhas globais às necessidades locais em um país ou uma região específica.[3]

---

2 Bart Ziegler, "Checkmate! Deep Blue is IBM publicity coup", *Wall Street Journal*, 9 maio 1997, p. B1.
3 Joe Mullich, "European firms seek alliances for global PR", *Business Marketing*, 79, ago. 1994, p. 4, 31.

O crescente papel das RP em comunicações de marketing global

Os profissionais de RP com responsabilidade internacional têm de ir além das relações com a mídia e servir mais como porta-voz da empresa; são convocados para, simultaneamente, construir consenso e compreensão, criar confiança e harmonia, articular e influenciar a opinião pública, antecipar conflitos e resolver disputas.[4] À medida que as empresas ficam mais envolvidas em marketing global e a globalização das indústrias continua, é importante que a direção da empresa reconheça o valor das RP internacionais. Um estudo recente constatou que, internacionalmente, os gastos com RP estão crescendo a uma média de 20% por ano. Alimentada por investimento estrangeiro arrojado, privatização da indústria e um *boom* em ofertas iniciais de papéis públicos, noticia-se que as despesas de RP na Índia estão crescendo a uma taxa anual de 200%.

O número de associações internacionais de RP também está crescendo. A nova Associação de Relações Públicas da Áustria é um caso importante; muitas associações de comércio de RP européias fazem parte da Confederação Européia de Relações Públicas e da Associação Internacional de Relações Públicas. Outro fator que impulsiona o crescimento das RP internacionais é a interação cada vez maior entre os diversos países. Governos e organizações estão lidando com questões de ampla envergadura de preocupações mútuas, tais como o meio ambiente e a paz mundial. Por fim, a revolução nas comunicações baseada na tecnologia, que criou as condições para a era da informação, faz das RP uma profissão com verdadeiro alcance global. Fax, satélites, modems de alta velocidade e a Internet permitem aos profissionais de RP estar em contato com a mídia virtualmente em qualquer lugar do mundo.

A despeito desses avanços tecnológicos, os profissionais de RP ainda têm de construir boas relações pessoais de trabalho com jornalistas e outros representantes da mídia, assim como com líderes dos poderes Executivo e Legislativo. Por conseguinte, fortes habilidades interpessoais são necessárias. Um dos mais básicos conceitos da prática de RP é conhecer o público. Para o profissional de RP global, isso significa conhecer os públicos tanto do país de origem como do país ou países hospedeiros. Entre as habilidades específicas necessárias, estão a capacidade de comunicar-se na língua do país hospedeiro e a familiaridade com os costumes locais. Obviamente, um profissional de RP incapaz de falar a língua do país hospedeiro será incapaz de comunicar-se diretamente com grande parte de um público essencial. Da mesma maneira, o profissional de RP que trabalha fora do país de origem tem de ser sensível a questões de comunicação não-verbal, de modo a manter boas relações de trabalho com os residentes no país hospedeiro. Comentando sobre a complexidade do trabalho dos profissionais de RP internacionais, um perito observou que, em geral, os públicos são "cada vez menos familiares e mais hostis, como também mais organizados e poderosos... mais exigentes, mais céticos e mais diversificados". Os profissionais de RP internacionais podem desempenhar um importante papel como "pontes sobre o abismo cada vez menor da aldeia global".[5]

Como as práticas de relações públicas diferem pelo mundo

As práticas de RP em países específicos podem ser afetadas por tradições culturais, contextos sociais e políticos e pelo ambiente econômico. Como observado antes, a mídia de massa e a palavra escrita são importantes veículos para a disseminação da informação em muitos países industrializados. Em países em desenvolvimento, contudo, a melhor maneira de comunicar pode ser os pregões, a praça de mercado, a casa do chefe. Em Gana, a dança, as canções e o relato de histórias são importantes canais de comunicação. Na Índia, onde metade da população não sabe ler, escrever press-releases não será a maneira mais eficaz de comunicação.[6] Na Turquia, a prática de RP está florescendo, a despeito da reputação daquele país de tratamento cruel de prisioneiros políticos. Embora o governo turco ainda exerça controle absoluto, como

---

[4] Nessmann, "Public relations in Europe", p. 151-160.
[5] Larissa A. Grunig, "Strategic public relations constituencies on a global scale", *Public Relations Review*, 18, nº 2, verão 1992, p. 130.
[6] Carl Botan, "International public relations: critique and reformulation", *Public Relations Review*, 18, nº 2, verão 1992, p. 150-151.

acontece há gerações, a RP corporativa e o jornalismo têm espaço para crescer, para que as organizações turcas possam concorrer globalmente.

Mesmo em países industrializados, há importantes diferenças entre as práticas de RP. Nos Estados Unidos, muitas das notícias em um jornal pequeno e local são geradas por meio de press-releases. No Canadá, por outro lado, grandes centros populacionais metropolitanos combinaram-se com as condições canadenses de economia e de clima para se opor à emergência de uma imprensa local. A escassez de pequenos jornais significa que a prática do envio de press-releases locais é quase inexistente.[7] Nos Estados Unidos, a RP é vista cada vez mais como uma função gerencial separada. Na Europa, essa perspectiva não é amplamente aceita; os profissionais de RP são vistos como parte da função de marketing, em vez de especialistas distintos e separados de uma mesma empresa. Na Europa, menos faculdades e universidades oferecem cursos e programas de graduação em RP que nos Estados Unidos. Além disso, o ensino europeu em RP é mais teórico; nos Estados Unidos, os programas de RP, freqüentemente, fazem parte das escolas de comunicação e jornalismo e há mais ênfase em habilidades de trabalho prático.

Uma empresa que for etnocêntrica em sua abordagem de RP estenderá as atividades de RP do país de origem para os demais países onde atua. A justificativa para essa abordagem é que as pessoas, em todos os lugares, são motivadas e persuadidas quase sempre da mesma maneira. Obviamente, essa abordagem não leva em conta considerações culturais. Uma empresa que adota uma abordagem policêntrica para RP concede ao profissional do país hospedeiro mais liberdade para incorporar costumes e práticas locais no esforço de RP. Embora essa abordagem tenha a vantagem de melhor resposta local, a falta de comunicação e coordenação globais pode levar a um desastre de RP.[8]

Em 1994, a fabricante de microprocessadores Intel demonstrou uma fraca compreensão dos princípios de RP quando um professor universitário descobriu um defeito técnico no chip Pentium, carro-chefe da empresa. O professor, Thomas Nicely, contatou a Intel e pediu a troca do chip, mas seu pedido foi recusado. A Intel reconheceu que o Pentium tinha uma falha, mas insistiu que isso causaria um erro de computação apenas uma vez em 27 mil anos. Sem receber nenhuma satisfação do gigante de semicondutores — a Intel detém 80% do mercado global de semicondutores —, Nicely divulgou sua queixa na Internet. A notícia sobre o defeito do Pentium e a resposta da Intel espalharam-se rapidamente. O diretor-presidente da Intel, Andrew Grove, alimentou o fogo quando remeteu um pedido de desculpas via Internet. Grove disse que "nenhum chip é sempre perfeito" e se ofereceu para repor chips defeituosos se os clientes pudessem provar que usavam os computadores para a execução de cálculos matemáticos complexos. A falta de humildade de Grove, junto com as revelações de que o próprio fabricante do chip estivera ciente do defeito do Pentium por meses, somente piorou a percepção do público sobre a empresa. Depois de semanas de publicidade negativa pelo mundo, a Intel finalmente anunciou que novos chips Pentium estariam disponíveis a todos os que pedissem substituição. O furor acabou por esfriar, sem danos permanentes para a reputação da Intel.[9]

VENDA PESSOAL

A venda pessoal é uma comunicação de mão dupla entre o representante de uma empresa e um cliente potencial, do qual também surge um feedback para a empresa. O trabalho do vendedor é compreender corretamente as necessidades do comprador, relacionar essas necessidades ao(s) produto(s) e, então, persuadir o cliente a comprar. A venda pessoal eficaz no país de origem do vendedor requer construir um relacionamento com a clientela; o marketing global apresenta desafios adicionais, porque o comprador e o vendedor podem proceder de diferentes meios nacionais e culturais. É extraordinária a importância do esforço de vendas pessoal, face a face, para produtos industriais em mercados globais. Em 1993, uma empreiteira da

---

7 Malvin L. Sharpe, "The impact of social and cultural conditioning on global public relations", *Public Relations Review*, 18, no 2, verão 1992, p. 104-105.
8 Botan, "International public relations", p. 155.
9 Andrew S. Grove. *Only the paranoid survive*. Nova York: Bantam Doubleday Dell Publishing Group, 1996.

Malásia, a YTL Corp., pediu propostas para um contrato de 700 milhões de dólares para turbinas de geração de energia. A Siemens AG da Alemanha e a General Electric (GE) estavam entre as proponentes. Datuk Francis Yeoh, diretor de operações da YTL, solicitou reuniões com executivos do alto escalão das duas empresas. "Queria vê-los face a face, para ver se podíamos fazer negócio", disse Yeoh. A Siemens concordou com o pedido, mas a GE não mandou um executivo. A Siemens ganhou o contrato.[10]

O processo de venda é dividido tipicamente em diversos estágios: prospecção, pré-abordagem, abordagem, apresentação, solução de problema, tratamento das objeções, fechamento da venda e acompanhamento. A importância relativa de cada estágio pode variar por país ou região. Representantes de vendas norte-americanos experientes sabem que a persistência é uma tática quase sempre necessária para conseguir um pedido nos Estados Unidos; contudo a persistência nos Estados Unidos freqüentemente quer dizer tenacidade, do tipo "não aceite um não como resposta". A persistência também é um atributo importante nos esforços bem-sucedidos de marketing global industrial; em alguns países, contudo, a persistência, muitas vezes, significa paciência, a disposição de investir meses ou anos antes que o esforço resulte em uma venda real. Uma empresa que deseje entrar no mercado japonês, por exemplo, deve estar preparada para negociações que levem de três a dez anos.

Prospectar é o processo de identificar compradores potenciais e avaliar sua possibilidade de compra. Se a Ford desejasse vender vans em outro país, onde fossem usadas como veículos de entrega, que negócios precisariam de veículos de entrega? Que negócios teriam os recursos financeiros para comprar tal van? Os negócios que atendem a essas duas necessidades são melhores clientes potenciais que aqueles que não as atendem. O sucesso da prospecção requer a solução de problemas técnicos, que envolvem compreender e relacionar as necessidades do cliente com os produtos da empresa, para desenvolver uma apresentação de vendas.

O propósito dos estágios de pré-abordagem ou de solução de problemas é coletar informação sobre as áreas-problema de um cliente potencial e preparar uma apresentação que demonstre como o produto da empresa pode resolver esses problemas específicos. Se um cliente potencial tem uma mercearia, suas necessidades de uma van são diferentes das de um cliente que possui uma carpintaria. O representante de vendas teria de selecionar os melhores modelos de vans Ford, reunir as especificações do modelo apropriado e assim por diante, para preparar uma apresentação eficaz.

Os dois próximos passos, a abordagem e a apresentação, envolvem uma ou mais reuniões entre vendedor e comprador. Na venda global, é absolutamente essencial para o vendedor compreender normas culturais e o protocolo adequado. Em alguns países, a abordagem é prolongar a reunião, enquanto o comprador começa a conhecer ou a avaliar o vendedor em nível pessoal, sem nenhuma menção ao negócio em questão. Em tais casos, a apresentação se inicia apenas depois que a relação se tenha firmemente estabelecido.

Durante a apresentação, o vendedor tem de lidar com objeções. As objeções podem ser de natureza comercial ou pessoal. Um tema comum em treinamento de vendas é o conceito de escuta ativa; naturalmente, nas vendas multiculturais, as barreiras verbais e não-verbais de comunicação representam desafios especiais para o vendedor. Quando as objeções são superadas com sucesso, o vendedor se aproxima do fechamento e solicita o pedido. Uma venda de sucesso não termina aí, contudo; a etapa final do processo de venda envolve o acompanhamento junto ao cliente, para assegurar sua satisfação com a compra. Para uma descrição da experiência de um vendedor, veja o quadro "Marketing de um produto industrial na América Latina", no Capítulo 3.

PROMOÇÃO DE VENDAS

A promoção de vendas é qualquer programa ao consumidor ou ao comércio, de duração limitada, que agregue valor tangível a um produto ou marca. As leis e a utilização de promoção de vendas variam pelo mundo, mas podem consistir de: táticas de preços promocionais, competições, concursos e jogos, versões

---

10 Marcus W. Brauchli, "Looking East: Asia, on the ascent, is learning to say no to 'arrogant' West", *Wall Street Journal*, 13 abr. 1994, p. A1, A8.

especiais e premium, apresentações de revendedores, materiais de ponto-de-venda, promoções cruzadas e casadas, embalagem, feiras e eventos comerciais (também conhecidos como exposições) e patrocínio. A UE, contudo, está trabalhando para harmonizar as táticas promocionais entre seus países membros. Está considerando o 'reconhecimento mútuo', que permitiria a uma empresa realizar atividades promocionais em outro país, desde que essa tática fosse legal no país de origem da empresa. O valor tangível criado pela promoção pode vir de várias formas, como redução de preços ou uma oferta de 'pague um, leve dois'. O propósito de uma promoção de vendas pode ser estimular os clientes a experimentar um produto ou aumentar a demanda de consumo. As promoções de comércio são projetadas para aumentar a disponibilidade do produto nos canais de distribuição.

A crescente popularidade da promoção de vendas como instrumento de comunicação de marketing internacional pode ser explicada em termos de diversas forças e vantagens. Além de proporcionar um incentivo tangível aos compradores, ela também reduz o risco percebido que os compradores possam associar à compra do produto. Do ponto de vista da empresa, a promoção de vendas permite a verificação de resultados imediatos; o gerente encarregado da promoção pode acompanhar os resultados da promoção imediatamente. Além disso, algumas promoções de vendas de consumo, inclusive concursos e ofertas, requerem que os compradores preencham um formulário e o remetam à empresa. Isso permite à empresa formar um banco de dados que pode ser usado para se comunicar com os clientes no futuro.

A promoção de vendas internacional também requer, em alguns casos, uma adaptação às condições específicas do país; os anúncios de TV na França, por exemplo, não podem ser relacionados a filmes: devem estar focados na promoção, não no filme. De acordo com Joseph Potacki, que ministra seminários sobre promoção, a maior diferença entre a promoção nos Estados Unidos e em outros países se refere à cuponagem. Nos Estados Unidos, esse tipo de atividade responde por 70% das despesas de promoção de consumo. Essa porcentagem é muito mais baixa fora dos Estados Unidos. De acordo com Potacki: "É muito menor — ou inexistente — na maioria dos outros países, simplesmente porque a cultura não aceita o sistema de cupons". Potacki observa que a cuponagem está ganhando importância em países como o Reino Unido, à medida que os varejistas aprendem mais sobre esse tipo de esforço.[11]

A despeito de esforços para harmonizar sua regulamentação, a promoção de vendas na UE é ainda bastante diversificada, como mostra a Tabela 15-2. A Alemanha é a mais inflexível, enquanto a França e o Reino Unido são os mais abertos. O mais importante é que várias técnicas de promoção estão sendo revistas em países específicos; portanto, é necessário monitorar constantemente os regulamentos locais, para se assegurar de que estão sendo cumpridos.

As empresas têm de tomar muito cuidado ao planejar uma promoção de vendas. Uma promoção de 1992, patrocinada pela Hoover, uma divisão da Maytag Corporation, foi um sucesso retumbante que se transformou em um fiasco financeiro e de RP. Durante um período de vários meses, a Hoover ofereceu passagens aéreas grátis de ida e volta para os Estados Unidos e a Europa aos compradores de aspiradores de pó ou outros aparelhos. A promoção foi projetada para tirar vantagem das passagens de baixo custo de espaço ocioso das companhias aéreas; os executivos esperavam que o custo das passagens fossem equilibrados pelas comissões pagas à Hoover quando os fregueses alugassem carros ou reservassem hotéis. Por fim, esperava-se que uma porcentagem dos fregueses que comprassem aparelhos não atendesse a certos requisitos de qualificação e, portanto, não ganhassem as referidas passagens.

O número de pessoas que se qualificou para as passagens grátis — mais de 200 mil no total — excedeu em muito as previsões da empresa, enquanto o número de aluguéis de carro e reservas de hotéis foi menor que o esperado. A Hoover foi inundada de pedidos; muitos clientes ficaram irritados com as longas demoras na resposta a seus pedidos de passagens. A questão básica foi que a Hoover errou no orçamento da promoção, forçando o presidente da Maytag, Leonard Hadley, a absorver encargos de 72,6 milhões de dólares antes dos impostos. Em um esforço de honrar seu compromisso com os clientes da Hoover, a Maytag

---

11 Leslie Ryan, "Sales promotion: made in America", *Brandweek*, 31 jul. 1995, p. 28.

Tabela 15-2	Promoção de vendas em países selecionados da UE.				
Táticas	Alemanha	França	Reino Unido	Holanda	Bélgica
Reduções de preço no pacote	Sim	Sim	Sim	Sim	Sim
Brinde no pacote	??	??	Sim	??	??
Produto extra	??	Sim	Sim	??	::
Vales em dinheiro	Não	Sim	Sim	Sim	Sim
Concurso de prêmio gratuito	Não	Sim	Sim	Não	Não

Legenda: Sim = Legalmente permitido; ?? = Sob revisão; Não = Não permitido legalmente

Fonte: Institute of Sales Promotion, Reino Unido.

adquiriu milhares de reservas em várias linhas aéreas. "O nome Hoover no Reino Unido é valioso, e esse investimento em nossa base de clientes lá é essencial para nosso futuro", disse Hadley.

Hadley despediu o presidente e o diretor de serviços de marketing da Hoover Europa e o vice-presidente de marketing da Hoover do Reino Unido. Os estragos oriundos da promoção se tornaram um pesadelo de RP contínuo, conforme as manchetes do *London Daily Mail* vociferavam: "Fiasco da Hoover: chefes demitidos" e "Há limites para a tolice?". Enquanto isso, queixas de europeus irritados inundaram a sede da Maytag em Newton, Iowa. Estima-se que um único grupo de pressão contra a Hoover chegou a ter milhares de membros; algumas dessas pessoas até viajaram para Newton em uma tentativa infrutífera de reunir-se com Hadley. Por volta de maio de 1995, Hadley estava pronto para jogar a toalha: decidiu vender a Hoover Europe para a Candy SpA da Itália por 170 milhões de dólares. Hadley pretende refocalizar a Maytag no mercado norte-americano.[12]

MARKETING DIRETO

O uso de marketing direto está crescendo rapidamente em muitas partes do mundo, devido ao uso crescente de bancos de dados por computador, cartões de crédito e números de telefone de chamadas gratuitas, assim como a mudanças de estilo de vida. O marketing direto é um sistema que integra elementos do composto de marketing normalmente separados, para vender diretamente, tanto a consumidores como a outras empresas, evitando as lojas de varejo e visitas pessoais de vendas. É usado por praticamente todas as categorias de empresa–consumidor (B2C) e empresa–empresa (B2B), de bancos a linhas aéreas, passando por organizações sem fins lucrativos. Como o cliente responde diretamente à empresa que faz a oferta, considerações internacionais relacionadas a comunicações, distribuição e vendas têm de ser observadas. O marketing direto usa um amplo espectro de mídia, inclusive mala direta; telefone; mídia eletrônica, incluindo televisão e rádio, e impressa, incluindo jornais e revistas.

A utilização de mala direta, o tipo mais popular de marketing direto, varia pelo mundo afora, dependendo de taxas de alfabetização, níveis de aceitação, infra-estrutura e cultura. Em países com baixo nível de alfabetização, um meio que requeira leitura não é eficaz. Em outros países, a taxa de alfabetização pode ser alta, mas os consumidores não estão familiarizados com mala direta e suspeitam de produtos que não podem ver.

A infra-estrutura de um país tem de ser suficientemente desenvolvida para lidar com mala direta. O sistema postal tem de entregar correspondência em prazos regulares e ser livre de corrupção. Além da infra-estrutura física, é necessário um sistema para desenvolver bancos de dados, acessar públicos-alvo apro-

---

12 Rick Jost, "Maytag wrings out after flopped Hoover promotion", *Des Moines Register*, 5 abr. 1993, p. 3B, e "Mail flying in from Britons upset by Maytag promotion", *Des Moines Register*, 11 jul. 1994, p. B3.

priados e acompanhar os resultados. Em uma ex-república soviética, os comerciantes opunham-se a ter seus nomes e endereços publicamente relacionados em um catálogo telefônico. Temiam que a 'máfia' local usasse essa informação para extorquir deles dinheiro de proteção.

A cultura também desempenha um papel significativo na decisão de usar mala direta. Na Tailândia, o astrólogo local desempenha um importante papel em muitas decisões de negócios. Se o dia em que uma campanha de mala direta é programada para começar não for auspicioso, o praticante de marketing poderá adiar a remessa até um dia mais propício.

O database marketing usa extensas listas de clientes potenciais, assim como informação demográfica e psicográfica relevante, para selecionar mercados-alvo e customizar uma oferta de acordo com os interesses do cliente. Isso é essencial, não somente para o marketing direto, mas também para a pesquisa de mercado e a venda pessoal. As listas podem ser criadas internamente, a partir dos clientes ativos da empresa, de respostas a ofertas prévias de marketing direto ou de listas telefônicas ou de listas de membros de uma associação. Essas listas também podem ser compradas de agenciadores, empresas especializadas na aquisição e venda de listas de clientes potenciais.

FEIRAS, EVENTOS E EXPOSIÇÕES

As feiras, eventos e exposições são formas de promoção cada vez mais importantes no mix promocional, especialmente para produtos industriais e no mercado internacional. Em duas feiras internacionais recentes de embalagem nos Estados Unidos, as porcentagens de empresas internacionais foram de 33% e 40%.[13] As feiras e exposições internacionais oferecem oportunidades de negócios para identificar e recrutar importadores/exportadores e agentes e fazer contato com órgãos de comércio de governos estrangeiros. Proporcionam também uma maneira barata e eficaz de encontrar clientes potenciais de outros países. As feiras, eventos e exposições diferem de país para país. Nos Estados Unidos, por exemplo, o material impresso e os brindes promocionais são muito mais comuns do que em muitos outros países. A Figura 15-1 é um modelo geral para o desempenho de feiras setoriais, que sugere as variáveis que devem influenciar a seleção de feiras e exposições, bem como o gerenciamento de seu desempenho.

PATROCÍNIOS

O patrocínio serve a outros propósitos que não os da promoção de vendas. O patrocínio pode ser usado para aumentar a percepção e a estima, para construir a identificação da marca, para reforçar o posicionamento da marca e as vendas e para contornar restrições de propaganda em certos países. Exemplos de patrocínio global são as Olimpíadas, a Copa do Mundo de Futebol, o Grand Prix e o Tour de France. Um exemplo de evento de patrocínio regional são os Jogos Pan-Americanos, enquanto um evento local de patrocínio é a Competição de Ski de Vasaloppet, na Suécia, ou a luta de sumô, no Japão. A Tabela 15-3 mostra como a Coca-Cola varia seu programa de patrocínio pelo mundo.

Como na mídia, a eficácia do patrocínio varia de acordo com as regiões geográficas (Tabela 15-4) e deve ser levada em consideração ao se planejarem programas em países específicos ou ao medir a eficácia de programas.

Os gastos de patrocínio estão aumentando (Tabela 15-4) e espera-se que continuem a subir. Dois motivos para essa tendência são aumentos em fusões de empresas e marketing de causas. Muitas empresas que estão se consolidando querem rapidamente aumentar a percepção da fusão e estabelecer uma nova imagem. O marketing de causas, que é o uso de fundos de marketing para apoiar uma causa e agir como uma empresa cidadã, está ganhando popularidade. Nos Estados Unidos, a Clairol Professional Care Products apóia a pesquisa contra a AIDS, e a Avon apóia a pesquisa do câncer de mama.

---

13 Aviv Shoham, "Performance in trade show and exhibitions: a synthesis and directions for future research", *Journal of Global Marketing*, dez. 1999, p. 41-57.

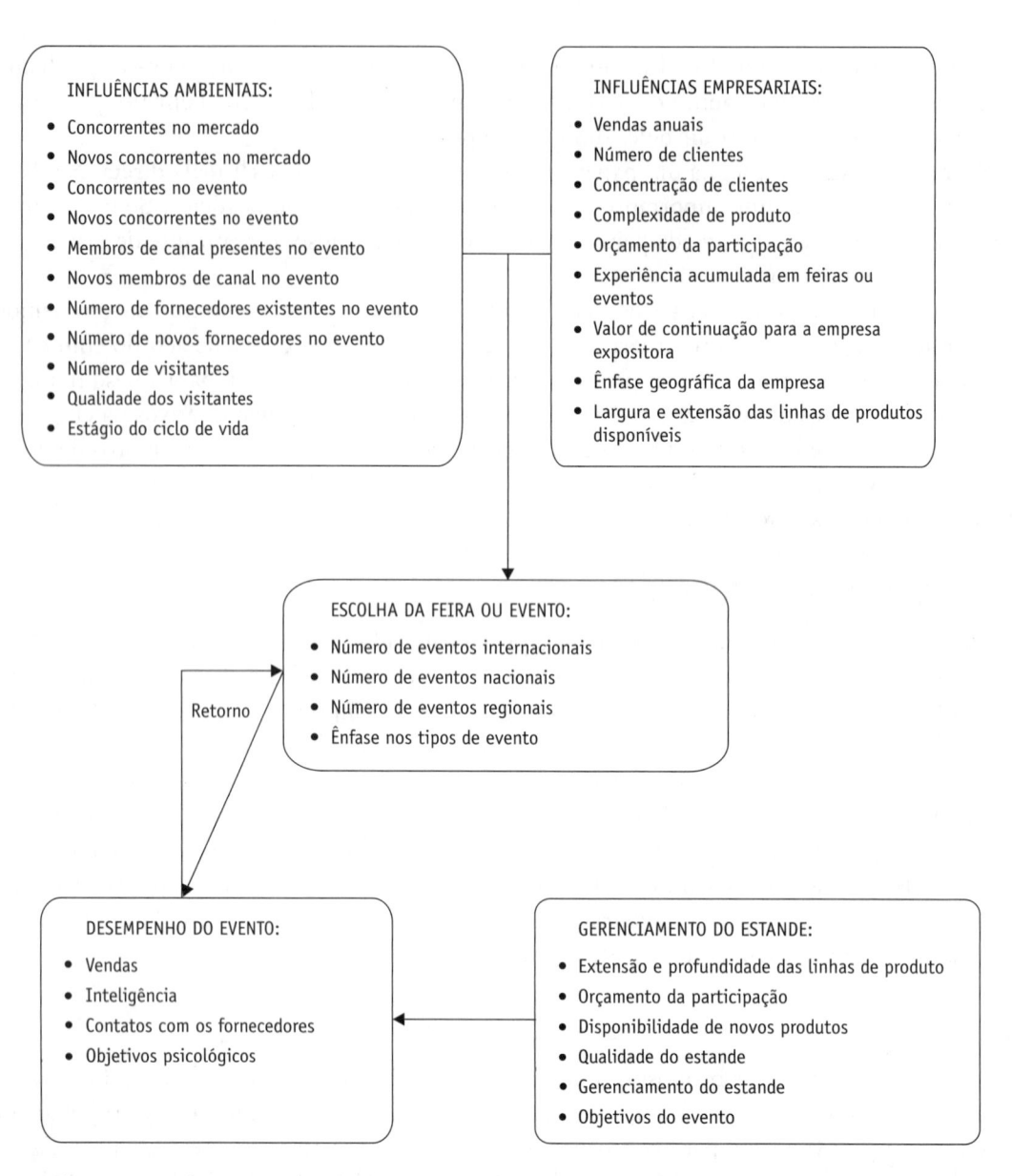

INFLUÊNCIAS AMBIENTAIS:
- Concorrentes no mercado
- Novos concorrentes no mercado
- Concorrentes no evento
- Novos concorrentes no evento
- Membros de canal presentes no evento
- Novos membros de canal no evento
- Número de fornecedores existentes no evento
- Número de novos fornecedores no evento
- Número de visitantes
- Qualidade dos visitantes
- Estágio do ciclo de vida

INFLUÊNCIAS EMPRESARIAIS:
- Vendas anuais
- Número de clientes
- Concentração de clientes
- Complexidade de produto
- Orçamento da participação
- Experiência acumulada em feiras ou eventos
- Valor de continuação para a empresa expositora
- Ênfase geográfica da empresa
- Largura e extensão das linhas de produtos disponíveis

ESCOLHA DA FEIRA OU EVENTO:
- Número de eventos internacionais
- Número de eventos nacionais
- Número de eventos regionais
- Ênfase nos tipos de evento

Retorno

DESEMPENHO DO EVENTO:
- Vendas
- Inteligência
- Contatos com os fornecedores
- Objetivos psicológicos

GERENCIAMENTO DO ESTANDE:
- Extensão e profundidade das linhas de produto
- Orçamento da participação
- Disponibilidade de novos produtos
- Qualidade do estande
- Gerenciamento do estande
- Objetivos do evento

Fonte: Aviv Shoman, "Performance in trade show and exhibitions: a synthesis and directions for future research", *Journal of Global Marketing*, dez. 1999, p. 51.

Figura 15-1   Modelo geral de desempenho de feiras, eventos e exposições.

Tabela 15-3   Patrocínios da Coca-Cola pelo mundo.

Canadá	Partida de golfe para canhotos e destros Jogos anuais Big Rock para garçons, garçonetes e barmen
Zâmbia	Campeonato de futebol, torneio de squash
Gana	Torneio de futebol
Malásia	Participação da juventude no Troféu Mundial da Malásia
Irlanda	Desafio da indústria para o Campeonato das Escolas Primárias
China	Programa internacional de criação para proteger os pandas

Tabela 15-4 Despesas estimadas de patrocínio por região em 1999.			
	Gastos	% Total	% Mudança
Total	US$ 19,2B	100	+11%
América do Norte	7,6B	40	+12%
Europa	5,6B	29	+11%
Orla do Pacífico	3,4B	18	+4%
América do Sul e Central	1,5B	8	+19%
Outros	1,1B	5	+10%

Fonte: IEG.

O patrocínio, contudo, tem seus detratores. Muita gente argumenta que as Olimpíadas estão comercializadas e que os patrocinadores 'McDonaldizam' os eventos locais. Não é necessário dizer que essas pessoas estão em minoria, dada a ampla aceitação do patrocínio, mas algumas podem gerar publicidade negativa para a empresa.

Resumo

As comunicações de marketing — a variável promoção dos 4Ps do marketing — incluem propaganda, RP, venda pessoal, promoção de vendas, marketing direto, feiras e eventos e patrocínio. Essas técnicas são importantes instrumentos no marketing global. As RP são um importante instrumento de marketing global. As comunicações corporativas têm de ser projetadas para desenvolver atitudes de boa vontade e proporcionar informação precisa, oportuna, especialmente no caso de uma crise.

A venda pessoal, ou comunicação um a um, requer que os representantes da empresa conheçam bem a cultura dos países nos quais fazem negócios. O comportamento em cada estágio do processo de venda pode ter de ser apropriadamente adaptado às exigências de cada país. As promoções de vendas têm também de conformar-se à regulamentação de cada mercado ou país. Uma promoção malprojetada pode resultar em publicidade indesejável e perda de clientes.

Outras considerações para o composto de marketing internacional são o marketing direto, feiras e eventos, patrocínio e a Internet. Cada técnica está ganhando aceitação rapidamente por todo o mundo e pode alterar as estratégias de uma empresa para atingir o consumidor diretamente.

Questões para Discussão

1. Qual é o papel das RP no marketing global?
2. Qual é o papel da promoção de vendas no mix de marketing? Como esses papéis diferem para produtos industriais e de consumo?
3. O papel de promoção no mix de marketing varia de um país para outro em se tratando do mesmo produto?
4. Como a venda pessoal difere em mercados internacionais?
5. Cite quatro considerações ao selecionar uma estratégia de mala direta em determinado país.
6. Cite quatro fontes de banco de dados.
7. Que efeito terá a Internet sobre a promoção global?

Leitura Sugerida

Allyson L. Stewart-Allen. "Cross-border conflicts of european sales promotions", *Marketing News*, 26 abr. 1999, p. 10.

Aviv Shoham. "Performance in trade shows and exhibitions: a synthesis and directions for future research", *Journal of Global Marketing*, 12, nº 3, 1999, p. 41-57.

Carl Botan. "International public relations: critique and reformulation", *Public Relations Review*, 18, nº 2, verão 1992, p. 149-159.

Dean Kruckeberg. "A global perspective on public relations ethics: the Middle East", *Public Relations Review*, 22, nº 2, verão 1996, p. 181-189.

Doug Newsom e Bob Carrell. "Professional public relations in India: need outstrips supply", *Public Relations Journal*, 20, nº 2, verão 1994, p. 183-188.

Earl D. Honeycutt, John B. Ford e Lew Kurtzman. "Potential problems and solutions when hiring and training a worldwide sales team", *Journal of Business & Industrial Marketing*, inverno 1996, p. 42+.

Erdener Kaynak. "Sales promotion practices of consumer goods companies in an advanced developing country", *International Journal of Advertising*, 17, nº 2, 1998, p. 213-233.

Frani Zavrl e Dejan Vercic. "Performing public relations in Central and Eastern Europe", *International Public Relations Journal*, 18, nº 2, 1995, p. 21-23.

Grahame R. Dowling e Mark Uncles. "Do customer loyalty programs really work?", *Sloan Management Review*, 38, nº 4, 1997, p. 71.

Jeffrey E. Lewin e Wesley J. Johnston. "International salesforce management: a relationship perspective", *Journal of Business & Industrial Marketing*, 12, nºˢ 3, 4, verão 1997, p. 232+.

Joe S. Epley. "Public relations in the global village: an american perspective", *Public Relations Review*, 18, nº 2, verão 1992, p. 109-116.

Karl Nessmann. "Public relations in Europe: a comparison with the United States", *Public Relations Journal*, 21, nº 2, verão 1995, p. 151-160.

Larissa A. Grunig. "Strategic public relations constituencies on a global scale", *Public Relations Review*, 18, nº 2, verão 1992, p. 127-136.

Melvin L. Sharpe. "The impact of social and cultural conditioning on global public relations", *Public Relations Review*, 18, nº 2, verão 1992, p. 103-107.

Orsay Kucukemiroglu, Erdener Kaynak e Sevgu Ayse Ozturk. "Sales and promotion practices of consumer goods companies in an advanced developing country", *International Journal of Advertising*, 17, nº 2, 1998, p. 213+.

Ray E. Hiebert. "Advertising and public relations in transition from communism: the case of Hungary, 1989-1994", *Public Relations Review*, 20, nº 4, inverno 1994, p. 357-372.

Ray Josephs e Juanita W. Josephs. "Public relations, the U.K. way", *Public Relations Journal*, abr. 1994, p. 14-18.

Simon Easton e Penny Mackie. "When football came home: a case history of the sponsorship activity at Euro '96", *International Journal of Advertising*, 17, nº 1, 1998, p. 99-114.

Susan Fry Bovet. "Building an international team", *Public Relations Journal*, ago./set. 1994, p. 26-28.

T. Bettina Cornwell e Isabelle Maignan. "An international review of sponsorship research", *Journal of Advertising*, 27, nº 1, 1998, p. 1.

CAPÍTULO 16

e-marketing Global

Todo negócio é um negócio de informação.

Philip Evans e Thomas S. Wurster
Blown to bits: how the new economics of
information transforms strategy (2000)

Conteúdo do Capítulo

- A morte da distância
- Comunicações
- O cliente individual como objetivo: além da segmentação
- Marketing de relacionamento
- Interatividade
- Velocidade em chegar ao mercado
- Vivendo em uma era de descontinuidades tecnológicas
- Novas tecnologias mudam as regras da concorrência
- Componentes da cadeia eletrônica de valor
- Resumo
- Questões para discussão

O e-marketing é um termo que pode ser usado para designar o potencial da tecnologia da informação (TI) e da Internet e seu impacto no marketing. O e-marketing talvez seja a mais importante evolução tecnológica em toda a história do marketing, particularmente em sua capacidade de vencer distâncias. É evidente que o marketing está sofrendo uma revolução como resultado da explosão da tecnologia da informação e da World Wide Web. Neste capítulo, estudaremos os impactos já conhecidos — e especularemos sobre os ainda desconhecidos — da Web e da TI no marketing global.

Verificaremos também alguns dos elementos básicos do novo ambiente tecnológico e discutiremos como as mudanças que estamos experimentando influenciam a maneira como o marketing global é conduzido. O capítulo se inicia considerando alguns pontos-chave da revolução da TI, especialmente a Internet.

Depois, discutimos a influência dessas mudanças fundamentais sobre estratégias competitivas. Por fim, consideramos as mudanças que o ambiente tecnológico traz para a configuração da cadeia global de valor.

A MORTE DA DISTÂNCIA

No mundo pré-moderno, a distância era uma variável de grande significado em marketing. Como reza a máxima do setor imobiliário, as três regras da avaliação de imóveis são a localização, a localização e a localização. No marketing global, as estratégias e a prática refletiam a importância da distância. A variável de maior impacto sobre o comportamento do comércio, por exemplo, é a distância. Os principais parceiros de comércio de qualquer país são os vizinhos próximos: para o Brasil, é a Argentina, e para a Argentina, o Brasil. Para a França é a Alemanha, e para a Alemanha, é a França, e assim por diante, por todo o mundo. Sempre houve uma correlação positiva entre comércio e proximidade. A Internet, contudo, é totalmente independente de distância. Os elétrons, viajando à velocidade da luz, chegam a qualquer parte do mundo ao mesmo tempo e ao mesmo custo. Se remeto um e-mail, não faz diferença em tempo ou custo se é endereçado a meu vizinho do lado ou a alguém do outro lado do mundo. O mesmo vale para um site Web: a localização do site não afeta o custo ou a velocidade de acesso.

Pela primeira vez na história, o mundo tornou-se um campo de jogo nivelado. Qualquer um, em qualquer lugar do mundo, pode comunicar-se com mais alguém no mundo em tempo real, sem que nenhum ônus seja cobrado pela distância.

Esses padrões históricos de negócio são um reflexo da importância da distância física no marketing global. A melhoria das tecnologias de transporte e de comunicações ajudou a impelir o mundo na direção de uma maior globalização. Os custos baixaram e o serviço melhorou de maneira progressiva e marcante desde o fim da Segunda Guerra Mundial. A Internet e a TI têm sido novos propulsores importantes da globalização, desde o início da década de 90. Uma presença na Web é instantaneamente global. O alcance global das administradoras de cartão de crédito, de serviços de entrega de encomendas e da Internet criaram todo um novo nível de possibilidades para o varejo global e o marketing B2B, até mesmo para empresas menores.

Até a Internet, o mercado de acessórios de peças de motocicleta, por exemplo, era fragmentado por país. A única maneira de um acessório atravessar as fronteiras nacionais era o fabricante instalar as operações de marketing e de distribuição em outros países. Hoje, isso não é mais necessário. A *Motorcycle Consumer News*, revista patrocinada pelo leitor, que não aceita anúncio pago, analisa novos acessórios e produtos para motociclistas. Durante o último ano, a revista incluiu testes de produtos comercializados em outros países, com o telefone, site Web e e-mail do fabricante. Os leitores da revista, em qualquer lugar do mundo, podem comunicar-se diretamente com o fornecedor, que pode receber pagamentos via cartão de crédito com sistema de autorização e despachar para qualquer lugar do mundo, via entrega expressa. O declínio drástico em custos de comunicação e de transporte e o declínio tanto de barreiras tarifárias quanto não-tarifárias ao comércio abriram os mercados mundiais para empresas que eram antes pequenas demais para participar dos mercados mundiais.

COMUNICAÇÕES

O e-mail é uma nova e importantíssima ferramenta de comunicação que substituiu o fax e complementa o telefone para vencer as barreiras da distância. É instantâneo, barato (grátis para a maior parte dos usuários) e independe de fusos horários. O e-mail é um instrumento de comunicações de marketing que proporciona um poder sem precedentes para mensagens ponto-a-ponto, tanto para comunicações B2B como para B2C. Admiravelmente, emergiu como instrumento universal de comunicações em meros cinco anos.

O CLIENTE INDIVIDUAL COMO OBJETIVO: ALÉM DA SEGMENTAÇÃO

A meta da segmentação de marketing sempre foi criar uma oferta de valor exclusiva para o maior número possível de clientes. Antes da Internet, isso significava, na prática, criar uma oferta para um segmento do mercado que era um agregado de clientes. Quase da noite para o dia, a World Wide Web emergiu como um poderoso instrumento para realizar o que, no passado, era apenas uma possibilidade teórica em marketing: criar programas de marketing que objetivassem o segmento de um único cliente. Com a Internet, a possibilidade teórica tornou-se uma realidade. Na verdade, toda a idéia de segmentação tem de ser reconsiderada. A segmentação era uma meta em marketing porque era muito dispendioso dirigir-se ao cliente individual. Com os instrumentos disponíveis da Internet e da TI, agora é possível responder ao cliente individual, onde quer que ele esteja.

MARKETING DE RELACIONAMENTO

Outro impulso importante de marketing em anos recentes foi o marketing de relacionamento. A Internet abriu imensas novas possibilidades de criar relações com clientes globais, clientes potenciais, fornecedores e membros do canal. O fim da segmentação significa que os profissionais de marketing podem, agora, dedicar-se à entrega de valor ao cliente individual. A melhor maneira de fazer isso é criar um relacionamento do tipo 'ganha-ganha' com o cliente. A empresa deve oferecer ao cliente um valor singular, e servi-lo deve ser lucrativo para a empresa. O relacionamento deve ser mutuamente benéfico. Toda vez que o relacionamento for unilateral, a relação estará ameaçada.

INTERATIVIDADE

Antes da emergência da Internet e da TI, a comunicação entre as empresas e seus clientes eram, em geral, limitadas a comunicações de mão única. As empresas apresentavam ofertas, e os clientes escolhiam os pontos-de-venda. Agora, porém, surgiu possibilidade de um relacionamento interativo entre empresa e clientes potenciais. Isso acontece em especial para varejistas on-line, que podem usar informação de comportamento de compra do consumidor para, de maneira singular, desenvolver comunicações sob medida com seus clientes. Um consumidor que compra, de um varejista on-line, proteção solar para a pele pode receber recomendações sobre outros produtos que também proporcionem proteção contra o sol.

VELOCIDADE EM CHEGAR AO MERCADO

A globalização desenvolveu-se em estágios. O primeiro foi o movimento das empresas para garantir que seus produtos fossem vendidos em mercados globais. Antes de a Internet e a TI criarem um novo mundo de comunicação global instantânea, o ritmo da informação e das comunicações da empresa era lento. Os produtos eram introduzidos em um país de cada vez ou, na melhor das hipóteses, em uma região de cada vez. Hoje, isso mudou.

A Web está obrigando a indústria de cinema de Hollywood a repensar sua política de distribuição. Tome como exemplo o épico *Coração valente*, de Mel Gibson. Foi lançado nos Estados Unidos em 24 de maio de 1995 e arrastou-se pelo mundo. Alguns países, como Portugal, esperaram até sete meses para ver o filme. Quando Mel Gibson voltou à tela com um novo filme, *O patriota*, em 28 de junho de 2000, o estúdio o distribuiu pelo mundo todo em dois meses.

O que aconteceu? A Internet. Como observou Warren Lieberfarb, presidente da Warner Home Vídeo, da Time Warner Inc.: "O mundo está descobrindo filmes no final de semana em que são lançados nos Estados Unidos".[1] Uma das pressões para o lançamento global de novos filmes é a versão em DVD. Os consumidores estão modificando os aparelhos DVD para capacitar seus aparelhos a reproduzir discos de

---

[1] "Web's reach forces Hollywood to rethink America-First Policy", *Wall Street Journal*, 12 jun. 2000, p. 1.

qualquer parte do mundo, derrotando o efeito do sistema de codificação regional, projetado para impedir os consumidores de tocar DVDs comprados fora de suas regiões. Quando a versão em DVD de um filme sai para venda nos Estados Unidos, pode ser tocado em qualquer lugar do mundo em um aparelho modificado.

A solução para esse problema é desenvolver o lançamento global de novos filmes, o que oferece várias vantagens. Isso ajuda os filmes que fracassaram nos Estados Unidos, porque não exerce nenhum efeito no mercado internacional, que faz um julgamento independente do novo lançamento. Também constituiu novas economias de custo, uma vez que não há tempo para desenvolver programas de marketing dispendiosos, adaptados para cada país. Os estúdios estão simplesmente reciclando arte e fotos da campanha norte-americana, para criar uma campanha global com a mesma aparência pelo mundo todo.

VIVENDO EM UMA ERA DE DESCONTINUIDADES TECNOLÓGICAS

Quedas de preço indicam velocidade de progresso tecnológico

Então, quais são as forças motrizes da revolução tecnológica que estamos presenciando? Argumenta-se que as mudanças com maior impacto na globalização ocorrem em dois campos: transportes e comunicações. Dicken refere-se a essas duas áreas como 'tecnologias capacitadoras'.[2] Em transporte, avanços-chave foram feitos em tráfego aéreo e na carga e descarga mais rápida de embarques de contêineres. Do lado da comunicação, o custo reduzido das telecomunicações de longa distância é o mais notável. Hoje, um telefonema de três minutos entre Nova York e Londres custa cerca de 0,30 dólar; em 1930, teria custado cerca de 250 dólares, aos preços de hoje. Isso significa uma redução de preço de 83.333% em 70 anos. (Só para lembrar que, em tecnologia, os preços declinam em vez de aumentar.) Espera-se que a liberalização do mercado faça as taxas internacionais caírem em 80% no prazo de cinco anos.[3] A Cambridge Strategic Management prediz que, por volta de 2005, uma chamada de videofone transatlântico custará apenas "alguns centavos por hora".[4] Atualmente, cerca de dois terços das novas assinaturas mundiais de telefone são de telefones móveis — em alguns países desenvolvidos, essa participação chega a 75%.[5]

Uma segunda importante redução de custo é o impressionante declínio no custo da potência de processamento de computador: agora, custa somente 1% do que custava no início da década de 70. Expresso de maneira diferente: "Se os automóveis tivessem se desenvolvido no mesmo ritmo que os microcomputadores (...), um carro comum custaria hoje menos de 5 dólares e faria mais de cem mil quilômetros por litro".[6] Essas reduções de preço refletem a velocidade vertiginosa da mudança tecnológica; na verdade, nunca antes se presenciou uma queda de preços tão drástica.

A convergência tecnológica e a ubiqüidade da tecnologia

Em tecnologia de informação e comunicação, não foi apenas a melhoria na velocidade e na confiabilidade de dispositivos que trouxe a rápida mudança tecnológica, mas também a convergência entre a transmissão de informações e o processamento das informações. Além disso, espera-se que os próximos anos tragam a convergência de diferentes tipos de tecnologia de informação e comunicação em um único padrão comum da Internet. A Figura 16-1 ilustra essa evolução.

Uma segunda evolução foi rotulada de ubiqüidade tecnológica. A Andersen Consulting descreve isso como "um mundo em que a tecnologia da informação é uma parte integral de tudo o que vemos e fazemos no local de trabalho e no lar".[7] Assim, cada dispositivo de cozinha, automóvel ou aparelho de exercícios se-

---

2 P. Dickens. *Global shift: the internationalization of economic activity*. Londres: Paul Chapman Publishing, 1992, p. 103.
3 "The world in 1998", *Economist*, 1997, p. 90.
4 "Going digital: how new technology is changing our lives", Londres: *Economist*. The Economist Newspaper, 1998, p. 19.
5 "Economic indicators", *Economist*, p. 112.
6 "Going digital: how new technology is changing our lives", *Economist*, p. 19.
7 "Technology visioning workshop". Andersen Consulting, Sophia Antipolis, jul. 1999.

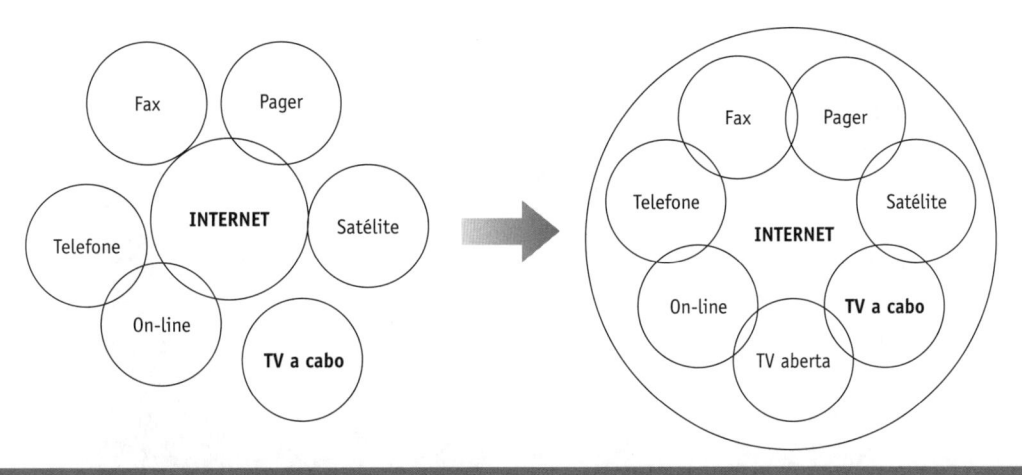

Figura 16-1 Convergência de informação e tecnologias de comunicação.

rá provido de equipamentos eletrônicos de uso fácil, que agregarão valor ao produto, por exemplo, adaptando-o a preferências pessoais, possibilitando comunicação remota, e assim por diante.

O crescimento explosivo da Internet

Pode-se dizer que a Internet é um dos maiores impulsionadores da revolução tecnológica, porque levou ao desenvolvimento de uma forma inteiramente nova de fazer negócios, chamada 'e-commerce' ou 'e-business'. A história da Internet remonta a 1969, quando o Departamento de Defesa dos Estados Unidos criou a Arpanet. Além de possibilitar o acesso remoto a computadores, a rede também permitia a transferência de mensagens eletrônicas (e-mail).[8] Nesse estágio, os usuários restringiam-se a um pequeno número de pesquisadores militares. Embora os anos subseqüentes trouxessem uma expansão na base de usuários e o desenvolvimento de redes similares a partir de um esforço cooperativo entre a Nasa, a IBM e a MCI, a verdadeira ruptura ocorreu somente em 1992. Nesse ano, Tim Berners-Lee, do Conselho Europeu de Pesquisas Nucleares (CERN), um instituto de pesquisa europeu na Suíça, introduziu a World Wide Web (WWW). Esse protocolo permitiu, pela primeira vez, a representação gráfica de informações na Internet. Em conexão com os navegadores da Web usados para navegar na rede de hiperlinks que constituem a World Wide Web, esse desenvolvimento é considerado a origem do crescimento explosivo da Internet. Atualmente, a Web costuma ser usada como sinônimo para toda a Internet, embora a última abrigue também outros serviços tradicionais, como Telnet, Gopher e FTP.[9] A Figura 16-3 mostra a distribuição geográfica de usuários.

O acesso à Web ainda está muito concentrado nos países desenvolvidos. Além disso, vários países conectados à Internet oferecem somente e-mail e ficam, portanto, isolados da infinidade de informações disponíveis na Web.[10] As taxas atuais de desenvolvimento e de crescimento, particularmente na China e na América do Sul, ajudarão a aliviar o problema do acesso geográfico desigual, mas ainda há preocupações. Richard Jolly, autor de um dos últimos relatórios de desenvolvimento das Nações Unidas, observa que a tecnologia é uma espada de dois gumes, abrindo novos caminhos para muitos, mas também cortando o acesso para outros.[11] Em Bangladesh, por exemplo, um computador custa oito vezes a renda média anual.

A mudança tecnológica em si, naturalmente, não é nada nova. O que é notável hoje é a velocidade de mudança. Embora, por exemplo, tenha levado cerca de 38 e 25 anos, respectivamente, para o rádio e o telefone atingirem 50 milhões de consumidores norte-americanos, a televisão somente precisou de treze anos e a televisão a cabo, dez anos para atingir o mesmo volume. A Internet, com a World Wide Web, atingiu o

---

8 Robert Zakon, info.isoc.org/guest/Internet/History/HIT.html#Growth, 29 ago. 1999.
9 John Browning. *Pocket information technology*. Londres: Economist Books, 1997, p. 97-99.
10 Uwe Afemann, "Verschärfung bestehender Ungleichheiten", *Forum Wissenchaft*, 1, 1996, p. 21-26.
11 "UN-Entwicklungsbericht: technik vergößert Not vieler Menschen", *Kölner Stadt-Anzeiger*, 13 jul. 1999, p. 7.

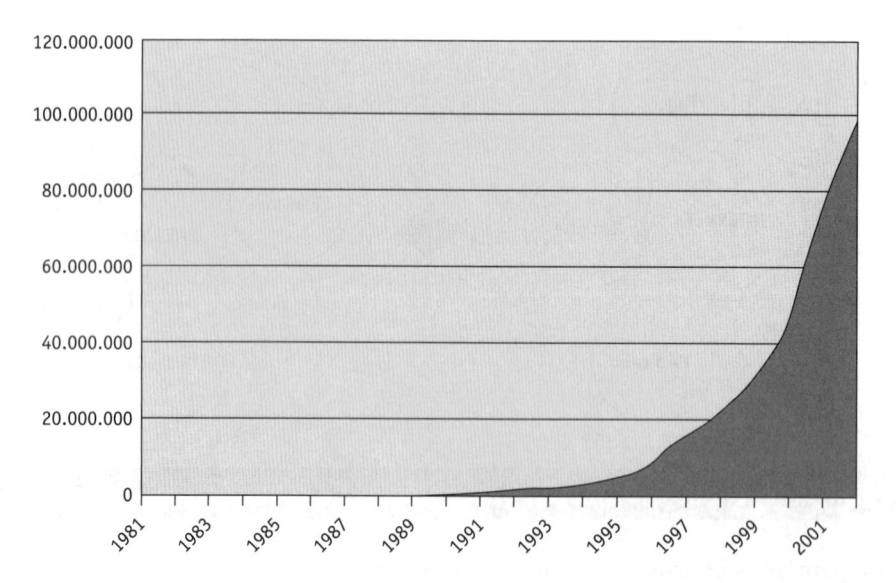

Fonte: Adaptado de www.mids.org/mapsale/data/trends/trends-199907/sld004.htm, 30 ago. 1999.

Figura 16-2   Evolução dos hosts de páginas na Internet.

mesmo nível de penetração em menos de cinco anos (Figura 16-4). No âmbito mundial, a Internet expandiu-se cerca de 2.000% na última década e dobra de tamanho a cada seis a dez meses.[12] Estimava-se, em 2003, 350 milhões de usuários, divididos entre América do Norte (35%), Europa (30%), Orla do Pacífico (21%), América do Sul (9%) e o restante do mundo (cerca de 5%). Previsões indicam que a Internet deve atingir a marca de um bilhão de usuários por volta de 2008; para ter uma idéia da magnitude desse crescimento, observe que, só em 1999, o número de usuários de telefone atingiu a marca de um bilhão.[13] A liberação do acesso à Internet das limitações dos teclados de computador e a possibilidade de acesso via telefones móveis, pagers e assim por diante, alavancará esse crescimento.

Figura 16-3   Distribuição geográfica de usuários da Internet.

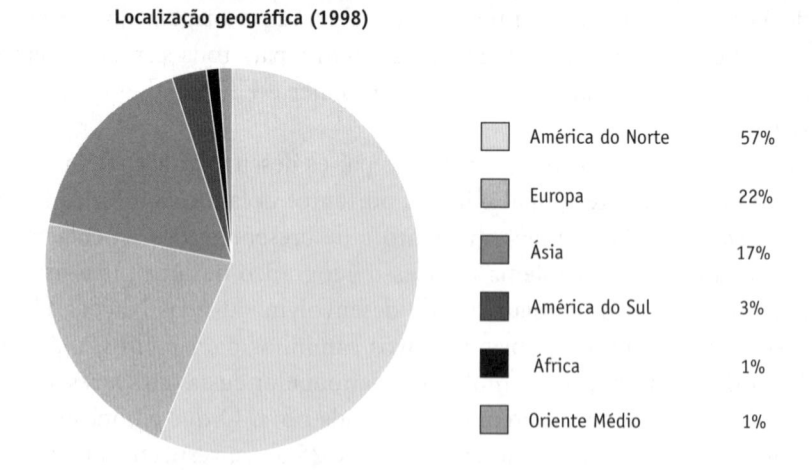

Localização geográfica (1998)

Região	%
América do Norte	57%
Europa	22%
Ásia	17%
América do Sul	3%
África	1%
Oriente Médio	1%

Fonte: www.nua.ie/survey/graphs_charts/1998graphs/location.html, 30 ago. 1999.

---

12 Donna L. Hoffmann e Thomas P. Novak, "Marketing in hypermedia-computer-mediated environments: conceptual foundations", *Journal of Marketing*, 60, jul. 1996, p. 50-68.
13 Jerry Wind e Vijay Mahajan, "Digital marketing". Universidade da Pensilvânia, Wharton School, trabalho não publicado, 1999, p. 7.

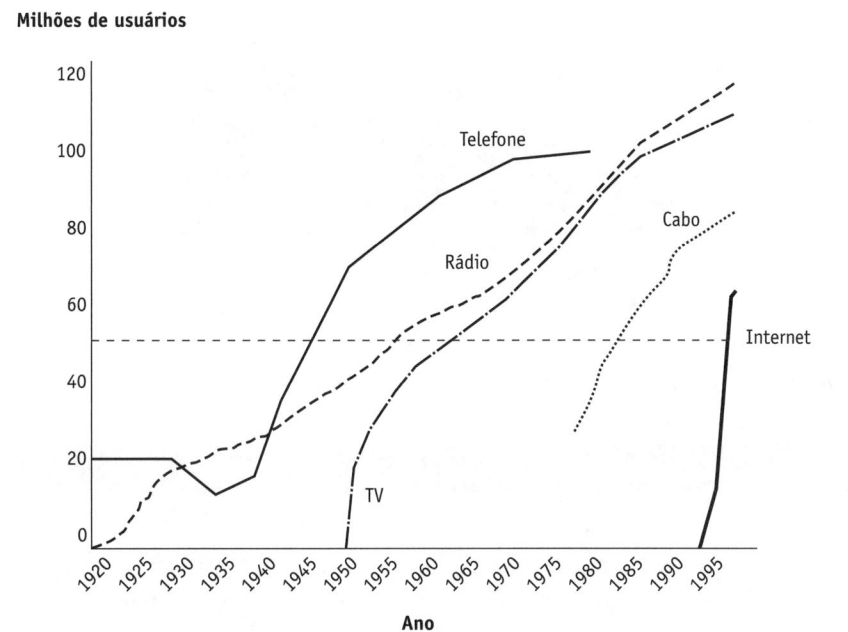

Fonte: Morgan Stanley, *The Internet Advertising Report*.

Figura 16-4   Escalada do consumo de tecnologias.

Outra revolução, a tecnologia de reconhecimento de voz, está próxima. Tornando os teclados em grande parte supérfluos e, finalmente, realizando a fantasia da ficção científica de comandar máquinas pela voz, essa tecnologia acelerará drasticamente o uso de computadores e levará a tecnologia da informação e comunicação (TIC) a aplicações inteiramente novas: objetos com que falamos, com os quais dirigimos, que tocamos ou usamos.[14]

A evolução do e-commerce

A tecnologia, particularmente a tecnologia da informação e comunicação (TIC), é mais que simplesmente um fator habilitador. Tornou-se a base de um modelo inteiramente novo de negócios. Começando com o intercâmbio eletrônico de dados (EDI, isto é, a transferência de dados padronizados entre corporações), a Internet sofreu uma metamorfose, de um meio inicialmente utilizado para anunciar produtos ou serviços para uma plataforma de e-commerce que combina informação, transações, diálogo e intercâmbios. Em suma, a Internet fez nascer um modelo de negócio inteiramente novo e abriu oportunidades inteiramente novas para o marketing global. A empresa de consultoria, com sede na Alemanha, Roland Berger & Partner ilustra essa evolução na Figura 16-5.

O escopo para novas evoluções a partir das novas tecnologias é considerável. Leve em conta o exemplo da conhecida livraria eletrônica Amazon.com. Usando uma rede virtual que conecta, ininterruptamente, fornecedores e clientes, a empresa mudou a maneira como se comercializam livros (e, atualmente, muitas outras categorias de produtos, de CDs a brinquedos). Mais de 30 mil sites Web associados recomendam a empresa em troca de comissão, fornecendo links para o site da Amazon. E a Amazon não apenas oferece livros, mas também informa os clientes sobre novas publicações e encoraja os leitores a postar críticas de livros que tenham lido. As salas virtuais de bate-papo e encontros com autores também promovem a formação de uma comunidade Amazon. Mais da metade dos negócios da Amazon é com clientes fiéis.

---

14 "Special report: let's talk", *Business Week*, 23 fev. 1998, p. 44-56, e "Smitten with the written word", *Financial Times*, 12 fev. 1998, p. 21.

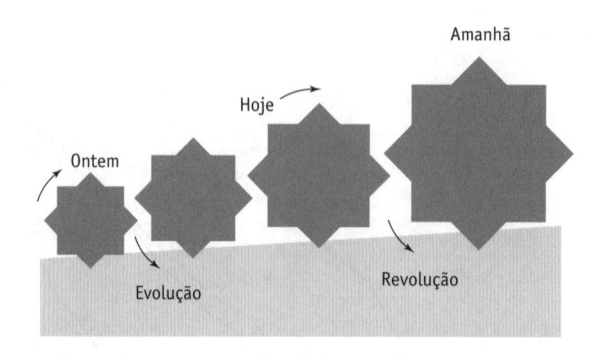

Fonte: Roland Berger & Partner, *Erfolgsfaktoren im Eletronic Commerce: Auszug aus den Ergebnissen der Studie*, Wien/Frankfurt am Main, 1999, p. 12.

Figura 16-5   A evolução do comércio eletrônico.

Outros exemplos de empresas que desenvolveram seu negócio a partir das possibilidades oferecidas pelo e-commerce são a Dell Company, que mostra taxas de crescimento quatro vezes maiores que as dos fabricantes convencionais de computadores; a E*Trade, corretora de ações on-line, com uma taxa de crescimento anual de 200%, e a eBay, que oferece leilões on-line e tem um volume de transações anual de mais de 300 milhões de dólares. Na eBay, os clientes fornecem todo o conteúdo, das mercadorias em oferta à sala de bate-papo, onde trocam informações de apoio sobre essas mercadorias.

Embora a atenção da mídia tenha se concentrado no marketing de produtos de consumo na Internet, a maior parte das transações na Internet são geradas no território empresa–empresa (B2B). A *Forester Research* diz que a proporção entre o e-commerce empresa–empresa e o empresa–consumidor (B2C) está na ordem de cinco para um.[15]

Mudanças tecnológicas rápidas não afetam somente as empresas high-tech, que gostam de incluir um 'e' em seu nome. Michael Hruby analisa o exemplo dos tênis.[16] Há trinta 30 anos, argumenta ele, tênis eram baratos, feitos de tecido e vinham em dois designs e três cores. Hoje, seus descendentes high-tech anunciam acolchoamentos infláveis e enchimentos de gel. Vêm em dezenas de estilos, cores e materiais e, naturalmente, são diferentes para cada esporte. Não são mais calçados esportivos, são equipamentos. E não são baratos. Além disso, alguns dos nomes de destaque no negócio, como a Nike, não produzem um único calçado. Em vez disso, terceirizam a produção para países com mão-de-obra de baixo custo e concentram-se no que fazem melhor, isto é, marketing global.

Para um praticante de marketing global, os rápidos avanços tecnológicos em geral e a velocidade de mudança sem precedentes na TIC, especialmente, resultaram em numerosos novos desafios; organizações virtuais, relacionamentos simbióticos, mercados eletrônicos, novas formas de cooperação, fronteiras corporativas difusas e hierarquias organizacionais mais achatadas estão entre as mais importantes.[17]

Embora esses desafios abram oportunidades de negócio inteiramente novas, também representam ameaças fundamentais às organizações estabelecidas. As empresas têm de aprender a conviver com um alto grau de volatilidade. John Stopford, da London Business School, ressaltou, com eloquência, que a presença no mercado não representa uma possibilidade maior de manter-se nele.[18] Empresas que eram exemplo de sucesso há poucos anos estão agora lutando para sobreviver; a Westinghouse ou a DEC são exemplos notáveis. Por outro lado, há empresas que surgiram virtualmente da noite para o dia. Nesse contexto, o autor

---

15 "e-business: what every CEO needs to know", *Business Week*, mar. 1999, p. 10.
16 Michael F. Hurby. *Technoleverage: using the power of technology to outperform the competition*. Nova York: Amacom, 1999.
17 Para uma análise mais profunda acerca dessa questão, veja Arnold Picot, Ralf Reichwald e Rolf T. Wigand. *Die grenzenlose unternehmung: information, organisation und management*. Wiesbaden: Gabler Verlag, 1996.
18 John Stopford, "Global strategies for the information age". In: Presentation at the 23rd EIBA Conference on Global Business in the Information Age, Stuttgart, 14-16 dez. 1997.

cunhou a expressão *empresas cogumelo*.[19] Uma conhecida característica do cogumelo é, naturalmente, que eles crescem virtualmente da noite para o dia, mas também desaparecem bem depressa. Considere a Yahoo!, que fornece o maior sistema de busca na Internet. Há poucos anos, um dos fundadores do Yahoo!, David Filo, era um ex-estudante relativamente pobre. Hoje, seu serviço on-line lidera o setor em receitas de tráfego e de propaganda. Ao mesmo tempo, porém, em que as empresas de busca da Internet, como Yahoo!, Infoseek, Lycos e Excite, levantaram 170 milhões de dólares ao abrir seu capital em 1996, os recursos de busca tornaram-se *commodity*. Agora, há centenas de maneiras de encontrar e obter informações na Web. O negócio de busca na Internet, no qual vários sistemas concorrem por certo número de anunciantes potenciais, pode em breve resultar em falências. O Yahoo!, contudo, pode muito bem sobreviver. Ele tem três vezes a participação de mercado de qualquer de seus concorrentes e tem a vantagem de ter sido o primeiro a entrar no negócio.

Outro exemplo é a Netscape, fundada em 1994 como Mosaic Communications. Ela ofereceu a primeira versão de seu navegador Web um ano mais tarde. Em seu apogeu, no primeiro trimestre de 1997, gerou receitas de mais de 150 milhões de dólares por ano. Desde outubro de 1997, contudo, as ações da empresa perderam valor, diante do receio de que seja a grande perdedora na guerra de navegadores com o Internet Explorer, da Microsoft.

Em face desses casos empresariais dramáticos, não surpreende que o presidente da Microsoft, Bill Gates, tenha dito: "Estamos a dois anos do fracasso", e que o diretor-presidente da Intel, Andy Grove, tenha cunhado a frase: "Somente os paranóicos sobrevivem".

NOVAS TECNOLOGIAS MUDAM AS REGRAS DA CONCORRÊNCIA

Além de aumentar a volatilidade, a passagem de uma economia industrial para uma e-economy pós-industrial também apresenta ao praticante de marketing global um novo conjunto de regras de negócios. Princípios há muito estabelecidos, como a ênfase dos varejistas em 'localização, localização, localização' pertencem ao passado. Por que uma executiva ocupada deve gastar seu tempo valioso e enfrentar o trânsito da cidade para comprar alguns livros ou vídeos para os filhos? Ela pode fazer a mesma coisa com muito mais conforto em casa, via Web. Examinando as mudanças nos princípios de negócios forçadas pela nova e-economy, Arvind Rangaswamy, da Penn State University, resumiu a situação na Tabela 16-1.[20]

Tabela 16-1 Evolução no contexto e nas estratégias de negócios.

De	Para
Participação de mercado	Controle estratégico
Tecnologia como habilitadora	Tecnologia como impulsionadora
Mercados centrados no vendedor	Mercados centrados no comprador
Ativos físicos	Ativos de conhecimento
Integração vertical baseada em tamanho	Integração vertical baseada em velocidade
Retornos decrescentes de escala	Retornos crescentes de escala
Estratégias de marketing centradas na empresa	Estratégias de marketing centradas em redes

Fonte: Adaptado de Arvind Rangaswamy, "Toward a model of ebusiness performance". In: Presentation at the American Marketing Association Summer Educators' Conference, São Francisco, 7–10 ago. 1999.

---

19 Bodo B. Schlegelmilch e R. Sinkovics, "Marketing in the information age — can we plan for an unpredictable future?", *International Marketing Review*, 14, nº 3, 1998, p. 162-170.
20 Arvind Rangaswamy, "Toward a model of e-business performance". In: Presentation at the American Marketing Association Summer Educators' Conference, São Francisco, 7-10 ago. 1999.

Na mesma linha, a Andersen Consulting declarou que a nova economia forçará as empresas a adotar algumas novas estratégias de jogo.[21] Seguem algumas dentre as mais importantes:

1. Assegure uma posição dominante de mercado o mais rápido possível.
2. Forme alianças baseadas em seu potencial de acesso a mercado e sinergias.
3. Antecipe investimentos iniciais muito altos.
4. Defenda posições por meio de um permanente processo de inovação.

A seguir, examinaremos algumas dessas questões com mais profundidade.

A importância de posições dominantes de mercado

No ambiente industrial, as vantagens de escala têm seu limite. Isso é conhecido, na teoria, como retornos decrescentes de escala. Embora uma grande fábrica possa ser mais eficiente em custo do que uma pequena, há um ponto em que adicionar capacidade na mesma localização será antieconômico. O custo de agregar mão-de-obra e material superará os retornos agregados. Esse efeito permite a novos competidores concorrerem com aqueles de grande participação no mercado, desde que possam atingir tamanhos de produção que rendam eficiência ótima. Sob o novo regime tecnológico, a regra de retornos decrescentes de escala já não é uma regra universal. Em muitos casos, o *output* ótimo não é determinado pelo tamanho da fábrica, mas se baseia no ponto de saturação de mercado. Isso pode ser observado em mercados em que os custos fixos são mais altos que os variáveis. Isso acontece com softwares de computador e produtos farmacêuticos, que demandam um alto grau de *input* intelectual. O mesmo vale para produtos ou serviços que se tornam mais valiosos quando usados por mais gente, isto é, produtos que se tornam um padrão e que lucram pelo muito discutido *efeito de rede*. O Microsoft Office é um exemplo que mostra como é útil usar um produto utilizado por muito mais pessoas. Em todos esses casos, os retornos alcançados com a participação crescente de mercado não diminuem com o tempo, mas crescem em uma reversão da 'lei' dos retornos decrescentes. As figuras 16-6 e 16-7 ilustram o argumento.

Em tal ambiente tecnológico, é importante que as empresas ganhem participação no mercado rapidamente e, como declara Rangaswamy, alcancem controle estratégico. Isso explica por que a America Online (AOL) distribui seus programas de instalação em todos os meios disponíveis (por exemplo, junto com jornais ou entregues em supermercados). Novos assinantes são atraídos com ofertas irresistíveis para experimentação. A Netscape perseguiu uma estratégia diferente. Ofereceu o produto de graça, na esperança de ganhar dinheiro com negócios subseqüentes. O novo ambiente tecnológico aumentou a importância de conquistar participação de mercado. Inversamente, o profissional de marketing global não pode mais tolerar nem mesmo pequenos ataques dos concorrentes, e tem de estar preparado para uma defesa vigorosa de sua posição de mercado.

Figura 16-6 Retornos decrescentes de escala.

Figura 16-7 Retornos crescentes de escala.

Fonte: Diane D. Wilson e Paul F. Nunes (orgs.), *eEconomy: ein spiel mit newen regeln*. Andersen Consulting, 1, 1998, p. 45-50.

---

21 Diane D. Wilson e Paul F. Nunes (orgs.). *eEconomy: ein spiel mit neuen regeln*. Andersen Consulting, 1, 1998, p. 45-50.

> **QUADRO 16-1**
>
> **PERSPECTIVA GLOBAL**
>
> **Parcerias entre companhias aéreas aumentam preocupação com a segurança**
>
> A prática crescente de compartilhar ou combinar vôos, conhecida como 'parceria de código' (*code sharing*), permite às linhas aéreas criar alianças de marketing que possibilitem aos passageiros viajar pelo mundo todo. O estabelecimento de parcerias em regiões como Ásia e África — com algumas das menos seguras linhas aéreas do mundo —, porém, começou a incomodar os executivos de algumas linhas aéreas e autoridades federais.
>
> A China Airlines de Taiwan, por exemplo, é um parceiro de código da American Airlines e da Continental Airlines. A Airclaims Ltd., de Londres, que acompanha os acidentes de linhas aéreas, relaciona três quedas da China Airlines, com 465 mortes, na década passada. Uma pesquisa de 1996 da publicação norte-americana Condé Nast apontou a China Airlines como tendo uma taxa de acidentes durante sua existência de 11,43 acidentes fatais por um milhão de vôos, sendo que a taxa para a American é de 0,15 e para a Continental, de 0,29.
>
> Uma pessoa que voasse de Dallas para Taipé, por exemplo, partiria no vôo 691 da American e se transferiria, em São Francisco, para o vôo 6123 da American, ou pelo menos isso é o que a passagem diria. O vôo 6123 da American, contudo, que sai logo depois da meia-noite, é, na verdade, o vôo 3 da China Airlines. A American Airlines tem trabalhado sem muito alarde nos últimos seis meses para aumentar a segurança da linha de Taiwan, dizem autoridades.
>
> Sob a parceria de código, uma companhia aérea compra um pacote de passagens do vôo de outra linha e relaciona o vôo em sistemas de reserva sob seu nome ou código. As passagens estarão registradas como se os passageiros estivessem viajando em um avião da companhia, embora sejam transferidos para um avião de outra. Supõe-se que os passageiros deveriam ser notificados, mas muitos prestam pouca atenção até estarem no portão de embarque e se virem embarcando em um avião de cor diferente. A parceria de código é atraente para as companhias aéreas porque aumenta a ocupação de assentos em rotas domésticas e faz o alcance internacional de uma linha aérea parecer muito maior.
>
> *Fonte*: Adaptado de Don Phillips, "U.S. Airlines 'handoffs' raise safety concerns: foreign partners come under scrutiny", *Washington Post*, 7 mar. 1999, p. A01.

A importância de alianças estratégicas

A economia eletrônica pós-industrial está cada vez mais caracterizada por uma diluição de estruturas e fronteiras tradicionais corporativas, a favor de um movimento na direção de alianças simbióticas com parceiros externos. As empresas envolvem firmas legal e economicamente independentes para realizar várias tarefas. A tecnologia é importante nesse contexto, uma vez que o uso da TIC conduz a uma redução de custos de transação e, assim, promove a orientação das empresas para o mercado e as alianças.[22] Videoconferências, intercâmbio eletrônico de dados, extranets e outras tecnologias oferecem às empresas envolvidas em alianças simbióticas formas de comunicação com boa relação custo–benefício.

Três tipos de aliança podem ser observadas. A cooperação vertical descreve parcerias entre empresas ativas em diferentes estágios da cadeia de valor, como a colaboração entre um fabricante e um varejista no marketing de um produto inovador. A cooperação horizontal envolve empresas do mesmo setor, como a cooperação em pesquisa e desenvolvimento de duas ou mais empresas de microeletrônica. A cooperação diagonal, por fim, refere-se a situações em que empresas de diferentes setores colaboram.

Embora a cooperação e as alianças não sejam um fenômeno novo, as mudanças no ambiente tecnológico não somente tornaram alianças em vários países mais fáceis de gerenciar, mas também influenciaram as motivações por trás dessas alianças. Além do desejo de aumentar a eficiência, agora é principalmente o desejo de ganhar acesso ao mercado e participação de mercado que impulsiona a cooperação. O desejo de

---

22 A. Picot, T. Ripperger e B. Wolff, "The fading boundaries of the firm", *Journal of Institutional and Theoretical Economics*, 1996, p. 65-72.

utilizar efeitos de rede e alcançar sinergias em produtos e serviços, por exemplo, estava por trás da cooperação entre a American Broadcasting Company (ABC), o *New York Times* e a America Online (AOL). Na verdade, ao oferecer o benefício do acesso a seus clientes, a AOL pôde cobrar das outras empresas um bilhão de dólares.[23] As companhias aéreas são outro exemplo de aliança estratégica. O e-commerce permite às linhas aéreas utilizar suas marcas em reservas on-line pela chamada 'parceria de código', o que acaba por resultar em maiores participações de mercado para as companhias aéreas parceiras de redes globais.

A importância de antecipar grandes investimentos iniciais

Os crescentes retornos de escala em muitas indústrias baseadas em tecnologia eletrônica exigem das empresas altos investimentos iniciais para atingir a participação desejada de mercado. Uma parte substancial do investimento tem de ser empenhada por anos, antes de os retornos superarem os custos. A AOL, por exemplo, teve de investir 500 milhões de dólares por ano em marketing e vendas, antes de atingir sua posição atual como líder do mercado norte-americano.[24] A Toys "Я" Us, recentemente, anunciou que planejava transformar seu site Web, organizando-o como uma empresa separada, de maneira a lutar contra a crescente concorrência da Web na indústria de brinquedos. Os investimentos previstos para essa atualização do site Web foram de 80 milhões de dólares.[25] Muitas empresas 'virtuais' precisam do apoio de corporações bem estabelecidas, financeiramente fortes, ou são forçadas a voltar-se para o mercado de ações para levantar o capital requerido.

A importância das inovações em andamento

No ambiente técnico tradicional, as inovações eram principalmente uma maneira de ganhar alguns pontos de participação de mercado. Era raro consumidores trocarem de marca em massa. As informações sobre mercadorias e serviços difundiam-se relativamente devagar e havia significativa distância entre países líderes e seguidores na adoção da tecnologia.

No atual ambiente tecnológico, a situação é drasticamente diferente. Não só a velocidade da difusão cresceu significativamente (70% da receita da indústria de computação, por exemplo, provêm de produtos que não existiam há dois anos),[26] mas a punição por não acompanhar o último padrão tecnológico de classe mundial é rápida e cruel. Considere o WordPerfect, que durante muito tempo foi o líder mundial em processamento de texto. Quando o Microsoft Word ofereceu um padrão tecnológico mais atualizado, o WordPerfect sofreu uma queda drástica.

O uso crescente da TIC está levando a maiores eficiências em todos os estágios do processo de desenvolvimento de novos produtos. Muitas companhias encorajam seus funcionários, clientes e fornecedores a submeter idéias de novos produtos ou melhoramentos através de e-mails ou sites Web interativos. A Toyota, por exemplo, obtém mais de dois milhões de sugestões de melhoria somente de seus funcionários.[27] Depois que as novas idéias são geradas, sistemas especializados podem ser usados na avaliação dessas idéias. No estágio de projeto, o CAD e equipes de projeto que trabalham em paralelo em diferentes zonas de tempo apressam substancialmente esse estágio. As aplicações da TIC, tais como a realidade virtual, ajudam no processo de desenvolvimento. Para alcançar um melhor ajuste entre as características do produto e as necessidades do cliente, os consumidores estão cada vez mais envolvidos no projeto do produto. A Smart, uma marca de automóveis européia, por exemplo, permite que o comprador projete sua própria versão do carro na Web (Figura 16-8).

---

23 Diane D. Wilson e Paul F. Nunes (orgs.), *eEconomy: ein spiel mit neuen regeln*.
24 Diane D. Wilson e Paul F. Nunes (orgs.), *eEconomy: ein spiel mit neuen regeln*.
25 "This toy war is no game", *Business Week*, 9 ago. 1999, p. 54.
26 "Going digital: how new tecnology is changing our lives", p. 19.
27 John O'Conner e Eamonn Galvin. *Marketing & Information technology: the strategy, application and implementation of IT in marketing*. Londres: Pitman Publishing, 1997.

Fonte: Adaptado de http://mitglied.tripod.de/~smartinfo/new2.htm, 20 ago. 1999.

Figura 16-8 Os clientes projetam seu Smart, escolhendo desde versão, opcionais e cores a modalidades de financiamento.

A análise de negócios e de marketing, simultaneamente com o desenvolvimento técnico das idéias de novos produtos, pode usar a TIC na forma de ferramenta de *data mining* (ou 'mineração de dados'), para identificar se há uma provável demanda para o novo produto por parte dos clientes existentes. Por fim, testes de mercado simulados também apressam o processo de desenvolvimento do novo produto. Essas abordagens utilizam a modelagem matemática de dados do composto de marketing para aferir a probabilidade de sucesso do novo produto, e pode tornar supérfluo o teste de marketing real.

COMPONENTES DA CADEIA ELETRÔNICA DE VALOR

Para os praticantes de marketing global, um dos mais drásticos e relevantes efeitos das mudanças tecnológicas foi o 'fim da distância'. Como disse Frances Cairncross, do *Economist*: "O fim da distância como um determinante do custo das comunicações, provavelmente, será a força econômica individual mais importante a moldar a sociedade na primeira metade século [XXI]. Ela alterará, de maneiras apenas remotamente imagináveis, as decisões sobre onde as pessoas moram e trabalham, conceitos de fronteiras nacionais, padrões de comércio internacional. Seus efeitos serão tão impactantes como os da descoberta da eletricidade".[28] Alguns efeitos já estão surgindo na forma de reconfiguração da cadeia de valor.[29] A Figura 16-9 ilustra que a TIC permite uma estrutura organizacional em que nem todas as partes da cadeia de valor precisam estar *fisicamente* presentes em cada país, embora tenham de ser vistas como *virtualmente* presentes por fornecedores e clientes.

---

28 Frances Cairncross, "The death of distance", *Economist: Special Report on Telecommunications*, 30 set. 1995, p. SS5.
29 J. Griese, "Auswirkungen globaler informations und kommuniktionssysteme auf die organisation weltweit tätiger unternehmen". In: W. H. V. Staehle e P. Conrad (orgs.). *Managementforschung 2*. Berlim/Nova York: de Gruyter, 1992, p. 163-175.

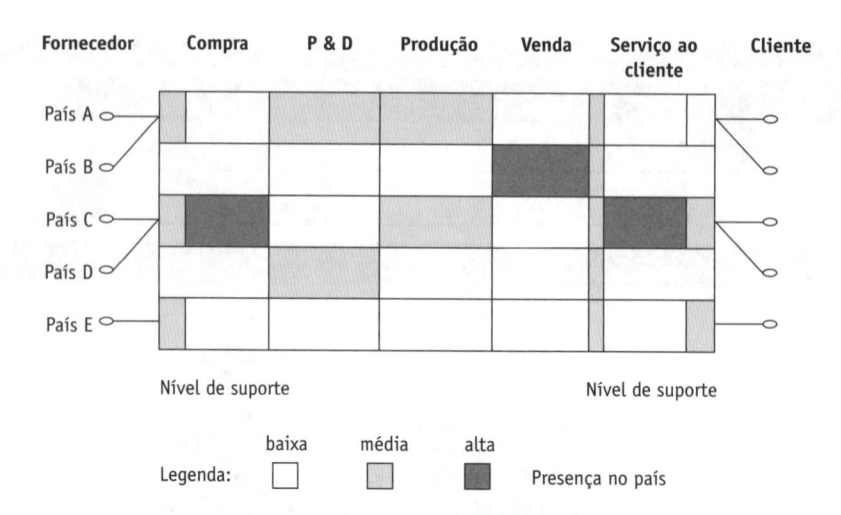

Fonte: Adaptado de J. Griese, "Auswirkungen globaler informations-und kommunikationssysteme auf die organisation weltweit tätiger unternehmen". In: W. H. V. Staehle e P. Conrad (orgs.). *Managementforschung 2*. Berlim/Nova York: de Gruyter, 1992, p. 423.

Figura 16-9   Localização da cadeia de valor em diversos países.

Uma parte importante da atração e da dinâmica do novo ambiente tecnológico brota da capacidade de 'modularizar', 'segmentar' ou 'fragmentar' a cadeia de valor em processos menores e distintos, orientados ao cliente. A TIC facilita a coordenação entre esses módulos em sistemas não-hierárquicos e aumenta a possibilidade de terceirizar módulos específicos.[30] Um fenômeno diretamente relacionado à modularização dentro das empresas é a transformação de cadeias de valor linear em redes multidimensionais. O cliente em geral não sabe que parte da transação é realizada por qual membro específico da rede. O cliente, normalmente, não sabe, por exemplo, que sistema de reserva uma agência de viagens usa para reservar um vôo. Na verdade, o cliente em geral não se importa, desde que as mercadorias e os serviços requeridos sejam entregues conforme pedido. O que parece emergir sob o novo regime tecnológico é uma rede de especialistas

Figura 16-10   Os intermediários como redes de especialistas.

Fonte: Adaptado de Paul F. Nunes e Brian S. Pappas. "Der vermittler auf der suche nach reichtum und glück". Andersen Consulting, 1, 1998, p. 55.

---

30 Arnold Picot, Ralf Reichwald e Rolf T. Wigand. *Die grenzenlose unternehmung: information, organisation und management*. Wiesbaden: Gabler Verlag, 1996.

que permite aos participantes concentrar-se em seus respectivos valores fundamentais (*core values*). A Figura 16-10 ilustra esse argumento.

Fornecedores de contexto

Os fornecedores de contexto, também chamados de 'portais', possibilitam o uso do canal eletrônico tanto para clientes como para fornecedores. Suas principais funções são oferecer acesso ao canal e reduzir a complexidade do ambiente eletrônico. Entre os mais importantes provedores de contexto, estão os serviços on-line da Internet; navegadores Web, como o Netscape Communicator e o Microsoft Explorer, ou ferramentas de busca, como o Yahoo! e o Lycos. Em 1998, os nove principais portais norte-americanos geraram aproximadamente 15% de todo o tráfego da Internet. Seu crescimento, contudo, parece estar diminuindo, e estima-se que o tráfego da Internet através dos nove maiores portais se estabilizará em 20%.[31]

Agentes de vendas

Os agentes de vendas assessoram os fornecedores, principalmente oferecendo *mailings* de alta qualidade de clientes potenciais. A Metromail proporciona um exemplo: oferece aos fornecedores bancos de endereços cuidadosamente organizados de clientes potenciais, que, em geral, contêm muitas informações sobre as preferências do consumidor, dados demográficos etc. Um dos serviços mais recentes ajuda as companhias a abordar grupos-alvo de consumidores e proporcionar ofertas especiais de produtos baseadas em perfis de preferências musicais e de leitura.[32]

Agentes de compra

Do lado do cliente, os agentes eletrônicos de compra ajudam o comprador da Internet a encontrar as mercadorias ou serviços desejados. O Auto-By-Tel, por exemplo, é um serviço que ajuda os clientes a encontrar o carro certo pelo preço certo. Similarmente, ferramentas de busca como o PriceScan permitem aos consumidores encontrar o melhor preço para milhares de produtos de hardware e software de computador. Tais programas vasculham automaticamente a Web, juntando dados de anúncios de revistas e catálogos de vendas. Empresas como a BizBots estão desenvolvendo um 'mercado automatizado de mercados em tempo real de 24 por 7 (24 horas por dia, 7 dias por semana)', que conecta múltiplos sites em vários setores de negócio (como o químico) para proporcionar transparência completa para compradores e vendedores.[33]

Fazedores de mercado

Fazedores de mercado são mediadores que juntam compradores e vendedores e aumentam a eficiência do mercado. Exemplos típicos são os numerosos sites de leilões que surgiram na Web. De acordo com seu site Web, a Onsale, por exemplo, tinha mais de 160 mil visitantes por dia, com mais de um milhão de usuários registrados.[34] E a necessidade de inovar pode também ser sentida nessa parte da cadeia de suprimento. A eBay, com cerca de 5,6 milhões de usuários registrados, um dos líderes mundiais do setor de comércio on-line consumidor–consumidor (C2C), recentemente anunciou a disponibilidade de pagers com 'eBay a-go-go', um novo serviço que permite aos usuários receber atualizações dos leilões eBay via pagers.[35] A PlasticNet.com para plásticos, a Metals.com para aço e vários outros sites reúnem compradores e vendedores em mercados B2B.

---

31 "Portals are mortal after all", *Business Week*, 21 jun. 1999, p. 66-67.
32 E. Sivadas, Grewel R. e J. Kellaris. "The Internet as a micro marketing tool: targeting consumers through preferences revealed in music newsgroup usage", *Journal of Business Research*, 41, nº 3, 1998, p. 179-186.
33 Jerry Wind e Vijay Mahajan, "Digital marketing", p. 6.
34 www.ebay.com/index.html. Visitado em: 30 ago. 1999.
35 www.ebay.com/index.html. Visitado em: 30 ago. 1999.

QUADRO 16-2

PENOP: REGISTRANDO-SE PARA O E-COMMERCE

Uma das últimas dificuldades para a introdução do e-commerce e de uma cultura de negócios sem papéis é a necessidade de assinaturas em documentos como contratos, empréstimos e formulários relacionados com o governo. A empresa inglesa PenOp, porém, alcançou considerável sucesso com sua tecnologia de assinatura eletrônica que legalmente une uma assinatura digital manuscrita à documentação eletrônica. A PenOp agora tem 60 mil usuários no mundo, a maioria nos Estados Unidos, abrangendo desde a FDA (Food and Drug Administration) norte-americana e juízes da Georgia a vendedores de seguros. O software da PenOp é conectado a um computador pessoal como um kit integral de software ou usado via um *pad* de assinatura eletrônica, agora comumente encontrado em laptops, periféricos especiais e PalmPilots. Quando um gerente escreve sua assinatura no *pad*, a PenOp anota 30 diferentes aspectos físicos da ação, inclusive a pressão da caneta e seu ângulo de elevação. O ritmo da ação é registrado cem vezes por segundo, bem como a simetria exata das curvas da assinatura. O perfil eletrônico da assinatura é, então, automaticamente codificado.

Para evitar fraudes, a data e a hora do evento são também registrados. "Esse elemento proporciona força de prova à assinatura", diz Christopher Smithies, que fundou a empresa com Jeremy Newman, "e pode ser usado em futuras pesquisas de auditoria ou exames forenses". O software também inclui uma 'caixa de cerimônia' para lembrar a quem assina que um ato de formalidade sob lei comum está ocorrendo. Mais importante ainda, o software da PenOp impede que o conteúdo desse documento seja alterado depois de assinado. O diretor financeiro da PenOp, Robert Levin, diz: "Nossa segurança tecnológica é muito mais forte que o papel (...) Com o papel, um comprador pode depois negar um pedido por qualquer razão, mas com a assinatura eletrônica segura, irrefutável, isso não é tão fácil".

Nos Estados Unidos, estima-se que 2,8 milhões de assinaturas sejam registradas em papel a cada minuto, e o custo total de imprimir e postar pode ser de 50 dólares cada. Usando a PenOp, no entanto, a FDA estabeleceu de maneira experimental formulários on-line que abrem caminho para um processo de inscrição eletrônica completo para as companhias farmacêuticas. No Condado de Gwinnett, na Georgia, onde as distâncias são grandes, os juízes, que antes tinham de ser visitados pessoalmente por oficiais de polícia para assinar mandados de prisão e busca e apreensão, estão agora conectados via PCs com os postos policiais locais. "Um link de videoconferência capacita os juízes a discutir o mandado e, se estiverem convencidos, assiná-lo usando o sistema PenOp, o qual ninguém na delegacia pode alterar", diz Levin. No Tennessee, o First American Bank oferece seguro em suas agências usando o software da PenOp para verificar assinaturas, e uma companhia de seguros local, com uma força de vendas de sete mil pessoas, usa o recurso para coletar assinaturas para formulários de pedidos de apólice. A seguradora, American General Life and Accident, economizou dois a três milhões de dólares em custos, cortou sua taxa de erro para zero e acelerou o despacho de certificados de apólice.

Com o custo de digitalizadores periféricos caindo de 200 para 30 dólares, a PenOp acredita que o mercado esteja pronto para explodir. "É uma solução final para a papelada", diz Levin. "Achamos que era só o que faltava na capacitação do e-commerce." Recentemente, o software tornou-se compatível com a tecnologia Windows CE. No Reino Unido, a PenOp tem sido usada nos escritórios da DDS em Liverpool, para combater fraudes baseadas em personificação. "Quando três pessoas que diziam ter direito a um benefício viram que tinham de assinar em um computador, saíram rapidamente", diz Smithies. A PenOp também espera que os digitalizadores se tornem amplamente usados para a conferência de assinaturas em transações com cartão de crédito", diz Smithies. "Em comparação, a identificação via *smart cards* não proporciona prova de intenção. A nossa, sim." Em breve a PenOp lançará um segundo produto patenteado, que combina sua tecnologia com a da IriScan, uma empresa norte-americana. James Cambier, diretor de tecnologia da IriScan, diz que seu sistema proporcionará confirmação da identidade da pessoa, enquanto a PenOp garantirá prova legal de intenção pelo autor, como também o 'vínculo' da assinatura ao documento. Ao uniformizar o processo de assinatura, através da Internet, de intranets ou de extranets, a PenOp acredita que seu sistema possa remover um importante e desnecessário gargalo ao desenvolvimento do e-commerce.

Fonte: Marcus Gibson. "Signing up for e-commerce", *Financial Times*, 7 jul. 1999, p. XV.

Especialistas de pagamento e de logística

Atualmente, um dos principais obstáculos para o uso de mercados eletrônicos continua a ser a forma de pagamento via Internet. O desenvolvimento de sistemas de pagamento eletrônico eficientes, entretanto, está avançando rapidamente. Espera-se que, por volta de 2005, cerca de 30% de todos os pagamentos de consumo sejam baseados em sistemas digitais de pagamento.[36] Enquanto isso, as companhias tradicionais de cartão de crédito, como a Visa, estão gerenciando a transferência de pagamentos e os riscos associados. O Quadro 16-2, "PenOp: registrando-se para o e-commerce", mostra como uma companhia inglesa ajuda a vencer um dos últimos impedimentos enfrentados por uma cultura de negócios sem papel: a necessidade de assinatura em documentos.

A distribuição física via Internet somente é possível para produtos de software ou serviços de informação (como informações para investidores, sobre o mercado de ações e bancos de dados). Todos os demais produtos têm de ser embarcados via canais tradicionais. Não obstante, a Internet e a Web proporcionam uma visão inteiramente nova da função tradicional de distribuição. Embora a distribuição física fosse uma das funções básicas dos tradicionais sistemas de varejo/comércio, esse aspecto também pode ser inovado com o uso de especialistas de distribuição internacional (por exemplo, a UPS). Além disso, as funções logísticas de armazéns foram melhoradas pelos especialistas em logística e companhias de software.

Resumo

Os rápidos avanços em tecnologia da informação (TI) estão afetando profundamente a maneira como o marketing global é conduzido. O alcance global e instantâneo a clientes não só abriu canais adicionais de distribuição e comunicação e possibilitou uma definição mais precisa do público-alvo (segmento de um indivíduo), adaptação e interação, mas também fez nascer novos modelos de negócios. As mudanças tecnológicas também fortaleceram os consumidores, assegurando maior transparência, permitindo-lhes propor seus próprios preços, e oferecendo uma plataforma para lidar diretamente uns com os outros em sites de leilões.[37] Este capítulo documentou algumas das mudanças paradigmáticas no ambiente tecnológico e discutiu o impacto dessas mudanças nas regras estabelecidas de concorrência. A necessidade de atingir uma posição dominante de mercado em um espaço muito curto de tempo, o desvio de estratégias focalizadas na empresa para alianças estratégicas e redes, a exigência de alto investimento inicial e a importância ampliada das inovações em andamento estão entre as questões levantadas nesse contexto. Por fim, demos uma olhada mais de perto nos componentes da cadeia eletrônica de valor, para demonstrar os diferentes papéis que os praticantes de marketing globais podem desempenhar no e-commerce.

Questões para Discussão

1. Quais são os atores principais em uma cadeia eletrônica de valores e que funções eles desempenham?
2. Quais são as principais características de consumidores que compram pela Internet e como diferem das características de consumidores tradicionais?
3. Que implicações estratégicas de marketing surgem do assim chamado 'efeito de rede'?
4. Como a TIC pode contribuir para ciclos mais curtos de desenvolvimento de novos produtos? Cite exemplos.
5. Quais são as implicações das mudanças tecnológicas descritas sobre (a) a estrutura organizacional das atividades corporativas em vários países e (b) a importância das fronteiras organizacionais?
6. Dizem que a Internet deu origem a novos modelos de negócios. Você concorda com essa afirmação? Justifique por que concorda ou discorda dessa idéia.

---

36 Georg Kristoferitsch. *Digital money, electronic cash, smart cards: chancen und risiken des zahlungsverkehrs via Internet*. Wien: Überreuter, 1998.
37 Por exemplo, Priceline.com.

Leitura Sugerida

"Going digital: how new technology is changing our lives". Londres: The Economist Newspaper, 1998.

A. Picot, T. Ripperger e B. Wolff. "The fading boundaries of the firm", *Journal of Institutional and Theoretical Economics*, 1996, p. 65-72.

Arnold Picot, Ralf Reichwald e Rolf T. Wigand. *Die grenzenlose unternehmung: information, organisation und management*, 2. ed. Wiesbaden: Gabler Verlag, 1996.

Barry Silverstein. *Business-to-business Internet marketing: proven strategies for increasing profits through Internet direct marketing*. Wilson Press, 1998.

Bodo B. Schlegelmilch e R. Sinkovics. "Marketing in the information age — can we plan for an unpredictable future?", *International Marketing Review*, 14, nº 3, 1998, p. 162-170.

Diane D. Wilson e Paul F. Nunes (orgs.). *eEconomy: Ein piel mit neuen regeln*. Sonderteil ecommerce: wege zum erfolg in der elektronischen wirtschaft. Anderson Consulting, 1, 1998.

E. Sivadas, R. Grewel e J. Kellaris. "The Internet as a micro marketing tool: targeting consumers through preferences revealed in music newsgroup usage", *Journal of Business Research*, 41, nº 3, 1998, p. 179-186.

Evan I. Schwartz. *Digital darwinism: seven breakthrough business strategies for surviving in the cutthroat Web economy*. Nova York: Broadway Books, 1999.

Evan I. Schwartz. *Webonomics*. Nova York: Broadway Books, 1997.

Frances Cairncross. "The death of distance", *Economist: Special Report on Telecommunications*, 30 set. 1995, p. SS5.

Gery Dempsey. "A hands-on guide for multilingual Websites", *World Trade*, 1999.

J. Griese. "Auswirkungen globaler Informations und kommuniktionssysteme auf die organisation weltweit tätiger unternehmen". In: W.h.V. Staehle e P. Conrad (orgs.). *Managementforschung 2*. Berlim/Nova York: de Gruyter, 1992, p. 163-175.

Jeffrey F. Rayport e John J. Sviokla. "Exploiting the virtual value chain", *Harvard Business Review*, nov./dez. 1995, p. 75-85.

Jim Sterne. *Customer service on the Internet: building relationships, increasing loyalty, and staying competitive*. Nova York: John Wiley & Sons, 1996.

John Browning. *Pocket information technology*. Londres: The Economist Books, 1997.

John Deighton. "Commentary on exploring the implications of the Internet for consumer marketing", *Journal of the Academy of Marketing Science*, 24, nº 4, 1997, p. 347-351.

John III Hagel e Marc Singer. *Net worth: shaping markets when customers make the rules*. Boston: Harvard Business School Press, 1999.

Larry Downes e Chunka Mui. *Unleashing the killer app: digital strategies for market dominance*. Boston: Harvard Business School Press, 1998.

Marc Römer. *Strategisches IT-management in internationalen unternehmungen*. Wiesbaden: Gabler, 1997.

Marcia Yudkin. *Marketing online: low-cost, hight-yield strategies for small businesses and professionals*. Nova York: McGraw Hill, 1995.

Marco Iansiti e Alan MacCormack. "Developing products on Internet time", *Harvard Business Review*, set./out. 1997, p. 108-117.

Margo Komenar. *Electronic marketing*. Nova York: John Wiley & Sons, 1996.

Mary Modahl. *Now or never: how companies must change today to win the battle for Internet consumers*. Nova York: HarperBusiness, 2000

P. Dicksen. *Global shift. the internationalization of economic activity*. Londres: Paul Chapman Publishing, 1992.

Patricia B. Seybold. *Customers.com: how to create a profitable business strategy for the Internet and beyond*. Nova York: Times Books, 1998.

Phil Carpenter. *eBrands*. Boston: Harvard Business School Press, 2000.

Philip Evans e Thomas S. Wurster. *Blown to bits*. Boston: Harvard Business School Press, 1999.

Raymond R. Burke. "Virtual shopping breakthrough in marketing research", *Harvard Business Review*, mar./abr. 1996, p. 120-131.

Regis McKenna. "Real-time marketing", *Harvard Business Review*, jul./ago. 1995, p. 87-95.

Richard Tomlinson. "Internet free Europe", *Fortune*, 6 set. 1999.

Ron Gielgun. *How to succeed in Internet business by employing real-world strategies*. Preview Publications, 1998.

Walid Mougayar. *Opening digital markets: battle plans and business strategies for Internet commerce*. Upper Saddle River, NJ: Prentice Hall, 1997.

CAPÍTULO 17

Liderando, Organizando e Monitorando o Esforço de Marketing Global

Parece incrível e, contudo, já aconteceu uma centena de vezes, que tropas se tenham dividido e separado meramente por um misterioso sentimento que surge de maneira convencional, sem nenhuma percepção clara do motivo.

Carl von Clausewitz, 1780–1831
Sobre a guerra (1832–1837), livro III,
Capítulo XI, "Reunião de forças no espaço"

A liderança neste novo panorama já não significa controlar a tomada de decisão. Não temos mais tempo de controlá-la. Significa criar o ambiente certo. Significa capacitação, empowerment. Significa estabelecer diretrizes e fronteiras e parâmetros e deixar as pessoas livres.

Carleton 'Carly' S. Fiorina
Discurso em cerimônia de formatura,
Massachusetts Institute of Technology,
2 jun. 2000

Conteúdo do Capítulo

- Liderança
- Organização
- Auditoria da administração de marketing global
- Resumo
- Questões para discussão

Este capítulo concentra-se na integração de cada elemento do composto de marketing em um plano total que atenda a oportunidades e ameaças esperadas no ambiente do marketing global. Bill Gates, da Microsoft; Rupert Murdoch, da News Corporation; Jack Welch, da General Electric (GE); Richard Branson, da Virgin; Percy Barnavick, da ABB, e Hank Greenburgh, da AIG, são apenas alguns dos líderes globais que, por seu exemplo e pelo sucesso de suas organizações, ilustram o papel crítico da liderança em uma organização global. Os líderes têm de ser capazes de articular uma visão e uma estratégia global coerentes, que integrem a resposta local, a eficiência global e a alavancagem. O desafio é dirigir os esforços e a criatividade de todos na empresa para um esforço global que melhor utilize os recursos organizacionais para explorar oportunidades globais.

LIDERANÇA

O marketing global exige uma liderança excepcional. Como dissemos ao longo do livro, a marca da empresa global é sua capacidade de formular e implementar estratégias globais que possam alavancar o aprendizado mundial, responder inteiramente às necessidades e desejos locais e exigir o talento e a energia de todos os membros da organização. Essa é uma tarefa heróica, que requer visão global e sensibilidade às necessidades locais. Os membros de cada unidade operacional têm de tratar de suas responsabilidades imediatas e, ao mesmo tempo, cooperar com especialistas funcionais, de produto e de país, em diferentes localizações.

Como Carly Fiorina expressou tão eloqüentemente em seu discurso de formatura no MIT:

> A liderança não significa hierarquia ou título ou status: significa ter influência e dominar a mudança. A liderança não significa conquistar direitos ou batalhas, nem acumular riqueza: significa conectar e engajar em vários níveis. Significa desafiar as mentes e capturar corações. A liderança, nesta nova era, significa capacitar os outros a atingir seu pleno potencial. Os líderes não podem mais encarar a estratégia e a execução como conceitos abstratos, mas têm de compreender que ambos os elementos estão, em última análise, relacionados a pessoas.[1]

Equipes

A prática de usar equipes de trabalho autodirigidas para responder aos desafios competitivos está se tornando mais comum. Os estudos divergem sobre quão amplamente essas equipes estão sendo usadas hoje. Um estudo constatou que 47% das mil maiores empresas pela classificação da *Fortune* usavam equipes com pelo menos alguns de seus funcionários. Com a utilização crescente do e-mail, os membros das equipes podem até mesmo estar localizados em diferentes continentes.

Jon Katzenbach e Douglas Smith acreditam que "as equipes se tornarão unidades mínimas de desempenho em organizações de alta performance".[2] A implementação de equipes de trabalho autodirigidas é outro exemplo da necessidade de inovação organizacional para manter a competitividade. Representam outra resposta corporativa à necessidade de achatar a organização, de reduzir custos e custos indiretos gerais e de ser mais reativa.

As empresas estão tentando reduzir a burocracia e a hierarquia, para melhorar a capacidade de reagir e para reduzir custos. Como disse Tom Peters: "Você não pode sobreviver, muito menos pensar em ter sucesso, em um mundo competitivo, com uma estrutura organizacional de seis ou oito níveis hierárquicos. A organização obcecada pelo tempo é achatada — sem barreiras entre as funções, sem fronteiras com o ambiente".[3]

Philip J. Quigley, presidente da Pacific Bell, vê dois tipos de organização: a organização grande, poderosa, mas sobrecarregada, que é como um elefante; a empresa ágil, rápida, porém mais fraca e menor, que é como um coelho. Nenhuma delas, contudo, é inteiramente adequada para concorrer no mercado global competitivo atual. A resposta de Quigley é uma nova forma de organização, o 'coelhefante', que combina a força e a agilidade dos dois tipos de organização atuais.[4]

Postura

Um papel importante da alta direção é instilar, em sua organização, importantes valores necessários ao sucesso em um mercado global. Um valor vital para uma organização global eficaz é ter a postura adequada, tanto para a liderança como para a organização. Gupta e Govindarajan sugerem que se leve em conta o seguinte:[5]

---

1 Carleton 'Carly' S. Fiorina. Discurso em cerimônia de formatura, Massachusetts Institute of Technology (MIT), Cambridge, 2 jun. 2000.
2 Jon R. Katzenbach e Douglas K. Smith, "The discipline of teams", *Harvard Business Review*, mar./abr. 1993, p. 119.
3 Tom Peters, "Time obsessed competition", *Management Review*, mar./abr. 1993, p. 119.
4 Philip J. Quigley, "The coming of the rabbiphant: toward decentralized corporations", *Vital Speeches*, 15 jun. 1990, p. 535.
5 Anil K. Gupta e Vijay Govindarajan, "Success is all in the mindset", *Financial Times Mastering Global Business*, p. 2.

Composição do quadro de diretores — mistura de nacionalidades, experiência internacional, habilidades lingüísticas.

Escolha de localizações para as reuniões da diretoria.

Background do presidente, do comitê executivo e dos gerentes de unidades de negócio em termos de experiência internacional e habilidades lingüísticas.

Distribuição do tempo que o presidente passa nas várias regiões.

Escolha das localizações para as sedes das unidades de negócios.

Proporção de gerentes seniores e de nível médio que são membros de equipes além-fronteira.

Escalas de carreira de executivos que recompensem a experiência internacional.

Medição de desempenho e sistema de incentivos que motivem os gerentes seniores a otimizar não somente o desempenho local, mas também o global.

ORGANIZAÇÃO

A meta ao organizar para o marketing global é encontrar uma estrutura que capacite a empresa a responder a diferenças relevantes de ambiente de mercado, ao mesmo tempo que assegura a difusão de conhecimento e experiência corporativos a partir dos mercados nacionais por todo o sistema corporativo. O equilíbrio de forças entre valor do conhecimento e coordenação centralizados e a necessidade de resposta individualizada para a situação local cria uma tensão constante na organização de marketing global. Uma questão-chave na organização global é como conseguir equilíbrio entre autonomia e integração. As subsidiárias necessitam de autonomia para se adaptar a seu ambiente local. O negócio como um todo, no entanto, necessita de integração, para implementar a estratégia global.[6]

Quando a alta administração de uma empresa doméstica decide perseguir uma expansão internacional, surge imediatamente a questão de como organizar. Quem seria responsável por essa expansão? As divisões de produto devem operar diretamente, ou deve-se estabelecer uma divisão internacional? As subsidiárias de cada país devem reportar-se diretamente ao presidente da empresa, ou um executivo corporativo especial deve ser nomeado para assumir responsabilidade em tempo integral pelas atividades internacionais? Uma vez alcançada a primeira decisão sobre como organizar as operações internacionais iniciais, uma empresa em crescimento enfrenta vários pontos de novas reavaliações durante o desenvolvimento de suas atividades internacionais de negócio. Uma empresa deve abandonar sua divisão internacional? Nesse caso, que estrutura alternativa deve ser adotada? Devem ser formadas sedes regionais? Qual deve ser o relacionamento dos executivos nos escritórios corporativos, regionais e de subsidiárias? Especificamente, como deve ser organizada a função de marketing? Em que medida os executivos de marketing corporativo e regionais devem envolver-se no gerenciamento de marketing das subsidiárias?

É importante reconhecer que não existe uma única estrutura organizacional correta para o marketing global. Mesmo dentro de um mesmo setor, as corporações mundiais desenvolveram respostas estratégicas e organizacionais muito diferentes às mudanças em seus ambientes. Ainda assim, é possível fazer algumas generalizações. Concorrentes globais, de liderança destacada, compartilham uma característica-chave de projeto organizacional. Sua estrutura corporativa é simples e achatada, em vez de alta e complexa. A mensagem é clara: o mundo é suficientemente complicado; não há necessidade de aumentar a confusão com uma estrutura interna complexa. Estruturas simples aumentam a velocidade e a clareza das comunicações e permitem a concentração de energia organizacional e recursos valiosos em *aprender*, e não em controlar, monitorar e reportar.[7] De acordo com David Whitwan, presidente da Whirlpool, "você tem de criar uma organização cujo pessoal seja hábil em trocar idéias, processos e sistemas através de fronteiras, pessoas que sejam absolutamente livres da síndrome do 'não foi criado aqui', que estejam constantemente traba-

---

6 George S. Yip. *Total global strategy*. Upper Saddle River, NJ: Prentice Hall, 1992, p. 179.
7 Vladimir Pucik, "Globalization and human resource management". In: V. Pucik, N. Tichy e C. Barnett (orgs.). *Globalizing management creating and leading the competitive organization*. Nova York: Wiley, 1992, p. 70.

lhando juntas para identificar as melhores oportunidades globais e os maiores problemas globais enfrentados pela organização".[8]

Uma empresa geograficamente dispersa não pode limitar seu conhecimento a produto, função e território de origem. O pessoal da empresa tem de conhecer o complexo conjunto de arranjos sociais, políticos, econômicos e institucionais que existe dentro de cada mercado internacional. A maioria das empresas, depois de arranjos iniciais *ad hoc* — por exemplo, todas as subsidiárias estrangeiras se reportando a um vice-presidente designado ou ao presidente —, estabelece uma divisão internacional para gerenciar seu novo negócio geograficamente disperso. Fica claro, contudo, que a divisão internacional, na empresa, de múltiplos produtos é um arranjo organizacional instável. À medida que uma empresa cresce, essa estrutura organizacional inicial dá lugar a várias estruturas alternativas.[9]

No ambiente competitivo global de hoje, de mudança rápida, as corporações estão tendo de descobrir maneiras novas e mais criativas para se organizar. Novas formas de flexibilidade, eficiência e reatividade são necessárias para atender às demandas do mercado. A necessidade de ser eficaz em custos, de ser orientado para o cliente, de entregar a melhor qualidade e de entregar essa qualidade rapidamente são algumas das realidades do mercado atual.

Diversos autores descreveram novos projetos organizacionais que representam respostas ao ambiente competitivo do século XXI. Esses projetos reconhecem a necessidade de encontrar estruturas mais reativas e flexíveis, de achatar a organização e de utilizar equipes. Reconhecem também a necessidade de desenvolver redes, de desenvolver relacionamentos mais fortes entre os participantes e de explorar a tecnologia. Refletem também uma evolução nos enfoques de eficácia organizacional. No início do século XX, Fredrick Taylor afirmava que todos os gerentes tinham de ver o mundo da mesma maneira. Então, vieram os teóricos da contingência, que disseram que as organizações eficazes deveriam ter uma estrutura que atendesse a suas peculiaridades. Essas duas teorias básicas refletem-se, hoje, nos escritos mais populares sobre administração. Como observou Henry Mintzberg: "Para Michael Porter, a eficácia reside em estratégia, enquanto, para Tom Peters, são as operações que contam — executar qualquer estratégia com excelência".[10] As empresas de sucesso, os verdadeiros vencedores globais, têm de ter ambas: boas estratégias e boa execução.

Padrões de desenvolvimento organizacional internacional

As organizações variam em termos do tamanho e do potencial de mercados globais almejados e da competência do gerenciamento local em diferentes mercados nacionais. Pressões conflitantes podem surgir da necessidade de conhecimento técnico e de produto, expertise funcional em marketing, finanças e operações e conhecimento de área e de país. Como a infinidade de pressões que moldam as organizações nunca é exatamente igual, nunca duas organizações passam por estágios organizacionais exatamente da mesma maneira, nem chegam precisamente ao mesmo padrão organizacional. Não obstante, alguns padrões gerais se desenvolveram.

A maioria das empresas empreendem suas expansões internacionais iniciais com uma organização similar às das figuras 17-1 e 17-2. Quando uma empresa é organizada nessa base, as subsidiárias estrangeiras reportam-se diretamente ao presidente da empresa ou a outro executivo designado, que cuida de suas responsabilidades sem assistência de uma equipe da matriz. Esse é um arranjo inicial típico para empresas que iniciam suas operações de marketing internacionais.

Estrutura de divisão internacional

À medida que o negócio internacional de uma empresa cresce, a complexidade de coordenar e dirigir essa atividade vai além do escopo de uma única pessoa. Cria-se uma pressão para a montagem de grupo, que

---

8 Regina Fazio Maruca, "The right way to go global: an interview with Whirlpool CEO David Whitwam", *Harvard Business Review*, mar./abr. 1994, p. 136-137.
9 John M. Stopford e Louis T. Wells Jr. *Managing the multinational enterprise*. Nova York: Basic Books, 1972.
10 Henry Mintzberg, "The effective organization: forces and forms", *Sloan Management Review*, inverno 1991, p. 54-55.

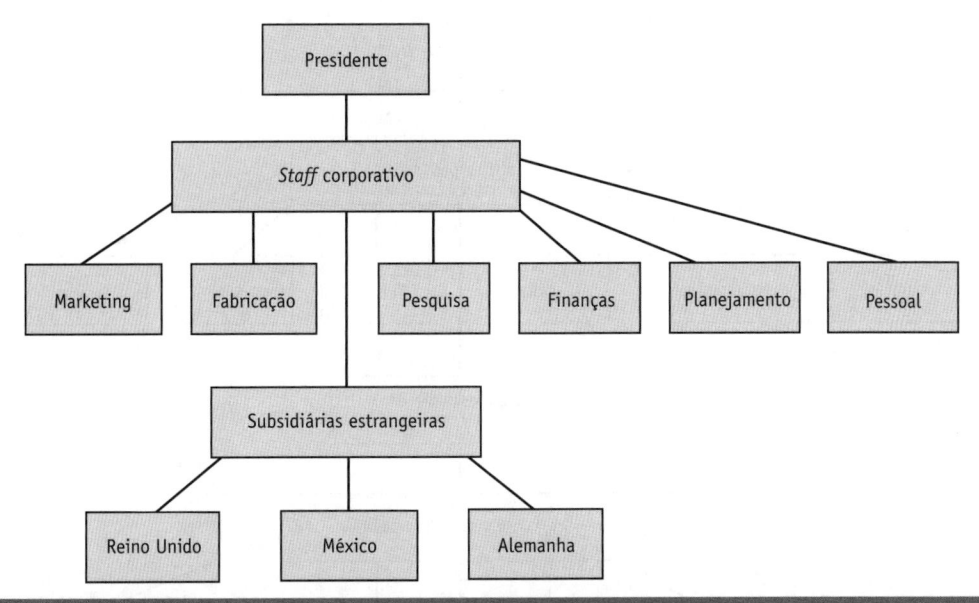

Figura 17-1 Estrutura corporativa funcional, orientação de *staff* corporativo doméstico, divisão pré-internacional.

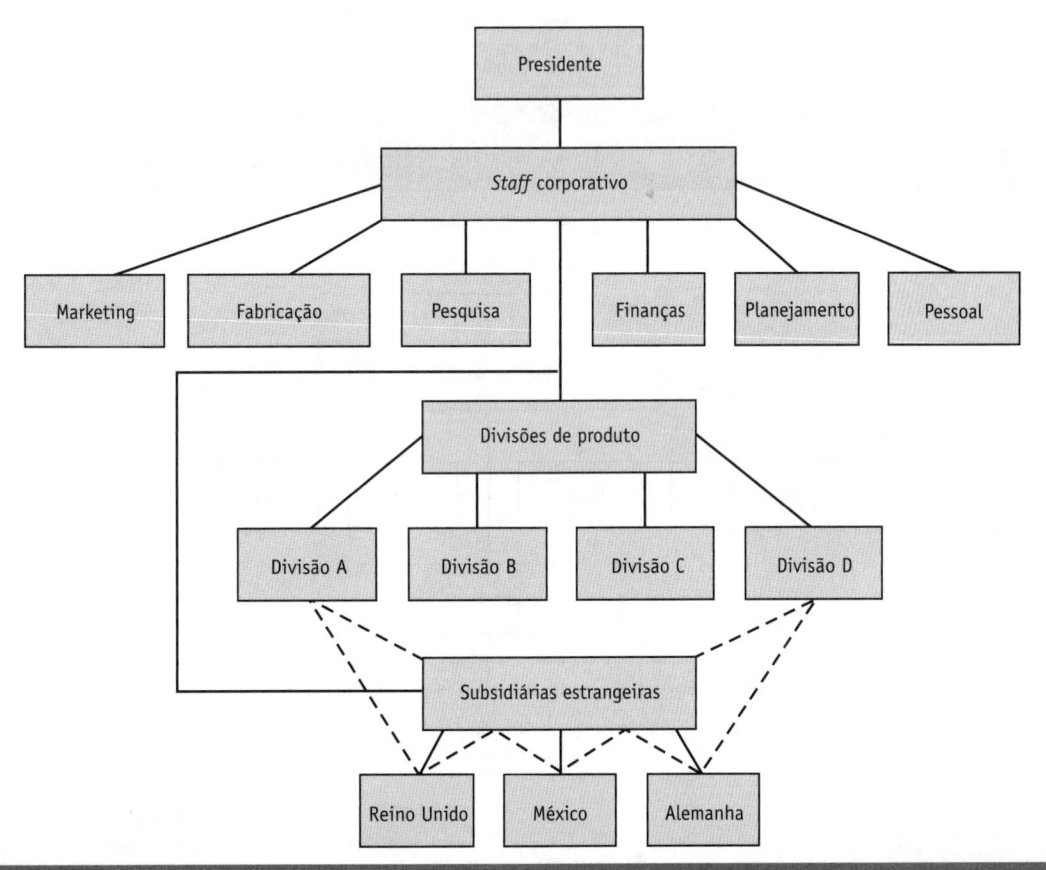

Figura 17-2 Estrutura corporativa divisional, *staff* de divisão de produtos orientado domesticamente, divisão pré-internacional.

assumirá a responsabilidade de coordenar e dirigir as crescentes atividades internacionais da organização. Essas pressões podem acabar por levar à criação de uma divisão internacional, conforme ilustrado nas figuras 17-3 e 17-4.

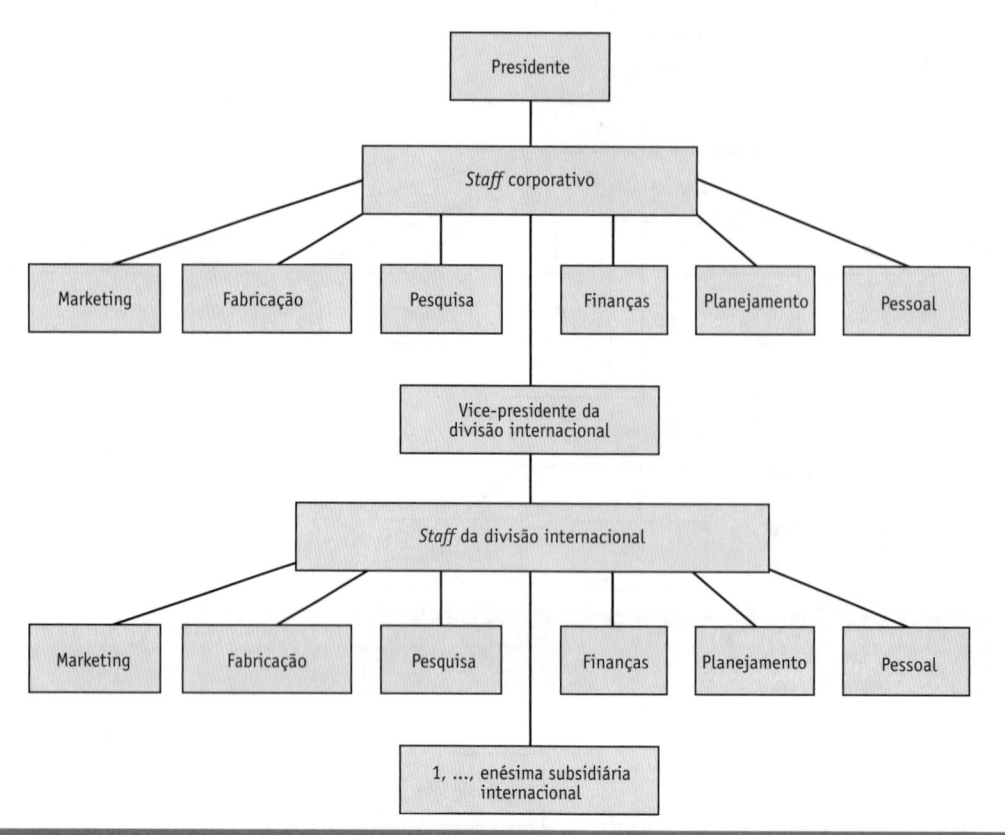

Figura 17-3 Estrutura corporativa funcional, orientação de *staff* corporativo doméstico, divisão internacional.

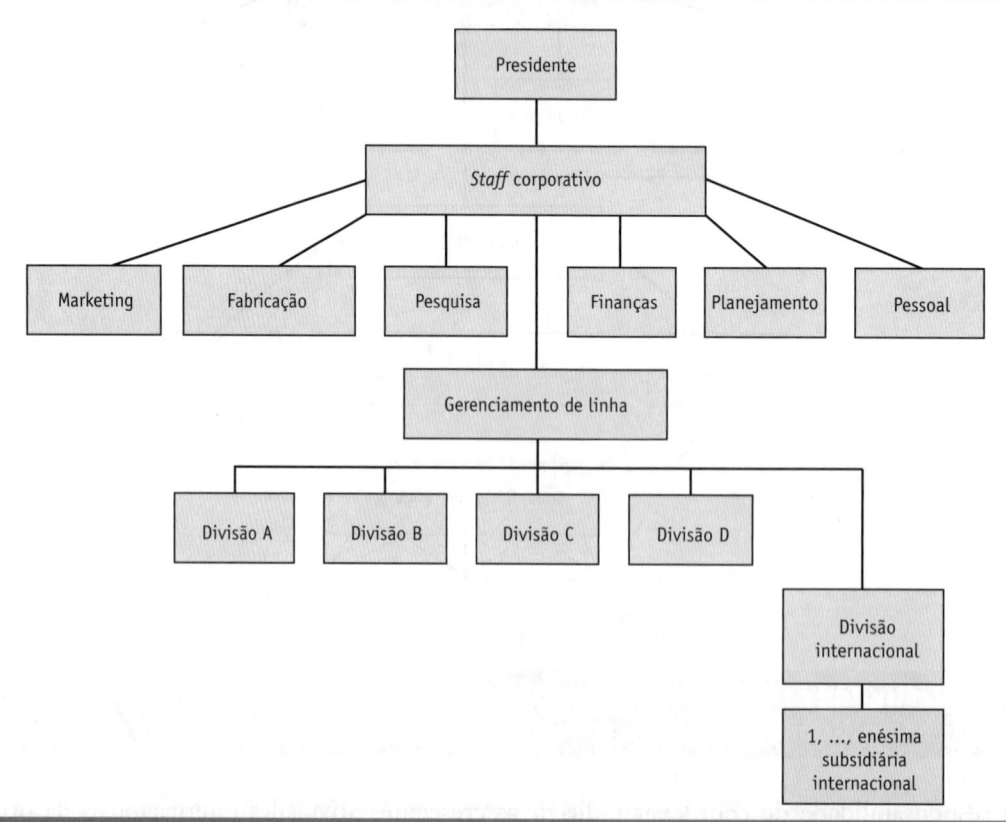

Figura 17-4 Estrutura corporativa divisional, *staff* corporativo orientado domesticamente, divisões orientadas por produto, divisão internacional.

Quatro fatores contribuem para o estabelecimento de uma divisão internacional. Primeiro, o compromisso da alta administração com as operações globais cresceram o bastante para justificar uma unidade organizacional chefiada por um gerente sênior. Segundo, a complexidade das operações internacionais requerem uma unidade organizacional específica, cuja gerência tenha autoridade suficiente para fazer sua própria determinação em questões importantes, tais como qual estratégia de entrada de mercado empregar. Terceiro, uma divisão internacional é formada, em geral, quando a empresa reconhece a necessidade de especialistas internos lidarem com as exigências específicas das operações globais. Um quarto fator surge quando a administração decide desenvolver a capacidade de examinar o horizonte global em busca de oportunidades e ameaças competitivas, em vez de simplesmente responder a situações que se apresentam à empresa.

Centros de gerenciamento regional

Outro estágio da evolução organizacional é a emergência de uma área ou sede regional como uma camada de gerenciamento entre a organização do país e a sede da divisão internacional. Essa divisão está ilustrada nas figuras 17-5 e 17-6. Quando o negócio é conduzido em uma única região, que se caracteriza por

Figura 17-5 Estrutura corporativa funcional, orientação de *staff* corporativo doméstico, divisão internacional, divisões de área.

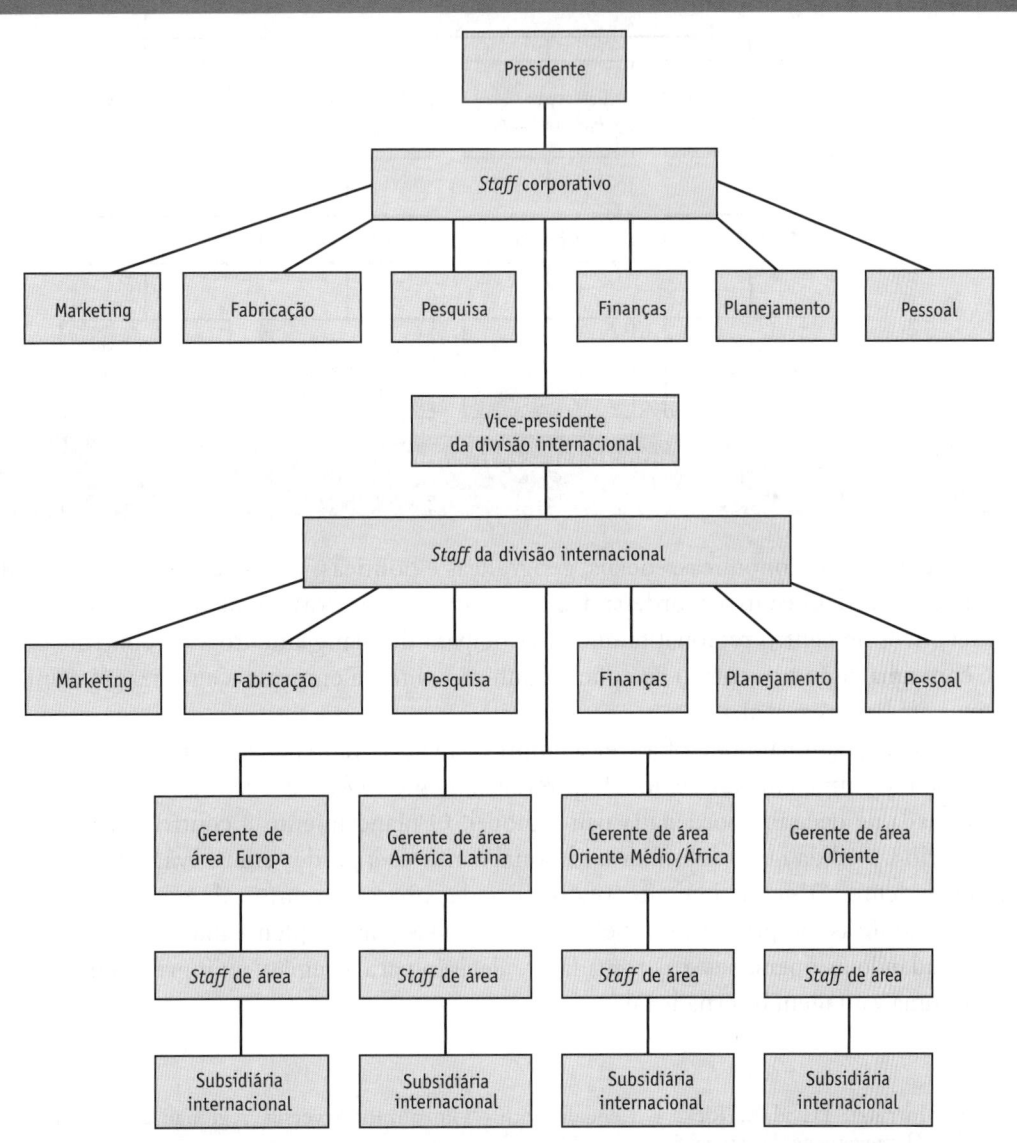

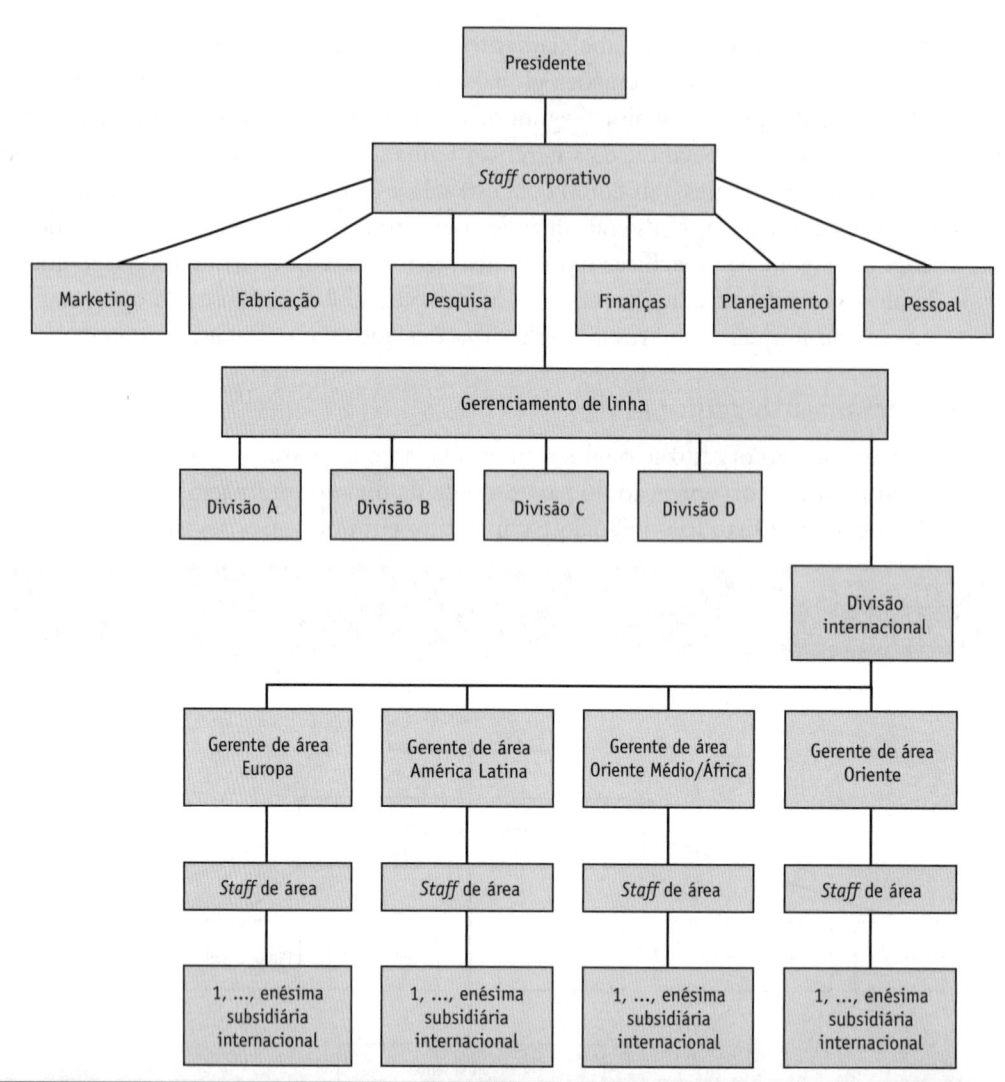

Figura 17-6 Estrutura corporativa divisional, *staff* corporativo orientado domesticamente, divisão internacional, subdivisões de área.

similaridades de condições econômicas, sociais, geográficas e políticas, torna-se necessário e justifica-se um centro de gerenciamento. O centro coordena decisões sobre preços, fornecimento de produtos e outros assuntos. Os executivos do centro regional também participam do planejamento e do controle das operações de cada país, com uma visão no sentido de aplicar conhecimento da empresa e a utilização ótima dos recursos corporativos em base regional.

O gerenciamento regional pode oferecer à empresa diversas vantagens. Primeiro, muitos gerentes regionais concordam que uma unidade regional de gerenciamento *in loco* tem sentido quando há uma necessidade real de tomada de decisão coordenada pan-regional. O planejamento e controle regional coordenado torna-se necessário à medida que a subsidiária nacional continua a perder em relevância como uma unidade operativa independente. O gerenciamento regional pode, provavelmente, obter o melhor equilíbrio de considerações geográficas, de produto e funcionais requeridas para implementar com eficácia os objetivos corporativos. Mudando as operações e as tomadas de decisão para a região, a empresa aumenta sua capacidade de manter uma vantagem interna local.[11]

---

11 Veja Allen J. Morrison, David A. Ricks e Kendall Roth, "Globalization versus regionalization: which way for the multinational?", *Organizational Dynamics*, inverno 1991, p. 25.

Uma desvantagem importante de um centro regional é o custo. Mesmo um escritório de duas pessoas pode custar mais de 600 mil dólares por ano. A escala de gerenciamento regional tem de estar alinhada com a escala de operações em uma região. Uma sede regional é prematura sempre que o tamanho das operações que ela gerencia é inadequado para cobrir os custos da camada adicional de gerenciamento. Assim, a questão básica com relação à sede regional é: "Ela contribui o suficiente para a eficácia organizacional para justificar seu custo e a complexidade de outro nível hierárquico de gerenciamento?".

Estrutura geográfica

A estrutura geográfica envolve a atribuição de responsabilidade operacional das áreas geográficas do mundo para gerentes de linha. A sede corporativa retém a responsabilidade pelo planejamento e pelo controle mundiais, e cada área do mundo — inclusive o mercado de origem ou básico — é organizacionalmente igual. Para uma empresa de origem francesa, a França é mais um mercado geográfico sob esse arranjo organizacional. A aplicação mais comum dessa estrutura dá-se em empresas com linhas de produto estreitamente relacionadas, vendidas em mercados de usuário final similares pelo mundo. As principais empresas internacionais de petróleo, por exemplo, utilizam a estrutura geográfica, ilustrada na Figura 17-7.

Estrutura de divisões de produto globais

Quando uma empresa atribui a suas divisões de produto responsabilidade sobre o produto no mundo todo, elas têm de decidir se devem depender de uma divisão internacional, dividindo, assim, seu mundo em doméstico e estrangeiro, ou confiar em uma estrutura de áreas em que cada região do mundo seja organizacionalmente tratada da mesma maneira. Na maioria dos casos em que uma empresa divisional muda de uma divisão corporativa internacional para divisões mundiais de produto, há dois estágios na internacionalização das divisões de produto. O primeiro ocorre quando a responsabilidade internacional é transferida

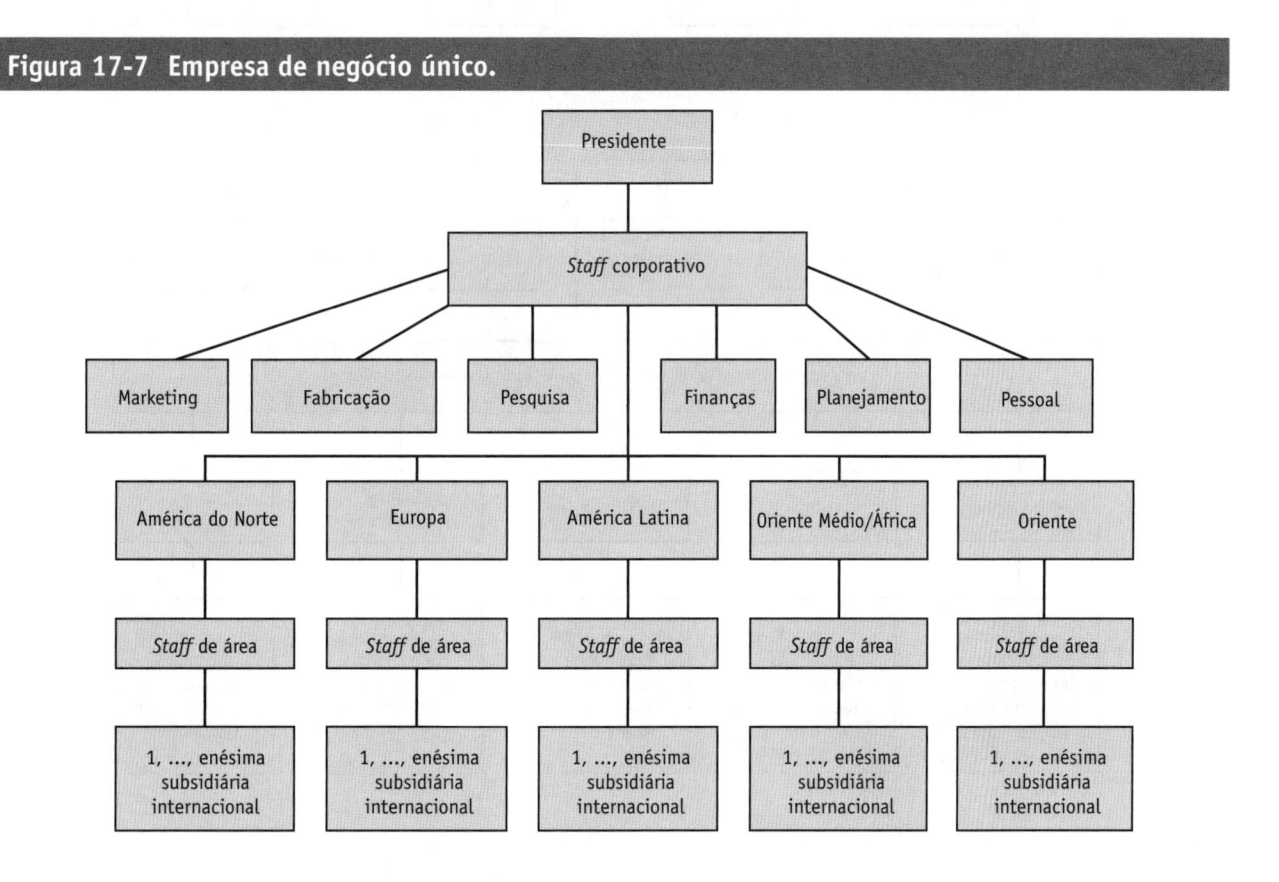

Figura 17-7 Empresa de negócio único.

de uma divisão corporativa internacional para os departamentos internacionais de divisão de produto. O segundo ocorre quando as próprias divisões de produto transferem a responsabilidade internacional de departamentos internacionais dentro das divisões para a organização divisional total. Na verdade, essa mudança é a utilização de uma estrutura geográfica dentro de cada divisão de produto. A divisão mundial de produto com um departamento internacional está ilustrada na Figura 17-8. A estrutura de produto funciona melhor quando a linha de produtos de uma empresa é amplamente diversificada, quando os produtos são dirigidos para uma variedade de mercados de usuários finais e quando se requerem recursos de tecnologia relativamente alta.

Figura 17-8 Estrutura corporativa mundial de divisão por produto com orientação de *staff* corporativo mundial (empresa multidivisional).

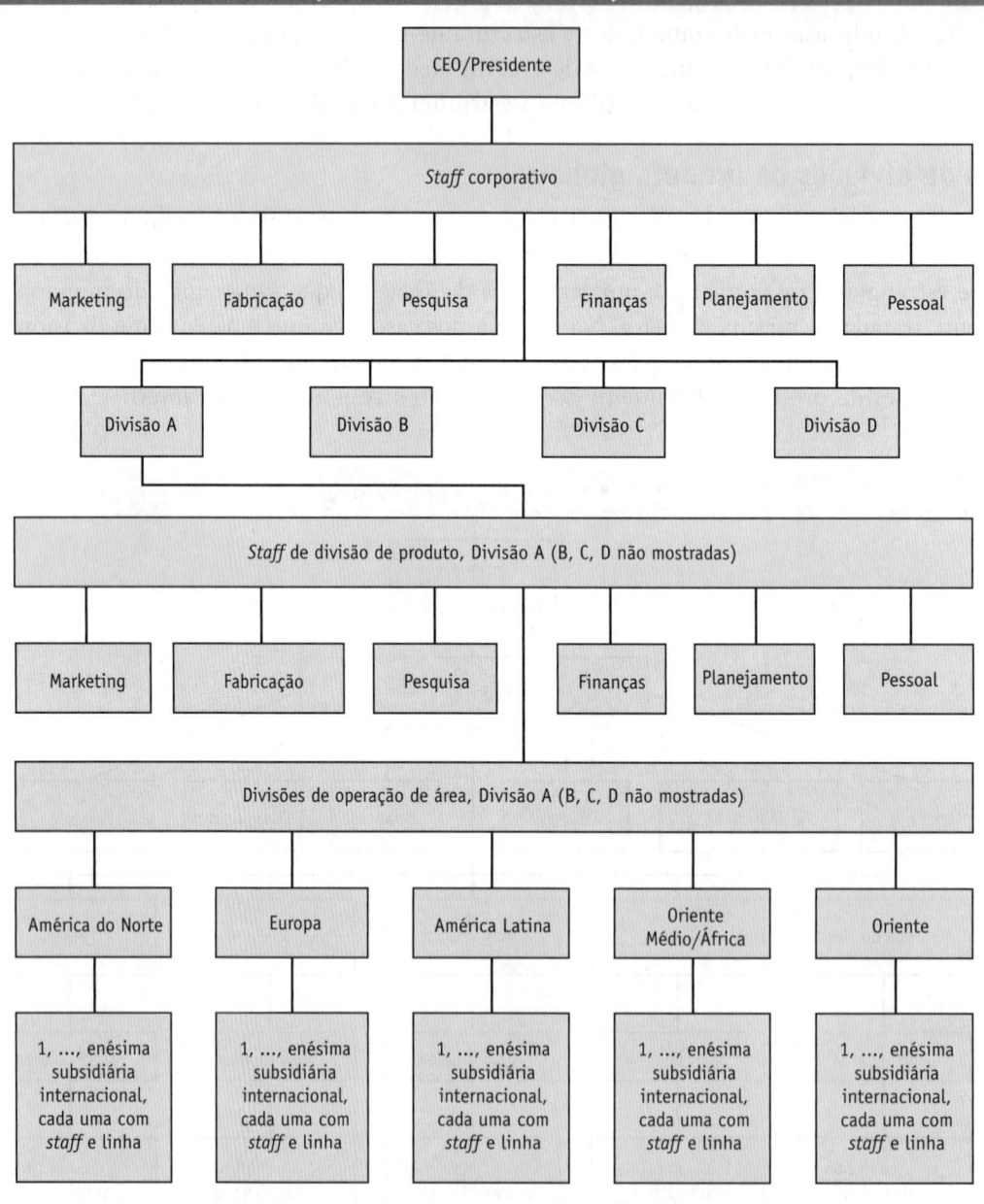

Estrutura matricial

O arranjo organizacional mais sofisticado abriga quatro competências essenciais em uma base mundial. Essas competências são:

1. *Conhecimento geográfico*. Compreender o mercado básico econômico, social, cultural, político e governamental e as dimensões competitivas de um país é essencial. A subsidiária do país é o principal dispositivo estrutural empregado, hoje, para capacitar a corporação a adquirir conhecimento geográfico.
2. *Conhecimento e know-how do produto*. Os gerentes de produto com responsabilidade mundial podem alcançar esse nível de competência em âmbito global. Outra maneira de atingir competência global de produto é simplesmente duplicar as organizações de gerenciamento de produto em divisões domésticas e internacionais, alcançando alta competência em ambas as unidades organizacionais.
3. *Competência funcional em campos como finanças, produção e, especialmente, marketing*. O *staff* corporativo funcional com responsabilidade mundial contribui para o desenvolvimento de competência funcional em âmbito global. Em grande número de empresas, a nomeação de gerentes funcionais de subsidiárias internacionais é revista pelo gerente funcional corporativo responsável pelo desenvolvimento de sua atividade funcional na organização em âmbito global.

O que tem emergido em um crescente número de empresas é uma relação de linha pontilhada entre os *staffs* corporativos, regionais e de países. O relacionamento de linha pontilhada varia desde um mero aconselhamento oferecido pelo *staff* corporativo ou regional ao *staff* regional de país, até uma relação de linha 'mais grossa', em que as atividades do *staff* de um nível organizacional mais baixo são dirigidas e aprovadas por *staff* de nível mais alto. As relações de organizações de *staff* poderão tornar-se uma fonte de tensão e conflito em uma organização, se a alta administração não criar um clima que encoraje a integração organizacional. O *staff* da sede deseja estender seu controle e sua influência sobre as atividades do *staff* de nível mais baixo.

Em pesquisa de mercado, por exemplo, a menos que haja coordenação de projeto e atividade de pesquisa, a sede internacional é incapaz de comparar um mercado com outro. Se o gerenciamento de linha, em vez de reconhecer a contribuição potencial de um *staff* mundial integrado, quiser operar com o máximo de autonomia, a influência do *staff* corporativo será considerada indesejável. Em tal situação, a parte mais forte ganhará. Isso pode ser evitado se o nível de gerenciamento ao qual tanto a linha como o *staff* se reportam cria um clima e uma estrutura que esperam e requerem a cooperação de linha e *staff*, além de reconhecer que cada uma tem responsabilidades por importantes aspectos do gerenciamento de mercados internacionais.

4. *Conhecimento do cliente ou setor e de suas necessidades*. Em certas empresas internacionais grandes e muito sofisticadas, o *staff* com a responsabilidade de atender a setores em âmbito global existe para auxiliar os gerentes de linha nas organizações internacionais, em seus esforços de penetrar em mercados específicos de consumo.

Na empresa internacional inteiramente desenvolvida e de grande escala, o know-how de produto, função, área e cliente é simultaneamente focalizado nos objetivos mundiais de marketing da organização. Esse tipo de competência total é a organização matricial. Na organização matricial, a tarefa do gerenciamento é atingir um equilíbrio organizacional que reúna diferentes perspectivas e habilidades para realizar os objetivos da empresa. Sob esse arranjo, em vez de designar organizações ou divisões de produto como centros de lucro, ambas são responsáveis pela lucratividade: a organização nacional, pelos lucros do país, e as divisões de produto, pela lucratividade nacional e mundial do produto. A Figura 17-9 ilustra a organização matricial.

O organograma da organização começa com uma seção inferior, que representa o nível de responsabilidade sobre um único país, sobe para representar o nível de área ou internacional e continua para representar a responsabilidade global das divisões de produto para com o *staff* corporativo e para com o presidente no topo da estrutura.

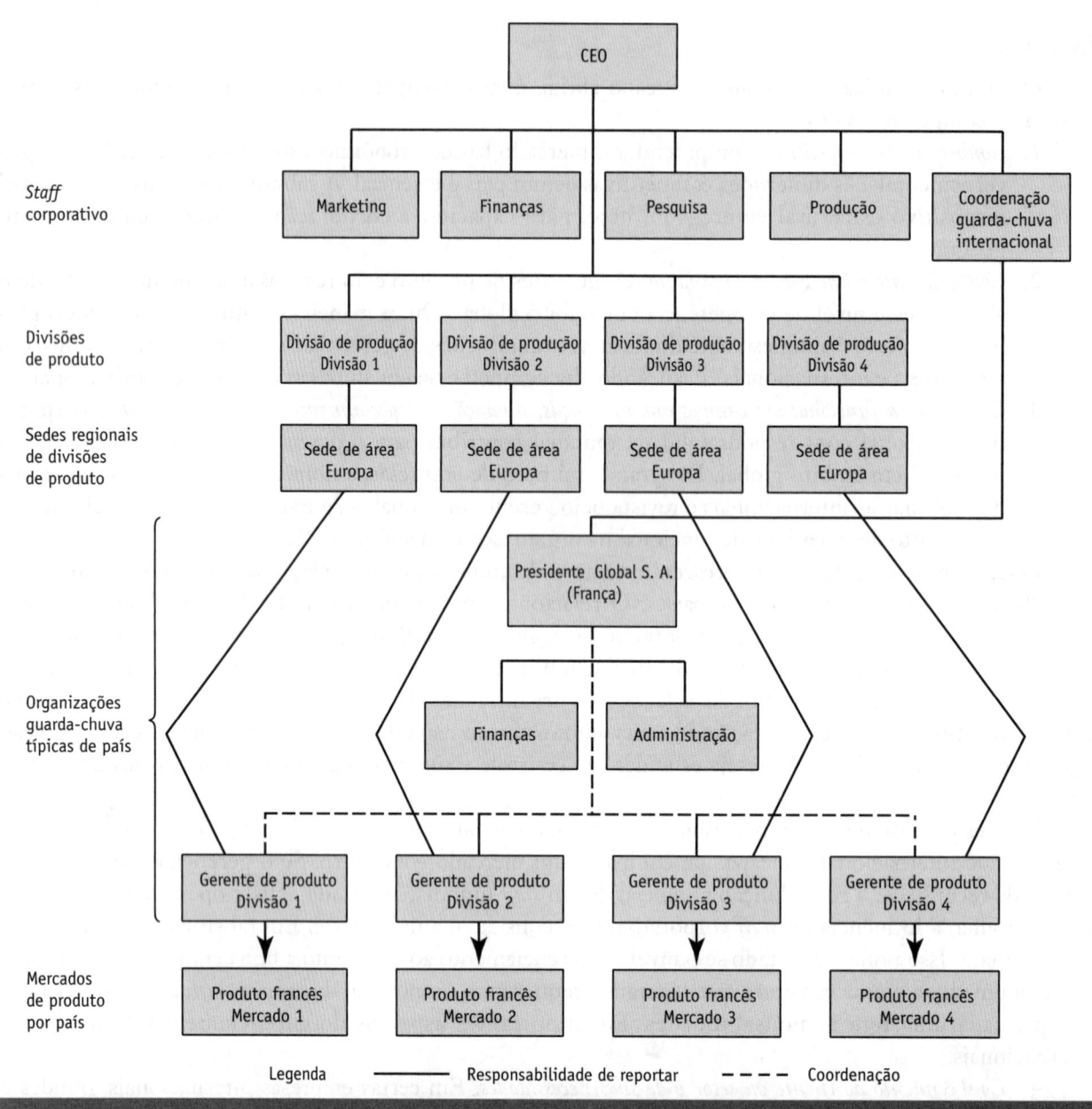

Figura 17-9 A estrutura matricial.

A chave do sucesso no gerenciamento matricial é a medida em que os gerentes da organização são capazes de resolver conflitos e realizar integração dos programas e planos da organização. Assim, a mera adoção de um projeto ou estrutura em matriz não cria uma organização matricial. A organização matricial requer uma mudança fundamental no comportamento gerencial, na cultura organizacional e nos sistemas técnicos. Em uma matriz, a influência baseia-se na competência técnica e na sensibilidade interpessoal, não em autoridade formal. Em uma cultura matricial, os gerentes reconhecem a absoluta necessidade de resolver questões e escolhas no nível mais baixo possível e não dependem da autoridade mais alta.

Relações entre estruturas, diversificação externa de produto e tamanho

John Stopford e Louis T. Wells Jr. testaram a hipótese de que existe uma relação entre estrutura, diversificação externa de produto (definida como vendas de uma empresa fora de sua linha principal de produto, expressa como uma porcentagem das vendas totais) e tamanho. Essa formulação postula que, quando o tamanho do mercado externo cresce, a emergência de uma divisão de área se desenvolve de modo que, sempre que o tamanho no estrangeiro for 50% do tamanho total ou mais, provavelmente se adotarão diversas divisões de área. Por outro lado, à medida que a diversificação externa de produto cresce, aumenta a possibilidade de as divisões de produto operarem em base mundial. Em uma empresa em que haja tanto diversidade mundial de produto quanto negócios externos de grande escala, considerados como uma porcentagem do negócio total, a operação externa tenderá a mover-se em direção à estrutura matricial. As empresas com limitada diversificação externa de produto (menos de 10%) e tamanho limitado como porcentagem do tamanho total, utilizarão a estrutura internacional. Essa formulação é resumida esquematicamente na Figura 17-10.

Estrutura organizacional e origem nacional

Antes da década de 60, a estrutura multidivisional norte-americana raramente era encontrada fora dos Estados Unidos. Essa estrutura foi introduzida no país já em 1921, por Alfred P. Sloan, na General Motors. A estrutura multidivisional nos Estados Unidos apresentava três características distintas. Primeiro, a responsabilidade de lucro para decisões operacionais era atribuída a gerentes gerais de unidades de negócio autocontidas. Segundo, havia uma sede corporativa que se ocupava de planejamento estratégico, avaliação e alocação de recursos entre as divisões de negócios. Terceiro, os executivos das sedes corporativas eram separados das operações e psicologicamente comprometidos com toda a organização, e não com divisões específicas.[12] Durante a década de 60, as empresas européias sofreram um período de reorganização sem precedentes. Essencialmente, adotaram a estrutura divisional norte-americana. Hoje, em linhas gerais, há pouca diferença entre organizações européias e norte-americanas.

A estrutura organizacional das empresas japonesas e de outras empresas asiáticas é bem diferente da do modelo norte-americano. As organizações japonesas, por exemplo, dependem de generalistas, não de especialistas funcionais, e fazem maior utilização de equipes de projeto para design e fabricação de produtos. Elas também formam um relacionamento mais estreito com os fornecedores do que as empresas norte-americanas, estão em uma relação diferente quanto a fontes de capital e têm uma estrutura de governança fundamentalmente diferente das empresas norte-americanas. O sucesso das empresas japonesas recomendou a avaliação cuidadosa de sua estrutura e projeto organizacionais, e muitas empresas não-japonesas adotaram com sucesso características de projeto organizacional japonês.

Figura 17-10 Relação entre estrutura, diversificação de produto estrangeiro e tamanho no estrangeiro (como % do tamanho total).

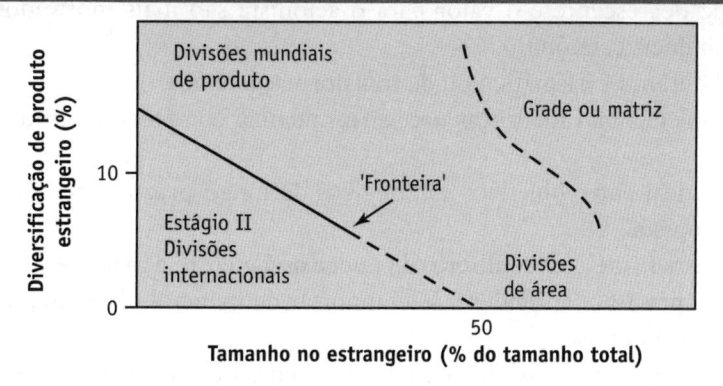

Fonte: Adaptado de John M. Stopford e Louis T. Wells Jr., *Managing the multinational enterprise*. Nova York: Basic Books, 1972.

---

12 Lawrence G. Franco, "The move toward a multidivisional structure in European organizations", *Administrative Science Quartely*, v. 19, nº 4, dez. 1974, p. 493-506.

Estruturando para marcas globais

P. Hankinson e G. Hankinson concluíram que a estrutura organizacional necessária para marcas globais requer uma ênfase muito maior em integrar e/ou 'globalizar' o processo de marketing em âmbito mundial,[13] como também promover e inserir, dentro da cultura da corporação, a cooperação inter e intra-organizacional. Eles identificaram oito novos arranjos organizacionais para apoiar o gerenciamento global de marca.

Grupos de coordenação global: similares aos grupos de discussão, mas com foco na implementação. São orientados por tarefa e são instrumentais no estabelecimento de uma cultura corporativa.

Grupos de planejamento estratégico: envolvem equipes de gerenciamento de marca multidisciplinares ou interfuncionais, cujo propósito é implementar políticas e estratégias desenvolvidas centralmente com um foco local.

Conceito de país líder: diferentes países assumem responsabilidades de liderança para uma marca específica ou um aspecto específico da política de marketing. No caso da Mars Candy, os Snickers são dirigidos a partir da Alemanha; os M&Ms, da Holanda; o Twix, da França, e o Galaxy e o Bounty, da Inglaterra.

Gerentes globais de marca: essa é uma posição alta na empresa e assume o papel de defensor de marca.

Estrelas nascentes: à medida que novos produtos e serviços são desenvolvidos, a empresa empreendedora é projetada para além da empresa-mãe e encorajada a crescer em uma subsidiária separada. Um exemplo é a Thermo Electron.

Organizações por clusters: membros individuais podem trabalhar em diferentes empreendimentos dentro da empresa, à medida que e quando suas habilidades particulares forem necessárias. A General Electric e a Volvo são exemplos.

Alianças estratégicas, joint-ventures, *fusões e aquisições*: essas estruturas formam um *continuum* e, coletivamente, são chamadas de relacionamentos híbridos, interorganizacionais. São exemplos a Hewlett-Packard e a Matsushita.

Estruturas em rede: embora assuma várias formas, no cerne de cada estrutura está o princípio fundamental de que certo número de organizações, empresas e indivíduos diferentes trabalham juntos em um projeto comum de negócio.

Implicações para a mudança na estrutura organizacional

Baseados em sua pesquisa, P. Hankinson e G. Hankinson identificaram as seguintes implicações para o gerenciamento de empresas globais:

1. A lucratividade decrescente e o valor para o acionista são mais motivadores de mudança que a crescente turbulência econômica.
2. Um estilo de liderança carismático ou de transformação é útil.
3. Aqueles que implementam mudanças necessitam de uma compreensão firme de *todos* os aspectos do negócio.
4. Um equilíbrio ideal entre objetivos estratégicos de longo prazo e atenção de curto prazo para o valor para o acionista.
5. Equilíbrio 'frouxo-firme'. (O equilíbrio de poder oscila entre a matriz e os escritórios regionais.)
6. Os funcionários precisam aprender a se comportar de maneira diferente, e uma cultura de aprendizado ajuda a alcançar isso.
7. Saber quando o imperativo estratégico é suficientemente forte para requerer mudanças na estrutura organizacional.
8. Uma estrutura organizacional frouxa requer um entendimento comum das medidas de sucesso.

---

13 Philippa Hankinson e Graham Hankinson, "The role of organizational structure in successful global brand management: a case study of the Pierre Smirnoff Company", *Journal of Brand Management*, 6, nº 1, 1998, p. 29-43.

Saindo do redemoinho organizacional

Bartlett estudou dez corporações multinacionais baseadas nos Estados Unidos que, de acordo com a teoria delineada anteriormente, deveriam ter passado da divisão internacional para a divisão mundial de produto, para a estrutura de área ou para a estrutura matricial, mas não o fizeram.[14] Ele constatou que essas empresas de sucesso evitavam o mito da estrutura ideal de organização e, em vez disso, concentravam-se em construir e manter um processo complexo de tomada de decisão, transferência de recursos e compartilhamento de informações. A estratégia de marketing de tubos de TV da Corning Glass Works, por exemplo, requeria tomada de decisão local para serviço e entrega e tomada de decisão global para preços.

As empresas de sucesso, constatou Bartlett, desenvolviam-se em três estágios. O primeiro era reconhecer a diversidade do mundo. Em outras palavras, as empresas faziam a transição das orientações etnocêntricas e policêntricas para uma orientação geocêntrica. O segundo estágio envolvia construir canais de comunicação entre gerentes em várias partes da organização. Um exemplo de movimento de construção de canal de comunicação pode ser uma reunião mundial de executivos em um centro de conferências onde, pela primeira vez, os executivos dos negócios da empresa de todas as partes do mundo têm uma chance de encontrar-se e de aprender sobre as estratégias de negócios dos colegas em outros países e em outros negócios.

No terceiro estágio, a empresa desenvolve normas e valores dentro da organização para embasar as tomadas de decisão e perspectivas corporativas (em oposição às por país ou produto). O mais alto valor é posto sobre as metas corporativas e o esforço cooperativo, em oposição a interesses locais e relacionamentos conflituosos. Muitas empresas japonesas se encaixam perfeitamente nessa descrição, e é a razão pela qual têm sido tão bem-sucedidas.

A importante tarefa da alta administração é eliminar uma abordagem limitada, unidimensional, sobre as decisões e encorajar o desenvolvimento de múltiplas perspectivas gerenciais e de uma organização que perceba e responda a um mundo complexo e em rápida mudança. Ao pensar em termos de mudar comportamentos, em vez de mudar o projeto organizacional, as empresas podem livrar-se das limitações de natureza estática do diagrama estrutural e, em vez disso, concentrar-se em atingir os melhores resultados possíveis com os recursos disponíveis.

AUDITORIA DA ADMINISTRAÇÃO DE MARKETING GLOBAL

O marketing global apresenta problemas formidáveis aos gerentes responsáveis pelo controle de marketing. Cada mercado nacional é diferente de todos os outros. A distância e as diferenças de língua, costumes e práticas criam problemas de comunicação. Como observado antes neste capítulo, em empresas maiores, o tamanho das operações e o número de subsidiárias internacionais, freqüentemente, resultam na criação de uma sede intermediária. Isso adiciona um nível organizacional ao sistema de controle. Esta seção revisa práticas de controle do marketing global, compara essas práticas com o controle doméstico de marketing e identifica os principais fatores que influenciam o projeto de um sistema global de controle.

Na literatura sobre administração, o controle é definido como o processo pelo qual os gerentes se asseguram de que os recursos são usados eficaz e eficientemente na realização dos objetivos organizacionais. As atividades de controle são dirigidas para programas de marketing e outros programas e projetos iniciados pelo processo de planejamento. Dados de medição e de avaliação gerados pelo processo de controle na forma de uma auditoria global são também um *input* importante para o processo de planejamento.

Auditoria de marketing global

Uma auditoria de marketing global pode ser definida como um exame abrangente, sistemático e periódico do ambiente de marketing, dos objetivos, das estratégias, dos programas, das políticas e atividades de uma empresa ou unidade de negócios, conduzido com o objetivo de identificar problemas existentes e

---

14 Christopher A. Bartlett, "MNCs: get off the reorganization merry-go-round", *Harvard Business Review*, mar./abr. 1983, p. 138-146.

potenciais e oportunidades e recomendar um plano de ação para melhorar o desempenho de marketing de uma empresa.

A auditoria de marketing global é um instrumento para avaliar e melhorar as operações de marketing global da empresa. A auditoria é um esforço para avaliar a eficácia e a eficiência das estratégias de marketing, suas práticas, políticas e procedimentos, quanto a oportunidades, objetivos e recursos da empresa.

Uma auditoria completa de marketing tem duas características básicas. A primeira é que é formal e sistemática. Fazer perguntas ao acaso, à medida que ocorrem a quem pergunta, pode proporcionar idéias e percepções úteis, mas não é uma auditoria de marketing. A eficácia de uma auditoria, normalmente, cresce à medida que envolve uma seqüência de passos ordenados de diagnóstico, como no caso da condução de uma auditoria contábil pública.

A segunda característica de uma auditoria de marketing é ser conduzida anualmente. A maioria das empresas com problemas já estão a meio caminho do desastre quando o problema se torna aparente. Portanto, é importante que a auditoria seja conduzida periodicamente — mesmo quando não existem problemas aparentes ou dificuldades inerentes nas operações da empresa.

A auditoria pode ser ampla ou ser uma avaliação com foco específico. Uma auditoria de marketing completa é abrangente. Passa em revista o ambiente de marketing da empresa, a concorrência, os objetivos, as estratégias, a organização, os sistemas, procedimentos e práticas em todas as áreas do composto de marketing, inclusive produto, preço, distribuição, comunicações, serviço ao cliente, políticas e estratégias de pesquisa.

As auditorias podem ser independentes ou internas. Uma auditoria de marketing independente é conduzida por alguém que esteja livre da influência da organização que está sendo auditada. A auditoria independente pode ou não ser objetiva: é bem possível influenciar um consultor ou firma profissional que você esteja pagando. A empresa que deseja uma auditoria verdadeiramente imparcial deve discutir com o auditor independente a importância da objetividade. Uma potencial limitação de uma auditoria independente de marketing é a falta de compreensão do setor pelo auditor. Em muitas indústrias, não existe substituto para a experiência, porque, se você não a tiver, simplesmente não verá as pistas sutis que qualquer profissional reconheceria facilmente. Por outro lado, o auditor independente pode enxergar indicações óbvias que o profissional experimentado pode ser incapaz de notar.

Uma auditoria interna ou auto-auditoria pode ser bastante valiosa, por ser conduzida pelo pessoal de marketing da empresa que entende a indústria. Pode, contudo, faltar-lhe a objetividade de um auditor independente. Por causa das forças e limitações dos dois tipos de auditoria, recomendamos que ambas sejam conduzidas periodicamente, com o mesmo escopo e espaço de tempo, e que os resultados sejam comparados. A comparação pode levar a entender como fortalecer o desempenho da equipe de marketing.

Estabelecimento dos objetivos e do escopo da auditoria

O primeiro passo de uma auditoria é uma reunião entre os executivos da empresa e os auditores, para que cheguem a um acordo sobre objetivos, cobertura, pesquisa secundária, fontes de dados, profundidade, formato de relatório e prazo.

Coletando dados Uma das tarefas mais importantes ao conduzir uma auditoria é a coleta de dados. São necessários um plano detalhado de entrevistas, uma pesquisa secundária, revisão de documentos internos, e assim por diante. Esse esforço, usualmente, envolve uma equipe de auditoria.

Uma regra básica na coleta de dados é não depender somente da opinião das pessoas que estão sendo auditadas, para a obtenção dos dados. Ao auditar uma organização de vendas, é absolutamente essencial falar com o pessoal de vendas de campo, e não só com os gerentes; naturalmente, nenhuma auditoria é completa sem o contato direto com clientes e fornecedores.

Técnicas criativas de auditoria devem ser encorajadas e exploradas pela equipe de auditoria. Se você estiver auditando uma organização e quiser determinar se o presidente ou o diretor operacional da unidade está realmente em contato com a organização e todas as suas atividades, por exemplo, mande um auditor para o departamento de expedição. Descubra se o presidente já visitou alguma vez o departamento. Se nunca esteve lá, isso lhe diz bastante sobre seu estilo e o grau do gerenciamento 'mãos-à-obra' na organização. Se uma organização desenvolveu um programa de incentivo de marketing, que se supõe capaz de gerar resultados junto aos clientes, uma auditoria deve envolver contato com o cliente, para descobrir se o programa está tendo realmente algum impacto. Você pode, por exemplo, ter certeza de que quase 99% do material associado a planos de passageiros preferenciais, em companhias aéreas, nunca é lido ou percebido pelos viajantes, que têm coisas melhores para fazer com seu tempo do que ler regras e explicações complicadas.

Analisando os dados Uma biblioteca é repleta de dados, mas, exatamente como a auditoria de marketing, a menos que esses dados sejam adequadamente analisados, eles são inúteis. Na verdade, muitas empresas pensam que juntar dados basta para o processo ("Ei, veja este relatório de cem páginas que eu fiz!") ou que, quanto mais dados, melhor. A despeito da abundância de informações disponíveis sobre o ambiente de marketing, essa abundância não tem valor direto na tomada de decisões.

Quando uma auditoria de marketing envolve mercados internacionais, os dados devem ser analisados tanto por funcionários locais, que estão familiarizados com as implicações específicas dos dados, como pelo *staff* da matriz, que está ciente de questões corporativas estratégicas e experiências similares em outros países.

Preparando e apresentando o relatório Depois da coleta de dados e da análise, o próximo passo é a preparação e a apresentação do relatório de auditoria. Essa apresentação deve referir-se aos objetivos e ao escopo da auditoria, mostrar as principais constatações e apresentar as recomendações e conclusões de destaque, bem como os principais títulos para estudos e investigações posteriores.

Componentes da auditoria de marketing

São seis os componentes principais de uma auditoria de marketing global completa:
1. Auditoria do ambiente de marketing.
2. Auditoria da estratégia de marketing.
3. Auditoria da organização de marketing.
4. Auditoria dos sistemas de marketing.
5. Auditoria da produtividade de marketing.
6. Auditoria da função de marketing.

Problemas, armadilhas e potencial da auditoria de marketing global

A auditoria de marketing apresenta uma série de problemas e armadilhas. Estabelecer objetivos pode ser uma armadilha se, na verdade, os objetivos não consideram um problema maior. É importante para o auditor estar aberto à possibilidade de expandir ou mudar de objetivos e prioridades, enquanto estiver conduzindo a auditoria propriamente dita.

Similarmente, novas fontes de dados podem surgir durante o curso de uma auditoria, e o auditor deve estar aberto a essas fontes. O enfoque do auditor deve ser, ao mesmo tempo, sistemático, seguindo um esquema predeterminado, e perceptivo e aberto a desdobrar-se em novas direções e fontes que apareçam no curso da investigação de auditoria.

Apresentação de relatório Um dos maiores problemas em auditoria de marketing é que o executivo que determina a auditoria pode ter expectativas mais altas sobre o que ela fará pela empresa do que os resultados reais parecem oferecer. Uma auditoria é valiosa mesmo que não ofereça novas diretivas ou panacéias. É importante para todos os envolvidos reconhecer que melhorias marginais é que fazem a diferença entre sucesso e mediocridade. Nos principais campeonatos de beisebol, a diferença entre um batedor com uma média de 0,350 de taxa de batida (3,5 acertos dentre dez chances) e um com 0,250 (2,5 acertos dentre dez chances) é a diferença entre um jogador importante e alguém que não é bom o suficiente nem mesmo para a segunda divisão. Os profissionais de marketing de ponta entendem esse fato e o reconhecem na auditoria. Não espere por descobertas dramáticas e revolucionárias ou por panacéias. Aceite e reconheça que a melhoria marginal é a estratégia vencedora no marketing global.

Os praticantes de marketing global, mais ainda que os profissionais de marketing doméstico, necessitam de auditorias de marketing para avaliar esforços arriscados em ambientes altamente diversos. A auditoria de marketing global deve estar no topo da lista de programas para a excelência estratégica e a excelência de implementação para a empresa global vencedora.

O planejamento e o controle são interligados e interdependentes. Com a informação da auditoria de marketing global, o processo de planejamento pode começar e resultar em um documento mais eficaz. O processo de planejamento pode ser dividido em duas etapas relacionadas. O planejamento estratégico é a seleção de oportunidades definidas, em termos de produtos e mercados, e o empenho de recursos, tanto humanos como financeiros, para atingir esses objetivos. O planejamento operacional é o processo em que os objetivos estratégicos de mercado e o empenho de recursos para esses objetivos são traduzidos em projetos e programas específicos. O relacionamento entre planejamento estratégico, planejamento operacional e controle está ilustrado na Figura 17-11.

Para empresas com operações globais, o controle de marketing apresenta desafios adicionais. A taxa de mudança ambiental em uma empresa global é uma dimensão de cada um dos mercados nacionais em que ela opera. No início deste livro, examinamos esses ambientes; cada um está mudando em um ritmo diferente, e cada um apresenta características singulares. A multiplicidade de ambientes nacionais desafia o sistema de controle de marketing global com muito maior heterogeneidade ambiental e, portanto, maior complexidade em seu controle. Por fim, o marketing global pode criar problemas especiais de comunicação, associados com a maior distância entre os mercados e a matriz e diferenças entre gerentes em termos de idioma, costumes e práticas.

Quando a direção da empresa decide que deseja desenvolver uma estratégia global, é essencial que o controle das operações de subsidiárias passe para a matriz. A subsidiária continuará a fazer contribuições vitais para o processo de planejamento estratégico, mas o controle das estratégias terá de passar da subsidiária para a matriz. Isso envolve uma mudança no equilíbrio de poder na organização e pode resultar em forte resistência à mudança. Em muitas empresas, uma tradição de autonomia da subsidiária e auto-suficiência limita a influência da matriz. Três tipos de mecanismo estão disponíveis para ajudar a matriz a adquirir controle: os mecanismos de gerenciamento dos dados; os mecanismos de gerenciamento de gerentes, que mudam a percepção de interesse próprio da autonomia da subsidiária para o desempenho global do negócio; os mecanismos de resolução de conflito, que resolvem os conflitos iniciados pelas situações necessárias de acomodação.

Planejamento e orçamento

O planejamento e o orçamento são dois instrumentos básicos para monitorar o esforço de marketing global. Planejar envolve expressar as vendas planejadas, os objetivos de lucratividade e as despesas com programas de marketing em termos de unidade e dinheiro, e isso é traduzido em um orçamento. O orçamento reflete os objetivos financeiros e as despesas necessárias para atingir esses objetivos. O monitoramento consiste em medir as vendas reais e as despesas. No caso de variação nula ou favorável entre o realizado e o orçado, em geral, não se promove nenhuma ação. Uma variação desfavorável — menos vendas de unidades do que o planejado, por exemplo — funciona como um sinal vermelho, que atrai a atenção dos executivos de linha e de *staff* nas sedes regionais e internacionais. Eles investigarão e tentarão determinar a causa da variação desfavorável e o que pode ser feito para melhorar o desempenho.

Avaliando o desempenho

Nessa avaliação, o desempenho real é comparado com o orçado, conforme descrito na seção anterior. Assim, a questão-chave é: "Como é estabelecido o orçamento?". A maioria das empresas, tanto em operações domésticas como globais, dependem fortemente de dois padrões: o desempenho real do ano anterior e algum tipo de média da indústria ou norma histórica. Uma abordagem mais normativa é a matriz desenvolver uma estimativa do crescimento desejável e atingível em cada mercado nacional. Essa estimativa pode ser baseada nos estudos da empresa sobre os mercados nacionais.

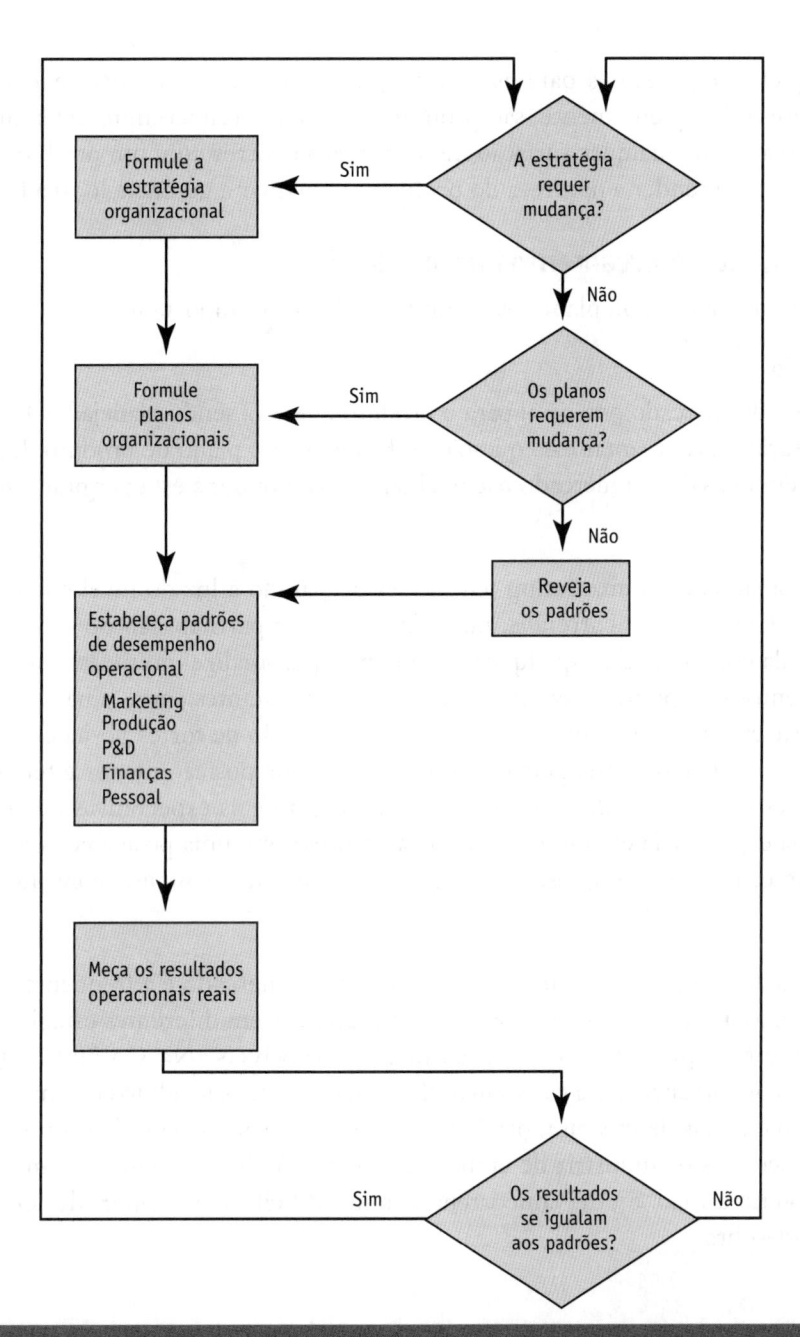

Capítulo 17: Liderando, Organizando e Monitorando o Esforço de Marketing Global

Figura 17-11 Relação entre controle estratégico e planejamento.

As empresas maiores podem ter suficiente volume de negócios para justificar especialistas de *staff* de produto na sede da corporação, para acompanhar o desempenho do produto mundialmente. Eles têm responsabilidade de *staff* por seu produto, desde o lançamento até o abandono. Normalmente, um novo produto é, primeiro, introduzido em mercados maiores e mais sofisticados e, depois, levado a mercados menores e menos desenvolvidos. Como resultado, os produtos da empresa, em geral, estão em diferentes estágios de seu ciclo de vida em diferentes mercados. Uma responsabilidade importante dos especialistas de *staff* é assegurar que as lições aprendidas em mercados mais avançados sejam aplicadas ao gerenciamento de seus produtos em mercados menores e menos desenvolvidos. Sempre que possível, os especialistas tentam evitar cometer o mesmo erro duas vezes e procuram capitalizar sobre o que aprenderam, aplicando em outro lugar. Asseguram também que idéias úteis de mercados em estágios de desenvolvimento similares sejam inteiramente aplicadas. As empresas menores concentram-se em produtos-chave em mercados-chave. Produtos-chave são aqueles importantes para as vendas, para os objetivos de lucratividade e para a posição competitiva da empresa. Freqüentemente, são produtos novos que requerem muita atenção em seu estágio introdutório no mercado. Se qualquer variação de orçamento ocorrer com um produto-chave, a matriz intervirá diretamente para entender a natureza do problema e auxiliar a gerência local a lidar com ele.

Influências nos planos e orçamentos de marketing

Ao preparar um orçamento ou plano, os seguintes fatores são importantes.

Potencial de mercado

Qual o tamanho do mercado potencial para o produto que está sendo planejado? Em todo mercado doméstico, a administração deve levantar essa questão ao formular um plano de produto. Uma empresa que introduz um produto em mais de um mercado nacional tem de responder a essa pergunta para cada um deles.

Concorrência

Um plano ou orçamento de marketing tem de ser preparado à luz do nível competitivo do mercado. Quanto mais entrincheirada a concorrência, mais difícil atingir participação no mercado e mais provável ocorrer uma reação da concorrência a qualquer movimento que sinalize um sucesso significativo no mercado-alvo. Os movimentos competitivos são particularmente importantes como uma variável no planejamento de mercado internacional, porque muitas empresas estão saindo de fortes posições competitivas em seus mercados básicos para mercados estrangeiros, nos quais têm uma posição menor e têm de competir contra empresas bem-estabelecidas. Os padrões do mercado de origem e as expectativas de desempenho de marketing baseiam-se na experiência em mercados onde a empresa tem uma posição de destaque, e não são relevantes para um mercado onde a empresa esteja em posição inferior, tentando consolidar-se.

Impacto de produtos substitutos

Uma das fontes de concorrência para um produto em um mercado é a freqüente existência de produtos substitutos. Quando um produto é transferido para mercados em diferentes estágios de desenvolvimento, costumam emergir os produtos substitutos mais improváveis. Na Colômbia, por exemplo, uma importante fonte de concorrência para caixas manufaturadas e outros produtos de embalagem é constituída por sacolas de tecido e caixas de madeira, produzidas no setor de artesanato da economia. Os funcionários de empresas multinacionais da indústria de embalagem na Colômbia relatam que um concorrente caseiro, que produz um produto à mão, é uma concorrência muito difícil de enfrentar, devido ao baixo custo dos materiais e da mão-de-obra.

Processos

A maneira como os objetivos são comunicados à administração das subsidiárias é tão importante como a maneira como são estabelecidos. Um dos métodos mais sofisticados usados hoje é o chamado 'método de planejamento indicativo'. As estimativas da matriz sobre o potencial regional são desagregadas e comunicadas ao gerenciamento de subsidiárias como diretivas. As subsidiárias não estão, de modo algum, submetidas às indicações. Espera-se que produzam seu próprio plano, levando em conta a diretiva da matriz, que se baseia em dados globais, e seus próprios dados sobre o mercado, inclusive uma revisão detalhada de clientes, concorrentes e outros dados relevantes. Esse método produz excelentes resultados, porque combina uma perspectiva e uma estimativa global com planos de marketing específicos do país, desenvolvidos desde o objetivo até o programa pelas próprias equipes locais de gerenciamento.

Para proporcionar a diretiva, a matriz não precisa compreender profundamente um mercado. Não é necessário, por exemplo, que a matriz de um fabricante de produtos elétricos saiba como vender motores elétricos para um comprador francês. O que a matriz pode fazer é coletar dados sobre a expansão esperada em capacidade de geração na França e usar tabelas de experiência montadas a partir de estudos mundiais que indicam o que cada megawatt de capacidade de geração adicional significará em termos do crescimento da demanda na França para motores elétricos. A estimativa do potencial total de mercado junto com informações sobre a competitividade da subsidiária francesa pode ser a base para uma indicação em termos de vendas e ganhos esperados na França. A indicação pode não ser aceita pela subsidiária francesa. Se o método de planejamento indicativo for usado adequadamente, a subsidiária esclarecerá à matriz se sua indicação for irreal. Se a matriz fizer um bom trabalho, selecionará um alvo atingível, porém ambicioso. Se a subsidiária não vir como pode alcançar a meta da matriz, a discussão e o envolvimento da matriz no processo de planejamento levará a um plano que cumpra o objetivo da indicação, ou resultará em uma revisão da indicação feita pela matriz.

Participação de mercado

Outra importante medida de desempenho de marketing é a participação de mercado (*market share*). Essa é uma medida valiosa, porque proporciona uma comparação do desempenho da empresa com o dos outros competidores no mercado. As empresas que não obtêm essa medição, mesmo que seja uma estimativa, estão em vôo cego. Em grandes mercados, os dados são relatados às subsidiárias — em alguns casos, quando há vendas significativas envolvidas, produto a produto. Os dados de participação de mercado em grandes mercados são, freqüentemente, obtidos de grupos independentes de auditoria de mercado. Em mercados menores, os dados de participação de mercado, muitas vezes, não estão disponíveis, porque o mercado não é suficientemente grande para justificar o desenvolvimento de um serviço independente de auditoria comercial de marketing. Em mercados menores, é possível a um gerente ou agente nacional esconder a deterioração de uma posição ou participação de mercado por trás de ganhos absolutos em vendas.

Métodos informais de controle

Além do orçamento, métodos de controle informais desempenham um papel importante. O principal método de controle é a transferência de pessoas de um mercado para outro. Quando as pessoas são transferidas, elas levam consigo suas experiências em mercados anteriores, que, normalmente, incluem alguns padrões para o desempenho de marketing. Ao investigar um novo mercado que tenha padrões mais baixos que o anterior, a investigação conduzirá a padrões revisados ou à descoberta dos motivos da diferença. Outro valioso dispositivo informal de controle é o contato face a face entre o *staff* da subsidiária e o da matriz, bem como o contato entre *staffs* de subsidiárias. Esses contatos proporcionam uma oportunidade de intercâmbio de informações e julgamentos, que podem ser um *input* valioso para o processo de planejamento e controle. Reuniões anuais que proporcionem contato de *staffs* de regiões do mundo, muitas vezes, resultam em *inputs* informais ao processo de estabelecer padrões.

Resumo

Para responder às oportunidades e ameaças no ambiente de marketing global, a empresa tem de ter uma visão e uma estratégia globais. Proporcionando liderança, organizando um esforço global e estabelecendo procedimentos de controle, a organização pode explorar oportunidades globais. Os líderes têm de ter visão, combinada com recursos técnicos, para construir competências globais. Ao organizar o esforço global de marketing, a meta é uma estrutura que capacite a empresa a responder a diferenças relevantes em ambientes de mercado internacional e a disseminar conhecimento corporativo valioso. Um equilíbrio entre autonomia e integração tem de ser estabelecido. Dentro dessa organização, as empresas têm de criar competências fundamentais para ser competitivas. Para as práticas de controle de marketing global serem eficazes, as diferenças em relação a controles puramente domésticos têm de ser reconhecidas e implementadas em práticas de planejamento e controle.

Questões para Discussão

1. Quais são as variáveis mais importantes que influenciam o controle em uma empresa global?
2. Qual é a principal queixa de gerentes em subsidiárias sobre as práticas de controle da matriz?
3. O que é uma auditoria de marketing global?
4. Que tipos de problema de planejamento se desenvolvem na matriz de uma empresa global?
5. Quais são os problemas em planejar no âmbito de país ou de subsidiária em uma empresa global?
6. Como você aconselharia uma empresa que fabrica uma linha de equipamentos de construção na organização de seu negócio em uma escala global?

Leitura Sugerida

Allen J. Morrison, David A. Ricks e Kendall Roth. "Globalization versus regionalization: which way for the multinational?", *Organizational Dynamics*, inverno 1991, p. 7-30.

Bruce Kogut e Udo Zander. "What forms DD? Coordination, identity, and learning", *Organization Science*, 7, set./out. 1996, p. 502-518.

C. K. Prahalad e Gary Hamel. "The core competence of the corporation", *Harvard Business Review*, 68, maio/jun. 1990, p. 79-93.

Christopher A. Bartlett e Sumantra Ghoshal. *Managing across borders: the transnational solution*. Boston: Harvard Business School Press, 1989.

David Heenan e Warren Bennis. *Co-leaders: the power of great partnerships*. Nova York: John Wiley & Sons, 1999.

George S. Yip. *Total global strategy*. Upper Saddle River, NJ: Prentice Hall, 1992.

Henry Mintzberg. "The effective organization: forces and forms", *Sloan Management* Review, inverno 1991.

Howard H. Stevenson e Jeffrey L. Cruikshank. *Do lunch or be lunch: the power of predictability in creating your future*. Boston: Harvard Business School Press, 1997.

James F. Moore. *The death of competition: leadership and strategy in the age of business ecosystems*. Nova York: HarperBusiness, 1996.

James P. Womack e Daniel T. Jones. *Lean thinking: banish waste and create wealth in your corporation*. Nova York: Simon & Schuster, 1996.

Johny K. Johansson e Ikujiro Nonaka. *Relentless, the japanese way of marketing*. Nova York: HarperBusiness, 1997.

Jon R. Katzenbach e Douglas K. Smith. "The discipline of teams", *Harvard Business Review*, mar./abr. 1993, p. 111-121.

Jon R. Katzenbach e Douglas K. Smith. *The wisdom of teams: creating the high performance organization*. Boston: Harvard Business School Press, 1993.

Kamran Kashani. "Beware the pitfalls of global marketing", *Harvard Business Review*, 67, nº 5, set./out. 1989, p. 91-98.

Linda Gorchels, Thani Jambulingam e Timothy W. Aurand. "Executive insights: international marketing manager: a comparison of japanese, german, and U.S. perceptions", *Journal of International Marketing*, 7, nº 1, 1999, p. 97-106.

M. J. Epstein e J. F. Manzoni. *The balanced scorecard and tableau de bord: a global perspective on translating strategy into action*. Fontainebleau: INSEAD, The European Institute of Business Administration, 1997.

Malcolm McDonald e Warren J. Keegan. *Marketing plans that work: how to prepare them, how to use them*. Newton, MA: Butterworth Heinemann, 1997.

Michael Hammer e James Champy. *Reengineering the corporation*. Nova York: HarperCollins, 1993.

Michael L. Gerlach. *Alliance capitalism: the social organization of japanese business*. Berkeley and Los Angeles: University of California Press, 1992.

Namshin Cho. "How Samsung organized for innovation", *Long Range Planning*, 29, nº 6, 1996, p. 783-796.

Paul Krugman. "Competitiveness: a dangerous obsession", *Foreign Affairs*, 73, nº 2, mar./abr. 1994, p. 28-44.

Paul N. Doremus, William W. Keller, Louis W. Pauly e Simon Reich. *The myth of the global corporation*. Princeton, NJ: Princeton University Press, 1998.

Rajnandini Pillai, Terri Scandura e Ethlyn Williams. "Leadership and organizational justice: similarities and differences across cultures", *Journal of International Business Studies*, 30, nº 4, 1999, p. 763.

Regina Fazio Maruca. "The right way to go global: an interview with Whirlpool CEO David Whitwam", *Harvard Business Review*, 72, nº 2, mar./abr. 1994, p. 134-145.

Robert S. Kaplan e David P. Norton. *The balanced scorecard: translating strategy into action*. Boston: Harvard Business School Press. 1996.

Rohit Deshpande. "Corporate culture and market orientation: comparing indian and japanese firms", *Journal of International Marketing*, 7, nº 4, 1999, p. 111-128.

Ronald L. Schill e David N. McArthur. "Redefining the strategic competitive unit: towards a new global marketing paradigm?", *International Marketing Review*, 9, nº 3, 1992, p. 5-24.

Sakai Kuniyasu. "The feudal world of japanese manufacturing", *Harvard Business Review*, nov./dez. 1990, p. 38-49.

Sumantra Ghoshal e Christopher A. Bartlett. *The individualized corporation*. Nova York: HarperBusiness, 1997.

Susan G. Cohen. "Designing effective self-managing work teams", *CEO Publication — University of Southern*. Califórnia, 1993, p. G93-G99.

W. G. Egelhoff. *Exploring the limits of transnationalism*, Fordham University. Report 90-6-2, set. 1990.

Warren Bennis. *Organizing genius: the secrets of creative collaboration*. Reading, MA: Addison Wesley, 1997.

O Futuro do Marketing Global

Descrevemos nossa cultura emergente com um nome pouco apropriado, mas descritivo: "sem fronteiras". Está na alma de nossa diversidade integrada e no coração de tudo o que fazemos bem. É atrás da cultura da pequena empresa que estivemos durante todos estes anos.

O e-business é o último prego no caixão da burocracia na GE. A completa transparência que ele proporciona ajusta-se plenamente a nossa cultura sem fronteiras e significa que todos na organização têm acesso total a tudo o que vale a pena saber.[1]

John F. Welch Jr.
Presidente do conselho e CEO da General Electric Company

Conteúdo do Capítulo

- As seis principais mudanças
- Carreiras em marketing global
- Resumo
- Questões para discussão

A economia mundial sofreu mudanças revolucionárias durante os últimos 50 anos. Talvez a maior e mais profunda mudança seja a emergência de mercados globais, concorrentes globais e ganhadores e perdedores na competição global.

AS SEIS PRINCIPAIS MUDANÇAS

As mudanças continuam. As seis principais mudanças que continuarão neste século são relacionadas a seguir:

---

[1] Relatório Anual da GE, 1999, p. 7.

1. *Crescimento mundial.* Muitos dos países pobres do mundo, que sempre foram pobres, estão se tornando ricos mais depressa que os países ricos do mundo, que também estão ficando mais ricos. A maior parte do mundo está em um estágio de crescimento econômico. A exceção geográfica desse crescimento mundial é a África subsaariana, onde muitos países estão economicamente estagnados ou em declínio econômico.
2. *A economia mundial domina.* A economia mundial é a unidade econômica dominante. As macroeconomias dos estados-nações já não controlam os resultados econômicos dos países, e mesmo superpotências como os Estados Unidos não podem mais ditar aos países mais pobres como devem comportar-se.
3. *O fim da chamada regra de decisão do ciclo de comércio.* O velho modelo de ciclo de comércio, que significou, para uma geração de gerentes, que, à medida que um produto amadurece, a produção tem de ser deslocada para países de salários mais baixos, foi desmistificado. A localização de produção não é ditada exclusivamente por níveis salariais. Os salários são simplesmente um elemento da equação de custo. Para qualquer produto em que a mão-de-obra seja menor que, digamos, 15% a 20% dos custos totais, a produção de produtos maduros pode localizar-se em qualquer lugar do mundo. Fatores como custos de transporte, disponibilidade de mão-de-obra especializada, reatividade de mercado, acesso ao mercado e altos níveis de inovação em projeto de produto e facilidade de fabricação podem também indicar que a melhor localização para a produção seja um país de alta renda e altos salários.
4. *Os mercados livres dominam o mundo.* Os 75 anos de luta entre o capitalismo e o comunismo terminaram. O evidente sucesso do sistema capitalista dirigido pelo mercado sobre o modelo do comunismo centralmente controlado levou ao colapso do comunismo como modelo para a organização da atividade econômica e como ideologia. Os mercados controlam a alocação de recursos em todo o mundo, com exceção dos dois anacronismos nacionais autocráticos: Cuba e Coréia do Norte.
5. *O crescimento acelerado dos mercados globais.* Os mercados globais crescerão a taxas antes julgadas impossíveis. A máquina por trás desse crescimento acelerado é a alta taxa de crescimento em países tanto de alta como de baixa renda. A liderança de crescimento de país de alta renda mudou do Japão para os Estados Unidos. A liderança de crescimento de país de renda baixa e média-baixa concentra-se no Sudeste Asiático e sul da Ásia, sendo a China o único grande país de alto crescimento na região e no mundo, e Cingapura, Taiwan e Coréia do Sul na vanguarda dos pequenos países na região. As forças motrizes desse crescimento são tecnologia, desregulamentação, integração global e o triunfo do marketing.
6. *O surgimento da Internet e da tecnologia da informação.* Como sugere Jack Welch, presidente da GE, na epígrafe deste capítulo, o e-business está revolucionando a maneira como o mundo faz negócios. Vemos agora o resultado dos enormes investimentos em tecnologia da informação das últimas duas décadas. Esses investimentos estão transformando a estratégia e a estrutura de todas as empresas no mundo.

Crescimento mundial

A primeira mudança é que a maioria dos países pobres do mundo está ficando mais rica. A emergência dos países 'novos ricos' dentre os países menos desenvolvidos rompe o longo monopólio de Europa Ocidental, Estados Unidos, Canadá e Japão no status de nações ricas. Esses países estão provando que não é necessário ser europeu, norte-americano ou japonês para ser rico. Países como Cingapura e Hong Kong já são países de alta renda; a Orla do Pacífico abriga muitos países que têm crescido a taxas anuais de 7% ou mais. Uma taxa de crescimento real de 7% dobra a receita real em uma década. Entre os ricos emergentes, estão países pequenos, como a Coréia do Sul, e os maiores países do mundo, China e Índia, que começaram a desenvolver uma classe média.

A exceção a esse crescimento nos mercados emergentes é a África ao sul do Saara, onde a promessa de progresso econômico tem sido retardada por lideranças incompetentes e fundamentalmente por ignorância, pobreza e doença generalizadas. Com exceção da África do Sul, o progresso no sul da África tem sido decepcionante e desencorajador.

Não obstante, com exceção da África, pela primeira vez na história do mundo existe a real possibilidade de uma prosperidade muito mais ampla na primeira metade deste século.

A população nas economias desenvolvidas do mundo está envelhecendo (Tabela 18-1). As mudanças entre 1995 e 2050 serão drásticas. Em 1995, nove países tinham entre 14% e 17,5% de sua população com idade de mais de 65 anos. Em 2050, 30% ou mais das populações da Espanha, de Hong Kong, da Itália, da Grécia, do Japão e da Alemanha terão mais de 65 anos de idade. Que impacto terá essa mudança sobre o marketing? Certamente, causará impacto nos mercados médicos, mas nem todas as oportunidades estarão em medicamentos e fraldas para adultos. As populações mais velhas estão vivendo de maneira mais ativa, levando vida mais saudável, e serão um mercado importante para mercadorias e serviços em um amplo espectro de produtos de consumo.

Acompanhando o envelhecimento da população, a taxa de natalidade nos países de renda alta está entrando em colapso. De fato, Peter Drucker argumenta que essa é a nova certeza mais importante para o futuro dos negócios.[2] No Japão, e em muitos países europeus, o número de nascimentos caiu abaixo do nível de equilíbrio da população. A combinação de baixos índices de natalidade e riqueza conduzirá a uma continuação do movimento global de pessoas de países pobres, subdesenvolvidos, para os países ricos, desenvolvidos.

A economia mundial domina

A segunda maior mudança é a emergência da economia mundial como a unidade econômica dominante. As empresas e os países que reconhecem esse fato têm maior chance de sucesso. Os Estados Unidos ainda são uma superpotência, mas não estão mais em posição de dizer a outras nações desenvolvidas como se comportar em seus assuntos internos. À medida que os países pobres se tornam mais ricos, assumem que seus valores são responsáveis por seu sucesso e não ouvem preleções de seus antigos líderes mundiais bem-sucedidos. Na verdade, eles começam a fazer suas próprias preleções. A riqueza cria os fundamentos para o poder político e militar, e é a base para uma suposição de superioridade moral. A atitude de políticos e negociantes de países ricos e de países que estão se desenvolvendo com sucesso é a de que, se somos ricos ou crescemos rapidamente, devemos estar fazendo alguma coisa certa. Os Estados Unidos, por muito tempo, pregaram ao mundo, do púlpito de seu sucesso econômico, e o Sudeste Asiático logo aderiu com preleções sobre os valores asiáticos quando crescia a mais de 7% por ano.

A 'febre asiática', entre 1997 e 1998 (o súbito colapso de valores monetários, emprego e produto econômico e a compreensão de que muitas das empresas da região estavam insolventes por causa de suas dívidas relacionados ao dólar), que contaminou o Sudeste Asiático, não causou impacto somente no bem-estar econômico de países da Ásia. Ela, claramente, ameaçou a taxa de crescimento e o bem-estar econômico do restante do mundo, inclusive dos países de alta renda. Também deixou claras a vulnerabilidade de países menores às flutuações de moeda e saídas de capital e a necessidade urgente de reforma política e econômica nos âmbitos nacional, regional e global. A maioria dos países afetados pela 'febre asiática' retomaram o crescimento econômico. Na Indonésia, a crise levou à emergência de um movimento popular por mais expressão democrática e a uma mudança do governo autocrático do regime de Suharto para a eleição de um chefe de Estado.

---

2 Peter Drucker. *Management challenges for the 21ˢᵗ century*. Nova York: Harper Business, 1999, p. 44.

Tabela 18-1	Pessoas com mais de 65 anos.		
	1995 (% do total)		2050 (Projeção) (% do total)
Suécia	17,5[a]	Espanha	34,6
Noruega	16,0[a]	Hong Kong	34,5
Alemanha	16,0[a]	Itália	34,3
Reino Unido	15,7[a]	Grécia	31,4
Suíça	15,7[a]	Japão	30,2
Bélgica	15,7[a]	Alemanha	30,0
Dinamarca	15,4[a]	Áustria	26,4
Grécia	15,2	Eslovênia	26,3
França	15,1	Portugal	25,9
Áustria	15,0[a]	Holanda	25,6
Japão	14,0[a]	Suíça	25,3
Estados Unidos	12,7	Bélgica	24,8

[a] 1994

Fontes: Dados do *Labour force statistics 1975-1995*. Paris: OCDE, 1997, e *The sex and age distribution of the world population*, ONU, 1994.

Desmistificação do modelo do ciclo de comércio

O modelo do ciclo de comércio, que sugeria a muitos gerentes que, à medida que um produto amadurecesse sua produção, deveria ser transferido para países de renda mais baixa, foi desmistificado. No início do século XXI, está claro que a maturidade do produto é um conceito que tem de ser cuidadosamente entendido em um mundo dinâmico. O automóvel é um produto maduro, no sentido de que seu crescimento se nivelou em todos os países do mundo de renda alta. Isso significa que ele está padronizado? Longe disso, o automóvel é um produto de alto valor, altamente diferenciado, incrivelmente complicado, crescentemente sofisticado, e a maneira como os carros são projetados e fabricados sofreu uma revolução. O resultado é que o automóvel continua a ser projetado, fabricado e montado em países de renda alta. A razão é simples: a mão-de-obra é um fator no custo de produção de um automóvel, mas, como uma porcentagem do custo total, não é alto o suficiente para determinar a localização de toda a produção de automóveis. Os automóveis, hoje, são produzidos em países em todos os estágios de desenvolvimento, mas 98% da produção mundial é de países de renda alta ou média-alta.

Na década de 80, os bancos suíços concluíram que a Suíça estava acabada, no fundo do poço do negócio de relógios. Um homem, Nicolas Hayek, não concordou. Ele formou a companhia Swatch e demonstrou que, a despeito dos altos salários na Suíça, o país podia competir nos mercados mundiais de relógios, não somente nos segmentos de relógios de luxo, mas também no segmento de relógios da moda, de preço mais baixo. Os suíços entendem do negócio de relógios e têm sido inovadores e criativos em projeto, fabricação e marketing. Todos os relógios de luxo, que respondem por uma pequena porcentagem de volume em unidades, mas por mais da metade do valor da produção de relógios do mundo, são feitos na Europa, e mais de 95% da produção dos relógios de luxo europeus está na Suíça.

QUADRO 18-1

A COMPETITIVIDADE É UMA OBSESSÃO PERIGOSA?

O economista da Universidade de Stanford, Paul Krugman, quer que todo estudante de comércio internacional reflita cuidadosamente sobre a seguinte proposição:

> Hoje em dia, os Estados Unidos fazem parte de uma economia verdadeiramente global. Para manter nosso padrão de vida, o país tem de aprender a competir em um mercado mundial cada vez mais difícil. Isso porque a produtividade e a qualidade de produto se tornaram essenciais. Somente poderemos ser competitivos na nova economia mundial se forjarmos uma nova parceria entre o governo e as empresas.

Para muitos, essa proposição soará razoável. Em estilo e substância, ecoam asserções feitas na década de 90 por figuras conhecidas, como o economista Lester Thurow, consultor presidencial da Ira Magaziner, e o secretário do Trabalho dos Estados Unidos Robert Reich. Krugman, contudo, diz que o texto acima é besteira. Em suas palavras, representa "a retórica da competitividade", em que os Estados Unidos são comparados a uma grande corporação, tal como a General Motors (GM). De acordo com a retórica da competitividade, o país — como a GM — está sofrendo por causa da concorrência global, e o padrão de vida da nação estagnou-se por isso.

Em numerosos artigos e em um livro recente, Krugman oferece uma análise profunda do que ele acredita ser uma proposição equivocada. Ao esclarecer as principais questões, o raciocínio de Krugman vai de encontro às posições assumidas por Thurow, Magaziner, Reich e outros; Krugman chama-os de comerciantes estratégicos e empreendedores de políticas. Surpreendentemente, as críticas de Krugman não se baseiam em política partidária; ele próprio é um liberal. Sua queixa é de que conceitos econômicos fundamentais — especialmente vantagem comparativa — estão sendo mal interpretados, ou mesmo esquecidos por completo, em nome da política pública.

Primeiro, Krugman discorda de que os Estados Unidos sejam "parte de uma economia verdadeiramente global". A razão: aproximadamente 90% das mercadorias e dos serviços produzidos nos Estados Unidos são para o consumo doméstico; somente 10% se destinam aos mercados mundiais. De fato, 70% da economia norte-americana baseia-se em serviços, e serviços têm menos possibilidade que produtos manufaturados de ser comercializados fora. Assim, a despeito de toda a conversa sobre integração global, a economia global não é tão interligada quanto as pessoas podem pensar.

Em seguida, Krugman ataca a idéia de que o país "compete no mercado global". Krugman argumenta que o Japão, os Estados Unidos e outras nações do mundo não concorrem umas com as outras no mesmo sentido que, digamos, a Coca-Cola concorre com a Pepsi, ou a Reebok concorre com a Nike. Poucos funcionários da Coca compram produtos da Pepsi, e vice-versa. Assim, uma empresa não é como uma nação: nenhuma empresa vende 90% de sua produção para seus próprios funcionários. Na 'guerra das colas', a PepsiCo somente pode ganhar tirando fregueses da Coca-Cola. O mesmo não pode ser dito das nações, assevera Krugman. As nações mais industrializadas do mundo podem ter sucesso sem causar danos umas às outras, porque não são simplesmente concorrentes; parceiros de negócios também representam mercados de exportação e fontes de importação. Em outras palavras, todo problema potencial também representa oportunidades, e essas oportunidades podem sobrepujar os problemas.

Terceiro, Krugman não concorda em ligar a questão da produtividade mais alta dos Estados Unidos com o comércio internacional. Ao contrário da mensagem procedente de Washington, o fato de que as taxas de melhoria de produtividade em outras nações superam as dos Estados Unidos não torna o país menos competitivo nem diminui o padrão de vida norte-americano. Krugman assevera muito simplesmente que os Estados Unidos precisam ser produtivos para produzir mais. Isso pode soar como redundância, mas é uma verdade econômica simples e clara, que seria válida mesmo que o país não se engajasse em comércio internacional. Em seus escritos, Krugman revê os fundamentos da vantagem competitiva para demonstrar que, de fato, nenhum problema especial é criado para um país que seja menos produtivo que seu parceiro comercial.

Por fim, Krugman argumenta que as questões relacionadas com a retórica da competitividade não são simplesmente acadêmicas. Se a retórica da competitividade fosse levada a sério, os resultados poderiam ter consequências amplas e indesejáveis. Primeiro, poderia levar a gastos desnecessários do governo em um esforço enganoso de aumentar a competitividade. No interesse desta, o apoio do governo pode ser dirigido à produção. É no setor de serviços, contudo, que não é parte

> preponderante do comércio internacional, que a produtividade está defasada. Segundo, poderia levar a protecionismo e guerras comerciais. Por fim, poderia levar a decisões de política pública inadequadas em várias áreas — saúde, por exemplo — que não têm relação com o comércio.
>
> *Fontes:* Paul Krugman, "A country is not a company", *Harvard Business Review*, 74, nº 1, jan./fev. 1996, p. 40-44; "Competitiveness: a dangerous obsession", *Foreign Affairs*, mar./abr. 1994, p. 28-44; "Competitiveness: does it matter?", *Fortune*, 7 mar. 1994, p. 109, e *Peddling prosperity: economic sense and nonsense in the age of diminished expectations*. Nova York: W. W. Norton & Co., 1994.

Enquanto isso, há produtos maduros que se tornaram relativamente padronizados em sua fabricação e continuam a requerer uma porcentagem relativamente alta de mão-de-obra em sua produção. Esses produtos, hoje, são fabricados quase exclusivamente em países de renda mais baixa. Um bom exemplo de produto nessa categoria de maturidade são os calçados esportivos. Toda a indústria transferiu sua produção para países de baixa renda e nenhuma empresa foi capaz de reverter essa tendência. Isso proporcionou oportunidade de emprego para os países de renda mais baixa e um desafio para os países de renda mais alta, para desviar a mão-de-obra para outras indústrias em que o custo da mão-de-obra não fosse um fator tão significativo na decisão de localização da produção.

Mudanças na competição global estão fazendo com que as empresas entrem em concorrência mais direta com os rivais econômicos em outras partes do mundo do que acontecia no passado. As forças globais de ontem baseavam-se na exportação de produtos e serviços não disponíveis para as nações concorrentes. No passado, os países exportavam produtos agrícolas que os outros não podiam cultivar, matérias-primas que os outros não tinham e produtos high-tech que os outros não podiam produzir. Hoje, empresas nas mesmas indústrias, em diferentes países e regiões, concorrem ferozmente umas com as outras em mercadorias manufaturadas, produtos agrícolas, recursos naturais e serviços.

O triunfo dos mercados

Depois de quase um século de debate no mundo sobre os méritos de mercados e marketing *versus* um sistema controlado pelo Estado na alocação de recursos e controle da produção, o modelo capitalista/marketing claramente venceu. Os mercados são os reis em todo o mundo, com exceção de Cuba e da Coréia do Norte. A grande questão, hoje, é se a democracia econômica (a alocação de recursos pelo mercado, um dólar, iene ou rupia/um voto) deve ser combinada com a democracia política. Esse debate prosseguirá. O que não é mais debatido é a emergência global da aceitação de mercados e do marketing.

Crescimento dos mercados globais

A quinta tendência que mudará o futuro do marketing global é o surgimento de segmentos de mercado globais. Hoje, mais do que nunca, há oportunidades de segmentação global. Categoria por categoria, os esforços globais têm sido bem-sucedidos. A indústria de refrigerantes, por exemplo, foi primeiro bem-sucedida em atingir um segmento global da cola, e prosseguiu para atender ao segmento em rápido crescimento de refrigerantes com sabor de fruta.

Há segmentos globais para carros de luxo, vinhos e bebidas, todos os tipos de produtos médicos e industriais, adolescentes, cidadãos maduros e entusiastas de todos os tipos de esporte, de pesca submarina a esportes de inverno.

A difusão rápida e crescente do acesso à Internet, combinada com a rápida expansão da largura de banda e da capacidade da própria Internet global, terá um papel importante em sustentar o crescimento de mercados globais e do marketing global. A Amazon.com pode alcançar clientes em Taiwan e em São Paulo tão facilmente como em Boston. Os consumidores de todos os lugares do mundo estão a um clique de distância de entrega, onde quer que vivam, e com cartões de crédito eles podem pagar por mercadorias e serviços em qualquer moeda.

Essas são as novas realidades econômicas. Os ricos estão ficando mais ricos; os pobres, em muitos países, estão ficando ricos depressa, e a economia do mundo está se tornando cada vez mais integrada. Isso significa novas oportunidades e novos desafios para empresas e países.

Qual é o futuro para o consumidor médio? As possibilidades são ilimitadas. O que dizer de mascotes high-tech para tomar conta dos idosos? A Matsushita Electric desenvolveu mascotes que registram o número de vezes em que seus donos falam com eles e os seguram. Essa informação é transmitida para uma agência que monitora essas pessoas idosas. O 'animal de estimação' pode "responder a um cumprimento, engajar-se em uma conversa simples e até mesmo expressar remorso quando repreendido".[3] Em todos os campos — de medicina e saúde a transporte, passando por tecnologia da informação, entretenimento e varejo — continuarão a ocorrer mudanças revolucionárias.

Crescimento da Internet e da tecnologia da informação

A sexta e talvez a mais significativa de todas as mudanças que causam impacto sobre o marketing global é o surgimento da Internet e da tecnologia da informação (TI). O marketing, pela primeira vez na história, pode dirigir-se ao cliente de maneira individualizada. Antes da Internet, o menor segmento de mercado era um grupo ou aglomerado de clientes com necessidades similares. Hoje, o marketing tem os instrumentos para se dirigir a um segmento constituído por um único cliente, individualizado em suas necessidades.

Essa capacitação está disponível para atender a mercados locais ou globais. Além disso, as empresas podem, pela primeira vez, realmente concentrar seu foco no cliente. Hoje, pequenas empresas podem atuar como empresas grandes e, mais surpreendente, empresas gigantes podem atuar como pequenas empresas. Isso está energizando todos os setores da economia global, especialmente nos países de renda alta que têm recursos para investir em TI. Em adição ao e-commerce, a revolução da Internet está criando um novo meio para informação, entretenimento, comunicação e propaganda e um novo segmento de varejo do e-commerce.

CARREIRAS EM MARKETING GLOBAL

Nunca houve ocasião melhor de se preparar para uma carreira em marketing global. Agora que você está terminando este livro, o autor gostaria de lhe oferecer algumas sugestões sobre como começar bem sua carreira como profissional de marketing global.

Primeiro, lembre-se de que os tempos mudaram. Até muito recentemente, uma maneira de pôr em risco sua carreira em muitas empresas (especialmente norte-americanas) era ir para outros países. Nada havia de errado em ter estado no exterior, mas o problema para as carreiras era que a administração das empresas não reconhecia o valor da experiência global e voltava-se para os executivos que estavam mais à mão ao fazer promoções. "Longe dos olhos, longe do coração", parecia ser a regra.

Hoje, isso está mudando. A experiência global conta. Só quem está muito 'por fora' não percebe que estamos em um mercado global com competição global, e quem tem experiência global tem uma vantagem clara. De acordo com a Cendant International, as oportunidades de colocação mais freqüentes para funcionários internacionais são: Estados Unidos, Reino Unido, México, Canadá, Cingapura, Arábia Saudita, Alemanha, França, China e Japão.[4]

Ray Viault foi vice-presidente da General Foods a cargo da divisão de café da Maxwell House. Quando a Philip Morris adquiriu a General Foods, manteve Viault como presidente da divisão Maxwell House. Mais tarde, quando a Philip Morris adquiriu a Jacob Suchard, companhia de chocolate e café com sede em Zurique, escolheu Viault como o novo presidente da empresa adquirida. Viault teve a oportunidade de le-

---

3 Alexandra Nusbaum, "Japan plans a high-tech breed of 'pets' to care for the ederly", *Financial Times*, 13 abr. 1999, p. 16.
4 Sherrie Zhan, "Smooth moves: lowering expatriate angst", *World Trade*, jul. 1999, p. 63.

var sua experiência no mercado de café dos Estados Unidos para a Europa e fez um excelente trabalho em conduzir o esforço global de marketing da Jacob Suchard. Em seguida a esse encargo, Viault retornou aos Estados Unidos como vice-presidente da General Mills.

Como você estabelece uma carreira em marketing global? Há dois amplos caminhos:

1. Procure diretamente um emprego fora de seu país de origem, ou na sede de uma companhia global.
2. Ganhe experiência em uma empresa que o prepare para promoção para um cargo com responsabilidade internacional ou para um encargo fora de seu país de origem.

Para muitos, a segunda escolha é melhor que a primeira. Não há substituto para a sólida experiência em uma empresa. Sua melhor oportunidade de ganhar experiência sólida pode ser em seu país natal. Você fala a língua, compreende a cultura e é treinado em negócios e marketing. Está pronto para aprender.

Outra opção é obter essa experiência básica em um país diferente. A vantagem dessa estratégia é que você aprenderá uma nova cultura, uma nova língua e ampliará sua experiência internacional, enquanto aprende sobre uma empresa e uma indústria.

Resumo

O futuro do marketing global refletirá cinco mudanças importantes no crescimento do mundo, mas com algumas novas direções importantes. O crescimento do Sudeste Asiático foi interrompido. Essa região oferece, agora, equações excepcionais de risco e recompensa para os profissionais de marketing global dispostos a apostar no potencial de longo prazo da região. O custo de entrada no mercado caiu tão drasticamente quanto o declínio em valores das moedas locais. Para as empresas com apetite para o risco, há uma oportunidade para investir, construir posições de mercado em países que a maioria dos especialistas acredita que logo retornarão ao crescimento de longo prazo. Enquanto isso, outras regiões do mundo continuarão a crescer, e a riqueza do mundo se tornará mais uniformemente distribuída.

O ciclo de comércio não eliminou a fabricação como uma fonte de emprego e renda nos países de alta renda. Investindo em equipamento de capital e projetando produtos de modo a facilitar sua fabricação, os países ricos provaram que podem continuar a competir com sucesso como localizações de fabricação.

Os mercados globais continuarão a crescer em importância, à medida que os administradores de marketing global continuarem sua busca por segmentos globais que possam identificar e atender. Esse crescimento aumentará o valor da experiência global para gerentes e executivos por todo o mundo.

Por fim, o marketing está no limiar de uma era nova e entusiasmante: e-business, e-commerce e e-marketing. Pela primeira vez na história, os praticantes de marketing global têm os instrumentos para atender às necessidades do cliente individual.

Questões para Discussão

1. Você acredita que a democracia econômica (mercados livres) inevitavelmente conduzirá à democracia política? Por quê? Por que não?
2. Por que os mercados e o marketing ganharam na concorrência com o comunismo?
3. O ciclo de comércio é relevante para as empresas hoje? Por quê? Por que não?
4. Como a Internet mudou o marketing?

Leitura Sugerida

H. H. Stevenson e J. L. Cruikshank. *Do lunch or be lunch: the power of predictability in creating your future*. Boston: Harvard Business School Press, 1997.

Hamish McRae. *The world in 2020: power, culture, and prosperity*. Boston: Harvard Business School Press, 1994.

James C. Collins e Jerry I. Porras. "Building a visionary company", *California Management Review*, 37, nº 2, inverno 1995, p. 80-100.

Mark C. Baetz e Christopher Bart. "Developing mission statements which work", *Long Range Planning*, 29, nº 4, 1996, p. 526-533.

Peter Doyle. "Marketing in the new millennium", *European Journal of Marketing*, 29, nº 13, 1995, p. 23-41.

Peter Drucker. *Management challenges for the 21st century*. Nova York: HarperBusiness, 1999.

R. McKenna. *Real time: preparing for the age of the never satisfied customer*. Boston: Harvard Business School Press, 1997.

Índice Onomástico

A

Aab, Linda, 339
Aaker, David A., 255
Abdallah, Wagdy M., 297
Abegglen, James C., 79, 245
Adelman, Irma, 33
Adler, Lee, 154
Adler, Paul S., 216
Afemann, Uwe, 357
Agarwal, Sanjeev, 202
Ahuwalia, K. M. S. 'Titoo', 130
Ajami, Riad, 146, 204
Al-Khalifa, Ali K., 201
Albright, Katherine, 102
Alden, Dana L., 338
Alexander, Nicholas, 318
Ali, Abbas J., 201
Allen Jr., John M., 97
Allen, Christopher S., 216
Allen, Randy L., 318
Alster, Judith, 170
Ambrósio, Santo, 81
Amine, Lyn S., 102
Anckar, Patrik, 296
Andersen, Otto, 202
Anderson, Kym, 127
Andrews, J. Craig, 339
Ang, Sween Hoon, 339
Ansberry, Clare, 165
Ardrey, William J., 56
Armani, Giorgio, 166
Arnold, David J., 312
Atuahene-Gime, Kwaku, 202
Aulakh, P., 202
Aurand, Timothy W., 392
Austin, James E., 202
Axline, W. Andrew, 127
Ayers, Richard H., 193
Azsomer, Aysegl, 201

B

Baetz, Mark C., 403
Bagley, Jennifer M., 102
Bahree, Bhushan, 44
Bailey, James, 13
Baker, R. Garrity, 89
Ballard, John, 273
Banerjee, Anish, 338
Barnard, Kurt, 300
Barnavick, Percy, 371
Barnet, Richard J., 21, 155
Barnett, C., 373
Baron, David P., 231, 245
Barr, Stephen, 323
Bart, Christopher, 403
Bartlett, Christopher A., 196, 385, 392
Bartmess, Andrew, 245
Bassiry, G. R., 21
Basu, K., 102
Batra, Rajeev, 121
Bauer, Peter T., 35–36, 318
Beatty, Sally Goll, 328
Bega, Lou, 1
Belk, Russell W., 339
Bell, Daniel, 29
Bellas Jr., Ralph A., 269
Bello, Daniel C., 201, 318
Benedict, Ruth, 61, 63, 79
Benetton, Luciano, 131
Benezra, Karen, 144
Bennett, Peter D., 156, 300
Bennis, Warren, 392, 393
Bergh, Peter A., 244
Berners-Lee, Tim, 357
Biagiotti, Laura, 166
Bilkey, Warren J., 182–183
Bingaman, Anne, 94
Birch, Dawn, 338
Black, J. Stewart, 137
Blackhurst, Richard, 127
Blackwell, Roger D., 170
Bleakley, Fred R., 273
Bleeke, Joel, 216
Blodgett, Linda Longfellow, 216
Boddewynn, Jean J., 44
Bonaccorsi, Andrea, 201
Bond, Michael Harris, 59, 68, 79, 144
Bonviglian, Gary, 64, 77
Boote, Alfred S., 159
Bosisio, Franco, 247
Boss, Hugo, 166
Botan, Carl, 344, 352
Bourgeois, Jacques C., 73
Bovard, James, 287
Bovet, Susan Fry, 352
Boya, Unal O., 318
Bradley, George, 234
Bradshaw, Della, 76
Brady, John T., 318
Braithwaite, John, 102

Branson, Richard, 371
Brauchli, Marcus W., 333, 346
Brien, Nick, 324
Browder, Seanna, 73
Browning, E. S., 252, 265
Browning, John, 357, 370
Bruns, Robert, 317
Buckley, Neil, 285
Bulkeley, William M., 192
Burgess, Steven M., 21
Burke, Raymond R., 370
Burnett, John, 255
Burns, David J., 318
Burt, Tim, 235
Burton, Daniel F., 246
Burton, Jack, 235
Buss, Christian W., 73
Bussey, John, 158
Buzzell, Robert, 259, 270
Byrne, John, 214

C

Cairncross, Frances, 365, 370
Calantone, Roger J., 246
Calingo, Luis Ma. R., 216
Calrish, Stephen E., 154
Cameron, Ross C., 270
Camp, Robert C., 201
Cannon, Hugh M., 296
Carpano, Claudio, 270
Carpenter, Phil, 370
Carr, Mark, 318
Carrell, Bob, 352
Carrey, John, 92
Carstedt, Goran, 234
Carten, Jeffrey E., 30
Carter, Meg, 324
Cavanagh, John, 21, 155
Cavusgil, S. Tamer, 154, 201-202, 275, 296, 318
Cellich, Claude, 55
Cerny, Keith, 245
Chaddick, Brad, 102
Chaharbaghi, Kazem, 217
Chajet, Clive, 256
Champy, James, 392
Chan, Claire, 318
Chandran, Rajan, 64, 334
Chang, Kyu Yeol, 79
Chang, Leslie, 112
Chao, Paul, 270
Chattopadhyay, A., 102
Chen, M., 79
Chen, Zhengyi, 21
Chin-ning, Chu, 62
Cho, Namshin, 392

Cho, Stella, 296
Choi, Audrey, 197
Chrisman, James J., 270
Chukwumerige, Okezie, 102
Chung, J. Y., 201
Clark, Terry, 270
Clarke, Irvine III, 102
Clarke, Nigel, 161
Cohen, Susan G., 393
Cole, Robert E., 216
Collins, James C., 403
Collins, Timothy M., 213, 292
Compeau, Larry D., 296
Conaway, Wayne A., 109
Conrad, P., 365
Contractor, Farok, 216
Coombs, Charles A., 62
Cooper, Helene, 44
Cornwell, T. Bettina, 352
Costello, Robert B., 246
Couzens, James, 247
Craig, C. Samuel, 154
Cravens, David W., 245
Cross, Frank B., 96
Crossen, Cynthia, 154
Crowley, Jerry, 313
Cruikshank, Jeffrey L., 392, 403
Cui, Lili, 333
Cunningham, Isabella C. M., 329
Cunningham, William H., 329
Cutts, Robert L., 211
Czinkota, Michael R., 154, 183, 202, 270

D

d'Amore, Massimo, 343
D'Aveni, Richard, 242–244, 246
Dagi, Teo Forcht, 270
Dale, Peter N., 79
Dalenberg, Douglas R., 318
Daley, James M., 318
Das, M., 202
Davenport, Thomas H., 154
Davidow, William H., 214, 217
Davidson, Lawrence S., 154
Davies, David, 332
Day, George S., 233, 245
De Lisser, Eleena, 252
De Meyer, Arnoud, 79
de Tocqueville, Alexis, 78
Deighton, John, 370
Dekmejian, R. Hrair, 21
Deming, W. E., 240
Dempsey, Gery, 370
Deogun, Nikhil, 130, 192
Dertouzos, Michael L., 245

Deshpande, Rohit, 393
di Benedetto, C. Anthony, 64, 246, 334
Diamantopoulos, Adamantios, 270
Dickens, P., 356
Dicksen, P., 370
Dierks, Michael P., 95, 103
Domzal, Teresa J., 166, 256
Doney, Patricia M., 56
Doorley, Thomas L., 213, 292
Doremus, Paul N., 392
Douglas, Susan P., 154, 270
Douress, Joseph J., 109
Dow, Douglas, 201
Dowling, Grahame R., 352
Downes, Larry, 370
Downey, H. Kirk, 245
Doyle, Peter, 403
Doz, Yves L., 207, 216
Dreazen, Youchi, 335
Drucker, Peter F., 56, 141, 203, 226, 243, 397, 403
Du Preez, Johann P., 270
Dulek, Ronald E., 79
Duncan, Thomas R., 249, 270, 320, 339
Dunn, Sam, 315
Durvasula, Srinivas, 339
Dyer, Jeffrey H., 216

E

Eaglesham, Jean, 88
Easton, Simon, 352
Eccles, Robert G., 296
Eells, Richard, 102
Egelhoff, William G., 246, 393
El-Ansary, Adel L., 318
Elinder, Eric, 325
Elliot, Stuart, 161, 256
Elliott, Gregory R., 270
Elsworth, Peter C. T., 176
Encarnation, Dennis J., 84-85
Endicott, R. Craig, 327
Enen, Jack, 216
Enghold, Christopher, 55
Epley, Joe S., 352
Epstein, M. J., 102, 392
Erdmann, Peter B., 216
Ernst, David, 216
Eroglu, Dogan, 202
Eroglu, Sevgin, 202
Evans, Philip, 353, 370
Everett, Stephen E., 320, 339

F

Fallows, James, 105
Fatt, Arthur C., 156

Faulds, David J., 270, 278, 296
Fedor, Kenneth J., 216
Fielden, John S., 79
Fields, George, 79, 113, 116, 127, 318, 327, 334, 336
Filo, David, 361
Fiorina, Carleton 'Carly' S., 371, 372
Fishbein, Bette K., 102
FitzGerald, Niall, 136
Flanagan, Patrick, 216
Fonfara, Krzysztof, 110
Ford, John B., 79, 352
Ford, Richard, 159
Fornell, Claes, 270
Foster, George, 289-290
Fram, Eugene H., 146
Franco, Lawrence G., 190, 383
Frank, Stephen E., 331
Franklin, Benjamin, 171
Frendel ter Hofstede, E. M., 127
Frey, S. C. J., 217
Frost, Geoffrey, 331
Fruin, Mark, 216
Fuller (juiz-mor), 82

G

Gabriella, Joseph, 284, 370
Galbraith, John Kenneth, 56
Gallo, Holly, 170
Galvin, Eamonn, 364
Ganesh, Jaishankar, 56
Garg, R., 102
Garland, Barbara C., 169
Garsombke, Diane J., 245
Garten, Jeffery E., 56
Gates, Bill, 361, 371
Gates, Stephen, 217
Gattorna, John, 296
Gerlach, Michael L., 211, 216, 392
Ghoshal, Sumantra, 196, 246, 392, 393
Gibson, Marcus, 368
Gibson, Mel, 355
Gibson, Richard, 252
Gielgun, Ron, 370
Gilad, Benjamin, 152–153, 154
Gilder, George F., 56
Gillespie, Kate, 102
Gilly, Mary C., 334
Gilson, Ronald J., 212
Glazer, Rashi, 154
Glicklich, Peter A., 296
Golden, Peggy A., 56
Goldman, Kevin, 323
Goldstein, Seth B., 296
Gomes-Casseres, Benjamin, 215
Gorchels, Linda, 392

Gorn, Gerald, 270
Govindarajan, Vijay, 372–373
Graeber, Laurel, 188
Graham, John L., 102
Granzin, Kent L., 318
Green, Paul E., 170
Green, Robert T., 154, 329
Greenburgh, Hank, 371
Greenfeld, Karl Taro, 43
Greenhouse, Steven, 250, 300
Gregersen, Hal B., 137
Grewal, Shruv, 296
Griese, J., 365-366, 370
Grindley, Peter, 217
Gronroos, Christian, 269
Gross, Robert, 44
Grossman, Laurie M., 300
Grove, Andrew S., 245, 345, 361
Grunewald, Orlen, 270, 278, 296
Grunig, Larissa A., 344, 352
Guido, G., 107
Guisinger, Stephen, 245
Gupta, Anil K., 372–373
Guptara, Prabhu, 79
Gutterman, Steven, 333
Guyon, James, 190

H

Hadley, Leonard, 347–348
Hagel, John III, 370
Hagen, E., 79
Haigh, Robert W., 216
Haight, Amy, 333
Haines, Bruce, 323
Halal, William E., 21
Halberstam, David, 245
Hall, Edward T., 59, 61–62, 71–72, 79
Hall, Mildred Reed, 79
Halper, Donald G., 121
Halpert, Julie Edelson, 214
Hamel, Gary, 201, 205, 207, 216, 239–240, 242–245, 392
Hamilton, Carl, 269
Hamilton, David P., 251
Hammer, Michael, 154, 392
Hammer, Mitchell R., 78
Hankinson, Graham, 384
Hankinson, Philippa, 384
Hanni, David A., 338
Hansell, Saul, 13
Hanson, Ward, 318
Harding, James, 172
Harleman, Peter, 343
Harney, Alexandra, 300
Harper, Lucinda, 273
Harrigan, Kathryn Rudie, 202, 245

Harris, Greg, 339
Harris, Philip R., 79, 119
Hassan, Salah S., 156, 170
Hawes, Aubrey, 166, 256
Hayek, Nicholas, 175, 191, 248, 398
Healey, Nigel M., 127
Healy, James R., 137
Heenan, David A., 202, 205, 207, 209, 216, 392
Hegel, Georg Wilhelm Friedrich, 155
Helliker, Kevin, 252
Henderson, Bruce, 222
Herschell, Gordon Lewis, 21
Heslop, Louise A., 270
Hiebert, Ray E., 339, 352
Higashi, Chikara, 115
Hileman, Bette, 89
Hill, Charles W. L., 201
Hill, John S., 59, 79, 270, 318, 339
Hillis, W. Daniel, 246
Hirano, M., 56
Hoffman, Peter, 325
Hoffmann, Donna L., 358
Hofstede, Geert, 58–59, 68, 79, 144
Hollinger, Peggy, 285
Holmes, Kim R., 26
Holusha, John, 167, 210
Honeycutt Jr., Earl D., 79, 352
Hoon, Ang Swee, 36
Horngren, Charles T., 289-290
Hostrop, Arlene, 318
Hout, Thomas, 170
Howard, Donald G., 185, 201
Howell, Llewellyn D., 102
Howell, William R., 311
Hoyer, Wayne D., 338
Hubbert, Jurgen, 172
Hurby, Michael, 360
Hwang, Peter, 201
Hyman, Michael R., 339

I

Iansiti, Marco, 370
Ibuka, Masaru, 187
Inamori, Kazuo, 310
Inman, James E., 284
Isaak, Robert A., 56

J

Jackson Jr., Donald W., 154
Jacobs, Laurence, 79, 295-296
Jacoby, Neil H., 102
Jacquemin, Alexis, 245
Jager, Melvin, 94
Jain, Dipak, 125–126

Jambulingam, Thani, 392
James, William L., 270
Jayson, Darryl, 149
Jessop, Bob, 46
Johansson, Johny K., 21, 56, 270, 339, 392
Johnson, Denise M., 56
Johnson, Denise, 270, 278, 296
Johnston, Gerald, 129, 216
Johnston, Wesley J., 339, 352
Jolly, Richard, 357
Jones, Daniel T., 170, 245, 392
Jones, Kevin K., 208
Jonquieres, Guy de, 286
Jordan, Michael, 331
Jordan, Miriam, 149, 158
Josephs, Juanita W., 352
Josephs, Ray, 352
Jost, Rick, 348
Jung, C. G., 65

K

Kahn, Joseph, 224
Kaikati, Jack G., 102, 186, 315, 318
Kale, Sudhir, 318
Kamprad, Ingvar, 219, 234
Kanabayashi, Masayoshi, 240
Kanso, Ali, 326
Kaparov, Gary, 343
Kaplan, Robert S., 393
Kardisch, Josh, 90, 102
Kashani, Kamran, 392
Katahira, Hitaka, 113, 116, 127, 327, 334, 336
Katsanis, Lea Prevel, 156
Katsh, Salem M., 95, 103
Katsikeas, Constantine S., 201, 202
Katzenbach, Jon R., 372, 392
Kavner, Robert, 209–210
Kaynak, Erdener, 79, 352
Keegan, Warren J., 21, 28, 30-32, 34, 112, 154, 188, 249, 270, 392
Kellaris, J., 367, 370
Keller, William W., 392
Kelly, John M., 154
Kelly, Kevin, 167
Kennedy, Paul, 56
Ketelhohn, Werner, 217
Khambata, Dara, 204
Khanna, T., 21
Kim, C. K., 201
Kim, W. Chan, 12, 201
King Jr., Neil, 311
King Jr., Ralph T., 41
King, W. R., 154
Kirkpatrick, Melanie, 26
Kishii, Tamatsu, 329, 334

Klein, Calvin, 166
Klein, Saul, 217, 318
Koch-Weser, Caio, 127
Kodama, Fumio, 216
Kogut, Bruce, 201, 392
Komenar, Margo, 370
Konrad, Herman W., 56
Kotabe, Masaaki, 183, 202, 270
Kratovac, Katarina, 173
Kravis, Irving B., 154
Krieger, Abba M., 170
Kristoferitsch, Georg, 369
Kruckeberg, Dean, 352
Krugman, Paul, 392, 399–400
Kruytbosch, Carla, 215
Kucher, Eckhard, 296
Kucukemiroglu, Orsay, 352
Kuczmarski, Thomas D., 266, 270
Kuipers, Systse T., 222
Kumar, V., 140
Kuniyasu, Sakai, 393
Kurtzman, Lew, 352
Kurus, Bilson, 127
Kwon, Up, 270

L

Label, Wayne A., 102
Lachica, Eduardo, 286
Lancioni, Richard, 296
Landau, Nilly, 137
Lang, E. M., 188
Langeard, Eric, 154
Lansing, Paul, 284
Lardner, James, 241, 279
Lauritano, Paul, 245
Lawrence, Paul, 216
Lee, Chol, 338
Lee, James A., 68
Lee, Moonku, 270
Lee, Wei-na, 270
Lei, David, 210, 215
Leong, Siew Meng, 339
Leonidou, Leonidas C., 202
Leslie, D. A., 338
Lester, Richard K., 245
Levin, Gary, 256, 329
Levin, Robert, 368
Levitt, Theodore, 5, 15, 156, 326
Lew, Albert Y., 296
Lewin, Jeffrey E., 352
Lewis, Herschell Gordon, 144, 339
Lewis, Jordan D., 216
Li, Elton, 79
Li, Jiatao, 245
Lieberfarb, Warren, 355

Lin, Carolyn A., 78
Lindberg, Bertil C., 154
Liotard-Vogt, Pierre, 325–326
Lipman, Joanne, 5
Lippman, John, 188
Lister, John, 343
Lohtia, Ritu, 201, 318, 339
Londa, Bruce, 97
Lopez de Arriortua, J. Ignacio, 135
Lorange, Peter, 216, 245
Lucas, George, 326
Luo, Yadong, 79, 217
Luqmani, Mushtag, 335, 339

M

Macaulay, Lord, 23
MacCormack, Alan, 370
Mackie, Penny, 352
Macrae, Chris, 269
Maddox, Lynda, 338
Madhok, Anoop, 201
Magaziner, Ira, 399
Mahajan, Vijay, 358, 367
Mahon, John F., 215
Mahone Jr., Charlie E., 201
Maignan, Isabelle, 352
Main, Jeremy, 205
Malik, O. P., 149
Malnight, T. W., 13, 17, 21
Malone, Michael S., 214, 217
Manzoni, J. F., 392
Marn, Michael V., 296
Marshall, Matt, 181
Maruca, Regina Fazio, 374, 393
Mascarenhas, Briance, 127, 245
Maslow, Abraham H., 58, 66–67, 73
Mathe, Herve, 270
Mauborgne, Renèe, 12
Maynard, Michelle, 172
McArthur, David N., 246, 393
McCaffrey, Roger A., 202
McClelland, D., 78
McCullough, W. R., 339
McDonald, Heath, 79
McDonald, Malcolm, 392
McDougall, Patricia, 202
McEvoy, Heather, 58
McGowan, Karen M., 296
McIntyre, Roger P., 318
McKay, Betsy, 164
McKenna, Regis, 370, 403
McLuhan, Marshall Herbert, 1, 341
McMenamin, Brigid, 94
McNatt, Robert, 73
McPhail, Janelle, 338

McRae, Hamish, 403
Mendini, Alessandro, 247–248
Merritt, Bruce G., 97
Metsisto, Tauno J., 154
Meyer, Thomas A., 202
Michelet, Robert, 216
Middelhoff, Thomas, 9
Milbank, Dana, 260
Miles, Gregory L., 6, 21, 170
Miller, Karen Lowry, 167, 181
Miller, L. K., 21
Mintzberg, Henry, 374, 392
Miracle, Gordon E., 79, 338
Misra, Ranjita, 154
Mitchell, Cynthia, 176
Mitchener, Brandon, 100
Miyoshi, Masao, 127
Modahl, Mary, 370
Moffett, Matt, 50, 172
Mooij, Marieke K. de, 339
Moon, H. Chang, 121
Moore, Geoffrey A., 245
Moore, James F., 245, 392
Moraes, Cynthia Taft, 33
Moran, Robert T., 79, 119
Morgan, Fred W., 296
Moriarty, Sandra, 249, 255, 270
Morita, Akio, 280
Morrison, Allen J., 14, 201, 245, 378, 392
Morrison, Terri, 109
Morwitz, Vicki G., 170
Moskowitz, Howard R., 270
Mougayar, Walid, 370
Mowery, David C., 215
Moyer, Reed, 154
Mueller, Barbara, 338
Mui, Chunka, 370
Mullen, Michael R., 154
Mullich, Joe, 343
Murdoch, Rupert, 116, 371
Murdock, George P., 60, 73
Murphy, David, 338
Murphy, Paul R., 318
Murray Jr., Edwin A., 215
Murray, Janet Y., 202
Mussey, Dagmar, 323
Myers, Matthew B., 296

N

Nagle, Thomas T., 297
Naidu, G. M., 202, 270
Nash, Marian Leich, 102
Naumann, Earl, 154
Nehmenkis, Peter, 102
Nehru, Jawaharlal, 26

Neimanis, G. J., 102
Nelson, Carol, 21, 144, 339
Nessmann, Karl, 342, 344, 352
Netemeyer, Richard G., 339
Neumann, Gerhard, 209
Nevin, Bruce, 75
Newman, Jeremy, 368
Newman, Victor, 217
Newquist, Don E., 287
Newsom, Doug, 352
Nicely, Thomas, 345
Nichols, David A., 252
Nichols, George, 293
Nicholson, Mark, 293
Nietzsche, Friedrich Wilhelm, 57
Niland, Powell, 216
Nin, Kadja, 61
Nonaka, Ikujiro, 21, 270, 392
Norton, David P., 393
Novak, Thomas P., 358
Nowlin, William A., 64, 77
Nunes, Paul F., 362, 364, 366, 370
Nusbaum, Alexandra, 401

O

O'Conner, John, 364
O'Connor, Daniel, 318
O'Driscoll Jr., Gerald P., 26
O'Toole, John, 333
Ogbuehi, Alphonso O., 269
Ogura, Nobumasa, 309
Ohmae, Kenichi, 5, 21, 81, 102, 127, 205, 216, 245
Okolo, Julius Emeka, 56
Okui, Toshifumi, 167
Olsen, Janeen E., 318
Ono, Yumiko, 187, 192, 203, 252, 326, 327
Orr, Deborah, 136
Ortega, Bob, 311, 315
Ortego, Joseph, 90, 102
Orwell, George, 68
Osland, Gregory E., 201
Ouchi, William G., 216
Owen, David, 300
Ozturk, Sevgu Ayse, 352

P

Palepu, K., 21
Panigrahi, Bragaban, 154
Pant, Muktesh, 293
Pant, P. Narayan, 216
Papadopoulos, Nicolas, 270
Pappas, Brian S., 366
Parameswaran, Ravi, 339
Park Kwang Moo, 77

Patterson, James H., 167
Pauly, Louis W., 392
Paun, Dorothy A., 296
Pawle, John, 170
Pearson, Andrall E., 245
Pecotich, Anthony, 56
Peebles, Dean M., 323
Pennar, Karen, 83
Pereira, Joseph, 323
Perlmutter, Howard V., 12, 202, 205, 207, 209, 216
Peters, Tom, 246, 372, 374
Petersen, Lisa Marie, 235
Peterson, S. Eggert, 201
Pfeiffer, Eric W., 116
Phillips, Don, 363
Phillips, Michael M., 131
Picot, Arnold, 360, 363, 366, 370
Piech, Ferdinand, 175
Piirto, Rebecca, 160, 162–163, 170
Pillai, Rajnandini, 392
Pilling, Bruce K., 318
Pisharodi, R. Mohan, 339
Pitcher, A. E., 255
Pizam, A., 78
Porras, Jerry I., 403
Porter, Michael E., 56, 152, 164, 170, 203, 220–221, 224–226,
    229–233, 235, 237–238, 242, 244–245, 253, 374
Potacki, Joseph, 347
Prahalad, C. K., 201, 207, 216, 239–240, 242–245, 392
Prasad, V. Kanti, 270
Prestowitz Jr., Clyde V., 212
Prokesch, S. E., 170
Prowse, Michael, 56
Pucik, Vladimir, 373

Q

Quelch, John A., 202, 259, 270, 312
Quigley, Philip J., 372
Quinn, James Brian, 206
Quraeshi, Zahir, 335, 339

R

Rabbitt, John T., 244
Rabino, Samuel, 270
Ragaraman, K., 318
Rajadhyaksha, Vasant G., 216
Rajaratnam, Daniel, 270
Raju, P. S., 170
Ramirez, Anthony, 300
Randall, Stephen J., 56
Rangan, U. Srinivasa, 204, 216
Rangaswamy, Arvind, 361, 362
Rao, C. P., 127, 261, 270
Rappoport, Carla, 212, 214

Raval, Dinker, 78, 201, 215
Ravaud, René, 209
Rayport, Jeffrey F., 370
Reagan, Ronald, 92
Redondo-Bellon, Ignacio, 79
Reed, John, 13
Reed, Jonathan, 144
Reich, Robert B., 21, 399
Reich, Simon, 392
Reichlin, Igor, 323
Reichwald, Ralf, 360, 366, 370
Reid, David McHardy, 21, 55
Reid, Robert C., 167
Reid, Stan D., 202
Reiner, Gary, 267
Reischauer, Edwin O., 79
Reisinger, Yvette, 79
Reitman, Valerie, 158, 281, 309
Remacle, Rosemary, 216
Rhea, Marti J., 169
Ricks, David A., 14, 378, 392
Ries, Al, 255
Rigdon, Joan E., 281
Ripperger, T., 363, 370
Rivkin, Steve, 170
Roach, Loretta, 235
Robert, Michel M., 205, 216, 245, 280-281, 296
Robertson, Thomas S., 202
Robinson, William T., 270
Robock, Stefan H., 103, 202
Robson, Peter, 127
Robyn, 61
Rodgers, Frank A., 102
Roe, Mark J., 212
Roedy, William, 319, 321
Rogers, Everett M., 123–126
Rogers, Everett M., 182
Römer, Marc, 370
Ronkainen, Ilkka A., 154, 270
Roos, Daniel, 170, 245
Roos, Johan, 216, 245
Root, Franklin R., 92, 102, 187, 201
Rose, Robert L., 167, 240, 315
Rosenberg, Larry R., 316
Rosenthal, Stephen R., 270
Rosenzweig, Philip, 101
Rosett, Claudia, 149
Rosiello, Robert L., 296
Rossen, Philip J., 202
Rossiello, Nicholas F., 163
Roth, Kendall, 14, 201, 245, 378, 392
Roth, Martin S., 270, 339
Roth, Victor, 318
Rowe, Brian, 209
Roy, M.-J., 102
Rudden, Eeleen, 170
Ruggierio, Renato, 44

Rugman, Alan M., 231, 245
Russell, C. S., 190
Ryan, Leslie, 347
Rynas Jr., John K., 156, 338
Rynning, Marjo-Riitta, 202

S

Sachdev, Harash J., 318
Saint Laurent, Yves, 90
Salama, Eric, 259, 270
Samiee, Saeed, 270, 296, 318
Samli, A. Coskun, 295-296
Samuel, S. Nicholas, 79
Samuels, Barbara C., 102
Sandberg, Jared, 237
Sanford, Douglas M., 338
Sarathy, Ravi, 331
Savitskie, Katrina, 127
Scandura, Terri, 392
Schaninger, Charles M., 73
Schapiro, Bernard M., 58
Schares, Gail E., 181
Schein, Harvey, 279
Schemo, Diana Jean, 194
Schill, Ronald L., 246, 393
Schill, Walter E., 208
Schlegelmilch, Bodo B., 21, 270, 361, 370
Schlosser, M. M., 217
Schmittlein, David, 170
Schneider, Susan C., 79
Schoemaker, Paul J. H., 202, 245
Schofield, James, 90
Schultz, Clifford J., 56
Schütte, Hellmut, 67
Schwab, Charles M., 95
Schwartz, Ela, 235
Schwartz, Evan I., 370
Sculley, John, 187
Sêneca, Lucius Annaeus, 299
Seringhaus, F. H. Rolf, 201
Seshadri, Srivatsa, 127
Sethi, S. Prakash, 154
Sethi, V., 154
Seybold, Patricia B., 370
Seymour, Daniel T., 296
Shansby, J. Gary, 255
Shao, Alan T., 339
Shapiro, Alan C., 25, 55
Shapiro, Eben, 221
Sharer, Kevin, 154
Sharpe, Malvin L., 345, 352
Shaw, Timothy M., 56
Shelton, Judy, 40
Sherman, Stratford, 199
Sherwood, Charles, 317

Sheth, Jagdish N., 256
Shimaguchi, Mitsuaki, 316
Shipley, David, 110
Shoham, Aviv, 349, 437, 352
Silverstein, Barry, 370
Simmonds, Kenneth, 103
Simon, Hermann, 157, 166, 170, 296
Simonian, Haig, 9
Sinclair, Stuart, 297
Singer, Marc, 370
Singer, Thomas Owen, 202
Sinkovics, R., 361, 370
Sivadas, E., 367, 370
Sloan, Alfred P., 383
Slocum Jr., John W., 210, 215
Slomanson, William R., 103
Smirnoff, Oleg, 165
Smith, Adam, 271
Smith, Craig S., 113, 192
Smith, Douglas K., 372, 392
Smith, Jerald R., 56
Smith, Michael, 100
Smith, Roland, 205
Smithies, Christopher, 368
Sohn, Louis B., 102
Solberg, Carl Arthur, 201
Solow, Robert M., 245
Sonnenberg, Frank K., 170
Soss, Neal, 83
Spencer, William J., 217
Spero, Donald M., 102
Spielvogel, Carl, 5
Spotts, Harlan E., 334
Staehle, W. H. V., 365-366
Stalk Jr., George, 79, 245
Stanat, Ruth, 154
Stanley, Richard, 82
Starr, S. Frederick, 40
Steel, John, 266
Steenkamp, Jan-Benedict E. M., 127, 154, 170
Steinberg, Bruce, 326
Stening, Bruce W., 78
Stern, Gabriella, 166, 265, 330
Stern, Louis W., 318
Sterne, Jim, 370
Sterngold, James, 312
Stevenson, Howard H., 392, 403
Stewart-Allen, Allyson L., 352
Still, Richard R., 59, 318
Stopford, John M., 360, 374, 382-383
Strom, Stephanie, 315
Subramanian, Bala, 78, 201, 215
Sunje, Aziz, 127
Sviokla, John J., 370
Swamidass, Paul M., 202
Swasy, Alecia, 274, 277

T

Takada, Hirokazu, 125–126
Tamate, Miriko, 64, 334
Tancer, Shoshana B., 103
Tansey, Richard, 339
Tavernise, Sabrina, 276
Taylor III, Alex, 159
Taylor, Charles R., 79, 338
Taylor, Elizabeth, 166
Taylor, Fredrick, 374
Taylor, William, 170, 175
Teece, David J., 215
Tellefsen, Thomas, 125
Templeman, John, 172, 181
Ter Hofstede, Frenkel, 170
Terpstra, Vern, 202, 331
Thakar, Manab, 216
Tham, Leng Lai, 339
Thorelli, Hans B., 270
Thurow, Lester, 56, 399
Thurow, Roger, 331
Tichy, Noel, 199, 373
Tilley, Barry, 329–330
Tobias, Andrew, 332
Tomlinson, Richard, 370
Trout, Jack, 170, 255
Tse, David K., 270
Turner, Lindsay, 79
Tyler, Gus, 127

U

Uchitelle, Louis, 66, 193
Ulgado, Francis M., 270
Uncles, Mark, 352
Unger, Lynette, 166, 256
Usunier, Jean-Claude G., 79

V

Vachani, Sushil, 84-85
Vagts, Detlev, 93, 102
Vallianatos, Mark A., 89
Van Wolferen, Karel G., 202
Vanderbilt, Gloria, 166
Vanhonacker, Wilfried, 189, 202
Verbeke, Alain, 245
Vercic, Dejan, 352
Vermeulen, Karla, 90
Vernon, Ivan R., 338
Vernon, Raymond, 102
Viault, Raymond G., 5, 401–402
Vlachoutsicos, Charalambos, 216
Vogel, David, 102
Vogel, R. H., 154

Voitovich, Sergei A., 98, 103
von Clausewitz, Carl, 219, 239, 371
Voss, Bristol, 215

W

Wasilewski, Nikolai, 154
Wedel, Michael, 127, 170
Weigand, Robert E., 318
Weinberg, Marc G., 334
Weisz, Pam, 266
Welch, Jack, 1, 3, 13-14, 198–199, 203, 371, 395-396
Wells Jr., Louis T., 374, 382-383
Wells, Ken, 321, 326
Wells, Ludmilla Gricenko, 339
Wells, William, 255
Werner, Helmut, 197
Werther Jr., William B., 216
Westney, D. Eleanor, 246
Wever, Kirsten S., 216
Whalen, Jeanne, 331
Whitwam, David, 373–374
Wichmann, H. J., 201
Wigand, Rolf T., 360, 366, 370
Wildt, Albert, 202
Wilke, Jerry G., 167
Williams, Ethlyn, 392
Williams, Jeffrey R., 245, 296
Wilson, Diane D., 362, 364, 370
Wilson, R. Dale, 338
Wind, Jerry, 113, 116, 127, 327, 334, 336, 358, 367
Winterhalter, Jüergen, 165–166
Witt, Jerome, 261, 270
Wogsland, James, 129, 130
Wolfe, Bonnie Heineman, 169
Wolfe, William G., 154
Wolff, B., 363, 370
Womack, James P., 170, 245, 392
Won, Grace, 102
Wooton, Ian, 127
Wright, W., 190
Wurster, Thomas S., 353, 370
Wysocki, Bernard, 190, 209, 210

Y

Yam, Phoebe, 296
Yan, Richard, 56, 211, 254
Yavas, Ugur, 202, 335, 339
Yeoh, Datuk Francis, 346
Yip, George S., 201, 245, 373, 392
Yoshida, Kosaku, 216
Yoshino, Michael, 204, 216
Young, Jeff, 234
Yu, Chow-Ming Joseph, 202
Yudkin, Marcia, 370

Z

Zakon, Robert, 357
Zander, Udo, 392
Zandpour, Fred, 338
Zatopke, Emil, 323
Zavrl, Frani, 352
Zeien, George, 66
Zhan, Sherrie, 401
Zhou, Nan, 339
Ziegler, Bart, 343
Zif, Ayal, 195
Zif, Jehiel, 195, 217
Zou, Shaoming, 202, 270
Zuccaro, Bruno, 131

Índice Remissivo

3M, 315
4 Kids Entertainment, Inc., 188
4Ps de marketing, 2–3, 4
7-Eleven, 312, 317

A

ABB, 131
ABM Baumüller, 180–182
Acer, 176
Acesso ao mercado, 173–174, 178
ACNielsen Company, 138
Acordo econômico regional, como força motriz do marketing global, 16
Acordo Geral sobre Tarifas e Comércio (Gatt), 16, 43–44, 100
　Código *Antidumping*, 285
　Rodada do Uruguai, 95, 100, 285–287, 291
Acordo sobre os Aspectos Relativos ao Comércio dos Direitos de Propriedade Intelectual (Agreement on Trade-Related Aspects of Intellectual Property Rights — Trips), 95
Adaptação/policêntrica, política de determinação de preços, 292–294
Adequação do produto, 178–179
Adidas AG, 131, 323, 327
Administração estratégica, 3
Afeganistão, 118
África do Sul, 30, 53, 397
　características de mercado, 120
　dumping e, 286
África
　características de mercado, 119–120
　definição, 119–120
Agentes de compra, 367
Agentes de vendas, 367
Agentes, 305–307
　desempenho de, 306
　encerramento de, 306–307
　seleção de, 305–306
AirTouch Communications, 192
Alavancagem, como força motriz do marketing global, 17–18
　tipos de, 18
Albânia, 108
Alemanha, 31, 32, 44, 81, 92, 99, 149, 226–227, 229, 335, 397, 401
　custos de fatores na, 174, 175
　e balança de pagamentos, 37

empresas do Mittelstand, 180–181
exportação na, 185
Alfândega dos Estados Unidos, 285
Alianças comerciais internacionais, 41–43
Alianças estratégicas, 41–43, 363–364, 384
Amaco, 192
Amazon.com, 222–223, 359, 400
Ambiente cultural. *Veja* Ambiente social e cultural
Ambiente econômico. *Veja* Economia mundial
Ambiente legal, 86–98
　direito internacional, 86–87
　evitando problemas legais, 87–96
　leis antitruste, 93
　para o encerramento de distribuidores e agentes, 306–307
　para o projeto do produto, 259
　resolução de conflitos, 96–98
Ambiente político, 82–86
　canais de distribuição e, 307
　diluição do controle acionário e, 84–85
　estados-nações no, 82–83
　expropriação e, 85–86
　impostos no, 83–84, 289–291
　risco político no, 83, 173
　soberania no, 82–83
Ambiente regulatório, 98–100. *Veja também* Política governamental
　antitruste, 93
　para o projeto do produto, 259
　para propaganda, 19, 332–333
Ambiente social e cultural, 57–79
　abordagem analítica do, 65–70
　busca das universalidades culturais, 60–61
　canais de distribuição e, 307
　comportamento social e, 64–65
　comunicação no, 63–64
　culturas de alto e baixo contexto, 61–63
　estratégia de produto e, 266
　negociação no, 63–64
　no marketing de produtos de consumo, 73–75
　no marketing de produtos industriais, 70–73
　propaganda no, 333–334

　questões multiculturais no, 75–77, 329–330
América do Norte, 110–111, 396
　definição, 110
　usuários da Internet na, 358
América do Sul
　usuários da Internet na, 358
América Latina
　características de mercado, 117–118
　definição, 117
　marketing industrial na, 71–72
　questões culturais e, 71–72
America Online (AOL), 362-364
American Airlines, 363
American Broadcasting Company (ABC), 363–364
American Express, 41, 61, 144, 159, 255
American Greetings, 265
Amostragem não probabilística, 144–146
Amostragem probabilística, 144–145
Amostragem, 144–146
Amostras de cotas, 145–146
Amway, 304, 308, 317
Análise competitiva, 219–246
　análise da indústria, 220–224
　inovação e intenção estratégica na, 239–244
　posições estratégicas na, 238–239
　vantagem competitiva e, 224–237
Análise da indústria, 220–224
　ameaça de novos entrantes, 221–222
　ameaça de produtos substitutos, 222–223
　poder de barganha dos compradores, 223
　poder de barganha dos fornecedores, 223
　rivalidade entre concorrentes, 223–224
Análise do padrão de demanda, 146
Análise dos clusters, 148, 253
Andersen Consulting, 304–305, 356–357, 362
Angola, 53, 120
Anheuser-Busch, 260–261
Antígua, 50–51
Apple Computer, 187
Arábia Saudita, 53, 62, 118–119, 333, 335, 337, 401

Arbitragem, 97–98
Área de Livre Comércio da América do Norte (Nafta), 13, 16, 19, 24, 40, 42, 46–47, 95, 111, 231
Área de Livre Comércio da América Latina (Alcal), 31
Área de Livre Comércio das Américas (Alca), 51–52
Área de livre comércio, 42
Arena of international finance, The (Coombs), 62
Argélia, 53–54
Argentina, 49, 50
Armênia, 109
Arpanet, 357
Arrow Shirt Company, 175–176
Asea Brown Boveri (ABB), 18
Ásia-Pacífico, 111–117
    características de mercado, 111–112
    definição, 111–112
AsiaSatI, 158
Associação Americana de Arbitragem (American Arbitration Association — AAA), 97-98
Associação das Nações do Sudeste Asiático (Ansea), 48–49
Associação de Livre Comércio da Europa Central (Alcec), 46
Associação de Livre Comércio Europeu (Alce), 45
AT&T, 77, 152, 159, 187, 190, 209–210, 242
Auditoria da administração de marketing global, 385–391
Auditoria de marketing global, 385–391
    avaliando o desempenho, 388–390
    definição, 385–386
    natureza da, 385–388
    orçamento na, 388, 390–391
    planejamento na, 388, 390–391
Austrália, 41, 87, 92, 93, 111, 139, 286
    características de mercado, 117
    propaganda na, 332
Áustria, 44, 99, 335, 342, 344
Auto-By-Tel, 367
Auto-serviço, 312
Avaliação de desempenho, na auditoria de marketing global, 388–390
Avon Products, 130, 252, 253, 304, 308, 349
Azerbaijão, 109

B

B. A. T. Industries, 155–156, 333
Backer Spielvogel & Bates Worldwide (BSB), 160–161
Bahamas, 50–51
Bahrein, 53, 119
Balança de pagamentos, 36–37
Banco Central Europeu (BCE), 276
Banco Chase Manhattan, 166, 256
Banco de Dados Global de Informações de Mercado (GMID), 143
Banco Mundial
    Centro de Acordos em Litígios Relacionados a Investimentos, 86
    segmentação demográfica e, 157
Bang & Olufsen, 257
Bangladesh, 357
Barbados, 50–51
Barnes & Noble, 222–223
Barreiras à entrada, 221–222, 230–231
Barreiras não tarifárias (BNTs), 19
Bata, 293
Bayer AG, 94, 192
Bayerische Motoren Werke Aktiengesellschaft, 6
Bélgica, 44, 310–311
Belize, 50–51
Benetton Group, 6-7, 131, 158, 256, 327, 330
Benin, 52
Bens supridos, 186, 283–284
Bethlehem Steel, 95
Big ten, The (Carten), 30
Bigg's, 300
BizBots, 367
BMG Entertainment, 61
BMW, 169, 197, 251, 253, 258, 281
Boeing, 73, 205, 206, 267
Bolívia, 49
Borden, Inc., 187, 193
Borderless world, The (Ohmae), 5
Bósnia-Herzegovina, 108
Boston Consulting Group, 148
Botsuana, 53
Brasil, 31–33, 49–50, 51–52, 92, 139, 286, 311
    características de mercado, 118
    como mercado-alvo, 172–173
    desigualdade de renda no, 33
British Biotechnology Group, 18
British Petroleum (BP), 192
Brother Industries, 286
Bruno Magli, 342
Bulgária, 108
Burkina Fasso, 52

C

Cabo Verde, 52
Cadeia de valor, 365–369
Câmara de Comércio Internacional (CCI), 97–98
Câmbio
    cláusulas de taxa de câmbio, 276–277
    euro e, 272, 276
    flutuações da moeda, 274–276
    nas decisões de fixação de preços, 271–274, 276
    nas estratégias de entrada e expansão, 177, 181
Cambridge Information Group, 143
Cambridge Strategic Management, 356
Campbell Soup Company, 73-74, 262
Canadá, 87, 163, 396, 401
    características de mercado, 110–111
    como país integrante da Tríade, 25–26, 31, 34
    dumping e, 286
    e comércio de mercadorias, 38–39
    produtos com marcas próprias no, 252
    relações públicas no, 345
Canadian International Development Agency (Cida), 77
Canais de distribuição, 222, 299–318
    características ambientais nos, 307
    características de produto em, 304–305, 328–330
    características do cliente em, 303–304
    características do intermediário em, 305–307
    definição, 300
    distribuição física e logística, 313–317, 369
    estratégia de canal para entrada em novo mercado, 312–313
    estratégia de canal para o marketing global, 303
    inovação em, 311–312
    objetivos e restrições de, 301–307
    para produtos de consumo, 307–309
    para produtos industriais, 310
    varejo global, 299–300, 310–311
Canais de distribuição. *Veja* Canais de marketing
Canais de marketing. *Veja* Canais de distribuição
Canon, 191, 213, 241–242, 267
Cape Cod Potato Chips, 250
Capitalismo, 26, 82–83, 396, 400
Capitalização de mercado, 9
Características de produto, 304–305, 328–330

Características do intermediário, 305–307
Carrefour S.A., 106, 299–300
Carreiras em marketing global, 401–402
Case Corporation, 144
Casio, 250–251
Casos perdidos, 29
Caterpillar, 7, 17, 130, 222, 228, 240-241, 284
Cendant International, 401
Centros de gerenciamento regional, 377–379
Cervejaria Asahi, 203
CFR (*cost and freight*), 298
Channel, 165, 327
Chile, 31, 86, 118
China Airlines, 363
China, República Popular da, 32, 60, 87, 92, 95, 396, 401
   características de mercado, 112–113
   como economia em transição, 121
   como mercado-alvo, 158, 164, 172, 178–179
   como um sistema de alocação co-mandatária, 26
   e comércio de mercadorias, 38–40
   e comércio de serviços, 41
   e questões culturais, 62
   Hong Kong e, 26
   joint-ventures na, 189
   nível de renda na, 33, 158
   propaganda na, 320, 331, 332
   venda direta na, 308
Chipre, 118
Chrysanthemum and the sword, The (Benedict), 61, 63
Chrysler, 122, 173, 281
Ciba-Geigy, 85
CIF (*cost, insurance, freight*), valor, 283, 298
Cingapura, 87, 111, 117, 396, 401
   características de mercado, 114–115
   custos de fatores em, 174–175
Circuit City, 300
Cisco Systems, 6, 7
Citicorp, 13, 331
Citigroup, 11
Citroën, 24
Clairol, 349
Classe média, segmentação de mercado e, 158
Clientes
   características de, 303–304
   equação do valor para o cliente, 4
   individuais como objetivo, 355
Clientes globais, 105–127

   características de mercados regionais, 106–120
   em economias em transição, 120–121
   em países menos desenvolvidos, 120–121
   equação de valor e, 122
   fontes de informações sobre, 106, 109, 134–137
   plano de marketing global, 126
   teoria da difusão e, 123–126
CNN, 335
Coca-Cola Company, 5–7, 74-75, 105, 130, 143, 158, 164-165, 188, 211, 250-254, 301, 320–321, 323-324, 326-327, 349–350, 399
Código civil, 87
Código Comercial Uniforme (Estados Unidos), 87
Código tributário dos Estados Unidos, Seção 482, 289–291
Colaboração. *Veja também* Estratégias cooperativas
   vantagem competitiva e, 242
Colgate-Palmolive Company, 85, 131–132, 224, 265–266, 320–321, 327–328
Colômbia, 49, 311, 390
Combustion Engineering, 18
Comércio de mercadorias, 38–40
Comércio de serviços, 40–41
Comissão de Comércio Internacional (CCI), 286
Comissão Européia, 93
Commercial Fan Moteur (CFM) International, 209
Compagnie Industriali Riunite S.A. (CIR), 210
Companhia Panificadora de Moscou, 304–305
Companhias multinacionais, 13
Compaq Computer Corporation, 5, 267
Compatibilidade
   mercados-alvo globais e, 165
   no projeto do produto, 259–260
Comportamento social, 64–65
Composto de marketing
   4Ps e, 2–3, 4
   na equação de valor, 122
Computer-aided design (CAD), 364
Comunicação
   como força motriz do marketing global, 16
   e ambiente social e cultural, 63–64
   modelo simétrico de duas vias de, 342

   no e-marketing, 354, 356–357
   transferência de significado na, 324
Comunicação integrada de marketing (CIM), 320, 342–343
Comunidade das Nações Independentes (CNI), 83
Comunidade e Mercado Comum Caribenho (Comcc), 50–51
Comunidade Econômica dos Estados da África Ocidental (Cedeao), 52
Concentração de riqueza, 31–34
Concorrência
   como consideração na fixação de preços, 272–273, 278, 290
   como obsessão perigosa, 399–400
   na auditoria de marketing global, 390
   nas estratégias de entrada e expansão, 178
   no estabelecimento de mercados-alvo, 164–165
   novas tecnologias e, 361–365
   política de *dumping* e, 287
   rivalidade entre concorrentes, 223–224
Condições de demanda, 227–228
Conferência de Coordenação de Desenvolvimento Sul-Africano (CCDSA), 52–53
Congo, 53, 120
Conselho Árabe de Cooperação (CCA), 53–54
Conselho de Assistência Mútua Econômica (Comecon ou Came), 46
Conselho de Cooperação dos Estados Árabes do Golfo, 53
Conselho Europeu de Pesquisas Nucleares (CERN), 357
Conselho Internacional para a Arbitragem Comercial (Ciac), 98
Considerações de projeto, 258–260
Considerações de transporte, 176, 178
Consten, 93
Conta corrente, 36–37
Conta de capitais, 36–37
Continental Airlines, 363
Controle
   definição, 385
   métodos informais de, 391
Convenção das Nações Unidas sobre o Reconhecimento e Cumprimento de Recompensas Estrangeiras Arbitradas, 97
   Conferência das Nações Unidas sobre a Lei do Comércio Internacional (United Nations

Conference on International Trade Law — Uncitral), 98
Convenção de Lomé, 45
Convenção Internacional para a Proteção da Propriedade Intelectual (União de Paris), 92
Convergência, 356-357
Cooperação Econômica Ásia-Pacífico (Ceap), 47-48
Coréia do Norte, 26, 92, 400
Coréia do Sul, 32, 92, 95, 111, 121, 396
  e comércio de mercadorias, 38-40
  propaganda na, 328
Coréia, 87. *Veja também* Coréia do Norte; Coréia do Sul
Corning Glass Works, 385
Corrupção, 95-96
Cosmair Inc., 166
Costa do Marfim, 52
Costa Rica, 51
Costco, 300
CPC International, 73, 125, 263
Crescimento mundial, 396
Crise asiática, 48, 73, 113-115, 281
Critério da auto-referência (CAR), 68-69
Critérios de decisão para os negócios internacionais, 173-179
Critérios de seleção de mercado, 177-179
Croácia, 108
CSX Corporation, 176
Cuba, 26, 118, 141, 400
Cultura organizacional, como força restritiva do marketing global, 19
Culturas de alto contexto, 61-63
Culturas de baixo contexto, 61-63
Cummins Engine Company, 199
Custo do produto
  como consideração de projeto, 258-259
  como consideração na fixação de preços, 272-274, 281-283, 288
  vantagem de liderança em custos, 235-236
Custos de desenvolvimento de produtos, como força motriz do marketing global, 16-17
Custos de fatores, 174-176
Custos de mudança, 221-222

D

D'arcy Massius Benton & Bowles (DMBB), 160, 161
Dados primários, 143-144
Dados secundários, 142-143
Daihatsu, 9
Daimler-Benz AG, 248
DaimlerChrysler, 6, 7, 9, 11, 113, 281
  Smart Car, 364-365
Database marketing, 349
Decisões de fixação de preços, 271-298
  alternativas de política para, 292-295
  como base para o posicionamento, 255
  concorrência em, 272-273, 278, 290
  controles e subsídios governamentais em, 278
  custo do produto em, 272, 273-274, 281-283, 288
  demanda em, 272, 274
  determinação de preços de transferência, 288-292
  dumping e, 285-288
  e custo como considerações de projeto, 258
  e-marketing e, 356
  estratégias de determinação de preços e, 279-284
  inflação e, 277
  produtos do mercado cinzento e, 271-272, 284-285
  progresso tecnológico e, 356
  qualidade em, 278-279
  taxas de câmbio em, 271-272, 273, 274-276
Decisões de produto, 247-270. *Veja também* Diferenciação; Novos produtos; Posicionamento
  atitudes em relação ao país de origem nas, 260-261
  considerações de projeto, 258-260
  estratégia de expansão geográfica, 262-266
  níveis de saturação em mercados globais, 257-258
  produto, definição, 249
  produtos globais, 251-255
  produtos internacionais, 251
  produtos locais, 250, 252
  produtos nacionais, 250-251
Declaração de Bangcoc, 48
Delivered duty paid, 297
Dell Computers, 5, 301
Demanda incipiente, 141
Departamento de Comércio dos Estados Unidos, 195, 285, 287
Departamento de Justiça dos Estados Unidos, 213-214
Desejos e necessidades de mercado, como forças motrizes do marketing global, 16
Desenvolvimento de mercado, estágios de, 27-29
Desenvolvimento econômico
  desenvolvimento de mercado e, 27-29
  estágios de, 29-30
  marketing e, 35-36
  risco econômico e, 36
Desregulamentação, 17
Determinação de preço de transferência baseado em custo, 288
Determinação de preços de transferência, 288-292
Diesel, 327
Diferenciação, 221
  como tática de marketing, 166
  dumping e, 288
  estratégia para, 236-237
Diffusion of Innovations (Rogers), 123-126
Digital Equipment, 211, 360
Dinamarca, 44, 335
Direção de arte, 330
Direct Marketing Association, 148
Direito comum, 87
Direito internacional, 86-87
  direito comum *versus* código civil, 87
  organizações jurídicas internacionais, 86-87
  raízes históricas do, 86
Discover, cartão, 255
Distribuição física, 313-317, 369
Distribuidores, 305-307
  desempenho de, 306
  encerramento de, 306-307
  seleção de, 305-306
Diversificação, 382-383
Doing business around the world, 106, 109
Dominica, 50-51
Doutrina Calvo, 98
Dumping, 285-288

E

E*Trade, 360
e-commerce
  evolução do, 359-361
e-marketing, 353-370
  cadeia eletrônica de valor e, 365-369
  cliente individual como objetivo no, 355
  comunicações e, 354, 356-357

descontinuidades tecnológicas e, 356–361
interatividade no, 355
marketing de relacionamento no, 355
morte da distância e, 354
regras da concorrência e, 361–365
velocidade em chegar ao mercado e, 355–356
East Side Mario's, 309
Eastman Kodak Company, 164–165, 192, 241
eBay, 360, 367
Eberle (J. N.), 180
Economia global. *Veja* Economia mundial
Economia mundial, 23–56
Acordo Geral sobre Tarifas e Comércio (Gatt) e, 16, 43–44, 95, 100, 285–287, 291
alianças comerciais internacionais na, 41–43
balança de pagamentos e, 36–37
canais de distribuição e, 307
como força motriz do marketing global, 17
e-marketing no processo de desenvolvimento econômico, 35–36
estágios de desenvolvimento de mercado, 27–29
estágios de desenvolvimento econômico, 29–30
futuro da, 396, 397
localização da população na, 34–35
mudanças na, 24–25
organizações econômicas regionais na, 44–54
padrões de comércio na, 38–41
renda e paridade de poder aquisitivo na, 30–34
sistemas econômicos na, 25–27
visão geral da, 24–25
Economias de escala, 221, 323, 324
Economias de escala, como alavancagem, 18
Economias em transição (ETs), marketing em, 120–121
Economist Intelligence Unit (EIU), 136, 143
Efeito de rede, 362, 363–364
Egito, 54, 118
El Salvador, 51
Elasticidade da renda, 146
Eli Lilly & Cia., 13
Elite, segmentação de mercado e, 158–159
Emirados Árabes Unidos, 53, 118

Empresa de relacionamentos, 214
Empresa estrangeira própria (EEP), 189
Empresa global/transnacional como força motriz do marketing global, 18–19
Empresas cogumelo, 360–361
Empresas de administração de exportação (EAEs), 185
Empresas de comércio exterior (ECEs), 185
Empresas de comércio, 316
Encerramento, de distribuidores e agentes, 306–307
Equação do valor, 4, 122
Equador, 49, 306
Equipes, liderança, 372
Ericsson, 196, 198
Eslovênia, 108
Espanha, 44, 99, 109, 311, 397
Especialistas de pagamento, 369
Estabelecimento do comércio, 88
Estados Unidos, 163, 396, 401, 402
atitudes em relação ao país de origem, 261
características de mercado, 110–111
como país integrante da Tríade, 25–26, 31, 34
como um sistema de alocação por mercados, 25–26
custos de fatores nos, 174
dumping e, 285–288
e comércio de mercadorias, 38–39
produtos do mercado cinzento no, 284–285
promoção de vendas nos, 347
relações públicas nos, 345
sistema legal, 87
Estados-nações, no ambiente político, 82–83
Estereótipos, atitudes em relação ao país de origem, 260–261
Estimativa do tamanho do mercado, por analogia, 146–148
Estocagem em armazéns, 314
Estônia, 30, 108
Estratégia de adaptação de produto/extensão da comunicação, 264
Estratégia de defesa de mercado, 281
Estratégia de dupla adaptação, 264–265
Estratégia de dupla extensão, 262–263
Estratégia de estabelecimento de preços de penetração, 279–281
Estratégia de extensão do produto/adaptação da comunicação, 263–264

Estratégia de extensão do produto/comunicação (dupla extensão), 262–263
Estratégia de fixação de preços de *skimming* de mercado, 279
Estratégia de fixação de preços margem sobre os custos/escalada de preços, 281–283
Estratégia de invenção do produto, 265–266
Estratégia de invenção, 265–266
Estratégia global
como alavancagem, 18
na decisão de fixação de preços, 279–284
Estratégias amplas de mercado, 235–236
diferenciação, 236
vantagem de liderança em custos, 235–236
Estratégias cooperativas, 203–217
alianças estratégicas, 41–43, 363–364, 384
empresa de relacionamentos, 214
joint-ventures, 189–191, 192–193, 205, 292, 384
no Japão, 203, 204, 211–214
parcerias estratégicas globais, 204–211
vantagem competitiva e, 242
Estratégias de entrada e expansão, 171–202
alternativas de, 194–200
critérios de decisão para, 173–179, 182–184
expansão geográfica, 262–266
exportação, 180–186
investimento em *joint-ventures*, 189–191, 192
investimento em países em desenvolvimento, 193–194
investimento em propriedade e controle, 191–192
licenciamento, 93–95, 187–189
modelo de decisão para, 179–180
para canais de distribuição, 312–313
propriedade/investimento, 192–193
suprimento, 186
Estratégias de expansão geográfica, 262–266
adaptação de produto/extensão da comunicação, 264
dupla adaptação, 264
extensão do produto/adaptação da comunicação, 263–264
extensão do produto/comunicação, 262–263

invenção do produto, 265–266
seleção de, 266
Estratégias de mercado restrito, 236–237
Estratégias empresariais genéricas, 235
Estrelas nascentes, 384
Estrutura de divisão internacional, 374–377
Estrutura de divisões de produto globais, 379–380
Estrutura geográfica, 379
Estrutura matricial, 381–382
Estrutura multidivisional, 383
Estrutura organizacional, 373–385
origem nacional e, 383
padrões de, 374–382
para marcas globais, 384
relações entre diversificação, tamanho e, 382–383
Estruturas em rede, 384
Etiópia, 29, 120
Etiquetagem, no projeto do produto, 260
Euro, 272, 276
Euro Disney, 137
Euromarché, S.A., 299–300
Europa Central e Leste Europeu, 108–110
características de mercado, 108–110
definição, 108
Europa Ocidental, 106–108, 396
características de mercado, 106–108
como um sistema de alocação por mercados, 25–26
definição, 106
usuários da Internet na, 358
Eventos fortuitos, 230
Ex-works, 282–283, 297
Excite, 361
Exigências de capital, 221
Exportação, 180–186
critérios de decisão para, 182–184
estágios da, 182–183
organização para, 184–186
Exposições, 349, 350
Expropriação, 85–86
Expropriação gradual, 85–86
Extensão do produto/etnocêntrica, fixação de preços, 292, 293
Exxon, 264

F

Falsificação, 90–91
FAS (*free alongside ship*), 297
Fator de ajuste de moeda (CAF), 282–283
Fatores de recursos
básicos *versus* sofisticados, 227
condições de fatores, 225–227
generalizados *versus* especializados, 227
Fazedores de mercado, 367
FCA (*free carrier*) — local designado, 298
Federal Express, 131, 141, 239, 315
Feiras e eventos, 349, 350
Fiat, 172–173
Fifo (*first-in, first-out*), método de custeio, 277
Finlândia, 44, 335
First Auto Works (FAW), 172
Fixação de preços etnocêntrica, 292, 293
Fixação de preços geocêntrica, 294–295
Fixação de preços policêntrica, 292–294
Fleetguard, Inc., 199
FOB (*free on board*), 298
Foco, defição de, 4
Fontes documentais de informação, 135
Fontes humanas de informação, 134–135
Forças motrizes do marketing global, 15–19
Forças restritivas do marketing global, 19
Ford Motor Company, 8, 17, 122, 131, 190, 214, 309, 346
Foreign Corrupt Practices Act (FCPA; Estados Unidos), 88
Forester Research, 360
Fórmula de 'preços justos', 289
França, 31-32, 44, 92, 99–100, 144, 335, 347, 390–391, 401
Euro Disney, 137
hipermercados na, 299–300, 311
indústria do vinho na, 90, 302–303
lei de propriedade intelectual na, 90
propaganda na, 329, 330, 332–333
Frito Lay, 250
Fuji Photo Film U.S.A., 164–165, 192
Fundo Monetário Internacional (FMI), 36-39

G

G. D. Searle, 221, 222
G. W. Barth, 180
Gallo, 206
Gâmbia, 62
Gana, 52, 344
Gap, 7
GateWaze, 136
General Electric (GE), 3, 9, 77, 110–111, 196, 198–199, 207, 209, 346
General Motors (GM), 8-9, 122, 172–173, 190–191, 321, 328, 399
Gerber, 194
Gerenciamento de estoque, 314
Gibraltar, 106
Gillette Company, 6-7, 19, 66, 130, 191, 243, 325
Givi, 238
Globalink, 343
Glocal, 5–6
Grã-Bretanha, 2, 44. *Veja também* Reino Unido
Granada, 50
Grand Metropolitan PLC, 131
Grandes mercados emergentes, 51–52, 172–173
Grécia, 44, 99, 109, 329, 333, 397
Green Giant Foods, 59
Groenlândia, 106
Grundig Company, 93
Grupo Andino, 42, 49
Grupo Samsung, 77, 133
Grupos de foco, 143–144
Guatemala, 51
Guerra de nervos, 222
Guerra fria, 84, 332
Guiana, 50
Guiné, 52
Guiné-Bissau, 52

H

H. J. Heinz Company, 265, 329–330
Haiti, 50
Hallmark, 265
Harley-Davidson Motor Co., 6-7, 167-168, 197, 236, 241, 249, 251, 256-257
Harris Corporation, 306
Heineken, 61
Heinz (H. J.) Company, 265, 329–330
Heritage Foundation, 26
Hierarquia de necessidades (Maslow), 66–67
Hiperconcorrência, 242–243
Hipermercados, 299–300, 311
Hitachi, 212, 213
Holanda, 44, 92, 99–100, 257–258

Honda, 7, 9, 173, 241, 249, 256, 267
Honduras, 51
Hong Kong, 26, 87, 111-112, 116, 396, 397
Hungria, 108-109, 211, 308, 332
Hyundai, 122

I

I Can't Believe It's Yogurt, 309
IBM, 4-5, 61, 85, 110-111, 152, 187, 190, 236, 241, 343
Idade, segmentação de mercado e, 158
Idioma
   do título e texto da propaganda, 330-331
   questões culturais e, 63-64, 70
Iêmen, 54, 118
IKEA, 219-220, 234-235, 238, 281, 307
Ilhas do Canal, 106
Importação paralela, 271-272, 284-285
Imposto sobre valor agregado (VAT), 282-283
Impostos, 83-84, 285, 291
Índia, 32, 41, 87, 396
   características de mercado, 116-117
   como mercado-alvo, 158
   como um sistema de alocação co-mandatária, 26
   e *dumping*, 286
   e fixação de preços globais, 292-293
   e questões culturais, 67
   Lei de Regulamentação do Câmbio (Foreign Exchange Regulation Act — Fera), 84-85
   níveis de renda na, 33, 158, 184
   pesquisa de marketing na, 149
   propaganda na, 320, 329
   relações públicas na, 344
   sistemas de informação de marketing na, 130
Indochina, 87
Indonésia, 87, 111-112
Indústrias correlatas, 229
Indústrias de apoio, 229
Inflação, decisões de fixação de preços e, 277
Infoseek, 361
Infra-estrutura, 176-177, 348-349
Inovação
   em canais de distribuição, 311-312
   intenção estratégica e, 239-244
   no e-marketing, 364-365
   teoria da difusão e, 123-126
Instituto Mundial de Arbitragem, 97-98
Instruções, no projeto do produto, 260
Intel, 267, 345
Inteligência organizada, 152-153
Interatividade, 355
International Telephone & Telegraph (ITT), 196
Internet
   crescimento explosivo da, 357-359, 396, 401
   fontes de informação, 135-136
   morte da distância e, 354
   surgimento da, 396, 401
Invenção/geocêntrica, fixação de preços, 294-295
Investimento como estratégia de expansão, 189-194
   em países em desenvolvimento, 193-194
   joint-ventures, 189-191
   propriedade e controle, 191-192
   propriedade/investimento, 192-193
Investimento estrangeiro direto, 192-193
Irã, 118-119
Iraque, 26, 54, 118-119
Iridium, programa, 205, 206
IriScan, 368
Irlanda, 44
ISO-9000, 243-244
Israel, 118-119
Itália, 31, 44, 73-74, 229, 257-258, 330, 335, 397
ITN, 335
Itochu, 9
Iugoslávia, 108

J

J. Eberspächer, 180
J. N. Eberle, 180
Jamaica, 50
James River Corp., 190
Japão, 87, 92-93, 95, 163, 229-230, 396-397, 401
   canais de distribuição no, 315-317
   características de mercado, 113-114
   como país integrante da Tríade, 25-26, 31, 34
   como um sistema de alocação por mercados, 25-26
   dumping e, 286
   e balança de pagamentos, 37
   e comércio de mercadorias, 38
   e questões culturais, 61-62, 67
   estratégias cooperativas no, 203-204, 211-214
   exportação no, 185
   lei de propriedade intelectual no, 92
   níveis de renda no, 33
   produtos com marcas próprias no, 252
   propaganda no, 320, 326-329, 331, 333-335
   vendas diretas no, 308-309
   videogames do, 188
JCPenney, 311
Jeep, 260
Johnson & Johnson, 158
Johnson (S.C.) & Sons, 94
Joint-ventures de participação acionária (JVPAs), 189
Joint-ventures, 189-192, 384
   parcerias estratégicas globais *versus*, 205
   preços de transferência e, 292
   vantagens de, 193
Jordânia, 54, 118-119
Jurisdição, 89-90

K

Kao, 158, 196, 198, 203
Kauai Kookie Kompany, 186
Kawasaki, 210
Keiretsu, 203-204, 211-214, 309
Kellogg, 130, 264
KFC, 309, 312, 331
Kmart, 300
Knorr, 263
Kobe Steel, 190
Kodak, 164-165, 192, 241
Komatsu, 222, 240, 241
Korn Ferry International, 239
Kraft Foods, 250, 254
Kuait, 53, 118-119
Kyocera Corporation, 310, 313

L

L. L. Bean, 316
Landor Associates, 323, 343
Lands' End, 260
Lauder, 165
Laura Ashley, 315
Lei *Antidumping* de 1921 (Estados Unidos), 285
Lei de Comércio de 1974 (Estados Unidos), 287
Lei de Engels, 146
Lei de Regulamentação do Câmbio (Foreign Exchange Regulation Act — Fera; Índia), 84-85

Lei Européia Única, 99
Lei Sherman de 1890 (Estados Unidos), 93
Leis antitruste, 93
Leis de conflitos, 90
Lesoto, 53
Letônia, 108
Levantamento de Valores Chineses (LVC), 68
Levantamentos, 143–144
Levi Strauss & Company, 61, 101, 168, 257, 325, 327
Líbano, 90, 118
Libéria, 52
Líbia, 26, 53
Licenciamento, 93–95, 187–189
Liderança, 372–373
    equipes na, 372
    postura para, 372–373
Lifo (*last-in, first-out*), método de custeio, 277
Litígio, 96
Lituânia, 108
Logística de distribuição, 313–317, 369
Lojas de propriedade do fabricante, 309
Lucky Film Co., 192
Luxemburgo, 44
Lycos, 361, 367

M

Macedônia, 108
Malásia, 29, 87, 111
Malaui, 53
Mali, 52
Malta, 106
Marcas
    estruturando para, 384
    globais, 251–255, 384
    propaganda e, 320–323
    próprias, 252
Marcas registradas, 92, 188, 284–285
Marketing
    'novo' conceito de, 2–3
    4Ps do, 2–4
    como disciplina universal, 2–4
    conceito estratégico de, 3–4
    definição de, 2
    marketing global *versus*, 2
    papel do, no desenvolvimento econômico, 35–36
    princípios do, 4–5
Marketing de carona, 186
Marketing de relacionamento, 355
Marketing direto, 348–349
Marketing global
    carreiras em, 401–402
    crescimento dos mercados globais, 396, 400–401
    estratégia de canal para o, 303
    exemplos de, 5–7
    forças motrizes do, 15–19
    forças restritivas do, 19
    futuro do, 395–403
    importância do, 7–12
    marketing *versus*, 2
    natureza do, 2, 5–7
    orientações administrativas no, 12–15
    papel do, no desenvolvimento econômico, 35–36
Marketing global padronizado, 165
Marketing sem fronteiras, 3
Marlboro, 6, 16, 168, 252-253, 256-257
Marrocos, 53–54
Mars, Inc., 254, 255, 384
MasterCard International, 61, 255
Matsushita Electric, 18, 203, 241, 401
Matsushita, 14, 17, 196, 212, 240
Maurício, 53
Mauritânia, 52, 53–54
Maytag Corporation, 236, 347–348
Mazda, 9, 190
McDonald's, 6, 7, 61, 70, 75, 105, 173, 257, 309, 326–327, 331, 342
Meiji Milk, 187
Mercado Comum da América Central, 42
Mercado Comum do Cone Sul (Mercosul), 42, 49–50, 52
Mercado comum, 42
Mercados-alvo, estabelecimento de, 164–166
    critérios para, 164–165
    definição, 156
    exemplo de, 167
    no e-marketing, 355
    para o cliente individual, 355
    seleção de uma estratégia global para o mercado-alvo, 165–166
Mercedes-Benz, 168, 172, 197, 252-253, 257-258, 281
Merck & Co., 267, 291
Merrill Lynch, 152
Método de deslocamento no tempo, 147
Método de planejamento indicativo, 390–391
Método margem sobre custo, 289–290
Metromail, 367
México, 83, 94–95, 337, 401
    atitudes em relação ao país de origem, 261
    características de mercado, 111, 117
    como mercado-alvo, 178–179
Microsoft Corporation, 90, 187, 222, 229, 243, 267, 320, 361-362, 364, 367
Mídia, propaganda na, 334–337
Miopia gerencial, como força restritiva do marketing global, 19
Mita, 329
Mitsubishi Electric, 190
Mitsubishi Heavy Industries Ltd., 242
Mitsubishi, 9, 210, 212-213, 342
Mitsui, 9, 130–131, 212
Moçambique, 29, 53, 120
Modelo de estágios de desenvolvimento, 196–200
Modelos estratégicos, 233–237
    estratégias amplas de mercado, 235–236
    estratégias de mercado restrito, 236–237
    genéricos, 235
Modo de busca, 133
Modo de observação, 133
Moeda. *Veja* Câmbio
Moldura EPRG, 12–15
Monsanto Company, 192, 221
Montenegro, 108
Montserrat, 50–51
Morris, 24
Motorola Inc., 187, 205-206, 267, 287
MTV, 105, 158, 164, 321, 323, 326, 335
Música, como universalidade cultural, 60–61
Myth of fair trade, The (Bovard), 287

N

Namíbia, 53
National Hand Tool/Chiro, 193
National Trade Data Base, 136
Navegadores Web, 367
NEC, 190, 196
Negociação, e ambiente social e cultural, 63–64
Nestlé, 5, 149, 163, 229, 254, 320-321, 323, 325–326
Netscape, 361, 362, 367
New Balance, 283
New York Times, 364
Nicarágua, 51
Nielsen Media Research, 130
Níger, 52
Nigéria, 62, 120

Nike, 100, 121, 186, 206–207, 236, 320, 331, 342-343, 399
Nintendo, 188
Nippon Telegraph and Telephone Corporation, 9
Nissan, 9, 13, 17, 24, 122, 224, 239, 252–253
Noruega, 332, 335
Nova Zelândia, 41, 87, 111, 117
Novos mercados, estratégia de canal para entrada em, 312–313
Novos produtos, 266–269
    difusão de, 125
    idéias de, 267
    localização do desenvolvimento de, 268
    testando, em mercados nacionais, 268–269
Nutrasweet, 222

O

Oceania
    características de mercado, 117
    definição, 117
Olivetti Corporation, 209–210, 258
Omã, 53, 118–119
Omnicom, 253, 327
Onsale, 367
Opep (Organização dos Países Exportadores de Petróleo), 223
Operações de franquia, 189, 309
Orçamento, na auditoria de marketing global, 388, 390–391
Organização interna de exportação, 184–185
Organização Internacional para a Padronização (ISO), 243–244
Organização Mundial de Comércio (OMC), 16, 19, 43–44, 96, 100
Organização para a Cooperação e o Desenvolvimento Econômico (OCDE), 26, 95
    Acordo Multilateral de Investimentos (AMI), 89
    Convenção Modelo de Tributação Dupla sobre Renda e Capitais, 84
Organização para Cooperação Internacional Econômica (Ocie), 46
Organização por *cluster*, 384
Organizações de exportação independentes, 185
Organizações econômicas internacionais (OEIs), 98–100
Organizações econômicas regionais, 44–54
Orientação administrativa etnocêntrica, 12–13, 345
Orientação administrativa geocêntrica, 13–15
Orientação administrativa policêntrica, 13, 345
Orientação administrativa regiocêntrica, 13–15
Oriente Médio, 118–119
    características de mercado, 118–119
    definição, 118
Origem nacional, 383
Otis Spunkmeyer, 58
Oy Nokia AB Cragnotti, 190

P

PacifiCorp., 192
Padrões de comércio, 38–41
Países de alta renda, 29
Países de baixa renda, 28, 29–30
Países de renda média alta, 29
Países de renda média baixa, 28, 29–30
Países industrializados, 29, 33
Países menos desenvolvidos (PMDs), 28, 29–30, 396
    marketing em, 120–121
Países pós-industriais, 29–30
Países pré-industriais, 28, 29–30, 33
Paquistão, 87
Paraguai, 49–50
Paraísos fiscais, 291
Parceria de código, 363, 364
Parcerias estratégicas globais (PEGs), 204–211
    alianças entre fabricantes e empresas de marketing, 208–210
    características de, 204
    em países em desenvolvimento, 210–211
    exemplos de casos de, 209–210
    fatores de sucesso das, 207–208
    joint-ventures versus, 205
    natureza das, 204–207
Parcerias estratégicas, 3
Paridade do poder aquisitivo (PPP), 30–34
Parker, 5, 19, 66
Participação de mercado, 391
Patrocínios, 349–351
PenOp, 368–369
PepsiCo, 150, 165, 211, 326, 330-331, 342–343, 399
Percepção sensorial direta, 136–137
Perfil produto-mercado, 177
Perrier, 75, 264
Peru, 30, 49, 277
Pesquisa de marketing, 137–153
    abordagem integrada da, 152–153
    como ativo estratégico, 151–152
    controle da matriz sobre a, 150–151
    definição, 137–138
    estágios da, 139–148
    nos países em desenvolvimento, 149
    problemas com os dados na, 148–150
    questões atuais de, 148–152
Pesquisa, 133–134
Peugeot, 24, 172
Pharmaceutical Manufacturers Association (PMA — Associação de Fabricantes Farmacêuticos), 16–17
Philip Morris, 6, 7, 16, 263, 332, 333
Philips Electronics, 14, 196, 198
PIB (produto interno bruto)
    padrões de comércio e, 38–41
    produção industrial no, 25
    propaganda no, 337
PIB (produto interno bruto) *per capita*
    crescimento da população e, 34–35
    estágios de desenvolvimento de mercado e, 27–29
    estágios de desenvolvimento econômico e, 29–30
    paridade de poder aquisitivo e, 30–34
Pierre Cardin, 188
Pioneer Hi-Bred International, 264
Pirataria, 91
Pirataria de software, 90
Planejamento
    na auditoria de marketing global, 388, 390–391
    no plano de marketing global, 126
Plano de marketing
    para exportação, 184
    para mercados globais, 126
Poder de barganha
    de compradores, 223
    dos fornecedores, 223
Pokémon, 188
Polaroid, 147, 327
Política governamental. *Veja também* Ambiente regulatório
    barreiras à entrada, 222, 230–231
    decisões de fixação de preços e, 278
    em relação à propaganda, 19, 332–333
Polônia, 108–109
População, localização da, 34–35
Porsche AG, 159
Port Authority de Nova York, 136
Portais, 367

Portugal, 44, 99, 106, 109, 332
Posicionamento, 166-169, 255-257
   como estratégia de marketing, 254
   definição, 166
   high-tech, 168, 256-257
   high-touch, 168-169, 257
   por atributo ou benefício, 255
   por qualidade/preço, 255
   por uso/usuário, 256
Posicionamento baseado em acesso ao consumidor, 239
Posicionamento baseado em necessidades, 238
Posicionamento baseado em variedade, 238
Posicionamento do produto. *Veja* Posicionamento
Posicionamento high-tech, 168, 256-257
Posicionamento high-touch, 168-169, 257
Posicionamento por atributo, 255
Posicionamento por característica, 255
Posicionamento por uso/usuário, 256
Posições dominantes de mercado, 362
Posições estratégicas, 238-239
   baseadas em acesso ao consumidor, 239
   baseadas em necessidades, 238
   baseadas em variedade, 238
Postura para liderança, 372-373
Potencial de mercado, 178, 390
Power Computing Corporation, 187
Preço de transferência com base em mercado, 288-289
Preço de varejo a menor, 289
Preços de transferência negociados, 289
Preferências, como considerações de projeto, 258
Price, 300
PriceScan, 367
Princípios contábeis geralmente aceitos, 277
Privatização, 17
Processamento de pedidos, 313
Procter & Gamble (P&G), 158, 166, 195, 196, 198, 224, 265, 273-274, 277, 320
Produtos com marcas próprias, 252
Produtos da aldeia global, 168
Produtos de consumo
   ambientes social e cultural de, 73-75
   canais de distribuição para, 307-309
   e-commerce e, 360
   propaganda e, 320

Produtos de interesse especial, 168
Produtos do mercado cinzento, 284-285
Produtos do mercado negro, 271-272
Produtos globais, 251-255
Produtos industriais
   ambientes social e cultural de, 70-73
   canais de distribuição para, 310
   propaganda e, 320
Produtos internacionais, natureza dos, 251
Produtos locais
   marcas próprias, 252
   natureza dos, 250
Produtos nacionais, natureza dos, 250-251
Produtos substitutos, 222-223, 390
Produtos técnicos, 168
Promoção, 341-352
   feiras, eventos e exposições, 349, 350
   marketing direto, 348-349
   patrocínios, 349-351
   promoção de vendas, 346-348
   regulamentação da, 19
   relações públicas e publicidade, 341-345
   venda pessoal, 345-346
Promoção de vendas, 346-348
Propaganda, 319-339
   apelos e características de produto para, 328-330
   conteúdo da, 324-327
   criando a, 330-337
   de transformação, 255
   marcas globais e, 320-323
   regulamentação da, 19, 332-333
   relações públicas e, 343
   selecionando uma agência de propaganda, 327-328
Propaganda de transformação, 255
Propaganda impressa, 337
Propinas, 95-96
Proposição de vendas, 329
Propriedade intangível, 289-290
Propriedade intelectual, 90-93
Propriedade tangível, 289-290
Prospectar, 346
Protecionismo, 84
Purdue Pharma, 238

Q

Qatar, 53, 118-119
Qualidade
   como base para o posicionamento, 255

   como força motriz do marketing global, 17
   na decisão de fixação de preços, 278-279
   na estratégia de invenção do produto, 265
   padrões ISO-9000, 243-244
Quênia, 52
Questões éticas, 95-96, 100-101
Questões multiculturais, 75-77, 329-330
Quirguistão, 109

R

R. J. Reynolds, 332-333
Rádio, propaganda em, 335-337
Ralston Purina, 192
RCA, 241
Recursos de capital, 227
Recursos de conhecimento, 226-227
Recursos de infra-estrutura, 227
Recursos físicos, 226
Recursos humanos, 225-226
Reebok, 101, 292-293, 323, 399
Regra de decisão do ciclo de comércio, 396, 398-400
Regras do jogo, 241-242
Reino Unido, 2, 31, 32, 44, 99-100, 149-150, 401
   na União Européia, 41
   produtos com marcas próprias no, 252
   produtos do mercado cinzento no, 284-285
   promoção de vendas no, 347-348
   propaganda no, 332, 335
   questões culturais e, 74
Relação de assuntos, 132
Relações públicas (RP), 341-345
   crescente papel das, 344
   práticas locais de, 344-345
Relações públicas orientadas ao consenso, 342
Renault, 24, 239, 251
Representação direta, 185, 194-195
Representação independente, 185-186, 194-195
República Checa, 108-109, 308
República Eslovaca, 108
Resolução de conflitos, 96-98
Revlon Inc., 89-90, 166, 330
Revolução nas comunicações baseada na tecnologia, 344
Risco econômico, 36

Risco político, 83, 173
Rivalidade, 223–224
Romênia, 108, 332
Rotulagem, no projeto do produto, 260
Rover, 166
Rússia. *Veja também* União Soviética, antiga
    como mercado-alvo, 178–179
    custos de fatores na, 175
    e câmbio, 276
    e risco político, 83
    medindo a economia da, 40
    pesquisa de marketing na, 149, 274
    propaganda na, 332, 337
    vendas diretas na, 308

S

S. C. Johnson & Sons, 94
Sam's Club, 300
Sandoz, 194
Santa Lúcia, 50–51
São Cristóvão e Névis, 50–51
São Vicente e Granadinas, 50–51
Saturação, 257–258
Scottish Power, 192
Seagram, 325
Searle (G. D.), 221, 222
Sears, 152
Secretariado para a Integração Econômica da América Central (Sieac), 51
Segmentação de mercado, 156–163
    definição, 156
    demográfica, 157–159
    geográfica, 157
    horizontal *versus* vertical, 163
    por benefícios, 163
    por comportamento, 163
    psicográfica, 159–163
Segmentação demográfica, 157–159
Segmentação geográfica, 157
Segmentação horizontal, 163
Segmentação por benefícios, 163
Segmentação por comportamento, 163
Segmentação psicográfica, 159–163
Segmentação vertical, 163
Segmentação. *Veja* Segmentação de mercado
Segredos comerciais, 93–95
Senegal, 52
Sensibilidade ao ambiente, 69–70
Sensibilidade cultural, 69–70, 266, 329–330
Serra Leoa, 52
Serviço de Aconselhamento, Conciliação e Arbitragem (Advisory, Conciliation, and Arbitration Service — Acas), 98
Seychelles, 53
Shakeyu's Pizza Parlor, 309
Shop America, 312, 317
Siemens AG, 190, 207, 346
Silhouette, 285
Síndrome do 'não foi criado aqui', 133, 250
Singer, 268–269, 309
Síria, 118
Sistema de informação de ponto-de-venda, 312
Sistema de Integração da América Central (Siac), 51
Sistema Monetário Europeu (SME), 106
Sistemas de alocação comandatária, 26, 82–83, 120, 400
Sistemas de alocação por mercados, 25–26, 82–83, 396, 400
Sistemas de cupons, 347
Sistemas de informação de marketing, 165–137
    exemplos de, 130–132
    finalidade dos, 130–131
    fontes de informações para, 106, 109, 134–137
    pesquisa e, 133–134
    relação de assuntos para, 132
Sistemas econômicos, 25–27
Sistemas econômicos mistos, 26
Smart Car, 364–365
SMH, 166, 175, 247–248
Smith Corona Corporation, 286
Soberania, no ambiente político, 82–83
Socialismo, 26
Socialização intercultural, 65
Somália, 120
Sony, 122, 125, 158, 168, 187, 242, 250–253, 257, 279–281
Source Perrier S.A., 75, 264
Southwest Airlines, 238
SRI International, 159
Stakeholders (interessados), definição de, 3
Standard Oil, 252–253
Stanley Works, 193
Star Alliance, 203
Star TV, 116
Statistical yearbook of the United Nations, The, 24
Suazilândia, 53
Suécia, 44, 74, 157, 330, 335
Suíça, 92, 106, 163, 229, 335, 398
Super 301, 287
Supermercados, 299–300, 311
Suprema Corte dos Estados Unidos, 285
Suriname, 50–51
Suzuki, 9
Swatch, 158, 247–248
Swiss Corporation for Microelectronics and Watchmaking Industries (SMH), 166, 175, 247–248

T

Tadjiquistão, 109
Tailândia, 87, 111–112, 349
Taiwan, 87, 111, 117, 396
    atitudes em relação ao país de origem, 261
    considerações de transporte e, 176
Tanzânia, 31, 52, 53
Tarifa externa comum, 51
Tarifas, 84, 285, 291
Tariff Act de 1930 (Estados Unidos), 285
Taxas de câmbio. *Veja* Câmbio
Tecnologia
    como força motriz do marketing global, 15–16
    convergência da, 356–357
    regras da concorrência e, 361–365
    velocidade de progresso tecnológico, 356
Tecnologia da informação e comunicação (TIC), 359–360, 364–365
Telefônica, 118
Televisão, propaganda na, 335–337
Temas universais, 168–169
Teoria da difusão, 123–126
Texas Instruments, 41, 130–131, 187, 190
Time Warner Inc., 355
Tipologia cultural (Hofstede), 68
Título e texto da propaganda, 330–331
Togo, 52
Toshiba, 212
Toyota Motor, 7-9, 24, 122, 130–131, 137, 142, 173, 190–191, 197–198, 203, 212, 224, 267, 288, 308–309, 364
Toys " Я " Us, 284, 300, 304, 316, 364
Trabalho infantil, 100
Trademark Act de 1946 (Lei Lanham; Estados Unidos), 92
Tradução do título e texto da propaganda, 330–331
Transferência de experiência, como alavancagem, 18
Transporte, 314–315

como força motriz do marketing global, 16
e-marketing e, 356
Tratado de Cooperação de Patentes (TCP), 92
Tratado de Cooperação do Leste Africano, 52
Tratado de Roma, 93, 98, 99
Tríade
    como um sistema de alocação por mercados, 25-26
    concentração de população na, 34
    concentração de renda na, 31
    PIB mundial na, 157-158
    risco político na, 83, 173
Tribunal Europeu de Justiça, 99
Tribunal Internacional de Justiça (TIJ), 86-87
Tribunal Mundial, 86-87
Trinidad e Tobago, 50-51
Tunísia, 53-54
Turk, 186
Turquia, 60-61, 344-345

U

Uganda, 52
União alfandegária, 42
União Árabe do Magreb (UAM), 53-54
União econômica e monetária (UEM), 44
União econômica, 42-43
União Européia (UE), 24, 41-45, 92-94, 98-100, 231, 259
    características de mercado, 106-107
    comércio de mercadorias e, 38
    como integrante da Tríade, 25-26, 31, 34
    dumping e, 286
    euro e, 272, 276
    promoção de vendas na, 347-348
    propaganda na, 332-333
União Soviética, antiga, 92. *Veja também* Rússia
    e risco político, 83
Unidade de Moeda Européia (UME), 106

Unidades de negócios regionais (UNRs), 176
Uniform Trade Secrets Act (Utsa), 94
Unilever NV, 6-7, 130, 158, 166, 196, 224, 251, 265, 320
United Airlines, 203
United Overseas Ltd. (UOL), 89-90
UPS, 194
URSS. *Veja* Comunidade das Nações Independentes (CNI); Rússia; União Soviética, antiga
Uruguai, 49
Utilidade de ponto, 301
Utilidade, canais de distribuição e, 301-303
Utilização de recursos, como alavancagem, 18

V

Vantagem competitiva nacional, 224-233
    competitividade e, 229-230
    condições de demanda e, 227-228
    condições de fatores e, 225-227
    diamante nacional e, 230-231
    indústrias correlatas e de apoio e, 229
Vantagem competitiva, 4, 165, 224-239
    camadas de, 240-241
    colaboração e, 242
    estratégias genéricas para criar, 235
    hiperconcorrência e, 242-243
    inovação e intenção estratégica, 239-244
    ISO-9000 e, 243-244
    modelos estratégicos e, 233-237
    mudando as regras e, 241-242
    nacional, concorrência global e, 224-233
    pontos fracos e, 241
    posições estratégicas em, 238-239
Vantagem de liderança em custos, 235-236
Varejo global, 299-300, 310-311
Velocidade em chegar ao mercado, 355-356

Venda pessoal, 345-346
Venda porta-a-porta, 307-309, 316-317
Vendas diretas, 304-305, 307-309, 345-346
Venezuela, 49, 118, 273-274
VenusFort, 315-316
Vieses de país de origem, 260-261
Visa, 61, 255, 369
VNU NV, 130
Vodafone, 192
Volkswagen (VW), 8, 172-173, 175, 224, 248, 250
Volvo, 24, 253, 255

W

Wal-Mart, 9, 11, 300, 315
Walt Disney Company, 41, 188, 309
    Euro Disney, 137
West african trade (Bauer), 35-36
Westinghouse, 360
Winterhalter, 165-166
WordPerfect, 364
World Wide Web (WWW), 357-358

X

Xerox, 241-242

Y

Yahoo!, 361, 367
Young & Rubicam (Y&R), 160, 162-163
YTL Corp., 345-346

Z

Zaibatsu, 212
Zâmbia, 53
Zee Telefilms, 116
Zimbábue, 53